醒吾历史

历史学考研
框架笔记

LISHIXUE KAOYAN KUANGJIA BIJI

更符合历史学考研出题特点的框架书!

玮鑫 明明 / 主编

- 🥕 用1本思维导图凝练11本教材重点
- 🥕 包含中国史与世界史共 **297**个大考点，**1081**个小考点

北京理工大学出版社
BEIJING INSTITUTE OF TECHNOLOGY PRESS

历史学考研
框架笔记

LISHIXUE KAOYAN KUANGJIA BIJI

玮鑫 明明 / 主 编

北京理工大学出版社
BEIJING INSTITUTE OF TECHNOLOGY PRESS

图书在版编目（CIP）数据

历史学考研框架笔记 / 玮鑫，明明主编 . —北京：
北京理工大学出版社，2024.6.
ISBN 978-7-5763-4133-1

Ⅰ．KO

中国国家版本馆 CIP 数据核字第 2024733KR3 号

责任编辑：李慧智　　**文案编辑**：李慧智
责任校对：周瑞红　　**责任印制**：李志强

出版发行 / 北京理工大学出版社有限责任公司
社　　址 / 北京市丰台区四合庄路 6 号
邮　　编 / 100070
电　　话 / （010）68944451（大众售后服务热线）
　　　　　　（010）68912824（大众售后服务热线）
网　　址 / http：//www.bitpress.com.cn

版 印 次 / 2024 年 6 月第 1 版第 1 次印刷
印　　刷 / 河北鹏润印刷有限公司
开　　本 / 889 mm×1194 mm　1/16
印　　张 / 16.75
字　　数 / 536 千字
定　　价 / 86.80 元

前　言

2025 年历史学考研的小伙伴们，你们好！

我是玮鑫学长，很开心大家选择这本框架笔记作为考研路上的学习伙伴。正是因为你们的喜爱和推荐让这本书被更多人熟知，今年更是在专业从事考研出版的云图策划下，得以出版。

框架笔记是一款怎样的产品，能为大家带来哪些助力呢？

请和我一起来看吧！

01　紧扣历史学考研大纲

框架笔记的前两级标题设计严格遵循了教育部发布的"历史学基础考试大纲"的两级纲目。这种编排方式确保了所有内容的编写都包含在历史学考研的考查范围内。

02　围绕教材，但又清晰于教材

大家心里都知道看教材的重要性，但教材体量太大，看的时候容易走神，把握不住重点。

框架笔记在编写的时候，我们仔细比对了北京师范大学版 9 本和高等教育出版社版 11 本两版通用教材，选出不同时序下解释最全面和精准的版本，并重新组织每一部分教材的逻辑编排，形成了第三级标题和正文的主体解释内容。

在今年的修订过程中，我们还着重参考了《中国古代史教程》（朱绍侯主编）、《中国近现代史》（章开沅　朱英主编）这几套大家现下也非常喜欢的中国史教材，以及 2021 年人民出版社出版的《中华人民共和国简史》，更新了最新观点和表述。

建议大家不要对框架笔记上来就背，可以先把一章的内容从前到后通看一遍，理顺本章的历史逻辑，这样可以帮助我们更全面地掌控章节最重要的考点。

当对框架笔记里面的提炼内容不理解时，再果断翻开教材寻找详细解释，并在框架笔记上做好相应补充。这样既节省时间，又较好地放大了复习效果，薄弱点也一目了然，一举多得！

P.S.：这里并不是说教材不重要，而是对于备考时间十分有限的你们来说，以框架笔记为抓手更有效率。我们看教材的目的是掌握其中的核心考点，而不是为了看教材而去看教材，很多小伙伴容易陷入教材的巨量内容当中，忘记了掌握核心考点才是看教材的首要目的。

03 涵盖中外通史 297 个大考点，1081 个小考点

之前版本框架笔记记忆枝条数量是根据思维导图软件而来，今年醒吾优化了计算的方式，配套《考点清单》，以考点为单位，使复习更加量化，进度更有迹可循。

最后统计出涵盖中外通史共 297 个大考点，1081 个小考点。

25 版框架笔记在修订时，还参考了以下内容：

①统考及自命题最新出现的考点；

②醒吾最新研发的课程成果；

③醒吾论述题的最新修订成果；

④对照教材查漏补缺的完善成果。

今年修订时我们还特别注意参考学术界的新观点和新成果，使整个框架体系更加完善。

04 笔记功能清晰，适合记背和答题

框架笔记的设计不只是为了构建框架，它的笔记功能也同样关键。这本笔记的解释部分着重解释不好理解和教材解释不精炼的地方，通过补充主要事件的背景、发展过程及影响，使得知识点的叙述和逻辑线索变得简明扼要、清晰有序，极大地方便了记忆和答题。

05 用思维导图助力构建框架

有些小伙伴可能会觉得构建框架耽误了背题时间，结果就是虽然背过某个考点，时间一长，就仿佛把它们遗忘在大脑某个角落了。实际上，构建框架是复习中掌控内容和清晰思路的关键所在。醒吾采用专业的思维导图软件来构建框架，帮助大家图像化地记忆，显著提升记忆效率。

06 对较为陌生的概念，框架笔记中进行了一句话精准解释

对于一些较不熟悉的概念，框架笔记提供了简洁明了的一句话解释，如在讨论东晋的门阀政治时先解释"门阀政治是什么"，或在谈到近代的买办制度时先阐述"买办制度是什么"。这样的前置解释有助于更快地掌握和记住相关题目，提高学习效率。

07 框架笔记、论述题联动复习

论述题和框架笔记都是在统考的大框架下编写的。框架笔记对全部考点进行了框架式整理，而论述题则将框架笔记可能命制论述题的考

点进行了翔实的答案编写，二者配合使用，可起到 1+1 > 2 的效果。框架笔记可以帮论述题定位考点在整个时序和大纲中的位置，帮助梳理逻辑；论述题则可以展开框架笔记中超级重点的详细解释。这一配合也体现出统考越来越清晰的出题特点——"在掌握历史脉络的基础上，对考点进行灵活的包装和重组"。

08　图书产品、课程产品联动复习

为了应对统考命题老师的灵活考查方式，醒吾推出了一系列创新的联动复习课程产品。这些课程以框架笔记为教材，注重时间线索、考点讲解，包含带学、带背、带练等教学服务。感兴趣的小伙伴可以关注"醒吾历史"公众号首页，那里有更详细的介绍。

09　在专业出版机构的加持下进行了更加严格的审校

过去醒吾团队投入了大量精力去审核和校对框架笔记，但毕竟我们的资源有限。对于这一新的版本，我们不仅修正了之前大家和醒吾在使用过程中发现的问题，还引入了专业的出版机构。编辑老师们对内容进行了三审三校，极大地提高了内容的准确性和质量。我们有信心，这版框架笔记的质量将比以往版本都要高。

虽然我们已经和出版机构一起再次对本书进行了近 3 个月的修订，但由于内容繁多，难免还有疏漏。大家在使用过程中如果有任何疑问，请随时通过微信联系玮鑫学长。我们承诺会持续改进并不断将产品打磨完善。

再次感谢小伙伴们对醒吾的支持和信任。你们的每一分期待醒吾都倍感珍惜，也会落在实地。在这里有一句祝福送给大家："跑下去，天亮花开，你终硕！"

目 录

第二部分　中国近现代史

第三部分　世界古代中世纪史

第一章　史前时代1

中国古代史

旧石器时代的人类

旧石器时代　①含义：距今约300万年至约1万年，以使用打制石器为标志的人类物质文化发展阶段；②特点：使用火，开始采集和狩猎，以打制石器为主

旧石器时代的人类

猿人
- **西侯度文化**（距今约180万年）：1959年，山西芮城县西侯度村发现烧骨、带切痕的鹿角，是目前中国疆域内最早使用火的猿人遗址，发现了目前已知最早的一批石器，但未发现猿人化石
- **元谋人**（距今约170万年）：1965年于云南元谋县发现，是中国境内发现最早的古人类化石；出土数件一次性打制石器、大量炭屑、两块小烧骨；生活地区温暖湿润
- **蓝田人**（距今约80万~65万年）：1963年于陕西蓝田县发现；出土数百件打制石器、数处炭屑与炭粒（用火）、剑齿虎及中国犀等大量古生物化石；气候温暖湿润
- **北京人**（距今约70万~23万年）：20世纪初（1927年），瑞典考古学家安特生在北京周口店龙骨山发现，后因战争中断，1949年后，中国古人类学家进行了长期的发掘研究，是我国旧石器时代早期最重要的古人类化石；出土有10余万件石制品、骨制品和94种哺乳动物的化石，还发现大量的用火遗迹（世界早期人类文化遗存最丰富的遗址）
- **此外还有**：湖北的郧县人、江苏的南京人、安徽的和县人、陕西的陈家窝人与洛南人；贵州黔西县的观音洞、湖南的沅江两岸、安徽南部水阳江两岸、江苏句容的放牛山、河北阳原的小长梁、辽宁营口的金牛山等

早期智人
- **大荔人**（距今约23万~18万年）：20世纪70年代末期（1978年），于陕西大荔甜水沟发现一个保存完好的头骨化石
- **许家窑人**（距今约10万年）：20世纪70年代中期（1973年）于山西阳高许家窑村发现，文化遗物以石制品、骨器和哺乳类动物化石为代表
- **丁村人**（晚期文化距今约7万年）：20世纪50年代初期（1953年）在山西襄汾丁村一带发现，石器已经有了较明显的专业分工
- **马坝人**（更新世中、晚期）：20世纪50年代末期（1958年）在广东曲江马坝狮头峰的岩洞中发现，化石属于一个中年男性
- **长阳人**（更新世中期稍晚）：20世纪50年代中期（1956年）于湖北长阳钟家湾龙洞发现，体质既与现代人接近，又具有某些原始性，如吻部不太前突等

晚期智人
- ①**北方地区**：河套人、峙峪人、学田人、哈尔滨人、前阳人、小孤山人；②**南方地区**：柳江人、资阳人、普定人、左镇人
- **山顶洞人**（2018年选）（距今34 000~27 000年）：1930年发现于北京周口店，原始艺术的萌芽已经出现，产生原始宗教

新石器时代主要文化遗存1

新石器时代　含义：距今约10 000年至4000年，使用新石器（通过磨制技术制作的石器）。特征：①早期：农业起源；②中期：精神信仰复杂化与其完整体系的逐渐形成；③晚期：诞生初始文明

文化遗存

早期：
①华北地区：东胡林遗存；②华南地区：仙人洞和吊桶环遗址、玉蟾岩遗址

中期
- **裴李岗文化**（黄河中游地区）：距今7000年以上，1977年考古发现，因最早在河南新郑的裴李岗村发掘并认定而得名，是已知的华北地区年代最早的新石器文化，农业占主导地位，出现了饲养业
- **兴隆洼文化**（东北地区）：约公元前6400年至前5000年，1982年考古发现，因首次发现于内蒙古自治区兴隆洼村而得名，精于制作和使用玉制巫术道具，反映了典型的巫术信仰，形成了具有深厚萨满教信仰的古文化圈
- **跨湖桥文化**（钱塘江太湖区域）：约公元前6000年至前5400年，1990年于杭州湘湖考古发现，陶器以泥质夹炭陶、夹砂陶为主；石器均为磨制，磨制水平较高，发掘出中国最早的"中药罐"和"独木舟"，并且已经种植水稻并饲养家畜，修筑土墙式地面建筑；为该地区新石器时代晚期的河姆渡文化、马家浜文化打下了基础

晚期（2024年选）

黄河流域
上游（2017年选）
- **马家窑文化**（2022年选）：距今约5000年至4000年，1923年首次发现于甘肃临洮马家窑，故得名；彩陶发达，房屋多为半地穴式建筑，随葬品在数量和质量上存在着差别
- **齐家文化**（2022年选）：由马家窑文化发展而来，1924年最早发现于甘肃广河齐家坪而得名，其年代距今约4100~3600年

中下游
- **大汶口文化**：距今约6000年，1959年首次发现于山东宁阳，后在泰安大汶口再次发现，且更为典型，故得名；生产工具以石器为主，陶器以泥质红陶、夹砂红陶为主，氏族有公共墓地，进入父系氏族公社时期
- **龙山文化**：距今约5000年至4000年，1928年发现于山东济南附近龙山镇而得名，陶器代表为磨光黑陶，原始宗教已经获得较大发展，防御性城堡大量出现，一些象征权力的礼器开始出现
- **仰韶文化**：距今约7000年至5000年，1921年首次发现于河南渑池仰韶村，故得名；生产工具以磨制石器为主，房屋以半地穴式为主，早中期处于母系社会繁荣阶段，晚期进入父系氏族公社时期

长江流域
- **大溪文化**：距今五六千年，1958年首先在重庆巫山大溪镇发现，故得名；位于长江中游地区，大量使用彩陶、黑陶、灰陶，以种植水稻为主，城池出现早
- **屈家岭文化**（2022年选）：在秦岭以南的江汉地区，1956年首次在湖北京山屈家岭发现而得名，既受仰韶文化影响，又承袭大溪文化主要因素，以稻作农业为主，生产工具有磨制的石斧、石锛、石镰、石镢和打制的凹腰石锄及彩陶纺轮等
- **河姆渡文化**：距今约7000年，1973年首次发现于浙江余姚河姆渡村而得名，位于长江中下游，以骨器为主，盛行干栏式木构建筑，是中国南方新石器文化的代表，与马家浜文化发展成为良渚文化
- **马家浜文化**：距今6000年左右，1959年首次发现于浙江嘉兴马家浜而得名，从事稻作农业，已有榫卯结构的木桩，多红色陶器，使用玉璜等装饰品，后来发展成甚为发达的良渚文化
- **良渚文化**（2020年选）：距今约5300年至4000年，陶器以泥质灰胎黑皮陶为主，有玉琮、玉璧等象征权力的贵重礼器，进入国家文明阶段

北方
- **红山文化**（2022年选）：距今4000年左右，1935年在内蒙古赤峰红山发现，1954年定名为红山文化；出土的石器以打制为主，有一定数量的细石器，地方特色明显，年代稍晚于仰韶文化

中国古代史

第一章 史前时代 2

新石器时代主要文化遗存 2

氏族公社

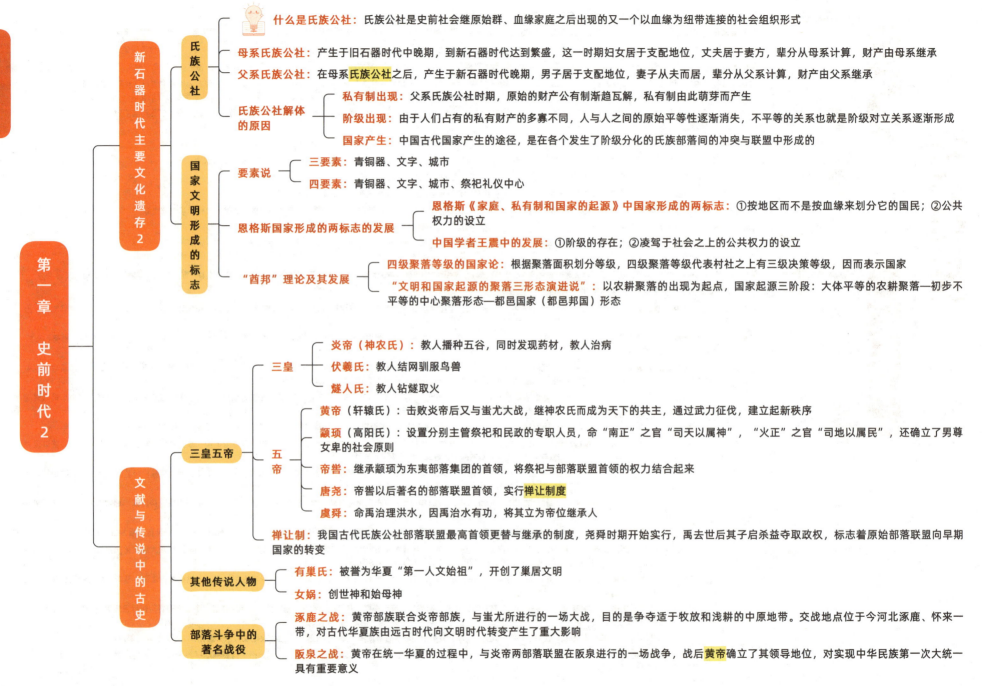

什么是氏族公社：氏族公社是史前社会继原始群、血缘家庭之后出现的又一个以血缘为纽带连接的社会组织形式

母系氏族公社：产生于旧石器时代中晚期，到新石器时代达到繁盛，这一时期妇女居于支配地位，丈夫居于妻方，辈分从母系计算，财产由母系继承

父系氏族公社：在母系氏族公社之后，产生于新石器时代晚期，男子居于支配地位，妻子从夫而居，辈分从父系计算，财产由父系继承

氏族公社解体的原因

私有制出现：父系氏族公社时期，原始的财产公有制渐趋瓦解，私有制由此萌芽而产生

阶级出现：由于人们占有的私有财产的多寡不同，人与人之间的原始平等性逐渐消失，不平等的关系也就是阶级对立关系逐渐形成

国家产生：中国古代国家产生的途径，是在各个发生了阶级分化的氏族部落间的冲突与联盟中形成的

国家文明形成的标志

要素说

三要素：青铜器、文字、城市

四要素：青铜器、文字、城市、祭祀礼仪中心

恩格斯国家形成的两标志的发展

恩格斯《家庭、私有制和国家的起源》中国家形成的两标志：①按地区而不是按血缘来划分它的国民；②公共权力的设立

中国学者王震中的发展：①阶级的存在；②凌驾于社会之上的公共权力的设立

"酋邦"理论及其发展

四级聚落等级的国家论：根据聚落面积划分等级，四级聚落等级代表村社之上有三级决策等级，因而表示国家

"文明和国家起源的聚落三形态演进说"：以农耕聚落的出现为起点，国家起源三阶段：大体平等的农耕聚落—初步不平等的中心聚落形态—都邑国家（都邑邦国）形态

文献与传说中的古史

三皇五帝

三皇

炎帝（神农氏）：教人播种五谷，同时发现药材，教人治病

伏羲氏：教人结网驯服鸟兽

燧人氏：教人钻燧取火

五帝

黄帝（轩辕氏）：击败炎帝后又与蚩尤大战，继神农氏而成为天下的共主，通过武力征伐，建立起新秩序

颛顼（高阳氏）：设置分别主管祭祀和民政的专职人员，命"南正"之官"司天以属神"，"火正"之官"司地以属民"，还确立了男尊女卑的社会原则

帝喾：继承颛顼为东夷部落集团的首领，将祭祀与部落联盟首领的权力结合起来

唐尧：帝喾以后著名的部落联盟首领，实行禅让制度

虞舜：命禹治理洪水，因禹治水有功，将其立为帝位继承人

禅让制：我国古代氏族公社部落联盟最高首领更替与继承的制度，尧舜时期开始实行，禹去世后其子启杀益夺取政权，标志着原始部落联盟向早期国家的转变

其他传说人物

有巢氏：被誉为华夏"第一人文始祖"，开创了巢居文明

女娲：创世神和始母神

部落斗争中的著名战役

涿鹿之战：黄帝部族联合炎帝部族，与蚩尤所进行的一场大战，目的是争夺适于牧放和浅耕的中原地带。交战地点位于今河北涿鹿、怀来一带，对古代华夏族由远古时代向文明时代转变产生了重大影响

阪泉之战：黄帝在统一华夏的过程中，与炎帝两部落联盟在阪泉进行的一场战争，战后黄帝确立了其领导地位，对实现中华民族第一次大统一具有重要意义

中国古代史

第二章 夏商西周1

夏朝与夏文化的探究

夏朝兴衰

夏朝兴衰 — 夏朝存续时间：约公元前2070—前1600年；主要统治区域：今河南的嵩山至伊水、洛水流域一带+晋南

夏族兴起
- 夏族：姒姓，居住在黄河中游的部族
- 大禹治水：夏族首领鲧治水失败，其子禹受命继承其父的职责去治理洪水。大禹从鲧治水的失败中汲取教训，改变了"堵"的办法，对洪水进行疏导，因治水有功即帝位
- 征伐三苗：禹被拥戴为"夏后氏"后征伐三苗，三苗战败，夏禹通过征伐加强了王权

夏朝建立
- 涂山之会：禹建立夏朝后召集各部落首领于涂山，他们对禹进贡，行臣僚礼，成为王朝统治下的诸侯，是夏朝正式建立的重要标志
- 夏启即位：禹死后，其子启与禅让确立继承的益发生权位冲突，启杀死了益，继承王位，夏朝最终建立；启废除禅让制，确立传子制度
- 钧台之享：为了使世袭王权为众多的诸侯所确认，夏启在都城阳翟召集诸侯举行朝会，确立了"家天下"的政治格局

从太康失国到少康中兴
- 太康失国：（启之子）太康因荒淫无度致使有穷氏首领后羿趁机掌握夏朝政权
- 少康中兴：少康在有虞氏等方国部落的帮助下夺回王位、复兴夏朝

夏朝衰亡
- 孔甲乱政：孔甲改变了夏朝的传统做法（"帝孔甲立，好方鬼神，事淫乱。夏后氏德衰，诸侯畔之"，已经到了"乱夏"的地步），从而削弱了国力，从此夏朝一蹶不振
- 夏桀暴政：桀生活奢侈腐朽，对人民进行残酷剥削，社会阶级矛盾尖锐
- 夏朝灭亡：商的首领汤率众伐夏，与桀进行鸣条之战，桀战败逃走，死于南巢，夏朝灭亡

夏朝的政治与经济
- 政治制度：①王权：夏王为一国之君，拥有较高权力。②中央官制："六卿"（"六事之人"），分管民事、军队等事务；六卿之下有僚属和下属官吏，各自组成一定的统治部门。③贡赋制度：用石和钧等衡量器具征收赋税。④军事：夏朝有一支具有一定规模并且组织严密的军队。⑤刑法：《禹刑》是我国历史上第一部奴隶制法典，刑法的出现是国家形成的重要标志；建立了著名监狱"夏台"
- 社会经济
  - 农业：谷物产量提高，开始用粮食酿酒；实行土地国有制；氏族或村社的一般成员转变为"奴隶"，接受较重的"贡法"剥削；主要农具为木器和石器
  - 手工业：①生产工具仍以石、木、骨等制品为主，但此时也存在金属的冶炼；②有一定的铸铜工艺水平；③制造车辆；④房屋建造技术有了长足的进步；⑤制陶业和玉器制造业亦有所发展

夏文化与对夏代的考古
- 《夏小正》：夏朝历法，按夏历十二个月的顺序，分别记述每个月中的星象、气象、物候以及所应从事的农事和政事
- 二里头文化：最早于1952年在河南登封王村遗址发现，是东亚大陆最早的广域王权国家遗存，是探索夏文化的关键性研究对象。在第三期遗址中，发现诸多类型的出土实物：主要有钺、戈、璋、刀、琮、圭；有作为货币之用的贝；大型宫殿建筑基址等
- 夏商周断代工程：通过系统整理和综合各种类型的考古材料与文献，确立了夏朝的存在和发展脉络
- 中华文明探源工程
  - 起止时间：2004年"中华文明探源工程"正式启动，经历了三个阶段，到2015年结束
  - 目的：揭示中华民族五千年文明起源与早期发展
  - 内容
    - 研究重点：全方位地研究中华文明的起源与早期发展的过程、背景、原因、特点与机制
    - 研究对象
      - 第一阶段：以河南郑州大师姑遗址、河南灵宝西坡遗址、河南登封王城岗遗址、河南新密新砦遗址、河南洛阳偃师二里头遗址及山西襄汾陶寺遗址等中原地区六座规模大、等级高的城邑为重点发掘和研究对象
      - 第二阶段：年代上限向前延伸到公元前3500年，地域范围从中原地区扩展到黄河和长江中下游区域
      - 第三阶段：围绕中华文明起源与早期发展综合研究
  - 成果：①通过高精度测年，明确了距今5500年到3500年区域考古学文化的年代序列及都邑性遗址及中心性遗址的年代；②初步探明了中华文明演进与环境变化的关系；③系统考察了各地区文明形成的生业基础，即农业和手工业的发展状况；④进一步确认了中华文化的多元起源

商朝及其考古发现1

商朝兴衰

- 商朝存续时间：约公元前1600—前1046年
- **商族兴起**
  - 商族：子姓，长期居住在黄河下游地区，契是商族的始祖
  - 商族发展：契曾佐助大禹治水，被舜任命为司徒，将商地作为采邑分封给契，从契开始到商王朝建立，一共经历了十四代，第十四代至商汤
- **商朝建立**
  - 鸣条之战：公元前1600年，商汤兴兵伐夏，双方在鸣条决战，结果夏朝的军队被击溃，夏桀向东南江淮一带逃窜，不久便死在那里
  - 成汤建商：成汤击败夏桀，在诸侯的拥戴下建立了商王朝，定都于亳（今商丘）
- **早商时期**
  - 伊尹摄政：商王仲壬死后，伊尹立太甲为王，但是继位的太甲不遵守成汤指定的典刑，被伊尹放于相，伊尹当权摄政。三年后太甲悔过，恢复王位
  - 九世之乱：商早期王室内部从仲丁到阳甲，前后五代九王，多次发生王位的争夺，造成了商王朝政治的混乱
  - 盘庚迁殷：商王盘庚为拯救政治危机，缓和阶级矛盾，决定迁都于殷（今河南安阳小屯），此后250多年间，殷成为全国政治、经济和文化发展的中心
- **晚商时期** — 武丁的统治
  - 武丁中兴：商王武丁时期达到政治清明、平服四族的局面
  - 政治：武丁提拔傅说为相，大力改革政治，修正行德
  - 军事：发动对外战争，破除北方少数民族的威胁，开疆拓土（武丁妻妇好也是当时著名的女将军）
- **商代衰亡**
  - 商纣王的残暴统治：末代商纣王暴虐，任用谗臣，诛杀和废逐比干、箕子等贤臣，为周武王所灭
  - 商代灭亡：商朝晚期，除统治集团生活腐朽、统治残酷以外，还连年对外进行战争，公元前1046年纣王军队在牧野败于周，纣王自焚，商朝灭亡

中国古代史

第二章 夏商西周 2

商朝及其考古发现 2

商朝政治与经济

政治
- **内外服制度**：①**内服**：商王直接统治的商人本族的王畿地区；②**外服**：商族以外的附属国地区
- **中央官制**：①**尹**：商王之下地位最高、权势最大；②百僚：次于尹而常置的高级政务官
- **军队**：商朝军队建制主要有"师""旅""戍""行""马""射"等，其中以师、旅最重要。卜辞记载，商王直接统率左、中、右三师
- **刑法**：**《汤刑》**：成文法，刑罚很残酷，有肉刑、死刑和流放等；著名监狱叫圜土
- **巫职机构**：①**巫**：总管一切"神事"，对军国政事起着直接或间接的支配作用；②祝、宗、卜、史等神职人员

社会经济
- **农业（最主要）**：①农具的质料仍以木、石、骨、蚌为主。②集体耕作方式。③精耕细作。④粮食产量大幅提高。⑤商王重视农业，亲自过问垦田、翻地、收获等，并占卜农事和派专人查看。⑥土地国有制。⑦广大农民劳动者是奴隶身份，被两种方式剥削：一是在邦畿附近被直接剥削，即在商王土地上集体耕种；二是在邦畿外被"助法"剥削，即领有私人土地外，为贵族义务耕种公田
- **手工业**
  - **青铜铸造业**：青铜铸造的工艺相当完备，造型丰富，产业规模空前，从地域上看，青铜铸造技术十分普及
  - **其他手工业**：①制陶业较快发展，玉器、骨器、角器较快发展；②纺织业、酿酒业、皮革业等规模也很大
- **商业**：贝在商代发展成为一种用于商品交换的货币
- **畜牧业**：商代畜牧业有较大发展，牲畜有牛、羊、马、犬、猪和鸡等，为人们的生产与生活提供了畜力和食物；渔猎在商代的经济生活中也占有一席之地

社会结构：氏族制度影响广泛，贵族官吏合二为一，平民称"众"，手工业者称"百工"

商文化成就与商代考古

商文化成就

人文文化
- **宗教文化**：殷商时代宗教体系众多，有天神、地神系统，动物神系统，植物神系统，等等
- **甲骨文和金文**
  - **甲骨文**：甲骨文是商朝文字，**特点**：其一，方块字形；其二，字体结构有规律，如会意、形声等；其三，行款多为自上而下，直行排列；其四，以龟甲、兽骨作为载体；其五，具有一定的原始性
  - **甲骨四堂**：郭沫若、董作宾、罗振玉、王国维
  - **金文**：商代将铭文刻在铜器之上的书写形态，古代以铜为金，所以这些文字也被称作金文
- **书法和绘画**
  - **书法**：商代甲骨文对于研究中国书法篆刻艺术史的发展流变有重要的意义
  - **绘画**：书写甲骨文的材料成为绘画艺术的重要工具，青铜器、陶瓷器成为绘画艺术的重要载体
- **音乐、舞蹈**：殷商时期，乐舞是一种专业性的、有组织的娱乐文化活动，从性质和演奏时空上进行区分，形成礼仪性的"雅乐"和娱乐性的"燕乐"
- **文学**：①甲骨卜辞是一种优美的散文；②神话传说是商文学最重要的组成部分；③《周易》和《诗经》中的部分篇章

器物文化
- **青铜器**
  - 殷商青铜器分为青铜农具、兵器、乐器、礼器
  - 殷商处于育成期和鼎盛前期
  - **三代青铜器的政治内涵**：中央王朝权威的象征；政治和军事大权的标志；显示自身王朝的特殊性；区分贵族等级的标志
  - **三代青铜器的文化内涵**：体现了礼制；提供珍贵的史料；铭文和纹饰具有极高的文化价值和艺术价值
- **陶器**：①殷商时期的陶器多为灰色、黑色、红色，还有更高级的硬陶、白陶和原始瓷器；②生产的器物多为日用品；③最能代表殷商制陶水平的是白陶和釉陶
- **玉器**：玉在殷商以及以前时代，主要作为礼器和用于佩戴
- **车辆**：殷商时已把车作为运输和作战的工具，且广泛使用

农耕文化：农业是商代最主要的经济部门

科学技术
- **天文历法**：①《殷历》是中国立法置闰月的开始，为中国历法发展奠定基础；②殷人记日已采用支干相配的方法，在甲骨文中发现完整的干支表，是我国最早的干支记录
- **数学**：①甲骨卜辞中已有表示数目的十个基本符号；②殷商已采用十进位制
- **医学**：①甲骨卜辞和考古发掘证明殷商人已具备一定的医疗知识和治疗手段；②殷墟甲骨卜辞中见有"小疾臣"的官名，是管理医疗事务的官吏

商代考古
- **商代古城遗址**：偃师商城、郑州商城、安阳殷墟
- **殷墟**
  - **位置**：河南安阳；盘庚迁殷后的商朝都城
  - **遗址划分**：宫殿宗庙区、王陵区、手工业作坊区与商人宗族墓地等几部分
  - **发现**：数万片甲骨、四五千件青铜器、二千余件玉器，以及礼器、乐器、兵器、生活用具、生产工具、车马器以及各类装饰器具等
- **商代的国家特征**：①浓厚的宗教色彩，以神权来强化王权；②较完备的官制和以内外服为主的国家结构；③"强干弱枝"的军事格局；④父子相继和兄终弟及并存的王位继承特点
- **三星堆遗址**：上起新石器时代晚期，下至商末周初，上下延续近2000年，出土有金、铜、玉、石、陶等各类文物，被誉为"长江文明之源"

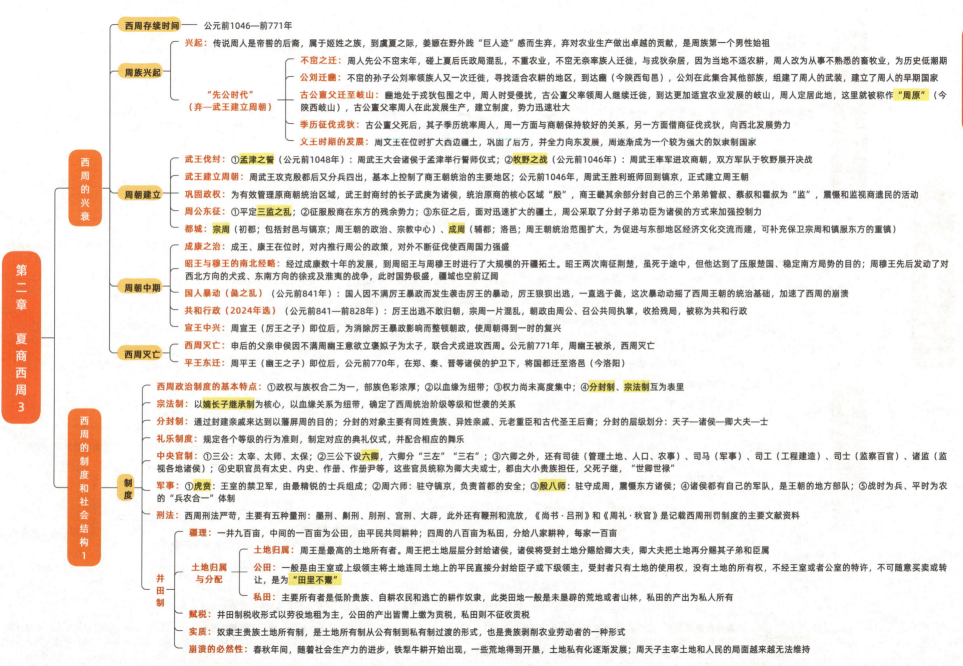

中国古代史

第二章 夏商西周 3

西周的兴衰

周族兴起

西周存续时间：公元前1046—前771年

兴起：传说周人是帝喾的后裔，属于姬姓之族，到虞夏之际，姜嫄在野外践"巨人迹"感而生弃，弃对农业生产做出卓越的贡献，是周族第一个男性始祖

"先公时代"（弃一武王建立周朝）

不窋之迁：周人先公不窋末年，碰上夏后氏政局混乱，不重农业，不窋无奈率族人迁徙，与戎狄杂居，因为当地不适农耕，周人改为从事不熟悉的畜牧业，为历史低潮期

公刘迁豳：不窋的孙子公刘率领族人又一次迁徙，寻找适合农耕的地区，到达豳（今陕西旬邑），公刘在此集合其他部族，组建了周人的武装，建立了周人的早期国家

古公亶父迁至岐山：豳地处于戎狄包围之中，周人时受侵扰，古公亶父率领周人继续迁徙，到达更加适宜农业发展的岐山，周人定居此地，这里就被称作"周原"（今陕西岐山），古公亶父率周人在此发展生产，建立制度，势力迅速壮大

季历征伐戎狄：古公亶父死后，其子季历统率周人，周一方面与商朝保持较好的关系，另一方面借商征伐戎狄，向西北发展势力

文王时期的发展：周文王在位时扩大西边疆土，巩固了后方，并全力向东发展，周逐渐成为一个较为强大的奴隶制国家

周朝建立

武王伐纣：①孟津之誓（公元前1048年）：周武王大会诸侯于孟津举行誓师仪式；②牧野之战（公元前1046年）：周武王率军进攻商朝，双方军队于牧野展开决战

武王建立周朝：周武王攻克殷都后又分兵四出，基本上控制了商王朝统治的主要地区；公元前1046年，周武王胜利班师回到镐京，正式建立周王朝

巩固政权：为有效管理原商朝统治区域，武王封商纣的长子武庚为诸侯，统治原商的核心区域"殷"，商王畿其余部分封自己的三个弟弟管叔、蔡叔和霍叔为"监"，震慑和监视商遗民的活动

周公东征：①平定三监之乱；②征服殷商在东方的残余势力；③东征之后，面对迅速扩大的疆土，周公采取了分封子弟功臣为诸侯的方式来加强控制力

都城：宗周（初都；包括封邑与镐京；周王朝的政治、宗教中心）、成周（辅都；洛邑；周王朝统治范围扩大，为促进与东部地区经济文化交流而建，可补充保卫宗周和镇服东方的重镇）

周朝中期

成康之治：成王、康王在位时，对内推行周公的政策，对外不断征伐使西周国力强盛

昭王与穆王的南北经略：经过成康数十年的发展，到周昭王与周穆王时进行了大规模的开疆拓土。昭王两次南征荆楚，虽死于途中，但他达到了压服楚国、稳定南方局势的目的；周穆王先后发动了对西北方向的犬戎、东南方向的徐戎及淮夷的战争，此时国势极盛，疆域也空前辽阔

国人暴动（彘之乱）（公元前841年）：国人因不满厉王暴政而发生袭击厉王的暴动，厉王狼狈出逃，一直逃于彘，这次暴动动摇了西周王朝的统治基础，加速了西周的崩溃

共和行政（2024年选）（公元前841—前828年）：厉王出逃不敢归朝，宗周一片混乱，朝政由周公、召公共同执掌，收拾残局，被称为共和行政

宣王中兴：周宣王（厉王之子）即位后，为消除厉王暴政影响而整顿朝政，使周朝得到一时的复兴

西周灭亡

西周灭亡：申后的父亲申侯因不满周幽王意欲立褒姒子为太子，联合犬戎进攻西周。公元前771年，周幽王被杀，西周灭亡

平王东迁：周平王（幽王之子）即位后，公元前770年，在郑、秦、晋等诸侯的护卫下，将国都迁至洛邑（今洛阳）

西周的制度和社会结构 1

制度

西周政治制度的基本特点：①政权与族权合二为一，部族色彩浓厚；②以血缘为纽带；③权力尚未高度集中；④分封制、宗法制互为表里

宗法制：以嫡长子继承制为核心，以血缘关系为纽带，确定了西周统治阶级等级和世袭的关系

分封制：通过封建亲戚来达到以藩屏周的目的；分封的对象主要有同姓贵族、异姓亲戚、元老重臣和古代圣王后裔；分封的层级划分：天子—诸侯—卿大夫—士

礼乐制度：规定各个等级的行为准则，制定对应的典礼仪式，并配合相应的舞乐

中央官制：①三公：太宰、太师、太保；②三公下设六卿，六卿分"三左""三右"；③六卿之外，还有司徒（管理土地、人口、农事）、司马（军事）、司工（工程建造）、司士（监察百官）、诸监（监视各地诸侯）；④史职官员有太史、内史、作册、作册尹等，这些官员称为卿大夫或士，都由大小贵族担任，父死子继，"世卿世禄"

军事：①虎贲：王室的禁卫军，由最精锐的士兵组成；②周六师：驻守镐京，负责首都的安全；③殷八师：驻守成周，震慑东方诸侯；④诸侯都有自己的军队，是王朝的地方部队；⑤战时为兵、平时为农的"兵农合一"体制

刑法：西周刑法严苛，主要有五种量刑：墨刑、劓刑、刖刑、宫刑、大辟，此外还有鞭刑和流放，《尚书·吕刑》和《周礼·秋官》是记载西周刑罚制度的主要文献资料

井田制

疆理：一井九百亩，中间的一百亩为公田，由平民共同耕种；四周的八百亩为私田，分给八家耕种，每家一百亩

土地归属与分配

土地归属：周王是最高的土地所有者。周王把土地层层分封给诸侯，诸侯将受封土地分赐给卿大夫，卿大夫把土地再分赐其子弟和臣属

公田：一般是由王室或上级领主将土地连同土地上的平民直接分封给臣子或下级领主，受封者只有土地的使用权，没有土地的所有权，不经王室或者公室的特许，不可随意买卖或转让，是"田里不鬻"

私田：主要所有者是低阶贵族、自耕农民和逃亡的耕作奴隶，此类田地一般是未垦辟的荒地或者山林，私田的产出为私人所有

赋税：井田制税收形式以劳役地租为主，公田的产出皆需上缴为贡税，私田则不征收贡税

实质：奴隶主贵族土地所有制，是土地所有制从公有制向私有制过渡的形式，也是贵族剥削农业劳动者的一种形式

崩溃的必然性：春秋年间，随着社会生产力的进步，铁犁牛耕开始出现，一些荒地得到开垦，土地私有化逐渐发展；周天子主宰土地和人民的局面越来越无法维持

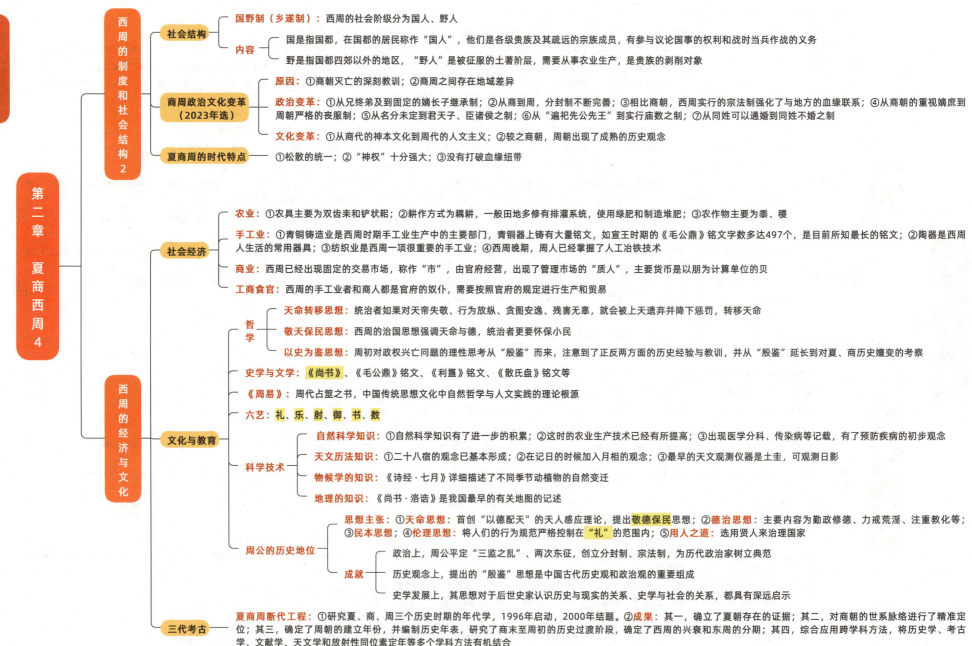

中国古代史

第二章 夏商西周 4

西周的制度和社会结构 2

社会结构
- 国野制（乡遂制）：西周的社会阶级分为国人、野人
- 内容
  - 国是指国都，在国都的居民称作"国人"，他们是各级贵族及其疏远的宗族成员，有参与议论国事的权利和战时当兵作战的义务
  - 野是指国都四郊以外的地区，"野人"是被征服的土著阶层，需要从事农业生产，是贵族的剥削对象

商周政治文化变革（2023年选）
- 原因：①商朝灭亡的深刻教训；②商周之间存在地域差异
- 政治变革：①从兄终弟及到固定的嫡长子继承制；②从商到周，分封制不断完善；③相比商朝，西周实行的宗法制强化了与地方的血缘联系；④从商朝的重视嫡庶到周朝严格的丧服制；⑤从名分未定到君天子、臣诸侯之制；⑥从"遍祀先公先王"到实行庙数之制；⑦从同姓可以通婚到同姓不婚之制
- 文化变革：①从商代的神本文化到周代的人文主义；②较之商朝，周朝出现了成熟的历史观念

夏商周的时代特点——①松散的统一；②"神权"十分强大；③没有打破血缘纽带

西周的经济与文化

社会经济
- 农业：①农具主要为双齿耒和铲状耜；②耕作方式为耦耕，一般田地多修有排灌系统，使用绿肥和制造堆肥；③农作物主要为黍、稷
- 手工业：①青铜铸造业是西周时期手工业生产中的主要部门，青铜器上铸有大量铭文，如宣王时期的《毛公鼎》铭文字数多达497个，是目前所知最长的铭文；②陶器是西周人生活的常用器具；③纺织业是西周一项很重要的手工业；④西周晚期，周人已经掌握了人工冶铁技术
- 商业：西周已经出现固定的交易市场，称作"市"，由官府经营，出现了管理市场的"质人"，主要货币是以朋为计算单位的贝
- 工商食官：西周的手工业者和商人都是官府的奴仆，需要按照官府的规定进行生产和贸易

文化与教育
- 哲学
  - 天命转移思想：统治者如果对天帝失敬、行为放纵、贪图安逸、残害无辜，就会被上天遗弃并降下惩罚，转移天命
  - 敬天保民思想：西周的治国思想强调天命与德，统治者更要怀保小民
  - 以史为鉴思想：周初对政权兴亡问题的理性思考从"殷鉴"而来，注意到了正反两方面的历史经验与教训，并从"殷鉴"延长到对夏、商历史嬗变的考察
- 史学与文学：《尚书》、《毛公鼎》铭文、《利簋》铭文、《散氏盘》铭文等
- 《周易》：周代占筮之书，中国传统思想文化中自然哲学与人文实践的理论根源
- 六艺：礼、乐、射、御、书、数
- 科学技术
  - 自然科学知识：①自然科学知识有了进一步的积累；②这时的农业生产技术已经有所提高；③出现医学分科、传染病等记载，有了预防疾病的初步观念
  - 天文历法知识：①二十八宿的观念已基本形成；②在记日的时候加入月相的观念；③最早的天文观测仪器是土圭，可观测日影
  - 物候学的知识：《诗经·七月》详细描述了不同季节动植物的自然变迁
  - 地理的知识：《尚书·洛诰》是我国最早的有关地图的记述
- 周公的历史地位
  - 思想主张：①天命思想：首创"以德配天"的天人感应理论，提出敬德保民思想；②德治思想：主要内容为勤政修德、力戒荒淫、注重教化等；③民本思想；④伦理思想：将人们的行为规范严格控制在"礼"的范围内；⑤用人之道：选用贤人来治理国家
  - 成就
    - 政治上，周公平定"三监之乱"、两次东征，创立分封制、宗法制，为历代政治家树立典范
    - 历史观念上，提出的"殷鉴"思想是中国古代历史观和政治观的重要组成
    - 史学发展上，其思想对于后世史家认识历史与现实的关系、史学与社会的关系，都具有深远启示
- 三代考古
  - 夏商周断代工程：①研究夏、商、周三个历史时期的年代学，1996年启动，2000年结题。②成果：其一，确立了夏朝存在的证据；其二，对商朝的世系脉络进行了精准定位；其三，确定了周朝的建立年份，并编制历史年表，研究了商末至周初的历史过渡阶段，确定了西周的兴衰和东周的分期；其四，综合应用跨学科方法，将历史学、考古学、文献学、天文学和放射性同位素定年等多个学科方法有机结合

中国古代史

第三章 春秋战国 1

春秋五霸和战国七雄

春秋大国争霸（2023年论）

- **春秋时期的起止时间**——公元前770—前476年
- **平王东迁与王权衰落**——①周平王无力驱逐犬戎南下，在东方诸侯的支持下于公元前770年迁都洛邑，史称**平王东迁**；②周平王自迁都至洛邑，周王室地位骤跌，所辖地区不断缩小；③因周郑交恶，公元前707年，桓王以周、蔡、卫、陈四国之师伐郑，为郑师所败，桓王被郑方射伤，从此天子威信更加低落，仅存共主虚名

 什么是"**春秋五霸**"：一说为齐桓公、晋文公、楚庄王、吴王阖闾、越王勾践；一说为齐桓公、晋文公、楚庄王、秦穆公、宋襄公

- **齐桓首霸**
  - **葵丘之盟**：公元前651年，齐桓公在葵丘召集鲁、宋、曹等国会盟，商订了有关各国共同遵守的条约。在这次盛会上，周襄王还派特使送来祭肉，正式承认了齐桓公的霸主地位
  - **齐桓公的成就与过失**：①成就齐国霸业；②齐桓公知人善任、虚心纳谏，"尊王攘夷"；③晚年淫逸，任用奸佞小人

- **晋、楚争霸**
  - **城濮之战**：公元前632年，晋、楚双方大战于城濮，楚方溃败，这是春秋时期规模最大的一场战争，奠定了晋国的霸主基础
  - **践土之盟**：城濮之战后，晋国大会诸侯于践土，晋文公被推为盟主，周襄王正式封他为侯伯
  - **弭兵之会**：①公元前579年，晋、楚订立盟约，双方保证不交战；②公元前546年，第二次"弭兵"确立晋、楚共为霸主的地位

- **秦穆公称霸西戎**：秦国东进受挫，转向进攻西戎，"益国十二，开地千里"，取得独霸西戎的地位；公元前624年，周天子命人赐穆公金鼓，秦穆公亦有霸主之名

- **吴、越争霸**：①公元前496年，吴、越战于携李（今浙江嘉兴西），越王勾践打败吴军；②公元前494年，吴王夫差打败勾践；③公元前473年，越王勾践率军灭吴

- **三家分晋**：春秋末年，晋国被韩、赵、魏三家列卿瓜分，标志着春秋时期的结束

战国七国争雄

- **战国时期的起止时间**：公元前475—前221年

 什么是"**战国七雄**"：秦、楚、燕、齐、韩、赵、魏

- **田氏代齐**：战国初年，以田氏为首的新兴势力用暴力手段对齐旧势力展开猛烈进攻，通过三次武装政变掌握了齐国大权。公元前386年，周安王正式册命田和为齐侯，自此田氏在形式上取得了合法地位

- **魏霸中原**
  - **桂陵之战**：公元前353年，齐国"**围魏救赵**"，齐威王派田忌、孙膑率兵向魏国国都前进，齐军在魏军回京的桂陵大败魏军并生擒魏将庞涓
  - **逢泽之会**：魏国扭转了**桂陵之战**的败局，公元前344年，魏在逢泽发起盟会，率领12诸侯朝见周天子，魏国称霸中原

- **齐、秦并峙**
  - **马陵之战**：公元前342年，魏国攻韩，次年，齐国救援，齐、魏交战于马陵，魏太子申被俘，庞涓自杀，齐、秦对峙时期开始
  - **徐州相王**：公元前334年，魏惠王到徐州朝见齐威王，尊齐为王，齐威王不敢独自称王，又尊称魏惠王为王，互相承认对方为王

- **合纵连横**："**南北为纵，东西为横**"，合纵的目的在于联合许多弱国抵抗一个强国，以防止强国的兼并；连横的目的在于侍奉一个强国以为靠山从而进攻另外一些弱国，以达到兼并和扩张土地的目的。当时最著名的纵横家除苏秦、张仪之外，还有公孙衍。其中，以韩、赵、魏为主，北连燕，南连楚，来抗击秦或齐，叫作合纵；韩、赵、魏联合东边的齐国抗击秦国，或联合西边的秦国抗击齐国，叫作连横

- **秦、赵大战**
  - **远交近攻**：战国时期，秦国丞相范雎的外交政策，即远交齐、楚，近攻三晋
  - **长平之战**：①公元前262年，秦、赵两军在长平展开对峙；②公元前260年，赵国起用赵括，赵军惨败，四十万人被秦将坑杀
  - **窃符救赵**：①公元前259年，秦军围攻邯郸；②公元前257年，魏国信陵君窃取魏军符调军救赵，赵国方才转危为安
  - **秦灭二周**：①公元前256年，秦昭王灭西周；②公元前249年，秦庄襄王灭东周

- **秦统一六国**
  - **原因**：①地理因素：秦国所处地理位置易守难攻；秦国所处的位置相对东方六国比较偏僻，很少参与中原战争，容易积攒国力；秦国的气候适合牧草生长，适合养马。②秦国的内政外交具有先进性：内政上，秦国数代君主高瞻远瞩、能力出众，并能够任用贤才；外交上，秦国有着超群的外交智慧（张仪"连横"粉碎合纵、范雎"远交近攻"削弱韩、魏，李斯离间六国）。③历史时代有着统一的需求：商品交换越来越频繁；大量的小国被吞并，逐渐形成了区域性的统一。④六国自身有局限性：六国维持旧贵族格局，政治变革不如秦国彻底，且六国各怀异心，无法通力合作
  - **统一的经过**：公元前230—前221年，秦国先灭韩（靠近秦且最弱小）（公元前230年）、二灭赵（挑起燕赵战争，使其腹背受敌）（公元前228年）、三灭魏（引大沟之水冲灌魏都大梁城）（公元前225年）、四灭楚（王翦率大军60万南伐楚国，获得胜利）（公元前224年）、五灭燕（王贲最终消灭其政权）（公元前222年）、六灭齐（王贲从燕南部对齐北境突然进攻）（公元前221年）
  - **历史意义**：①结束了春秋战国的分裂局面，建立了第一个统一的中央集权国家；②奠定了中国古代王朝的基本政治架构；③加强了各地区的经济、文化联系，为国家的长期统一奠定了基础；④形成了大一统的观念

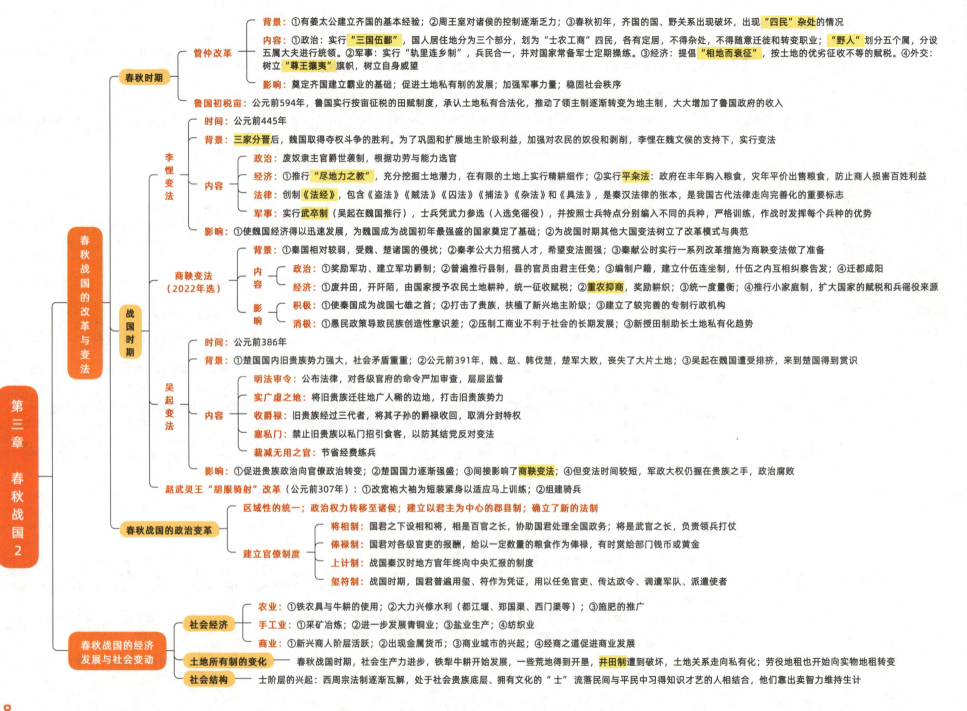

中国古代史

第三章 春秋战国 2

春秋战国的改革与变法

春秋时期

管仲改革

背景：①有姜太公建立齐国的基本经验；②周王室对诸侯的控制逐渐乏力；③春秋初年，齐国的国、野关系出现破坏，出现"四民"杂处的情况

内容：①政治：实行"三国伍鄙"，国人居住地分为三个部分，划为"士农工商"四民，各有定居，不得杂处，不得随意迁徙和转变职业；"野人"划分五个属，分设五属大夫进行统领。②军事：实行"轨里连乡制"，兵民合一，并对国家常备军士定期操练。③经济：提倡"相地而衰征"，按土地的优劣征收不等的赋税。④外交：树立"尊王攘夷"旗帜，树立自身威望

影响：奠定齐国建立霸业的基础；促进土地私有制的发展；加强军事力量；稳固社会秩序

鲁国初税亩：公元前594年，鲁国实行按亩征税的田赋制度，承认土地私有合法化，推动了领主制逐渐转变为地主制，大大增加了鲁国政府的收入

战国时期

李悝变法

时间：公元前445年

背景：三家分晋后，魏国取得夺权斗争的胜利。为了巩固和扩展地主阶级利益，加强对农民的奴役和剥削，李悝在魏文侯的支持下，实行变法

内容

政治：废奴隶主官爵世袭制，根据功劳与能力选官

经济：①推行"尽地力之教"，充分挖掘土地潜力，在有限的土地上实行精耕细作；②实行平籴法：政府在丰年购入粮食，灾年平价出售粮食，防止商人损害百姓利益

法律：创制《法经》，包含《盗法》《贼法》《囚法》《捕法》《杂法》和《具法》，是秦汉法律的张本，是我国古代法律走向完善化的重要标志

军事：实行武卒制（吴起在魏国推行），士兵凭武力参选（入选免徭役），并按照士兵特点分别编入不同的兵种，严格训练，作战时发挥每个兵种的优势

影响：①使魏国经济得以迅速发展，为魏国成为战国初年最强盛的国家奠定了基础；②为战国时期其他大国变法树立了改革模式与典范

商鞅变法（2022年选）

背景：①秦国相对较弱，受魏、楚诸国的侵扰；②秦孝公大力招揽人才，希望变法图强；③秦献公时实行一系列改革措施为商鞅变法做了准备

内容

政治：①奖励军功、建立军功爵制；②普遍推行县制，县的官员由君主任命；③编制户籍，建立什伍连坐制，什伍之内互相纠察告发；④迁都咸阳

经济：①废井田，开阡陌，由国家授予农民土地耕种，统一征收赋税；②重农抑商，奖励耕织；③统一度量衡；④推行小家庭制，扩大国家的赋税和兵徭役来源

影响

积极：①使秦国成为战国七雄之首；②打击了贵族，扶植了新兴地主阶级；③建立了较完善的专制行政机构

消极：①愚民政策导致民族创造性意识差；②压制工商业不利于社会的长期发展；③新授田制助长土地私有化趋势

吴起变法

时间：公元前386年

背景：①楚国国内旧贵族势力强大，社会矛盾重重；②公元前391年，魏、赵、韩伐楚，楚军大败，丧失了大片土地；③吴起在魏国遭受排挤，来到楚国得到赏识

内容

明法审令：公布法律，对各级官府的命令严加审查，层层监督

实广虚之地：将旧贵族迁往地广人稀的边地，打击旧贵族势力

收爵禄：旧贵族经过三代者，将其子孙的爵禄收回，取消分封特权

塞私门：禁止旧贵族以私门招引食客，以防其结党反对变法

裁减无用之官：节省经费练兵

影响：①促进贵族政治向官僚政治转变；②楚国国力逐渐强盛；③间接影响了商鞅变法；④但变法时间较短，军政大权仍握在贵族之手，政治腐败

赵武灵王"胡服骑射"改革（公元前307年）：①改宽袍大袖为短装紧身以适应马上训练；②组建骑兵

春秋战国的政治变革

区域性的统一；政治权力转移至诸侯；建立以君主为中心的郡县制；确立了新的法制

建立官僚制度

将相制：国君之下设相和将，相是百官之长，协助国君处理全国政务；将是武官之长，负责领兵打仗

俸禄制：国君对各级官吏的报酬，给以一定数量的粮食作为俸禄，有时赏给部门钱币或黄金

上计制：战国秦汉时地方官年终向中央汇报的制度

玺符制：战国时期，国君普遍用玺、符作为凭证，用以任免官吏、传达政令、调遣军队、派遣使者

春秋战国的经济发展与社会变动

社会经济

农业：①铁农具与牛耕的使用；②大力兴修水利（都江堰、郑国渠、西门渠等）；③施肥的推广

手工业：①采矿冶炼；②进一步发展青铜业；③盐业生产；④纺织业

商业：①新兴商人阶层活跃；②出现金属货币；③商业城市的兴起；④经商之道促进商业发展

土地所有制的变化：春秋战国时期，社会生产力进步，铁犁牛耕开始发展，一些荒地得到开垦，井田制遭到破坏，土地关系走向私有化；劳役地租也开始向实物地租转变

社会结构：士阶层的兴起：西周宗法制逐渐瓦解，处于社会贵族底层、拥有文化的"士"流落民间与平民中习得知识才艺的人相结合，他们靠出卖智力维持生计

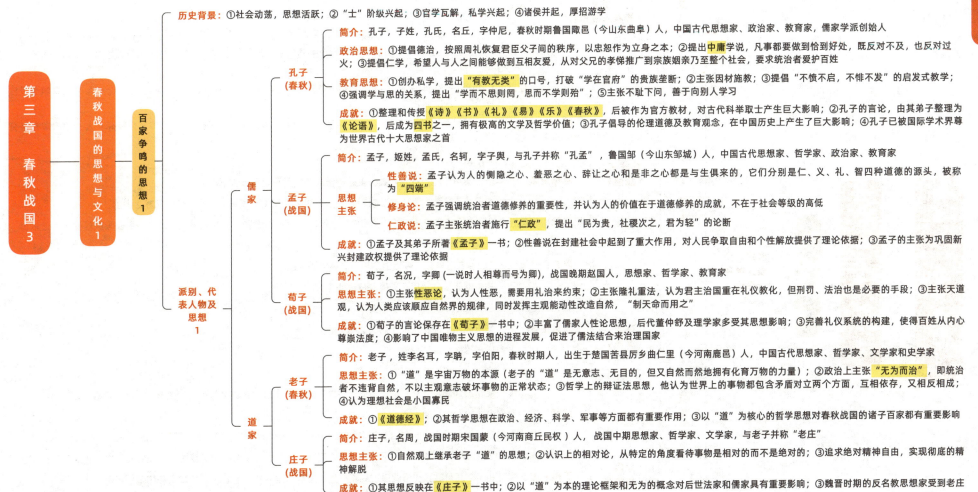

第三章 春秋战国 3

春秋战国的思想与文化 1

百家争鸣的思想 1

历史背景： ①社会动荡，思想活跃；②"士"阶级兴起；③官学瓦解，私学兴起；④诸侯并起，厚招游学

派别、代表人物及思想 1

儒家

孔子（春秋）

简介： 孔子，子姓，孔氏，名丘，字仲尼，春秋时期鲁国陬邑（今山东曲阜）人，中国古代思想家、政治家、教育家，儒家学派创始人

政治思想： ①提倡德治，按照周礼恢复君臣父子间的秩序，以忠恕作为立身之本；②提出中庸学说，凡事都要做到恰到好处，既反对不及，也反对过火；③提倡仁学，希望人与人之间能够做到互相友爱，从对父兄的孝悌推广到宗族姻亲乃至整个社会，要求统治者爱护百姓

教育思想： ①创办私学，提出"有教无类"的口号，打破"学在官府"的贵族垄断；②主张因材施教；③提倡"不愤不启，不悱不发"的启发式教学；④强调学与思的关系，提出"学而不思则罔，思而不学则殆"；⑤主张不耻下问，善于向别人学习

成就： ①整理和传授《诗》《书》《礼》《易》《乐》《春秋》，后被作为官方教材，对古代科举取士产生巨大影响；②孔子的言论，由其弟子整理为《论语》，后成为四书之一，拥有极高的文学及哲学价值；③孔子倡导的伦理道德及教育观念，在中国历史上产生了巨大影响；④孔子已被国际学术界尊为世界古代十大思想家之首

孟子（战国）

简介： 孟子，姬姓，孟氏，名轲，字子舆，与孔子并称"孔孟"，鲁国邹（今山东邹城）人，中国古代思想家、哲学家、政治家、教育家

思想主张

性善说： 孟子认为人的恻隐之心、羞恶之心、辞让之心和是非之心都是与生俱来的，它们分别是仁、义、礼、智四种道德的源头，被称为"四端"

修身论： 孟子强调统治者道德修养的重要性，并认为人的价值在于道德修养的成就，不在于社会等级的高低

仁政说： 孟子主张统治者施行"仁政"，提出"民为贵，社稷次之，君为轻"的论断

成就： ①孟子及其弟子所著《孟子》一书；②性善说在封建社会中起到了重大作用，对人民争取自由和个性解放提供了理论依据；③孟子的主张为巩固新兴封建政权提供了理论依据

荀子（战国）

简介： 荀子，名况，字卿（一说时人相尊而号为卿），战国晚期赵国人，思想家、哲学家、教育家

思想主张： ①主张性恶论，认为人性恶，需要用礼治来约束；②主张隆礼重法，认为君主治国重在礼仪教化，但刑罚、法治也是必要的手段；③主张天道观，认为人类应该顺应自然界的规律，同时发挥主观能动性改造自然，"制天命而用之"

成就： ①荀子的言论保存在《荀子》一书中；②丰富了儒家人性论思想，后代董仲舒及理学家多受其思想影响；③完善礼仪系统的构建，使得百姓从内心尊崇法度；④影响了中国唯物主义思想的进程发展，促进了儒法结合来治理国家

道家

老子（春秋）

简介： 老子，姓李名耳，字聃，字伯阳，春秋时期人，出生于楚国苦县厉乡曲仁里（今河南鹿邑）人，中国古代思想家、哲学家、文学家和史学家

思想主张： ①"道"是宇宙万物的本源（老子的"道"是无意志、无目的，但又自然而然地拥有化育万物的力量）；②政治上主张"无为而治"，即统治者不违背自然，不以主观意志破坏事物的正常状态；③哲学上的辩证法思想，他认为世界上的事物都包含矛盾对立两个方面，互相依存，又相反相成；④认为理想社会是小国寡民

成就： ①《道德经》；②其哲学思想在政治、经济、科学、军事等方面都有重要作用；③以"道"为核心的哲学思想对春秋战国的诸子百家都有重要影响

庄子（战国）

简介： 庄子，名周，战国时期宋国蒙（今河南商丘民权）人，战国中期思想家、哲学家、文学家，与老子并称"老庄"

思想主张： ①自然观上继承老子"道"的思想；②认识上的相对论，从特定的角度看待事物是相对的而不是绝对的；③追求绝对精神自由，实现彻底的精神解脱

成就： ①其思想反映在《庄子》一书中；②以"道"为本的理论框架和无为的概念对后世法家和儒家具有重要影响；③魏晋时期的反名教思想家受到老庄自然主义精神影响；④对中国道教的形成具有重要影响

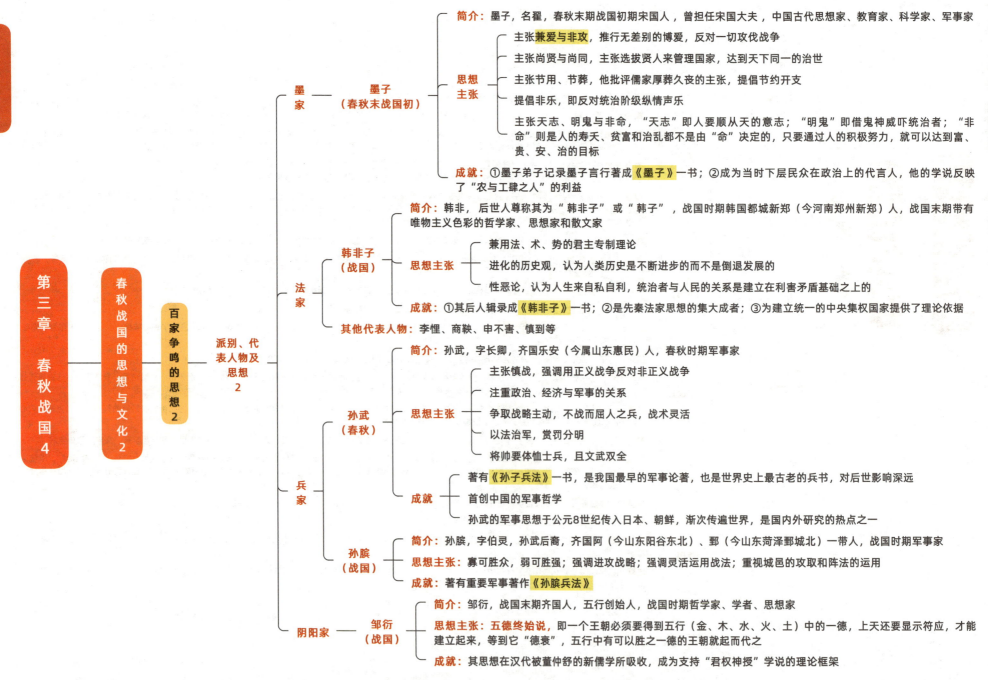

中国古代史

第三章 春秋战国 4 —— **春秋战国的思想与文化 2** —— **百家争鸣的思想 2** —— **派别、代表人物及思想 2**

墨家 —— **墨子（春秋末战国初）**

- **简介**：墨子，名翟，春秋末期战国初期宋国人，曾担任宋国大夫，中国古代思想家、教育家、科学家、军事家
- **思想主张**
  - 主张**兼爱与非攻**，推行无差别的博爱，反对一切攻伐战争
  - 主张尚贤与尚同，主张选拔贤人来管理国家，达到天下同一的治世
  - 主张节用、节葬，他批评儒家厚葬久丧的主张，提倡节约开支
  - 提倡非乐，即反对统治阶级纵情声乐
  - 主张天志、明鬼与非命，"天志"即人要顺从天的意志；"明鬼"即借鬼神威吓统治者；"非命"则是人的寿夭、贫富和治乱都不是由"命"决定的，只要通过人的积极努力，就可以达到富、贵、安、治的目标
- **成就**：①墨子弟子记录墨子言行著成《墨子》一书；②成为当时下层民众在政治上的代言人，他的学说反映了"农与工肆之人"的利益

法家 —— **韩非子（战国）**

- **简介**：韩非，后世人尊称其为"韩非子"或"韩子"，战国时期韩国都城新郑（今河南郑州新郑）人，战国末期带有唯物主义色彩的哲学家、思想家和散文家
- **思想主张**
  - 兼用法、术、势的君主专制理论
  - 进化的历史观，认为人类历史是不断进步的而不是倒退发展的
  - 性恶论，认为人生来自私自利，统治者与人民的关系是建立在利害矛盾基础之上的
- **成就**：①其后人辑录成《韩非子》一书；②是先秦法家思想的集大成者；③为建立统一的中央集权国家提供了理论依据

其他代表人物：李悝、商鞅、申不害、慎到等

兵家 —— **孙武（春秋）**

- **简介**：孙武，字长卿，齐国乐安（今属山东惠民）人，春秋时期军事家
- **思想主张**
  - 主张慎战，强调用正义战争反对非正义战争
  - 注重政治、经济与军事的关系
  - 争取战略主动，不战而屈人之兵，战术灵活
  - 以法治军，赏罚分明
  - 将帅要体恤士兵，且文武双全
- **成就**
  - 著有《孙子兵法》一书，是我国最早的军事论著，也是世界史上最古老的兵书，对后世影响深远
  - 首创中国的军事哲学
  - 孙武的军事思想于公元8世纪传入日本、朝鲜，渐次传遍世界，是国内外研究的热点之一

孙膑（战国）

- **简介**：孙膑，字伯灵，孙武后裔，齐国阿（今山东阳谷东北）、鄄（今山东菏泽鄄城北）一带人，战国时期军事家
- **思想主张**：寡可胜众，弱可胜强；强调进攻战略；强调灵活运用战法；重视城邑的攻取和阵法的运用
- **成就**：著有重要军事著作《孙膑兵法》

阴阳家 —— **邹衍（战国）**

- **简介**：邹衍，战国末期齐国人，五行创始人，战国时期哲学家、学者、思想家
- **思想主张：五德终始说**，即一个王朝必须要得到五行（金、木、水、火、土）中的一德，上天还要显示符应，才能建立起来，等到它"德衰"，五行中有可以胜之一德的王朝就起而代之
- **成就**：其思想在汉代被董仲舒的新儒学所吸收，成为支持"君权神授"学说的理论框架

中国古代史

《国语》： 我国最早的一部国别史著作，相传作者是 左丘明，记录了周朝王室和鲁、齐、晋、郑、楚、吴、越等诸侯国的历史

《战国策》： 国别体史学著作，是战国时代纵横家游说辞和权变故事的汇编，原名《国策》，战国末年初辑集成书，经刘向重新编定为今名

《竹书纪年》： 战国时魏国编年体的官史，因原本写于竹简而得名，记事起自夏禹（或说黄帝），下至战国魏襄王时期

《世本》： 战国末年赵人所作，原书至南宋已大部分散失，目前有一个辑本，记载从黄帝到春秋时期的"帝王""诸侯""卿大夫"的世系和氏姓，也记载帝王的都邑、制作、谥法等

春秋三传

《左传》（《春秋左氏传》）：旧传是春秋时鲁国人左丘明所撰，是解释《春秋》之作，对东周王室和各主要诸侯国的盛衰、春秋时代的重要政治和军事活动都有比较具体的记载，是迄今我们所见的第一部真正意义上的史书

《公羊传》： 作者一般认为是战国齐人 公羊高，是专门解释《春秋》的一部典籍，所记年代从鲁隐公元年（公元前722年）至鲁哀公十四年（公元前481年），更加生动地解说了《春秋》经义

《谷梁传》： 作者一般认为是谷梁赤，是专门解释《春秋》的一部典籍，强调礼制，重视宗法

四书

《大学》： 原为《礼记》第四十二篇，约为秦汉之际儒家作品，也有说是曾子所作，概括总结了先秦儒家道德修养的理论、方法和原则

《中庸》： 原属《礼记》第三十一篇，是儒家经典之一，相传为战国时期子思所作，其内容肯定 "中庸" 是道德行为的最高标准

《论语》： 是孔子的弟子及再传弟子记录孔子及其弟子言行而编成的语录文集，内容涉及政治主张、教育原则、伦理观念、品德修养等方面，反映孔子的伦理体系和基本思想

《孟子》： 由孟子及其弟子共同编写而成，记录孟子的语言、政治观点和政治活动

五经

《周易》： 是中国最古老的文献之一，被后世儒家尊为"五经"之首，据《史记》记载为周文王所作，是中国古代经典六经之一，也被称为《易经》。它是一部包含了哲学、卜筮和自然观念的文献，被认为是中国古代哲学的重要基石

《诗经》： 中国最早的诗歌总集，共有305篇，分为"风、雅、颂"三部分，其中《国风》大都是民间诗歌，《雅》《颂》是宴会的乐歌，部分为暴露时政的作品，还有一些祀神祭祖的诗

《尚书》： 所记是商、周王朝的大事，对这一时期的生产状况、政治统治和意识形态的特点都有不同程度的反映

《礼记》： 也称《小戴礼记》，是礼学家对礼经的解释以及他们所采择的各种意见的辑录，共49篇，记载先秦的礼制，体现先秦儒家的哲学、教育、政治、美学的思想，是研究先秦社会的重要资料

《春秋》： 据传为孔子修订而成，是目前所知的第一部私人撰写的历史著作，是现存中国史学上最早的编年体史书，主要记述了周王室和各诸侯国的政治、军事活动以及一些自然现象

文学

《诗经》： 中国最早的诗歌总集，共有305篇，分为"风、雅、颂"三部分，其中《国风》大都是民间诗歌，《雅》《颂》是宴会的乐歌，部分为暴露时政的作品，还有一些祀神祭祖的诗

《楚辞》： 先秦楚国的诗歌总集，以楚语写成，取材于民间神话传说，屈原以丰富的想象力和浪漫主义气质写成《离骚》《天问》等15篇，后人把同时期作家所创作的这一文体称为 "楚辞"，简称为"辞"或"骚"

其他：《老子》《庄子》《韩非子》等诸子散文

稷下学宫： 战国时期齐国的官办高等学府，位于齐国国都临淄稷门附近，在此的学者们自由发表学术见解，互相争辩、诘难、吸收，成为体现战国时代"百家争鸣"的典型

天文学

二十八星宿体系的创立可能始于春秋时期

《春秋》中有世界上最早的关于哈雷彗星的记录

战国时齐人甘德作《天文星占》，魏人石申作《天文》，后人把二书合为《甘石星经》

数学： ①春秋时出现九九乘法口诀；②最迟春秋末有了度量衡器；③春秋战国时出现了"筹算计算法"

医学

春秋时有了医药、经脉的专著

战国时出现治病分科的方法，《山海经》中记载的药物有百种以上

名医如秦国的医缓、齐国的秦越人（号扁鹊）等，代表性的医学专著有《黄帝内经》等

第三章 春秋战国 5

春秋战国的思想与文化 3

文化　史学　四书五经

自然科学

中国古代史

第四章 秦汉1

秦朝的统一及其历史影响

秦朝的建立与灭亡
- **秦朝建立：** 公元前221年，秦国在统一六国后，建立了第一个专制主义中央集权的国家
- **秦的灭亡：** 秦的暴政导致各地出现起义与斗争，赵高杀秦二世并立子婴为秦王；公元前207年，刘邦兵至灞上，子婴投降，秦朝灭亡

秦朝的政治制度
- **建立皇帝制度：** ①确立皇帝至高无上的皇权；②采用"五德终始说"神化皇权；③到泰山封禅，彰显其政权的神圣性；④到各地巡行，镇服六国旧贵族等反对势力
- **郡县制：** 建立由中央政府直接管辖的郡、县二级地方行政体制；在县以下还有乡、亭、里等基层机构，负责教化、治安和征收赋税、组织生产等
- **官僚制度：** 中央实行三公九卿制：丞相掌政务、太尉掌军事、御史大夫掌监察和司法，三公下设九卿，负责各项具体事务。地方上，郡设郡守全面负责郡的政务；郡尉辅佐郡守掌管郡的军事；郡监掌监郡，是隶属于中央御史大夫的特殊官吏，任务是代表皇帝监察地方官吏等等；县设县令（长），掌政事；县尉掌军事；县丞为县令副职，掌司法
- **秦律：** 《云梦秦律》（《睡虎地秦简》）是1975年从湖北云梦秦墓中出土的大量秦律。**内容：** ①严厉惩罚政治犯罪；②保护公私财产的合法所有，惩治盗窃行为；③对一般的斗殴伤害、奸淫伤害也给以惩治。
- **特点：** ①法网严密，内容细碎，包含对人民生活一举一动的规定；②轻罪重罚；③贯彻等级观念、纲常伦理

秦朝巩固统一的经济文化军事措施
- **经济：** ①确立土地私有制；②统一货币、度量衡；③迁徙富豪；④统一车轨
- **文化：** ①统一全国文字为小篆和隶书；②焚书坑儒（焚烧民间私藏的儒家经典，坑杀方士、儒生）
- **军事：**
  - 收天下之兵器，通川防，修驰道
  - 征服百越，统一岭南：公元前214年，秦军征服岭南，遭到当地百越的顽强抵抗，遂开凿灵渠，平定岭南后设南海、桂林、象等郡
  - 北击匈奴：收复河南地，重设九原郡
  - 修筑长城：为防止匈奴的侵扰，秦始皇下令修筑了西起陇西郡临洮、东至辽东的长城
  - 通西南夷，开五尺道：派将军常頞征调巴蜀士卒，经略西南夷、开凿五尺宽的道路，并设置行政机构

秦灭亡的原因
- ①严酷的统治；②百姓赋役沉重，阶级矛盾突出；③继承人问题的失误；④秦末统治集团的内斗；⑤秦朝与原六国地区矛盾加剧

西汉的建立与文景之治

汉朝的建立
- **巨鹿之战：** 公元前207年，项羽与秦名将章邯在巨鹿进行了一场以少胜多的战役，即巨鹿之战，经过此战，秦军主力被消灭，对灭秦战争具有决定性的意义
- **"约法三章"：** 刘邦进入咸阳后，与关中父老"约法三章"：杀人者死，伤人及盗抵罪，让秦的一些地方官留任原职，稳定了社会秩序
- **项羽分封：** 项羽自立为西楚霸王，建都于彭城，共分封18个诸侯王，封刘邦为汉王，据巴蜀、汉中
- **楚汉之争**
  - **背景：** 项羽与刘邦在抗秦中实力大增；刘邦"约法三章"获得关中百姓支持；项羽自立为霸王；项羽的分封引起一些握有重兵将领的不满
  - **过程：** ①田荣首先在齐地起兵反抗，接着刘邦趁机进兵关中，远袭彭城，为项羽所败；②公元前203年，项羽和刘邦双方言和，以鸿沟为界，东属楚，西属汉；③刘邦趁项羽撤兵东归之际，约韩信、彭越等进攻项羽
  - **结果：** 公元前202年，刘邦围项羽于垓下，垓下之战中楚军全军覆灭，项羽乌江自刎而死
- **西汉建立：** 公元前202年，刘邦即位，国号汉，是为汉高祖，同年迁都于长安，建立西汉王朝
- **西汉分封制：** 分封异姓诸侯王——楚王韩信、梁王彭越、淮南王英布、赵王张敖、韩王信、燕王臧荼、长沙王吴芮，以及在边地的闽越王无诸、南越王赵佗，后剪除异姓王又陆续分封9个刘姓子弟为王，如吴王刘濞、楚王刘交、齐王刘肥等
- **"布衣将相之局"：** 刘邦及其功臣大部分出自"布衣"即平民，由他们组成了西汉初年的政治结构，赵翼在《廿二史札记》中将其总结为"布衣将相之局"

汉初稳定社会秩序的措施
- **汉初面对的严峻形势：** 经济凋敝；政局不稳；面临匈奴威胁
- **汉承秦制：** ①中央以皇帝为最高统治者，实行三公九卿制；②地方上实行郡国并行制；③以皇帝作为军队的最高统帅，有中央常备军和地方预备军两种；④依据《秦律》制定《汉律》
- **推行黄老政治：** ①政治上实行"无为而治"，采用减少干预的办法缓和社会矛盾，稳定统治秩序；②经济上与民休息，减轻赋税、徭役；③思想上推崇黄老之学，主张清静无为和刑名之学
- **赋税制度：** ①实行编户齐民制度，以户籍作为征税的依据；②赋税有田赋、口赋（口钱+算赋）、献费等；③徭役主要有更卒（到各级官府）、正卒（地方）、戍卒（首都或边境）
- **"强本弱末"：** ①西都关中；②徙民于关中；③在汉与诸侯国相接的国境线上设立据点，驻兵防守；④严设关防，禁止重要物资出关；⑤铲除韩信等异姓王；⑥改革分封制，限制同姓王
- **任用儒生：** 汉高祖接受陆贾的治国思想，任用叔孙通制定礼仪，并亲自祭孔
- **应对匈奴：** 面对于匈奴威胁，"白登之围"（平城之围）后汉高祖采取娄敬的建议，以和亲政策换取安定

"文景之治"

- **什么是"文景之治"：** 汉文帝、汉景帝在位期间出现的治世，为汉武帝时期西汉盛世的出现创造了条件
- **文帝、景帝的统治**
  - **"文景之治"的举措：** ①薄赋劝农；②解除关禁，招抚流亡；③贵粟政策；④约法省禁；⑤削弱王国势力；⑥制定《马复令》；⑦厉行节俭；⑧废除肉刑
  - **七国之乱**
    - 削藩：①汉文帝：贾谊上书《治安策》提出"众建诸侯而少其力"；②汉景帝：采纳晁错的《削藩策》，引发七国之乱
    - 平定七国之乱：西汉诸王的势力日益膨胀，掌握着封国内征收赋税、任免官吏、铸造钱币等政治、经济大权。公元前154年，吴楚七国反对削藩，举兵叛乱，汉将周亚夫率汉军进击，三个月内平定叛乱
    - 结果：七国之乱的平定和诸侯王权力的衰弱，沉重打击了分裂割据势力；在制度上，基本上消除了刘邦实行分封制度时产生的弊端，进一步加强了中央集权制度

第四章 秦汉 2

汉武帝的统治与西汉的强盛

汉武帝的统治

统治措施

政治（2021年选）

- **建立"中朝"，限制相权**：选拔以"尚书"为首的部分中下层官吏为助手，形成"中朝"，直接对皇帝负责，为实际的决策机关
- **建立新的选官制度**：
  - 诏令"郡国举孝廉各一人"，建立岁**举孝廉**的察举制
  - 兴立**太学**，从地方官僚的子弟中选拔人才到太学学习，考试合格便可授予官职
- **监察制度**：
  - 将全国分为十三州，每州设刺史一人，为中央派出的常驻监察官，刺史根据汉武帝订立的**"六条问事"**监察
  - 在京师设置**司隶校尉**，纠察京师百官（三公除外）和三辅、三河、弘农七郡，进一步加强了皇帝对官僚群体的督导和控制
- **加强军事力量，严苛法律**：①设置期门军、羽林军、八校尉，使中央有了"长从"募士；②法律具有相对公平性和绝对严酷性；③萧何以《秦律》为基础，制成《汉律》九章，至汉武帝时，一再增补
- **进一步打击诸侯、豪强势力**：①颁布**推恩令**；②推行**"左官律""附益法"**；③**酎金夺爵**；④迁徙豪强或任用酷吏诛杀豪强
- **开拓边疆**：①与匈奴战争稳固北部边疆；②对南越、闽越发动战争，开拓南方疆域；③加强对西南夷的管理；④设郡管理东北地区

经济：①收铸币权于中央，并设置专门的铸币机构铸造五铢钱，作为当时唯一的合法货币；②**盐铁官营**；③实行均输平准政策；④实行算缗告缗令

文化：①**罢黜百家，独尊儒术**；②在京师设置太学，置**五经博士**，教授儒家经典，使儒学传授官方化、制度化；③重用儒生

武帝晚年

《轮台罪己诏》（公元前89年）
- **背景**：汉武帝末年，统治阶级内部矛盾日益尖锐，封建社会经济面临崩溃
- **内容**：宣布禁苛暴，止擅赋，力本农，表示与民更始，发展生产，与民休息，后任田千秋为相，又以赵过为搜粟都尉，推行**代田法**
- **影响**：汉武帝晚年对统治政策的调整，相对缓和了阶级矛盾

巫蛊之祸（公元前91年）
- 汉武帝末年，封建统治集团内部发生的重大政治事件
- 汉武帝晚年多病，疑其左右人巫蛊所致，江充诬告太子，太子杀江充及胡巫而逃走，后兵败自杀
- **巫蛊之祸**导致了汉帝国统治上层一次严重的政治危机，酿成了汉武帝后期政局的空前巨变

昭宣中兴

💡 **什么是昭宣中兴**：西汉昭帝和宣帝在武帝结束对外战争后，使社会生产重新得到一定程度的恢复和发展

昭帝、宣帝的统治
- **统治措施**：①招抚流亡，劝民农桑；②整顿吏治；③平理刑狱
- **盐铁会议**：汉昭帝时，霍光组织召开讨论汉武帝时期大政方针的得失存废问题，如盐铁官营政策、汉匈关系、王道和霸道、重义和重利等，会后进一步推行了"与民休息"的措施
- **《盐铁论》**：汉宣帝时，桓宽根据昭帝盐铁会议的记录，整理成《盐铁论》

秦汉社会矛盾与农民起义

秦末农民大起义
- **陈胜、吴广起义**：公元前209年，陈胜、吴广在大泽乡起义，建立张楚政权，但只有半年就失败了
- **项羽、刘邦反秦斗争**：陈胜、吴广失败后，项羽和刘邦继续领导反秦斗争，在**巨鹿之战**中基本消灭秦朝的军队

西汉末年农民起义
- **绿林、赤眉起义**：西汉末年王莽篡权时发生的农民起义，后被刘秀大军包围阻击，起义失败

东汉末年黄巾起义
- **五斗米道和太平道**：①东汉顺帝时（142年），张陵创立**五斗米道**；②东汉灵帝时（约172—178年），**张角创立太平道**

黄巾起义
- 💡 **什么是黄巾起义**：184年，张角号召农民起义，他们头戴黄巾，因此被称为**"黄巾起义"**
- **过程**：起义爆发后，朝廷动员各地豪强地主起兵平叛，起义以失败告终
- **影响**：造成了东汉末年各地势力的崛起，地方大族拥兵自重，军阀割据一方

两汉时期的社会经济

农业：①大量使用牛耕与铁农具（东汉牛耕图画像石）；②水利工程（治理黄河）；③耕作技术（代田法、区种法）；④人口和垦田数增加

手工业：①冶铁业发展；②纺织业发达（官府经营的丝织业作坊）；③漆器业发展；④高超的手工艺制造（长信宫灯、**金缕玉衣**）

商业和城市：①西汉商业不断发展，如商业经营范围广泛、商业都会数量增加、富商大贾数量增加、对外贸易繁荣等，但也遭到汉初抑商政策和武帝压抑商人的挫折。②商业都市（长安、洛阳、临淄、邯郸、成都等地）

中国古代史

第四章 秦汉 3

豪强势力与东汉的统治1

地主豪强势力（2024年选）

地主豪强组成： 战国时期六国贵族的后代+汉朝新兴的豪富大姓

形成原因： ①地主阶级政权的根本利益与豪强一致，如东汉开国皇帝刘秀本就是豪强地主；②西汉政府轻田赋、重人头税的赋税制度，对地主有利；③汉武帝时开始启用商人做官，使商人与地主、官僚三位一体，加速了土地兼并

特点： ①经营种类多样，自给自足；②严格的长幼尊卑秩序，依附关系极强；③具有自我防卫的武装力量；④受外界环境干扰小

影响： ①在政治上，起到了维持社会秩序的作用，但加剧了地方分权和政治腐败，加重了农民的精神和经济负担，扰乱地方社会秩序，危害国家统治；②在经济上，通过各种手段兼并土地，破坏国家经济，一定程度上减少了国家财政收入；③在军事上，私人武装维持了地方的安定，但私兵的膨胀又导致了地方的分裂；④在文化上，一定程度上提高了普通民众的基本文化素质

打击豪强
- **景帝：** ①景帝时将税制改为三十税一，允许农民流动开垦荒地；②实行抑商政策；③加强吏治管理，严惩贪赃枉法的官员
- **武帝：** ①迁徙豪强；②任用酷吏诛杀豪强；③加强对豪强的监察

西汉末年

西汉末年的豪强势力： 西汉后期土地兼并迅速发展，贵族官僚、地主、商人势力膨胀，财富不断增加，严重威胁着西汉的统治地位

王莽篡汉： 哀帝死后，王莽操纵汉政权；公元8年，西汉灭亡

新朝

建立新朝： 公元8年，王莽代汉称帝，改国号新，实行托古改制的措施

王莽改制

背景： 王莽掌权后，为了缓和尖锐的阶级矛盾，颁布诏令，进行改制

内容： ①实行"王田""私属"制，更名天下田为"王田"，奴婢称为"私属"，均不得买卖；②统一度量衡，制造标准的度量衡器颁行天下；③实行五均六筦，在洛阳、邯郸、临淄、宛、成都五大城市设五均官，负责管理市场的物价，收取工商业税，六筦是对盐、酒、铁、铸钱、征收山泽税和五均赊贷共六种经济事业进行管制；④改革币制：王莽进行了四次币制改革；⑤更易名号，对中央和地方的官名、官制、郡县地名、行政区划，也屡加改变；⑥向边疆少数民族颁发新室印缓，收回汉印缓，把原来汉朝所封的王改成侯，改变少数民族的族名和民族首领的封号

影响： 王莽改制没有挽救社会危机反而使人民无法生活，最终爆发全国性的农民大起义

失败原因： ①脱离实际，目标过于理想化；②触及大地主、大贵族、大商人的利益；③用人不当；④多次币制改革，导致货币流通混乱；⑤改变少数民族称号，破坏友好的民族关系；⑥王莽本人性情躁动、迷信古书、急求近效

新朝灭亡： 公元23年，绿林军推翻了王莽的统治

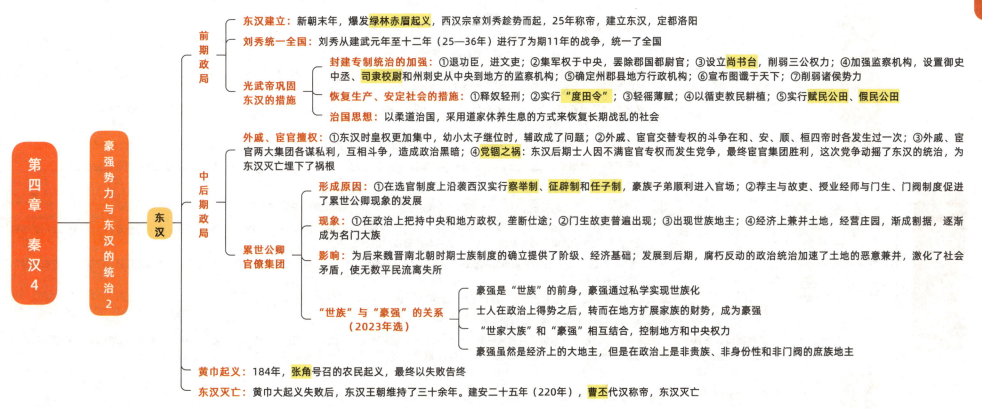

第四章 秦汉 4

豪强势力与东汉的统治 2

东汉

前期政局

东汉建立： 新朝末年，爆发绿林赤眉起义，西汉宗室刘秀趁势而起，25年称帝，建立东汉，定都洛阳

刘秀统一全国： 刘秀从建武元年至十二年（25—36年）进行了为期11年的战争，统一了全国

光武帝巩固东汉的措施

封建专制统治的加强： ①退功臣，进文吏；②集军权于中央，罢除郡国都尉官；③设立尚书台，削弱三公权力；④加强监察机构，设置御史中丞、司隶校尉和州刺史从中央到地方的监察机构；⑤确定州郡县地方行政机构；⑥宣布图谶于天下；⑦削弱诸侯势力

恢复生产、安定社会的措施： ①释奴轻刑；②实行"度田令"；③轻徭薄赋；④以循吏教民耕植；⑤实行赋民公田、假民公田

治国思想： 以柔道治国，采用道家休养生息的方式来恢复长期战乱的社会

中后期政局

外戚、宦官擅权： ①东汉时皇权更加集中，幼小太子继位时，辅政成了问题；②外戚、宦官交替专权的斗争在和、安、顺、桓四帝时各发生过一次；③外戚、宦官两大集团各谋私利，互相斗争，造成政治黑暗；④党锢之祸：东汉后期士人因不满宦官专权而发生党争，最终宦官集团胜利，这次党争动摇了东汉的统治，为东汉灭亡埋下了祸根

累世公卿官僚集团

形成原因： ①在选官制度上沿袭西汉实行察举制、征辟制和任子制，豪族子弟顺利进入官场；②荐主与故吏、授业经师与门生、门阀制度促进了累世公卿现象的发展

现象： ①在政治上把持中央和地方政权，垄断仕途；②门生故吏普遍出现；③出现世族地主；④经济上兼并土地，经营庄园，渐成割据，逐渐成为名门大族

影响： 为后来魏晋南北朝时士族制度的确立提供了阶级、经济基础；发展到后期，腐朽反动的政治统治加速了土地的恶意兼并，激化了社会矛盾，使无数平民流离失所

"世族"与"豪强"的关系（2023年选）

豪强是"世族"的前身，豪强通过私学实现世族化

士人在政治上得势之后，转而在地方扩展家族的财势，成为豪强

"世家大族"和"豪强"相互结合，控制地方和中央权力

豪强虽然是经济上的大地主，但是在政治上是非贵族、非身份性和非门阀的庶族地主

黄巾起义： 184年，张角号召的农民起义，最终以失败告终

东汉灭亡： 黄巾大起义失败后，东汉王朝维持了三十余年。建安二十五年（220年），曹丕代汉称帝，东汉灭亡

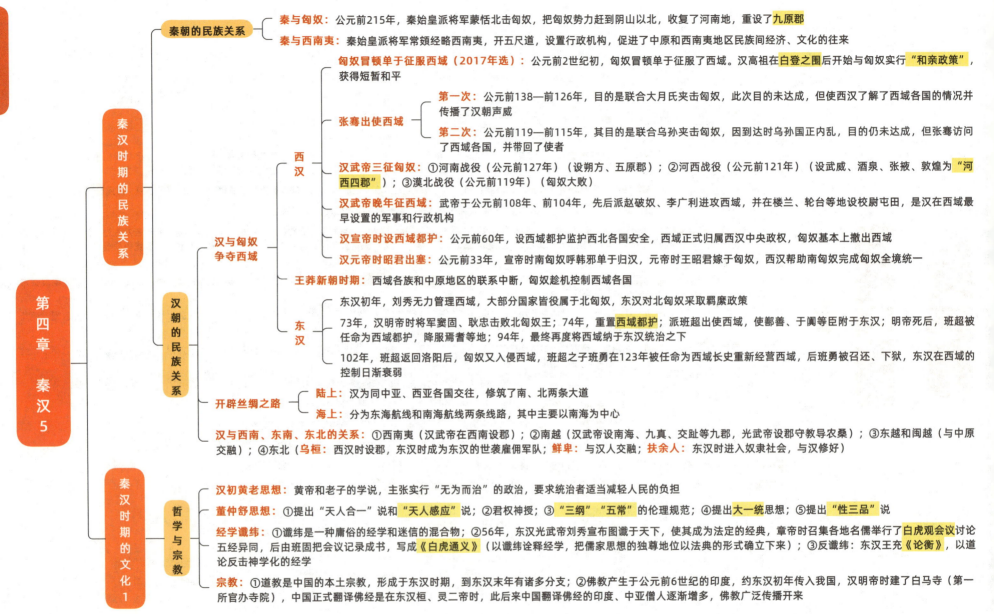

中国古代史

第四章 秦汉 5

秦汉时期的民族关系

秦朝的民族关系

秦与匈奴：公元前215年，秦始皇派将军蒙恬北击匈奴，把匈奴势力赶到阴山以北，收复了河南地，重设了九原郡

秦与西南夷：秦始皇派将军常頻经略西南夷，开五尺道，设置行政机构，促进了中原和西南夷地区民族间经济、文化的往来

汉朝的民族关系

汉与匈奴争夺西域

西汉

匈奴冒顿单于征服西域（2017年选）：公元前2世纪初，匈奴冒顿单于征服了西域。汉高祖在白登之围后开始与匈奴实行"和亲政策"，获得短暂和平

张骞出使西域

第一次：公元前138—前126年，目的是联合大月氏夹击匈奴，此次目的未达成，但使西汉了解了西域各国的情况并传播了汉朝声威

第二次：公元前119—前115年，其目的是联合乌孙夹击匈奴，因到达时乌孙国正内乱，目的仍未达成，但张骞访问了西域各国，并带回了使者

汉武帝三征匈奴：①河南战役（公元前127年）（设朔方、五原郡）；②河西战役（公元前121年）（设武威、酒泉、张掖、敦煌为"河西四郡"）；③漠北战役（公元前119年）（匈奴大败）

汉武帝晚年征西域：武帝于公元前108年、前104年，先后派赵破奴、李广利进攻西域，并在楼兰、轮台等地设校尉屯田，是汉在西域最早设置的军事和行政机构

汉宣帝时设西域都护：公元前60年，设西域都护监护西北各国安全，西域正式归属西汉中央政权，匈奴基本上撤出西域

汉元帝时昭君出塞：公元前33年，宣帝时南匈奴呼韩邪单于归汉，元帝时王昭君嫁于匈奴，西汉帮助南匈奴完成匈奴全境统一

王莽新朝时期：西域各族和中原地区的联系中断，匈奴趁机控制西域各国

东汉

东汉初年，刘秀无力管理西域，大部分国家皆役属于北匈奴，东汉对北匈奴采取羁縻政策

73年，汉明帝时将军窦固、耿忠击败北匈奴王；74年，重置西域都护，派班超出使西域，使鄯善、于阗等臣附于东汉；明帝死后，班超被任命为西域都护，降服焉耆等地；94年，最终再度将西域纳于东汉统治之下

102年，班超返回洛阳后，匈奴又入侵西域，班超之子班勇在123年被任命为西域长史重新经营西域，后班勇被召还、下狱，东汉在西域的控制日渐衰弱

开辟丝绸之路

陆上：汉为同中亚、西亚各国交往，修筑了南、北两条大道

海上：分为东海航线和南海航线两条线路，其中主要以南海为中心

汉与西南、东南、东北的关系：①西南夷（汉武帝在西南设郡）；②南越（汉武帝设南海、九真、交趾等九郡，光武帝设郡守教导农桑）；③东越和闽越（与中原交融）；④东北（乌桓：西汉时设郡，东汉时成为东汉的世袭雇佣军队；鲜卑：与汉人交融；扶余人：东汉时进入奴隶社会，与汉修好）

秦汉时期的文化 1

哲学与宗教

汉初黄老思想：黄帝和老子的学说，主张实行"无为而治"的政治，要求统治者适当减轻人民的负担

董仲舒思想：①提出"天人合一"说和"天人感应"说；②君权神授；③"三纲""五常"的伦理规范；④提出大一统思想；⑤提出"性三品"说

经学谶纬：①谶纬是一种庸俗的经学和迷信的混合物；②56年，东汉光武帝刘秀宣布图谶于天下，使其成为法定的经典，章帝时召集各地名儒举行了白虎观会议讨论五经异同，后由班固把会议记录成书，写成《白虎通义》（以谶纬诠释经学，把儒家思想的独尊地位以法典的形式确立下来）；③反谶纬：东汉王充《论衡》，以道论反击神学化的经学

宗教：①道教是中国的本土宗教，形成于东汉时期，到东汉末年有诸多分支；②佛教产生于公元前6世纪的印度，约东汉初年传入我国，汉明帝时建了白马寺（第一所官办寺院），中国正式翻译佛经是在东汉桓、灵二帝时，此后来中国翻译佛经的印度、中亚僧人逐渐增多，佛教广泛传播开来

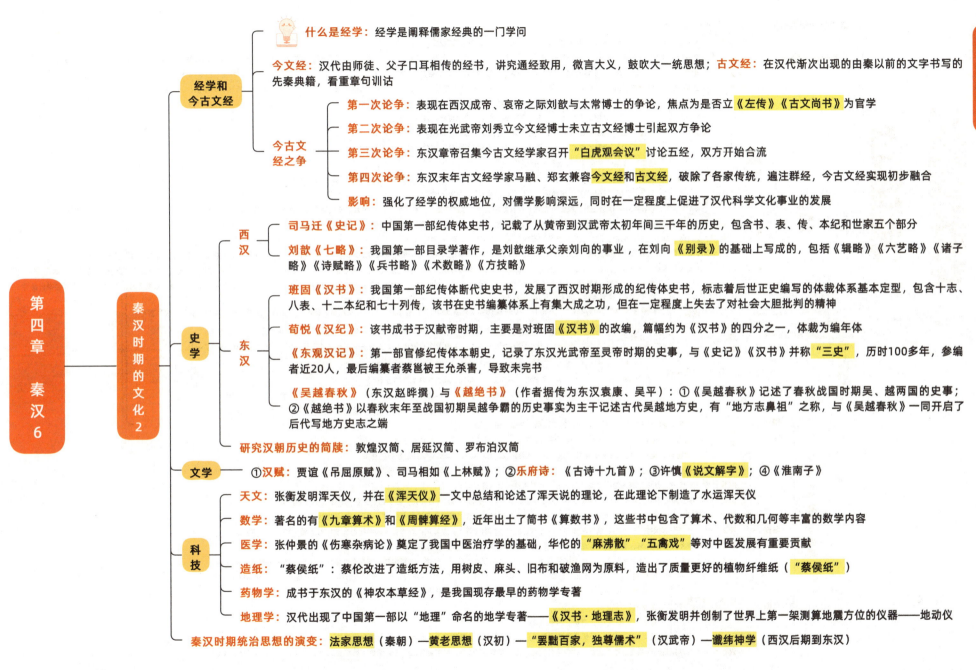

什么是经学：经学是阐释儒家经典的一门学问

今文经：汉代由师徒、父子口耳相传的经书，讲究通经致用，微言大义，鼓吹大一统思想；**古文经**：在汉代渐次出现的由秦以前的文字书写的先秦典籍，看重章句训诂

经学和今古文经

第一次论争：表现在西汉成帝、哀帝之际刘歆与太常博士的争论，焦点为是否立《左传》《古文尚书》为官学

第二次论争：表现在光武帝刘秀立今文经博士未立古文经博士引起双方争论

今古文经之争

第三次论争：东汉章帝召集今古文经学家召开"白虎观会议"讨论五经，双方开始合流

第四次论争：东汉末年古文经学家马融、郑玄兼容今文经和古文经，破除了各家传统，遍注群经，今古文经实现初步融合

影响：强化了经学的权威地位，对儒学影响深远，同时在一定程度上促进了汉代科学文化事业的发展

司马迁《史记》：中国第一部纪传体史书，记载了从黄帝到汉武帝太初年间三千年的历史，包含书、表、传、本纪和世家五个部分

西汉

刘歆《七略》：我国第一部目录学著作，是刘歆继承父亲刘向的事业，在刘向《别录》的基础上写成的，包括《辑略》《六艺略》《诸子略》《诗赋略》《兵书略》《术数略》《方技略》

班固《汉书》：我国第一部纪传体断代史史书，发展了西汉时期形成的纪传体史书，标志着后世正史编写的体裁体系基本定型，包含十志、八表、十二本纪和七十列传，该书在史书编纂体系上有集大成之功，但在一定程度上失去了对社会大胆批判的精神

史学

荀悦《汉纪》：该书成书于汉献帝时期，主要是对班固《汉书》的改编，篇幅约为《汉书》的四分之一，体裁为编年体

东汉

《东观汉记》：第一部官修纪传体本朝史，记录了东汉光武帝至灵帝时期的史事，与《史记》《汉书》并称"三史"，历时100多年，参编者近20人，最后编纂者蔡邕被王允杀害，导致未完书

《吴越春秋》（东汉赵晔撰）与《越绝书》（作者据传为东汉袁康、吴平）：①《吴越春秋》记述了春秋战国时期吴、越两国的史事；②《越绝书》以春秋末年至战国初期吴越争霸的历史事实为主干记述古代吴越地方史，有"地方志鼻祖"之称，与《吴越春秋》一同开启了后代写地方史志之端

研究汉朝历史的简牍：敦煌汉简、居延汉简、罗布泊汉简

文学 ——①**汉赋**：贾谊《吊屈原赋》、司马相如《上林赋》；②**乐府诗**：《古诗十九首》；③许慎《说文解字》；④《淮南子》

第四章 秦汉 6

秦汉时期的文化 2

天文：张衡发明浑天仪，并在《浑天仪》一文中总结和论述了浑天说的理论，在此理论下制造了水运浑天仪

数学：著名的有《九章算术》和《周髀算经》，近年出土了简书《算数书》，这些书中包含了算术、代数和几何等丰富的数学内容

医学：张仲景的《伤寒杂病论》奠定了我国中医治疗学的基础，华佗的"麻沸散""五禽戏"等对中医发展有重要贡献

科技

造纸："蔡侯纸"：蔡伦改进了造纸方法，用树皮、麻头、旧布和破渔网为原料，造出了质量更好的植物纤维纸（"蔡侯纸"）

药物学：成书于东汉的《神农本草经》，是我国现存最早的药物学专著

地理学：汉代出现了中国第一部以"地理"命名的地学专著——《汉书·地理志》，张衡发明并创制了世界上第一架测算地震方位的仪器——地动仪

秦汉时期统治思想的演变：法家思想（秦朝）—黄老思想（汉初）—"罢黜百家，独尊儒术"（汉武帝）—谶纬神学（西汉后期到东汉）

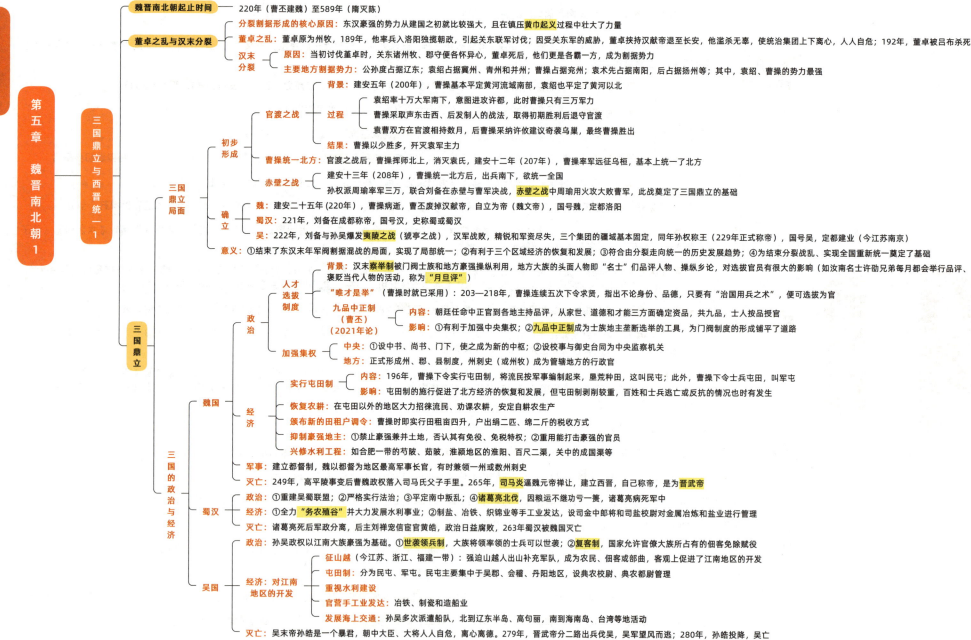

中国古代史

第五章 魏晋南北朝 1

三国鼎立与西晋统一 1

魏晋南北朝起止时间：220年（曹丕建魏）至589年（隋灭陈）

董卓之乱与汉末分裂
- **分裂割据形成的核心原因**：东汉豪强的势力从建国之初就比较强大，且在镇压黄巾起义过程中壮大了力量
- **董卓之乱**：董卓原为州牧，189年，他率兵入洛阳独揽朝政，引起关东联军讨伐；因受关东军的威胁，董卓挟持汉献帝退至长安，他滥杀无辜，使统治集团上下离心，人人自危；192年，董卓被吕布杀死
- **汉末分裂**
  - **原因**：当初讨伐董卓时，关东诸州牧、郡守便各怀异心，董卓死后，他们更是各霸一方，成为割据势力
  - **主要地方割据势力**：公孙度占据辽东；袁绍占据冀州、青州和并州；曹操占据兖州；袁术先占据南阳，后占据扬州等；其中，袁绍、曹操的势力最强

三国鼎立
- **三国鼎立局面**
  - **初步形成**
    - **官渡之战**
      - **背景**：建安五年（200年），曹操基本平定黄河流域南部，袁绍也平定了黄河以北
      - **过程**
        - 袁绍率十万大军南下，意图进攻许都，此时曹操只有三万军力
        - 曹操采取声东击西、后发制人的战法，取得初期胜利后退守官渡
        - 袁曹双方在官渡相持数月，后曹操采纳许攸建议奇袭乌巢，最终曹操胜出
      - **结果**：曹操以少胜多，歼灭袁军主力
    - **曹操统一北方**：官渡之战后，曹操挥师北上，消灭袁氏，建安十二年（207年），曹操率军远征乌桓，基本上统一了北方
    - **赤壁之战**
      - 建安十三年（208年），曹操统一北方后，出兵南下，欲统一全国
      - 孙权派周瑜率军三万，联合刘备在赤壁与曹军决战，赤壁之战中周瑜用火攻大败曹军，此战奠定了三国鼎立的基础
  - **确立**
    - **魏**：建安二十五年（220年），曹操病逝，曹丕废掉汉献帝，自立为帝（魏文帝），国号魏，定都洛阳
    - **蜀汉**：221年，刘备在成都称帝，国号汉，史称蜀或蜀汉
    - **吴**：222年，刘备与孙吴爆发夷陵之战（猇亭之战），汉军战败，精锐和军资尽失，三个集团的疆域基本固定，同年孙权称王（229年正式称帝），国号吴，定都建业（今江苏南京）
  - **意义**：①结束了东汉末年军阀割据混战的局面，实现了局部统一；②有利于三个区域经济的恢复和发展；③符合由分裂走向统一的历史发展趋势；④为结束分裂战乱、实现全国重新统一奠定了基础

- **三国的政治与经济**
  - **魏国**
    - **政治**
      - **人才选拔制度**
        - **背景**：汉末察举制被门阀士族和地方豪强操纵利用，地方大族的头面人物即"名士"们品评人物、操纵乡论，对选拔官员有很大的影响（如汝南名士许劭兄弟每月都会举行品评、褒贬当代人物的活动，称为"月旦评"）
        - **"唯才是举"**（曹操时就已采用）：203—218年，曹操连续五次下令求贤，指出不论身份、品德，只要有"治国用兵之术"，便可选拔为官
        - **九品中正制（曹丕）（2021年论）**
          - **内容**：朝廷任命中正官到各地主持品评，从家世、道德和才能三方面确定资品，共九品，士人按品授官
          - **影响**：①有利于加强中央集权；②九品中正成为士族地主垄断选举的工具，为门阀制度的形成铺平了道路
      - **加强集权**
        - **中央**：①设中书、尚书、门下，使之成为新的中枢；②设校事与御史台同为中央监察机关
        - **地方**：正式形成州、郡、县制度，州刺史（或州牧）成为管辖地方的行政官
    - **经济**
      - **实行屯田制**
        - **内容**：196年，曹操下令实行屯田制，将流民按军事编制起来，垦荒种田，这叫民屯；此外，曹操下令士兵屯田，叫军屯
        - **影响**：屯田制的施行促进了北方经济的恢复和发展，但屯田制剥削较重，百姓和士兵逃亡或反抗的情况也时有发生
      - **恢复农耕**：在屯田以外的地区大力招徕流民、劝课农耕，安定自耕农生产
      - **颁布新的田租户调令**：曹操时即实行田租亩四升，户出绢二匹、绵二斤的税收方式
      - **抑制豪强地主**：①禁止豪强兼并土地，否认其有免役、免税特权；②重用能打击豪强的官员
      - **兴修水利工程**：如合肥一带的芍陂、茹陂，淮颍地区的淮阳、百尺二渠，关中的成国渠等
    - **军事**：建立都督制，魏以都督为地区最高军事长官，有时兼领一州或数州刺史
    - **灭亡**：249年，高平陵事变后曹魏政权落入司马氏父子手里。265年，司马炎逼魏元帝禅让，建立西晋，自己称帝，是为晋武帝
  - **蜀汉**
    - **政治**：①重建吴蜀联盟；②严格实行法治；③平定南中叛乱；④诸葛亮北伐，因粮运不继功亏一篑，诸葛亮病死军中
    - **经济**：①全力"务农殖谷"并大力发展水利事业；②制盐、冶铁、织锦业等手工业发达，设司金中郎将和司盐校尉对金属冶炼和盐业进行管理
    - **灭亡**：诸葛亮死后军政分离，后主刘禅宠信宦官黄皓，政治日益腐败，263年蜀汉被魏国灭亡
  - **吴国**
    - **政治**：孙吴政权以江南大族豪强为基础。①世袭领兵制，大族将领率领的士兵可以世袭；②复客制，国家允许官僚大族所占有的佃客免除赋役
    - **经济：对江南地区的开发**
      - **征山越**（今江苏、浙江、福建一带）：强迫山越人出山补充军队，成为农民、佃客或部曲，客观上促进了江南地区的开发
      - **屯田制**：分为民屯、军屯。民屯主要集中于吴郡、会稽、丹阳地区，设典农校尉、典农都尉管理
      - **重视水利建设**
      - **官营手工业发达**：冶铁、制瓷和造船业
      - **发展海上交通**：孙吴多次派遣船队，北到辽东半岛、高句丽，南到海南岛、台湾等地活动
    - **灭亡**：吴末帝孙皓是一个暴君，朝中大臣、大将人人自危，离心离德。279年，晋武帝分二路出兵伐吴，吴军望风而逃；280年，孙皓投降，吴亡

中国古代史

第五章 魏晋南北朝 2

三国鼎立与西晋统一 2

西晋

西晋的统一及灭亡

西晋建立
- 魏国司马氏专权：司马懿在洛阳发动**高平陵政变**把曹爽集团一网打尽，夺取朝中大权
- 建立时间：265年，司马炎称帝，国号晋（西晋），定都洛阳，司马氏于263年、280年先后灭蜀国、吴国，中国重新统一

西晋短暂的统治
- 太康之治：**晋武帝**统一全国后从太康元年（280年）到太康十年（289年）出现了一段经济繁荣时期，社会经济得到了较快的恢复和发展
- 贾后乱政：290年，晋武帝死后，太子司马衷继位，是为**惠帝**，惠帝皇后贾南风野心较大，通过排除异己从而掌握政权，由此引发了"八王之乱"
- "八王之乱"
  - 时间：291—306年
  - 原因：①扶植宗王政策，地方势力过大；②晋武帝重用外戚，为政治动荡埋下伏笔；③晋惠帝无能，不堪帝王之责
  - 内容：晋惠帝无能，诸王为争夺中央实际统治权而进行反复争夺。赵王司马伦首先发动政变，杀死擅权的贾后，废惠帝自立，这一举动激起了其他宗室的忌恨，引发了长达16年的全国性混战，史称**"八王之乱"**
  - 影响：①阶级和民族矛盾迅速激化，爆发起义；②为胡马凭陵中原提供可乘之机；③破坏社会经济，国家力量进一步衰弱

西晋政权崩溃
- 五胡乱华
  - 背景：①汉末以来少数民族不断内迁至内地；②少数民族迁入后，受到魏晋统治者的歧视、压迫与奴役；③内迁的主要民族有匈奴、羯、氐、羌、鲜卑，史称**"五胡"**，再加上南方的巴氐，合称**"六夷"**
  - 过程
    - 北方少数民族南下中原，趁着西晋内乱与自顾不暇，无力再控制内迁各族，这些少数民族上层分子抓住机会，起兵反晋，建立政权
    - 晋惠帝永兴元年（304年），匈奴贵族刘渊起兵，自称汉王，308年称帝，310年刘渊死，其子刘聪称帝
    - 永嘉五年（311年），刘曜攻下洛阳，发生了**永嘉之乱**
    - 316年，刘曜攻入长安，俘晋愍帝，西晋灭亡
  - 影响：①中原人口大量南迁；②社会急剧动荡；③北方开始民族大交融
- 永嘉之乱、衣冠南渡
  - 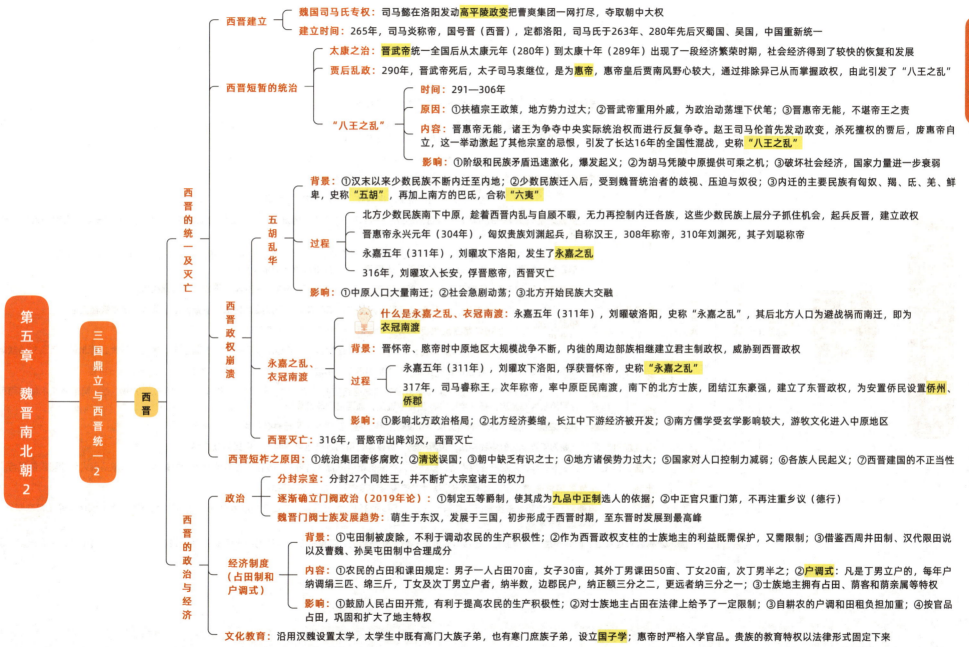什么是永嘉之乱、衣冠南渡：永嘉五年（311年），刘曜破洛阳，史称"永嘉之乱"，其后北方人口为避战祸而南迁，即为**衣冠南渡**
  - 背景：晋怀帝、愍帝时中原地区大规模战争不断，内徙的周边部族相继建立君主制政权，威胁到西晋政权
  - 过程
    - 永嘉五年（311年），刘曜攻下洛阳，俘获晋怀帝，史称**"永嘉之乱"**
    - 317年，司马睿称王，次年称帝，率中原臣民南渡，南下的北方士族，团结江东豪强，建立了东晋政权，为安置侨民设置**侨州、侨郡**
  - 影响：①影响北方政治格局；②北方经济萎缩，长江中下游经济被开发；③南方儒学受玄学影响较大，游牧文化进入中原地区
- 西晋灭亡：316年，晋愍帝出降刘汉，西晋灭亡

西晋短祚之原因：①统治集团奢侈腐败；②**清谈**误国；③朝中缺乏有识之士；④地方诸侯势力过大；⑤国家对人口控制力减弱；⑥各族人民起义；⑦西晋建国的不正当性

西晋的政治与经济

政治
- 分封宗室：分封27个同姓王，并不断扩大宗室诸王的权力
- 逐渐确立门阀政治（2019年论）：①制定五等爵制，使其成为**九品中正制**选人的依据；②中正官只重门第，不再注重乡议（德行）
- 魏晋门阀士族发展趋势：萌生于东汉，发展于三国，初步形成于西晋时期，至东晋时发展到最高峰

经济制度（占田制和户调式）
- 背景：①屯田制被废除，不利于调动农民的生产积极性；②作为西晋政权支柱的士族地主的利益既需保护，又需限制；③借鉴西周井田制、汉代限田说以及曹魏、孙吴屯田制中合理成分
- 内容：①农民的占田和课田规定：男子一人占田70亩，女子30亩，其外丁男课田50亩、丁女20亩，次丁男半之；②**户调式**：凡是丁男立户的，每年户纳调绢三匹、绵三斤，丁女及次丁男立户者，纳半数，边郡民户，纳正额三分之二，更远者纳三分之一；③士族地主拥有占田、荫客和荫亲属等特权
- 影响：①鼓励人民占田开荒，有利于提高农民的生产积极性；②对士族地主占田在法律上给予了一定限制；③自耕农的户调和田租负担加重；④按官品占田，巩固和扩大了地主特权

文化教育：沿用汉魏设置太学，太学生中既有高门大族子弟，也有寒门庶族子弟，设立**国子学**；惠帝时严格入学官品。贵族的教育特权以法律形式固定下来

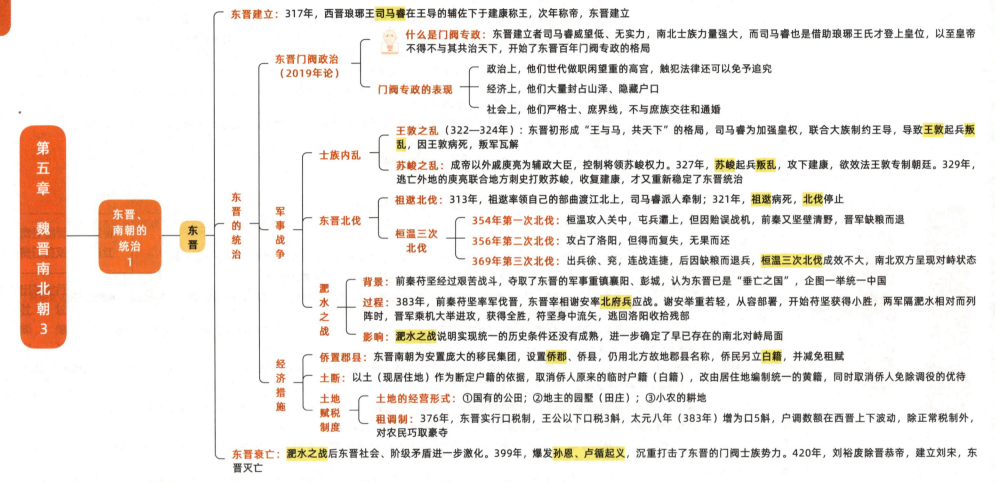

中国古代史

第五章 魏晋南北朝 3

东晋、南朝的统治 1

东晋

东晋建立：317年，西晋琅琊王**司马睿**在王导的辅佐下于建康称王，次年称帝，东晋建立

东晋门阀政治（2019年论）

什么是门阀专政：东晋建立者司马睿威望低、无实力，南北士族力量强大，而司马睿也是借助琅琊王氏才登上皇位，以至皇帝不得不与其共治天下，开始了东晋百年门阀专政的格局

门阀专政的表现

政治上，他们世代做职闲望重的高官，触犯法律还可以免予追究

经济上，他们大量封占山泽、隐藏户口

社会上，他们严格士、庶界线，不与庶族交往和通婚

东晋的统治

军事战争

士族内乱

王敦之乱（322—324年）：东晋初形成"王与马，共天下"的格局，司马睿为加强皇权，联合大族制约王导，导致**王敦起兵叛乱**，因王敦病死，叛军瓦解

苏峻之乱：成帝以外戚庾亮为辅政大臣，控制将领苏峻权力。327年，**苏峻起兵叛乱**，攻下建康，欲效法王敦专制朝廷。329年，逃亡外地的庾亮联合地方刺史打败苏峻，收复建康，才又重新稳定了东晋统治

东晋北伐

祖逖北伐：313年，祖逖率领自己的部曲渡江北上，司马睿派人牵制；321年，**祖逖病死**，**北伐停止**

桓温三次北伐

354年第一次北伐：桓温攻入关中，屯兵灞上，但因贻误战机，前秦又坚壁清野，晋军缺粮而退

356年第二次北伐：攻占了洛阳，但得而复失，无果而还

369年第三次北伐：出兵徐、兖，连战连捷，后因缺粮而退兵，**桓温三次北伐**成效不大，南北双方呈现对峙状态

淝水之战

背景：前秦苻坚经过艰苦战斗，夺取了东晋的军事重镇襄阳、彭城，认为东晋已是"垂亡之国"，企图一举统一中国

过程：383年，前秦苻坚率军伐晋，东晋宰相谢安率**北府兵**应战。谢安举重若轻，从容部署，开始苻坚获得小胜，两军隔淝水相对而列阵时，晋军乘机大举进攻，获得全胜，苻坚身中流矢，逃回洛阳收拾残部

影响：**淝水之战**说明实现统一的历史条件还没有成熟，进一步确定了早已存在的南北对峙局面

经济措施

侨置郡县：东晋南朝为安置庞大的移民集团，设置**侨郡**、侨县，仍用北方故地郡县名称，侨民另立**白籍**，并减免租赋

土断：以土（现居住地）作为断定户籍的依据，取消侨人原来的临时户籍（白籍），改由居住地编制统一的黄籍，同时取消侨人免除调役的优待

土地赋税制度

土地的经营形式：①国有的公田；②地主的园墅（田庄）；③小农的耕地

租调制：376年，东晋实行口税制，王公以下口税3斛，太元八年（383年）增为口5斛，户调数额在西晋上下波动，除正常税制外，对农民巧取豪夺

东晋衰亡：**淝水之战**后东晋社会、阶级矛盾进一步激化。399年，爆发**孙恩、卢循起义**，沉重打击了东晋的门阀士族势力。420年，刘裕废除晋恭帝，建立刘宋，东晋灭亡

中国古代史

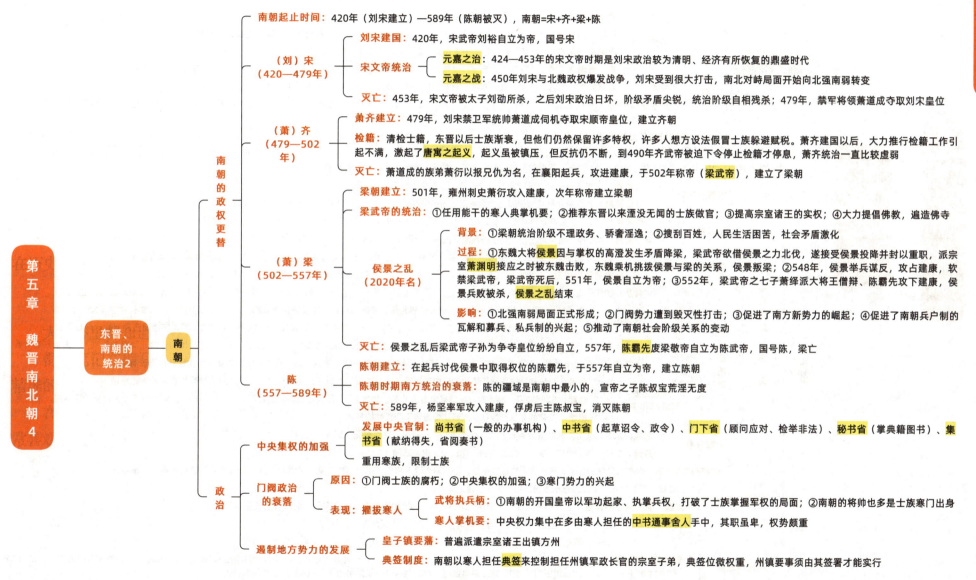

第五章 魏晋南北朝 4

东晋、南朝的统治2

南朝

南朝的政权更替

南朝起止时间：420年（刘宋建立）—589年（陈朝被灭），南朝=宋+齐+梁+陈

（刘）宋（420—479年）

刘宋建国：420年，宋武帝刘裕自立为帝，国号宋

宋文帝统治

元嘉之治：424—453年的宋文帝时期是刘宋政治较为清明、经济有所恢复的鼎盛时代

元嘉之战：450年刘宋与北魏政权爆发战争，刘宋受到很大打击，南北对峙局面开始向北强南弱转变

灭亡：453年，宋文帝被太子刘劭所杀，之后刘宋政治日坏，阶级矛盾尖锐，统治阶级自相残杀；479年，禁军将领萧道成夺取刘宋皇位

（萧）齐（479—502年）

萧齐建立：479年，刘宋禁卫军统帅萧道成伺机夺取宋顺帝皇位，建立齐朝

检籍：清检士籍，东晋以后士族渐衰，但他们仍然保留许多特权，许多人想方设法假冒士族躲避赋税。萧齐建国以后，大力推行检籍工作引起不满，激起了**唐寓之起义**，起义虽被镇压，但反抗仍不断，到490年齐武帝被迫下令停止检籍才停息，萧齐统治一直比较虚弱

灭亡：萧道成的族弟萧衍以报兄仇为名，在襄阳起兵，攻进建康，于502年称帝（**梁武帝**），建立了梁朝

（萧）梁（502—557年）

梁朝建立：501年，雍州刺史萧衍攻入建康，次年称帝建立梁朝

梁武帝的统治：①任用能干的寒人典掌机要；②推荐东晋以来湮没无闻的士族做官；③提高宗室诸王的实权；④大力提倡佛教，遍造佛寺

侯景之乱（2020年名）

背景：①梁朝统治阶级不理政务、骄奢淫逸；②搜刮百姓，人民生活困苦，社会矛盾激化

过程：①东魏大将**侯景**因与掌权的高澄发生矛盾降梁，梁武帝欲借侯景之力北伐，遂接受侯景投降并封以重职，派宗室萧渊明接应之时被东魏击败，东魏乘机挑拨侯景与梁的关系，侯景叛梁；②548年，侯景举兵谋反，攻占建康，软禁梁武帝，梁武帝死后，551年，侯景自立为帝；③552年，梁武帝之七子萧绎派大将王僧辩、陈霸先攻下建康，侯景兵败被杀，**侯景之乱**结束

影响：①北强南弱局面正式形成；②门阀势力遭到毁灭性打击；③促进了南方新势力的崛起；④促进了南朝兵户制的瓦解和募兵、私兵制的兴起；⑤推动了南朝社会阶级关系的变动

灭亡：侯景之乱后梁武帝子孙为争夺皇位纷纷自立，557年，**陈霸先**废梁敬帝自立为陈武帝，国号陈，梁亡

陈（557—589年）

陈朝建立：在起兵讨伐侯景中取得权位的陈霸先，于557年自立为帝，建立陈朝

陈朝时期南方统治的衰落：陈的疆域是南朝中最小的，宣帝之子陈叔宝荒淫无度

灭亡：589年，杨坚率军攻入建康，俘虏后主陈叔宝，消灭陈朝

政治

中央集权的加强

发展中央官制：**尚书省**（一般的办事机构）、**中书省**（起草诏令、政令）、**门下省**（顾问应对、检举非法）、**秘书省**（掌典籍图书）、**集书省**（献纳得失，省阅奏书）

重用寒族，限制士族

门阀政治的衰落

原因：①门阀士族的腐朽；②中央集权的加强；③寒门势力的兴起

表现：擢拔寒人

武将执兵柄：①南朝的开国皇帝以军功起家、执掌兵权，打破了士族掌握军权的局面；②南朝的将帅也多是士族寒门出身

寒人掌机要：中央权力集中在多由寒人担任的**中书通事舍人**手中，其职虽卑，权势颇重

遏制地方势力的发展

皇子镇要藩：普遍派遣宗室诸王出镇方州

典签制度：南朝以寒人担任**典签**来控制担任州镇军政长官的宗室子弟，典签位微权重，州镇要事须由其签署才能实行

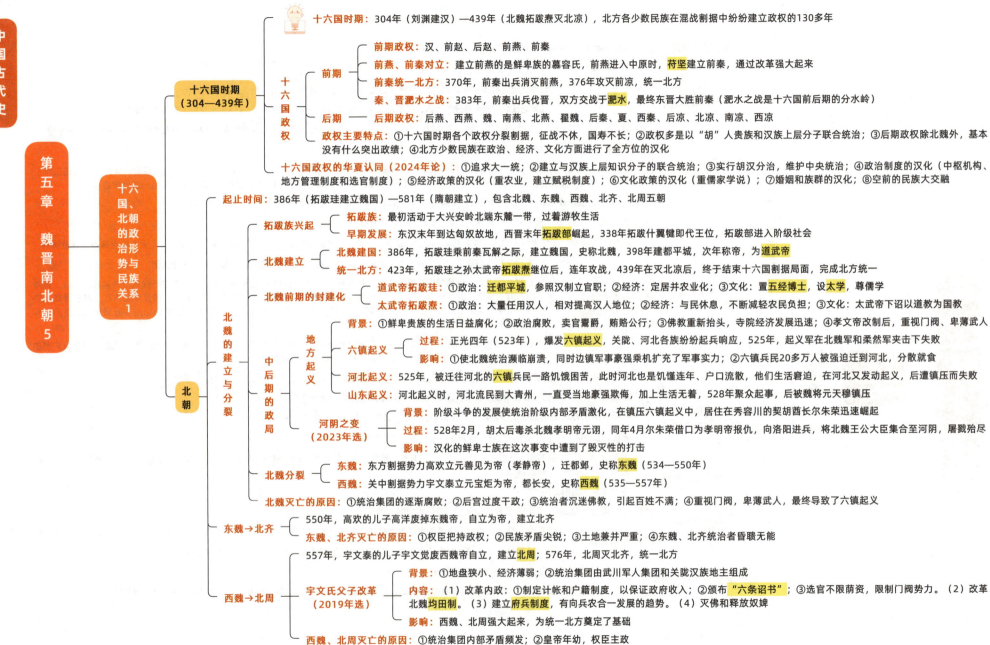

中国古代史

第五章 魏晋南北朝 5

十六国、北朝的政治形势与民族关系 1

十六国时期（304—439年）

十六国时期：304年（刘渊建汉）—439年（北魏拓跋焘灭北凉），北方各少数民族在混战割据中纷纷建立政权的130多年

十六国政权

前期
- 前期政权：汉、前赵、后赵、前燕、前秦
- 前燕、前秦对立：建立前燕的是鲜卑族的慕容氏，前燕进入中原时，苻坚建立前秦，通过改革强大起来
- 前秦统一北方：370年，前秦出兵消灭前燕，376年攻灭前凉，统一北方
- 秦、晋淝水之战：383年，前秦出兵伐晋，双方交战于淝水，最终东晋大胜前秦（淝水之战是十六国前后期的分水岭）

后期
- 后期政权：后燕、西燕、魏、南燕、北燕、翟魏、后秦、夏、西秦、后凉、北凉、南凉、西凉

政权主要特点：①十六国时期各个政权分裂割据，征战不休，国寿不长；②政权多是以"胡"人贵族和汉族上层分子联合统治；③后期政权除北魏外，基本没有什么突出政绩；④北方少数民族在政治、经济、文化方面进行了全方位的汉化

十六国政权的华夏认同（2024年论）：①追求大一统；②建立与汉族上层知识分子的联合统治；③实行胡汉分治，维护中央统治；④政治制度的汉化（中枢机构、地方管理制度和选官制度）；⑤经济政策的汉化（重农业，建立赋税制度）；⑥文化政策的汉化（重儒家学说）；⑦婚姻和族群的汉化；⑧空前的民族大交融

北朝

北魏的建立与分裂

起止时间：386年（拓跋珪建立魏国）—581年（隋朝建立），包含北魏、东魏、西魏、北齐、北周五朝

拓跋族兴起
- 拓跋族：最初活动于大兴安岭北端东麓一带，过着游牧生活
- 早期发展：东汉末年到达匈奴故地，西晋末年拓跋部崛起，338年拓跋什翼犍即代王位，拓跋部进入阶级社会

北魏建立
- 北魏建国：386年，拓跋珪乘前秦瓦解之际，建立魏国，史称北魏，398年建都平城，次年称帝，为道武帝
- 统一北方：423年，拓跋珪之孙太武帝拓跋焘继位后，连年攻战，439年在灭北凉后，终于结束十六国割据局面，完成北方统一

北魏前期的封建化
- 道武帝拓跋珪：①政治：迁都平城，参照汉制立官职；②经济：定居并农业化；③文化：置五经博士，设太学，尊儒学
- 太武帝拓跋焘：①政治：大量任用汉人，相对提高汉人地位；②经济：与民休息，不断减轻农民负担；③文化：太武帝下诏以道教为国教

中后期的政局

地方起义
- 背景：①鲜卑贵族的生活日益腐化；②政治腐败，卖官鬻爵，贿赂公行；③佛教重新抬头，寺院经济发展迅速；④孝文帝改制后，重视门阀、卑薄武人
- 六镇起义
  - 过程：正光四年（523年），爆发六镇起义，关陇、河北各族纷纷起兵响应，525年，起义军在北魏军和柔然军夹击下失败
  - 影响：①使北魏统治濒临崩溃，同时边镇军事豪强乘机扩充了军事实力；②六镇兵民20多万人被强迫迁到河北，分散就食
- 河北起义：525年，被迁往河北的六镇兵民一路饥饿困苦，此时河北也是饥馑连年、户口流散，他们生活窘迫，在河北又发动起义，后遭镇压而失败
- 山东起义：河北起义时，河北流民到大青州，一直受当地豪强欺侮，加上生活无着，528年聚众起事，后被魏将元天穆镇压

河阴之变（2023年选）
- 背景：阶级斗争的发展使统治阶级内部矛盾激化，在镇压六镇起义中，居住在秀容川的契胡酋长尔朱荣迅速崛起
- 过程：528年2月，胡太后毒杀北魏孝明帝元诩，同年4月尔朱荣借口为孝明帝报仇，向洛阳进兵，将北魏王公大臣集合至河阴，屠戮殆尽
- 影响：汉化的鲜卑士族在这次事变中遭到了毁灭性的打击

北魏分裂
- 东魏：东方割据势力高欢立元善见为帝（孝静帝），迁都邺，史称东魏（534—550年）
- 西魏：关中割据势力宇文泰立元宝炬为帝，都长安，史称西魏（535—557年）

北魏灭亡的原因：①统治集团的逐渐腐败；②后宫过度干政；③统治者沉迷佛教，引起百姓不满；④重视门阀，卑薄武人，最终导致了六镇起义

东魏→北齐
550年，高欢的儿子高洋废掉东魏帝，自立为帝，建立北齐
东魏、北齐灭亡的原因：①权臣把持政权；②民族矛盾尖锐；③土地兼并严重；④东魏、北齐统治者昏聩无能

西魏→北周
557年，宇文泰的儿子宇文觉废西魏帝自立，建立北周；576年，北周灭北齐，统一北方

宇文氏父子改革（2019年选）
- 背景：①地盘狭小、经济薄弱；②统治集团由武川军人集团和关陇汉族地主组成
- 内容：（1）改革内政：①制定计帐和户籍制度，以保证政府收入；②颁布"六条诏书"；③选官不限荫资，限制门阀势力。（2）改革北魏均田制。（3）建立府兵制度，有向兵农合一发展的趋势。（4）灭佛和释放奴婢
- 影响：西魏、北周强大起来，为统一北方奠定了基础

西魏、北周灭亡的原因：①统治集团内部矛盾频发；②皇帝年幼，权臣主政

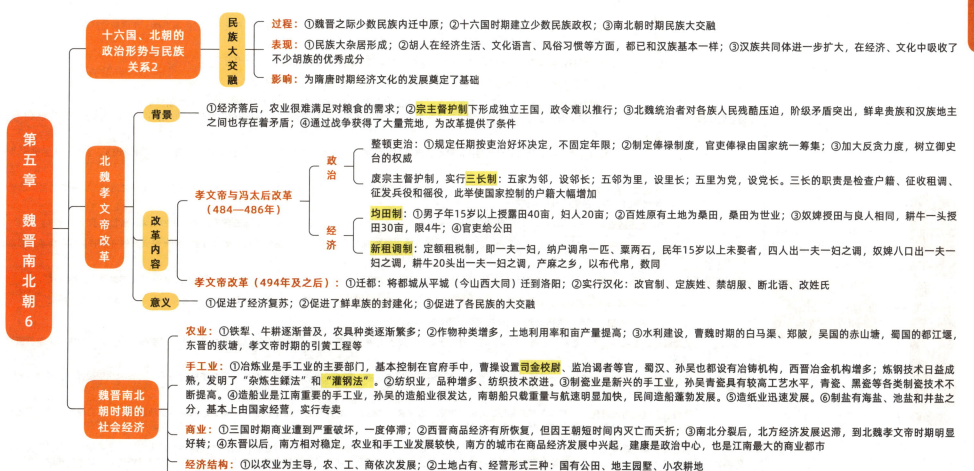

第五章　魏晋南北朝 6

十六国、北朝的政治形势与民族关系 2

民族大交融

过程：①魏晋之际少数民族内迁中原；②十六国时期建立少数民族政权；③南北朝时期民族大交融

表现：①民族大杂居形成；②胡人在经济生活、文化语言、风俗习惯等方面，都已和汉族基本一样；③汉族共同体进一步扩大，在经济、文化中吸收了不少胡族的优秀成分

影响：为隋唐时期经济文化的发展奠定了基础

北魏孝文帝改革

背景——①经济落后，农业很难满足对粮食的需求；②宗主督护制下形成独立王国，政令难以推行；③北魏统治者对各族人民残酷压迫，阶级矛盾突出，鲜卑贵族和汉族地主之间也存在着矛盾；④通过战争获得了大量荒地，为改革提供了条件

改革内容

孝文帝与冯太后改革（484—486年）

政治

整顿吏治：①规定任期按吏治好坏决定，不固定年限；②制定俸禄制度，官吏俸禄由国家统一筹集；③加大反贪力度，树立御史台的权威

废宗主督护制，实行三长制：五家为邻，设邻长；五邻为里，设里长；五里为党，设党长。三长的职责是检查户籍、征收租调、征发兵役和徭役，此举使国家控制的户籍大幅增加

经济

均田制：①男子年15岁以上授露田40亩，妇人20亩；②百姓原有土地为桑田，桑田为世业；③奴婢授田与良人相同，耕牛一头授田30亩，限4牛；④官吏给公田

新租调制：定额租税制，即一夫一妇，纳户调帛一匹、粟两石，民年15岁以上未娶者，四人出一夫一妇之调，奴婢八口出一夫一妇之调，耕牛20头出一夫一妇之调，产麻之乡，以布代帛，数同

孝文帝改革（494年及之后）：①迁都：将都城从平城（今山西大同）迁到洛阳；②实行汉化：改官制、定族姓、禁胡服、断北语、改姓氏

意义——①促进了经济复苏；②促进了鲜卑族的封建化；③促进了各民族的大交融

魏晋南北朝时期的社会经济

农业：①铁犁、牛耕逐渐普及，农具种类逐渐繁多；②作物种类增多，土地利用率和亩产量提高；③水利建设，曹魏时期的白马渠、郑陂，吴国的赤山塘，蜀国的都江堰，东晋的荻塘，孝文帝时期的引黄工程等

手工业：①冶炼业是手工业的主要部门，基本控制在官府手中，曹操设置司金校尉、监冶谒者等官，蜀汉、孙吴也都设有冶铸机构，西晋冶金机构增多；炼钢技术日益成熟，发明了"杂炼生鍒法"和"灌钢法"。②纺织业，品种增多、纺织技术改进。③制瓷业是新兴的手工业，孙吴青瓷具有较高工艺水平，青瓷、黑瓷等各类制瓷技术不断提高。④造船业是江南重要的手工业，孙吴的造船业很发达，南朝船只载重量与航速明显加快，民间造船蓬勃发展。⑤造纸业迅速发展。⑥制盐有海盐、池盐和井盐之分，基本上由国家经营，实行专卖

商业：①三国时期商业遭到严重破坏，一度停滞；②西晋商品经济有所恢复，但因王朝短时间内灭亡而夭折；③南北分裂后，北方经济发展迟滞，到北魏孝文帝时期明显好转；④东晋以后，南方相对稳定，农业和手工业发展较快，南方的城市在商品经济发展中兴起，建康是政治中心，也是江南最大的商业都市

经济结构：①以农业为主导，农、工、商依次发展；②土地占有、经营形式三种：国有公田、地主园墅、小农耕地

开发江南地区：北方南迁的民众带来了北方先进的生产工具和耕作技术，全国的经济重心开始南移，是魏晋南北朝经济的一个主要特点

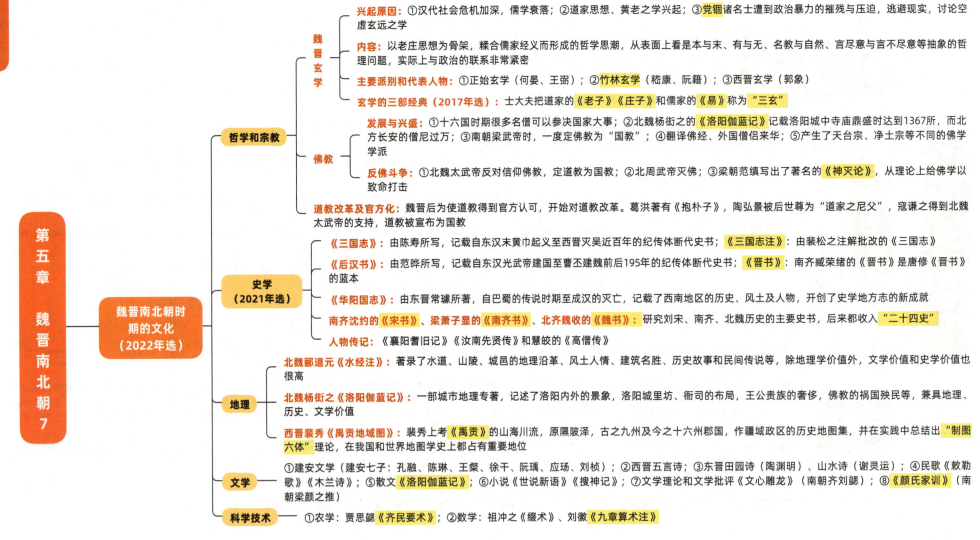

中国古代史

第五章 魏晋南北朝 7

魏晋南北朝时期的文化（2022年选）

哲学和宗教

魏晋玄学

- **兴起原因：** ①汉代社会危机加深，儒学衰落；②道家思想、黄老之学兴起；③党锢诸名士遭到政治暴力的摧残与压迫，逃避现实，讨论空虚玄远之学
- **内容：** 以老庄思想为骨架，糅合儒家经义而形成的哲学思潮，从表面上看是本与末、有与无、名教与自然、言尽意与言不尽意等抽象的哲理问题，实际上与政治的联系非常紧密
- **主要派别和代表人物：** ①正始玄学（何晏、王弼）；②竹林玄学（嵇康、阮籍）；③西晋玄学（郭象）
- **玄学的三部经典（2017年选）：** 士大夫把道家的《老子》《庄子》和儒家的《易》称为"三玄"

佛教

- **发展与兴盛：** ①十六国时期很多名僧可以参决国家大事；②北魏杨衒之的《洛阳伽蓝记》记载洛阳城中寺庙鼎盛时达到1367所，而北方长安的僧尼过万；③南朝梁武帝时，一度定佛教为"国教"；④翻译佛经、外国僧侣来华；⑤产生了天台宗、净土宗等不同的佛学学派
- **反佛斗争：** ①北魏太武帝反对信仰佛教，定道教为国教；②北周武帝灭佛；③梁朝范缜写出了著名的《神灭论》，从理论上给佛学以致命打击

道教改革及官方化： 魏晋后为使道教得到官方认可，开始对道教改革。葛洪著有《抱朴子》，陶弘景被后世尊为"道家之尼父"，寇谦之得到北魏太武帝的支持，道教被宣布为国教

史学（2021年选）

- **《三国志》：** 由陈寿所写，记载自东汉末黄巾起义至西晋灭吴近百年的纪传体断代史书；**《三国志注》：** 由裴松之注解批改的《三国志》
- **《后汉书》：** 由范晔所写，记载自东汉光武帝建国至曹丕建魏前后195年的纪传体断代史书；**《晋书》：** 南齐臧荣绪的《晋书》是唐修《晋书》的蓝本
- **《华阳国志》：** 由东晋常璩所著，自巴蜀的传说时期至成汉的灭亡，记载了西南地区的历史、风土及人物，开创了史学地方志的新成就
- **南齐沈约的《宋书》、梁萧子显的《南齐书》、北齐魏收的《魏书》：** 研究刘宋、南齐、北魏历史的主要史书，后来都收入"二十四史"
- **人物传记：** 《襄阳耆旧记》《汝南先贤传》和慧皎的《高僧传》

地理

- **北魏郦道元《水经注》：** 著录了水道、山陵、城邑的地理沿革、风土人情、建筑名胜、历史故事和民间传说等，除地理学价值外，文学价值和史学价值也很高
- **北魏杨衒之《洛阳伽蓝记》：** 一部城市地理专著，记述了洛阳内外的景象，洛阳城里坊、衙司的布局，王公贵族的奢侈，佛教的祸国殃民等，兼具地理、历史、文学价值
- **西晋裴秀《禹贡地域图》：** 裴秀上考《禹贡》的山海川流，原隰陂泽，古之九州及今之十六州郡国，作疆域政区的历史地图集，并在实践中总结出"制图六体"理论，在我国和世界地图学史上都占有重要地位

文学

①建安文学（建安七子：孔融、陈琳、王粲、徐干、阮瑀、应瑒、刘桢）；②西晋五言诗；③东晋田园诗（陶渊明）、山水诗（谢灵运）；④民歌《敕勒歌》《木兰诗》；⑤散文《洛阳伽蓝记》；⑥小说《世说新语》《搜神记》；⑦文学理论和文学批评《文心雕龙》（南朝齐刘勰）；⑧《颜氏家训》（南朝梁颜之推）

科学技术

①农学：贾思勰《齐民要术》；②数学：祖冲之《缀术》、刘徽《九章算术注》

中国古代史

第六章·隋唐五代1

隋朝存续时间 —— 581年（杨坚代周自立）—618年（隋炀帝被杀，李渊称帝，建立唐朝）

隋文帝和开皇之治

隋朝的统一与覆亡

隋文帝的政治经济措施

政治
- 改革中央与地方官制：①在中央实行三省六部制，设御史台掌监察；②在地方实行州、县二级制
- 选官：创立科举制，废九品中正制
- 军事：改革府兵制，建骠骑府，士兵平时耕作，遇战事出征
- 法律：制定《开皇律》，此律将刑名分为五等，废除了部分酷刑，减省了一些刑律

经济
- 土地制度：在人少地多、朝廷可以控制较多土地的背景下，继续推行均田制
- 赋税制度：在均田制基础上，实行贯穿"轻徭薄赋"理念的租调力役制
- 输籍定样：县令每年根据标准划定户等上下，从轻制定税额，并将各户应纳税额写成定簿
- 大索貌阅：各州县根据户籍所载年龄、体貌对本人进行核对，以防逃避租役
- 建立义仓：设置每年收积粮食，遇有水旱灾害则放粮赈济的官仓和社仓
- 整顿钱币、度量衡：文帝称帝后统一币制，并援引北周旧制统一度量衡

开皇之治：隋文帝统治的开皇年间，国家完成统一，在政治、经济、军事等方面推行改革，巩固了统一，强化了中央集权，开创了一个繁荣安定的社会局面

隋炀帝的统治

对内

政治
- 改革中央与地方官制：①在中央完善三省六部制，新置谒者台和司隶台，与御史台合称"三台"；②在地方改州为郡，以郡统县
- 选官：设立进士科，标志着科举制的正式确立
- 军事：①将骠骑府改为鹰扬府；②中央成立16府和12卫分领府兵；③府兵通称为"卫士"
- 法律：①废除谋反、谋大逆、谋叛等十恶之条；②撰成减轻律法的《大业律》，但是没有很好地执行

经济
- 隋炀帝将度量衡恢复古制
- 大规模经济建设
  - 营建东都
    - 原因：①政治上，洛阳便于对关东和江南地区进行控制；②经济上，洛阳位置适中，便于转运物资，以应对关中物资不足
    - 影响
      - 积极：使东都洛阳的工商业繁荣起来，洛阳成为南北经济文化交流的枢纽和隋炀帝时期全国的政治中心
      - 消极：征发大量劳力，激化社会矛盾
  - 开凿大运河
    - 原因：①加强对东南地区的控制，靠运河水道进行军事运输；②解决南粮北运问题，依靠运河转运江南的物资供应大兴城和洛阳；③永济渠的开凿考虑了征伐高丽的需要
    - 路线：以洛阳为中心，北起涿郡（今北京），南至余杭（今杭州），工程分为文帝时广通渠和炀帝时通济渠、山阳渎（邗沟）、永济渠和江南河四段
    - 影响：①沟通海河、黄河、淮河、长江和钱塘江五大水系，成为中国南北交通大动脉；②大运河把南方经济重心与北方政治军事重心联系起来，使南北成为统一整体，有力地促进了南北经济文化的交流和发展

对外
- 对外交流：派使臣出使波斯、中亚、日本等地，加强对外交流
- 对外战争：隋炀帝穷兵黩武，频繁发动对外战争，派兵远征林邑、亲征吐谷浑、三伐高丽，给人民带来深重的灾难

隋炀帝统治的影响
- 积极：隋炀帝即位之初，创立进士科，完善中央官制，废除"十恶"之条，营建东都及开凿大运河等一系列积极举措，使得国力、兵力达到极盛
- 消极：①隋炀帝刚愎自用、穷兵黩武，频繁发动对外战争，使得民众死亡众多，造成农村劳动力严重短缺，农业生产遭到破坏；②统治期间赋役繁重，刑法苛暴，激化了社会矛盾；③隋炀帝为张扬国威而连年出巡，加重了社会负担，造成浪费

农民战争和隋朝灭亡
- 农民战争：农民起义首先于山东爆发，之后形成燎原之势，其中代表有王薄起义、瓦岗军起义、河北义军、江淮义军等
- 隋朝灭亡：①宇文化及发动兵变，缢杀隋炀帝；②大业十四年（618年），李渊于长安称帝，隋朝灭亡，前后历时37年

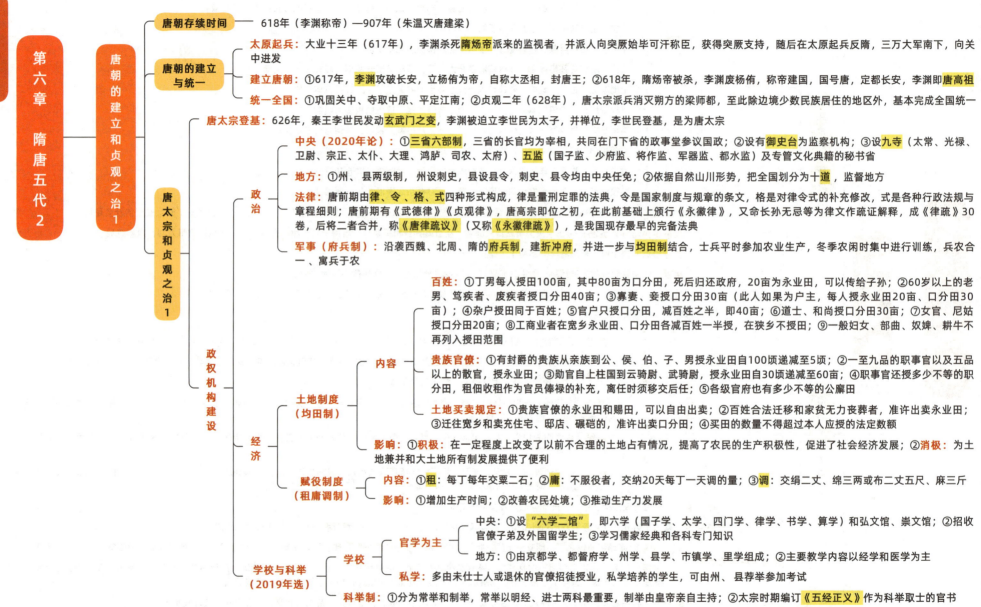

中国古代史

第六章 隋唐五代 2

唐朝的建立和贞观之治 1

唐朝存续时间：618年（李渊称帝）—907年（朱温灭唐建梁）

唐朝的建立与统一
- **太原起兵**：大业十三年（617年），李渊杀死隋炀帝派来的监视者，并派人向突厥始毕可汗称臣，获得突厥支持，随后在太原起兵反隋，三万大军南下，向关中进发
- **建立唐朝**：①617年，李渊攻破长安，立杨侑为帝，自称大丞相，封唐王；②618年，隋炀帝被杀，李渊废杨侑，称帝建国，国号唐，定都长安，李渊即唐高祖
- **统一全国**：①巩固关中、夺取中原、平定江南；②贞观二年（628年），唐太宗派兵消灭朔方的梁师都，至此除边境少数民族居住的地区外，基本完成全国统一

唐太宗和贞观之治 1

唐太宗登基：626年，秦王李世民发动玄武门之变，李渊被迫立李世民为太子，并禅位，李世民登基，是为唐太宗

政权机构建设

政治
- **中央（2020年论）**：①三省六部制，三省的长官均为宰相，共同在门下省的政事堂参议国政；②设有御史台为监察机构；③设九寺（太常、光禄、卫尉、宗正、太仆、大理、鸿胪、司农、太府）、五监（国子监、少府监、将作监、军器监、都水监）及专管文化典籍的秘书省
- **地方**：①州、县两级制，州设刺史，县设县令，刺史、县令均由中央任免；②依据自然山川形势，把全国划分为十道，监督地方
- **法律**：唐前期由律、令、格、式四种形式构成，律是量刑定罪的法典，令是国家制度与规章的条文，格是对律令式的补充修改，式是各种行政法规与章程细则；唐前期有《武德律》《贞观律》，唐高宗即位之初，在此前基础上颁行《永徽律》，又命长孙无忌等为律文作疏证解释，成《律疏》30卷，后将二者合并，称《唐律疏议》（又称《永徽律疏》），是我国现存最早的完备法典
- **军事（府兵制）**：沿袭西魏、北周、隋的府兵制，建折冲府，并进一步与均田制结合，士兵平时参加农业生产，冬季农闲时集中进行训练，兵农合一、寓兵于农

经济
- **土地制度（均田制）**
  - **内容**
    - **百姓**：①丁男每人授田100亩，其中80亩为口分田，死后归还政府，20亩为永业田，可以传给子孙；②60岁以上的老男、笃疾者、废疾者授口分田40亩；③寡妻、妾授口分田30亩（此人如果为户主，每人授永业田20亩、口分田30亩）；④杂户授田同于百姓；⑤官户授口分田，减百姓之半，即40亩；⑥道士、和尚授口分田30亩；⑦女官、尼姑授口分田20亩；⑧工商业者在宽乡永业田、口分田各减百姓一半授，在狭乡不授田；⑨一般妇女、部曲、奴婢、耕牛不再列入授田范围
    - **贵族官僚**：①有封爵的贵族从亲族到公、侯、伯、子、男授永业田自100顷递减至5顷；②一至九品的职事官以及五品以上的散官，授永业田；③勋官自上柱国到云骑尉、武骑尉，授永业田自30顷递减至60亩；④职事官还授多少不等的职分田，租佃收租作为官员俸禄的补充，离任时须移交后任；⑤各级官府也有多少不等的公廨田
    - **土地买卖规定**：①贵族官僚的永业田和赐田，可以自由出卖；②百姓合法迁移和家贫无力丧葬者，准许出卖永业田；③迁往宽乡和卖充住宅、邸店、碾硙的，准许出卖口分田；④买田的数量不得超过本人应授的法定数额
  - **影响**：①积极：在一定程度上改变了以前不合理的土地占有情况，提高了农民的生产积极性，促进了社会经济发展；②消极：为土地兼并和大土地所有制发展提供了便利
- **赋役制度（租庸调制）**
  - **内容**：①租：每丁每年交粟二石；②庸：不服役者，交纳20天每丁一天调的量；③调：交绢二丈、绵三两或布二丈五尺、麻三斤
  - **影响**：①增加生产时间；②改善农民处境；③推动生产力发展

学校与科举（2019年选）
- **学校**
  - **官学为主**
    - 中央：①设"六学二馆"，即六学（国子学、太学、四门学、律学、书学、算学）和弘文馆、崇文馆；②招收官僚子弟及外国留学生；③学习儒家经典和各科专门知识
    - 地方：①由京都学、都督府学、州学、县学、市镇学、里学组成；②主要教学内容以经学和医学为主
  - **私学**：多由未仕士人或退休的官僚招徒授业，私学培养的学生，可由州、县荐举参加考试
- **科举制**：①分为常举和制举，常举以明经、进士两科最重要，制举由皇帝亲自主持；②太宗时期编订《五经正义》作为科举取士的官书

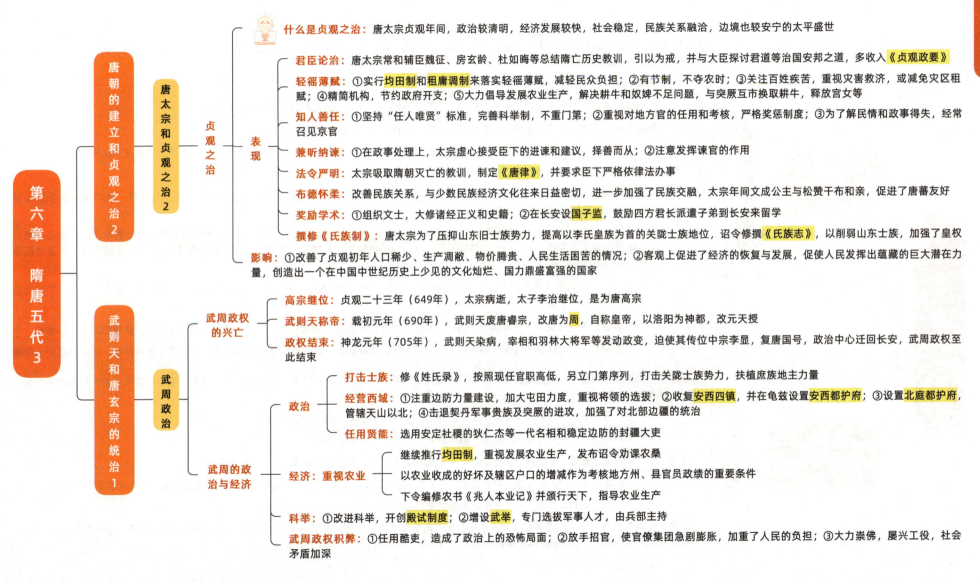

中国古代史

第六章 隋唐五代 3

唐朝的建立和贞观之治 2

唐太宗和贞观之治 2

贞观之治

什么是贞观之治：唐太宗贞观年间，政治较清明，经济发展较快，社会稳定，民族关系融洽，边境也较安宁的太平盛世

表现

君臣论治：唐太宗常和辅臣魏征、房玄龄、杜如晦等总结隋亡历史教训，引以为戒，并与大臣探讨君道等治国安邦之道，多收入《贞观政要》

轻徭薄赋：①实行均田制和租庸调制来落实轻徭薄赋，减轻民众负担；②有节制，不夺农时；③关注百姓疾苦，重视灾害救济，或减免灾区租赋；④精简机构，节约政府开支；⑤大力倡导发展农业生产，解决耕牛和奴婢不足问题，与突厥互市换取耕牛，释放宫女等

知人善任：①坚持"任人唯贤"标准，完善科举制，不重门第；②重视对地方官的任用和考核，严格奖惩制度；③为了解民情和政事得失，经常召见京官

兼听纳谏：①在政事处理上，太宗虚心接受臣下的进谏和建议，择善而从；②注意发挥谏官的作用

法令严明：太宗吸取隋朝灭亡的教训，制定《唐律》，并要求臣下严格依律法办事

布德怀柔：改善民族关系，与少数民族经济文化往来日益密切，进一步加强了民族交融，太宗年间文成公主与松赞干布和亲，促进了唐蕃友好

奖励学术：①组织文士，大修诸经正义和史籍；②在长安设国子监，鼓励四方君长派遣子弟到长安来留学

撰修《氏族制》：唐太宗为了压抑山东旧士族势力，提高以李氏皇族为首的关陇士族地位，诏令修撰《氏族志》，以削弱山东士族，加强了皇权

影响：①改善了贞观初年人口稀少、生产凋敝、物价腾贵、人民生活困苦的情况；②客观上促进了经济的恢复与发展，促使人民发挥出蕴藏的巨大潜在力量，创造出一个在中国中世纪历史上少见的文化灿烂、国力鼎盛富强的国家

武则天和唐玄宗的统治 1

武周政治

武周政权的兴亡

高宗继位：贞观二十三年（649年），太宗病逝，太子李治继位，是为唐高宗

武则天称帝：载初元年（690年），武则天废唐睿宗，改唐为周，自称皇帝，以洛阳为神都，改元天授

政权结束：神龙元年（705年），武则天染病，宰相和羽林大将军等发动政变，迫使其传位中宗李显，复唐国号，政治中心迁回长安，武周政权至此结束

武周的政治与经济

政治

打击士族：修《姓氏录》，按照现任官职高低，另立门第序列，打击关陇士族势力，扶植庶族地主力量

经营西域：①注重边防力量建设，加大屯田力度，重视将领的选拔；②收复安西四镇，并在龟兹设置安西都护府；③设置北庭都护府，管辖天山以北；④击退契丹军事贵族及突厥的进攻，加强了对北部边疆的统治

任用贤能：选用安定社稷的狄仁杰等一代名相和稳定边防的封疆大吏

经济：重视农业

继续推行均田制，重视发展农业生产，发布诏令劝课农桑

以农业收成的好坏及辖区户口的增减作为考核地方州、县官员政绩的重要条件

下令编修农书《兆人本业记》并颁行天下，指导农业生产

科举：①改进科举，开创殿试制度；②增设武举，专门选拔军事人才，由兵部主持

武周政权积弊：①任用酷吏，造成了政治上的恐怖局面；②放手招官，使官僚集团急剧膨胀，加重了人民的负担；③大力崇佛，屡兴工役，社会矛盾加深

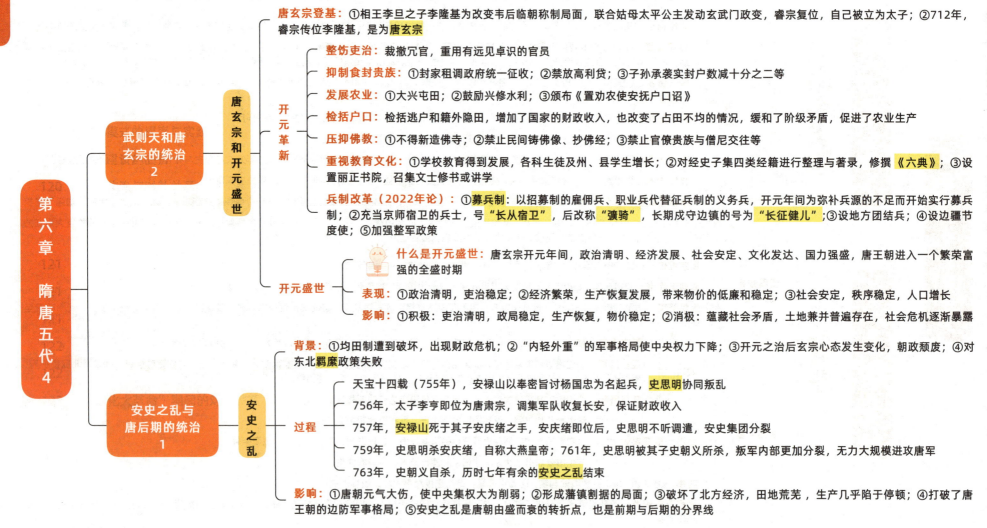

中国古代史

第六章 隋唐五代 4

武则天和唐玄宗的统治 2

唐玄宗和开元盛世

唐玄宗登基：①相王李旦之子李隆基为改变韦后临朝称制局面，联合姑母太平公主发动玄武门政变，睿宗复位，自己被立为太子；②712年，睿宗传位李隆基，是为**唐玄宗**

开元革新

整饬吏治：裁撤冗官，重用有远见卓识的官员

抑制食封贵族：①封家租调政府统一征收；②禁放高利贷；③子孙承袭实封户数减十分之二等

发展农业：①大兴屯田；②鼓励兴修水利；③颁布《置劝农使安抚户口诏》

检括户口：检括逃户和籍外隐田，增加了国家的财政收入，也改变了占田不均的情况，缓和了阶级矛盾，促进了农业生产

压抑佛教：①不得新造佛寺；②禁止民间铸佛像、抄佛经；③禁止官僚贵族与僧尼交往等

重视教育文化：①学校教育得到发展，各科生徒及州、县学生增长；②对经史子集四类经籍进行整理与著录，修撰《六典》；③设置丽正书院，召集文士修书或讲学

兵制改革（2022年论）：①募兵制：以招募制的雇佣兵、职业兵代替征兵制的义务兵，开元年间为弥补兵源的不足而开始实行募兵制；②充当京师宿卫的兵士，号"长从宿卫"，后改称"矿骑"，长期戍守边镇的号为"长征健儿"；③设地方团结兵；④设边疆节度使；⑤加强整军政策

开元盛世

什么是开元盛世：唐玄宗开元年间，政治清明、经济发展、社会安定、文化发达、国力强盛，唐王朝进入一个繁荣富强的全盛时期

表现：①政治清明，吏治稳定；②经济繁荣，生产恢复发展，带来物价的低廉和稳定；③社会安定，秩序稳定，人口增长

影响：①积极：吏治清明，政局稳定，生产恢复，物价稳定；②消极：蕴藏社会矛盾，土地兼并普遍存在，社会危机逐渐暴露

安史之乱与唐后期的统治 1

安史之乱

背景：①均田制遭到破坏，出现财政危机；②"内轻外重"的军事格局使中央权力下降；③开元之治后玄宗心态发生变化，朝政颓废；④对东北羁縻政策失败

过程

天宝十四载（755年），安禄山以奉密旨讨杨国忠为名起兵，**史思明**协同叛乱

756年，太子李亨即位为唐肃宗，调集军队收复长安，保证财政收入

757年，**安禄山**死于其子安庆绪之手，安庆绪即位后，史思明不听调遣，安史集团分裂

759年，史思明杀安庆绪，自称大燕皇帝；761年，史思明被其子史朝义所杀，叛军内部更加分裂，无力大规模进攻唐军

763年，史朝义自杀，历时七年有余的**安史之乱**结束

影响：①唐朝元气大伤，使中央集权大为削弱；②形成藩镇割据的局面；③破坏了北方经济，田地荒芜，生产几乎陷于停顿；④打破了唐王朝的边防军事格局；⑤安史之乱是唐朝由盛而衰的转折点，也是前期与后期的分界线

中国古代史

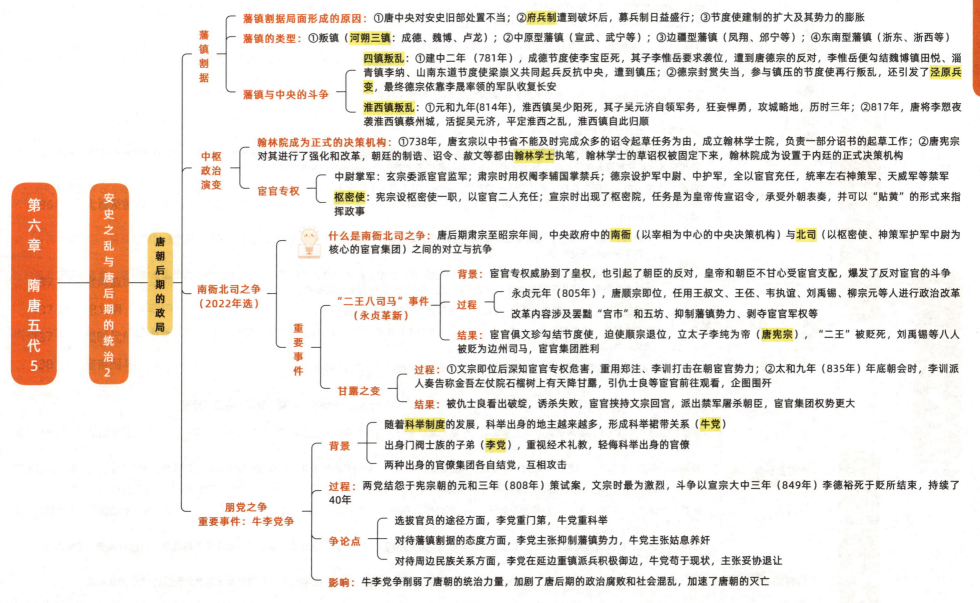

第六章 隋唐五代 5

安史之乱与唐后期的统治 2

唐朝后期的政局

藩镇割据

藩镇割据局面形成的原因：①唐中央对安史旧部处置不当；②府兵制遭到破坏后，募兵制日益盛行；③节度使建制的扩大及其势力的膨胀

藩镇的类型：①叛镇（河朔三镇：成德、魏博、卢龙）；②中原型藩镇（宣武、武宁等）；③边疆型藩镇（凤翔、邠宁等）；④东南型藩镇（浙东、浙西等）

藩镇与中央的斗争
- 四镇叛乱：①建中二年（781年），成德节度使李宝臣死，其子李惟岳要求袭位，遭到唐德宗的反对，李惟岳便勾结魏博镇田悦、淄青镇李纳、山南东道节度使梁崇义共同起兵反抗中央，遭到镇压；②德宗封赏失当，参与镇压的节度使再行叛乱，还引发了泾原兵变，最终德宗依靠李晟率领的军队收复长安
- 淮西镇叛乱：①元和九年(814年)，淮西镇吴少阳死，其子吴元济自领军务，狂妄悍勇，攻城略地，历时三年；②817年，唐将李愬夜袭淮西镇蔡州城，活捉吴元济，平定淮西之乱，淮西镇自此归顺

中枢政治演变

翰林院成为正式的决策机构：①738年，唐玄宗以中书省不能及时完成众多的诏令起草任务为由，成立翰林学士院，负责一部分诏书的起草工作；②唐宪宗对其进行了强化和改革，朝廷的制诰、诏令、赦文等都由翰林学士执笔，翰林学士的草诏权被固定下来，翰林院成为设置于内廷的正式决策机构

宦官专权
- 中尉掌军：玄宗委派宦官监军；肃宗时用权阉李辅国掌禁兵；德宗设置军中尉、中护军，全以宦官充任，统率左右神策军、天威军等禁军
- 枢密使：宪宗设枢密使一职，以宦官二人充任；宣宗时出现了枢密院，任务是为皇帝传宣诏令，承受外朝表奏，并可以"贴黄"的形式来指挥政事

南衙北司之争（2022年选）

什么是南衙北司之争：唐后期肃宗至昭宗年间，中央政府中的南衙（以宰相为中心的中央决策机构）与北司（以枢密使、神策军护军中尉为核心的宦官集团）之间的对立与抗争

重要事件
- "二王八司马"事件（永贞革新）
  - 背景：宦官专权威胁到了皇权，也引起了朝臣的反对，皇帝和朝臣不甘心受宦官支配，爆发了反对宦官的斗争
  - 过程：永贞元年（805年），唐顺宗即位，任用王叔文、王伾、韦执谊、刘禹锡、柳宗元等人进行政治改革／改革内容涉及罢黜"宫市"和五坊、抑制藩镇势力、剥夺宦官军权等
  - 结果：宦官俱文珍勾结节度使，迫使顺宗退位，立太子李纯为帝（唐宪宗），"二王"被贬死，刘禹锡等八人被贬为边州司马，宦官集团胜利
- 甘露之变
  - 过程：①文宗即位后深知宦官专权危害，重用郑注、李训打击在朝宦官势力；②太和九年（835年）年底朝会时，李训派人奏告称金吾左仗院石榴树上有天降甘露，引仇士良等宦官前往观看，企图围歼
  - 结果：被仇士良看出破绽，诱杀失败，宦官挟持文宗回宫，派出禁军屠杀朝臣，宦官集团权势更大

朋党之争重要事件：牛李党争

背景
- 随着科举制度的发展，科举出身的地主越来越多，形成科举裙带关系（牛党）
- 出身门阀士族的子弟（李党），重视经术礼教，轻侮科举出身的官僚
- 两种出身的官僚集团各自结党，互相攻击

过程：两党结怨于宪宗朝的元和三年（808年）策试案，文宗时最为激烈，斗争以宣宗大中三年（849年）李德裕死于贬所结束，持续了40年

争论点
- 选拔官员的途径方面，李党重门第，牛党重科举
- 对待藩镇割据的态度方面，李党主张抑制藩镇势力，牛党主张姑息养奸
- 对待周边民族关系方面，李党在沿边重镇派兵积极御边，牛党苟于现状，主张妥协退让

影响：牛李党争削弱了唐朝的统治力量，加剧了唐后期的政治腐败和社会混乱，加速了唐朝的灭亡

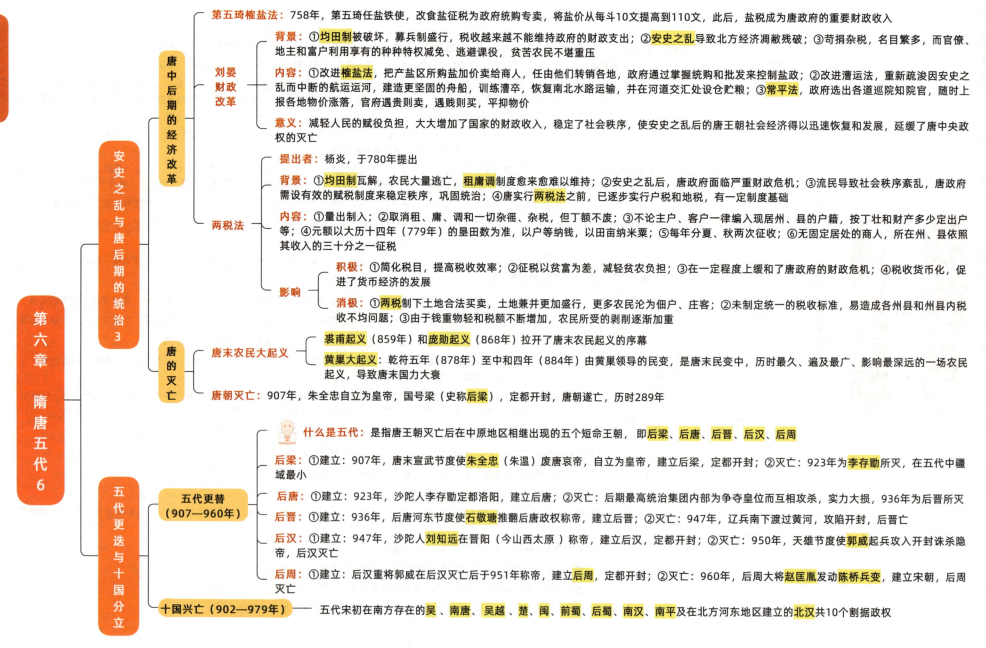

中国古代史

第六章 隋唐五代 6

安史之乱与唐后期的统治 3

唐中后期的经济改革

第五琦榷盐法： 758年，第五琦任盐铁使，改食盐征税为政府统购专卖，将盐价从每斗10文提高到110文，此后，盐税成为唐政府的重要财政收入

刘晏财政改革

背景： ①均田制被破坏，募兵制盛行，税收越来越不能维持政府的财政支出；②安史之乱导致北方经济凋敝残破；③苛捐杂税，名目繁多，而官僚、地主和富户利用享有的种种特权减免、逃避课役，贫苦农民不堪重压

内容： ①改进榷盐法，把产盐区所购盐加价卖给商人，任由他们转销各地，政府通过掌握统购和批发来控制盐政；②改进漕运法，重新疏浚因安史之乱而中断的航运运河，建造更坚固的舟船，训练漕卒，恢复南北水路运输，并在河道交汇处设仓贮粮；③常平法，政府选出各道巡院知院官，随时上报各地物价涨落，官府遇贵则卖，遇贱则买，平抑物价

意义： 减轻人民的赋役负担，大大增加了国家的财政收入，稳定了社会秩序，使安史之乱后的唐王朝社会经济得以迅速恢复和发展，延缓了唐中央政权的灭亡

两税法

提出者： 杨炎，于780年提出

背景： ①均田制瓦解，农民大量逃亡，租庸调制度愈来愈难以维持；②安史之乱后，唐政府面临严重财政危机；③流民导致社会秩序紊乱，唐政府需设有效的赋税制度来稳定秩序，巩固统治；④唐实行两税法之前，已逐步实行户税和地税，有一定制度基础

内容： ①量出制入；②取消租、庸、调和一切杂徭、杂税，但丁额不废；③不论主户、客户一律编入现居州、县的户籍，按丁壮和财产多少定出户等；④元额以大历十四年（779年）的垦田数为准，以户等纳钱，以田亩纳米粟；⑤每年分夏、秋两次征收；⑥无固定居处的商人，所在州、县依照其收入的三十分之一征税

影响

积极： ①简化税目，提高税收效率；②征税以贫富为差，减轻贫农负担；③在一定程度上缓和了唐政府的财政危机；④税收货币化，促进了货币经济的发展

消极： ①两税制下土地合法买卖，土地兼并更加盛行，更多农民沦为佃户、庄客；②未制定统一的税收标准，易造成各州县和州县内税收不均问题；③由于钱重物轻和税额不断增加，农民所受的剥削逐渐加重

唐的灭亡

唐末农民大起义

裘甫起义（859年）和庞勋起义（868年）拉开了唐末农民起义的序幕

黄巢大起义：乾符五年（878年）至中和四年（884年）由黄巢领导的民变，是唐末民变中，历时最久、遍及最广、影响最深远的一场农民起义，导致唐末国力大衰

唐朝灭亡： 907年，朱全忠自立为皇帝，国号梁（史称后梁），定都开封，唐朝遂亡，历时289年

五代更迭与十国分立

五代更替（907—960年）

什么是五代： 是指唐王朝灭亡后在中原地区相继出现的五个短命王朝，即后梁、后唐、后晋、后汉、后周

后梁： ①建立：907年，唐末宣武节度使朱全忠（朱温）废唐哀帝，自立为皇帝，建立后梁，定都开封；②灭亡：923年为李存勖所灭，在五代中疆域最小

后唐： ①建立：923年，沙陀人李存勖定都洛阳，建立后唐；②灭亡：后期最高统治集团内部为争夺皇位而互相攻杀，实力大损，936年为后晋所灭

后晋： ①建立：936年，后唐河东节度使石敬瑭推翻后唐政权称帝，建立后晋；②灭亡：947年，辽兵南下渡过黄河，攻陷开封，后晋亡

后汉： ①建立：947年，沙陀人刘知远在晋阳（今山西太原）称帝，建立后汉，定都开封；②灭亡：950年，天雄节度使郭威起兵攻入开封诛杀隐帝，后汉灭亡

后周： ①建立：后汉重将郭威在后汉灭亡后于951年称帝，建立后周，定都开封；②灭亡：960年，后周大将赵匡胤发动陈桥兵变，建立宋朝，后周灭亡

十国兴亡（902—979年） 五代宋初在南方存在的吴、南唐、吴越、楚、闽、前蜀、后蜀、南汉、南平及在北方河东地区建立的北汉共10个割据政权

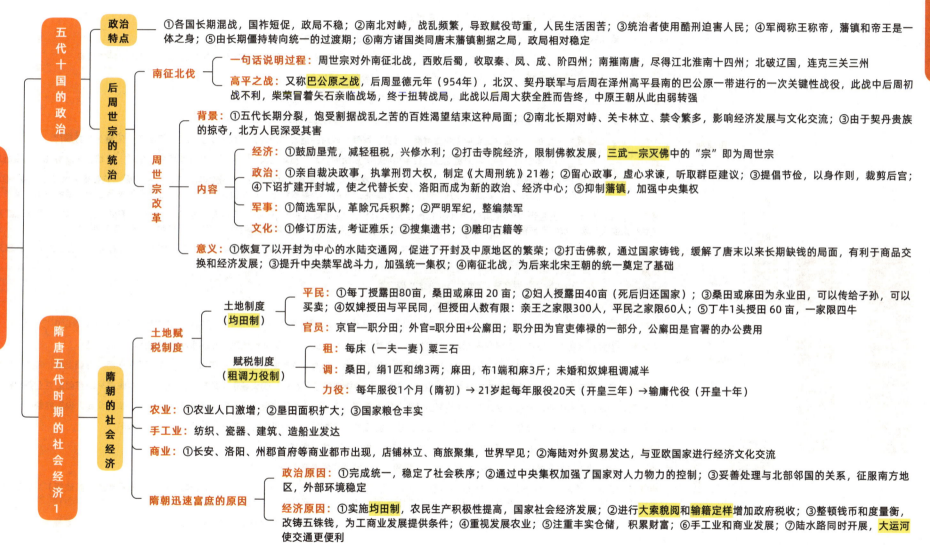

中国古代史

第六章　隋唐五代 7

五代十国的政治

政治特点
①各国长期混战，国祚短促，政局不稳；②南北对峙，战乱频繁，导致赋役苛重，人民生活困苦；③统治者使用酷刑迫害人民；④军阀称王称帝，藩镇和帝王是一体之身；⑤由长期僵持转向统一的过渡期；⑥南方诸国类同唐末藩镇割据之局，政局相对稳定

后周世宗的统治

南征北伐
一句话说明过程：周世宗对外南征北战，西败后蜀，收取秦、凤、成、阶四州；南摧南唐，尽得江北淮南十四州；北破辽国，连克三关三州

高平之战：又称巴公原之战，后周显德元年（954年），北汉、契丹联军与后周在泽州高平县南的巴公原一带进行的一次关键性战役，此战中后周初战不利，柴荣冒着矢石亲临战场，终于扭转战局，此战以后周大获全胜而告终，中原王朝从此由弱转强

周世宗改革

背景：①五代长期分裂，饱受割据战乱之苦的百姓渴望结束这种局面；②南北长期对峙、关卡林立、禁令繁多，影响经济发展与文化交流；③由于契丹贵族的掠夺，北方人民深受其害

内容
经济：①鼓励垦荒，减轻租税，兴修水利；②打击寺院经济，限制佛教发展，三武一宗灭佛中的"宗"即为周世宗

政治：①亲自裁决政事，执掌刑罚大权，制定《大周刑统》21卷；②留心政事，虚心求谏，听取群臣建议；③提倡节俭，以身作则，裁剪后宫；④下诏扩建开封城，使之代替长安、洛阳而成为新的政治、经济中心；⑤抑制藩镇，加强中央集权

军事：①简选军队，革除冗兵积弊；②严明军纪，整编禁军

文化：①修订历法，考证雅乐；②搜集遗书；③雕印古籍等

意义：①恢复了以开封为中心的水陆交通网，促进了开封及中原地区的繁荣；②打击佛教，通过国家铸钱，缓解了唐末以来长期缺钱的局面，有利于商品交换和经济发展；③提升中央禁军战斗力，加强统一集权；④南征北战，为来北宋王朝的统一奠定了基础

隋唐五代时期的社会经济 1

隋朝的社会经济

土地赋税制度

土地制度（均田制）
平民：①每丁授露田80亩，桑田或麻田 20 亩；②妇人授露田40亩（死后归还国家）；③桑田或麻田为永业田，可以传给子孙，可以买卖；④奴婢授田与平民同，但授田人数有限：亲王之家限300人，平民之家限60人；⑤丁牛1头授田 60 亩，一家限四牛

官员：京官—职分田；外官=职分田+公廨田；职分田为官吏俸禄的一部分，公廨田是官署的办公费用

赋税制度（租调力役制）
租：每床（一夫一妻）粟三石

调：桑田，绢1匹和绵3两；麻田，布1端和麻3斤；未婚和奴婢租调减半

力役：每年服役1个月（隋初）→ 21岁起每年服役20天（开皇三年）→输庸代役（开皇十年）

农业：①农业人口激增；②垦田面积扩大；③国家粮仓丰实

手工业：纺织、瓷器、建筑、造船业发达

商业：①长安、洛阳、州郡首府等商业都市出现，店铺林立、商旅聚集，世界罕见；②海陆对外贸易发达，与亚欧国家进行经济文化交流

隋朝迅速富庶的原因
政治原因：①完成统一，稳定了社会秩序；②通过中央集权加强了国家对人力物力的控制；③妥善处理与北部邻国的关系，征服南方地区，外部环境稳定

经济原因：①实施均田制，农民生产积极性提高，国家社会经济发展；②进行大索貌阅和输籍定样增加政府税收；③整顿钱币和度量衡，改铸五铢钱，为工商业发展提供条件；④重视发展农业；⑤注重丰实仓储，积累财富；⑥手工业和商业发展；⑦陆水路同时开展，大运河使交通更便利

中国古代史

第六章 隋唐五代 8

隋唐五代时期的社会经济 2

唐代的社会经济

唐前期

土地赋税制度：土地制度为均田制，赋税制度为租庸调制

农畜牧业
重视农田水利灌溉，兴建大量水利工程，设水部司、都水监等掌河渠修理和灌溉事宜
改革生产工具，耕犁方面，将旧式的直辕犁改进为曲辕犁；灌溉工具方面，创造了筒车和水轮等新工具，提高了耕作效率
制定严密的仓廪制度，形成了由正仓、太仓、军仓、义仓等组成的仓廪体系
农业生产水平的提高带动了户口的快速增长，中国封建社会人口总数跃上了一个新台阶
战马在当时战争中有突出地位，唐政府十分重视畜牧业，在京西北的草原地带，建立了不少国营牧场

手工业
官营：生产各类产品，主要用以供给宫廷、贵族、官僚、政府的消费和使用，工部和工部司是官营手工业的最高政务部门
私营：①个体农民所经营的家庭副业在自用和纳税有剩余时，拿到市场出卖；②私营作坊如织锦坊、纸坊、染坊、铜坊等比以前显著增加
其他：①纺织业最发达，染色技术提高；②陶瓷业发展到了新水平，如邢州白瓷、景德镇瓷器，以唐三彩、五彩陶俑为杰出代表；③矿冶业、铸造业技术显著提高，铸新币"开元通宝"；④造船业发展；⑤茶树栽培、茶园管理及茶叶制作方面有了长足进步，茶贸易迅速发展

商业：①城市发展，长安是当时全国的政治中心，也是亚洲各国经济、文化交流的中心，分东西两市，洛阳是仅次于长安的第二大城市；②在京都及地方州县治设置各级市场，农村集市贸易也有了发展；③社会上的货币流通不足，在广大地区绢帛等实物还充当着交换媒介与钱币并用

交通
国内：①陆路方面，以长安为中心，设置四通八达的交通干线；②水路方面，大运河沟通了南北水道，全国的航运事业也空前发展起来；③驿传制度逐步完善，设置了大量政府陆驿、水驿及私人邸店
对外：西北陆上丝绸之路+东南沿海的海上丝绸之路

唐中后期

土地赋税制度：土地私有制，赋税制度为两税法
唐中后期社会经济情况：安史之乱后，北方黄河流域社会经济的恢复和发展比较缓慢，但江南地区相对比较安定，社会经济发展以南方为代表
农业：①大兴水利，水稻种植发展，单位面积产量提高；②种茶业发展，茶税成为重要税收来源；③水利灌溉与生产工具改进
手工业：①纺织业，南方超过北方，吴越成为江南地区的丝纺织中心；②造船业和造纸业比前期更为发达；③制茶业在南方继续发展，专业化程度更高
商业：①广州设市舶使，后来又建市舶使院，管理对外贸易；②坊市界限逐渐打破；③大城市出现夜市；④出现了中国最早的存储汇兑业务：柜坊和飞钱
交通：①以长安为中心，陆路四通八达，水路有贯通南北的大运河，是沟通南北的主要水系；②驿传制度逐步发展，驿所众多，设施完善

五代十国的社会经济

赋税制度：基本沿用唐代，但由于军阀混战，各地军阀为了进行战争，加紧对人民剥削，除大量增加田赋外，苛捐杂税也名目繁多

南方社会经济
总特征：①经济重心继续南移，南方发展超过北方；②区域性经济逐渐形成（主要南方）
农业：①稳定生产（减租劝耕）；②重视水利（龟塘、圩田）；③经济作物增产（茶、棉花）
手工业：①制茶业发达，注重茶叶生产；②瓷器业（越州秘色瓷器）；③丝织业（吴越、南唐积极推行奖励蚕桑、发展丝织业的政策）；④矿冶业（胆水浸铜法）；⑤制盐业技术提高，产量增加；⑥造纸业和雕版印刷业（扬、越、蜀是纸的著名产地，成都和金陵是全国两大印刷业中心）
商业：①著名商业都市（扬州、杭州、成都等）；②贸易活动：南方以茶、丝织品、药品换取北方和契丹的羊、马等；③海上贸易繁盛

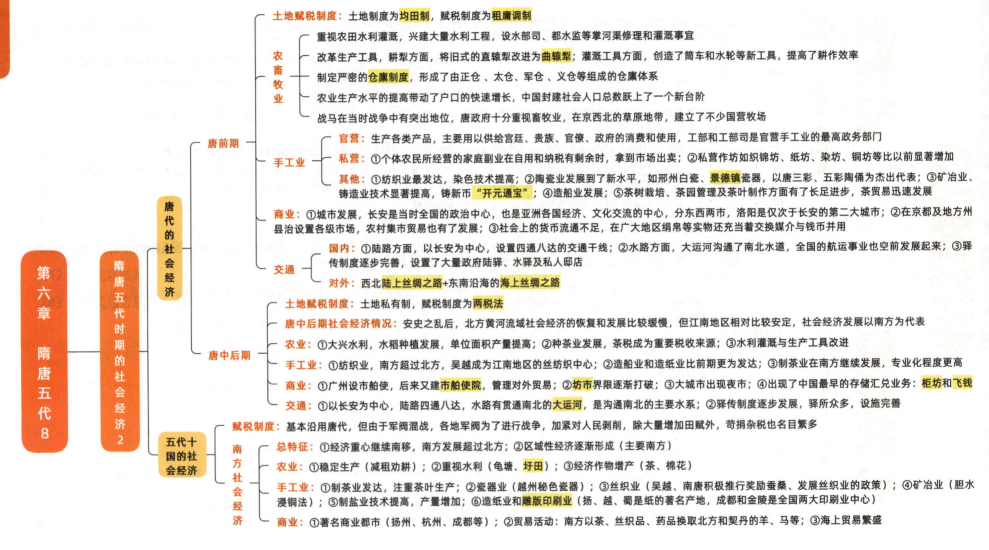

中国古代史

第六章 隋唐五代 9

隋唐五代时期的民族关系与对外关系

民族关系

唐代的民族政策演变
- 设立机构：①唐太宗时设立**安西都护府**，管辖天山以南的广大地区；②武则天时设**北庭都护府**，管辖天山以北、巴尔喀什湖以南广大区域等
- 任官制度：唐朝在边疆少数民族地区，通过设置**羁縻府州**，起用少数民族首领，提任行政长官，管理少数民族人民的内部事务
- 和亲政策：通过和亲，搭起民族大交融的彩桥，沟通中央与地方民族首领之间的密切联系
- 边塞贸易：通过**茶马互市**，开放边塞关卡，搞活边疆民族地区与境外的贸易往来，兼容并蓄，促进经济的发展和社会的进步，增强综合国力

唐代羁縻府州制：唐代在北疆、东北、西北、西南、南疆均设有**羁縻府、州、县**，并以当地少数民族首领为长官，授以都督、刺史、县令等职，其职位可世袭，并由边州都督府或都护府管理，同时各府、州、县户籍、赋税不入户部，赠予边疆民族首领可汗、王、公、将军等虚衔，以行恩恤，并明确君臣之分

周边民族对唐内政的影响
- 突厥：①唐起兵太原时，主动与突厥相结；②唐太宗继位后，二者在渭水岸边达成盟约，称"渭水会盟"
- 吐蕃：①盛起于贞观之时，是唐朝所受边患中历时最长、威胁最大的外族；②影响到唐代的兵制，募兵制逐渐取代府兵制，士兵走向职业化；③影响着唐对东北的策略，使得唐朝在东北采取维持现状的消极政策，竭尽武力财力保护关陇安全；④影响到唐朝的军事布局，**节度使**林立防御吐蕃，导致后期形成节度使尾大不掉的局面
- 回纥：一直和唐朝保持着密切关系
- 南诏：南诏在吐蕃衰败后，很快发展强盛，成为唐后期最大边患
- 沙陀：唐政府能够平定庞勋、黄巢之乱，很大程度上是依赖沙陀部落兵力的帮助

对外交流

隋唐五代是亚洲经济文化交流中心：①设置**鸿胪寺**接待各国使节；②设置**市舶使**掌管对外贸易

与朝鲜文化交往
- 隋唐多次**征高丽**影响了与朝鲜的交流，新罗统一朝鲜后恢复
- 新罗派留学生到唐学习，新罗学生参加进士科考试称**"宾贡进士"**
- 学习唐文字、制度、茶生产、雕版印刷术等

与日本文化交往
- 交流：日本派遣唐使、留学生和学问僧（如**阿倍仲麻吕和空海**）来唐学习制度、文化和生产
- 对日本影响
  - 政治（**班田制、府人制、《大宝律令》**等制度、法令受唐直接影响）
  - 文化（设立**大学寮**，儒学和文学作品传入日本，影响日本文字产生）
  - 技术（天文历法、医学、数学、建筑、雕版印刷术等先后传入日本）

与东南亚、南亚交往：①玄奘西行，回国后写**《大唐西域记》**记述所见国家的历史、山川、风土人情；②**义净**赴印度钻研佛学

其他地区：①中亚诸国（昭武九姓）；②波斯（丝绸之路国家）；③大秦（商业贸易）；④大食（阿拉伯帝国，唐与其发生**怛罗斯之战**，唐战败）有往来

隋唐五代时期的文化

宗教

道教的发展：①唐朝皇帝追尊**老子**为其祖先，大力提倡道教；②武则天时期受到抑制；③玄宗朝对道教推崇备至，开元末年道教发展到鼎盛时期

佛教
- 发展流派：佛教在隋代已有发展，在唐代有了新的高度，进入全盛期，并形成了几支主要的宗派：天台宗、法相宗、华严宗、禅宗等
- 佛道斗争：①唐高祖和唐太宗置道教于佛教之上；②武则天为了取唐建周，把道教贬在佛教之下；③唐武宗为了打击极度膨胀的佛教寺院经济，听从道士之言，下令灭佛；④唐宣宗继位后，又扶植佛教；⑤结果：由于佛教和道教都有存在的社会基础，所以谁也击不垮谁，但佛教吸收了儒家思想，加入了世俗宗法色彩，更占优势
- 反佛思想
  - **傅奕（隋末唐初）**：他认为佛教是外来祸害，从维护儒家的伦理道德体系和李唐政权的利益出发，主张禁除佛教，令僧尼匹配，生儿育女
  - **狄仁杰和姚崇**：二者都从治理国家的角度对佛教进行了抨击，认为修佛寺、造佛像浪费国财民力，动摇国家根基，于国有害无利
  - **韩愈**：一是指责佛道二教耗费大量财富，加重百姓负担；二是指责让佛教凌驾于儒学之上，有被同化为夷的危险；三是指责佛教灭弃伦常，主张止塞佛道，发扬儒家之道
- 三武一宗灭佛：北魏太武帝灭佛、北周武帝灭佛、唐武宗灭佛、后周世宗灭佛的统称

外来宗教：①**袄教**，又名拜火教；②**摩尼教**；③**景教**；④**伊斯兰教**

哲学

唯心主义
- 韩愈
  - 天命论：他认为天有意志，能赏罚，人们只能随顺敬畏天的意志，不可能以人力改变天命
  - 道统论（2018年选）："道"是指儒家的正统学说，从尧舜禹汤开始，历经周公、孔子世代相传中断，到韩愈本人才又延续下来；"统"是指这种学说的师承传继关系。韩愈主张建立新道统，发展人的物质与精神文明
  - 人性论：性即人性，由仁、义、礼、智、信五种道德内涵组成，他把人性分为上、中、下三品，论证君在上、臣在中、民在下的等级秩序是符合人性的，是合理的
- 李翱：提倡**"性善情恶说"**，他认为人性是天赋的，所有人的本性都是善良的，而人的情欲则是邪恶的，凡人要想恢复善性，成为圣人就必须去掉情欲

唯物主义
- 吕才：他驳斥迷信，把"阴阳"归纳为天地、乾坤、刚柔、三光、四气等自然现象
- 李华：他认为人们处世行事根本没有必要去求神问卜，而应以敬畏为要
- 柳宗元：①否定神秘的天；②提出天人不相预说，认为天地、元气等都是物质的，没有什么意志；③批判鬼神迷信
- 刘禹锡：①否定神秘的天；②天与人"交相胜，还相用"说，强调天与人之间的相互作用，提出人胜天的关键是"明理"

中国古代史

第六章 隋唐五代 10

隋唐五代时期的文化 2

儒学和史学

文学艺术

儒学

统一儒学的形成：官修《五经定本》（颜师古）、《五经正义》（孔颖达等），并成为唐代科举考试的内容

儒学由汉学向宋学转变：①啖助、陆质师徒在学风上开启了宋学"空言说经，任意附会"的先河；②韩愈、李翱师徒从哲学思想上为宋学奠定了基础

官修史书

唐初八史

唐以前史书多为私家著作：唐太宗将史馆自秘书省移到门下省，纪传体正史的编修掌握在政府手中，官修正史成为世代相传的制度

唐初官修八史：《晋书》（唐房玄龄等）、《梁书》（唐姚思廉）、《陈书》（唐姚思廉）、《北齐书》（唐李百药）、《周书》（唐令狐德棻等）、《隋书》（唐魏征等）、《南史》（唐李延寿）、《北史》（唐李延寿）

五代后晋：《旧唐书》修撰离唐朝灭亡时间不远，资料来源比较丰富，署名后晋刘昫等撰

唐朝修史形成完整程序：除了各部门的档案材料，史馆还系统记述皇帝的日常言行和政务决定，形成基础文献，如起居注、时政记、实录等，并以此为基础编纂纪传体的当代国史

史学理论（2024年选）

唐代刘知几的《史通》是中国首部系统性的史学批评和史学理论专著

特点：①提出史家"三长"论，认为写史之人应该具备才、学、识三长；②深入剖析史著源流，提出"六经皆史"；③科学划分史书体例；④叙述历代史官的建置沿革及其选拔途径，尖锐指出官修史书的五大弊端；⑤准确评价纪传和编年的得失；⑥重视史料的搜集和抉择；⑦主张语言通俗，反对过度雕饰；⑧强调评价历史人物必须兼重正反两方面史料；⑨修史态度上，主张秉笔直书

体裁创新——典章制度

《唐六典》（唐李林甫）全称《大唐六典》，是我国现有的最早的一部行政法典，亦是我国现存最早的一部会典

《通典》（唐杜佑）为"十通"之一，是中国历史上第一部体例完备的政书，专叙历代典章制度的沿革变迁

《大唐开元礼》是唐玄宗时代官修的一部礼仪著作，以唐太宗贞观年间和唐高宗显庆年间的礼书为基础，加以折衷同异编次而成

历史地理（2018年名）

《西域图记》（隋裴矩）是一本以记录西域各国地理资料为主的地方志

《元和郡县图志》（唐李吉甫）对古代中国政区地理沿革有比较系统的叙述，是保留下来的中国最古的一部地理学专著，架构最完善

《蛮书》又名《云南志》（唐樊绰），记载了南诏史事

《大唐西域记》，玄奘西行时将经历的各国各地区的风土、人情、物产、信仰和历史传说等进行了记述

《海内华夷图》（唐贾耽）确立了"古墨今朱"的标识方法，注重外国部分

文学

曲子词：①《花间集》（后蜀赵崇祚）是文学史上的第一部文人词选集；②南唐李煜的《虞美人》《浪淘沙》在晚唐五代词中别树一帜，对后世词坛影响深远

古文运动

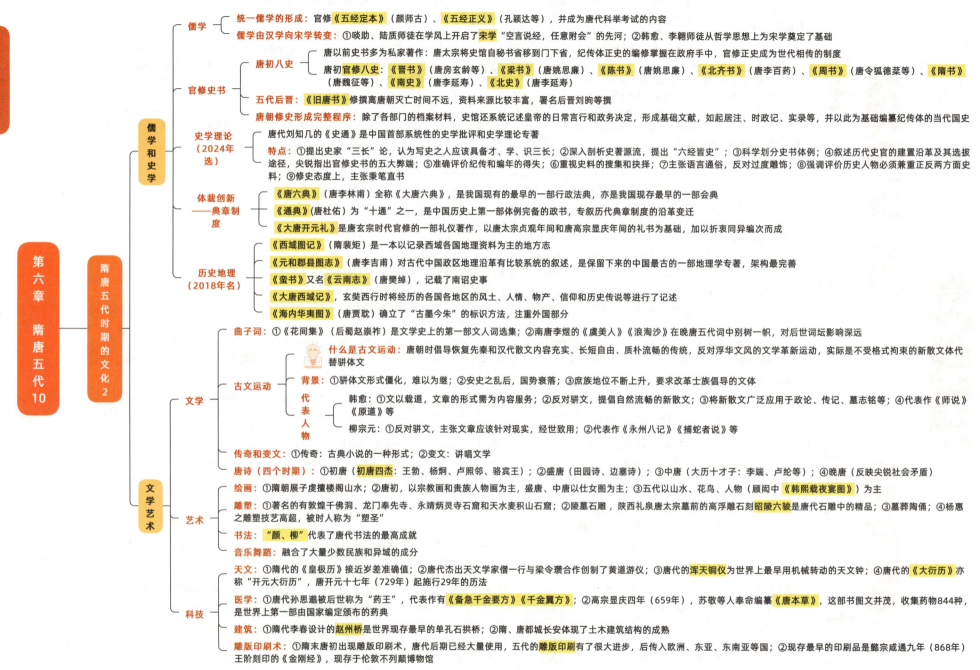 什么是古文运动：唐朝时倡导恢复先秦和汉代散文内容充实、长短自由、质朴流畅的传统，反对浮华文风的文学革新运动，实际是不受格式拘束的新散文体代替骈体文

背景：①骈体文形式僵化，难以为继；②安史之乱后，国势衰落；③庶族地位不断上升，要求改革士族倡导的文体

代表人物

韩愈：①文以载道，文章的形式需为内容服务；②反对骈文，提倡自然流畅的新散文；③将新散文广泛应用于政论、传记、墓志铭等；④代表作《师说》《原道》等

柳宗元：①反对骈文，主张文章应该针对现实，经世致用；②代表作《永州八记》《捕蛇者说》等

传奇和变文：①传奇：古典小说的一种形式；②变文：讲唱文学

唐诗（四个时期）：①初唐（初唐四杰：王勃、杨炯、卢照邻、骆宾王）；②盛唐（田园诗、边塞诗）；③中唐（大历十才子：李端、卢纶等）；④晚唐（反映尖锐社会矛盾）

艺术

绘画：①隋朝展子虔擅楼阁山水；②唐初，以宗教画和贵族人物画为主，盛唐、中唐以仕女图为主；③五代以山水、花鸟、人物（顾闳中《韩熙载夜宴图》）为主

雕塑：①著名的有敦煌千佛洞、龙门奉先寺、永靖炳灵寺石窟和天水麦积山石窟；②陵墓石雕，陕西礼泉唐太宗墓前的高浮雕石刻昭陵六骏是唐代石雕中的精品；③墓葬陶俑；④杨惠之雕塑技艺高超，被时人称为"塑圣"

书法："颜、柳"代表了唐代书法的最高成就

音乐舞蹈：融合了大量少数民族和异域的成分

科技

天文：①隋代的《皇极历》接近岁差准确值；②唐代杰出天文学家僧一行与梁令瓒合作创制了黄道游仪；③唐代的浑天铜仪为世界上最早用机械转动的天文钟；④唐代的《大衍历》亦称"开元大衍历"，唐开元十七年（729年）起施行29年的历法

医学：①唐代孙思邈被后世称为"药王"，代表作有《备急千金要方》《千金翼方》；②高宗显庆四年（659年），苏敬等人奉命编纂《唐本草》，这部书图文并茂，收集药物844种，是世界上第一部由国家编定颁布的药典

建筑：①隋代李春设计的赵州桥是世界现存最早的单孔石拱桥；②隋、唐都城长安体现了土木建筑结构的成熟

雕版印刷术：①隋末唐初出现雕版印刷术，唐代后期已经大量使用，五代的雕版印刷有了很大进步，后传入欧洲、东亚、东南亚等国；②现存最早的印刷品是懿宗咸通九年（868年）王阶刻印的《金刚经》，现存于伦敦不列颠博物馆

中国古代史

第七章
宋、辽、西夏、金、元
1

北宋的建立与巩固

北宋的存续时间 —— 960—1127年

北宋的建立与统一
- **建立**：显德七年（960年），赵匡胤发动**陈桥兵变**，夺取后周政权，建立北宋
- **统一战争**：北宋先后袭占荆南、攻灭后蜀、灭亡南汉、攻灭南唐、灭亡北汉，历时18年，实现了南北主要地区的统一

北宋的政治与经济（2017年材）

加强中央集权

政治
- **中央**：分割宰相权力，在宰相之下添设"**参知政事**"作为副相，以枢密使分取宰相的军权；中书门下（宰相+参知政事）和枢密院，合称"**二府**"
  - 以户部、盐铁、度支三司（又称"**计相**"）掌握财政权分取宰相的财权
- **地方**：①地方实行州、县两级制；②削减州郡（**府、州、军、监**）一级长官的权力；③州郡长官由文臣担任，长官之外另设**通判**
- **官、职、差遣制**："**官**"代表官员官阶与俸禄；"**职**"为文官荣誉头衔，官阶按年资升迁，决定俸禄多少；"**差遣**"则视具体情况进行派遣
- **科举制度**：①确立了三级考试制度，即各州主持**解试**、礼部主持**省试**、皇帝主持**殿试**；②完善科举制的内容和形式，对考官实行**锁宿制度**，对试卷进行**封弥**和**誊录**，同时严禁举人有舞弊行为（如夹带、代笔等）；③考试更加严格，登第人数增加，提高考中者待遇；④太宗时创**殿前**唱名赐及**第**之制，以此使录取者皆为"天子门生"，故而取士之权收归皇帝之手
- **崇文抑武国策**：以儒家道德规范和伦理纲常控制社会
- **军事（2021年材）**：①**杯酒释兵权**（961年）；②统兵权与调兵权相分离；③以"**更戍法**"管理军队；④以"守内虚外"部署军事；⑤确立募兵养兵制度

财政与司法
- 将全国州郡划分为十五路（后有增加），陆续在各路设**转运司**（主管财政兼监察地方官吏）、**提点刑狱司**（主管司法兼监察）、**安抚司**（主管军事，有时也兼管民政）、**提举常平司**（熙宁初置，主管常平仓救济、农田水利等)四司，除安抚司外，统称"**监司**"
- 转运使负责将地方赋税收入转送京师，一小部分留地方作经费使用，强干弱枝
- 中央设大理寺、刑部等，对危害皇权稳定的行为进行惩罚；编制《宋刑统》等多部法典

经济
- **土地制度**：田制不立，不抑兼并，而且纵容功臣、大将们兼并土地
- **赋税制度**：①土地赋税实行的是**两税**，夏秋两季交纳，此外要负担各种名目的人头税，还要承担各种徭役；②**支移**（北方农民送粮到边镇军事区，自付运输）、**折变**（官府将原定征收的粮食折价之后改变为征收其他物品或者现钱）；③徭役（主、客户）和差役（主户）
- **户籍制度**：①宋太祖即位之初下令各州、县重新编造版籍，各州每逢闰年都要做一次统计，向户部呈报丁口数，称"闰年图"；②户籍分为主户和客户，主户指占有土地要向政府缴纳两税的人户，分为五等，客户是指农村的佃客

宋代祖宗之法
- **什么是宋代的祖宗之法**：太祖、太宗以来逐渐形成以防微杜渐为核心的基本治国原则，涉及重文轻武、权力制衡、守内虚外、强干弱枝等宋代内外政策的各个方面
- **发展过程**：①太祖、太宗时期形成；②真宗朝"祖宗之法"逐渐定型、巩固；③仁宗朝前期正式提出"**祖宗之法**"，并将其趋于神圣化

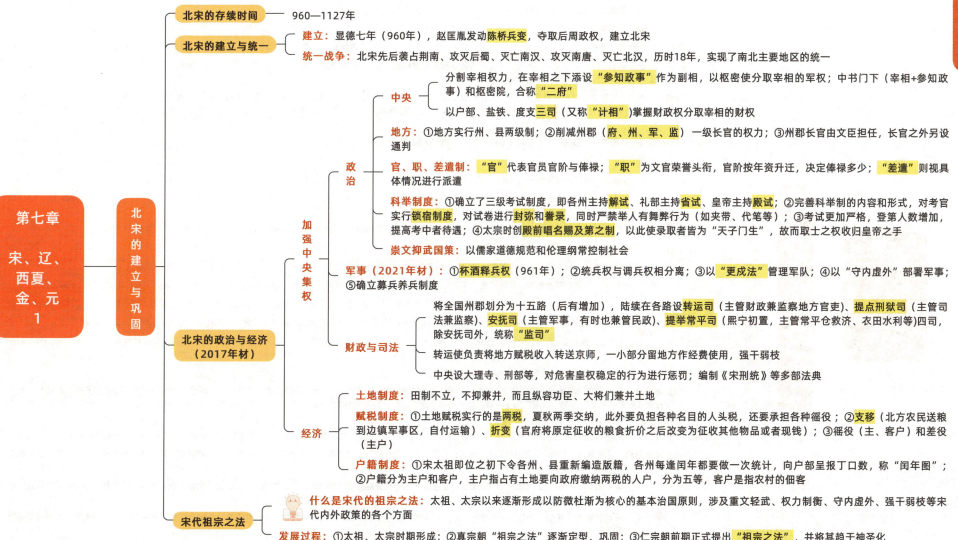

中国古代史

第七章 宋、辽、西夏、金、元 2

北宋中期的社会危机与王安石变法

北宋中期社会危机

三冗两积
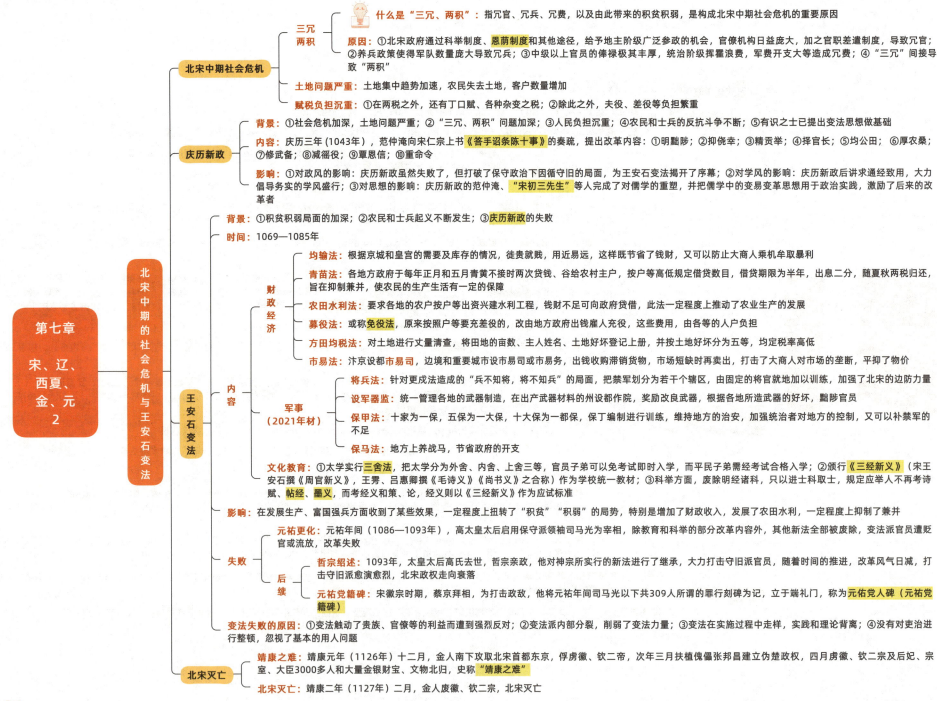
- **什么是"三冗、两积"**：指冗官、冗兵、冗费，以及由此带来的积贫积弱，是构成北宋中期社会危机的重要原因
- **原因**：①北宋政府通过科举制度、恩荫制度和其他途径，给予地主阶级广泛参政的机会，官僚机构日益庞大，加之官职差遣制度，导致冗官；②养兵政策使得军队数量庞大导致冗兵；③中级以上官员的俸禄极其丰厚，统治阶级挥霍浪费，军费开支大等造成冗费；④"三冗"间接导致"两积"

土地问题严重：土地集中趋势加速，农民失去土地，客户数量增加

赋税负担沉重：①在两税之外，还有丁口赋、各种杂役之税；②除此之外，夫役、差役等负担繁重

庆历新政

背景：①社会危机加深，土地问题严重；②"三冗、两积"问题加深；③人民负担沉重；④农民和士兵的反抗斗争不断；⑤有识之士已提出变法思想做基础

内容：庆历三年（1043年），范仲淹向宋仁宗上书《答手诏条陈十事》的奏疏，提出改革内容：①明黜陟；②抑侥幸；③精贡举；④择官长；⑤均公田；⑥厚农桑；⑦修武备；⑧减徭役；⑨覃恩信；⑩重命令

影响：①对政风的影响：庆历新政虽然失败了，但打破了保守政治下因循守旧的局面，为王安石变法揭开了序幕；②对学风的影响：庆历新政后讲求通经致用，大力倡导务实的学风盛行；③对思想的影响：庆历新政的范仲淹、"宋初三先生"等人完成了对儒学的重塑，并把儒学中的变易变革思想用于政治实践，激励了后来的改革者

王安石变法

背景：①积贫积弱局面的加深；②农民和士兵起义不断发生；③庆历新政的失败

时间：1069—1085年

内容

财政经济
- **均输法**：根据京城和皇宫的需要及库存的情况，徙贵就贱，用近易远，这样既节省了钱财，又可以防止大商人乘机牟取暴利
- **青苗法**：各地方政府于每年正月和五月青黄不接时两次贷钱、谷给农村主户，按户等高低规定借贷数目，借贷期限为半年，出息二分，随夏秋两税归还，旨在抑制兼并，使农民的生产生活有一定的保障
- **农田水利法**：要求各地的农户按户等出资兴建水利工程，钱财不足可向政府贷借，此法一定程度上推动了农业生产的发展
- **募役法**：或称免役法，原来按照户等要充差役的，改由地方政府出钱雇人充役，这些费用，由各等的人户负担
- **方田均税法**：对土地进行丈量清查，将田地的亩数、主人姓名、土地好坏登记上册，并按土地好坏分为五等，均定税率高低
- **市易法**：汴京设都市易司，边境和重要城市设市易司或市易务，出钱收购滞销货物，市场短缺时再卖出，打击了大商人对市场的垄断，平抑了物价

军事（2021年材）
- **将兵法**：针对更戍法造成的"兵不知将，将不知兵"的局面，把禁军划分为若干个辖区，由固定的将官就地加以训练，加强了北宋的边防力量
- **设军器监**：统一管理各地的武器制造，在出产武器材料的州设都作院，奖励改良武器，根据各地所造兵器的好坏，黜陟官员
- **保甲法**：十家为一保，五保为一大保，十大保为一都保，保丁编制进行训练，维持地方的治安，加强统治者对地方的控制，又可以补禁军的不足
- **保马法**：地方上养战马，节省政府的开支

文化教育：①太学实行三舍法，把太学分为外舍、内舍、上舍三等，官员子弟可以免考试即时入学，而平民子弟需经考试合格入学；②颁行《三经新义》（宋王安石撰《周官新义》，王雱、吕惠卿撰《毛诗义》《尚书义》之合称）作为学校统一教材；③科举方面，废除明经诸科，只以进士科取士，规定应举人不再考诗赋、帖经、墨义，而考经义和策、论，经义则以《三经新义》作为应试标准

影响：在发展生产、富国强兵方面收到了某些效果，一定程度上扭转了"积贫""积弱"的局面，特别是增加了财政收入，发展了农田水利，一定程度上抑制了兼并

失败

- **元祐更化**：元祐年间（1086—1093年），高太皇太后启用保守派领袖司马光为宰相，除教育和科举的部分改革内容外，其他新法全部被废除，变法派官员遭贬官或流放，改革失败

后续
- **哲宗绍述**：1093年，太皇太后高氏去世，哲宗亲政，他对神宗所实行的新法进行了继承，大力打击守旧派官员，随着时间的推进，改革风气日减，打击守旧派愈演愈烈，北宋政权走向衰落
- **元祐党籍碑**：宋徽宗时期，蔡京拜相，为打击政敌，他将元祐年间司马光以共309人所谓的罪行刻碑为记，立于端礼门，称为元佑党人碑（元祐党籍碑）

变法失败的原因：①变法触动了贵族、官僚等的利益而遭到强烈反对；②变法派内部分裂，削弱了变法力量；③变法在实施过程中走样，实践和理论背离；④没有对吏治进行整顿，忽视了基本的用人问题

北宋灭亡

- **靖康之难**：靖康元年（1126年）十二月，金人南下攻取北宋首都东京，俘虏徽、钦二帝，次年三月扶植傀儡张邦昌建立伪楚政权，四月房徽、钦二宗及后妃、宗室、大臣3000多人和大量金银财宝、文物北归，史称"靖康之难"
- **北宋灭亡**：靖康二年（1127年）二月，金人废徽、钦二宗，北宋灭亡

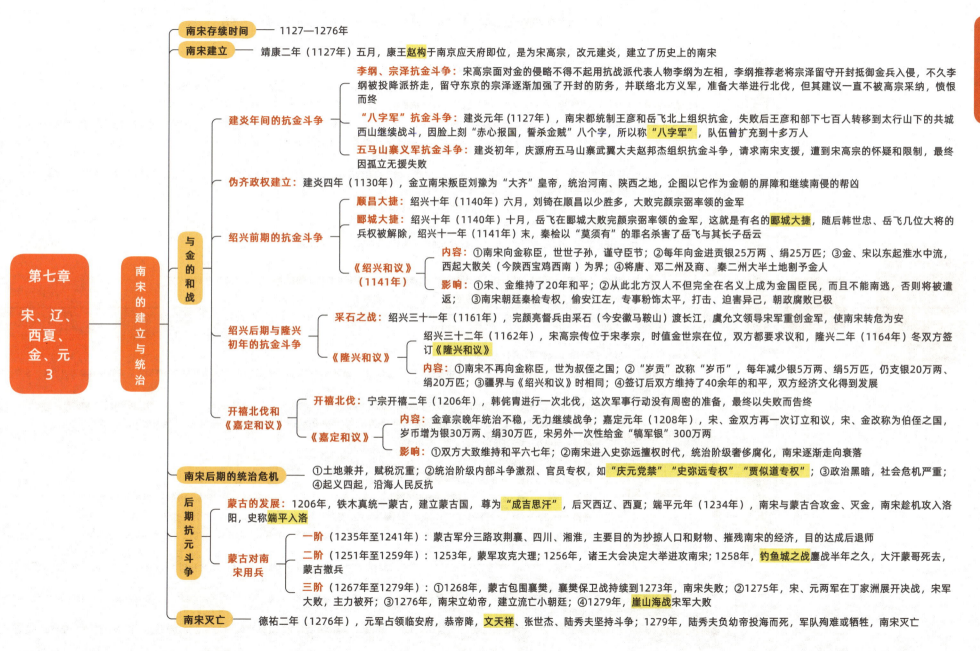

南宋存续时间 —— 1127—1276年

南宋建立 —— 靖康二年（1127年）五月，康王**赵构**于南京应天府即位，是为宋高宗，改元建炎，建立了历史上的南宋

建炎年间的抗金斗争
- **李纲、宗泽抗金斗争：**宋高宗面对金的侵略不得不起用抗战派代表人物李纲为左相，李纲推荐老将宗泽留守开封抵御金兵入侵，不久李纲被投降派挤走，留守东京的宗泽逐渐加强了开封的防务，并联络北方义军，准备大举进行北伐，但其建议一直不被高宗采纳，愤恨而终
- **"八字军"抗金斗争：**建炎元年（1127年），南宋都统制王彦和岳飞北上组织抗金，失败后王彦和部下七百人转移到太行山下的共城西山继续战斗，因脸上刻"赤心报国，誓杀金贼"八个字，所以称**"八字军"**，队伍曾扩充到十多万人
- **五马山寨义军抗金斗争：**建炎初年，庆源府五马山寨武翼大夫赵邦杰组织抗金斗争，请求南宋支援，遭到宋高宗的怀疑和限制，最终因孤立无援失败

伪齐政权建立：建炎四年（1130年），金立南宋叛臣刘豫为"大齐"皇帝，统治河南、陕西之地，企图以它作为金朝的屏障和继续南侵的帮凶

绍兴前期的抗金斗争
- **顺昌大捷：**绍兴十年（1140年）六月，刘锜在顺昌以少胜多，大败完颜宗弼率领的金军
- **郾城大捷：**绍兴十年（1140年）十月，岳飞在郾城大败完颜宗弼率领的金军，这就是有名的**郾城大捷**，随后韩世忠、岳飞几位大将的兵权被解除，绍兴十一年（1141年）末，秦桧以"莫须有"的罪名杀害了岳飞与其长子岳云
- **《绍兴和议》（1141年）**
  - **内容：**①南宋向金称臣，世世子孙，谨守臣节；②每年向金进贡银25万两、绢25万匹；③金、宋以东起淮水中流，西起大散关（今陕西宝鸡西南）为界；④将唐、邓二州及商、秦二州大半土地割予金人
  - **影响：**①宋、金维持了20年和平；②从此北方汉人不但完全在名义上成为金国臣民，而且不能南逃，否则将被遣返；③南宋朝廷秦桧专权，偷安江左，专事粉饰太平，打击、迫害异己，朝政腐败已极

绍兴后期与隆兴初年的抗金斗争
- **采石之战：**绍兴三十一年（1161年），完颜亮督兵由采石（今安徽马鞍山）渡长江，虞允文领导宋军重创金军，使南宋转危为安
- **《隆兴和议》**
  - 绍兴三十二年（1162年），宋高宗传位于宋孝宗，时值金世宗在位，双方都要求议和，隆兴二年（1164年）冬双方签订**《隆兴和议》**
  - **内容：**①南宋不再向金称臣，世为叔侄之国；②"岁贡"改称"岁币"，每年减少银5万两、绢5万匹，仍支银20万两、绢20万匹；③疆界与《绍兴和议》时相同；④签订后双方维持了40余年的和平，双方经济文化得到发展

开禧北伐和《嘉定和议》
- **开禧北伐：**宁宗开禧二年（1206年），韩侂胄进行一次北伐，这次军事行动没有周密的准备，最终以失败而告终
- **《嘉定和议》**
  - **内容：**金章宗晚年统治不稳，无力继续战争；嘉定元年（1208年），宋、金双方再一次订立和议，宋、金改称为伯侄之国，岁币增为银30万两、绢30万匹，宋另外一次性给金"犒军银"300万两
  - **影响：**①双方大致维持和平六七年；②南宋进入史弥远擅权时代，统治阶级奢侈腐化，南宋逐渐走向衰落

南宋后期的统治危机 —— ①土地兼并，赋税沉重；②统治阶级内部斗争激烈、官员专权，如**"庆元党禁""史弥远专权""贾似道专权"**；③政治黑暗，社会危机严重；④起义四起，沿海人民反抗

后期抗元斗争
- **蒙古的发展：**1206年，铁木真统一蒙古，建立蒙古国，尊为**"成吉思汗"**，后灭西辽、西夏；端平元年（1234年），南宋与蒙古合攻金、灭金，南宋趁机攻入洛阳，史称**端平入洛**
- **蒙古对南宋用兵**
  - **一阶**（1235年至1241年）：蒙古军分三路攻荆襄、四川、湘淮，主要目的为抄掠人口和财物、摧残南宋的经济，目的达成后退师
  - **二阶**（1251年至1259年）：1253年，蒙军攻克大理；1256年，诸王大会决定大举进攻南宋；1258年，**钓鱼城之战**鏖战半年之久，大汗蒙哥死去，蒙古撤兵
  - **三阶**（1267年至1279年）：①1268年，蒙古包围襄樊，襄樊保卫战持续到1273年，南宋失败；②1275年，宋、元两军在丁家洲展开决战，宋军大败，主力被歼；③1276年，南宋立幼帝，建立流亡小朝廷；④1279年，**崖山海战**宋军大败

南宋灭亡 —— 德祐二年（1276年），元军占领临安府，恭帝降，**文天祥**、张世杰、陆秀夫坚持斗争；1279年，陆秀夫负幼帝投海而死，军队殉难或牺牲，南宋灭亡

第七章 宋、辽、西夏、金、元 3

南宋的建立与统治

与金的和战

中国古代史

第七章

宋、辽、西夏、金、元

4

辽、西夏、金的统治

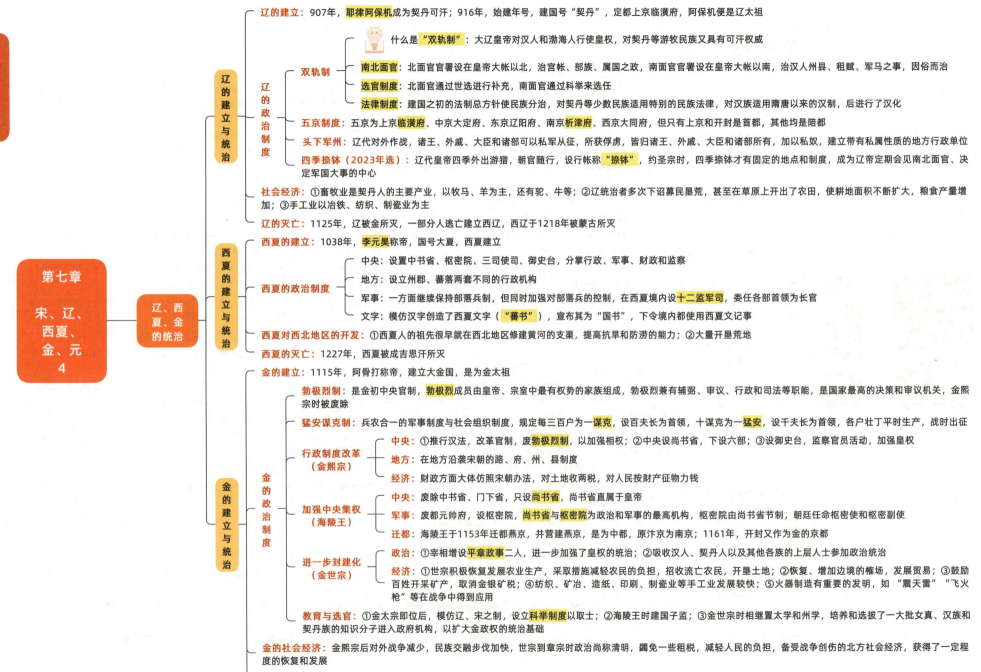

辽的建立与统治

辽的建立：907年，**耶律阿保机**成为契丹可汗；916年，始建年号，建国号"契丹"，定都上京临潢府，阿保机便是辽太祖

辽的政治制度

　双轨制

　　什么是"**双轨制**"：大辽皇帝对汉人和渤海人行使皇权，对契丹等游牧民族又具有可汗权威

　　南北面官：北面官官署设在皇帝大帐以北，治宫帐、部族、属国之政，南面官官署设在皇帝大帐以南，治汉人州县、租赋、军马之事，因俗而治

　　选官制度：北面官通过世选进行补充，南面官通过科举来选任

　　法律制度：建国之初的法制总方针使民族分治，对契丹等少数民族适用特别的民族法律，对汉族适用隋唐以来的汉制，后进行了汉化

　五京制度：五京为上京**临潢府**、中京大定府、东京辽阳府、南京**析津府**、西京大同府，但只有上京和开封是首都，其他均是陪都

　头下军州：辽代对外作战，诸王、外戚、大臣和诸部可以私军从征，所获俘虏，皆归诸王、外戚、大臣和诸部所有，加以私奴，建立带有私属性质的地方行政单位

　四季捺钵（2023年选）：辽代皇帝四季外出游猎，朝官随行，设行帐称"**捺钵**"，约圣宗时，四季捺钵才有固定的地点和制度，成为辽帝定期会见南北面官、决定军国大事的中心

社会经济：①畜牧业是契丹人的主要产业，以牧马、羊为主，还有驼、牛等；②辽统治者多次下诏募民垦荒，甚至在草原上开出了农田，使耕地面积不断扩大，粮食产量增加；③手工业以冶铁、纺织、制瓷业为主

辽的灭亡：1125年，辽被金所灭，一部分人逃亡建立西辽，西辽于1218年被蒙古所灭

西夏的建立与统治

西夏的建立：1038年，**李元昊称帝**，国号大夏，西夏建立

西夏的政治制度

　中央：设置中书省、枢密院、三司使司、御史台，分掌行政、军事、财政和监察

　地方：设立州郡、蕃落两套不同的行政机构

　军事：一方面继续保持部落兵制，但同时加强对部落兵的控制，在西夏境内设**十二监军司**，委任各部首领为长官

　文字：模仿汉字创造了西夏文字（"**蕃书**"），宣布其为"国书"，下令境内都使用西夏文记事

西夏对西北地区的开发：①西夏人的祖先很早就在西北地区修建黄河的支渠，提高抗旱和防涝的能力；②大量开垦荒地

西夏的灭亡：1227年，西夏被成吉思汗所灭

金的建立与统治

金的建立：1115年，阿骨打称帝，建立大金国，是为金太祖

金的政治制度

　勃极烈制：是金初中央官制，**勃极烈**成员由皇帝、宗室中最有权势的家族组成，勃极烈兼有辅弼、审议、行政和司法等职能，是国家最高的决策和审议机关，金熙宗时被废除

　猛安谋克制：兵农合一的军事制度与社会组织制度，规定每三百户为一**谋克**，设百夫长为首领，十谋克为一**猛安**，设千夫长为首领，各户壮丁平时生产，战时出征

　行政制度改革（金熙宗）

　　中央：①推行汉法，改革官制，废**勃极烈制**，以加强相权；②中央设尚书省，下设六部；③设御史台，监察官员活动，加强皇权

　　地方：在地方沿袭宋朝的路、府、州、县制度

　　经济：财政方面大体仿照宋朝办法，对土地收两税，对人民按财产物力钱

　加强中央集权（海陵王）

　　中央：废除中书省、门下省，只设**尚书省**，尚书省直属于皇帝

　　军事：废都元帅府，设枢密院，**尚书省与枢密院**为政治和军事的最高机构，枢密院由尚书省节制，朝廷任命枢密使和枢密副使

　　迁都：海陵王于1153年迁都燕京，并营建燕京，是为中都，原汴京为南京；1161年，开封又作为金的京都

　进一步封建化（金世宗）

　　政治：①宰相增设平章政事二人，进一步加强了皇权的统治；②吸收汉人、契丹人以及其他各族的上层人士参加政治统治

　　经济：①世宗积极恢复发展农业生产，采取措施减轻农民的负担，招收流亡农民，开垦土地；②恢复、增加边境的榷场，发展贸易；③鼓励百姓开采矿产，取消金银矿税；④纺织、矿冶、造纸、印刷、制瓷业等手工业发展较快；⑤火器制造有重要的发明，如"震天雷""飞火枪"等在战争中得到应用

　教育与选官：①金太宗即位后，模仿辽、宋之制，设立**科举制度**以取士；②海陵王时建国子监；③金世宗时相继置太学和州学，培养和选拔了一大批女真、汉族和契丹族的知识分子进入政府机构，以扩大金政权的统治基础

金的社会经济：金熙宗后对外战争减少，民族交融步伐加快，世宗到章宗时政治尚称清明，蠲免一些租税，减轻人民的负担，备受战争创伤的北方社会经济，获得了一定程度的恢复和发展

金的灭亡：1234年，金被蒙古所灭

第七章 宋、辽、西夏、金、元 5

辽、宋、西夏、金时期的民族关系

辽与北宋的关系

- **宋、辽战争**
  - **高粱河之战**：北宋太平兴国四年（979年），宋军为夺取幽州，在高粱河被辽军击败的一次作战
  - **雍熙北伐**：北宋雍熙三年（986年），为收复后晋"儿皇帝"石敬瑭割让给辽的燕云十六州，宋太宗派遣20万大军分兵三路伐辽，宋败
- **澶渊之盟**：1004年，辽、宋在澶州议和，此后双方停止战争，和平往来长达100多年

西夏与北宋的关系

- **宋、夏战争**：康定元年（1040年）开始，李元昊不断发动对宋的战争，多数战役宋朝失败，其中以三川口之战、好水川之战、定川寨之战宋军的死伤最为惨重
- **庆历和议**：1044年，宋、夏和议，西夏元昊向北宋称臣，北宋每年给西夏岁赐绢15万匹、7万两银和3万斤茶叶，北宋付出岁币成为"君"，保一方"国泰民安"

金

- **与辽的关系**——金灭辽国：①1125年，辽被女真族的金政权所灭，辽的另一支西逃建立西辽国；②西辽于1218年被蒙古族的乃蛮部所灭
- **与北宋的关系**
  - **海上之盟**：1115年，北宋派使节自山东登、莱泛海赴金，签订了共同灭辽复燕的军事合作盟约
  - **金灭北宋**：金国灭了辽国后，兵分两路南下攻打宋国，靖康二年（1127年）北宋灭亡
- **与南宋的关系**——详见本书37页"南宋与金的和战"部分内容

元朝的建立与灭亡

蒙古族的兴起

铁木真团结本族和外族的部众，成为蒙古中东部的主人，后斡亦剌部首领归降，完成统一蒙古高原的事业

1206年，铁木真统一蒙古各部，建国号大蒙古国；各部贵族召开忽里台（大朝会），奉铁木真为"大汗"，尊称"成吉思汗"

成吉思汗建立蒙古国

- **军政制度**
  - **千户制度**：成吉思汗把全蒙古划分为95个千户，分授给共同建国的贵戚功臣，由他们世袭管领，国家按千户来征派徭役和征调军队，成年男子都要服兵役，他们既是战士，也是牧民；成吉思汗命亲信担任左手万户和右手万户，统辖千户
  - **怯薛**：设中军万户，统领成吉思汗的护卫军，他们平时保护大汗金帐，战时出征，分成四队，称为"四怯薛"
  - **札鲁忽赤**：设立札鲁忽赤，掌管人户分配和审断案件
  - **扎撒**：1203年，成吉思汗依传统的习惯法，制定了"扎撒"（法度）
- **文字**：成吉思汗创设了各部共同的语言文字，还设立了必阇赤（书记），专掌文书

元朝建立：1271年，忽必烈改国号为大元，建立元朝

统一全国

- **蒙古灭西夏、金**：①1227年，蒙古进军西夏，西夏王投降被杀，西夏灭；②1234年，蒙古军包围金人，金哀宗自杀，金灭
- **蒙古灭南宋**：①南宋抗击蒙军（合州之战、襄樊保卫战）；②1279年，南宋灭亡

蒙古三次西征及建立四大汗国

- **成吉思汗西征**：蒙古国第一次西征又称蒙古征服花剌子模战争。蒙古灭西辽后，其西境与中亚的花剌子模国土接壤。1219年"讹答剌惨案"后成吉思汗亲征，1222年蒙古军占领了整个花剌子模和中亚；同时进入东欧斡罗思境内，击败了由基辅、加里奇、切尔尼戈夫和斯摩棱斯克几个诸侯的联军8万人，后又占领一些地区，于1225年班师回蒙古
- **拔都西征（1235—1242年）**：蒙古国第二次西征，以成吉思汗之孙拔都任统帅，诸王子贵由、蒙哥等从征，因为各支宗室均以长子统率军队，万户以下各级那颜也派长子率军从征，所以被称为"长子西征"或"诸子西征"，蒙古大军实际指挥权掌握在前军主将速不台手中，蒙古大军锋主要指向钦察和斡罗思等地
- **旭烈兀西征（1252—1256年）**：又称蒙古国第三次西征，由蒙哥汗之弟旭烈兀率领，是大蒙古国继成吉思汗西征花剌子模及长子西征后的第三次大规模的西征，是蒙古国最后一次西征。这次西征，蒙古占领了阿拉伯帝国的阿拔斯王朝、木剌夷国及叙利亚的阿尤布王朝
- **蒙古四大汗国**：经过三次西征，在兀鲁思的基础上，形成了钦察汗国、察合台汗国、窝阔台汗国、伊利汗国

中晚期改革

- **南坡之变**：1320年，英宗即位，此时王朝弊病丛生，英宗自幼接受儒学教育，全面推行新政：①任用大批汉族士人；②颁布《振举台纲制》选拔人才；③罢冗官；④推行助役法，减轻农民赋役负担；⑤颁行《大元通制》，统一政令。以御史大夫为首的权臣因贪污惧捕，将行至南坡驿驻跸的英宗杀害，称为"南坡之变"
- **"脱脱更化"**：顺帝时起用脱脱为中书右丞相，实行了一系列"更化"政策：①恢复科举取士，大兴国子监；②恢复太庙四时祭，重视传统礼仪；③调整蒙古贵族集团的内部关系；④开马禁、减盐额、蠲负逋，减轻人民的负担

元朝灭亡：1368年，朱元璋部下徐达率军攻入元大都，元朝灭亡

元朝的统治及其影响

元朝的统治措施

忽必烈即位后，在中原士人帮助下全面推行"汉法"，同时也保留某些蒙古制度，逐步建立了新的中央集权制的统治体系。元代的典章制度基本上奠定于世祖忽必烈朝

- **政治**
  - **中央**：①中书省：最高长官为中书令（虚职），由皇太子充任，下设右、左丞相为实际宰相，中书省设吏、户、礼、兵、刑、工六部处理全国政务；②枢密院：总理全国的军事；③御史台：监察百官；④宣政院：管理佛教和吐蕃地区的军政和民事
  - **地方**：①行政机构是行中书省（行省），长官为丞相；②其下行政机构系统为路、府、州、县，长官均为达鲁花赤，拥有最高裁决权；③基层行政机构，农村有社、乡、都，乡设里正，都设主首
  - **军事**：①元世祖实行军民异籍、军民分治的政策；②军队分为两大系统，宿卫系统（怯薛军、侍卫亲军）和镇戍系统（探马赤军）；③"腹里"主要由蒙古军和探马赤军戍守；④南方由蒙古军、汉军和新附军（南宋归降附的军队）进行镇守；⑤整个军事系统的大权主要由皇帝和枢密院蒙古族官员控制
  - **法律**：①元的法律从习惯法和成文法结合发展到使用成文法；②何荣祖编成的《至元新格》是元朝的第一部成文法典；③英宗时出现了《大元圣政国朝典章》，简称《元典章》
  - **学校和教育**：①元代学校总数多，并有书院、社学作补充，教育体制比较完善，管理严格；②蒙古化与汉化相表里，设立以汉文教学的国子学和路、府、州、县学，设立同样一套以蒙古文教学的蒙古国子学和地方教学；③教育发展随政权稳定情况起伏不定；④学校与科举关系松弛；⑤创设域外文化的教育机构
  - **科举**：①元代推行民族压迫政策，选拔人才主要不通过科举，所以举办科举的次数极少；②进士分配名额极不公平，蒙古人、色目人、汉人的人口数相差极端悬殊，名额一样；③元代科举考试每三年举行一次，分为乡试、会试、殿试；④考试科目，蒙古人、色目人的科目都比汉人、南人的科目要少且简单，蒙古人、色目人为一榜，汉人、南人为一榜

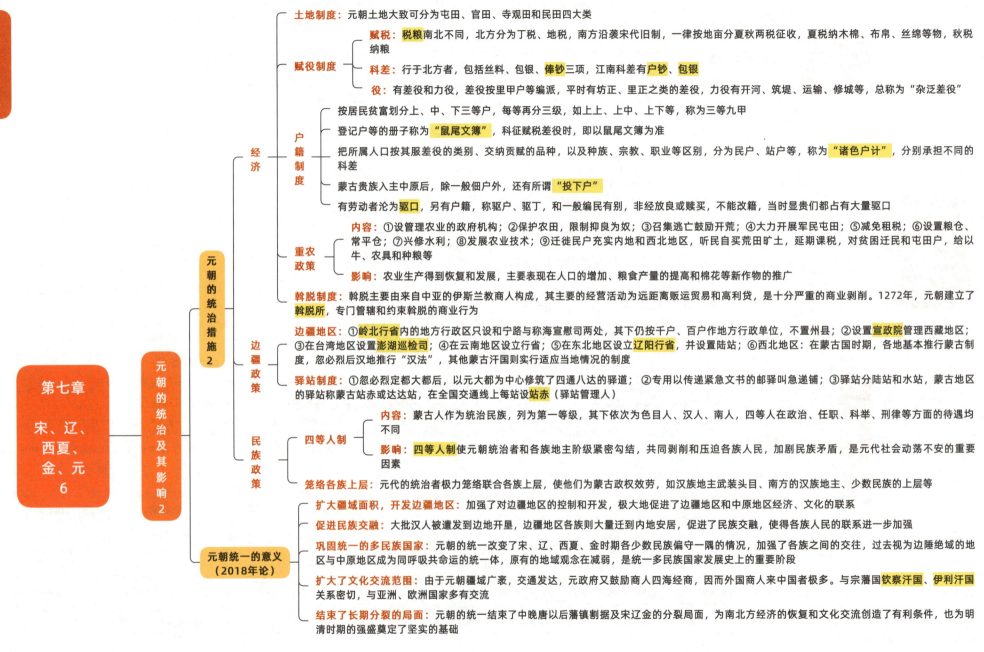

中国古代史

第七章 宋、辽、西夏、金、元 6

元朝的统治及其影响 2

元朝的统治措施 2

经济

土地制度：元朝土地大致可分为屯田、官田、寺观田和民田四大类

赋役制度
- **赋税**：税粮南北不同，北方分为丁税、地税，南方沿袭宋代旧制，一律按地亩分夏秋两税征收，夏税纳木棉、布帛、丝绵等物，秋税纳粮
- **科差**：行于北方者，包括丝料、包银、俸钞三项，江南科差有户钞、包银
- **役**：有差役和力役，差役按里甲户等编派，平时有坊正、里正之类的差役，力役有开河、筑堤、运输、修城等，总称为"杂泛差役"

户籍制度
- 按居民贫富划分上、中、下三等户，每等再分三级，如上上、上中、上下等，称为三等九甲
- 登记户等的册子称为"鼠尾文簿"，科征赋税差役时，即以鼠尾文簿为准
- 把所属人口按其服差役的类别、交纳贡赋的品种，以及种族、宗教、职业等区别，分为民户、站户等，称为"诸色户计"，分别承担不同的科差
- 蒙古贵族入主中原后，除一般佃户外，还有所谓"投下户"
- 有劳动者沦为驱口，另有户籍，称驱户、驱丁，和一般编民有别，非经放良或赎买，不能改籍，当时显贵们都占有大量驱口

重农政策
- **内容**：①设管理农业的政府机构；②保护农田，限制抑良为奴；③召集逃亡鼓励开荒；④大力开展军民屯田；⑤减免租税；⑥设置粮仓、常平仓；⑦兴修水利；⑧发展农业技术；⑨迁徙民户充实内地和西北地区，听民自买荒田旷土，延期课税，对贫困迁民和屯田户，给以牛、农具和种粮等
- **影响**：农业生产得到恢复和发展，主要表现在人口的增加、粮食产量的提高和棉花等新作物的推广

斡脱制度：斡脱主要由来自中亚的伊斯兰教商人构成，其主要的经营活动为远距离贩运贸易和高利贷，是十分严重的商业剥削。1272年，元朝建立了斡脱所，专门管辖和约束斡脱的商业行为

边疆政策

边疆地区：①岭北行省内的地方行政区只设和宁路与称海宣慰司两处，其下仍按千户、百户作地方行政单位，不置州县；②设置宣政院管理西藏地区；③在台湾地区设置澎湖巡检司；④在云南地区设立行省；⑤在东北地区设立辽阳行省，并设置陆站；⑥西北地区：在蒙古国时期，各地基本推行蒙古制度，忽必烈后汉地推行"汉法"，其他蒙古汗国则实行适应当地情况的制度

驿站制度：①忽必烈定都大都后，以元大都为中心修筑了四通八达的驿道；②专用以传递紧急文书的邮驿叫急递铺；③驿站分陆站和水站，蒙古地区的驿站称蒙古站赤或达达站，在全国交通线上每站设站赤（驿站管理人）

民族政策

四等人制
- **内容**：蒙古人作为统治民族，列为第一等级，其下依次为色目人、汉人、南人，四等人在政治、任职、科举、刑律等方面的待遇均不同
- **影响**：四等人制使元朝统治者和各族地主阶级紧密勾结，共同剥削和压迫各族人民，加剧民族矛盾，是元代社会动荡不安的重要因素

笼络各族上层：元代的统治者极力笼络联合各族上层，使他们为蒙古政权效劳，如汉族地主武装头目、南方的汉族地主、少数民族的上层等

元朝统一的意义（2018年论）

- **扩大疆域面积，开发边疆地区**：加强了对边疆地区的控制和开发，极大地促进了边疆地区和中原地区经济、文化的联系
- **促进民族交融**：大批汉人被遣发到边地开垦，边疆地区各族则大量迁到内地安居，促进了民族交融，使得各族人民的联系进一步加强
- **巩固统一的多民族国家**：元朝的统一改变了宋、辽、西夏、金时期各少数民族偏守一隅的情况，加强了各族之间的交往，过去视为边陲绝域的地区与中原地区成为同呼吸共命运的统一体，原有的地域观念在减弱，是统一多民族国家发展史上的重要阶段
- **扩大了文化交流范围**：由于元朝疆域广袤，交通发达，元政府又鼓励商人四海经商，因而外国商人来中国者极多。与宗藩国钦察汗国、伊利汗国关系密切，与亚洲、欧洲国家多有交流
- **结束了长期分裂的局面**：元朝的统一结束了中晚唐以后藩镇割据及宋辽金的分裂局面，为南北方经济的恢复和文化交流创造了有利条件，也为明清时期的强盛奠定了坚实的基础

中国古代史

第七章

宋、辽、西夏、金、元 7

元朝的社会矛盾与农民起义

元末的社会矛盾与民族矛盾

地主残酷剥削： 各族地主利用土地剥削日益加重，农民除交纳租赋外，还要支应徭役和杂税

各级政权腐朽： 推行民族歧视，政府卖官鬻爵、贪风盛行，政府机构对汉人官员行"诛捕之法"

统治阶级内部混乱： 皇位之争、大臣间权力之争层出不穷。1323年，御史大夫勾结诸王亲贵，以所领阿速卫兵为外应，于上都之南15公里的南坡刺杀丞相拜住和英宗，史称"南坡之变"

元末农民大起义

红巾军起义： 1351年，元顺帝时期的韩山童、刘福通、徐寿辉等领导了元末农民大起义，红巾军坚持战斗12年之久，从根本上动摇了元朝政权，为后来明朝的建立打下了基础

浙东的方国珍： 元朝数次招降，方国珍屡降屡反，但一直在海上拥有一支独立的武装，是反元的一支强大力量

苏北泰州的张士诚： 在高邮建国号大周，改元天祐，元朝派大军进行镇压，在高邮一战中趁元军更换将帅之际，果断出击，百万元军大败，四散而逃。高邮之战在元末农民起义过程中有十分重要的意义，整个形势发生了转折性的变化

宋元时期的社会经济 1

宋代

农业

北宋广大农民开垦了大量荒地，并且因地制宜地在山坡、江畔、海涂开辟出许多农田，建造了不少"圩田""淤田""沙田"等

水利：北宋建都开封，对黄河、汴河的堤防特别重视，经常修治

农业工具：利用龙骨翻车来进行灌溉，使用筒车引水上山，在耕牛缺乏地区推广"踏犁"，为了减轻插秧的劳动强度，人们还创造了秧马

作物品种增多，推广抗旱早熟的占城稻，经济作物如茶树等也有所发展

农业生产技术提高，农民重视精耕细作，耕作程序有所增多，注意积肥和施肥，总结农业生产知识的专著也纷纷出现

手工业： ①矿冶业发达，规模扩大、产量增加；②纺织业、丝织业以南方更佳；③制瓷业空前发展，出现了官窑、钧窑、汝窑、定窑、哥窑五大名窑；④造船业发达，官营作坊以造纲船为主，民营作坊则制造商船及游船；⑤制糖、制盐、制茶业发达；⑥造纸业进步，带动了印刷业的发展；⑦工匠身份变化：北宋工匠的人身依附关系逐步松弛，官营和私营作坊会付给工匠一定的"雇值"，宋代的雇佣关系得到发展

商业

城市发展： ①城市繁荣和市镇兴起；②北宋彻底打破"坊""市"的界限，城市以外的常设市集、草市更加普遍，农村还有定期开放的小市；③行会的地位更显重要，组织更加严密，商业性的行会叫作"行""团""铺"，政府通过行会来控制商人和商业；④城市内出现瓦子、勾栏等娱乐场所；⑤城市人口增多

榷场贸易： ①宋朝与辽、金、西夏在边界设立互市进行贸易，中原地区向北方输出农产品以及手工业制品，辽、金、西夏向中原地区输出牛羊、皮货、青白盐等；②促进了各民族间经济文化的交流，同时保障了一部分的国家税收

海外贸易
表现：①宋代设有市舶司管理对外贸易，南宋时期的对外贸易超过北宋；②积极招徕外商；③通商对象众多；④商品种类繁富；⑤铜钱外流严重

海外贸易繁荣的原因：①两宋政府大力鼓励海外贸易；②当时造船业的进步；③指南针的使用；④海上交通的便利

货币： 随着商业的繁荣发展，纸币日益代替铜钱成为主要交换手段，北宋出现了交子、南宋出现了会子等

完成了中国古代经济重心的南移

原因
自然条件，自东吴以后逐步被开发，气候有利于农作物生长

生产力水平，北方人口大量南迁，带来了先进的生产技术和生产工具

战乱因素，北方频频发生战争，南方较安定

政治因素，孙吴、东晋、南朝以及后来的南宋，政治中心都在南方，都曾鼓励发展南方经济

手工业及商业发展因素，丝织业、棉织业、造船业等手工业部门大多分布在南方

南移的过程： 经济重心经过了魏晋南北朝时期、隋唐五代时期、两宋时期，在南宋最终完成南移，明清时期南方经济重心的地位进一步得到巩固和发展

影响： ①促进了南方尤其是江南地区经济的发展；②影响了我国的人口分布，经济重心和人口重心南移几乎同步进行；③人才分布发生变化，自南宋到明清，南方科举入仕的官员逐渐增多；④影响了民族关系的发展，促进了汉族与南方少数民族的经济与文化交流；⑤促进了海上交通运输、南方沿海城市快速发展，加强了中国的对外联系

中国古代史

第七章
宋、辽、西夏、金、元
8

宋元时期的社会经济2

元代

农业： ①设立管理农业的政府机构，置劝农官、劝农司等；②保护农田，限制抑良为奴；③招集逃亡，鼓励开荒；④大力开展军民屯田；⑤减免租税；⑥设置粮仓、常平仓赈济灾民；⑦兴修水利；⑧迁徙民户充实内地和西北地区；⑨棉花、红花、西瓜、亚麻等广泛种植；⑩畜牧业生产也盛况空前

手工业

　　官办手工业： ①规模、产量和分布均有所发展；②官府机构主要有工部、将作院等下属诸系统和地方官府系统；③在官办手工业中实行工匠和匠户制度；④各部分生产效率低、质量差

　　私营手工业： ①纺织业：元代的丝织品种类繁多，在生产技术上有所革新，另有黄道婆传播棉纺织技术，松江成为全国棉纺织业中心；②陶瓷业在宋、金基础上有所发展，江西景德镇成为全国最大的制瓷中心；③印刷业相当普及，突出成就是王祯发明的木活字印刷术和转轮排字架；④元代的民间矿冶业颇具规模

商业（2020年选）

　　商业大都市： ①被称为"汗八里"的大都，不仅是大汗的京城，也是当时世界上著名的经济中心之一；②北方的重要城市沿着陆路交通干线有涿州、真定、大同、太原等；③西南有昆明、大理等城市；④沿着运河和长江，一些旧有的商业城市蓬勃发展；⑤沿海城市广州、泉州、庆元等是设有市舶司和提举司的对外开放的贸易港口

　　斡脱制度
　　　　内容： 蒙古统治者经营商业和高利贷的西域商人，他们所放钱债利息很高，息转为本，又复生息，时称"羊羔息"
　　　　影响： 给蒙元统治者带来巨大的财富，但同时加重了人民的负担

　　商业政策： 元代实行重商政策，政府对商业的控制和管理较宽松，但元朝也实行一些限制政策，如盐、茶等专卖垄断

　　海外贸易： ①设置市舶司，以泉州、广州、庆元三处最为重要；②海上贸易有"官本船"和私商两类；③海外贸易时禁时开，每次禁后不久又被迫重开

　　纸币制度： 元世祖即位后，发行了中统元宝交钞，至元二十四年（1287年）又发布至元通行宝钞，以后各帝均大量印造宝钞。初期对促进经济交流和商业发展也有一定的作用，但滥发纸币对元朝后期社会具有严重的破坏作用

整治海运和大运河
　　海运：海运管理机构建置相当完备，分直运（在直沽设接纳海上运来的粮物然后再由河道转运大都的机构）和海运两个系统
　　划直和修凿大都通往江南的京杭大运河以代替唐以来那条以中原洛阳为中心的旧运河，是元代整治大运河的目的和最终结果

宋元的对外关系

两宋对外关系

与朝鲜（高丽）的关系： ①两宋时期，到中国求法和留学的高丽僧人非常多，他们受到中国有关方面的礼遇和照顾，在两国文化交流上起了积极的作用，其中义天的贡献最大；②北宋政府赠送高丽大量书籍，高丽也吸收了活字印刷术

与日本的关系： ①明州是宋代中日交通的门户；②当时从日本输入的货物主要是木材、黄金、硫黄和各种手工艺品；③输往日本的商品主要是瓷器、丝绸、香料、书籍等，另其对中国钱币需求迫切；④我国先进的科学技术也传入日本；⑤两国僧徒的频繁往返对两国交流起了重要作用

与南亚诸国的关系： ①越南与宋进行商业贸易，中国的文字、医药对越南产生重要影响；②两宋时期我国与印尼交往非常密切，宋元之际沿海劳动人民大批渡海到印尼，带去了农业和手工生产技术，中国输出的商品主要是丝织品、茶叶、瓷器、农具等，阇婆输出的主要商品是沉檀香、犀角、象牙、珍珠等；③两宋时期我国和亚洲南部的柬埔寨、缅甸及印度等国也都有经济文化交流

与阿拉伯、非洲诸国的关系： ①广州、泉州、扬州是阿拉伯商人频繁往来和长期居留的地方；②文化传播：阿拉伯人将天文、历法、医学等介绍到中国，我国的造纸术、炼丹术、火药、指南针等，由阿拉伯人先后传到非洲和欧洲

元朝对外关系

与朝鲜的关系： 高丽王族和元朝皇室结为甥舅之好，建立友好关系，元朝曾在高丽王京派驻达鲁花赤，不干预政务，只负监视之责，至元中期还在高丽设置征东行省，以高丽王为行省丞相，原有机构不变，因此在元代高丽基本上保持了独立地位

与日本的关系： 元朝与日本政府间关系处于僵持状态，但中日两国民间交往依然十分活跃：①日本商船来中国的很多；②两国僧人交流频繁

与南亚诸国： 交趾(安南)、占城、真腊、缅甸与元朝一直保持着密切的联系，虽然元朝曾向这些地区进兵侵掠，但彼此之间的移民与商贩仍往来不息

与欧洲各国的关系（2021年选）： ①法国、意大利等国均有人前来；②马可·波罗来华，1292年离开中国，回国后在海上战争中被俘，狱中口述经行地中海、欧亚大陆和游历中国的见闻，后写成《马可·波罗游记》；③列班·扫马在历史上第一次访问了欧洲

与钦察汗国和伊利汗国的关系： ①钦察汗国输入中国商品十分丰富，当地居民入居中国者甚多；②伊利汗国与元朝的陆、海路往来都非常频繁，人员移居规模更大

与非洲的关系： 主要是东非和北非。①成宗大德五年（1301年），元廷曾遣使赴索马里、摩洛哥等地采办狮、豹等珍禽异兽；②汪大渊出游南亚、东非数十国，著有《岛夷志略》；③摩洛哥伊本·拔图塔自印度至中国，后回国，著有《伊本·拔图塔游记》

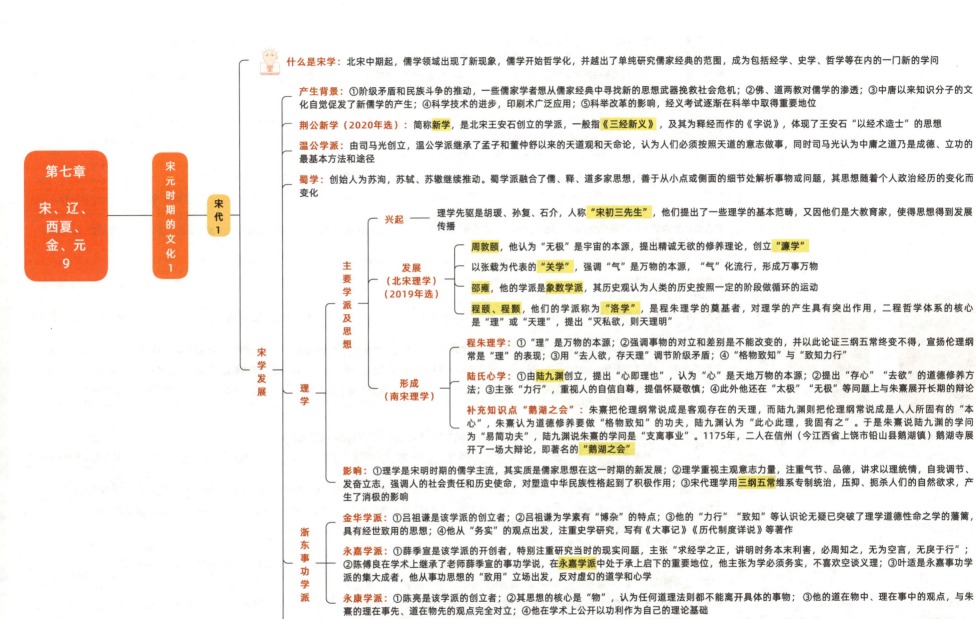

什么是宋学：北宋中期起，儒学领域出现了新现象，儒学开始哲学化，并越出了单纯研究儒家经典的范围，成为包括经学、史学、哲学等在内的一门新的学问

产生背景：①阶级矛盾和民族斗争的推动，一些儒家学者想从儒家经典中寻找新的思想武器挽救社会危机；②佛、道两教对儒学的渗透；③中唐以来知识分子的文化自觉促发了新儒学的产生；④科学技术的进步，印刷术广泛应用；⑤科举改革的影响，经义考试逐渐在科举中取得重要地位

荆公新学（2020年选）：简称**新学**，是北宋王安石创立的学派，一般指《三经新义》，及其为释经而作的《字说》，体现了王安石"以经术造士"的思想

温公学派：由司马光创立，温公学派继承了孟子和董仲舒以来的天道观和天命论，认为人们必须按照天道的意志做事，同时司马光认为中庸之道乃是成德、立功的最基本方法和途径

蜀学：创始人为苏洵，苏轼、苏辙继续推动。蜀学派融合了儒、释、道多家思想，善于从小点或侧面的细节处解析事物或问题，其思想随着个人政治经历的变化而变化

第七章 宋、辽、西夏、金、元 9 — 宋元时期的文化 1 — 宋代 1

中国古代史

宋学发展

主要学派及思想

理学

兴起：理学先驱是胡瑗、孙复、石介，人称"宋初三先生"，他们提出了一些理学的基本范畴，又因他们是大教育家，使得思想得到发展传播

发展（北宋理学）（2019年选）：
周敦颐，他认为"无极"是宇宙的本源，提出精诚无欲的修养理论，创立"濂学"
以张载为代表的"关学"，强调"气"是万物的本源，"气"化流行，形成万事万物
邵雍，他的学派是象数学派，其历史观认为人类的历史按照一定的阶段做循环的运动
程颐、程颢，他们的学派称为"洛学"，是程朱理学的奠基者，对理学的产生具有突出作用，二程哲学体系的核心是"理"或"天理"，提出"灭私欲，则天理明"

形成（南宋理学）：
程朱理学：①"理"是万物的本源；②强调事物的对立和差别是不能改变的，并以此论证三纲五常终变不得，宣扬伦理纲常是"理"的表现；③用"去人欲，存天理"调节阶级矛盾；④"格物致知"与"致知力行"
陆氏心学：①由陆九渊创立，提出"心即理也"，认为"心"是天地万物的本源；②提出"存心""去欲"的道德修养方法；③主张"力行"，重视人的自信自尊，提倡怀疑敬慎；④此外他还在"太极""无极"等问题上与朱熹展开长期的辩论
补充知识点"鹅湖之会"：朱熹把伦理纲常说成是客观存在的天理，而陆九渊则把伦理纲常说成是人人所固有的"本心"，朱熹认为道德修养要做"格物致知"的功夫，陆九渊认为"此心此理，我固有之"。于是朱熹说陆九渊的学问为"易简功夫"，陆九渊说朱熹的学问是"支离事业"。1175年，二人在信州（今江西省上饶市铅山县鹅湖镇）鹅湖寺展开了一场大辩论，即著名的"鹅湖之会"

影响：①理学是宋明时期的儒学主流，其实质是儒家思想在这一时期的新发展；②理学重视主观意志力量，注重气节、品德，讲求以理统情、自我调节、发奋立志，强调人的社会责任和历史使命，对塑造中华民族性格起到了积极作用；③宋代理学用三纲五常维系专制统治，压抑、扼杀人们的自然欲求，产生了消极的影响

浙东事功学派

金华学派：①吕祖谦是该学派的创立者；②吕祖谦为学素有"博杂"的特点；③他的"力行""致知"等认识论无疑已突破了理学道德性命之学的藩篱，具有经世致用的思想；④他从"务实"的观点出发，注重史学研究，写有《大事记》《历代制度详说》等著作

永嘉学派：①薛季宣是该学派的开创者，特别注重研究当时的现实问题，主张"求经学之正，讲明时务本末利害，必周知之，无为空言，无戾于行"；②陈傅良在学术上继承了老师薛季宣的事功学说，在永嘉学派中处于承上启下的重要地位，他主张为学必须务实，不喜欢空谈义理；③叶适是永嘉事功学派的集大成者，他从事功思想的"致用"立场出发，反对虚幻的道学和心学

永康学派：①陈亮是该学派的创立者；②其思想的核心是"物"，认为任何道理法则都不能离开具体的事物；③他的道在物中、理在事中的观点，与朱熹的理在事先、道在物先的观点完全对立；④他在学术上公开以功利作为自己的理论基础

宋学发展阶段概述：①胡瑗、孙复、石介是宋学的先驱；②王安石学派（荆公新学）、司马光学派（温公学派）、苏氏蜀学派和理学派形成是宋学的发展阶段；③南宋理学与浙东事功学派并存的局面是宋学的转型阶段；④1241年，南宋理宗亲撰《道统十三赞》，正式确立程朱理学为正统思想和官方哲学，宋学其他各派走向衰落，理学本身也日渐僵化和陈腐

中国古代史

第七章

宋、辽、西夏、金、元 10

宋元时期的文化 2

宋代 2

史学

官修层面：①《旧五代史》（北宋薛居正等）、《新唐书》（北宋欧阳修、宋祁等）；②宋重视当代史的编修，政府设立国史院编修本朝会要，北宋以前未曾有过，如《宋会要辑稿》（研究宋代政治、经济、文化、军事等各种制度沿革的重要参考书）、《两朝国史》等

私修层面：①司马光的《资治通鉴》是一部编年体的通史巨著；②郑樵的《通志》是一部以人物为中心的纪传体通史；③《通鉴纪事本末》（南宋袁枢）是我国第一部纪事本末体的历史著作；④朱熹撰《资治通鉴纲目》，创立纲目体裁，对史书编纂具有极大影响；⑤除此之外，还有李焘的《续资治通鉴长编》、徐梦莘的《三朝北盟会编》和李心传的《建炎以来系年要录》等

引申：唐宋变革论

核心观点：内藤湖南认为，唐和宋在文化的性质上有着显著差异，唐代是中世纪的结束，而宋代则是近世的开始

主要依据：①贵族政治的衰废，君主独裁的代兴；②君位的变化；③君主权力的确定；④人民地位的变化；⑤官吏任用法的变化；⑥朋党性质的变化；⑦经济的变化；⑧文化性质的变化

文学

词的兴盛：①两宋时期中国文学的主流是新兴的词，南宋时达到高峰；②著名词人有晏殊、柳永、苏轼、陆游、辛弃疾、李清照等

戏曲：①宋统治区域流行傀儡戏、影戏和杂剧；②在两宋之际南方各地则流行着各种唱法的地方戏，总称"南戏"；③在金统治区域内流行的是以讲唱为主的戏曲，叫诸宫调

话本小说和说话人：①宋时的"话"是故事的意思，"说话"就是讲故事，说话的底本叫"话本"，其中小说和讲史最受欢迎；②以说话为生的艺人叫说话人，有的专说历史故事，有的专讲小说，各有独立科目

绘画：两宋的山水画、花鸟画、人物画、风俗画均有名，其中张择端的《清明上河图》在南北宋之际的风俗画中最具代表性

文化教育

政府机构：①国子监是政府掌管的高等学府，一度改名为国子学，宋仁宗时设太学，主要讲儒家的经典作品；②官学还有律学、算学、医学、书学、画学、武学等；③"宗学"，专门培养宗室子弟；④地方政府州府县学

私人办学：私人办的初等教育是家学，或称为私塾、蒙馆；私人办的高级学校是书院，以河南的应天书院、嵩阳书院，湖南的石鼓书院、岳麓书院，江西的白鹿洞书院最为著名

文献学

目录学：重要的除正史的《艺文志》外，还有晁公武的《郡斋读书志》、陈振孙的《直斋书录解题》、郑樵《通志·艺文略》等，分类方法多样，解题有特色

文献的考证：出现专门考证与纠谬的专书，重要的有吴缜的《新唐书纠谬》《五代史记纂误》、司马光的《资治通鉴考异》、朱熹的《楚辞考异》《韩文考异》等

文献的类编与汇编

"宋四大书"：《太平御览》（北宋李昉、李穆、徐铉等）、《文苑英华》（北宋李昉、徐铉、宋白等）、《太平广记》（北宋李昉、扈蒙、李穆等）、《册府元龟》（北宋王钦若、杨亿、孙奭等），分别在中国古代百科、文章、小说和史事等领域做了分类汇编等工作，对历史研究和文献辑佚都具有重大意义

考古文献：重要的有金石学方面的著作，如欧阳修的《集古录》、赵明诚的《金石录》

方志学：日臻成熟，出现一批方志精品，全国性总志有乐史的《太平寰宇记》和王象之的《舆地纪胜》，地方志如孟元老的《东京梦华录》和周密的《武林旧事》

宗教

佛教：①两宋时期，除徽宗朝有过很短一段时间的崇道排佛外，对佛教都是采取扶持的政策，重视佛教文化事业的发展；②两宋时期最为盛行的是佛教禅宗、南宗

道教：①在宋代，道教的政治地位胜过佛教；②宋代道教主要分为内丹和符箓两大派系，内丹派也称金丹派；③对宋代内丹学贡献最大的道教学者有宋初的陈抟和稍后的张伯端；④在金统治下的广大河北地区，则出现了太一、大道、全真多个新的道教教派

其他宗教：主要有摩尼教、伊斯兰教、犹太教等

科技与三大发明

三大发明：①宋代是雕版印刷的黄金时代，毕昇进一步发明活字印刷术；②北宋指南针的使用很普遍；③火药、火器制造技术提高到一个新的阶段

数学：《周髀算经》《九章算术》等十部算经，是我国汉唐千余年间数学发展的结晶

天文学：北宋天文学家苏颂和韩公廉等人，创造了世界上第一座结构复杂、自动运转的"天文钟"——水运仪象台，并写成了《新仪象法要》

医药学：①两宋时期的医药学分科也比过去更加完备；②南宋人宋慈的《洗冤集录》是世界上第一部司法检验专著；③太医王惟一总结了历代针灸医家的实践经验，统一了针灸穴位，作《新铸铜人腧穴针灸图经》

建筑：北宋末年李诫编写的《营造法式》是这一时期建筑技术的总结

其他：沈括在《梦溪笔谈》中总结了我国古代特别是北宋时期自然科学所达到的辉煌成就

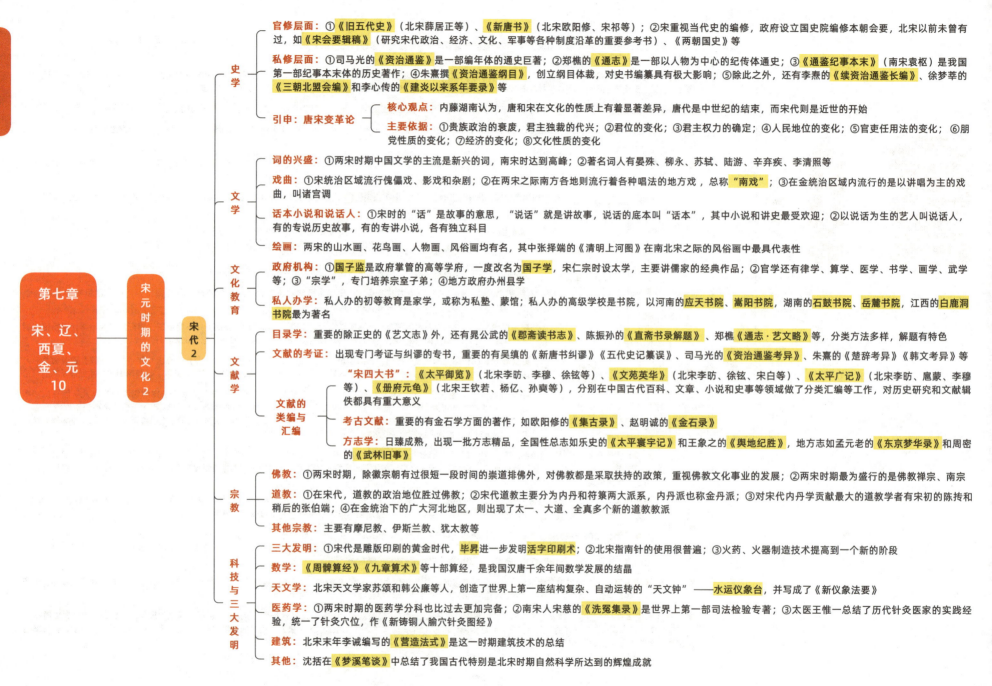

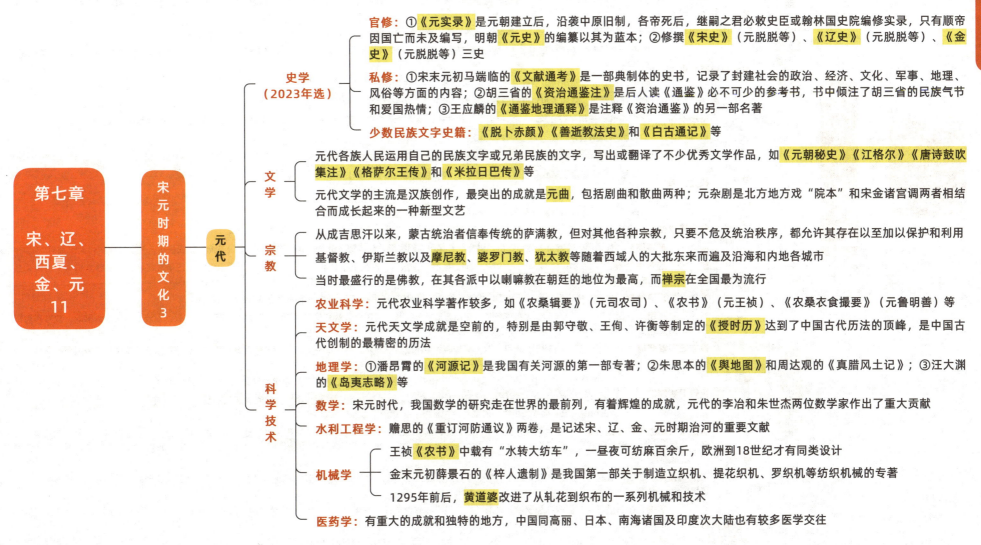

第七章 宋、辽、西夏、金、元 11

宋元时期的文化 3

元代

史学（2023年选）

官修： ①《元实录》是元朝建立后，沿袭中原旧制，各帝死后，继嗣之君必敕史臣或翰林国史院编修实录，只有顺帝因国亡而未及编写，明朝《元史》的编纂以其为蓝本；②修撰《宋史》（元脱脱等）、《辽史》（元脱脱等）、《金史》（元脱脱等）三史

私修： ①宋末元初马端临的《文献通考》是一部典制体的史书，记录了封建社会的政治、经济、文化、军事、地理、风俗等方面的内容；②胡三省的《资治通鉴注》是后人读《通鉴》必不可少的参考书，书中倾注了胡三省的民族气节和爱国热情；③王应麟的《通鉴地理通释》是注释《资治通鉴》的另一部名著

少数民族文字史籍：《脱卜赤颜》《善逝教法史》和《白古通记》等

文学

元代各族人民运用自己的民族文字或兄弟民族的文字，写出或翻译了不少优秀文学作品，如《元朝秘史》《江格尔》《唐诗鼓吹集注》《格萨尔王传》和《米拉日巴传》等

元代文学的主流是汉族创作，最突出的成就是元曲，包括剧曲和散曲两种；元杂剧是北方地方戏"院本"和宋金诸宫调两者相结合而成长起来的一种新型文艺

宗教

从成吉思汗以来，蒙古统治者信奉传统的萨满教，但对其他各种宗教，只要不危及统治秩序，都允许其存在以至加以保护和利用

基督教、伊斯兰教以及摩尼教、婆罗门教、犹太教等随着西域人的大批东来而遍及沿海和内地各城市

当时最盛行的是佛教，在其各派中以喇嘛教在朝廷的地位为最高，而禅宗在全国最为流行

科学技术

农业科学： 元代农业科学著作较多，如《农桑辑要》（元司农司）、《农书》（元王祯）、《农桑衣食撮要》（元鲁明善）等

天文学： 元代天文学成就是空前的，特别是由郭守敬、王恂、许衡等制定的《授时历》达到了中国古代历法的顶峰，是中国古代创制的最精密的历法

地理学： ①潘昂霄的《河源记》是我国有关河源的第一部专著；②朱思本的《舆地图》和周达观的《真腊风土记》；③汪大渊的《岛夷志略》等

数学： 宋元时代，我国数学的研究走在世界的最前列，有着辉煌的成就，元代的李冶和朱世杰两位数学家作出了重大贡献

水利工程学： 赡思的《重订河防通议》两卷，是记述宋、辽、金、元时期治河的重要文献

机械学

王祯《农书》中载有"水转大纺车"，一昼夜可纺麻百余斤，欧洲到18世纪才有同类设计

金末元初薛景石的《梓人遗制》是我国第一部关于制造立织机、提花织机、罗织机等纺织机械的专著

1295年前后，黄道婆改进了从轧花到织布的一系列机械和技术

医药学： 有重大的成就和独特的地方，中国同高丽、日本、南海诸国及印度次大陆也有较多医学交往

中国古代史

第八章
明、清
1

明前期的政治经济措施1

明朝存续时间 —— 1368年（朱元璋称帝）—1644年（李自成攻入北京）

明朝建立之初的政局

明朝建立： 元末爆发红巾军起义，朱元璋加入郭子兴队伍，1364年称吴王，史称西吴，1368年初朱元璋称帝，国号大明

靖难之役
- **背景：** ①明太祖为稳固统治，分封诸子为藩王，这些藩王在地方享有兵权，尤其是塞王，实力雄厚；②朱元璋驾崩后，朱允炆成为建文帝，实施削藩
- **经过：** ①建文元年（1399年）燕王朱棣以《皇明祖训》中塞王"清君侧、诛奸臣、为国靖难"为名，起兵叛乱；②燕王的靖难军与朝廷军队互相征伐，历时长达四年
- **结果：** 建文四年（1402年）朱棣攻入南京，建文帝下落不明，燕王朱棣即皇帝位，次年改元永乐，继续削藩，加强中央集权

明成祖迁都北京
- **内容：** 永乐十八年（1420年）九月，成祖下诏，改北平为京师，十一月决定迁都北平，昭告天下，并于永乐十九年正式迁都北京，保留南京建制的基本建制
- **影响：** 迁都北京对明帝国的政治格局、军事防御和经济生活都产生了深远的影响

仁宣之治： 明代仁宗、宣宗在位期间，对明太祖、成祖的基业采取守成之策，迎来社会经济稳定、繁荣的局面

明初的政治措施

中央机构

废中书省，权分六部
- 洪武十三年（1380年），太祖以谋反罪诛擅权植党的丞相胡惟庸，裁撤中书省，分相权于六部，并规定后代君臣不得设丞相
- 六部尚书互不统属，直接对皇帝负责

建立内阁
- 太祖废丞相后，因政务繁重，先后置四辅官和殿阁大学士，均以文臣充任，但只可备顾问
- 成祖时命翰林官于文渊阁辅政，参预机务，内阁制度成立，此时的内阁只是"代言之司"
- 宣宗时，常命内阁票拟
- 英宗年幼即位，票拟权专属内阁，票拟需有皇帝批红才能成为正式的行政命令

创建通政使司： 太祖为分中书省之权，于洪武十年（1377年）置通政使司掌章奏、出纳和封驳，以为"喉舌之司"

监察制度
- **都察院：** 洪武初年，监察机关称御史台，洪武十五年改称都察院，都察院下设十三道监察御史，官阶虽低，威权甚重，外出巡按，代天子巡狩
- **给事中制度：** 洪武六年（1373年），始按六部的建制分设六科；洪武十年隶承敕监，十二年改隶通政司，十三年置谏院，成为独立机构；后谏院虽罢，六科给事中仍独立存在，负责稽查各部
- **厂卫制度：** 太祖设锦衣卫，常以特务手段侦察臣僚，成祖设"东厂"，厂、卫均为加强君主专制的特务机构

地方机构

置三司： 洪武九年（1376年），太祖废行省，在地方实行分权制度，在全国置承宣布政使司，下设府、县二级政权，职涉一省民政、财政，地方另有提刑按察使司、都指挥使司，分掌地方司法和军政

军事

设立五军都督府： 洪武十三年（1380年）正月，改大都督府为中、左、右、前、后五军都督府（简称"五军府"），分领在京的除亲军外的各卫所和在外的各都司

实行卫所制度
- 自京师至地方皆立卫、所，是军队的基层组织，每卫置卫指挥使统领，卫所官军均世袭
- 京师卫所分两类：①由五军府分统的卫军，称内卫，成祖时定名"五军营"，并添设"三千营"和"神机营"，合称"京军三大营"；②由府军诸卫、锦衣卫等组成的皇帝亲军系统，俱统于亲军指挥使

法律

制定《大明律》和《大诰》： ①《大明律》颁行于洪武年间，是明朝的基本法，刑名有五，即笞、杖、徒、流、死，此外又有凌迟和充军等，另外规定有"十恶"，意在严格保护皇权的无上权威和绝对专制；②太祖于洪武年间先后颁布亲自编写的《大诰》《大诰续编》《大诰三编》，汇集了大量重刑案例，并要求"臣民熟观为戒"

三法司并行： 三法司指刑部、大理寺和都察院，明代重大刑狱由上述三部门共同完成，刑部主审理、都察院主纠察、大理寺主驳正，是明代重要的司法审判和监察制度

学校教育和科举考试
- **学校：** ①有国子学（后改为国子监）、府（州）县学和村镇的民间社学三类；②国子监设祭酒、司业、博士、助教、学正等学官；③府学教官有教授，州学有学正，县学有教谕
- **科举：** 实行八股取士，以"四书""五经"文句命题，规定答题以程朱解释为依据，间用古疏，并以八股文为考试文体，以此束缚士子思想，加强思想专制

消除隐患： ①抑制豪强、整顿吏治，迁徙豪强于他乡；②制定严格的考核、惩治制度（空印案）；③1385年，明太祖怀疑北平二司官吏与户部侍郎郭桓串通贪污，于是兴大狱，制造了波及万人的"郭桓案"打击贪污腐败；④削弱开国功臣势力（兴胡蓝之狱——明太祖以胡惟庸案和蓝玉案为核心削弱开国功臣势力的一系列案件）；⑤从封藩到削藩，朱元璋为保证朱氏江山的稳定，推行分封制，建文帝即位后着手削藩（引起了燕王的"靖难之役"）

第八章 明、清 2

明前期的政治经济措施 2

明前期的经济措施

恢复生产

- **解决土地问题**：实行移民屯垦的政策，包括**民屯**（政府组织，统一分配土地、种子和耕牛等）、**军屯**（"屯七守三"原则，是明代规模最大、最重要的屯田方式，与卫所制度相辅）、**商屯**（官府利用对食盐的专卖，引导商人到边地屯田）
- **解决劳动力问题**：释放奴婢、提高佃户的法律地位、安放流民、调整土地分配关系、改革工匠制度等
- **资助生产**：给参与民屯的农民提供种子、农具和耕牛等生产物资
- **兴修水利**：修建水利工程、加固堤岸、疏浚河道等

土地制度：明初的田地有官田和民田两大类，官田属于国家，买卖、私占均属非法；民田属于官僚、地主和小自耕农，允许买卖

赋税制度（2023年材）

- 在全国丈量土地，编造**鱼鳞图册**，以增加税收
- 确立**黄册**制度，把户、田产和赋税三者合一
- 田赋每年分夏、秋两次交纳，纳米麦者称为**"本色"**，纳钱、钞、绢或其他物产代输者称为**"折色"**
- 在南直隶、浙江、湖广、江西、福建等地，创立**粮长制**，挑选纳粮多的地主充当粮长，负责该区税粮的征收，并督运到京师
- 明初的差役主要有**均工夫役**（根据田土的多少出役或出资代役）、里甲制度下所服的**里甲正役**（以110户为一里，其中丁粮多者为里长，余百户为10甲，每甲10户，都置甲首。服役办法是10年一轮，每年由一名值年里长率领值年甲首应役。值年者叫**"现年"**，空歇者叫**"排年"**）、杂役（到地方官府衙门担任相对固定性的杂役或临时性杂役）

农业：①耕地面积明显扩大；②棉花的种植比宋、元时更加普遍

发展手工业

- **官营**
  - 矿冶业，以铁矿规模最大，产量高
  - 造船业，最具代表性的是郑和下西洋的船舶，是当时世界规模最大、设备最先进的船只
  - 制瓷业，江西景德镇是全国制瓷中心，**青花瓷**堪称精品
  - 盐业生产规模大，主要产盐区有两淮、两浙和山东等，产盐地设都转运盐使司，管理地方盐政，直属户部
- **私营**：以棉纺织业为代表，北方河南、山西、山东等地，棉纺织业逐渐成为农村妇女主要的家庭副业，崛起于元代的松江仍是全国的棉纺织业中心，产品畅销全国

明初的边疆政策

- **总方针**：重点防御北方少数民族，对南方广大少数民族地区施以"威怀"
- **藏区**：洪武一朝基本完成对藏区的行政机构建置，共设立**乌思藏都司**、**朵甘都司**和俺不罗行都司，以及**宣慰司**、**元帅府**等机构，其官员皆敕封当地的僧俗首领担任
- **蒙古**：明太祖一方面以高官厚禄招纳蒙古贵族和元朝旧臣，另一方面连续用兵，打击残余势力。成祖五次亲征，沉重打击了蒙古贵族势力，北部边疆安宁十数年
- **西南土司制度**
  - 💡 **什么是土司制度**：元、明、清王朝在西南少数民族地区设立的地方政权组织形式和制度，用当地土酋管辖属民，不改变当地旧的统治机构
  - **内容**：①确定**土司**的职衔与品秩；②确定土司的隶属关系；③严格土司的承袭、贡赋、征调、升迁和奖惩制度，土司皆由朝廷颁给诰命、印信和官服，作为朝廷命官之凭信，允许世袭
  - **意义**：维系中央王朝与边疆地区少数民族的联系，有利于统一多民族国家的巩固和发展
- **台湾**：在台湾地区设**巡检司**，管辖澎湖与台湾
- **辽东**：明成祖时，设置**奴尔干都指挥使司**，即奴尔干都司，陆续增设卫所有180余个，广大黑龙江、乌苏里江和松花江流域在明前期纳入明有效的管理范围
- **畏兀儿**：境内设官府，置驿站，立屯戍，行交钞，置局织造，计亩输税

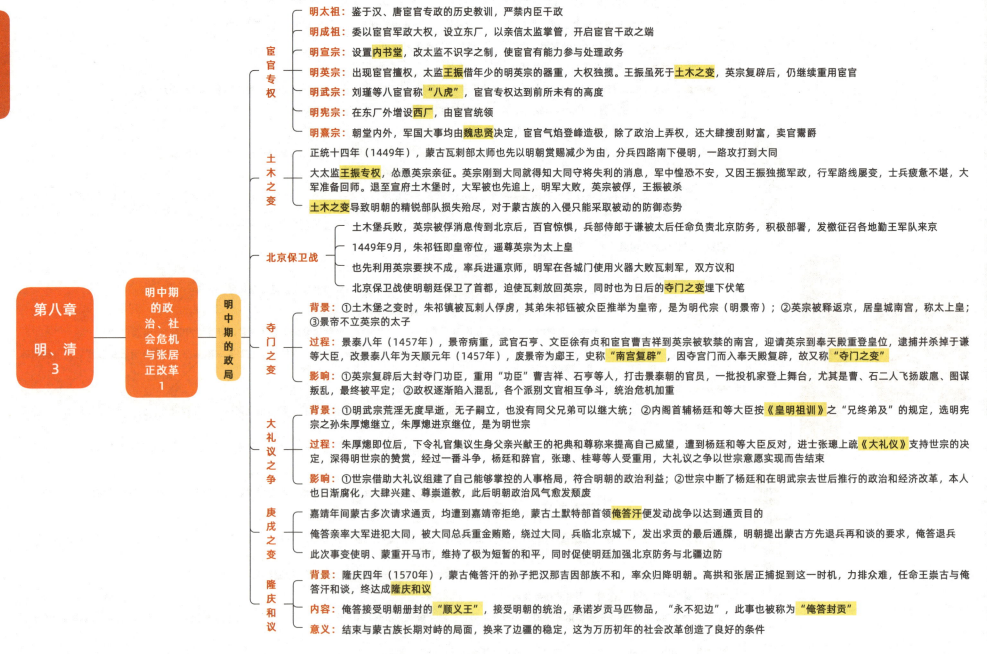

中国古代史

第八章 明、清3

明中期的政治、社会危机与张居正改革1

明中期的政局

宦官专权

- **明太祖：** 鉴于汉、唐宦官专政的历史教训，严禁内臣干政
- **明成祖：** 委以宦官军政大权，设立东厂，以亲信太监掌管，开启宦官干政之端
- **明宣宗：** 设置内书堂，改太监不识字之制，使宦官有能力参与处理政务
- **明英宗：** 出现宦官擅权，太监王振借年少的明英宗的器重，大权独揽。王振虽死于土木之变，英宗复辟后，仍继续重用宦官
- **明武宗：** 刘瑾等八宦官称"八虎"，宦官专权达到前所未有的高度
- **明宪宗：** 在东厂外增设西厂，由宦官统领
- **明熹宗：** 朝堂内外，军国大事均由魏忠贤决定，宦官气焰登峰造极，除了政治上弄权，还大肆搜刮财富，卖官鬻爵

土木之变

- 正统十四年（1449年），蒙古瓦剌部太师也先以明朝赏赐减少为由，分兵四路南下侵明，一路攻打到大同
- 大太监王振专权，怂恿英宗亲征。英宗刚到大同就得知大同守将失利的消息，军中惶恐不安，又因王振独揽军政，行军路线屡变，士兵疲惫不堪，大军准备回师。退至宣府土木堡时，大军被也先追上，明军大败，英宗被俘，王振被杀
- 土木之变导致明朝的精锐部队损失殆尽，对于蒙古族的入侵只能采取被动的防御态势

北京保卫战

- 土木堡兵败，英宗被俘消息传到北京后，百官惊惧，兵部侍郎于谦被太后任命负责北京防务，积极部署，发檄征召各地勤王军队来京
- 1449年9月，朱祁钰即皇帝位，遥尊英宗为太上皇
- 也先利用英宗要挟不成，率兵进逼京师，明军在各城门使用火器大败瓦剌军，双方议和
- 北京保卫战使明朝廷保卫了首都，迫使瓦剌放回英宗，同时也为日后的夺门之变埋下伏笔

夺门之变

- **背景：** ①土木堡之变时，朱祁镇被瓦剌人俘虏，其弟朱祁钰被众臣推举为皇帝，是为明代宗（明景帝）；②英宗被释返京，居皇城南宫，称太上皇；③景帝不立英宗的太子
- **过程：** 景泰八年（1457年），景帝病重，武官石亨、文臣徐有贞和宦官曹吉祥到英宗被软禁的南宫，迎请英宗到奉天殿重登皇位，逮捕并杀掉于谦等大臣，改景泰八年为天顺元年（1457年），废景帝为郕王，史称"南宫复辟"，因夺宫门而入奉天殿复辟，故又称"夺门之变"
- **影响：** ①英宗复辟后大封夺门功臣，重用"功臣"曹吉祥、石亨等人，打击景泰朝的官员，一批投机家登上舞台，尤其是曹、石二人飞扬跋扈、图谋叛乱，最终被平定；②政权逐渐陷入混乱，各个派别文官相互争斗，统治危机加重

大礼议之争

- **背景：** ①明武宗荒淫无度早逝，无子嗣立，也没有同父兄弟可以继大统；②内阁首辅杨廷和等大臣按《皇明祖训》之"兄终弟及"的规定，选明宪宗之孙朱厚熜继立，朱厚熜进京继位，是为明世宗
- **过程：** 朱厚熜即位后，下令礼官集议生身父亲兴献王的祀典和尊称来提高自己威望，遭到杨廷和等大臣反对，进士张璁上疏《大礼仪》支持世宗的决定，深得明世宗的赞赏，经过一番斗争，杨廷和辞官，张璁、桂萼等人受重用，大礼议之争以世宗意愿实现而告结束
- **影响：** ①世宗借助大礼议组建了自己能够掌控的人事格局，符合明朝的政治利益；②世宗中断了杨廷和在明武宗去世后推行的政治和经济改革，本人也日渐腐化，大肆兴建、尊崇道教，此后明朝政治风气愈发颓废

庚戌之变

- 嘉靖年间蒙古多次请求通贡，均遭到嘉靖帝拒绝，蒙古土默特部首领俺答汗便发动战争以达到通贡目的
- 俺答亲率大军进犯大同，被大同总兵重金贿赂，绕过大同，兵临北京城下，发出求贡的最后通牒，明朝提出蒙古方先退兵再和谈的要求，俺答退兵
- 此次事变使明、蒙重开马市，维持了极为短暂的和平，同时促使明廷加强北京防务与北疆边防

隆庆和议

- **背景：** 隆庆四年（1570年），蒙古俺答汗的孙子把汉那吉因部族不和，率众归降明朝。高拱和张居正捕捉到这一时机，力排众难，任命王崇古与俺答汗和谈，终达成隆庆和议
- **内容：** 俺答接受明朝册封的"顺义王"，接受明朝的统治，承诺岁贡马匹物品，"永不犯边"，此事也被称为"俺答封贡"
- **意义：** 结束与蒙古族长期对峙的局面，换来了边疆的稳定，这为万历初年的社会改革创造了良好的条件

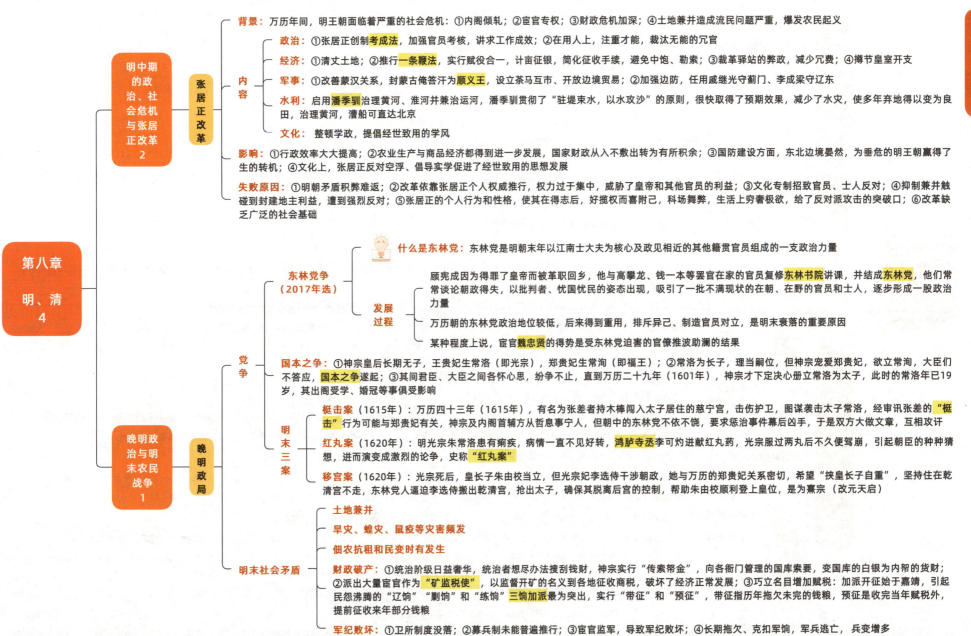

中国古代史

第八章
明、清
4

明中期的政治、社会危机与张居正改革 2

张居正改革

背景：万历年间，明王朝面临着严重的社会危机：①内阁倾轧；②宦官专权；③财政危机加深；④土地兼并造成流民问题严重，爆发农民起义

内容：

政治：①张居正创制**考成法**，加强官员考核，讲求工作成效；②在用人上，注重才能，裁汰无能的冗官

经济：①清丈土地；②推行**一条鞭法**，实行赋役合一，计亩征银，简化征收手续，避免中饱、勒索；③裁革驿站的弊政，减少冗费；④撙节皇室开支

军事：①改善蒙汉关系，封蒙古俺答汗为**顺义王**，设立茶马互市、开放边境贸易；②加强边防，任用戚继光守蓟门、李成梁守辽东

水利：启用**潘季驯**治理黄河、淮河并兼治运河，潘季驯贯彻了"驻坝束水，以水攻沙"的原则，很快取得了预期的效果，减少了水灾，使多年弃地得以变为良田，治理黄河，漕船可直达北京

文化：整顿学政，提倡经世致用的学风

影响：①行政效率大大提高；②农业生产与商品经济都得到进一步发展，国家财政从入不敷出转为有所积余；③国防建设方面，东北边境晏然，为垂危的明王朝赢得了生的转机；④文化上，张居正反对空浮、倡导实学促进了经世致用的思想发展

失败原因：①明朝矛盾积弊难返；②改革依靠张居正个人权威推行，权力过于集中，威胁了皇帝和其他官员的利益；③文化专制招致官员、士人反对；④抑制兼并触碰到封建地主利益，遭到强烈反对；⑤张居正的个人行为和性格，使其得志后，好揽权而喜附己，科场舞弊，生活上穷奢极欲，给了反对派攻击的突破口；⑥改革缺乏广泛的社会基础

晚明政治与明末农民战争 1

晚明政局

党争

东林党争（2017年选）

什么是东林党：东林党是明朝末年以江南士大夫为核心及政见相近的其他籍贯官员组成的一支政治力量

发展过程：顾宪成因为得罪了皇帝而被革职回乡，他与高攀龙、钱一本等罢官在家的官员复修**东林书院**讲课，并结成**东林党**，他们常常谈论朝政得失，以批判者、忧国忧民的姿态出现，吸引了一批不满现状的在朝、在野的官员和士人，逐步形成一股政治力量

万历朝的东林党政治地位较低，后来得到重用，排斥异己、制造官员对立，是明末衰落的重要原因

某种程度上说，宦官**魏忠贤**的得势是受东林党迫害的官僚推波助澜的结果

国本之争：①神宗皇后长期无子，王贵妃生常洛（即光宗），郑贵妃生常洵（即福王）；②常洛为长子，理当嗣位，但神宗宠爱郑贵妃，欲立常洵，大臣们不答应，**国本之争**遂起；③其间君臣、大臣之间各怀心思，纷争不止，直到万历二十九年（1601年），神宗才下定决心册立常洛为太子，此时的常洛年已19岁，其出阁受学、婚冠等事俱受影响

明末三案

梃击案（1615年）：万历四十三年（1615年），有名为张差者持木棒闯入太子居住的慈宁宫，击伤护卫，图谋袭击太子常洛，经审讯张差的"**梃击**"行为可能与郑贵妃有关，神宗及内阁首辅方从哲息事宁人，但朝中的东林党不依不饶，要求惩治事件幕后凶手，于是双方大做文章，互相攻讦

红丸案（1620年）：明光宗朱常洛患有痢疾，病情一直不见好转，**鸿胪寺丞李**可灼进献红丸药，光宗服过两丸后不久便驾崩，引起朝臣的种种猜想，进而演变成激烈的论争，史称"**红丸案**"

移宫案（1620年）：光宗死后，皇长子朱由校当立，但光宗妃李选侍干涉朝政，她与万历的郑贵妃关系密切，希望"挟皇长子自重"，坚持住在乾清宫不走，东林党人逼迫李选侍搬出乾清宫，抢出太子，确保其脱离后宫的控制，帮助朱由校顺利登上皇位，是为熹宗（改元天启）

明末社会矛盾

土地兼并

旱灾、蝗灾、鼠疫等灾害频发

佃农抗租和民变时有发生

财政破产：①统治阶级日益奢华，统治者想尽办法搜刮钱财，神宗实行"传索帑金"，向各衙门管理的国库索要，变国库的白银为内帑的货财；②派出大量宦官作为"**矿监税使**"，以监督开矿的名义到各地征收商税，破坏了经济正常发展；③巧立名目增加赋税：加派开征始于嘉靖，引起民怨沸腾的"辽饷""剿饷"和"练饷"**三饷加派**最为突出，实行"带征"和"预征"，带征指历年拖欠未完的钱粮，预征是收完当年赋税外，提前征收来年部分钱粮

军纪败坏：①卫所制度没落；②募兵制未能普遍推行；③宦官监军，导致军纪败坏；④长期拖欠、克扣军饷，军兵逃亡，兵变增多

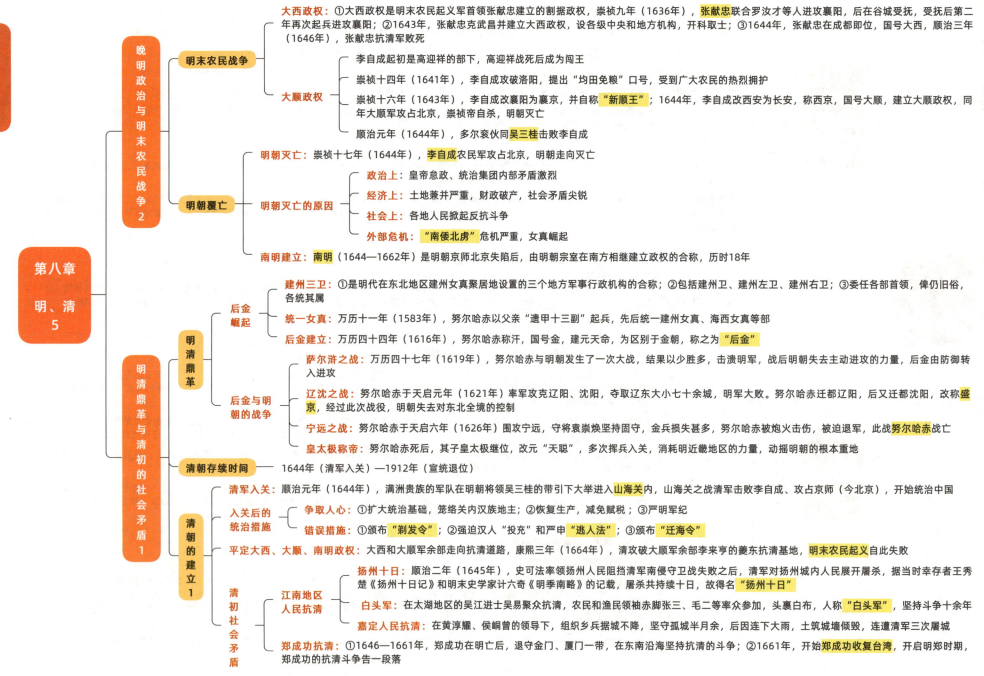

中国古代史

第八章
明、清
5

晚明政治与明末农民战争 2

明末农民战争

大西政权： ①大西政权是明末农民起义军首领张献忠建立的割据政权，崇祯九年（1636年），张献忠联合罗汝才等人进攻襄阳，后在谷城受抚，受抚后第二年再次起兵进攻襄阳；②1643年，张献忠克武昌并建立大西政权，设各级中央和地方机构，开科取士；③1644年，张献忠在成都即位，国号大西，顺治三年（1646年），张献忠抗清军败死

大顺政权

- 李自成起初是高迎祥的部下，高迎祥战死后成为闯王
- 崇祯十四年（1641年），李自成攻破洛阳，提出"均田免粮"口号，受到广大农民的热烈拥护
- 崇祯十六年（1643年），李自成改襄阳为襄京，并自称"新顺王"；1644年，李自成改西安为长安，称西京，国号大顺，建立大顺政权，同年大顺军攻占北京，崇祯帝自杀，明朝灭亡
- 顺治元年（1644年），多尔衮伙同吴三桂击败李自成

明朝覆亡

明朝灭亡： 崇祯十七年（1644年），李自成农民军攻占北京，明朝走向灭亡

明朝灭亡的原因

- **政治上：** 皇帝怠政、统治集团内部矛盾激烈
- **经济上：** 土地兼并严重，财政破产，社会矛盾尖锐
- **社会上：** 各地人民掀起反抗斗争
- **外部危机：** "南倭北虏"危机严重，女真崛起

南明建立： 南明（1644—1662年）是明朝京师北京失陷后，由明朝宗室在南方相继建立政权的合称，历时18年

明清鼎革与清初的社会矛盾 1

明清鼎革

后金崛起

建州三卫： ①是明代在东北地区建州女真聚居地设置的三个地方军事行政机构的合称；②包括建州卫、建州左卫、建州右卫；③委任各部首领，俾仍旧俗，各统其属

统一女真： 万历十一年（1583年），努尔哈赤以父亲"遗甲十三副"起兵，先后统一建州女真、海西女真等部

后金建立： 万历四十四年（1616年），努尔哈赤称汗，国号金，建元天命，为区别于金朝，称之为"后金"

后金与明朝的战争

萨尔浒之战： 万历四十七年（1619年），努尔哈赤与明朝发生了一次大战，结果以少胜多，击溃明军，战后明朝失去主动进攻的力量，后金由防御转入进攻

辽沈之战： 努尔哈赤于天启元年（1621年）率军攻克辽阳、沈阳，夺取辽东大小七十余城，明军大败。努尔哈赤迁都辽阳，后又迁都沈阳，改称盛京，经过此次战役，明朝失去对东北全境的控制

宁远之战： 努尔哈赤于天启六年（1626年）围攻宁远，守将袁崇焕坚持固守，金兵损失甚多，努尔哈赤被炮火击伤，被迫退军，此战努尔哈赤战亡

皇太极称帝： 努尔哈赤死后，其子皇太极继位，改元"天聪"，多次挥兵入关，消耗明近畿地区的力量，动摇明朝的根本重地

清朝存续时间 —— 1644年（清军入关）—1912年（宣统退位）

清朝的建立 1

清军入关： 顺治元年（1644年），满洲贵族的军队在明朝将领吴三桂的带引下大举进入山海关内，山海关之战清军击败李自成、攻占京师（今北京），开始统治中国

入关后的统治措施

- **争取人心：** ①扩大统治基础，笼络关内汉族地主；②恢复生产，减免赋税；③严明军纪
- **错误措施：** ①颁布"剃发令"；②强迫汉人"投充"和严申"逃人法"；③颁布"迁海令"

平定大西、大顺、南明政权： 大西和大顺军余部走向抗清道路，康熙三年（1664年），清攻破大顺军余部李来亨的茅麓山抗清基地，明末农民起义自此失败

清初社会矛盾

江南地区人民抗清

- **扬州十日：** 顺治二年（1645年），史可法率领扬州人民阻挡清军南侵守卫战败之后，清军对扬州城内人民展开屠杀，据当时幸存者王秀楚《扬州十日记》和明末史学家计六奇《明季南略》的记载，屠杀共持续十日，故得名"扬州十日"
- **白头军：** 在太湖地区的吴江进士吴易聚众抗清，农民和渔民领袖赤脚张三、毛二等率众参加，头裹白布，人称"白头军"，坚持斗争十余年
- **嘉定人民抗清：** 在黄淳耀、侯峒曾的领导下，组织乡兵据城不降，坚守孤城半月余，后因连下大雨，土筑城墙倾毁，连遭清军三次屠城

郑成功抗清： ①1646—1661年，郑成功在明亡后，退守金门、厦门一带，在东南沿海坚持抗清的斗争；②1661年，开始郑成功收复台湾，开启明郑时期，郑成功的抗清斗争告一段落

中国古代史

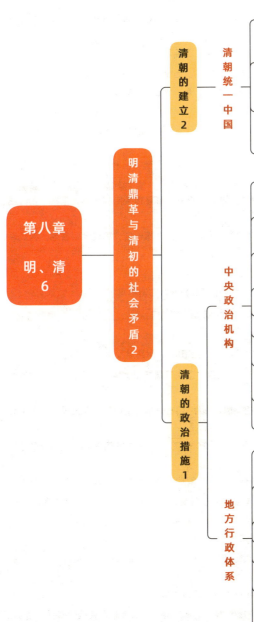

第八章
明、清
6

明清鼎革与清初的社会矛盾 2

清朝的建立 2

清朝统一中国

平定三藩之乱：①三藩指平西王吴三桂、靖南王耿精忠、平南王尚之信；②三藩势力日益膨胀，拥有大量的武装，割据一方，与中央之间的离心力越来越强；③康熙十二年（1673年），康熙帝下令撤藩，吴三桂以复明为口号，起兵反叛，最终耿精忠、尚之信投降，康熙二十年（1681年）终于平定三藩之乱

平定准噶尔部上层叛乱：清军入关前，蒙古部族均归顺朝廷，如喀尔喀每年向皇太极献白驼一只、白马八匹，称作 "九白之贡"；17世纪中叶，蒙古的准噶尔部日强，为实现割据与沙俄勾结，攻打蒙古喀尔喀，清军出兵最终打败准噶尔部首领噶尔丹（1688年）

多伦会盟
　├ 为结束喀尔喀蒙古的内部纷争，加强蒙古部族与中央间的关系，康熙三十年（1691年），在多伦举行喀尔喀蒙古会盟
　├ 会上对首倡来归者、奏请编旗者以及在征剿噶尔丹战役中的有功人员进行了表彰和封赏
　└ 在喀尔喀蒙古中重新确立封建秩序，加强了北部边疆的防御力，也使准噶尔叛国势力陷于孤立

收复台湾：清康熙二十二年（1683年），福建水师提督施琅率师于澎湖海域歼灭明郑军主力，收复澎湖、台湾

清朝的政治措施 1

中央政治机构

内阁：清代以内阁作为中央最高行政机构，有草拟诏旨之责，但只是秉承皇帝意志，它的一些重要事务分与后来的南书房和军机处，因此其实际权力比明代要小

议政王大臣会议：①清初最高权力机关，凡军国大政均交由议政王大臣会议决定，有 "国议" 之称；②其由满族上层贵族组成，汉人无法进入；③军机处成立之后成为虚衔，乾隆年间废除

南书房：康熙十六年（1677年），为集权需要，康熙帝调翰林等官入乾清宫南书房当值，称为 "南书房行走"，除陪皇帝写字作诗外，也秉承皇帝意旨拟写谕旨，发布政令，实际上是皇帝处理政务机要的秘书班子

军机处：世宗为方便处理西北军务于雍正七年（1729年）始设军需房，后又设立军机处并颁印信，承旨办理机务，军机处取代了内阁和议政王大臣会议的权力，是专制皇权高度发达的产物

六部：吏、户、礼、兵、刑、工部，是中央政府的执行机关，各部职责和明朝基本相同，设正副长官满汉各一人

理藩院：清朝始设的专门管理边疆少数民族地区事务的中央机构，体制同于六部

内务府：清朝吸取明代宦官专权的教训，设内务府管理宫廷皇室事务，长官为总管大臣，皆为满族王公大臣，圣祖亲政后，内廷宦官归内务府管辖，防范宦官专权

秘密立储：雍正帝继位后，创行秘密建储办法，把选定的皇子名字，亲写密封，藏于匣内，置于乾清宫 "正大光明" 匾后，另写一道由内府收藏，以备核对；秘密建储避免了诸王子各树朋党、争权夺利，也防止了皇太子的骄矜失德、不求进取，同时这也是加强皇权的重要方面

其他：清中央政府还设有都察院、大理寺、翰林院、国子监等机构，大都承袭明制，只是根据具体情况，有所损益

地方行政体系

地方行政组织：省、道、府（直隶州、厅）、县（散州、散厅）四级，最高行政长官为总督和巡抚

省：①各省长官为巡抚，总揽军政、民政；②每一省或二三省设总督，总督比巡抚事权更重，以负责军政为主，兼管民政；③每省设有提督学政，会同督抚主管教育、科举考试等事务；④各省均设布政使（又称藩台，主管民政、财政和人事大权）和按察使（又称臬台，主管司法、刑狱，兼领驿传）

道：设道员，有分守道与分巡道，分守道专掌钱谷，分巡道专掌刑名，此外还有专职道，主管一省某方面的事务，如粮储道、盐法道、兵备道等

府：设知府一人（又称太守），上隶于省，下督率所属州县官员

县：设知县（又称县令）一人，主管一县政事

保甲制度：清代采取严密控制基层社会的政治制度，不论州县城乡，每十户为一牌，立一牌长，十牌为一甲，立一甲长，十甲为一保，立一保长，对人们进行严厉的监视、控制和赋役征收

宗族管理：宗族聚居数量庞大，族长通过族规或族约来实施对族人的统治，包括祭祀、职业、婚丧、忠臣、顺民等，对维护基层社会秩序发挥了重要的作用，是封建政权统治的重要补充

51

中国古代史

第八章
明、清
7

明清鼎革与清初的社会矛盾 3

清朝的政治措施 2

官员的选举与考察

选举

"特简""会推""荫袭"：①由皇帝直接任命的称为"特简"，不受法律条例限制；②由大臣互推任用的是"会推"；③有功官员或因公殉难官员的子弟可以"荫袭"得官，同时还有荐举制度

科举：清朝继续将科举制度作为培养和选任官吏的"正途"，康熙时增加特科和博学鸿儒科等

捐官制度：又叫"捐纳"，为清政府补充了一项临时性财政收入，开辟了士绅进入仕途的捷径，但使得官僚机构恶性膨胀

官缺制：为保证满族官吏的优先特权，在任官制度上创造了"官缺制"，共分满官缺、蒙古官缺、汉军官缺和汉官缺四种，要职专用满族官吏，地方督抚大多为旗人，这是清朝民族歧视政策在任官制度上的体现

考察

"京察""大计"：①京官的考核称为京察，六年一次；②地方官的考核称为大计，三年一次；③考核由督抚、京官三品以上自陈政事得失，三品以下官员由吏部都察院考核

"军政"：①武官的考核则称为军政，每五年一次，由兵部主持；②考核一等的加一级，如有冒滥徇私者按保举连坐法予以处分

军事

八旗制度：清代满族的社会军事组织形式，初置黄、白、红、蓝四色旗，后增设镶黄、镶白、镶红、镶蓝四旗，八旗之制确立。八旗分为满洲八旗、蒙古八旗和汉军八旗，每旗均设都统，归中央八旗都统衙门管，地方督抚无权征调；清世祖时期，将由皇帝直接控制的镶黄、正黄、正白三旗调整为上三旗，由诸王、贝勒统辖的正红、镶红、正蓝、镶蓝、镶白五旗调整为下五旗，负责驻守京师及各地

绿营制度：绿营主要是清军入关后改编的明朝军队和其他部队，兵种分为马兵、战兵、守兵和水师，绿营和驻防八旗一道，屯戍全国各地，构成军事控制网，对人民进行统治和镇压，也便于八旗兵对绿营兵进行监视和控制

刑法：《大清律例》是中国历史上最后一部封建法典，是清朝统治者为了对各族人民进行统治而制定的

思想统治与文化专制：①笼络各族上层；②尊崇儒教大兴礼乐教化，用程朱理学思想诱导民众；③厉行文字狱来打击异端，钳制思想

清朝的经济措施

清初恢复生产措施

停止圈地、奖励垦荒：①康熙八年（1669年），清廷下令停止圈地；②清军入关后凡无主荒地，皆分给流民及官兵屯种

土地制度

实行土地私有

推行"更名田"，清初将明代藩王庄田改入民名，纳入清朝赋役征收体系，改变明代藩王庄田不入州县赋役册籍的情况

赋税制度（摊丁入亩）

背景：①流民增多和地主官绅的隐匿，使政府无法完全控制国家的田亩和人丁数目；②人口增加和土地兼并日趋激烈；③清政府财政收入不足，面临严重的财政危机

内容

清朝在康熙五十一年（1712年）宣布"盛世滋生人丁，永不加赋"，以康熙五十年的全国丁银额为准，以后额外增丁不再征收丁银，为地丁合一创造了条件

从雍正朝开始施行摊丁入亩，把固定下来的康熙五十年的丁银即人丁2462万、丁银335万余两，以与具体丁户相脱离的方式全部摊入田赋银中征收，称为"地丁制"

意义：①简化了税收征收程序；②促进了税收公平；③弱化了封建的人身依附关系，解放生产力；④增加清王朝的财政收入

局限性：①并未触动封建土地所有制，代表地主阶级根本利益；②未完全解决专制社会的流民问题；③人民的生活负担仍然十分沉重

户籍制度

顺治初年：为征收丁银，行户籍人丁编审制度，将户籍分为军、民、灶、匠四类

康熙时期：康熙五十一年（1712年），规定以后滋生人丁不再加征丁银，其后逐步实行摊丁入地，丁银全部并入田赋，人丁编审作用消失

乾隆时期：乾隆十五年（1750年），首令岁奏民数，后保甲成为户籍管理的基础，一直沿用下来

废除匠籍和除贱为良：康熙时期，陆续将匠银摊入田赋，逐步将其改为良民，并最后废除了匠籍制度；明清之际，社会上还存在些"贱民"阶层，如教坊乐户、丐户等，他们不得与平民通婚，从康熙时逐步将其改为良民，废除贱籍

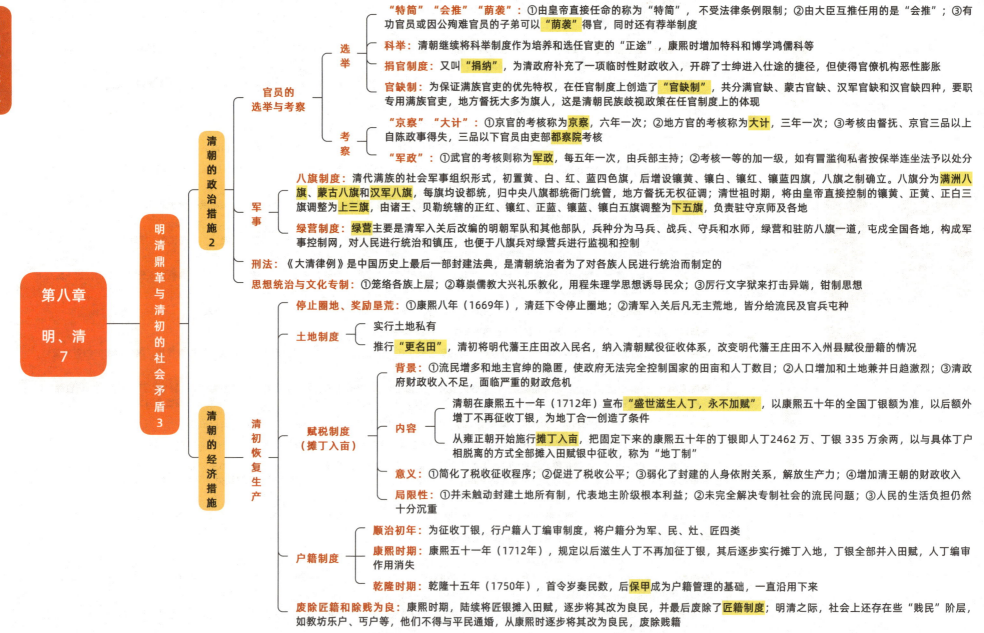

中国古代史

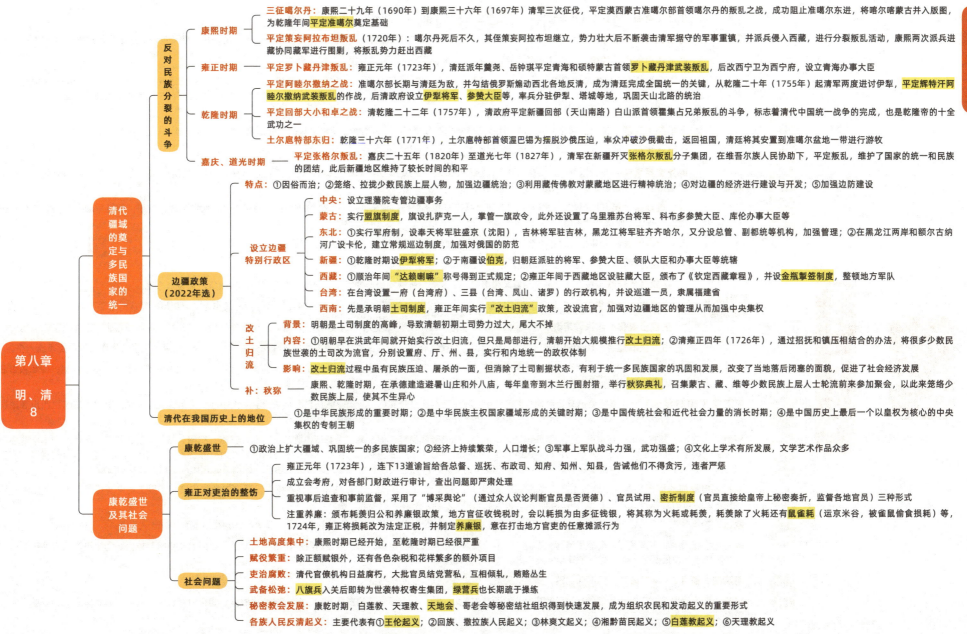

第八章 明、清 8

清代疆域的奠定与多民族国家的统一

反对民族分裂的斗争

康熙时期
- **三征噶尔丹**：康熙二十九年（1690年）到康熙三十六年（1697年）清军三次征伐，平定漠西蒙古准噶尔部首领噶尔丹的叛乱之战，成功阻止准噶尔东进，将喀尔喀蒙古并入版图，为乾隆年间平定准噶尔奠定基础
- **平定策妄阿拉布坦叛乱**（1720年）：噶尔丹死后不久，其侄策妄阿拉布坦继立，势力壮大后不断袭击清军据守的军事重镇，并派兵侵入西藏，进行分裂叛乱活动，康熙两次派兵进藏协同藏军进行围剿，将叛乱势力赶出西藏

雍正时期
- **平定罗卜藏丹津叛乱**：雍正元年（1723年），清廷派年羹尧、岳钟琪平定青海和硕特蒙古首领罗卜藏丹津武装叛乱，后改西宁卫为西宁府，设立青海办事大臣

乾隆时期
- **平定阿睦尔撒纳之战**：准噶尔部长期与清廷为敌，并勾结俄罗斯煽动西北各地反清，成为清廷完成全国统一的关键，从乾隆二十年（1755年）起清军两度进讨伊犁，平定辉特汗阿睦尔撒纳武装叛乱的作战，后清政府设立伊犁将军、参赞大臣等，率兵分驻伊犁、塔城等地，巩固天山北路的统治
- **平定回部大小和卓之战**：清乾隆二十二年（1757年），清政府平定新疆回部（天山南路）白山派首领霍集占兄弟叛乱的斗争，标志着清代中国统一战争的完成，也是乾隆帝的十全武功之一
- **土尔扈特部东归**：乾隆三十六年（1771年），土尔扈特部首领渥巴锡为摆脱沙俄压迫，率众冲破沙俄截击，返回祖国，清廷将其安置到准噶尔盆地一带进行游牧

嘉庆、道光时期
- **平定张格尔叛乱**：嘉庆二十五年（1820年）至道光七年（1827年），清军在新疆歼灭张格尔叛乱分子集团，在维吾尔族人民协助下，平定叛乱，维护了国家的统一和民族的团结，此后新疆地区维持了较长时间的和平

边疆政策（2022年选）

特点：①因俗而治；②笼络、拉拢少数民族上层人物，加强边疆统治；③利用藏传佛教对蒙藏地区进行精神统治；④对边疆的经济进行建设与开发；⑤加强边防建设

设立边疆特别行政区
- **中央**：设立理藩院专管边疆事务
- **蒙古**：实行盟旗制度，旗设扎萨克一人，掌管一旗之政令，此外还设置了乌里雅苏台将军、科布多参赞大臣、库伦办事大臣等
- **东北**：①实行军府制，设奉天将军驻盛京（沈阳），吉林将军驻吉林，黑龙江将军驻齐齐哈尔，又分总管、副都统等机构，加强管理；②在黑龙江两岸和额尔古纳河广设卡伦，建立常规巡边制度，加强对俄国的防范
- **新疆**：①乾隆时期设伊犁将军；②于南疆设伯克，归朝廷派驻的将军、参赞大臣、领队大臣和办事大臣等统辖
- **西藏**：①顺治年间"达赖喇嘛"称号得到正式规定；②雍正年间于西藏地区设驻藏大臣，颁布了《钦定西藏章程》，并设金瓶掣签制度，整顿地方军队
- **台湾**：在台湾设置一府（台湾府）、三县（台湾、凤山、诸罗）的行政机构，并设巡道一员，隶属福建省
- **西南**：先是承明朝土司制度，雍正年间实行"改土归流"政策，改设流官，加强对边疆地区的管理从而加强中央集权

改土归流
- **背景**：明朝是土司制度的高峰，导致清朝初期土司势力过大，尾大不掉
- **内容**：①明朝早在洪武年间就开始实行改土归流，但只是局部进行，清朝开始大规模推行改土归流；②清雍正四年（1726年），通过招抚和镇压相结合的办法，将很多少数民族世袭的土司改为流官，分别设置府、厅、州、县，实行和内地统一的政权体制
- **影响**：改土归流过程中虽有民族压迫、屠杀的一面，但消除了土司割据状态，有利于统一多民族国家的巩固和发展，改变了当地落后闭塞的面貌，促进了社会经济发展

补：秋狝：康熙、乾隆时期，在承德建造避暑山庄和外八庙，每年皇帝到木兰行围射猎，举行秋狝典礼，召集蒙古、藏、维等少数民族上层人士轮流前来参加聚会，以此来笼络少数民族上层，使其不生异心

清代在我国历史上的地位：①是中华民族形成的重要时期；②是中华民族主权国家疆域形成的关键时期；③是中国传统社会和近代社会力量的消长时期；④是中国历史上最后一个以皇权为核心的中央集权的专制王朝

康乾盛世及其社会问题

康乾盛世：①政治上扩大疆域、巩固统一的多民族国家；②经济上持续繁荣，人口增长；③军事上军队战斗力强，武功强盛；④文化上学术有所发展，文学艺术作品众多

雍正对吏治的整饬
- 雍正元年（1723年），连下13道谕旨给各总督、巡抚、布政司、知府、知州、知县，告诫他们不得贪污，违者严惩
- 成立会考府，对各部门财政进行审计，查出问题即严肃处理
- 重视事后追查和事前监督，采用了"博采舆论"（通过众人议论判断官员是否贤德）、官员试用、密折制度（官员直接给皇帝上秘密奏折，监督各地官员）三种形式
- 注重养廉：颁布耗羡归公和养廉银政策，地方官征收钱税时，会以耗损为由多征钱银，将其称为火耗或耗羡，耗羡除了火耗还有鼠雀耗（运京米谷，被雀鼠偷食损耗）等，1724年，雍正将损耗改为法定正税，并制定养廉银，意在打击地方官吏的任意摊派行为

社会问题
- **土地高度集中**：康熙时期已经开始，至乾隆时期已经很严重
- **赋役繁重**：除正额赋银外，还有各色杂税和花样繁多的额外项目
- **吏治腐败**：清代官僚机构日益腐朽，大批官员结党营私，互相倾轧，贿赂丛生
- **武备松弛**：八旗兵入关后即转为世袭特权寄生集团，绿营兵也长期疏于操练
- **秘密教会发展**：康乾时期，白莲教、天理教、天地会、哥老会等秘密结社组织得到快速发展，成为组织农民和发动起义的重要形式
- **各族人民反清起义**：主要代表有①王伦起义；②回族、撒拉族人民起义；③林爽文起义；④湘黔苗民起义；⑤白莲教起义；⑥天理教起义

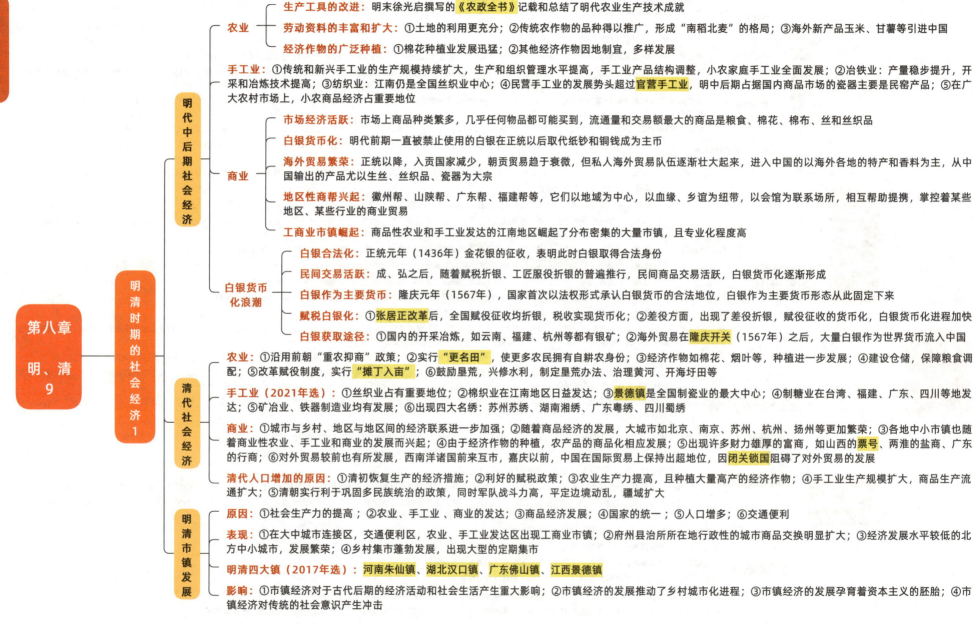

中国古代史

第八章 明、清 9

明清时期的社会经济 1

明代中后期社会经济

农业
- 生产工具的改进：明末徐光启撰写的《农政全书》记载和总结了明代农业生产技术成就
- 劳动资料的丰富和扩大：①土地的利用更充分；②传统农作物的品种得以推广，形成"南稻北麦"的格局；③海外新产品玉米、甘薯等引进中国
- 经济作物的广泛种植：①棉花种植业发展迅猛；②其他经济作物因地制宜，多样发展

手工业：①传统和新兴手工业的生产规模持续扩大，生产和组织管理水平提高，手工业产品结构调整，小农家庭手工业全面发展；②冶铁业：产量稳步提升，开采和冶炼技术提高；③纺织业：江南仍是全国丝织业中心；④民营手工业的发展势头超过官营手工业，明中后期占据国内商品市场的瓷器主要是民窑产品；⑤在广大农村市场上，小农商品经济占重要地位

商业
- 市场经济活跃：市场上商品种类繁多，几乎任何物品都可能买到，流通量和交易额最大的商品是粮食、棉花、棉布、丝和丝织品
- 白银货币化：明代前期一直被禁止使用的白银在正统以后取代纸钞和铜钱成为主币
- 海外贸易繁荣：正统以降，入贡国家减少，朝贡贸易趋于衰微，但私人海外贸易队伍逐渐壮大起来，进入中国的以海外各地的特产和香料为主，从中国输出的产品尤以生丝、丝织品、瓷器为大宗
- 地区性商帮兴起：徽州帮、山陕帮、广东帮、福建帮等，它们以地域为中心，以血缘、乡谊为纽带，以会馆为联系场所，相互帮助提携，掌控着某些地区、某些行业的商业贸易
- 工商业市镇崛起：商品性农业和手工业发达的江南地区崛起了分布密集的大量市镇，且专业化程度高

白银货币化浪潮
- 白银合法化：正统元年（1436年）金花银的征收，表明此时白银取得合法身份
- 民间交易活跃：成、弘之后，随着赋税折银、工匠服役折银的普遍推行，民间商品交易活跃，白银货币化逐渐形成
- 白银作为主要货币：隆庆元年（1567年），国家首次以法权形式承认白银货币的合法地位，白银作为主要货币形态从此固定下来
- 赋税白银化：①张居正改革后，全国赋役征收均折银，税收实现货币化；②差役方面，出现了差役折银，赋役征收的货币化，白银货币化进程加快
- 白银获取途径：①国内的开采冶炼，如云南、福建、杭州等都有银矿；②海外贸易在隆庆开关（1567年）之后，大量白银作为世界货币流入中国

清代社会经济

农业：①沿用前朝"重农抑商"政策；②实行"更名田"，使更多农民拥有自耕农身份；③经济作物如棉花、烟叶等，种植进一步发展；④建设仓储，保障粮食调配；⑤改革赋役制度，实行"摊丁入亩"；⑥鼓励垦荒，兴修水利，制定垦荒办法、治理黄河、开海圩田等

手工业（2021年选）：①丝织业占有重要地位；②棉织业在江南地区日益发达；③景德镇是全国制瓷业的最大中心；④制糖业在台湾、福建、广东、四川等地发达；⑤矿冶业、铁器制造业均有发展；⑥出现四大名绣：苏州苏绣、湖南湘绣、广东粤绣、四川蜀绣

商业：①城市与乡村、地区与地区间的经济联系进一步加强；②随着商品经济的发展，大城市如北京、南京、苏州、杭州、扬州等更加繁荣；③各地中小市镇也随着商业性农业、手工业和商业的发展而兴起；④由于经济作物的种植，农产品的商品化相应发展；⑤出现许多财力雄厚的富商，如山西的票号、两淮的盐商、广东的行商；⑥对外贸易较前也有所发展，西南洋诸国前来互市，嘉庆以前，中国在国际贸易上保持出超地位，因闭关锁国阻碍了对外贸易的发展

清代人口增加的原因：①清初恢复生产的经济措施；②利好的赋税政策；③农业生产力提高，且种植大量高产的经济作物；④手工业生产规模扩大，商品生产流通扩大；⑤清朝实行利于巩固多民族统治的政策，同时军队战斗力高，平定边境动乱，疆域扩大

明清市镇发展

原因：①社会生产力的提高；②农业、手工业、商业的发达；③商品经济发展；④国家的统一；⑤人口增多；⑥交通便利

表现：①在大中城市连接区，交通便利区，农业、手工业发达区出现工商业市镇；②府州县治所所在地行政性的城市商品交换明显扩大；③经济发展水平较低的北方中小城市，发展繁荣；④乡村集市蓬勃发展，出现大型的定期集市

明清四大镇（2017年选）：河南朱仙镇、湖北汉口镇、广东佛山镇、江西景德镇

影响：①市镇经济对于古代后期的经济活动和社会生活产生重大影响；②市镇经济的发展推动了乡村城市化进程；③市镇经济的发展孕育着资本主义的胚胎；④市镇经济对传统的社会意识产生冲击

中国古代史

第八章 明、清 10

明清时期的社会经济2

明清资本主义萌芽

背景：①新航路开辟后，海外贸易在一定程度上影响到中国；②隆庆开关后，白银大量内流，货币经济发展迅速；③明清时期手工业发展迅速，出现了较大的手工业作坊；④土地兼并十分严重，**一条鞭法和摊丁入亩**的实行减轻了农民的人身依附关系，增加了自由劳动力

特点：它不仅是嫩弱的，带着明显的封建烙印，而且是稀疏的，只发生在个别地区的少数手工业行业

表现
- **明代：**①农产品商品化；②白银成为普遍流通的货币；③出现手工业工场和雇佣关系，机户占有生产资料，剥削机工的剩余劳动，机工靠出卖劳动力为生
- **清代：**①手工业生产技术、规模、分工进一步提高，尤其纺织业、制瓷业；②大包买商人群体逐渐扩大；③农业商品化程度高，经济作物大量种植

发展缓慢的原因
- 专制主义和封建土地所有制，农民在剥削之下极其贫困，无力购买
- 地主和商人通过剥削获得的钱财往往用于购买土地，没有扩大再生产
- 受**重农抑商**政策影响
- 清朝实行**海禁政策**
- 行会会馆实行专办，控制学徒和雇佣关系发展
- 大量过剩人口使借贷资本很高，阻碍向产业资本转移

明清时期的对外关系1

郑和下西洋：明代永乐、宣德年间的一场海上远航活动，从永乐三年（1405年）到宣德八年（1433年）**郑和**共七次率领船队**下西洋**，曾经到达亚三十多个国家和地区，最远到达非洲东海岸和红海沿岸，越过赤道，是中国人第一次大规模的航海活动

华侨对南洋地区的开发：由于朝代鼎革、土地兼并或赋税繁重，闽、广等沿海地区的百姓无以为生，一部分人不得不流移到南洋谋生，带去劳动力、先进的生产技术、农副产品等，促进中外贸易往来

明代

抗击倭寇

洪武至正德年间：洪武年间，朱元璋下令断绝与日本的一切关系，停止其朝贡，实行海禁抑制倭患；永乐年间，重开日本朝贡贸易，同时加强海防，实行**海禁**

嘉靖年间
- **争贡之役：**嘉靖二年（1523年），正值日本战国时代，日本两派诸侯派人与中国进行朝贡贸易，双方因勘合真伪发生冲突，在这一过程中，他们杀死明朝官军和无辜百姓，劫掠宁波，此事被称为**"争贡之役"**
- **戚继光、俞大猷抗倭：**争贡之役后，嘉靖实行了严厉的禁海令，倭患愈演愈烈，大规模肆虐东南沿海；1555年，朝廷派戚继光到浙东**抗倭**，戚继光率领戚家军，在台州九战九捷，取得抗倭斗争的重大胜利，后来他又率军开赴福建、广东，与另一位抗倭名将**俞大猷**连续重创倭寇，到嘉靖四十三年（1564年），东南沿海的倭寇基本剿清

隆庆开关：隆庆时期开始解除海禁，有条件地允许私人从事海外贸易，称为**"隆庆开关"**

万历援朝战役：万历十九年（1591年），丰臣秀吉公然发动侵朝战争，即万历朝鲜战争（**壬辰战争、庆长之役**），明朝派兵援朝，万历二十一年正月中朝军队协同作战，打败日军，迫使日军南逃，从根本上扭转朝鲜战局，最后日军退据釜山，朝鲜国土基本光复，1597年日军再侵朝鲜，中朝两国军队紧密配合，连败日军

与西方国家

西方早期殖民者：①葡萄牙、西班牙：正德十二年（1517年），葡萄牙国王派出一支对华使团，来到中国为互通贸易并建交，遭明廷拒绝，与明朝发生武装冲突，后葡萄牙在澳门开始边境贸易，西班牙侵占台湾部分领地；②荷兰：崇祯十五年（1642年），荷兰打败西班牙，独占台湾，直到**郑成功收复台湾**

细说"郑成功收复台湾"
- **背景：**荷兰侵占台湾后实行残酷统治，导致起义四起，其中还爆发了规模较大的**郭怀一起义**，但以失败告终
- **过程：**①1661年，郑成功领军队从金门出发，成功登陆台湾；②接着，郑军一路进军，包围了普罗文查城堡这个最重要的军事要塞；③郑军控制海上通道，截击荷兰援军，使其陷入军事困境；④荷兰残军反扑失败后，于1661年12月献城投降；⑤荷兰殖民长官于1662年2月签订投降条约，退出台湾；⑥收复台湾后，设承天府，鼓励农民和士兵屯田耕种，此外还设立学校提高民众文化水平
- **意义：**①促进台湾地区农业经济和海上贸易的发展；②捍卫了中国的主权和领土完整；③缩小台湾与大陆在政治制度方面的差距；④促进了汉族与高山族人民之间的友谊

西方传教士来华
- 最早来到中国的天主教耶稣会会士是**方济各·沙勿略**，但未进入内地
- 葡萄牙耶稣会会士**伯来笃**是明朝第一个得到官方正式批准在中国登陆的传教士，他和**公匝勒**最早在澳门招收华人入教，开办圣保禄学院，培训传教士学习汉语和中国的风俗习惯，了解中国文化
- **罗明坚**是最早进入中国内地的传教士，他在万历初年先以商人身份到广州了解情况，后应两广总督的邀请到广州传教
- **利玛窦**于1582年（万历十年）被派往中国传教，直至1610年在北京逝世，在华传教28年，是天主教在中国传教的最早传教士之一

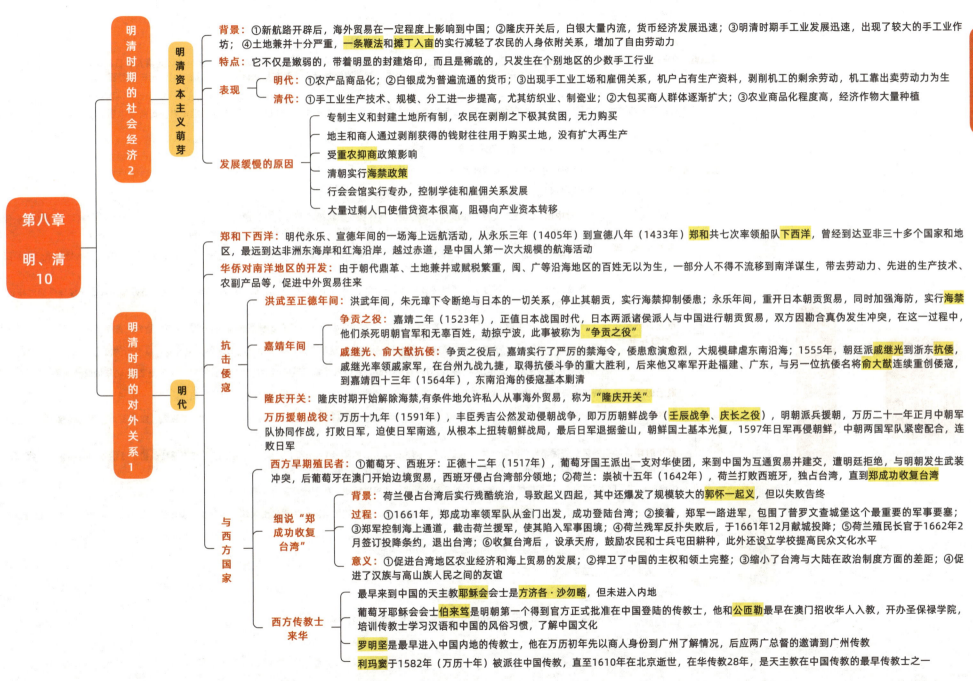

中国古代史

第八章

明、清

11

明清时期的对外关系2

清代

与朝鲜：①政治上，继承了明朝与朝鲜建立的宗藩关系；②经济上，除了朝贡贸易外，在边境设定期的贸易市场；③文化上，隆重节日时朝鲜的庞大使团会来中国履行礼仪，并把途中见闻写成日记，称为"燕行录"，朝鲜曾赠碑刻拓本，被刘喜海编辑成《海东金石苑》，成为研究朝鲜历史的重要文献

与日本：①顺治时颁布禁海令，中日贸易一度受到影响；②康熙时颁布展海令，中日之间的贸易繁盛；③随着贸易的发展，旅居日本的中国商人也日渐增多，除此之外还有留居日本的中国学者，如著名学者朱之瑜（赴日后学者称之舜水先生）东渡日本，讲学授徒，培养了大批学者，传播了中国文化，促进了日本文化发展

越南：两广地区有不少人移居越南，和当地人们一起开垦荒地，发展生产

暹罗（泰国）：18世纪以后，中国同暹罗的贸易极为频繁

缅甸：中缅两国间的经济交流也十分密切，中国商人带去了生产技术和日用品

与西方国家

传教士与中西文化交流

对中国：①西方传教士如白晋、汤若望、南怀仁、洪若翰将西方天文、地理、历法、数学、水利、医药、火器等方面的知识传入中国；②在医学方面，西药逐步推广使用，西方有关人体解剖学的知识，也在这时传入中国

对欧洲：①中国的封建典制和文化，对欧洲启蒙运动产生重要的影响；②历史和文学作品传入欧洲；③工艺品特别是瓷器和漆器，深受欧洲人欢迎；④清代的园林建筑艺术，也对欧洲产生了影响

反西方殖民势力斗争

乾隆二十二年（1757年），清廷下令封闭其他海港，只准在广州一处通商，并由政府特许的"十三行"商人统一经理外商对华贸易事宜

乾隆五十七年（1792年），英国政府以给乾隆帝祝寿为名，派使臣马戛尔尼来华交涉通商事宜，遭到乾隆帝拒绝

嘉庆二十一年（1816年），英政府又派阿美士德使华，重申前请，但因朝见礼节之争，没有受到嘉庆帝的接见

为扭转贸易逆差，以英国为首的西方殖民势力武力威胁不成转而采用倾销鸦片的恶毒手段，并引发了1840年的鸦片战争

与俄罗斯

顺治时期：俄罗斯帝国势力侵入索伦、喀尔喀等部，顺治十七年（1660年）基本上肃清黑龙江中下游的沙俄势力

康熙时期：康熙二十四年（1685年）、二十五年（1686年）两次发起雅克萨反击战，沙俄受到重创被迫同意和谈，双方签订《尼布楚条约》，直到鸦片战争后被沙俄破坏

雍正时期：沙俄的蚕食侵扰事件仍时有发生，雍正五年（1727年）、六年（1728年），双方相继签订《布连斯奇条约》《恰克图条约》，条约规定了中俄在边境、政治、经济、贸易、宗教等方面应遵循的原则，此后中俄中段边界大体保持稳定

明清时期对外关系与前代相比较

变化：①相较前朝，同海外交往的积极性降低，整体倾向于闭关锁国；②相较前朝，存在被西方殖民者入侵与反殖民战争

特征：①奉行睦邻友好外交政策，建立朝贡体系；②对外贸易占优势地位，形成贸易顺差；③传教士来华，中外文化交流进一步加深；④对外关系的处理机构更加完善

影响

在政治上，保持宗藩关系，维护了中国疆域领土完整和国家统一

在经济上，阻碍了资本主义萌芽成长

在思想上，一定程度上促进了东西方思想文化的交流

在外交上，明清"天朝上国"的优越感使其错失与西方先进文明的交流机会

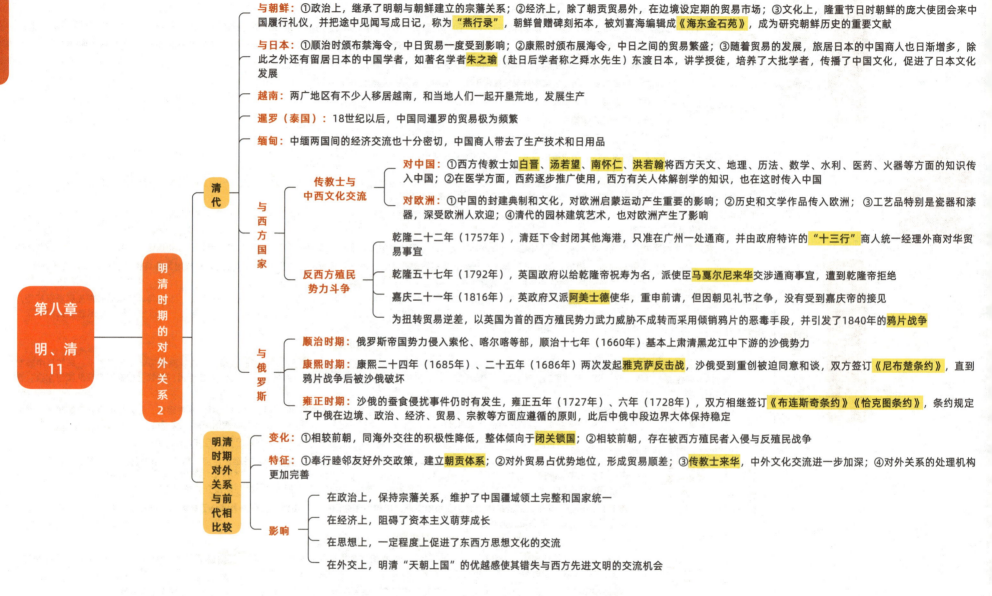

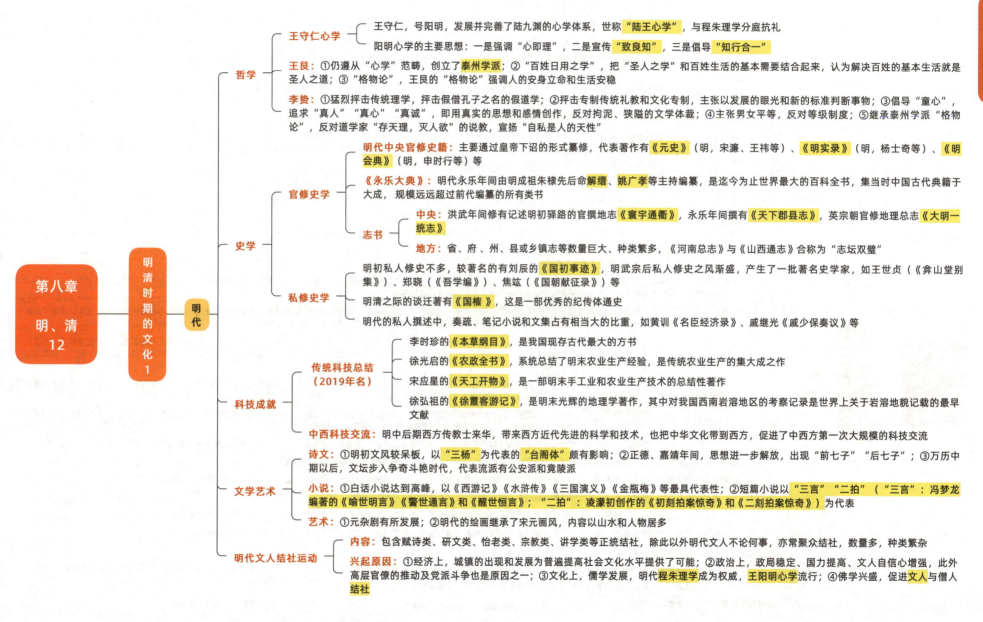

中国古代史

第八章 明、清 12

明清时期的文化 1

明代

哲学

王守仁心学
- 王守仁，号阳明，发展并完善了陆九渊的心学体系，世称"陆王心学"，与程朱理学分庭抗礼
- 阳明心学的主要思想：一是强调"心即理"，二是宣传"致良知"，三是倡导"知行合一"

王艮：①仍遵从"心学"范畴，创立了泰州学派；②"百姓日用之学"，把"圣人之学"和百姓生活的基本需要结合起来，认为解决百姓的基本生活就是圣人之道；③"格物论"，王艮的"格物论"强调人的安身立命和生活安稳

李贽：①猛烈抨击传统理学，抨击假借孔子之名的假道学；②抨击专制传统礼教和文化专制，主张以发展的眼光和新的标准判断事物；③倡导"童心"，追求"真人""真心""真诚"，即用真实的思想和感情创作，反对拘泥、狭隘的文学体裁；④主张男女平等，反对等级制度；⑤继承泰州学派"格物论"，反对道学家"存天理，灭人欲"的说教，宣扬"自私是人的天性"

史学

官修史学
- **明代中央官修史籍：**主要通过皇帝下诏的形式纂修，代表著作有《元史》（明，宋濂、王祎等）、《明实录》（明，杨士奇等）、《明会典》（明，申时行等）等
- **《永乐大典》：**明代永乐年间由明成祖朱棣先后命解缙、姚广孝等主持编纂，是迄今为止世界最大的百科全书，集当时中国古代典籍于大成，规模远远超过前代编纂的所有类书
- **志书**
  - **中央：**洪武年间修有记述明初驿路的官撰地志《寰宇通衢》，永乐年间撰有《天下郡县志》，英宗朝官修地理总志《大明一统志》
  - **地方：**省、府、州、县或乡镇志等数量巨大、种类繁多，《河南总志》与《山西通志》合称为"志坛双璧"

私修史学
- 明初私人修史不多，较著名的有刘辰的《国初事迹》，明武宗后私人修史之风渐盛，产生了一批著名史学家，如王世贞（《弇山堂别集》）、郑晓（《吾学编》）、焦竑（《国朝献征录》）等
- 明清之际的谈迁著有《国榷》，这是一部优秀的纪传体通史
- 明代的私人撰述中，奏疏、笔记小说和文集占有相当大的比重，如黄训《名臣经济录》、戚继光《戚少保奏议》等

科技成就

传统科技总结（2019年名）
- 李时珍的《本草纲目》，是我国现存古代最大的方书
- 徐光启的《农政全书》，系统总结了明末农业生产经验，是传统农业生产的集大成之作
- 宋应星的《天工开物》，是一部明末手工业和农业生产技术的总结性著作
- 徐弘祖的《徐霞客游记》，是明末光辉的地理学著作，其中对我国西南岩溶地区的考察记录是世界上关于岩溶地貌记载的最早文献

中西科技交流：明中后期西方传教士来华，带来西方近代先进的科学和技术，也把中华文化带到西方，促进了中西方第一次大规模的科技交流

文学艺术

诗文：①明初文风较呆板，以"三杨"为代表的"台阁体"颇有影响；②正德、嘉靖年间，思想进一步解放，出现"前七子""后七子"；③万历中期以后，文坛步入争奇斗艳时代，代表流派有公安派和竟陵派

小说：①白话小说达到高峰，以《西游记》《水浒传》《三国演义》《金瓶梅》等最具代表性；②短篇小说以"三言""二拍"（"三言"：冯梦龙编著的《喻世明言》《警世通言》和《醒世恒言》；"二拍"：凌濛初创作的《初刻拍案惊奇》和《二刻拍案惊奇》）为代表

艺术：①元杂剧有所发展；②明代的绘画继承了宋元画风，内容以山水和人物居多

明代文人结社运动

内容：包含赋诗类、研文类、怡老类、宗教类、讲学类等正统结社，除此以外明代文人不论何事，亦常聚众结社，数量多，种类繁杂

兴起原因：①经济上，城镇的出现和发展为普遍提高社会文化水平提供了可能；②政治上，政局稳定、国力提高、文人自信心增强，此外高层官僚的推动及党派斗争也是原因之一；③文化上，儒学发展，明代程朱理学成为权威，王阳明心学流行；④佛学兴盛，促进文人与僧人结社

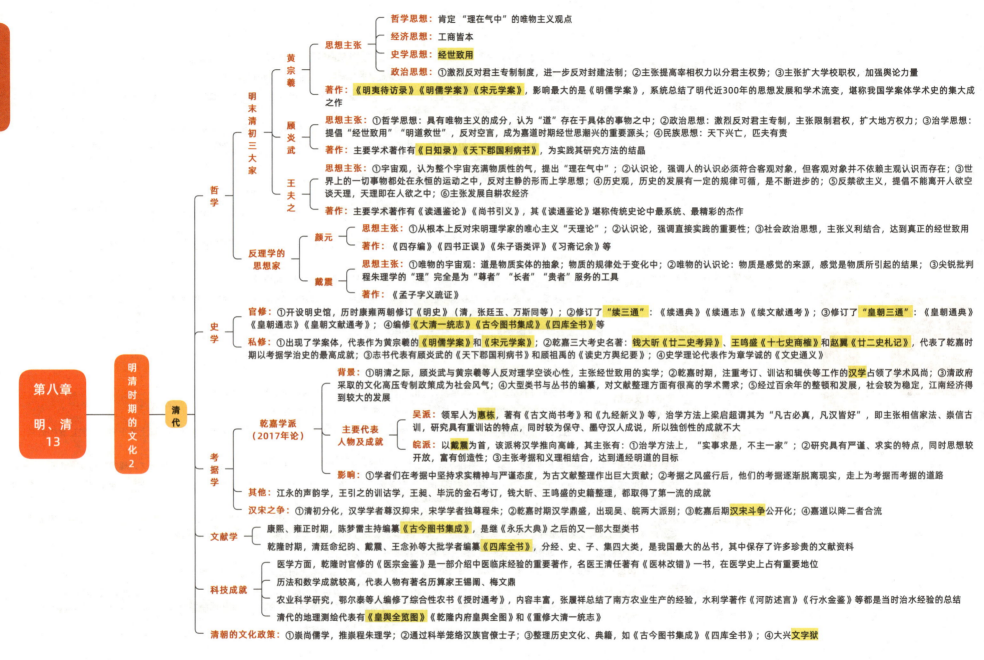

中国古代史

第八章 明、清 13

明清时期的文化 2

清代

哲学

明末清初三大家

黄宗羲

思想主张
- 哲学思想：肯定"理在气中"的唯物主义观点
- 经济思想：工商皆本
- 史学思想：经世致用
- 政治思想：①激烈反对君主专制制度，进一步反对封建法制；②主张提高宰相权力以分君主权势；③主张扩大学校职权，加强舆论力量

著作：《明夷待访录》《明儒学案》《宋元学案》，影响最大的是《明儒学案》，系统总结了明代近300年的思想发展和学术流变，堪称我国学案体学术史的集大成之作

顾炎武

思想主张：①哲学思想：具有唯物主义的成分，认为"道"存在于具体的事物之中；②政治思想：激烈反对君主专制，主张限制君权，扩大地方权力；③治学思想：提倡"经世致用""明道救世"，反对空言，成为嘉道时期经世思潮兴的重要源头；④民族思想：天下兴亡，匹夫有责

著作：主要学术著作有《日知录》《天下郡国利病书》，为实践其研究方法的结晶

王夫之

思想主张：①宇宙观，认为整个宇宙充满物质性的气，提出"理在气中"；②认识论，强调人的认识必须符合客观对象，但客观对象并不依赖主观认识而存在；③世界上的一切事物都处在永恒的运动之中，反对主静的形而上学思想；④历史观，历史的发展有一定的规律可循，是不断进步的；⑤反禁欲主义，提倡不能离开人欲空谈天理，天理即在人欲之中；⑥主张发展自耕农经济

著作：主要学术著作有《读通鉴论》《尚书引义》，其《读通鉴论》堪称传统史论中最系统、最精彩的杰作

反理学的思想家

颜元

思想主张：①从根本上反对宋明理学家的唯心主义"天理论"；②认识论，强调直接实践的重要性；③社会政治思想，主张义利结合，达到真正的经世致用

著作：《四存编》《四书正误》《朱子语类评》《习斋记余》等

戴震

思想主张：①唯物的宇宙观：道是物质实体的抽象；物质的规律处于变化中；②唯物的认识论：物质是感觉的来源，感觉是物质所引起的结果；③尖锐批判程朱理学的"理"完全是为"尊者""长者""贵者"服务的工具

著作：《孟子字义疏证》

史学

官修：①开设明史馆，历时康雍两朝修订《明史》（清，张廷玉、万斯同等）；②修订了"续三通"：《续通典》《续通志》《续文献通考》；③修订了"皇朝三通"：《皇朝通典》《皇朝通志》《皇朝文献通考》；④编修《大清一统志》《古今图书集成》《四库全书》等

私修：①出现了学案体，代表作为黄宗羲的《明儒学案》和《宋元学案》；②乾嘉三大考史名著：钱大昕《廿二史考异》、王鸣盛《十七史商榷》和赵翼《廿二史札记》，代表了乾嘉时期以考据学治史的最高成就；③志书代表有顾炎武的《天下郡国利病书》和顾祖禹的《读史方舆纪要》；④史学理论代表作为章学诚的《文史通义》

考据学

乾嘉学派（2017年论）

背景：①明清之际，顾炎武与黄宗羲等人反对理学空谈心性，主张经世致用的实学；②乾嘉时期，注重考订、训诂和辑佚等工作的汉学占领了学术风尚；③清政府采取的文化高压专制政策成为社会风气；④大型类书与丛书的编纂，对文献整理方面有很高的学术需求；⑤经过百余年的整顿和发展，社会较为稳定，江南经济得到较大的发展

主要代表人物及成就

- 吴派：领军人为惠栋，著有《古文尚书考》和《九经新义》等，治学方法上梁启超谓其为"凡古必真，凡汉皆好"，即主张相信家法、崇信古训，研究具有重训诂的特点，同时较为保守、墨守汉人师说，所以独创性的成就不大
- 皖派：以戴震为首，该派将汉学推向高峰，其主张有：①治学方法上，"实事求是，不主一家"；②研究具有严谨、求实的特点，同时思想较开放，富有创造性；③主张考据和义理相结合，达到通经明道的目标

影响：①学者们在考据中坚持求实精神与严谨态度，为古文献整理作出巨大贡献；②考据之风盛行后，他们的考据逐渐脱离现实，走上为考据而考据的道路

其他：江永的声韵学，王引之的训诂学，王昶、毕沅的金石考订，钱大昕、王鸣盛的史籍整理，都取得了第一流的成就

汉宋之争：①清初分化，汉学学者尊汉抑宋，宋学学者独尊程朱；②乾嘉时期汉学鼎盛，出现吴、皖两大派别；③乾嘉后期汉宋斗争公开化；④嘉道以降二者合流

文献学

康熙、雍正时期，陈梦雷主持编纂《古今图书集成》，是继《永乐大典》之后的又一部大型类书

乾隆时期，清廷命纪昀、戴震、王念孙等大批学者编纂《四库全书》，分经、史、子、集四大类，是我国最大的丛书，其中保存了许多珍贵的文献资料

科技成就

医学方面，乾隆时官修的《医宗金鉴》是一部介绍中医临床经验的重要著作，名医王清任著有《医林改错》一书，在医学史上占有重要地位

历法和数学成就较高，代表人物有著名历算家王锡阐、梅文鼎

农业科学研究，鄂尔泰等人编修了综合性农书《授时通考》，内容丰富，张履祥总结了南方农业生产的经验，水利学著作《河防述言》《行水金鉴》等都是当时治水经验的总结

清代的地理测绘代表有《皇舆全览图》《乾隆内府皇舆全图》和《重修大清一统志》

清朝的文化政策：①崇尚儒学，推崇程朱理学；②通过科举笼络汉族官僚士子；③整理历史文化、典籍，如《古今图书集成》《四库全书》；④大兴文字狱

中国近现代史

第一章　列强的对华侵略1 ─── 列强历次侵华战争1

鸦片战争（2020年选）

背景：①清朝统治走向衰落，人口膨胀，土地兼并加剧，吏治腐败，军队腐败，人民起义，文化专制，闭关锁国；②西方资本主义国家迅速崛起，英国在中国进行非法的鸦片贸易；③虎门销烟

战争经过（2019年名）

第一阶段（1840年6月—1841年1月）：1840年6月下旬，英军封锁珠江口、占领定海、北上天津，以武力逼迫清政府就范，清政府派琦善同英国议和，双方签订《穿鼻草约》

第二阶段（1841年1月—1841年5月）：1841年1月27日，清政府对英宣战，道光皇帝派奕山、杨芳开往广州对英作战，5月，英军包围广州城，奕山向英军求和，签订屈辱的《广州和约》，广州附近的群众发起了三元里抗英斗争

第三阶段（1841年8月—1842年8月）：1841年8月，英军再度进攻厦门，9月，开始北上进攻定海等江浙地区，清政府不敌，最终派出耆英、伊里布等议和，1842年8月29日，中英签订《南京条约》

影响：①国际地位下降；②国家主权完整遭到破坏，开始沦为半殖民地半封建社会；③经济衰败，自然经济开始解体；④导致中国社会问题频出；⑤知识分子主张学习西方，强国御侮

鸦片战争为何是中国近代史的开端：鸦片战争改变了中国的社会性质、矛盾和革命任务，中国开始沦为半殖民地半封建社会，并被迫卷入资本主义世界市场，是中国历史的重要转折点，中国近代史由此开始

第二次鸦片战争

背景：帝国主义为了进一步打开中国市场

经过

英法挑起战端：①1856年，英国以"亚罗号事件"、法国以"马神甫事件"制造战争借口；②1857年，英法联军珠江口集结，炮击广州城；③1858年，英法联军抵达天津，炮轰大沽炮台；④1858年6月，清政府被迫签订《天津条约》

战争再起：①英法蓄意利用换约之机再挑战争，1859年突袭大沽口炮台；②1860年，英法扩大战争，占领舟山、大连、烟台、天津；③1860年9月，英法联军进犯北京，咸丰帝逃亡热河，10月侵略军火烧圆明园，10月下旬清政府被迫签订《北京条约》

结果：①1861年，为办理对外事务设立总理各国事务衙门，组织形式仿军机处；②中国危机更加严重；③清政府奉行妥协求和的对外政策

影响：①政治上，促成外交机构的变革，导致了边疆危机，降低了中国的国际地位；②经济上，冲击了中国传统的经济结构，促进了近代中国工业化的进程；③思想上，促进了洋务思潮的兴起

沙俄对中国领土的侵略：沙俄是第二次鸦片战争最大的获利者，它通过《瑷珲条约》《北京条约》和一系列的勘界条约，侵占了我国144万多平方公里领土

中法战争

背景：①法国侵略越南的野心由来已久；②法国逼迫越南签订《西贡条约》《顺化条约》；③法国希望以越南为跳板入侵中国，仅有刘永福的黑旗军抗击法军

经过：①1883年12月，法军向在越的清军和黑旗军进攻，中法战争爆发。1884年4月，清政府急于求和，签订《中法会议简明条款》承认法国对越南的保护；②1884年6月，法军再次发动进攻，称为北黎冲突；③1884年8月5日，法国进攻台湾基隆，遭遇守军顽强抵抗，法国战败；④1884年8月23日，法国发动马尾海战，福建水师失败，中国正式对法宣战；⑤1885年3月，冯子材领导镇南关大捷，清政府乘胜求和，中法战争结束

结果：1885年签订《中法会订越南条约》（《中法新约》），中国丧失了对越南的宗主权

影响：①和当时世界上的第二强国法国打成平手，让各国对清政府有了一丝顾忌；②清政府的软弱态度，进一步助长了列强的侵略野心，以致边疆危机加重；③中国半殖民地半封建的社会性质日益加深；④中法战争以后，外国侵略者攫夺了中国铁路权，为外国开辟的商埠不仅分布在沿海，也出现在内地，外国资本主义经济势力侵入中国广大地区；⑤资产阶级改良主义开始汇合成一种新的社会思潮

中国近现代史

第一章 列强的对华侵略 2

列强历次侵华战争 2

甲午战争

背景： ①日本试图扩张领土的野心自古就有；②日本发展资本主义向外扩张的需要；③从壬辰战争到东学党起义，多次侵入朝鲜；④清政府软弱避战

经过： ①东学党起义为导火索；②丰岛海战；③平壤战役；④黄海战役；⑤辽东战役；⑥威海卫之战

结果： 1895年签订《马关条约》，民族危机空前严重

台湾军民的反割台斗争： 1895年，台湾人民推徐骧为首领，与刘永福的黑旗军互相配合共同作战，抗争长达五个月之久，给日军以重创；同年台南失守，台湾全部沦陷

影响

对中国：①战败签订《马关条约》，进一步加深中国半殖民地化的程度；②刺激了帝国主义掠夺瓜分中国领土的野心，加深了中国的民族危机；③导致清朝海防的缺失和近代军事建设的停滞；④清政府大借外债，进一步受制于人；⑤极大加重了民众的负担，社会矛盾激化

对日本：①提升了日本的国际地位；②日本军事势力迅速膨胀，政府更加大力扩军备战，成为东亚地区主要战争策源地

对东北亚：导致朝贡体系进一步瓦解，朝鲜逐渐丧失独立地位

八国联军侵华

背景： ①义和团运动兴起，遭到帝国主义镇压；②帝国主义企图瓜分中国

经过： ①1900年，八国以"保护使馆"的名义调兵入京，进驻东交民巷并开枪射杀义和团团民、清军；②组成八国联军，由英国海军中将西摩尔领导，四处征伐；③进攻大沽口炮台；④攻陷天津后又占领北京

结果： 签订《辛丑条约》，中国完全沦为半殖民地半封建社会

边疆危机与朝贡体系崩解 1

美日侵略台湾

背景： 台湾战略地位重要，一直是外国势力觊觎的目标

经过： ①1867年，美国借口失事船只"罗佛"号轮船的水手在台湾遇害公然进攻台湾；②1874年，日本武装侵台兵分三路大举进犯；③1874年，签订中日《台事专条》，日本从台湾撤兵

结果： ①日本公然出兵吞并琉球，改为日本的冲绳县；②使清政府中的有识之士更加重视台湾的战略地位与防务，1885年，正式在台湾建省，刘铭传为第一任台湾巡抚

英国侵略滇藏

背景： ①英国武力征服印度后，发动侵缅战争占领缅甸，此后英国将其侵略目光转向中国云南；②英国早就觊觎着中国的西藏地区

经过： ①英印政府不断派人潜赴云南地区测绘地形；②英国组织了武装"探路队"，1875年发生"马嘉理事件"；③1876年，逼迫中国签订了《烟台条约》；④1888年3月，英军发动了侵藏战争；⑤藏兵英勇抗击，但是清政府屈服于英国的压力，1890年和1893年先后签订《藏印条约》《藏印续约》

结果： ①中国西南地区门户洞开；②英国打开了西藏的大门，公然策动西藏"独立"的罪恶活动

俄国侵略新疆

背景： ①新疆各族人民在陕甘回民起义的影响下，纷纷发动反清起义，新疆处于纷争不已的战乱之中；②俄国企图以中国边疆为跳板渗透中国

经过： ①1865年，阿古柏入侵新疆，成立所谓的"哲德沙尔汗国"；②沙俄试图通过支持阿古柏政权染指中国新疆地区；③经历了"海防与塞防之争"后，1878年，左宗棠收复了除伊犁外的新疆；④1880年，曾纪泽赴俄，于次年订立《伊犁条约》，中国收回伊犁

结果： 1884年，清政府在新疆设立行省，任命湘军将领刘锦棠为巡抚

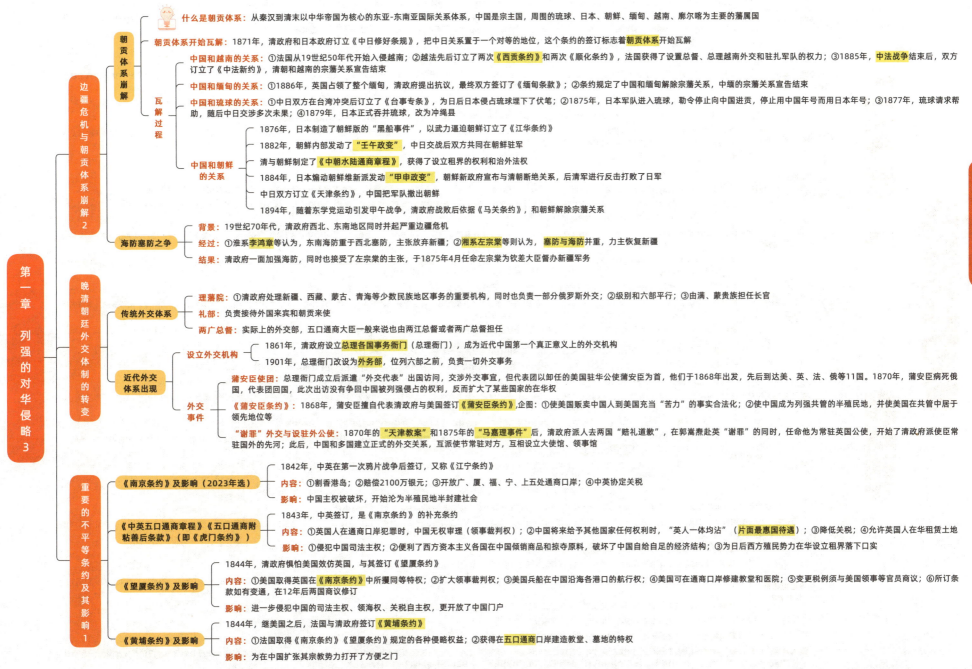

第一章 列强的对华侵略 3

边疆危机与朝贡体系崩解 2

朝贡体系崩解

朝贡体系崩解

什么是朝贡体系：从秦汉到清末以中华帝国为核心的东亚-东南亚国际关系体系，中国是宗主国，周围的琉球、日本、朝鲜、缅甸、越南、廓尔喀为主要的藩属国

朝贡体系开始瓦解：1871年，清政府和日本政府订立《中日修好条规》，把中日关系置于一个对等的地位，这个条约的签订标志着朝贡体系开始瓦解

瓦解过程

中国和越南的关系：①法国从19世纪50年代开始入侵越南；②越法先后订立了两次《西贡条约》和两次《顺化条约》，法国获得了设置总督、总理越南外交和驻扎军队的权力；③1885年，中法战争结束后，双方订立了《中法新约》，清朝和越南的宗藩关系宣告结束

中国和缅甸的关系：①1886年，英国占领了整个缅甸，清政府提出抗议，最终双方签订了《缅甸条款》；②条约规定了中国和缅甸解除宗藩关系，中缅的宗藩关系宣告结束

中国和琉球的关系：①中日双方在台湾冲突后订立了《台事专条》，为日后日本侵占琉球埋下了伏笔；②1875年，日本军队进入琉球，勒令停止向中国进贡，停止用中国年号而用日本年号；③1877年，琉球请求帮助，随后中日交涉多次未果；④1879年，日本正式吞并琉球，改为冲绳县

中国和朝鲜的关系：

1876年，日本制造了朝鲜版的"黑船事件"，以武力逼迫朝鲜订立了《江华条约》

1882年，朝鲜内部发动了"壬午政变"，中日交战后双方共同在朝鲜驻军

清与朝鲜制定了《中朝水陆通商章程》，获得了设立租界的权利和治外法权

1884年，日本煽动朝鲜维新派发动"甲申政变"，朝鲜新政府宣布与清朝断绝关系，后清军进行反击打败了日军

中日双方订立《天津条约》，中国把军队撤出朝鲜

1894年，随着东学党运动引发甲午战争，清政府战败后依据《马关条约》，和朝鲜解除宗藩关系

海防塞防之争

背景：19世纪70年代，清政府西北、东南地区同时并起严重边疆危机

经过：①淮系李鸿章等认为，东南海防重于西北塞防，主张放弃新疆；②湘系左宗棠等则认为，塞防与海防并重，力主恢复新疆

结果：清政府一面加强海防，同时也接受了左宗棠的主张，于1875年4月任命左宗棠为钦差大臣督办新疆军务

晚清朝廷外交体制的转变

传统外交体系

理藩院：①清政府处理新疆、西藏、蒙古、青海等少数民族地区事务的重要机构，同时也负责一部分俄罗斯外交；②级别和六部平行；③由满、蒙贵族担任长官

礼部：负责接待外国来宾和朝贡来使

两广总督：实际上的外交部，五口通商大臣一般来说也由两江总督或者两广总督担任

近代外交体系出现

设立外交机构：

1861年，清政府设立总理各国事务衙门（总理衙门），成为近代中国第一个真正意义上的外交机构

1901年，总理衙门改设为外务部，位列六部之前，负责一切外交事务

外交事件：

蒲安臣使团：总理衙门成立后派遣"外交代表"出国访问，交涉外交事宜，但代表团以卸任的美国驻华公使蒲安臣为首，他们于1868年出发，先后到达美、英、法、俄等11国。1870年，蒲安臣病死俄国，代表团回国，此次出访没有争回中国被列强侵占的权利，反而扩大了某些国家的在华权

《蒲安臣条约》：1868年，蒲安臣擅自代表清政府与美国签订《蒲安臣条约》，企图：①使美国贩卖中国人到美国充当"苦力"的事实合法化；②使中国成为列强共管的半殖民地，并使美国在共管中居于领先地位等

"谢罪"外交与设驻外公使：1870年的"天津教案"和1875年的"马嘉理事件"后，清政府派人去两国"赔礼道歉"，在郭嵩焘赴英"谢罪"的同时，任他为常驻英国公使，开始了清政府派使臣常驻国外的先河；此后，中国和多国建立正式的外交关系，互派使节驻对方，互相设立大使馆、领事馆

重要的不平等条约及其影响 1

《南京条约》及影响（2023年选）

1842年，中英在第一次鸦片战争后签订，又称《江宁条约》

内容：①割香港岛；②赔偿2100万银元；③开放广、厦、福、宁、上五处通商口岸；④中英协定关税

影响：中国主权被破坏，开始沦为半殖民地半封建社会

《中英五口通商章程》《五口通商附粘善后条款》（即《虎门条约》）

1843年，中英签订，是《南京条约》的补充条约

内容：①英国人在通商口岸犯罪时，中国无权审理（领事裁判权）；②中国将来给予其他国家任何权利时，"英人一体均沾"（片面最惠国待遇）；③降低关税；④允许英国人在华租赁土地

影响：①侵犯中国司法主权；②便利了西方资本主义各国在中国倾销商品和掠夺原料，破坏了中国自给自足的经济结构；③为日后西方殖民势力在华设立租界落下口实

《望厦条约》及影响

1844年，清政府惧怕美国效仿英国，与其签订《望厦条约》

内容：①美国取得英国在《南京条约》中所攫同等特权；②扩大领事裁判权；③美国兵船在中国沿海各港口的航行权；④美国可在通商口岸修建教堂和医院；⑤变更税例须与美国领事等官员商议；⑥所订条款如有变通，在12年后两国商议修订

影响：进一步侵犯中国的司法主权、领海权、关税自主权，更开放了中国门户

《黄埔条约》及影响

1844年，继美国之后，法国与清政府签订《黄埔条约》

内容：①法国取得《南京条约》《望厦条约》规定的各种侵略权益；②获得在五口通商口岸建造教堂、墓地的特权

影响：为在中国扩张其宗教势力打开了方便之门

中国近现代史

第一章 列强的对华侵略 4

重要的不平等条约及其影响 2

《天津条约》
1858年，第二次鸦片战争后，清政府与参战国英法两国分别签订《中英天津条约》和《中法天津条约》，美俄借口"调停有功"，分别与清政府签订《中美天津条约》和《中俄天津条约》

《天津条约》内容：①外国公使进驻北京；②增开登州、台湾、九江、南京等通商口岸；③允许外国人在通商口岸购置土地，允许其到内地游历、传教和通商；④鸦片贸易合法化；⑤修改关税税则，邀请外国人帮办海关税务；⑥外国军舰商船可自由航行长江及各口岸；⑦扩大领事裁判权；⑧赔偿英国银400万两，法国银200万两

影响：扩大列强在华侵略权益，严重损害中国经济利益，对民众进行文化侵略，是对中国主权的又一次严重破坏

《北京条约》及影响（2018年选）
《天津条约》签订后，英法仍不满足，继续挑起战争，1860年，清政府与英法签订《北京条约》

《北京条约》内容：①承认《天津条约》有效；②开放天津为商埠；③准许华人赴英法属地或外洋别处做工；④割让九龙司地方一区给英国；⑤交还天主教堂教产，准许法国传教士在各地租买田地建造房屋；⑥赔偿英、法兵费各800万两，恤金英国50万两、法国20万两

影响：中国丧失更多主权

《瑷珲条约》及影响
1858年，英法攻打大沽口时，俄国威逼索要黑龙江以北地区，否则将与英法一起攻打清政府，清政府遂与俄国签订《瑷珲条约》

内容：将我国黑龙江以北、外兴安岭以南60万平方公里领土划归俄国，同时将乌苏里江以东的我国领土划归中俄共管；之后俄国通过武力强占与讹诈等手段，共计强占了我国144万多平方公里领土，是在中国掠夺权益最多的国家

影响：我国领土完整遭到极大损害

《中法新约》及影响
1885年，中法战争中清政府"不败而败"，与法国签订《中法新约》（《中法会订越南条约》）

内容：①中国承认法国对越南的保护权；②法军撤出台湾和澎湖；③中国修建铁路须向法国人商办；④中越陆路边界开放贸易，允许法国在此设立领事馆；⑤法货进出中国边界，应减轻关税

影响：中国丧失了对越南的宗主权，法国的势力开始向我国西南地区渗透，中国不败而败，激发了列强的侵略野心。法国获得通商、修筑铁路等方面利益，扩大了对华的经济侵略

《马关条约》及影响
1895年，中日甲午战争中清政府战败，与日本签订《马关条约》

内容：①中国承认日本对朝鲜的控制；②割让辽东半岛、台湾全岛及所有附属岛屿和澎湖列岛给日本；③赔偿日本军费白银2亿两；④开放沙市、重庆、苏州、杭州为通商口岸；⑤允许日本在中国通商口岸设立工厂

影响：①对中国：标志着洋务运动的失败，半殖民地半封建社会程度加深，促进维新变法和资产阶级革命派形成；②对日本：巨额赔款促进了国内资本主义发展，促使英日同盟形成；③对朝鲜：中朝宗藩关系终结，东亚朝贡体制崩溃，朝鲜被日本控制；④对远东局势：掀起帝国主义瓜分中国的狂潮

《辛丑条约》及影响（2019年选）
1901年，八国联军侵华战争结束后，清政府与11国（侵华八国+西班牙、比利时、荷兰）签订了《辛丑条约》

内容：①中国赔款白银四亿五千万两，分39年还清；②在北京划东交民巷为使馆区，帝国主义在此驻兵；③北京到大沽的炮台"一律削平"；④惩办在义和团运动中和帝国主义对抗的官员；⑤改总理各国事务衙门为外务部；⑥禁止中国人成立、加入反洋团体

影响：①中国完全沦为半殖民地半封建社会；②清政府成为帝国主义统治中国的工具，被称为"洋人的朝廷"

列强划分势力范围

契机

三国干涉还辽

背景：中日甲午战争后，清廷与日本签署《马关条约》，其中有割让辽东半岛给日本

经过：①1895年，沙俄、德国、法国为了自身在中国的利益，迫使日本把辽东半岛还给清政府；②日本被迫退还辽东半岛，向中国索取3000万两白银"赎辽费"

结果：①三国干涉还辽是列强企图瓜分中国之端，激起了列强在华的野心；②慈禧太后和李鸿章等人对俄国产生幻想，主张联络俄人，牵制其他列强

瓜分狂潮

金融控制：①俄法借款，甲午战后，清廷无力偿付日本赔款，只好举借外债来还债，中国以高利息向俄、法借款，用中国海关收入作担保；②英德借款，清政府为偿付第二期对日赔款，向英、德借款，用中国海关收入作担保；③英德继续借款，筹借第三期外债，以盐厘作担保。

攫取路权

《中俄密约》

背景：19世纪90年代初，俄国开始修筑西伯利亚大铁路，但是原路难以修建，决定借道中国东北修路，同时控制中国东北地区

经过：①1896年，沙皇尼古拉二世加冕，指名要清政府派李鸿章担任祝贺专使，前往彼得堡；②李鸿章到达彼得堡，受到国家元首规格的欢迎；③在威胁和利诱下，李鸿章于6月与俄国签订《中俄密约》

内容：①允许俄国在中国境内修建中东铁路，俄国可在这条铁路上运送兵员、军械和粮食；②战时俄国军舰可以驶入中国任何港口；③如果日本侵略俄国、中国，中俄两国陆军则互相支援，彼此接济军火和粮食

结果：①俄国不费一枪一弹，就在事实上把中国东北变成其势力范围；②猎取了在中国境内的筑路权和开矿权，并加强对中国的军事威胁

法国取得越南边境至昆明、广州湾赤坎至安铺的铁路筑路权和承办中国邮政的特权；英、法、德、俄竭力争夺卢汉铁路等

抢夺矿权：①法国取得了在云南、广西、广东的采矿权，又取得在四川的采矿权；②英国取得了在山西、河南、直隶、四川等省的采矿权；③德国包揽了山东的采矿权；④俄国通过修筑中东铁路和南满支线，掠夺铁路沿线的矿产资源

强借租地和划分势力

德国于1898年强迫清政府订立《胶澳租界条约》，强行租借胶州湾

俄国于1898年先后与清签订《旅大租地条约》《续订旅大租地条约》，强行租借旅顺、大连及附近水面

英国于1898年强迫清政府签订《订租威海卫专条》，强行租借威海卫及附近水面，后又签订《展拓香港界址专条》强行租借九龙半岛上后来被称作"新界"的地面和附近海湾，租期99年

法国于1899年与清政府签订《广州湾租界条约》，强租广州湾及其附近水面，租期99年

日本于1898年逼迫清政府答应不将福建让与其他国家

意大利于1899年提出租借三门湾的无理要求，被清政府拒绝

美国对华"门户开放"政策：①美西战争后，列强在华的势力范围已经大体划定，美国很难插足；②美国企图拥有整个中国市场；③1899年9月24日，美国国务卿海约翰宣布"门户开放政策"；④承认列强在华已划定的"利益范围"中的特殊利益和各项既得权利；⑤保证各国在"利益范围"中得到"平等待遇"即"自由贸易"

中国近现代史

第二章 清统治的衰落1

太平天国时期的农民战争

太平天国运动

太平天国起止时间：1853年（改南京为天京，正式建立太平天国）—1864年（天京陷落，各部战死或溃散）

兴起原因

外国资本主义的侵略：①鸦片战争后，西方资本主义国家向中国倾销商品，逐步破坏了沿海通商口岸及其附近地区的传统手工业；②白银外流、银贵钱贱等问题，比战前更为严重

阶级矛盾尖锐：①清政府为了支付战费和赔款，借端进行搜刮，造成黑暗的统治；②地主、官僚、贵族加剧土地的兼并，封建剥削沉重

自然灾害严重：①1846至1850年，黄河流域和长江流域各省连续遭到严重的水旱灾害；②两广地区水、旱、蝗灾不断；③人祸天灾使人民陷于失业、破产、饥饿、死亡的困境

洪秀全反清起义思想的形成：①洪秀全多次参加科举考试，屡试不第，曾大病一场；②多次到广州应试，他耳闻目睹了英国侵略者的暴行以及清政府的腐朽卖国，渐生忧国忧民的胸襟；③他无意中得到《劝世良言》，在深入劳苦群众和领导其斗争的实践过程中，反清起义思想迅速确立

拜上帝会的建立：经过冯云山的努力，1847年在紫荆山区建立了"拜上帝会"的组织，团聚了会众2000多人

前期

金田起义：①1850年，洪秀全发布"团营"令，命令拜上帝会众人到广西桂平金田村聚集；②颁布五条军纪，抗击清军；③1851年，宣布金田起义，建号"太平天国"

永安建制：1851年，太平军攻占永安后，进行了各项政权建设，确立了太平天国的领导核心和各王的地位，形成天王领导，东王总理军政，诸王集议决策的权力运作体制

定都天京：1853年，太平军攻克南京，太平天国建都金陵，更名天京

太平军的北伐与西征：①定都天京后进行北伐、西征；②林凤祥、李开芳领导北伐军，但最终失败；③胡以晃、赖汉英西征经过三年苦战，取得一定成果

后期

天京变乱：①太平天国后期洪秀全开始疏于朝政，而杨秀清居功自傲，嫌隙日生；②1856年，杨秀清逼洪秀全封其为"万岁"，洪秀全密令韦昌辉和石达开对付杨秀清；③韦昌辉制造屠杀，石达开起兵讨韦；④石达开受洪秀全钳制，出走被剿

后期的军事斗争：①陈玉成、李秀成合力击破清江北大营，又击败江南大营的援兵，解除了天京北面的威胁；②三河大捷重创湘军；③太平军东征，江南震动

太平天国的败亡：太平天国后期虽然一度整饬朝政，但始终未能阻止腐化现象的蔓延和内部危机的恶化。1864年，天京失陷，太平天国运动至此失败

太平天国失败原因

主观

农民阶级不是新的生产力和生产关系的代表，无法克服小生产者所固有的阶级局限性，且无法从根本上提出完整的、正确的政治纲领和社会改革方案，缺乏科学理论的指导，也没有尽一切可能争取知识分子

太平天国过早建都丧失锐气，定都天京后，孤军北伐、西征，形同流寇，后期作战，屡失良机

领导层内部的争权夺利，导致了"天京事变"

太平天国无法制止和克服领导集团自身腐败现象的滋长，削弱了太平天国的向心力和战斗力

客观：敌人力量的强大，太平天国所对付的敌人不仅有掌握全国政权的清朝统治者，还有外国侵略者

太平天国不同于以往农民起义的方面：①建立了自己的政权；②提出了纲领性文件《天朝田亩制度》；③提出了中国近代史上第一个具有资本主义色彩的方案《资政新篇》

清政府与太平天国的关系

前期：金田起义前，清朝对其不甚了解，未采取行动，随着太平天国壮大，清政府加大了镇压力度

中期：1853年，太平军定都天京后，与清王朝南北对峙

后期：1856年，天京变乱后，太平天国由盛而衰，同时清政府在第二次鸦片战争后联合外国势力围剿太平军，太平天国运动最终失败

清政府镇压太平天国起义的措施（2017年选）

政治措施：①整顿吏治；②调整统治枢机，重用主战的汉族大臣

经济措施：①广设厘金，厘金分为两种，一是行商的货物通过税，二是坐商的交易税，税率值百抽一；②给予地方督抚财税权力镇压起义

军事措施：①竭力改变清朝军队的腐败，竭力挽救指挥调度无方、军队纪律败坏作战不力等危局；②组建江南、江北大营，夹击天京；③下令各地举办团练，湘淮军得以崛起，取代了八旗、绿营成为镇压太平军的主力

文化措施：打出维护孔教的旗帜，争取读书人的支持，将太平天国置于广大知识分子以及儒家信仰群体的对立面

外交措施：太平军席卷江南、逼近上海时，上海、江苏等官僚求助外国势力，组建洋枪队等联合绞杀太平军

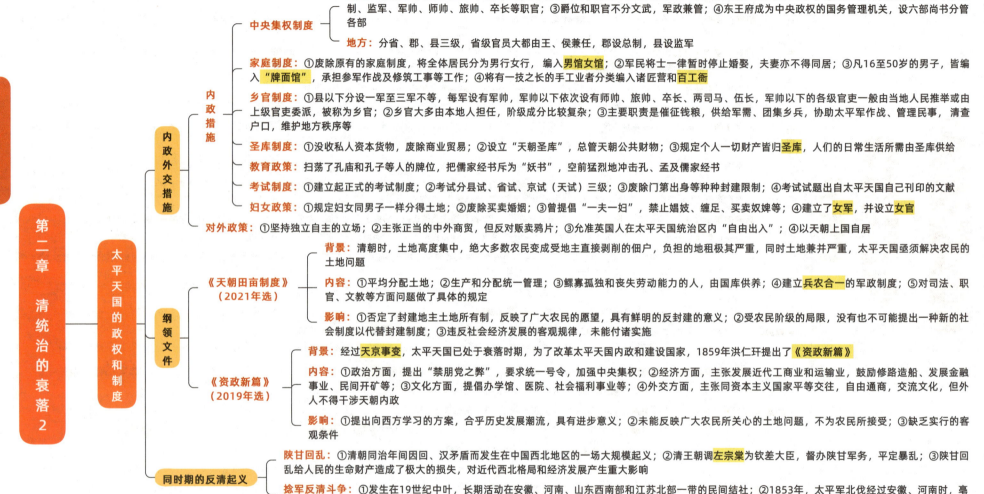

中国近现代史

第二章 清统治的衰落 2

太平天国的政权和制度

内政外交措施

内政措施

中央集权制度

中央：①最高领导为天王，下设王、侯两等爵位（后在诸王下陆续增设义、安、福、燕、豫、侯六等）；②设丞相、检点指挥、将军、总制、监军、军帅、师帅、旅帅、卒长等职官；③爵位和职官不分文武，军政兼管；④东王府成为中央政权的国务管理机关，设六部尚书分管各部

地方：分省、郡、县三级，省级官员大都由王、侯兼任，郡设总制，县设监军

家庭制度：①废除原有的家庭制度，将全体居民分为男行女行，编入<mark>男馆女馆</mark>；②军民将士一律暂时停止婚娶，夫妻亦不得同居；③凡16至50岁的男子，皆编入<mark>"牌面馆"</mark>，承担参军作战及修筑工事等工作；④将有一技之长的手工业者分类编入诸匠营和<mark>百工衙</mark>

乡官制度：①县以下分设一至三军不等，每军设有军帅，军帅以下依次设有师帅、旅帅、卒长、两司马、伍长，军帅以下的各级官吏一般由当地人民推举或由上级官吏委派，被称为乡官；②乡官大多由本地人担任，阶级成分比较复杂；③主要职责是催征钱粮，供给军需、团集乡兵，协助太平军作战、管理民事，清查户口，维护地方秩序等

圣库制度：①没收私人资本货物，废除商业贸易；②设立"天朝圣库"，总管天朝公共财物；③规定个人一切财产皆归<mark>圣库</mark>，人们的日常生活所需由圣库供给

教育政策：扫荡了孔庙和孔子等人的牌位，把儒家经书斥为"妖书"，空前猛烈地冲击孔、孟及儒家经书

考试制度：①建立起正式的考试制度；②考试分县试、省试、京试（天试）三级；③废除门第出身等种种封建限制；④考试试题出自太平天国自己刊印的文献

妇女政策：①规定妇女同男子一样分得土地；②废除买卖婚姻；③曾提倡"一夫一妇"，禁止娼妓、缠足、买卖奴婢等；④建立了<mark>女军</mark>，并设立<mark>女官</mark>

对外政策：①坚持独立自主的立场；②主张正当的中外商贸，但反对贩卖鸦片；③允准英国人在太平天国统治区内"自由出入"；④以天朝上国自居

纲领文件

《天朝田亩制度》（2021年选）

背景：清朝时，土地高度集中，绝大多数农民变成受地主直接剥削的佃户，负担的地租极其严重，同时土地兼并严重，太平天国亟须解决农民的土地问题

内容：①平均分配土地；②生产和分配统一管理；③鳏寡孤独和丧失劳动能力的人，由国库供养；④建立<mark>兵农合一</mark>的军政制度；⑤对司法、职官、文教等方面问题做了具体的规定

影响：①否定了封建地主土地所有制，反映了广大农民的愿望，具有鲜明的反封建的意义；②受农民阶级的局限，没有也不可能提出一种新的社会制度以代替封建制度；③违反社会经济发展的客观规律，未能付诸实施

《资政新篇》（2019年选）

背景：经过<mark>天京事变</mark>，太平天国已处于衰落时期，为了改革太平天国内政和建设国家，1859年洪仁玕提出了<mark>《资政新篇》</mark>

内容：①政治方面，提出"禁朋党之弊"，要求统一号令，加强中央集权；②经济方面，主张发展近代工商业和运输业，鼓励修路造船、发展金融事业、民间开矿等；③文化方面，提倡办学馆、医院、社会福利事业等；④外交方面，主张同资本主义国家平等交往，自由通商，交流文化，但外人不得干涉天朝内政

影响：①提出向西方学习的方案，合乎历史发展潮流，具有进步意义；②未能反映广大农民所关心的土地问题，不为农民所接受；③缺乏实行的客观条件

同时期的反清起义

陕甘回乱：①清朝同治年间因回、汉矛盾而发生在中国西北地区的一场大规模起义；②清王朝调<mark>左宗棠</mark>为钦差大臣，督办陕甘军务，平定暴乱；③陕甘回乱给人民的生命财产造成了极大的损失，对近代西北格局和经济发展产生重大影响

捻军反清斗争：①发生在19世纪中叶，长期活动在安徽、河南、山东西南部和江苏北部一带的民间结社；②1853年，太平军北伐经过安徽、河南时，亳州捻军首领张洛行等率众纷纷起应；③作为农民起义的一部分给清朝以沉重的打击

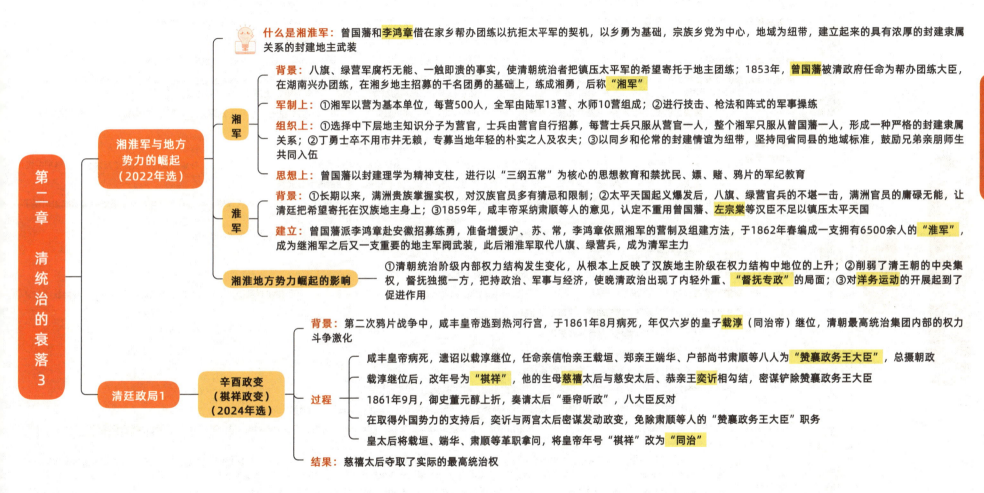

什么是湘淮军： 曾国藩和<mark>李鸿章</mark>借在家乡帮办团练以抗拒太平军的契机，以乡勇为基础，宗族乡党为中心，地域为纽带，建立起来的具有浓厚的封建隶属关系的封建地主武装

湘军

背景： 八旗、绿营军腐朽无能、一触即溃的事实，使清朝统治者把镇压太平军的希望寄托于地主团练；1853年，<mark>曾国藩</mark>被清政府任命为帮办团练大臣，在湖南兴办团练，在湘乡地主招募的千名团勇的基础上，练成湘勇，后称<mark>"湘军"</mark>

军制上： ①湘军以营为基本单位，每营500人，全军由陆军13营、水师10营组成；②进行技击、枪法和阵式的军事操练

组织上： ①选择中下层地主知识分子为营官，士兵由营官自行招募，每营士兵只服从营官一人，整个湘军只服从曾国藩一人，形成一种严格的封建隶属关系；②丁勇士卒不用市井无赖，专募当地年轻的朴实之人及农夫；③以同乡和伦常的封建情谊为纽带，坚持同省同县的地域标准，鼓励兄弟亲朋师生共同入伍

思想上： 曾国藩以封建理学为精神支柱，进行以"三纲五常"为核心的思想教育和禁扰民、嫖、赌、鸦片的军纪教育

淮军

背景： ①长期以来，满洲贵族掌握实权，对汉族官员多有猜忌和限制；②太平天国起义爆发后，八旗、绿营官兵的不堪一击，满洲官员的庸碌无能，让清廷把希望寄托在汉族地主身上；③1859年，咸丰采纳肃顺等人的意见，认定不重用曾国藩、<mark>左宗棠</mark>等汉臣不足以镇压太平天国

建立： 曾国藩派李鸿章赴安徽招募练勇，准备增援沪、苏、常，李鸿章依照湘军的营制及组建方法，于1862年春编成一支拥有6500余人的<mark>"淮军"</mark>，成为继湘军之后又一支重要的地主军阀武装，此后湘淮军取代八旗、绿营兵，成为清军主力

湘淮地方势力崛起的影响 — ①清朝统治阶级内部权力结构发生变化，从根本上反映了汉族地主阶级在权力结构中地位的上升；②削弱了清王朝的中央集权，督抚独揽一方，把持政治、军事与经济，使晚清政治出现了内轻外重、<mark>"督抚专政"</mark>的局面；③对<mark>洋务运动</mark>的开展起到了促进作用

辛酉政变（祺祥政变）（2024年选）

背景： 第二次鸦片战争中，咸丰皇帝逃到热河行宫，于1861年8月病死，年仅六岁的皇子<mark>载淳</mark>（同治帝）继位，清朝最高统治集团内部的权力斗争激化

过程

咸丰皇帝病死，遗诏以载淳继位，任命亲信怡亲王载垣、郑亲王端华、户部尚书肃顺等八人为<mark>"赞襄政务王大臣"</mark>，总摄朝政

载淳继位后，改年号为<mark>"祺祥"</mark>，他的生母<mark>慈禧</mark>太后与慈安太后、恭亲王<mark>奕訢</mark>相勾结，密谋铲除赞襄政务王大臣

1861年9月，御史董元醇上折，奏请太后<mark>"垂帘听政"</mark>，八大臣反对

在取得外国势力的支持后，奕訢与两宫太后密谋发动政变，免除肃顺等人的"赞襄政务王大臣"职务

皇太后将载垣、端华、肃顺等革职拿问，将皇帝年号"祺祥"改为<mark>"同治"</mark>

结果： 慈禧太后夺取了实际的最高统治权

湘淮军与地方势力的崛起（2022年选）

清廷政局1

第二章　清统治的衰落3

中国近现代史

中国近现代史 — 第二章 清统治的衰落 4

清廷政局 2

辛酉政变后的政治格局

总理各国事务衙门：1861年1月，清政府设立总理各国事务衙门（总理衙门、总署），主管外交、通商、关税等事务以及开矿、制造枪炮等全部洋务事宜

南、北洋通商大臣：①南洋通商大臣：初为1844年设置的五口通商大臣，1868年改为南洋通商大臣，其职权是管理东南沿海及长江沿岸各口岸的通商事宜，兼办海防和其他洋务；②北洋通商大臣：1861年设置，初为三口通商大臣，1870年因通商事务扩大，改三口通商大臣为北洋大臣，管理直隶、山东、奉天三省通商、交涉事务

京师同文馆：1862年在北京设立，是培养外国语言文字（设英、法、俄、德、日五馆）、科学技术（设算学馆、化学馆、医学馆等）人才的学校

海关总税务司：1865年总税务司署在北京成立，名义上隶属于总理衙门，但海关的行政、用人等大权完全掌握在洋人手中，各口税务司和海关的高级职员也一律由外国人充任

对待太平天国：①清政府决意求助外国军队来镇压太平天国；②改变过去对曾国藩集团既使用又限制的方针，重用湘淮军镇压太平天国运动

湘军的地方实力大增：1861年到1864年天京陷落的四年间，共有21个湘军集团头目先后出任督抚，他们不仅拥有军事大权，而且掌握了地方政权和财权

慈禧太后和奕訢矛盾显露：①辛酉政变后，奕訢以议政王名义任首席军机大臣兼管总理衙门，总揽清廷内政外交大权，与慈禧太后的矛盾日益尖锐；②1884年中法战争爆发，慈禧借由以奕訢为首的军机处办事不力，将奕訢为首的军机五大臣全部罢黜，推出新军机班子，此后慈禧太后大权独揽，称为甲申政潮（甲申易枢之变）

晚清清流派（同光年间）
- **背景**：①社会需要，一是朝廷内部相对稳定，吏治败坏显现；二是边疆危机四起，需要救国良方；②慈禧太后一方面支持洋务派兴办洋务，另一方面又担心他们大权独揽，利用"广开言路"加以牵制
- **派别**：同光年间的清流党按籍贯分为南北两派，是以中法战争为界，之前北清流活跃，之后南清流崛起
- **主张**：两派因政见不同常常相互攻讦；但在内外事务上有许多共识，内恤民愿方面如改革弊端，政主清廉，励精图治；外争国权方面主要是反对侵略，维护主权
- **意义**：在一定程度上打破了清王朝二百多年来沉寂的局面，开创了文人公开议政、抨击时弊的新风尚

"同光中兴"：17世纪60年代—80年代初，同治、光绪两位皇帝在位时期，中外出现了"暂时和好"，洋务运动蓬勃开展，太平天国等起义也基本平息，日趋衰败的清朝统治出现了"同光中兴"局面

帝后党争

背景：①以光绪帝为中心的帝党掌握着发布上谕的权力；②以慈禧太后为中心的后党控制着军政实权；③东亚邻国日本强大起来，对中国蠢蠢欲动

阶段
- **初起**：中日甲午战争期间，后党主和，帝党主战
- **发展**：甲午战败，帝党欲谋富国强兵，逐渐倾向维新变法，后党顽固守旧，阻挠维新
- **高潮与结束**：1898年戊戌维新时期，党争趋向白热化。9月21日，后党发动政变，幽禁光绪帝于瀛台，捕杀戊戌六君子，帝后党争以慈禧太后再度总揽最高统治权而告终

结果：帝后党争以1898年慈禧太后发动戊戌政变，重新总揽全权而结束

晚清清廷势力衰落

东南互保
- **背景**
  - 湘军、淮军势力崛起，督抚实力增强
  - 义和团运动范围越来越广泛
  - 慈禧太后与列强关系疏离，并逐步改善对义和团的态度
  - 列强对清政府"剿抚不定"的政策不满，以保护使馆、帮助平叛为由组成八国联军
  - 清政府内部关于主战、主和问题的分歧：清政府对外宣战，而东南督抚想要保全长江流域，与帝国主义勾结
- **过程**：①1900年，在清政府发布"宣战上谕"后，东南沿海诸省督抚李鸿章、张之洞、刘坤一等人拒绝执行；1901年，派盛宣怀与英、美商讨"东南互保"；②上海道余联沅与驻上海各国领事订立《东南互保章程》，限制东南地区广大人民群众的反帝爱国斗争
- **影响**：①一定程度上阻止了西方列强入侵长江流域，保全了东南大局；②一定程度上阻止战火蔓延至东南沿海地区，客观上有利于南方经济发展；③破坏东南各省人民反帝斗争；④列强集中兵力镇压义和团，加速了义和团运动的失败；⑤暴露了地方督抚和中央的离心倾向，对晚清政局产生重要影响

清末地方实力派发展
- 晚清地方势力的扩张始于太平天国起义，在军事近代化为先导的社会大转型中不断成长以致呈现尾大不掉之势
- 东南互保后地方督抚划界自守，地方离心主义倾向不断加剧
- 清政府为了重新集权，在统治最后十年被迫实行新政，但引发了地方实力派的背叛与反噬

晚清教案频发的原因：①部分传教士充当帝国主义的侵略工具，披着宗教外衣进行损害中国人民利益的活动；②中国一些地痞无赖假意信奉洋教，以教民的身份作为保护，胡作非为欺压普通百姓；③地方官府畏惧洋人的势力，使中国普通百姓有冤无处申诉，心存怨恨；④大多数人对洋教心存抵触，且不满情绪容易被煽动

第一阶段：1861年贵州开始驱逐外国传教士到1870年天津教案期间，各国传教士在沿海、沿江建立教堂招收信徒，无视中国传统礼教和风俗习惯，激起地方官员和士绅的不满

天津教案：①1870年，天津法国教堂涉嫌迷拐幼童，激起公愤；②法国领事丰大业开枪杀人；③群众怒不可遏，将其打死，并焚毁教堂，杀外国教士20人；④列强联合向清政府抗议，调兵示威；⑤清政府屈服并道歉赔款

第二阶段：天津教案到中法战争结束期间，不少传教士在华创办学校、医院、育婴堂和报刊，宣传奴化思想，进行文化侵略，有些传教士或收集情报，或里外串通，协助本国政府敲诈中国

第三阶段：从中法战争后到1894年中日战争前，由于各国传教士公开与中国的媚外官吏勾结，包揽词讼，干涉内政，插手外交，加剧了民族危机，各地群众反教会斗争继续发展，先后掀起了大规模的武装起义

第四阶段：甲午战后到义和团运动期间，外国传教士积极参与列强政府瓜分中国的活动，山东、广西、四川、湖北等地的人民自发地把反对教会侵略和反对列强瓜分逐步结合起来，将斗争推向一个新阶段

巨野教案：1897年，在山东巨野县的两个德国神父被村民所杀，德国以此为借口，派军舰强占了胶州湾，1898年与清政府订立《胶澳租借条约》，规定德国租借胶州湾99年，租地归德国管辖

背景
- **国际背景**：①甲午战争后列强掀起瓜分中国的狂潮；②1897年，冬德国强占胶州湾，山东首先受到列强的侵略瓜分
- **国内背景**：①帝国主义的经济侵略和清政府的乘机搜刮；②义和团之前已有义和拳的组织基础；③华北地区连年的自然灾害，导致流民增多；④清政府出现内部矛盾；⑤洋教侵略加深

简单经过
- 1898年11月，义和拳在梨园屯竖旗起义，同年竖起"助清灭洋"旗帜，短短的数月义和团运动就以京津地区为中心，迅速波及全国
- 义和团运动刚兴起时，帝国主义要求清政府镇压，到义和团发展到京津地区时，列强以此为借口出兵中国
- 1900年6月，西摩尔联军攻打天津大沽炮台，炮台失守，清廷决定利用义和团对洋人开战
- 大沽炮台失守后，义和团即开始天津保卫战，同时北京义和团围攻了西什库教堂和外国使馆聚居的东交民巷。8月，北京沦陷
- 最终清政府与帝国主义公开合流，共同镇压义和团，义和团运动失败

义和团的口号：前期"反清灭洋"，后期"扶清灭洋"

结果：慈禧太后西逃途中，令清军对义和团进行残酷镇压，义和团在中外反动势力的联合绞杀下最终失败

影响
- **积极**：①使外国侵略者看到了中国民众反抗外来侵略的决心和勇气，从而使其意识到直接瓜分中国是行不通的，迫使其改变了侵华手段；②义和团运动动摇了清政府的统治，推动了中国政治近代化的进程；③对中国经济近代化有一定作用；④一定程度上促进了科学思想的传播；⑤激励了中国人民反帝反封建斗争
- **消极**：①给了帝国主义出兵干涉中国事务的理由，引发了八国联军侵华战争；②义和团成员行动破坏了社会秩序，给民众的生产生活造成不利影响；③义和团运动的排外具有盲目性和落后性，具有浓厚的封建蒙昧和迷信色彩；④义和团运动以"扶清灭洋"为口号，其目的仍是维护清政府的统治，滞后于时代要求，体现农民阶级的局限性

义和团和清政府的关系：①义和团刚刚兴起时清政府中的保守派是畏惧的；②发现义和团打出"扶清灭洋"的旗号时，就开始处心积虑利用义和团来反对洋人；③当八国联军攻入北京后，出于政治方面的考虑，为保住自己的权力，又将屠刀伸向了义和团

义和团运动和太平天国运动的异同
- **异**：①组织特点不同：太平天国组织更加精密，义和团分散；②斗争对象不同：太平天国的斗争对象是清政府，义和团的斗争对象主要是外国人；③斗争目的不同：太平天国是反对清政府的不作为，义和团是反对外敌入侵；④成员成分不同：太平军由拜上帝教教众组成，成分复杂；义和团成员几乎全为贫苦百姓
- **同**：①都和清廷的腐败统治有关；②都利用宗教；③都对晚清政局产生了重要的影响

中日关系
- 1884年，日本煽动朝鲜维新派发动"甲申政变"，朝鲜新政府宣布与清朝断绝关系，袁世凯在保守派人士的要求下指挥清军进行反击，日、清双方随后订立《天津条约》，互撤军队
- 1886年，中国北洋舰队访问日本长崎而引发冲突，史称"长崎事件"
- 1894年，随着东学党运动引发甲午战争，清政府战败后依据《马关条约》，和朝鲜解除宗藩关系
- 1895年，中日甲午战争中国战败后，《马关条约》的签订给了清王朝沉重的一击，清王朝大片国土沦丧和经济赔款巨大
- 1900年，日本成为八国联军中的重要一员，逼迫中国签订了《辛丑条约》，获得了大量政治上、经济上的特权

中俄关系
- 1896年，中俄订立《中俄密约》，俄国获得了与中国陆海军相互支援、修建中东铁路以及战时利用中国港口的特权
- 1898年，中俄订立《旅大租地条约》，旅顺口被强行划定为俄罗斯帝国的海军基地，租借期25年
- 19世纪末，俄国公然提出"黄俄罗斯计划"，企图侵占中国领土，并且趁义和团运动和八国联军侵华期间单方出兵10万盘踞东北，在旅顺设立所谓"远东总督"，引发中国拒俄运动

第二章　清统治的衰落　5

反洋教斗争

义和团运动

义和团运动的展开

义和团运动

19世纪末的中外关系

中国近现代史

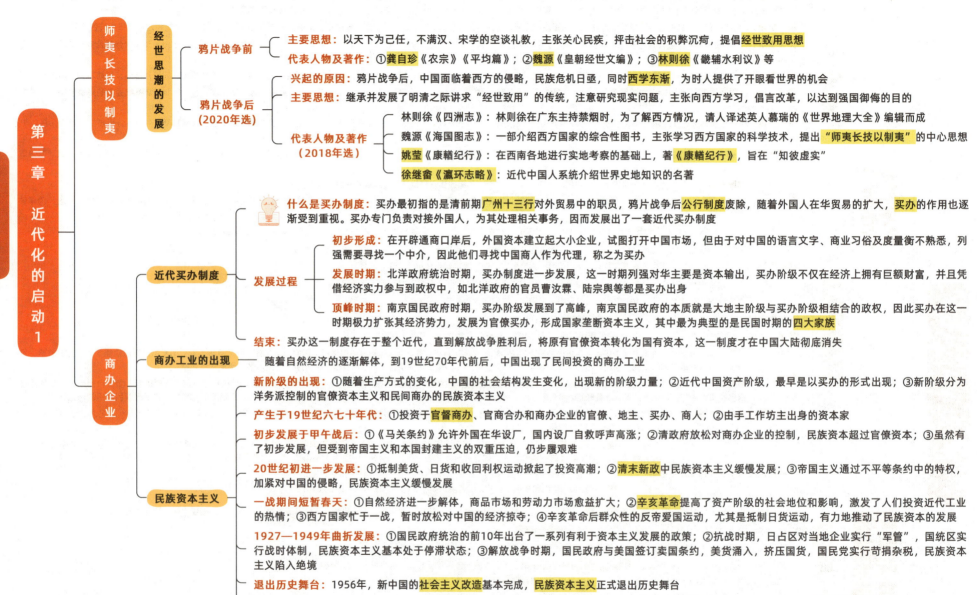

中国近现代史

第三章 近代化的启动 1

师夷长技以制夷

经世思潮的发展

鸦片战争前
- **主要思想**：以天下为己任，不满汉、宋学的空谈礼教，主张关心民疾，抨击社会的积弊沉疴，提倡经世致用思想
- **代表人物及著作**：①龚自珍《农宗》《平均篇》；②魏源《皇朝经世文编》；③林则徐《畿辅水利议》等

鸦片战争后（2020年选）
- **兴起的原因**：鸦片战争后，中国面临着西方的侵略，民族危机日亟，同时西学东渐，为时人提供了开眼看世界的机会
- **主要思想**：继承并发展了明清之际讲求"经世致用"的传统，注意研究现实问题，主张向西方学习，倡言改革，以达到强国御侮的目的
- **代表人物及著作（2018年选）**
  - 林则徐《四洲志》：林则徐在广东主持禁烟时，为了解西方情况，请人译述英人慕瑞的《世界地理大全》编辑而成
  - 魏源《海国图志》：一部介绍西方国家的综合性图书，主张学习西方国家的科学技术，提出"师夷长技以制夷"的中心思想
  - 姚莹《康輶纪行》：在西南各地进行实地考察的基础上，著《康輶纪行》，旨在"知彼虚实"
  - 徐继畬《瀛环志略》：近代中国人系统介绍世界史地知识的名著

近代买办制度
- **什么是买办制度**：买办最初指的是清前期广州十三行对外贸易中的职员，鸦片战争后公行制度废除，随着外国人在华贸易的扩大，买办的作用也逐渐受到重视。买办专门负责对接外国人，为其处理相关事务，因而发展出了一套近代买办制度
- **发展过程**
  - **初步形成**：在开辟通商口岸后，外国资本建立起大小企业，试图打开中国市场，但由于对中国的语言文字、商业习俗及度量衡不熟悉，列强需要寻找一个中介，因此他们寻找中国商人作为代理，称之为买办
  - **发展时期**：北洋政府统治时期，买办制度进一步发展，这一时期列强对华主要是资本输出，买办阶级不仅在经济上拥有巨额财富，并且凭借经济实力参与到政权中，如北洋政府的官员曹汝霖、陆宗舆等都是买办出身
  - **顶峰时期**：南京国民政府时期，买办阶级发展到了高峰，南京国民政府的本质就是大地主阶级与买办阶级相结合的政权，因此买办在这一时期极力扩张其经济势力，发展为官僚买办，形成国家垄断资本主义，其中最为典型的是民国时期的四大家族
- **结束**：买办这一制度存在于整个近代，直到解放战争胜利后，将原有官僚资本转化为国有资本，这一制度才在中国大陆彻底消失

商办工业的出现
随着自然经济的逐渐解体，到19世纪70年代前后，中国出现了民间投资的商办工业

商办企业

民族资本主义
- **新阶级的出现**：①随着生产方式的变化，中国的社会结构发生变化，出现新的阶级力量；②近代中国资产阶级，最早是以买办的形式出现；③新阶级分为洋务派控制的官僚资本主义和民间商办的民族资本主义
- **产生于19世纪六七十年代**：①投资于官督商办、官商合办和商办企业的官僚、地主、买办、商人；②由手工作坊主出身的资本家
- **初步发展于甲午战后**：①《马关条约》允许外国在华设厂，国内设厂自救呼声高涨；②清政府放松对商办企业的控制，民族资本超过官僚资本；③虽然有了初步发展，但受到帝国主义和本国封建主义的双重压迫，仍步履艰难
- **20世纪初进一步发展**：①抵制美货、日货和收回利权运动掀起了投资高潮；②清末新政中民族资本主义缓慢发展；③帝国主义通过不平等条约中的特权，加紧对中国的侵略，民族资本主义缓慢发展
- **一战期间短暂春天**：①自然经济进一步解体，商品市场和劳动力市场愈益扩大；②辛亥革命提高了资产阶级的社会地位和影响，激发了人们投资近代工业的热情；③西方国家忙于一战，暂时放松对中国的经济掠夺；④辛亥革命后群众性的反帝爱国运动，尤其是抵制日货运动，有力地推动了民族资本的发展
- **1927—1949年曲折发展**：①国民政府统治的前10年出台了一系列有利于资本主义发展的政策；②抗战时期，日占区对当地企业实行"军管"，国统区实行战时体制，民族资本主义基本处于停滞状态；③解放战争时期，国民政府与美国签订卖国条约，美货涌入，挤压国货，国民党实行苛捐杂税，民族资本主义陷入绝境
- **退出历史舞台**：1956年，新中国的社会主义改造基本完成，民族资本主义正式退出历史舞台
- **民族资本主义代表**：①1866年，上海发昌机器厂是近代第一家资本主义工业企业；②1872年，侨商陈启源创办广东南海继昌隆缫丝厂；③1878年，招商局会办朱其昂创办天津贻来牟机器磨坊；④1899年，张謇创办南通大生纱厂；⑤1895年，华侨商人张振勋创办张裕葡萄酒公司

第三章 近代化的启动 2

洋务运动

洋务运动的背景：①**国际**：国外资本主义世界体系已初步建立，人类进入了一个新时期；②**政治**：经过两次鸦片战争的失败以及太平天国的打击，清政府内外交困；③**经济**：民间、官府工场手工业已向近代化摸索前进，通商口岸城市出现技术工人；④**先进人士的推动**：魏源、冯桂芬等一部分先进官僚开始认识到西方坚船利炮的威力，主张向西方学习

洋务派
- **代表人物**：①**中央**：恭亲王奕䜣、户部侍郎文祥；②**地方**：曾国藩、左宗棠、李鸿章等
- **洋务派与顽固派的论战**：①顽固派不满洋务派设立**同文馆**聘外人担任教习；②招收科甲正途人员学习天文算学更令其无法容忍；③论战的实质是要不要学习西方先进科学技术

口号——洋务运动的口号是"自强""求富"

指导思想——**中体西用**：①"中体"是指中国传统的纲常名教以及中国的封建君主专制；②"西用"即只学习西方先进的科学技术而不学习其政治制度

洋务运动的展开
- **创办军事工业（2018年名）**：①**江南制造总局**；②**金陵制造局**；③**福州船政局**；④**天津机器局**；⑤**湖北枪炮厂**
- **创办民用工业**
  - **企业代表**：①**轮船招商局**；②开平煤矿；③电报总局；④上海机器织布局；⑤**汉阳铁厂**
  - **经营方式**：洋务派举办的民用企业大都采用官督商办的方式，即商人经营官方监督，少数采用官商合办和官办的方式
- **编练新式海陆军**
  - **陆军**：始自京营八旗，接受西法训练，1866年，总理衙门大臣奕䜣等在直隶选练六军，共15 000人，称为**练军**
  - **海军**：1875年，以李鸿章为首的洋务派开始用厘金筹办海军，地方官员各自向英国等购入船舰建造了4支互不相属的舰队，分别是**北洋水师**、**南洋水师**、**福建水师**、**广东水师**；他们几乎互不相关，武器、船只和训练各不相同，其号令系统也不一致，缺乏中央政府的统一领导
- **创办新式学校**
  - **京师同文馆**：①附属总理各国事务衙门；②初设英文班，后增设法文班和俄文班；③招收满族学生入馆学习；④除学习外文外，还要学习汉文
  - **福州船政学堂**（也称"求是堂艺局"）：培养轮船制造修理和驾驶的技术人员
  - 军事学校：①江南制造局附设操炮学堂；②天津水师学堂；③广东黄埔鱼雷学堂；④江南水师学堂；⑤湖北自强学堂等
- **举办新式教育**
  - **派遣留学**
    - **背景**：①中国政治形势的变化；②有识之士的积极倡导；③培养外交人才和加强海防的需要；④"**中体西用**"理论的形成
    - **留美**：1872—1875年，清政府向美国派遣了四期共120名幼童赴美留学；1881年，清政府因出洋学生多沾染恶习，下令将留洋学生全部撤回，首次赴美留学遭受挫折
    - **留欧**：1877—1886年，先后派出三批福建船政学堂的学生赴欧留学，重点是学习海军事务，因此次有较明确的学习目标和严格的考试与奖惩制度，成效比留美学生明显
    - **影响**：①冲击了封建统治和腐朽落后的顽固守旧势力；②培养了近代中国第一批新型的科技、翻译和军事人才；③促进了西学在中国的传播，培养了中国近代大批实业家和军事人才；④为中国近代思想解放作出了贡献
    - **弊端**：①派遣留学的目的是维护封建统治，无法使中国真正富强；②管理落后，使学习效果不佳
  - **翻译西书**：①京师同文馆、上海广方言馆以及江南制造局的译书馆，是当时翻译西书的中心；②译书由单纯的西方科技著作和书籍向自然科学和社会科学、人文科学等著作并重转变
  - **创办报刊**：主要报刊有**《申报》**《万国公报》《西国近事汇编》《循环日报》等

结果——中日甲午战争中，北洋海军全军覆没，标志着清朝海军实力的完全丧失，标志着洋务运动的失败

影响
- **对近代军事的影响**：①建立近代军事工业；②建立近代海防海军，同时改进陆军的武器装备和训练；③建立近代军事学堂，培养新式陆军人才；④推进海军建设和国防的现代化建设，清军的军队战斗力有所提高，对外国的侵略势力有一定的抵抗力
- **对近代经济的影响**：①深深地动摇了"重农轻商"的概念；②促使中国近代经济、资本主义的发展，使资本主义经济成分在社会经济中明显增长；③对中国近代企业、民族资本主义的诞生、发展具有重大意义
- **对近代政治的影响**：洋务运动的失败使中国近代化过程中的其他有志之士看到了洋务运动的缺陷，刺激了中国近代化的进程
- **对近代文化的影响**：①培养了一大批具有西学知识的新式人才；②对中国的教育近代化起了极大的推动作用；③在一定程度上促进了科学文化的传播，为中国社会迈向近代化准备了最初始的文化条件

对于中国近代化的西方观点
- **"冲击-回应"范式**：最早由**费正清**提出，盛行于20世纪五六十年代的美国学界，强调外部世界对近代中国产生的积极影响，中国的近代化进步都是外来社会推动的结果，这种范式忽视了中国传统内部的基础和活力，也忽视了帝国主义侵略带来的破坏性，这是一种"西方中心论"的思想
- **"中国中心观"取向**：由美国学者柯文提出，与"冲击-回应"范式相对立，认为中国社会内部也存在着强大的变革力量，提倡从中国内部考察中国近代的历史，但这种范式夸大了中国内部的活力因素，忽视西方的作用，走向了另一个极端，依然不能解释和展现中国近代史的全貌

中国近现代史

第三章 近代化的启动3

早期维新思潮

早期维新思想
- 兴起原因：①19世纪70至90年代，民族资产阶级产生，出现了反映其阶级利益的思想；②他们早年有的出国留学，接触了西方文化，掌握了近代自然科学和社会科学知识
- 内容：①反对外国资本主义侵略、维护国家主权和民族独立的爱国思想；②主张发展民族工商业，把中国逐步变成独立富强的资本主义国家；③具有一定的民主思想，主张建立君主立宪的政治制度

早期维新派
- 发展
  - 19世纪七八十年代：大都是洋务运动的积极支持者和拥护者，与洋务派之间并无明确的分别
  - 19世纪80年代末90年代初：逐渐从洋务派中分化出来，开始抨击洋务运动，明确提出了实行君主立宪制度的要求，成为后来戊戌维新变法思想的先驱
- 代表人物及著作
  - 郑观应《盛世危言》：全书贯穿着"富强救国"的主题，对政治、经济、军事、外交、文化诸方面的改革提出了切实可行的方案
  - 薛福成《筹洋刍议》：全书以变法改革为指导思想，阐述了反对不平等条约、抵御俄日侵略、发展资本主义工商业、保护中国征税主权、洋务运动的理论根据五方面内容，明确提出在中国建立资产阶级议会制度的主张
  - 王韬《扶桑游记》：主张废除封建君主专制制度，认为兴办实业才是中国走向富强的道路
  - 马建忠《适可斋记言记行》：政论和时事记录的合编

早期维新思想的局限：①早期维新派的思想不成熟，只是提出改革建议，而很少做理论上的阐述；②他们对封建专制主义表示不满，但很少做正面批判；③他们从洋务派中分化出来，但在很多方面与洋务派划不清界限，某些人终身依附洋务派；④他们宣传改革，但限于制造舆论，缺少政治实践的意义

戊戌维新运动

维新派：活动于19世纪90年代，以康有为、严复、梁启超、谭嗣同等为主要代表，领导维新变法

维新运动兴起（2017年名）
- 康有为早期变法活动：①康有为在1886年前后写了一批学术著作，其中《康子内外篇》阐述了他的哲学观点，《民功篇》表达了他的变法主张；②1888年，他到北京参加乡试，乘机向光绪皇帝上书，陈述了变法图强的必要性和紧迫性；③从1890年起，在广州万木草堂讲学，宣传他的变法理论，为变法培养人才；④讲学时期，编写了两部重要著作《新学伪经考》和《孔子改制考》
- 主要代表人物及著作：①康有为《新学伪经考》和《孔子改制考》；②梁启超《变法通议》；③谭嗣同《仁学》
- 维新派创办的报刊、学会与学堂：①报刊：《中外纪闻》《时务报》《国闻报》《湘学新报》《强学报》；②学会：强学会、南学会；③学堂：时务学堂等
- 维新派与顽固派的论战：①核心：论战主要围绕"要不要变法""要不要兴民权""要不要兴新学"三个问题展开；②经过论战，资产阶级新思想广泛传播

维新变法
- 背景：①甲午战败；②国内阶级矛盾日趋尖锐；③早期维新思想提供了思想基础；④民族资产阶级发展；⑤世界主要资本主义国家相继进入帝国主义阶段，乘机掀起侵略中国的狂潮
- 序幕：《马关条约》的签订使得全国上下一片愤慨，康有为发动了1300多名举人联名上书朝廷，痛陈形势的危殆、抗议对日割地赔款，提出变法才是"立国自强"的根本大计，这就是中国近代史上有名的"公车上书"，拉开了戊戌变法的序幕
- 开始：1898年，康有为上奏《应诏统筹全局折》（即《上清帝第六书》），提出了系统而具体的变法建议，遭到慈禧太后的驳回，5月一直阻挠变法的恭亲王奕䜣病死，康有为立即鼓动帝党官员上书敦请变法，光绪帝于6月颁布由翁同龢草拟的《定国是诏》，变法运动正式开始
- 变法内容
  - 第一阶段（1898年6—7月）
    - 经济：①保护农工商业，设立农工商局，切实开垦荒地，提倡开办实业，奖励新发明、新创造；②设立铁路、矿务总局，修筑铁路，开采矿产；③设立全国邮政局，裁撤驿站；④改革财政，编制国家预算
    - 军事：①训练海、陆军；②陆军改练洋操；③裁减旧军；④力行保甲
    - 文教：①改革科举制度，废八股，改试策论；②各地开办中小学堂，创办京师大学堂；③设立译书局，翻译外国新书；④允许自由创立报馆、学会；⑤派人出国留学
  - 第二阶段（1898年7—9月）——政治：①改定则例，裁汰冗员，取消多余机构，澄清吏治，拔擢新进；②准许"旗人"自谋生计；③提倡上书言事，给士民一定言论自由
- 失败：戊戌政变：1898年，慈禧太后捕拿维新党人、处决戊戌六君子，除了京师大学堂和部分新政外，大部分新政被推翻，恢复被裁撤的衙门和八股取士，9月21日，慈禧太后宣布训政，维新变法失败
- 失败原因
  - 客观原因：①资产阶级维新派势力过于弱小，而封建顽固势力十分强大；②社会条件的限制；③帝国主义列强的干涉
  - 主观原因：①维新派本身的阶级局限导致其斗争具有软弱性和妥协性；②"君权"思想的束缚严重；③维新派对广大人民群众采取轻视的态度；④具体措施上过于激进；⑤维新派采取了孤立和排斥慈禧政治战略；⑥领导人康有为此前几乎没有从政经验，其政治能力有限
- 变法的影响
  - 政治：①是一次爱国政治运动，加快了近代中国的政治改革；②变法失败的教训，促使中国进步力量的政治斗争由改良转向革命
  - 经济：一定程度上促进了资本主义的发展，加快了中国经济近代化的进程
  - 思想文化：①传播了近代政治学说和自然科学知识，对中国社会起到了思想启蒙的作用；②促进近代社会科学与文学艺术发展；③推动了近代教育的发展；④促进社会风气和社会习俗近代化
  - 其他：变法中很多主张被用在了清末新政的改革中

戊戌新文化运动
- 背景：①甲午战败催生了"维新变法"共识；②洋务运动提供了孕育新文化的基础；③鸦片战争后中国开始学习西方先进思潮
- 内容：①在社会思想政治学说方面，维新派采取各种方式抨击旧思想文化，传播维新思想；②创办新式学堂和各种学会；③通过新闻出版传播新思想；④提倡白话文；⑤在历史学方面，提倡"史界革命"；⑥提倡移风易俗
- 评价
  - 积极：①中国思想文化结构发生了前所未有的变化；②知识阶层传播维新思想和西方民主思想，是一次思想启蒙；③为后来的新文化运动奠定了基础
  - 消极：①未能从根本上改变晚清社会的思想氛围；②时间较短，效果不明显

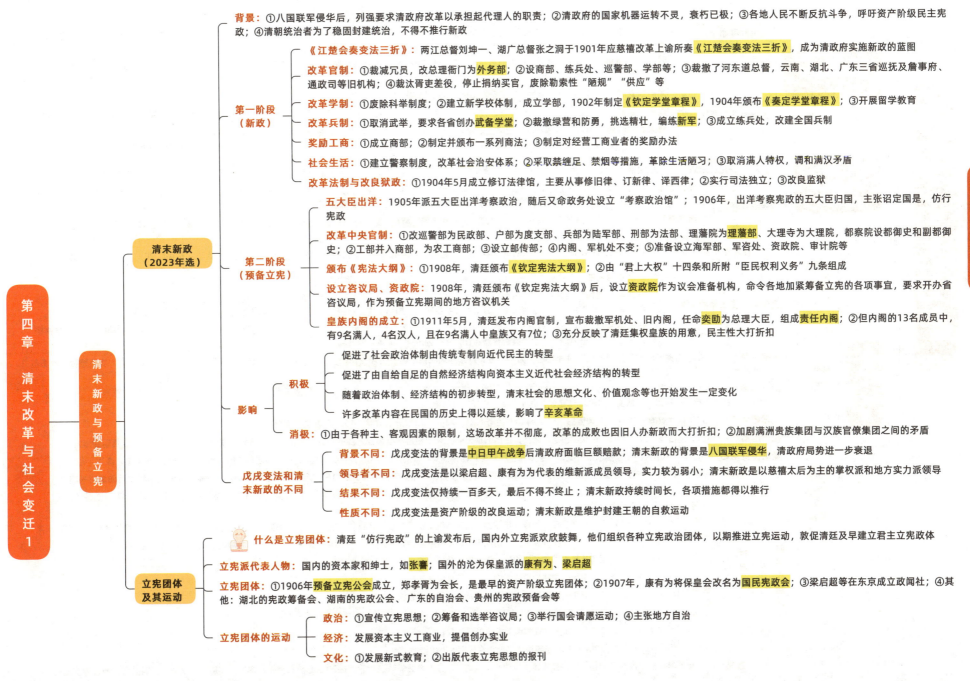

背景：①八国联军侵华后，列强要求清政府改革以承担起代理人的职责；②清政府的国家机器运转不灵，衰朽已极；③各地人民不断反抗斗争，呼吁资产阶级民主宪政；④清朝统治者为了稳固封建统治，不得不推行新政

第一阶段（新政）

《江楚会奏变法三折》：两江总督刘坤一、湖广总督张之洞于1901年应慈禧改革上谕所奏《江楚会奏变法三折》，成为清政府实施新政的蓝图

改革官制：①裁减冗员，改总理衙门为**外务部**；②设商部、练兵处、巡警部、学部等；③裁撤了河东道总督，云南、湖北、广东三省巡抚及詹事府、通政司等旧机构；④裁汰胥吏差役，停止捐纳买官，废除勒索性"陋规""供应"等

改革学制：①废除科举制度；②建立新学校体制，成立学部，1902年制定《钦定学堂章程》，1904年颁布《奏定学堂章程》；③开展留学教育

改革兵制：①取消武举，要求各省创办**武备学堂**；②裁撤绿营和防勇，挑选精壮，编练**新军**；③成立练兵处，改建全国兵制

奖励工商：①成立商部；②制定并颁布一系列商法；③制定对经营工商业者的奖励办法

社会生活：①建立警察制度，改革社会治安体系；②采取禁缠足、禁烟等措施，革除生活陋习；③取消满人特权，调和满汉矛盾

改革法制与改良狱政：①1904年5月成立修订法律馆，主要从事修旧律、订新律、译西律；②实行司法独立；③改良监狱

第二阶段（预备立宪）

五大臣出洋：1905年派五大臣出洋考察政治，随后又命政务处设立"考察政治馆"；1906年，出洋考察政的五大臣归国，主张诏定国是，仿行宪政

改革中央官制：①改巡警部为民政部、户部为度支部、兵部为陆军部、刑部为法部、理藩院为**理藩部**、大理寺为大理院，都察院设都御史和副都御史；②工部并入商部，为农工商部；③设立邮传部；④内阁、军机处不变；⑤准备设立海军部、军咨处、资政院、审计院等

颁布《宪法大纲》：①1908年，清廷颁布《**钦定宪法大纲**》；②由"君上大权"十四条和所附"臣民权利义务"九条组成

设立咨议局、资政院：1908年，清廷颁布《钦定宪法大纲》后，设立**资政院**作为议会准备机构，命令各地加紧筹备立宪的各项事宜，要求开办省咨议局，作为预备立宪期间的地方咨议机关

皇族内阁的成立：①1911年5月，清廷发布内阁官制，宣布裁撤军机处、旧内阁，任命**奕劻**为总理大臣，组成**责任内阁**；②但内阁的13名成员中，有9名满人，4名汉人，且在9名满人中皇族又有7位；③充分反映了清廷集权皇族的用意，民主性大打折扣

影响

积极
- 促进了社会政治体制由传统专制向近代民主的转型
- 促进了由自给自足的自然经济结构向资本主义近代社会经济结构的转型
- 随着政治体制、经济结构的初步转型，清末社会的思想文化、价值观念等也开始发生一定变化
- 许多改革内容在民国的历史上得以延续，影响了**辛亥革命**

消极：①由于各种主、客观因素的限制，这场改革并不彻底，改革的成败也因旧人办新政而大打折扣；②加剧满洲贵族集团与汉族官僚集团之间的矛盾

戊戌变法和清末新政的不同

背景不同：戊戌变法的背景是**中日甲午战争**后清政府面临巨额赔款；清末新政的背景是**八国联军侵华**，清政府局势进一步衰退

领导者不同：戊戌变法是以梁启超、康有为为代表的维新派成员领导，实力较为弱小；清末新政是以慈禧太后为主的掌权派和地方实力派领导

结果不同：戊戌变法仅持续一百多天，最后不得不终止；清末新政持续时间长，各项措施都得以推行

性质不同：戊戌变法是资产阶级的改良运动；清末新政是维护封建王朝的自救运动

什么是立宪团体：清廷"仿行宪政"的上谕发布后，国内外立宪派欢欣鼓舞，他们组织各种立宪政治团体，以期推进立宪运动，敦促清廷及早建立君主立宪政体

立宪派代表人物：国内的资本家和绅士，如**张謇**；国外的沦为保皇派的**康有为、梁启超**

立宪团体：①1906年**预备立宪公会**成立，郑孝胥为会长，是最早的资产阶级立宪团体；②1907年，康有为将保皇会改名为**国民宪政会**；③梁启超等在东京成立政闻社；④其他：湖北的宪政筹备会、湖南的宪政公会、广东的自治会、贵州的宪政预备会等

立宪团体的运动

政治：①宣传立宪思想；②筹备和选举咨议局；③举行国会请愿运动；④主张地方自治

经济：发展资本主义工商业，提倡创办实业

文化：①发展新式教育；②出版代表立宪思想的报刊

左侧主干：

第四章　清末改革与社会变迁 1

清末新政与预备立宪

清末新政（2023年选）

立宪团体及其运动

右侧：中国近现代史

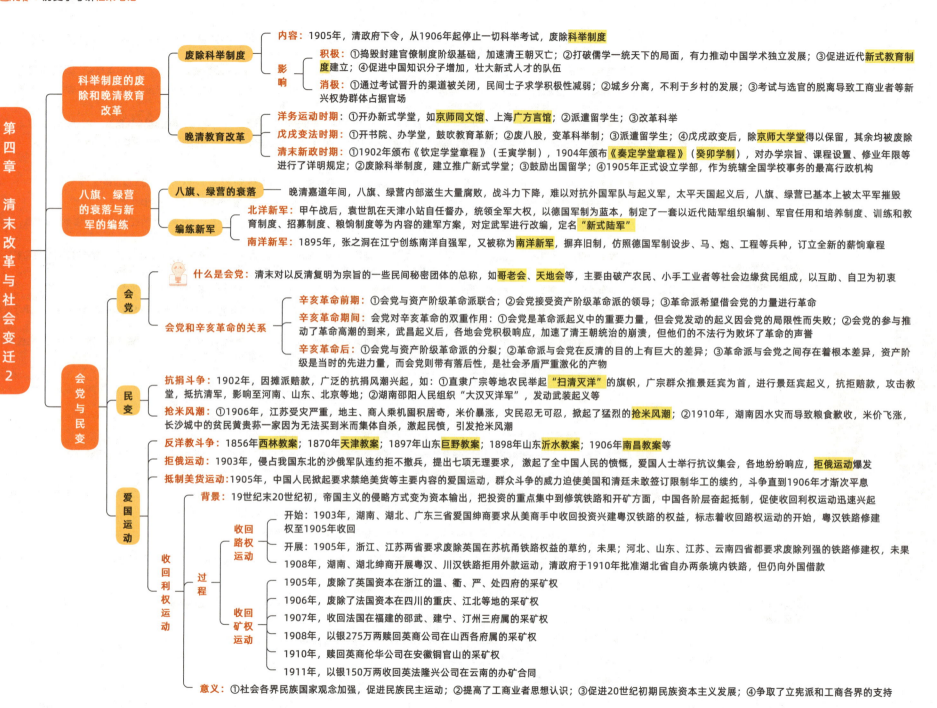

中国近现代史

第四章 清末改革与社会变迁 2

科举制度的废除和晚清教育改革

废除科举制度

内容：1905年，清政府下令，从1906年起停止一切科举考试，废除科举制度

影响：
积极：①捣毁封建官僚制度阶级基础，加速清王朝灭亡；②打破儒学一统天下的局面，有力推动中国学术独立发展；③促进近代新式教育制度建立；④促进中国知识分子增加，壮大新式人才的队伍

消极：①通过考试晋升的渠道被关闭，民间士子求学积极性减弱；②城乡分离，不利于乡村的发展；③考试与选官的脱离导致工商业者等新兴权势群体占据官场

晚清教育改革

洋务运动时期：①开办新式学堂，如京师同文馆、上海广方言馆；②派遣留学生；③改革科举

戊戌变法时期：①开书院、办学堂，鼓吹教育革新；②废八股，变革科举制；③派遣留学生；④戊戌政变后，除京师大学堂得以保留，其余均被废除

清末新政时期：①1902年颁布《钦定学堂章程》（壬寅学制），1904年颁布《奏定学堂章程》（癸卯学制），对办学宗旨、课程设置、修业年限等进行了详明规定；②废除科举制度，建立推广新式学堂；③鼓励出国留学；④1905年正式设立学部，作为统辖全国学校事务的最高行政机构

八旗、绿营的衰落与新军的编练

八旗、绿营的衰落
晚清嘉道年间，八旗、绿营内部滋生大量腐败，战斗力下降，难以对抗外国军队与起义军，太平天国起义后，八旗、绿营已基本上被太平军摧毁

编练新军
北洋新军：甲午战后，袁世凯在天津小站自任督办，统领全军大权，以德国军制为蓝本，制定了一套以近代陆军组织编制、军官任用和培养制度、训练和教育制度、招募制度、粮饷制度等为内容的建军方案，对定武军进行改编，定名"新式陆军"

南洋新军：1895年，张之洞在江宁创练南洋自强军，又被称为南洋新军，摒弃旧制，仿照德国军制设步、马、炮、工程等兵种，订立全新的薪饷章程

会党与民变

会党

什么是会党：清末对以反清复明为宗旨的一些民间秘密团体的总称，如哥老会、天地会等，主要由破产农民、小手工业者等社会边缘贫民组成，以互助、自卫为初衷

会党和辛亥革命的关系

辛亥革命前期：①会党与资产阶级革命派联合；②会党接受资产阶级革命派的领导；③革命派希望借会党的力量进行革命

辛亥革命期间：会党对辛亥革命的双重作用：①会党是革命派起义中的重要力量，但会党发动的起义因会党的局限性而失败；②会党的参与推动了革命高潮的到来，武昌起义后，各地会党积极响应，加速了清王朝统治的崩溃，但他们的不法行为败坏了革命的声誉

辛亥革命后：①会党与资产阶级革命派的分裂；②革命派与会党在反清的目的上有巨大的差异；③革命派与会党之间存在着根本差异，资产阶级是当时的先进力量，而会党则带有落后性，是社会矛盾严重激化的产物

民变

抗捐斗争：1902年，因摊派赔款，广泛的抗捐风潮兴起，如：①直隶广宗等地农民举起"扫清灭洋"的旗帜，广宗群众推景廷宾为首，进行景廷宾起义，抗拒赔款，攻击教堂，抵抗清军，影响至河南、山东、北京等地；②湖南邵阳人民组织"大汉灭洋军"，发动武装起义等

抢米风潮：①1906年，江苏受灾严重，地主、商人乘机囤积居奇，米价暴涨，灾民忍无可忍，掀起了猛烈的抢米风潮；②1910年，湖南因水灾而导致粮食歉收，米价飞涨，长沙城中的贫民黄贵荪一家因为无法买到米而集体自杀，激起民愤，引发抢米风潮

爱国运动

反洋教斗争：1856年西林教案；1870年天津教案；1897年山东巨野教案；1898年山东沂水教案；1906年南昌教案等

拒俄运动：1903年，侵占我国东北的沙俄军队违约拒不撤兵，提出七项无理要求，激起了全中国人民的愤慨，爱国人士举行抗议集会，各地纷纷响应，拒俄运动爆发

抵制美货运动：1905年，中国人民掀起要求禁绝美货等主要内容的爱国运动，群众斗争的威力迫使美国和清廷未敢签订限制华工的续约，斗争直到1906年才渐次平息

收回利权运动

背景：19世纪末20世纪初，帝国主义的侵略方式变为资本输出，把投资的重点集中到修筑铁路和开矿方面，中国各阶层奋起抵制，促使收回利权运动迅速兴起

过程：

收回路权运动：
开始：1903年，湖南、湖北、广东三省爱国绅商要求从美商手中收回投资兴建粤汉铁路的权益，标志着收回路权运动的开始，粤汉铁路修建权至1905年收回

开展：1905年，浙江、江苏两省要求废除英国在苏杭甬铁路权益的草约，未果；河北、山东、江苏、云南四省都要求废除列强的铁路修建权，未果

1908年，湖南、湖北绅商开展粤汉、川汉铁路拒用外款运动，清政府于1910年批准湖北省自办两条境内铁路，但仍向外国借款

收回矿权运动：
1905年，废除了英国资本在浙江的温、衢、严、处四府的采矿权

1906年，废除了法国资本在四川的重庆、江北等地的采矿权

1907年，收回法国在福建的邵武、建宁、汀州三府属的采矿权

1908年，以银275万两赎回英商公司在山西各府属的采矿权

1910年，赎回英商伦华公司在安徽铜官山的采矿权

1911年，以银150万两收回英法隆兴公司在云南的办矿合同

意义：①社会各界民族国家观念加强，促进民族民主运动；②提高了工商业者思想认识；③促进20世纪初期民族资本主义发展；④争取了立宪派和工商界的支持

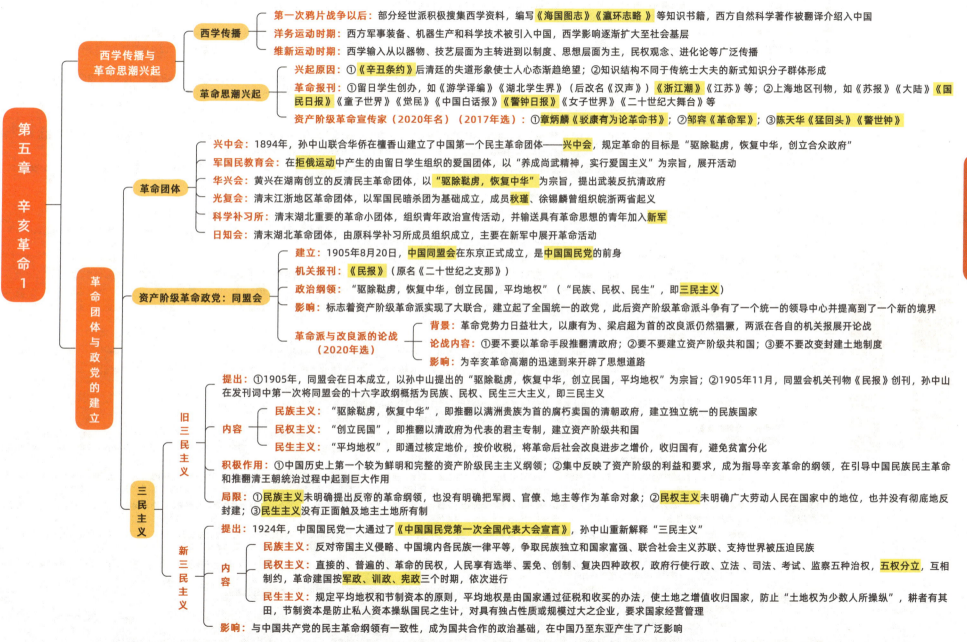

第五章　辛亥革命 1

中国近现代史

西学传播与革命思潮兴起

西学传播

第一次鸦片战争以后：部分经世派积极搜集西学资料，编写《海国图志》《瀛环志略》等知识书籍，西方自然科学著作被翻译介绍入中国

洋务运动时期：西方军事装备、机器生产和科学技术被引入中国，西学影响逐渐扩大至社会基层

维新运动时期：西学输入从以器物、技艺层面为主转进到以制度、思想层面为主，民权观念、进化论等广泛传播

革命思潮兴起

兴起原因：①《辛丑条约》后清廷的失道形象使士人心态渐趋绝望；②知识结构不同于传统士大夫的新式知识分子群体形成

革命报刊：①留日学生创办，如《游学译编》《湖北学生界》（后改名《汉声》）《浙江潮》《江苏》等；②上海地区刊物，如《苏报》《大陆》《国民日报》《童子世界》《觉民》《中国白话报》《警钟日报》《女子世界》《二十世纪大舞台》等

资产阶级革命宣传家（2020年名）（2017年选）：①章炳麟《驳康有为论革命书》；②邹容《革命军》；③陈天华《猛回头》《警世钟》

革命团体与政党的建立

革命团体

兴中会：1894年，孙中山联合华侨在檀香山建立了中国第一个民主革命团体——兴中会，规定革命的目标是"驱除鞑虏，恢复中华，创立合众政府"

军国民教育会：在拒俄运动中产生的由留日学生组织的爱国团体，以"养成尚武精神，实行爱国主义"为宗旨，展开活动

华兴会：黄兴在湖南创立的反清民主革命团体，以"驱除鞑虏，恢复中华"为宗旨，提出武装反抗清政府

光复会：清末江浙地区革命团体，以军国民暗杀团为基础成立，成员秋瑾、徐锡麟曾组织皖浙两省起义

科学补习所：清末湖北重要的革命小团体，组织青年政治宣传活动，并输送具有革命思想的青年加入新军

日知会：清末湖北革命团体，由原科学补习所成员组织成立，主要在新军中展开革命活动

资产阶级革命政党：同盟会

建立：1905年8月20日，中国同盟会在东京正式成立，是中国国民党的前身

机关报刊：《民报》（原名《二十世纪之支那》）

政治纲领："驱除鞑虏，恢复中华，创立民国，平均地权"（"民族、民权、民生"，即三民主义）

影响：标志着资产阶级革命派实现了大联合，建立起了全国统一的政党，此后资产阶级革命派斗争有了一个统一的领导中心并提高到了一个新的境界

革命派与改良派的论战（2020年选）

背景：革命党势力日益壮大，以康有为、梁启超为首的改良派仍然猖獗，两派在各自的机关报展开论战

论战内容：①要不要以革命手段推翻清政府；②要不要建立资产阶级共和国；③要不要改变封建土地制度

影响：为辛亥革命高潮的迅速到来开辟了思想道路

三民主义

旧三民主义

提出：①1905年，同盟会在日本成立，以孙中山提出的"驱除鞑虏，恢复中华，创立民国，平均地权"为宗旨；②1905年11月，同盟会机关刊物《民报》创刊，孙中山在发刊词中第一次将同盟会的十六字政纲概括为民族、民权、民生三大主义，即三民主义

内容

民族主义："驱除鞑虏，恢复中华"，即推翻以满洲贵族为首的腐朽卖国的清朝政府，建立独立统一的民族国家

民权主义："创立民国"，即推翻以清政府为代表的君主专制，建立资产阶级共和国

民生主义："平均地权"，即通过核定地价，按价收税，将革命后社会改良进步之增价，收归国有，避免贫富分化

积极作用：①中国历史上第一个较为鲜明和完整的资产阶级民主主义纲领；②集中反映了资产阶级的利益和要求，成为指导辛亥革命的纲领，在引导中国民族民主革命和推翻清王朝统治过程中起到巨大作用

局限：①民族主义未明确提出反帝的革命纲领，也没有明确把军阀、官僚、地主等作为革命对象；②民权主义未明确广大劳动人民在国家中的地位，也并没有彻底地反封建；③民生主义没有正面触及地主土地所有制

新三民主义

提出：1924年，中国国民党一大通过了《中国国民党第一次全国代表大会宣言》，孙中山重新解释"三民主义"

内容

民族主义：反对帝国主义侵略、中国境内各民族一律平等，争取民族独立和国家富强、联合社会主义苏联、支持世界被压迫民族

民权主义：直接的、普遍的、革命的民权，人民享有选举、罢免、创制、复决四种政权，政府行使行政、立法、司法、考试、监察五种治权，五权分立，互相制约，革命建国按军政、训政、宪政三个时期，依次进行

民生主义：规定平均地权和节制资本的原则，平均地权是由国家通过征税和收买的办法，使土地之增值收归国家，防止"土地权为少数人所操纵"，耕者有其田，节制资本是防止私人资本操纵国民之生计，对具有独占性质或规模过大之企业，要求国家经营管理

影响：与中国共产党的民主革命纲领有一致性，成为国共合作的政治基础，在中国乃至东亚产生了广泛影响

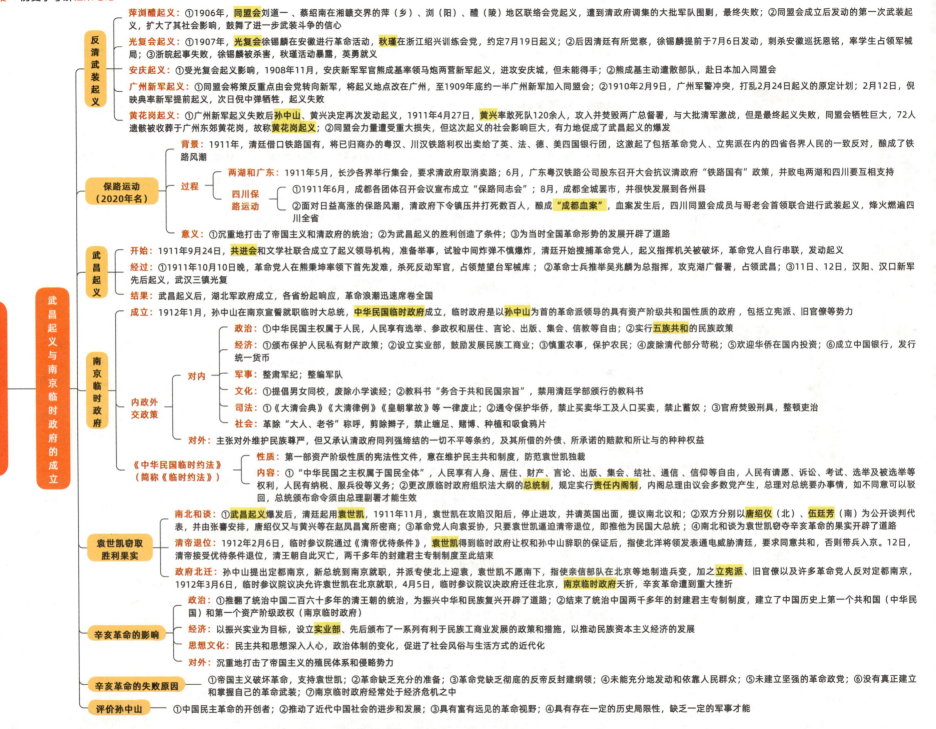

中国近现代史

第五章 辛亥革命 2

武昌起义与南京临时政府的成立

反清武装起义

萍浏醴起义： ①1906年，同盟会刘道一、蔡绍南在湘赣交界的萍（乡）、浏（阳）、醴（陵）地区联络会党起义，遭到清政府调集的大批军队围剿，最终失败；②同盟会成立后发动的第一次武装起义，扩大了其社会影响，鼓舞了进一步武装斗争的信心

光复会起义： ①1907年，光复会徐锡麟在安徽进行革命活动，秋瑾在浙江绍兴训练会党，约定7月19日起义；②后因清廷有所觉察，徐锡麟提前于7月6日发动，刺杀安徽巡抚恩铭，率学生占领军械局；③浙皖起事失败，徐锡麟被杀害，秋瑾活动暴露，英勇就义

安庆起义： ①受光复会起义影响，1908年11月，安庆新军军官熊成基率领马炮两营新军起义，进攻安庆城，但未能得手；②熊成基主动遣散部队，赴日本加入同盟会

广州新军起义： ①同盟会将策反重点由会党转向新军，将起义地点改在广州，至1909年底约一半广州新军加入同盟会；②1910年2月9日，广州军警冲突，打乱2月24日起义的原定计划；2月12日，倪映典率新军提前起义，次日倪中弹牺牲，起义失败

黄花岗起义： ①广州新军起义失败后孙中山、黄兴决定再次发动起义，1911年4月27日，黄兴率领死队120余人，攻入并焚毁两广总督署，与大批清军激战，但是最终起义失败，同盟会牺牲巨大，72人遗骸被收葬于广州东郊黄花岗，故称黄花岗起义；②同盟会力量遭受重大损失，但这次起义的社会影响巨大，有力地促成了武昌起义的爆发

保路运动（2020年名）

背景： 1911年，清廷借口铁路国有，将已归商办的粤汉、川汉铁路利权出卖给了英、法、德、美四国银行团，这激起了包括革命党人、立宪派在内的四省各界人民的一致反对，酿成了铁路风潮

过程

两湖和广东： 1911年5月，长沙各界举行集会，要求清政府取消卖路；6月，广东粤汉铁路公司股东召开大会抗议清政府"铁路国有"政策，并致电两湖和四川要互相支持

四川保路运动： ①1911年6月，成都各团体召开会议宣告成立"保路同志会"；8月，成都全城罢市，并很快发展到各州县

②面对日益高涨的保路风潮，清政府下令镇压并打死数百人，酿成"成都血案"，血案发生后，四川同盟会成员与哥老会首领联合进行武装起义，烽火燃遍四川全省

意义： ①沉重地打击了帝国主义和清政府的统治；②为武昌起义的胜利创造了条件；③为当时全国革命形势的发展开辟了道路

武昌起义

开始： 1911年9月24日，共进会和文学社联合成立了起义领导机构，准备举事，试验中间炸弹不慎爆炸，清廷开始搜捕革命党人，起义指挥机关被破坏，革命党人自行串联，发动起义

经过： ①1911年10月10日晚，革命党人在熊秉坤率领下首先发难，杀死反动军官，占领楚望台军械库；②革命士兵推举吴兆麟为总指挥，攻克湖广督署，占领武昌；③11日、12日，汉阳、汉口新军先后起义，武汉三镇光复

结果： 武昌起义后，湖北军政府成立，各省纷起响应，革命浪潮迅速席卷全国

南京临时政府

成立： 1912年1月，孙中山在南京宣誓就职临时大总统，中华民国临时政府成立，临时政府是以孙中山为首的革命派领导的具有资产阶级共和国性质的政府，包括立宪派、旧官僚等势力

内政外交政策

对内

政治： ①中华民国主权属于人民，人民享有选举、参政权和居住、言论、出版、集会、信教等自由；②实行五族共和的民族政策

经济： ①颁布保护人民私有财产政策；②设立实业部，鼓励发展民族工商业；③慎重农事，保护农民；④废除清代部分苛税；⑤欢迎华侨在国内投资；⑥成立中国银行，发行统一货币

军事： 整肃军纪；整编军队

文化： ①提倡男女同校，废除小学读经；②教科书"务合于共和民国宗旨"，禁用清廷学部颁行的教科书

司法： ①《大清会典》《大清律例》《皇朝掌故》等一律废止；②通令保护华侨，禁止买卖华工及人口买卖，禁止蓄奴；③官府焚毁刑具，整顿吏治

社会： 革除"大人、老爷"称呼，剪除辫子，禁止缠足、赌博、种植和吸食鸦片

对外： 主张对外维护民族尊严，但又承认清政府同列强缔结的一切不平等条约，及其所借的外债、所承诺的赔款和所让与的种种权益

《中华民国临时约法》（简称《临时约法》）

性质： 第一部资产阶级性质的宪法性文件，意在维护民主共和制度，防范袁世凯独裁

内容： ①"中华民国之主权属于国民全体"，人民享有人身、居住、财产、言论、出版、集会、结社、通信、信仰等自由，人民有请愿、诉讼、考试、选举及被选举等权利，人民有纳税、服兵役等义务；②更改原临时政府组织法大纲的总统制，规定实行责任内阁制，内阁总理由议会多数党产生，总理对总统办事情，如不同意可以驳回，总统颁布命令须由总理副署才能生效

袁世凯窃取胜利果实

南北和谈： ①武昌起义爆发后，清廷起用袁世凯，1911年11月，袁世凯在攻陷汉阳后，停止进攻，并请英国出面，提议南北议和；②双方分别以唐绍仪（北）、伍廷芳（南）为公开谈判代表，并由张謇安排，唐绍仪又与黄兴等在赵凤昌寓所密商；③革命党人向袁妥协，只要袁世凯逼迫清帝退位，就推他为民国大总统；④南北和谈为袁世凯窃夺辛亥革命的果实开辟了道路

清帝退位： 1912年2月6日，临时参议院通过《清帝优待条件》，袁世凯得到临时政府让权和孙中山辞职的保证后，指使北洋军将领发表通电威胁清廷，要求同意共和，否则带兵入京。12日，清帝接受优待条件退位，清王朝自此灭亡，两千多年的封建君主专制制度至此结束

政府北迁： 孙中山提出定都南京，新总统到南京就职，并派专使北上迎袁，袁世凯不愿南下，指使亲信部队在北京等地制造兵变，加之立宪派、旧官僚以及许多革命党人反对定都南京，1912年3月6日，临时参议院议决允许袁世凯在北京就任，4月5日，临时参议院议决政府迁往北京，南京临时政府夭折，辛亥革命遭到重大挫折

辛亥革命的影响

政治： ①推翻了统治中国二百六十多年的清王朝的统治，为振兴中华和民族复兴开辟了道路；②结束了统治中国两千多年的封建君主专制制度，建立了中国历史上第一个共和国（中华民国）和第一个资产阶级政权（南京临时政府）

经济： 以振兴实业为目标，设立实业部，先后颁布了一系列有利于民族工商业发展的政策和措施，以推动民族资本主义经济的发展

思想文化： 民主共和的思想深入人心，政治体制的变化，促进了社会风俗与生活方式的近代化

对外： 沉重地打击了帝国主义的殖民体系和侵略势力

辛亥革命的失败原因： ①帝国主义破坏革命，支持袁世凯；②革命缺乏充分的准备；③革命党人缺乏彻底的反帝反封建纲领；④未能充分地发动和依靠人民群众；⑤未建立坚强的革命政党；⑥没有真正建立和掌握自己的革命武装；⑦南京临时政府经常处于经济危机之中

评价孙中山： ①中国民主革命的开创者；②推动了近代中国社会的进步和发展；③具有富有远见的革命视野；④具有存在一定的历史局限性，缺乏一定的军事才能

第六章 民初政局 1

民初政党与议会

民初政党

国民党：1912年8月，同盟会与统一共和党、国民共进会、国民公党、共和实进会等几个小党合并，在北京改组成国民党，孙中山为理事长，黄兴、宋教仁等为理事，党务由宋教仁负责，以"巩固共和，实行平民政治"为宗旨，把大批官僚、政客、投机分子拉入党内，但是组织涣散，革命精神较同盟会大为减退，是当时第一大议会政党

统一党：1912年1月由章太炎与江浙立宪派张謇等合组，以"巩固全国统一，建设中央政府，促进共和政治"为宗旨，立场倾向于袁世凯，5月一度并入共和党，不久章太炎退出重组，1913年并入进步党

共和党：1912年5月成立于上海，由民社、统一党等合并组成，推黎元洪为理事长，主要成员有孙武、张謇、伍廷芳、章太炎、那彦图等人，主张"保持全国统一，取国家主义"，实则拥护袁世凯，1913年并入进步党

民主党：1912年9月成立于北京，由梁启超、汤化龙等前立宪党人组建，政纲取稳健主义，立场倾向于共和党，拥护袁世凯政府，1913年并入进步党

进步党：1913年5月成立于北京，由共和、统一、民主三党联合组成，黎元洪为理事长，主张"取国家主义，建设强善政府""尊人民公意，拥护法赋自由""应世界大势，增进平和实利"，实则听命于袁世凯，是为对抗国民党的国会第二大党

统一共和党：1912年4月成立于南京，由蔡锷、王芝祥、孙毓筠等组成，以"巩固全国统一，建设完美共和政治，循世界之趋势，发展国力，力图进步"为宗旨，立场接近同盟会，1912年8月并入国民党

第一届议会

背景：在以上几大政党相继组建的过程中，袁世凯于1912年8月10日颁布了《中华民国国会组织法》政府划分参众两院，还颁布了《参议院议员选举法》和《众议院议员选举法》，各政党紧锣密鼓地开展了竞选国会议员的准备工作

召开：1912年12月至1913年初，全国举行第一次国会选举，国民党占多数席位，1913年4月在北京正式开会，是为全国最高代议机构

后续：会议期间因宋教仁被刺案、善后大借款案等，袁世凯与孙中山等人发生激烈冲突；1913年10月，袁世凯强迫国会选举他为正式大总统，随即下令解散国民党和国会

二次革命和护国战争

袁世凯的独裁统治

控制内阁 —— 第一流人才内阁：1913年，进步党人熊希龄、梁启超、张謇等组阁，主要成员为军阀官僚，听命袁世凯

颁布《中华民国约法》：1914年，改责任内阁制为总统制，大总统总揽统治权

善后大借款：1913年，以中国盐税、海关税及直隶、山东、河南、江苏四省所指定的中央政府税项为担保，同英、法、德、日、俄五国银行团签订贷款，共计2500万英镑，以作镇压革命党人的经费

"二十一条"：①要求北京政府承认日本继承德国在山东的一切特权并加以扩大；②日本获得在东三省南部和内蒙古东部的各项特权，延长旅顺、大连租期到99年；③中日合办汉冶萍公司；④中国政府聘用日本人为政治、财政、军事顾问，中日合办警察和兵工厂；⑤日本拥有自南昌至武昌、杭州和潮州3条铁路的建筑权，有在福建省开矿、筑路与建港口的优先权，及日人在中国有传教权等。1915年，袁世凯为获日本称帝支持，接受了除第5条外的全部要求

组织筹安会：1915年，由杨度等六人组织成立，公开倡言复辟帝制

洪宪帝制：1915年，袁世凯公然宣布复辟帝制，改称"中华帝国皇帝"，下令次年改为"中华帝国洪宪元年"，激起全国性的反袁风暴，1916年3月，袁世凯被迫撤销帝制

二次革命

💡 **什么是二次革命**：二次革命又称赣宁之役、癸丑之役，1913年，南方革命党人发起的武装推翻袁世凯政权的军事行动

背景：1913年3月，宋教仁北上途中在上海火车站遇刺身亡，以孙中山为首的部分国民党人力主兴师发动二次革命，袁世凯积极备战欲以武力铲除南方革命党人势力

过程：①1913年7月12日，李烈钧在湖口宣布江西独立，发布讨袁檄文，二次革命正式爆发；②15日，黄兴赴南京组织讨袁军，并迫使江苏都督程德全宣布独立，安徽、广东、福建、湖南、上海和重庆也相继宣告独立，袁世凯集中兵力进攻江西和南京；③8月南昌陷落，9月北洋军占领南京；④二次革命仅持续两个月即以失败告终

影响：①资产阶级掌握的地方政权全部丧失，北洋军阀势力扩张到了整个长江流域，是辛亥革命的继续和终结；②袁世凯着手建立个人专制统治，一步步毁灭民初共和政制；③孙中山等再度逃亡日本，重组中华革命党，基本放弃议会政治，回归革命路线

护国战争

背景：①二次革命失败后，袁世凯建立个人独裁统治，但仍不满足，终于在1915年错估形势复辟帝制，引起全国人民愤怒声讨；②以孙中山为首的中华革命党，不断发动讨袁斗争，原先支持袁世凯的进步党人梁启超等，亦由拥袁转向反袁

过程：①1915年12月，蔡锷等宣布云南独立，组织护国军讨袁，护国战争爆发；②次年黔桂川粤浙陕湘等省相继独立，全国讨袁形势在护国运动的推动下迅猛发展，北洋军阀内部矛盾激化，列强对于袁世凯的态度发生转变

结果：1916年3月，袁世凯被迫取消帝制，废除"洪宪"年号，于当年6月死去，在袁世凯死后黎元洪继任大总统，恢复《临时约法》和国会

影响：①帝制被推翻、形式上恢复了资产阶级的共和制形式；②促进了民主共和思潮的传播；③护国运动的胜利使得北洋派内部的分化加剧，没有改变中国的窘境

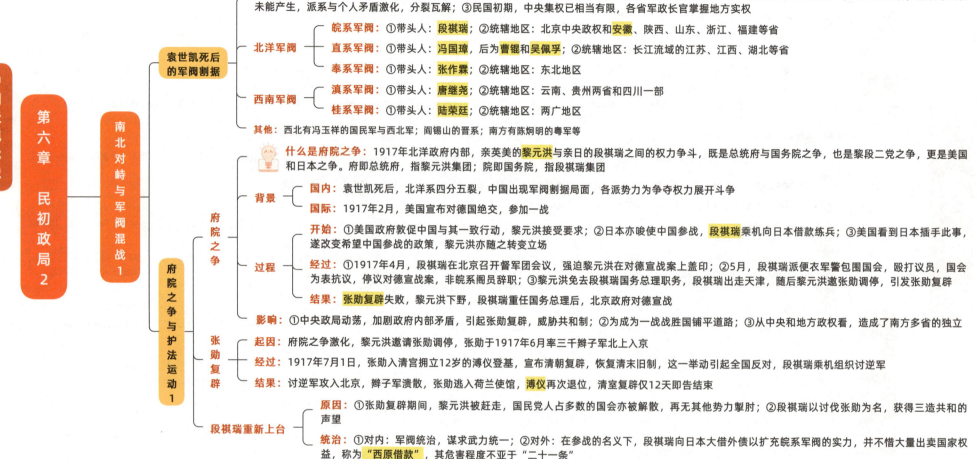

中国近现代史

第六章 民初政局2

南北对峙与军阀混战1

袁世凯死后的军阀割据

军阀分化的原因： ①袁世凯死后，帝国主义失去了统一代理人，各自扶植在华势力代表；②袁世凯在位时，北洋系维持表面统一，袁世凯死后，新领军人物未能产生，派系与个人矛盾激化，分裂瓦解；③民国初期，中央集权已相当有限，各省军政长官掌握地方实权

北洋军阀
- **皖系军阀：** ①带头人：段祺瑞；②统辖地区：北京中央政权和安徽、陕西、山东、浙江、福建等省
- **直系军阀：** ①带头人：冯国璋，后为曹锟和吴佩孚；②统辖地区：长江流域的江苏、江西、湖北等省
- **奉系军阀：** ①带头人：张作霖；②统辖地区：东北地区

西南军阀
- **滇系军阀：** ①带头人：唐继尧；②统辖地区：云南、贵州两省和四川一部
- **桂系军阀：** ①带头人：陆荣廷；②统辖地区：两广地区

其他： 西北有冯玉祥的国民军与西北军；阎锡山的晋系；南方有陈炯明的粤军等

府院之争与护法运动1

府院之争

什么是府院之争： 1917年北洋政府内部，亲英美的黎元洪与亲日的段祺瑞之间的权力争斗，既是总统府与国务院之争，也是黎段二党之争，更是美国和日本之争。府即总统府，指黎元洪集团；院即国务院，指段祺瑞集团

背景
- **国内：** 袁世凯死后，北洋系四分五裂，中国出现军阀割据局面，各派势力为争夺权力展开斗争
- **国际：** 1917年2月，美国宣布对德国绝交，参加一战

过程
- **开始：** ①美国政府敦促中国与其一致行动，黎元洪接受要求；②日本亦唆使中国参战，段祺瑞乘机向日本借款练兵；③美国看到日本插手此事，遂改变希望中国参战的政策，黎元洪亦随之转变立场
- **经过：** ①1917年4月，段祺瑞在北京召开督军团会议，强迫黎元洪在对德宣战案上盖印；②5月，段祺瑞派便衣军警包围国会，殴打议员，国会为表抗议，停议对德宣战案，非皖系阁员辞职；③黎元洪免去段祺瑞国务总理职务，段祺瑞出走天津，随后黎元洪邀张勋调停，引发张勋复辟
- **结果：** 张勋复辟失败，黎元洪下野，段祺瑞重任国务总理后，北京政府对德宣战

影响： ①中央政局动荡，加剧政府内部矛盾，引起张勋复辟，威胁共和制；②为成为一战战胜国铺平道路；③从中央和地方政权看，造成了南方多省的独立

张勋复辟
- **起因：** 府院之争激化，黎元洪邀请张勋调停，张勋于1917年6月率三千辫子军北上入京
- **经过：** 1917年7月1日，张勋入清宫拥立12岁的溥仪登基，宣布清朝复辟，恢复清末旧制，这一举动引起全国反对，段祺瑞乘机组织讨逆军
- **结果：** 讨逆军攻入北京，辫子军溃散，张勋逃入荷兰使馆，溥仪再次退位，清室复辟仅12天即告结束

段祺瑞重新上台
- **原因：** ①张勋复辟期间，黎元洪被赶走，国民党人占多数的国会亦被解散，再无其他势力掣肘；②段祺瑞以讨伐张勋为名，获得三造共和的声望
- **统治：** ①对内：军阀统治，谋求武力统一；②对外：在参战的名义下，段祺瑞向日本大借外债以扩充皖系军阀的实力，并不惜大量出卖国家权益，称为"西原借款"，其危害程度不亚于"二十一条"

第六章 民初政局3

南北对峙与军阀混战2

府院之争与护法运动2

护法运动

背景：①段祺瑞另行组织临时参议院，操纵安福国会，抛弃旧国会和《临时约法》；②1917年7月，孙中山抵达广州，举起"护法"旗帜，通电国会议员南下召开国会，西南军阀也暂时支持护法主张。因不足法定人数，遂召开"非常国会"，选举孙中山为大元帅，宣布段祺瑞为民国叛逆，出兵北伐，开始护法战争

过程：①段祺瑞政府决心推行"武力统一"政策，对西南用兵，南北军队在湖南作战，在直系与西南军阀的联合反对下，段祺瑞被迫停战，其"武力统一"的政策归于失败；②与此同时，南方的护法军政府内部也发生变故，西南军阀本非真正拥护护法战争，他们与直系勾结后便开始排斥孙中山，废元帅制为总裁制，迫使孙中山辞去大元帅职位

结果：孙中山愤而离开广州，前往上海，护法运动失败

影响：护法军政府成立，形成南北分裂对峙局面

第二次护法运动：1920年7月，粤桂战争爆发，孙中山扶植的驻闽南的粤军陈炯明部，回粤讨伐进驻广东的桂系，桂系势力被逐出广东；11月，孙中山回广州重组军政府，并积极筹建正式政府，当选非常大总统，讨桂战争胜利后，准备出师北伐；1922年6月，与孙中山合作的粤军司令陈炯明在广州发动武装政变，孙中山被迫回到上海，第二次护法运动就此失败

军阀混战与政权更替

目的：争夺北京政府的控制权

直皖战争：袁世凯死后，北京政府实权操控在皖系段祺瑞手中，其对外投靠日本，对内排斥异己，引发其他军阀的不满，直系曹锟、吴佩孚开始进行倒皖活动，1920年7月，双方矛盾激化，战争爆发，奉系亦加入直方讨皖，战争持续数日，以皖败、直胜告终，段祺瑞辞职，政权落入直系之手

直奉战争（第一次直奉战争）：奉系在直皖战争中未得多少地盘，与直系矛盾加深。1922年，就梁士诒内阁是否下台问题，双方于4月爆发战争，直军占据优势，奉军溃败。6月，在英美调停下，奉军撤出关外，战争结束

曹锟贿选：直奉战争后，直系独霸北京政权，起初为合法性考虑，恢复民元国会，拥黎元洪复任总统，但不久便迫其辞职，拥曹锟直接上台；1923年10月，曹锟以补发岁费、出席费等为名目贿买议员，被选为总统

江浙战争：第二次直奉战争的前奏；1924年，直系江苏军阀齐燮元（与孙传芳联合）和皖系浙江军阀卢永祥（也控制着上海）因争夺上海地区爆发战争，结果是卢永祥宣布下野，孙传芳占据浙江，齐燮元势力扩张到上海

第二次直奉战争：1924年9月至11月，直奉两系为争夺北京政权爆发的战争，其间"北京政变"发生，直系政权垮台，吴佩孚主力被基本消灭，段祺瑞执政府成立

北京政变：1924年10月，第二次直奉战争进行之时，直系将领冯玉祥倒戈回师北京，囚禁总统曹锟，组织国民军，邀孙中山北上，拥段祺瑞主政

第二次江浙战争：1925年1月，直奉军阀在江沪地区发生的战争，由段祺瑞政权免去齐燮元的江苏督军而引起，孙传芳、张宗昌等参与其中，以齐军失败告终

郭松龄倒戈事件：①第二次直奉战争后，奉系内部土、洋两派矛盾激化，杨宇霆、姜登选等洋派皆得地盘，而土派郭松龄一无所得，决心推倒张作霖；②1925年11月，与冯玉祥、李景林形成倒张"三角同盟"，班师回奉，但因李景林中途变卦与日本的干涉，12月，郭军失败，郭松龄被杀

三一八事件

背景：北京政变后，段祺瑞与张作霖结合，掌握了北京政府，对内破坏国民会议运动，镇压人民革命斗争，对外向帝国主义妥协，同全国人民的矛盾极其尖锐。郭松龄事件后，中共北方区委决定展开更大规模的群众斗争，推倒段祺瑞政府

过程：1926年3月18日，北京群众反对八国通牒国民示威大会召开，会后组织请愿团，前往执政府和国务院请愿，府院卫队奉命开展屠杀，制造惨案

结果：①群众死47人，伤100余人；②李大钊等中共党员被北京政府通缉；③北方革命斗争转入低潮；④段祺瑞政府从此人心丧尽，不久段祺瑞被赶下台

中国近现代史

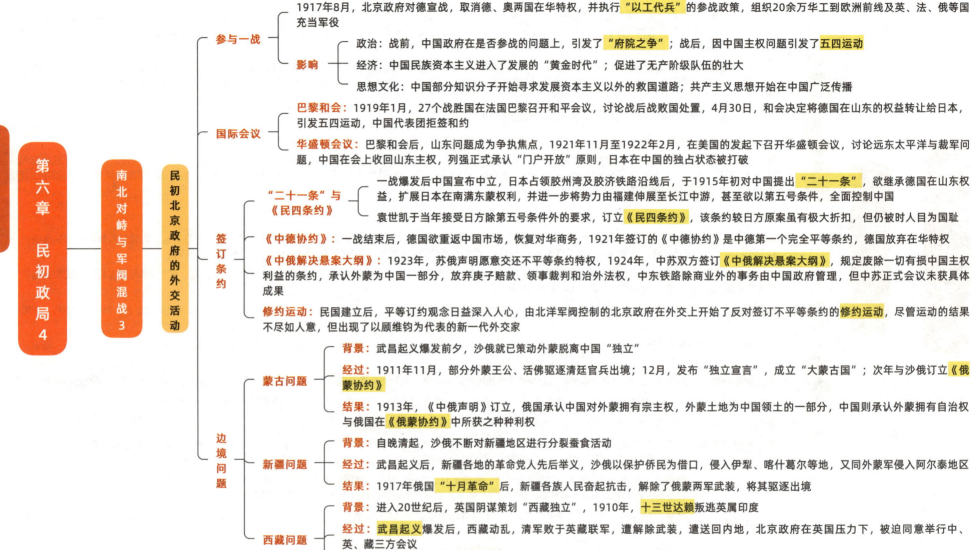

中国近现代史

第六章 民初政局 4

南北对峙与军阀混战 3

民初北京政府的外交活动

参与一战

1917年8月，北京政府对德宣战，取消德、奥两国在华特权，并执行 "以工代兵" 的参战政策，组织20余万华工到欧洲前线及英、法、俄等国充当军役

影响
政治：战前，中国政府在是否参战的问题上，引发了 "府院之争"；战后，因中国主权问题引发了 五四运动
经济：中国民族资本主义进入了发展的 "黄金时代"；促进了无产阶级队伍的壮大
思想文化：中国部分知识分子开始寻求发展资本主义以外的救国道路；共产主义思想开始在中国广泛传播

国际会议
巴黎和会：1919年1月，27个战胜国在法国巴黎召开和平会议，讨论战后战败国处置，4月30日，和会决定将德国在山东的权益转让给日本，引发五四运动，中国代表团拒签和约
华盛顿会议：巴黎和会后，山东问题成为争执焦点，1921年11月至1922年2月，在美国的发起下召开华盛顿会议，讨论远东太平洋与裁军问题，中国在会上收回山东主权，列强正式承认 "门户开放" 原则，日本在中国的独占状态被打破

签订条约
"二十一条" 与《民四条约》
一战爆发后中国宣布中立，日本占领胶州湾及胶济铁路沿线后，于1915年初对中国提出 "二十一条"，欲继承德国在山东权益，扩展日本在南满东蒙权利，并进一步将势力由福建伸展至长江中游，甚至欲以第五号条件，全面控制中国
袁世凯于当年接受日方除第五号条件外的要求，订立《民四条约》，该条约较日方原案虽有极大折扣，但仍被时人目为国耻
《中德协约》：一战结束后，德国欲重返中国市场，恢复对华商务，1921年签订的《中德协约》是中德第一个完全平等条约，德国放弃在华特权
《中俄解决悬案大纲》：1923年，苏俄声明愿意交还不平等条约特权，1924年，中苏双方签订《中俄解决悬案大纲》，规定废除一切有损中国主权利益的条约，承认外蒙为中国一部分，放弃庚子赔款、领事裁判和治外法权，中东铁路除商业外的事务由中国政府管理，但中苏正式会议未获具体成果
修约运动：民国建立后，平等订约观念日益深入人心，由北洋军阀控制的北京政府在外交上开始了反对签订不平等条约的修约运动，尽管运动的结果不尽如人意，但出现了以顾维钧为代表的新一代外交家

边境问题

蒙古问题
背景：武昌起义爆发前夕，沙俄就已策动外蒙脱离中国 "独立"
经过：1911年11月，部分外蒙王公、活佛驱逐清廷官兵出境；12月，发布 "独立宣言"，成立 "大蒙古国"；次年与沙俄订立《俄蒙协约》
结果：1913年，《中俄声明》订立，俄国承认中国对外蒙拥有宗主权，外蒙土地为中国领土的一部分，中国则承认外蒙拥有自治权与俄国在《俄蒙协约》中所获之种种利权

新疆问题
背景：自晚清起，沙俄不断对新疆地区进行分裂蚕食活动
经过：武昌起义后，新疆各地的革命党人先后举义，沙俄以保护侨民为借口，侵入伊犁、喀什葛尔等地，又同外蒙军侵入阿尔泰地区
结果：1917年俄国 "十月革命" 后，新疆各族人民奋起抗击，解除了俄蒙两军武装，将其驱逐出境

西藏问题
背景：进入20世纪后，英国阴谋策划 "西藏独立"，1910年，十三世达赖叛逃英属印度
经过：武昌起义爆发后，西藏动乱，清军败于英藏联军，遭解除武装，遣送回内地，北京政府在英国压力下，被迫同意举行中、英、藏三方会议
结果：1913—1914年，西姆拉会议召开，英方提出所谓 "内藏" "外藏" 之说，企图以 "自治" 名义分裂西藏，中方拒绝签约，其间英藏代表非法划定 "麦克马洪线"，将部分藏南领土划归英属印度

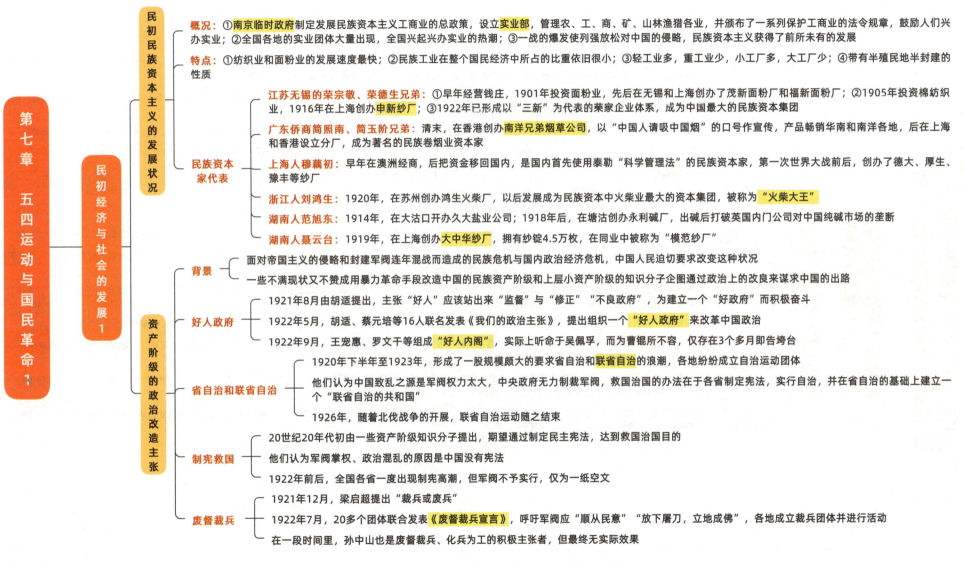

第七章　五四运动与国民革命 1

中国近现代史

民初经济与社会的发展 1

民初民族资本主义的发展状况

概况： ①南京临时政府制定发展民族资本主义工商业的总政策，设立实业部，管理农、工、商、矿、山林渔猎各业，并颁布了一系列保护工商业的法令规章，鼓励人们兴办实业；②全国各地的实业团体大量出现，全国兴起兴办实业的热潮；③一战的爆发使列强放松对中国的侵略，民族资本主义获得了前所未有的发展

特点： ①纺织业和面粉业的发展速度最快；②民族工业在整个国民经济中所占的比重依旧很小；③轻工业多，重工业少，小工厂多，大工厂少；④带有半殖民地半封建的性质

民族资本家代表

江苏无锡的荣宗敬、荣德生兄弟：①早年经营钱庄，1901年投资面粉业，先后在无锡和上海创办了茂新面粉厂和福新面粉厂；②1905年投资棉纺织业，1916年在上海创办申新纱厂；③1922年已形成以"三新"为代表的荣家企业体系，成为中国最大的民族资本集团

广东侨商简照南、简玉阶兄弟：清末，在香港创办南洋兄弟烟草公司，以"中国人请吸中国烟"的口号作宣传，产品畅销华南和南洋各地，后在上海和香港设立分厂，成为著名的民族卷烟业资本家

上海人穆藕初：早年在澳洲经商，后把资金移回国内，是国内首先使用泰勒"科学管理法"的民族资本家，第一次世界大战前后，创办了德大、厚生、豫丰等纱厂

浙江人刘鸿生：1920年，在苏州创办鸿生火柴厂，以后发展成为民族资本中火柴业最大的资本集团，被称为"火柴大王"

湖南人范旭东：1914年，在大沽口开办久大盐业公司；1918年后，在塘沽创办永利碱厂，出碱后打破英国卜内门公司对中国纯碱市场的垄断

湖南人聂云台：1919年，在上海创办大中华纱厂，拥有纱锭4.5万枚，在同业中被称为"模范纱厂"

资产阶级的政治改造主张

背景

面对帝国主义的侵略和封建军阀连年混战而造成的民族危机与国内政治经济危机，中国人民迫切要求改变这种状况

一些不满现状又不赞成用暴力革命手段改造中国的民族资产阶级和上层小资产阶级的知识分子企图通过政治上的改良来谋求中国的出路

好人政府

1921年8月由胡适提出，主张"好人"应该站出来"监督"与"修正""不良政府"，为建立一个"好政府"而积极奋斗

1922年5月，胡适、蔡元培等16人联名发表《我们的政治主张》，提出组织一个"好人政府"来改革中国政治

1922年9月，王宠惠、罗文干等组成"好人内阁"，实际上听命于吴佩孚，而为曹锟所不容，仅存在3个多月即告垮台

省自治和联省自治

1920年下半年至1923年，形成了一股规模颇大的要求省自治和联省自治的浪潮，各地纷纷成立自治运动团体

他们认为中国致乱之源是军阀权力太大，中央政府无力制裁军阀，救国治国的办法在于各省制定宪法，实行自治，并在省自治的基础上建立一个"联省自治的共和国"

1926年，随着北伐战争的开展，联省自治运动随之结束

制宪救国

20世纪20年代初由一些资产阶级知识分子提出，期望通过制定民主宪法，达到救国治国目的

他们认为军阀掌权、政治混乱的原因是中国没有宪法

1922年前后，全国各省一度出现制宪高潮，但军阀不予实行，仅为一纸空文

废督裁兵

1921年12月，梁启超提出"裁兵或废兵"

1922年7月，20多个团体联合发表《废督裁兵宣言》，呼吁军阀应"顺从民意""放下屠刀，立地成佛"，各地成立裁兵团体并进行活动

在一段时间里，孙中山也是废督裁兵、化兵为工的积极主张者，但最终无实际效果

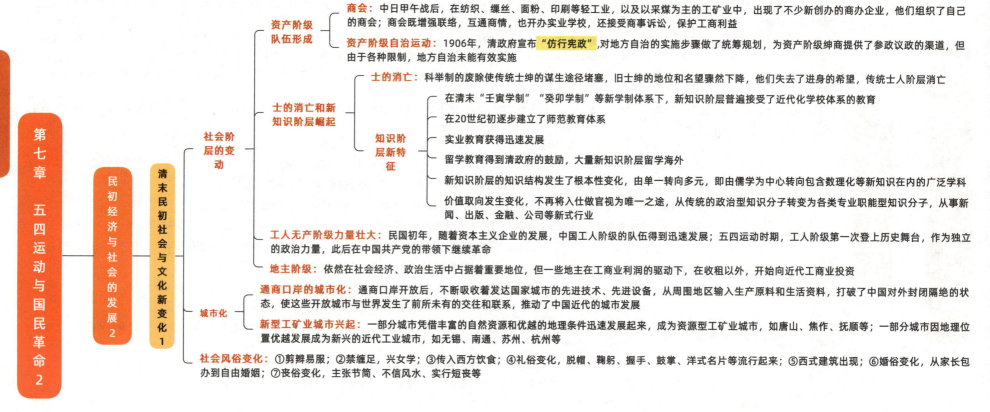

中国近现代史

第七章 五四运动与国民革命2

民初经济与社会的发展2

清末民初社会与文化新变化1

社会阶层的变动

资产阶级队伍形成

商会： 中日甲午战后，在纺织、缫丝、面粉、印刷等轻工业，以及以采煤为主的工矿业中，出现了不少新创办的商办企业，他们组织了自己的商会；商会既增强联络，互通商情，也开办实业学校，还接受商事诉讼，保护工商利益

资产阶级自治运动： 1906年，清政府宣布 <mark>"仿行宪政"</mark>，对地方自治的实施步骤做了统筹规划，为资产阶级绅商提供了参政议政的渠道，但由于各种限制，地方自治未能有效实施

士的消亡和新知识阶层崛起

士的消亡： 科举制的废除使传统士绅的谋生途径堵塞，旧士绅的地位和名望骤然下降，他们失去了进身的希望，传统士人阶层消亡

知识阶层新特征

在清末 "壬寅学制" "癸卯学制" 等新学制体系下，新知识阶层普遍接受了近代化学校体系的教育

在20世纪初逐步建立了师范教育体系

实业教育获得迅速发展

留学教育得到清政府的鼓励，大量新知识阶层留学海外

新知识阶层的知识结构发生了根本性变化，由单一转向多元，即由儒学为中心转向包含数理化等新知识在内的广泛学科

价值取向发生变化，不再将入仕做官视为唯一之途，从传统的政治型知识分子转变为各类专业职能型知识分子，从事新闻、出版、金融、公司等新式行业

工人无产阶级力量壮大： 民国初年，随着资本主义企业的发展，中国工人阶级的队伍得到迅速发展；五四运动时期，工人阶级第一次登上历史舞台，作为独立的政治力量，此后在中国共产党的带领下继续革命

地主阶级： 依然在社会经济、政治生活中占据着重要地位，但一些地主在工商业利润的驱动下，在收租以外，开始向近代工商业投资

城市化

通商口岸的城市化： 通商口岸开放后，不断吸收着发达国家城市的先进技术、先进设备，从周围地区输入生产原料和生活资料，打破了中国对外封闭隔绝的状态，使这些开放城市与世界发生了前所未有的交往和联系，推动了中国近代的城市发展

新型工矿业城市兴起： 一部分城市凭借丰富的自然资源和优越的地理条件迅速发展起来，成为资源型工矿业城市，如唐山、焦作、抚顺等；一部分城市因地理位置优越发展成为新兴的近代工业城市，如无锡、南通、苏州、杭州等

社会风俗变化： ①剪辫易服；②禁缠足，兴女学；③传入西方饮食；④礼俗变化，脱帽、鞠躬、握手、鼓掌、洋式名片等流行起来；⑤西式建筑出现；⑥婚俗变化，从家长包办到自由婚姻；⑦丧俗变化，主张节简、不信风水、实行短丧等

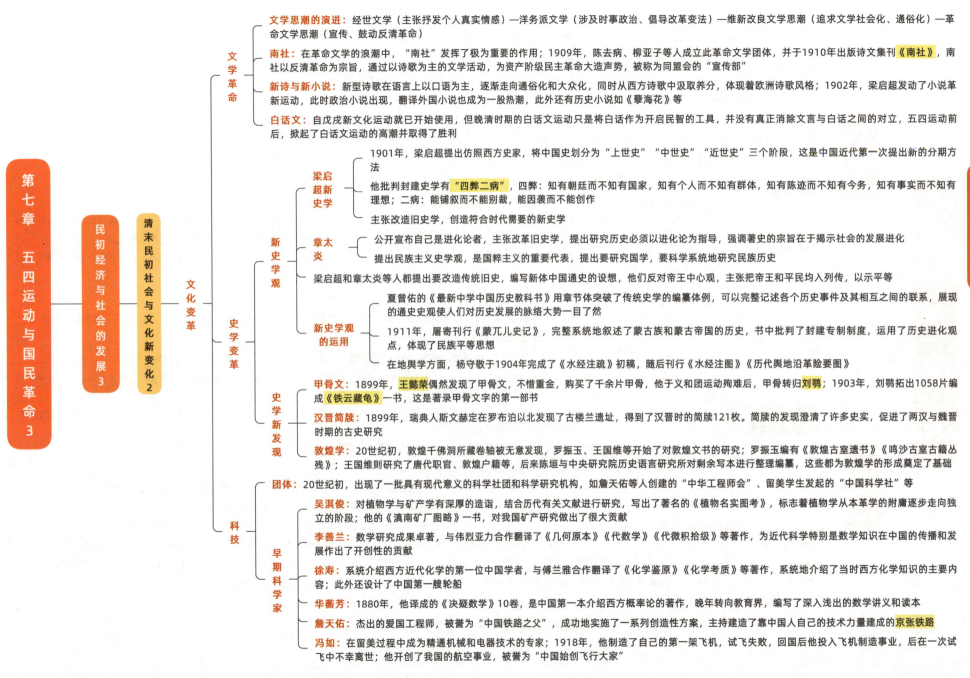

文学思潮的演进：经世文学（主张抒发个人真实情感）—洋务派文学（涉及时事政治、倡导改革变法）—维新改良文学思潮（追求文学社会化、通俗化）—革命文学思潮（宣传、鼓动反清革命）

南社：在革命文学的浪潮中，"南社"发挥了极为重要的作用；1909年，陈去病、柳亚子等人成立此革命文学团体，并于1910年出版诗文集刊《南社》，南社以反清革命为宗旨，通过以诗歌为主的文学活动，为资产阶级民主革命大造声势，被称为同盟会的"宣传部"

新诗与新小说：新型诗歌在语言上以口语为主，逐渐走向通俗化和大众化，同时从西方诗歌中汲取养分，体现着欧洲诗歌风格；1902年，梁启超发动了小说革新运动，此时政治小说出现，翻译外国小说也成为一股热潮，此外还有历史小说如《孽海花》等

白话文：自戊戌新文化运动就已开始使用，但晚清时期的白话文运动只是将白话作为开启民智的工具，并没有真正消除文言与白话之间的对立，五四运动前后，掀起了白话文运动的高潮并取得了胜利

文学革命

梁启超新史学：1901年，梁启超提出仿照西方史家，将中国史划分为"上世史""中世史""近世史"三个阶段，这是中国近代第一次提出新的分期方法

他批判封建史学有"四弊二病"，四弊：知有朝廷而不知有国家，知有个人而不知有群体，知有陈迹而不知有今务，知有事实而不知有理想；二病：能铺叙而不能别裁，能因袭而不能创作

主张改造旧史学，创造符合时代需要的新史学

章太炎：公开宣布自己是进化论者，主张改革旧史学，提出研究历史必须以进化论为指导，强调著史的宗旨在于揭示社会的发展进化

提出民族主义史学观，是国粹主义的重要代表，提出要研究国学，要科学系统地研究民族历史

梁启超和章太炎等人都提出要改造传统旧史，编写新体中国通史的设想，他们反对帝王中心观，主张把帝王和平民均入列传，以示平等

新史学观

新史学观的运用：夏曾佑的《最新中学中国历史教科书》用章节体突破了传统史学的编纂体例，可以完整记述各个历史事件及其相互之间的联系，展现的通史史观使人们对历史发展的脉络大势一目了然

1911年，屠寄刊行《蒙兀儿史记》，完整系统地叙述了蒙古族和蒙古帝国的历史，书中批判了封建专制制度，运用了历史进化观点，体现了民族平等思想

在地舆学方面，杨守敬于1904年完成了《水经注疏》初稿，随后刊行《水经注图》《历代舆地沿革险要图》

史学变革

甲骨文：1899年，王懿荣偶然发现了甲骨文，不惜重金，购买了千余片甲骨，他于义和团运动殉难后，甲骨转归刘鹗；1903年，刘鹗拓出1058片编成《铁云藏龟》一书，这是著录甲骨文字的第一部书

汉晋简牍：1899年，瑞典人斯文赫定在罗布泊以北发现了古楼兰遗址，得到了汉晋时的简牍121枚。简牍的发现澄清了许多史实，促进了两汉与魏晋时期的古史研究

敦煌学：20世纪初，敦煌千佛洞所藏卷轴被无意发现，罗振玉、王国维等开始了对敦煌文书的研究；罗振玉编有《敦煌古室遗书》《鸣沙古室古籍丛残》；王国维则研究了唐代职官、敦煌户籍等，后来陈垣与中央研究院历史语言研究所对剩余写本进行整理编纂，这些都为敦煌学的形成奠定了基础

史学新发现

团体：20世纪初，出现了一批具有现代意义的科学社团和科学研究机构，如詹天佑等人创建的"中华工程师会"、留美学生发起的"中国科学社"等

吴淇俊：对植物学与矿产学有深厚的造诣，结合历代有关文献进行研究，写出了著名的《植物名实图考》，标志着植物学从本草学的附庸逐步走向独立的阶段；他的《滇南矿厂图略》一书，对我国矿产研究做出了很大贡献

李善兰：数学研究成果卓著，与伟烈亚力合作翻译了《几何原本》《代数学》《代微积拾级》等著作，为近代科学特别是数学知识在中国的传播和发展作出了开创性的贡献

徐寿：系统介绍西方近代化学的第一位中国学者，与傅兰雅合作翻译了《化学鉴原》《化学考质》等著作，系统地介绍了当时西方化学知识的主要内容；此外还设计了中国第一艘轮船

华蘅芳：1880年，他译成的《决疑数学》10卷，是中国第一本介绍西方概率论的著作，晚年转向教育界，编写了深入浅出的数学讲义和读本

詹天佑：杰出的爱国工程师，被誉为"中国铁路之父"，成功地实施了一系列创造性方案，主持建造了靠中国人自己的技术力量建成的京张铁路

冯如：在留美过程中成为精通机械和电器技术的专家；1918年，他制造了自己的第一架飞机，试飞失败，回国后他投入飞机制造事业，后在一次试飞中不幸离世；他开创了我国的航空事业，被誉为"中国始创飞行大家"

文化变革

史学变革

科技

早期科学家

清末民初社会与文化新变化2

民初经济与社会的发展3

第七章　五四运动与国民革命3

中国近现代史

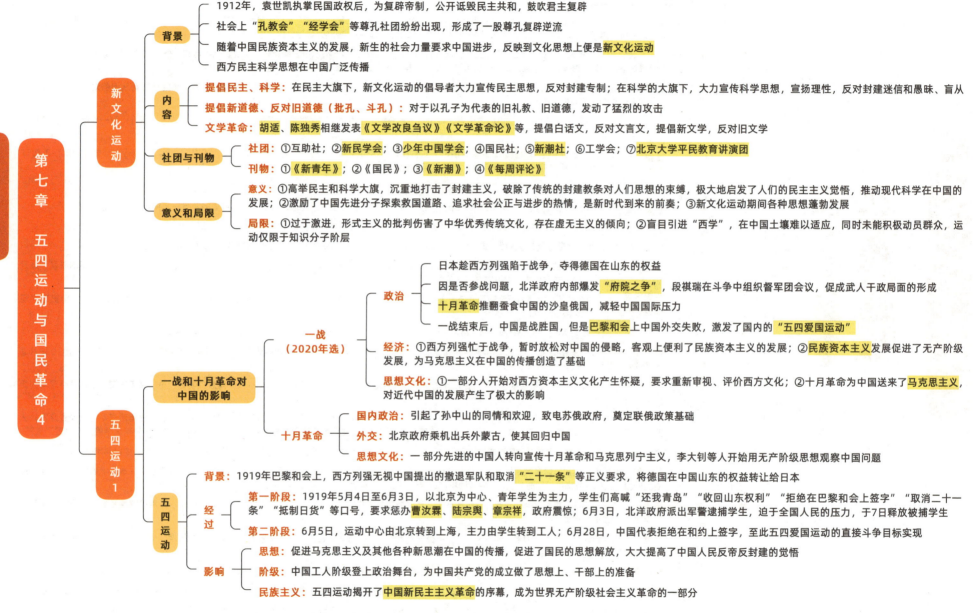

中国近现代史

第七章　五四运动与国民革命 4

新文化运动

背景
- 1912年，袁世凯执掌民国政权后，为复辟帝制，公开诋毁民主共和，鼓吹君主复辟
- 社会上"孔教会""经学会"等尊孔社团纷纷出现，形成了一股尊孔复辟逆流
- 随着中国民族资本主义的发展，新生的社会力量要求中国进步，反映到文化思想上便是新文化运动
- 西方民主科学思想在中国广泛传播

内容
- 提倡民主、科学：在民主大旗下，新文化运动的倡导者大力宣传民主思想，反对封建专制；在科学的大旗下，大力宣传科学思想，宣扬理性，反对封建迷信和愚昧、盲从
- 提倡新道德、反对旧道德（批孔、斗孔）：对于以孔子为代表的旧礼教、旧道德，发动了猛烈的攻击
- 文学革命：胡适、陈独秀相继发表《文学改良刍议》《文学革命论》等，提倡白话文，反对文言文，提倡新文学，反对旧文学

社团与刊物
- 社团：①互助社；②新民学会；③少年中国学会；④国民社；⑤新潮社；⑥工学会；⑦北京大学平民教育讲演团
- 刊物：①《新青年》；②《国民》；③《新潮》；④《每周评论》

意义和局限
- 意义：①高举民主和科学大旗，沉重地打击了封建主义，破除了传统的封建教条对人们思想的束缚，极大地启发了人们的民主主义觉悟，推动现代科学在中国的发展；②激励了中国先进分子探索救国道路、追求社会公正与进步的热情，是新时代到来的前奏；③新文化运动期间各种思想蓬勃发展
- 局限：①过于激进，形式主义的批判伤害了中华优秀传统文化，存在虚无主义的倾向；②盲目引进"西学"，在中国土壤难以适应，同时未能积极动员群众，运动仅限于知识分子阶层

五四运动 1

一战和十月革命对中国的影响

一战（2020年选）
- 政治
  - 日本趁西方列强陷于战争，夺得德国在山东的权益
  - 因是否参战问题，北洋政府内部爆发"府院之争"，段祺瑞在斗争中组织督军团会议，促成武人干政局面的形成
  - 十月革命推翻蚕食中国的沙皇俄国，减轻中国国际压力
  - 一战结束后，中国是战胜国，但是巴黎和会上中国外交失败，激发了国内的"五四爱国运动"
- 经济：①西方列强忙于战争，暂时放松对中国的侵略，客观上便利了民族资本主义的发展；②民族资本主义发展促进了无产阶级发展，为马克思主义在中国的传播创造了基础
- 思想文化：①一部分人开始对西方资本主义文化产生怀疑，要求重新审视、评价西方文化；②十月革命为中国送来了马克思主义，对近代中国的发展产生了极大的影响

十月革命
- 国内政治：引起了孙中山的同情和欢迎，致电苏俄政府，奠定联俄政策基础
- 外交：北京政府乘机出兵外蒙古，使其回归中国
- 思想文化：一部分先进的中国人转向宣传十月革命和马克思列宁主义，李大钊等人开始用无产阶级思想观察中国问题

五四运动

背景：1919年巴黎和会上，西方列强无视中国提出的撤退军队和取消"二十一条"等正义要求，将德国在中国山东的权益转让给日本

经过
- 第一阶段：1919年5月4日至6月3日，以北京为中心、青年学生为主力，学生们高喊"还我青岛""收回山东权利""拒绝在巴黎和会上签字""取消二十一条""抵制日货"等口号，要求惩办曹汝霖、陆宗舆、章宗祥，政府震惊；6月3日，北洋政府派出军警逮捕学生，迫于全国人民的压力，于7日释放被捕学生
- 第二阶段：6月5日，运动中心由北京转到上海，主力由学生转到工人；6月28日，中国代表拒绝在和约上签字，至此五四爱国运动的直接斗争目标实现

影响
- 思想：促进马克思主义及其他各种新思潮在中国的传播，促进了国民的思想解放，大大提高了中国人民反帝反封建的觉悟
- 阶级：中国工人阶级登上政治舞台，为中国共产党的成立做了思想上、干部上的准备
- 民族主义：五四运动揭开了中国新民主主义革命的序幕，成为世界无产阶级社会主义革命的一部分

中国近现代史

第七章 五四运动与国民革命 5

五四运动 2

五四后的新思潮

马克思主义的传播（2018年选、2024年选）

性质： 19世纪40年代形成的无产阶级学说

背景： ①一战暴露了资本主义制度固有的不可克服的矛盾；②新文化运动动摇了封建正统思想的统治地位，已经在中国社会掀起一股思想解放的潮流；③在五四运动中，中国各阶级人民的觉悟有了很大的提高，先进的知识分子通过五四运动开始学习和研究马克思主义；④1919年，苏俄宣布无条件地将沙皇政府在中国掠夺的一切权利交还给中国人民，引起强烈反响

表现： ①李大钊先后发表《法俄革命之比较观》《庶民的胜利》《布尔什维主义的胜利》等文章，热情讴歌十月革命的胜利；五四运动后，李大钊发表《我的马克思主义观》系统介绍了马克思主义理论，标志着马克思主义在中国进入比较系统的传播阶段；②陈独秀明确宣布用革命手段建立劳动阶级的国家；③毛泽东在《湘江评论》上歌颂十月革命的胜利，到北京后热心搜寻并阅读共产主义书籍，建立起对马克思主义的信仰

重要刊物： 《每周评论》、《新青年》、《晨报》副刊、《民国日报》副刊、《觉悟》、《湘江评论》、《新社会》、《少年世界》

其他先进分子： 蔡和森、周恩来、李达、李汉俊、杨匏安、陈望道、邓中夏、张太雷等

实用主义（又称"实验主义"）：①否认客观真理和人类社会发展的规律，认为凡是能提供利益和符合需要的便是真理，否认事物的根本变革，主张进化和改良。②由胡适引入中国，1919年，胡适发表《实验主义》一文，并邀实用主义学者杜威来中国讲演，这一思潮在中国风行一时；胡适曾与马克思主义者爆发"问题与主义"之争

基尔特主义（又称"行会社会主义"）：①主张在保存现有国家政权的条件下，组织基尔特管理生产，实行生产自治，产业民主，由国家负责产品分配和保证全民的消费；②梁启超、张东荪积极鼓吹，以此作为反对马克思主义的思想武器

无政府主义
- 一种小资产阶级社会思潮，主张个人绝对自由，反对强权和国家，幻想通过宣传和暗杀等手段建立一个生活平等、工作自由、各尽所能、各取所需、互助互爱的无政府共产主义社会
- 不少早期共产主义者也曾受过它的影响

工读主义
- 主张劳心与劳力、工与读相结合，教育与职业合一，学问与生计合一，把工读互助团办成"人人工作，人人读书，各尽所能，各取所需"的新组织
- 1919年，王光祈等曾组织工读互助团，但仅持续数月，便告解散

新村主义
- 主张脱离旧社会的恶势力，另辟一块小天地，建立没有压迫、没有剥削、没有脑力和体力劳动对立，人人平等，互助友爱的新村
- 1919年，周作人开始向国内介绍新村主义的理论与实践，被一些青年知识分子接受和实践

合作主义
- 主张通过组织合作社来消灭剥削，实现社会主义
- 五四时期，各地先后出现了一批研究和宣传合作主义的小团体，其中成立最早、影响较大的是上海平民周刊社（后改为平民学社）

平民教育
- 主张通过普及教育来改造社会和救国，认为只要"普及平民教育"，就能解决社会问题
- 1919年下半年，北京高等师范的教职员和学生成立了研究宣传及实施平民教育的平民教育社，创办《平民教育》杂志，后来还成立了讲演部

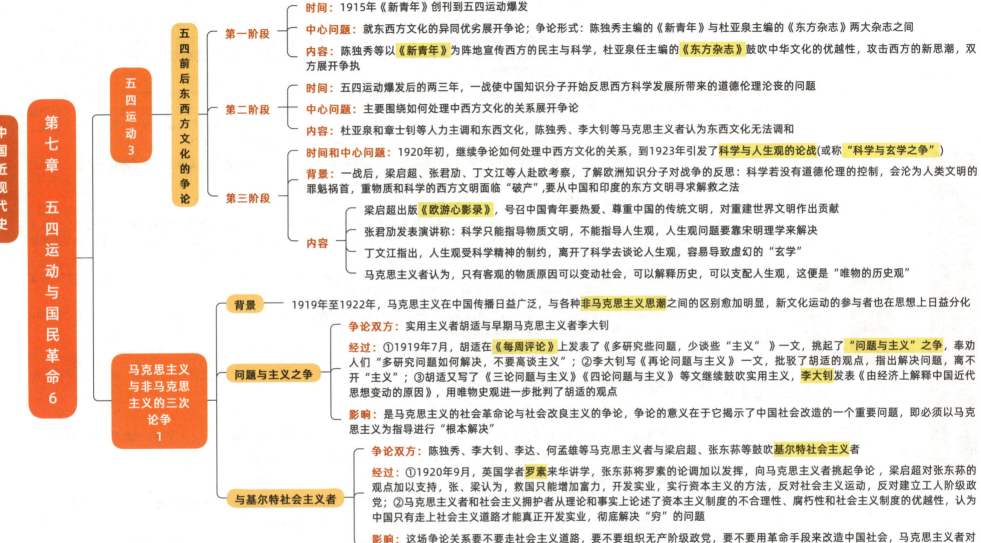

中国近现代史

第七章 五四运动与国民革命 6

五四运动 3

五四前后东西方文化的争论

第一阶段

时间：1915年《新青年》创刊到五四运动爆发

中心问题：就东西方文化的异同优劣展开争论；争论形式：陈独秀主编的《新青年》与杜亚泉主编的《东方杂志》两大杂志之间

内容：陈独秀等以《新青年》为阵地宣传西方的民主与科学，杜亚泉任主编的《东方杂志》鼓吹中华文化的优越性，攻击西方的新思潮，双方展开争执

第二阶段

时间：五四运动爆发后的两三年，一战使中国知识分子开始反思西方科学发展所带来的道德伦理沦丧的问题

中心问题：主要围绕如何处理中西方文化的关系展开争论

内容：杜亚泉和章士钊等人力主调和东西文化，陈独秀、李大钊等马克思主义者认为东西文化无法调和

第三阶段

时间和中心问题：1920年初，继续争论如何处理中西方文化的关系，到1923年引发了科学与人生观的论战(或称"科学与玄学之争")

背景：一战后，梁启超、张君劢、丁文江等人赴欧考察，了解欧洲知识分子对战争的反思：科学若没有道德伦理的控制，会沦为人类文明的罪魁祸首，重物质和科学的西方文明面临"破产"，要从中国和印度的东方文明寻求解救之法

内容

梁启超出版《欧游心影录》，号召中国青年要热爱、尊重中国的传统文明，对重建世界文明作出贡献

张君劢发表演讲称：科学只能指导物质文明，不能指导人生观，人生观问题要靠宋明理学来解决

丁文江指出，人生观受科学精神的制约，离开了科学去谈论人生观，容易导致虚幻的"玄学"

马克思主义者认为，只有客观的物质原因可以变动社会，可以解释历史，可以支配人生观，这便是"唯物的历史观"

马克思主义与非马克思主义的三次论争 1

背景

1919年至1922年，马克思主义在中国传播日益广泛，与各种非马克思主义思潮之间的区别愈加明显，新文化运动的参与者也在思想上日益分化

问题与主义之争

争论双方：实用主义者胡适与早期马克思主义者李大钊

经过：①1919年7月，胡适在《每周评论》上发表了《多研究些问题，少谈些"主义"》一文，挑起了"问题与主义"之争，奉劝人们"多研究问题如何解决，不要高谈主义"；②李大钊写《再论问题与主义》一文，批驳了胡适的观点，指出解决问题，离不开"主义"；③胡适又写了《三论问题与主义》《四论问题与主义》等文继续鼓吹实用主义，李大钊发表《由经济上解释中国近代思想变动的原因》，用唯物史观进一步批判了胡适的观点

影响：是马克思主义的社会革命论与社会改良主义的争论，争论的意义在于它揭示了中国社会改造的一个重要问题，即必须以马克思主义为指导进行"根本解决"

与基尔特社会主义者

争论双方：陈独秀、李大钊、李达、何孟雄等马克思主义者与梁启超、张东荪等鼓吹基尔特社会主义者

经过：①1920年9月，英国学者罗素来华讲学，张东荪将罗素的论调加以发挥，向马克思主义者挑起争论，梁启超对张东荪的观点加以支持，张、梁认为，救国只能增加富力，开发实业，实行资本主义的方法，反对社会主义运动，反对建立工人阶级政党；②马克思主义者和社会主义拥护者从理论和事实上论述了资本主义制度的不合理性、腐朽性和社会主义制度的优越性，认为中国只有走上社会主义道路才能真正开发实业，彻底解决"穷"的问题

影响：这场争论关系要不要走社会主义道路，要不要组织无产阶级政党，要不要用革命手段来改造中国社会，马克思主义者对张、梁的批判，肯定了中国社会发展的方向是社会主义，宣传了马克思主义的社会革命论，对中国共产党的建立起了促进作用

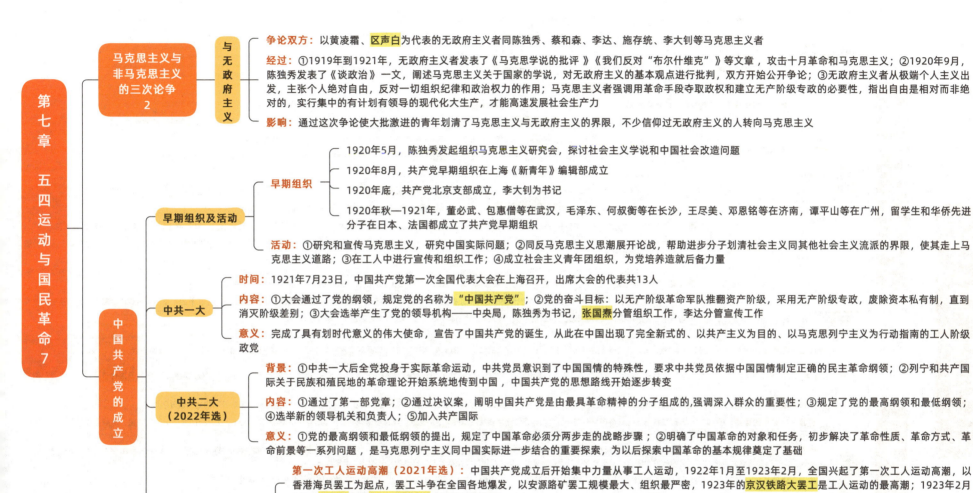

第七章 五四运动与国民革命7

中国近现代史

马克思主义与非马克思主义的三次论争 2

与无政府主义

争论双方：以黄凌霜、区声白为代表的无政府主义者同陈独秀、蔡和森、李达、施存统、李大钊等马克思主义者

经过：①1919年到1921年，无政府主义者发表了《马克思学说的批评》《我们反对"布尔什维克"》等文章，攻击十月革命和马克思主义；②1920年9月，陈独秀发表了《谈政治》一文，阐述马克思主义关于国家的学说，对无政府主义的基本观点进行批判，双方开始公开争论；③无政府主义者从极端个人主义出发，主张个人绝对自由，反对一切组织纪律和政治权力的作用；马克思主义者强调用革命手段夺取政权和建立无产阶级专政的必要性，指出自由是相对而非绝对的，实行集中的有计划有领导的现代化大生产，才能高速发展社会生产力

影响：通过这次争论使大批激进的青年划清了马克思主义与无政府主义的界限，不少信仰过无政府主义的人转向马克思主义

中国共产党的成立

早期组织及活动

早期组织
- 1920年5月，陈独秀发起组织马克思主义研究会，探讨社会主义学说和中国社会改造问题
- 1920年8月，共产党早期组织在上海《新青年》编辑部成立
- 1920年底，共产党北京支部成立，李大钊为书记
- 1920年秋—1921年，董必武、包惠僧等在武汉，毛泽东、何叔衡等在长沙，王尽美、邓恩铭等在济南，谭平山等在广州，留学生和华侨先进分子在日本、法国都成立了共产党早期组织

活动：①研究和宣传马克思主义，研究中国实际问题；②同反马克思主义思潮展开论战，帮助进步分子划清社会主义同其他社会主义流派的界限，使其走上马克思主义道路；③在工人中进行宣传和组织工作；④成立社会主义青年团组织，为党培养造就后备力量

中共一大

时间：1921年7月23日，中国共产党第一次全国代表大会在上海召开，出席大会的代表共13人

内容：①大会通过了党的纲领，规定党的名称为"中国共产党"；②党的奋斗目标：以无产阶级革命军队推翻资产阶级，采用无产阶级专政，废除资本私有制，直到消灭阶级差别；③大会选举产生了党的领导机构——中央局，陈独秀为书记，张国焘分管组织工作，李达分管宣传工作

意义：完成了具有划时代意义的伟大使命，宣告了中国共产党的诞生，从此在中国出现了完全新式的、以共产主义为目的、以马克思列宁主义为行动指南的工人阶级政党

中共二大（2022年选）

背景：①中共一大后全党投身于实际革命运动，中共党员意识到了中国国情的特殊性，要求中共党员依据中国国情制定正确的民主革命纲领；②列宁和共产国际关于民族和殖民地的革命理论开始系统地传到中国，中国共产党的思想路线开始逐步转变

内容：①通过了第一部党章；②通过决议案，阐明中国共产党是由最具革命精神的分子组成的,强调深入群众的重要性；③规定了党的最高纲领和最低纲领；④选举新的领导机关和负责人；⑤加入共产国际

意义：①党的最高纲领和最低纲领的提出，规定了中国革命必须分两步走的战略步骤；②明确了中国革命的对象和任务，初步解决了革命性质、革命方式、革命前景等一系列问题，是马克思列宁主义同中国实际进一步结合的重要探索，为以后探索中国革命的基本规律奠定了基础

群众运动的初步开展

第一次工人运动高潮（2021年选）：中国共产党成立后开始集中力量从事工人运动，1922年1月至1923年2月，全国兴起了第一次工人运动高潮，以香港海员罢工为起点，罢工斗争在全国各地爆发，以安源路矿罢工规模最大、组织最严密，1923年的京汉铁路大罢工是工人运动的最高潮；1923年2月7日，吴佩孚制造"二七惨案"，运动转入低潮

农民运动开始：①最早开始于浙江省萧山县衙前村，1921年9月，共产员沈玄庐等人领导建立农民协会，开展减租斗争，年底在封建势力和反动当局的镇压下，浙江的农民运动低落下去；②广东海丰农民运动：1922年6月，海丰农民运动在共产员彭湃的领导下开展起来，1923年广东农会成立；③湖南：1923年初，中共湘区委员会派人到衡山县的岳北、白果一带开展农民运动，9月在白果召开了岳北农工会成立大会

青年运动：1922年5月，在广州召开了中国社会主义青年团第一次全国代表大会，青年团正式成立后协助共产党广泛开展青年运动

妇女运动：1921年12月，共产党支持中华女界联合会创办刊物《妇女声》宣传妇女解放；1922年，共产党开办了平民女校，培养了一批妇女干部，此外一些知识妇女还开展了女权运动和女子参政运动

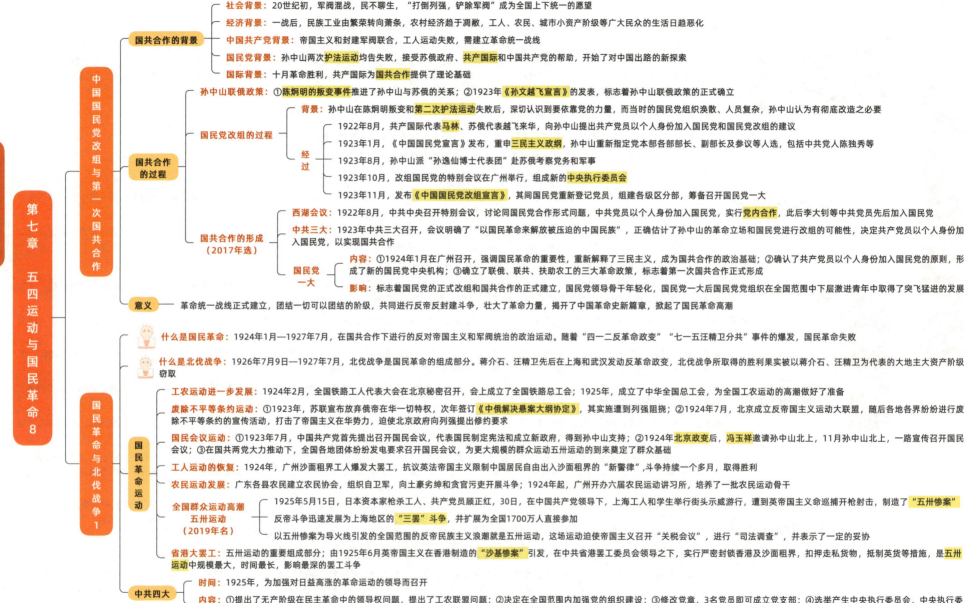

中国近现代史

第七章 五四运动与国民革命 8

中国国民党改组与第一次国共合作

国共合作的背景

- **社会背景**：20世纪初，军阀混战，民不聊生，"打倒列强，铲除军阀"成为全国上下统一的愿望
- **经济背景**：一战后，民族工业由繁荣转向萧条，农村经济趋于凋敝，工人、农民、城市小资产阶级等广大民众的生活日趋恶化
- **中国共产党背景**：帝国主义和封建军阀联合，工人运动失败，需建立革命统一战线
- **国民党背景**：孙中山两次护法运动均告失败，接受苏俄政府、共产国际和中国共产党的帮助，开始了对中国出路的新探索
- **国际背景**：十月革命胜利，共产国际为国共合作提供了理论基础

国共合作的过程

- **孙中山联俄政策**：①陈炯明的叛变事件推进了孙中山与苏俄的关系；②1923年《孙文越飞宣言》的发表，标志着孙中山联俄政策的正式确立
- **国民党改组的过程**
  - **背景**：孙中山在陈炯明叛变和第二次护法运动失败后，深切认识到要依靠党的力量，而当时的国民党组织涣散、人员复杂，孙中山认为有彻底改造之必要
  - **经过**
    - 1922年8月，共产国际代表马林、苏俄代表越飞来华，向孙中山提出共产党员以个人身份加入国民党和国民党改组的建议
    - 1923年1月，《中国国民党宣言》发布，重申三民主义政纲，孙中山重新指定党本部各部部长、副部长及参议等人选，包括中共党人陈独秀等
    - 1923年8月，孙中山派"孙逸仙博士代表团"赴苏俄考察党务和军事
    - 1923年10月，改组国民党的特别会议在广州举行，组成新的中央执行委员会
    - 1923年11月，发布《中国国民党改组宣言》，其间国民党重新登记党员，组建各级区分部，筹备召开国民党一大
- **国共合作的形成（2017年选）**
  - **西湖会议**：1922年8月，中共中央召开特别会议，讨论同国民党合作形式问题，中共党员以个人身份加入国民党，实行党内合作，此后李大钊等中共党员先后加入国民党
  - **中共三大**：1923年中共三大召开，会议明确了"以国民革命来解放被压迫的中国民族"，正确估计了孙中山的革命立场和国民党进行改组的可能性，决定共产党员以个人身份加入国民党，以实现国共合作
  - **国民党一大**
    - **内容**：①1924年1月在广州召开，强调国民革命的重要性，重新解释了三民主义，成为国共合作的政治基础；②确认了共产党员以个人身份加入国民党的原则，形成了新的国民党中央机构；③确立了联俄、联共、扶助农工的三大革命政策，标志着第一次国共合作正式形成
    - **影响**：标志着国民党的正式改组和国共合作的正式建立，国民党领导骨干年轻化，国民党一大后国民党党组织在全国范围中下层激进青年中取得了突飞猛进的发展

意义

革命统一战线正式建立，团结一切可以团结的阶级，共同进行反帝反封建斗争，壮大了革命力量，揭开了中国革命史新篇章，掀起了国民革命高潮

国民革命与北伐战争 1

- **什么是国民革命**：1924年1月—1927年7月，在国共合作下进行的反对帝国主义和军阀统治的政治运动。随着"四一二反革命政变""七一五汪精卫分共"事件的爆发，国民革命失败
- **什么是北伐战争**：1926年7月9日—1927年7月，北伐战争是国民革命的组成部分。蒋介石、汪精卫先后在上海和武汉发动反革命政变，北伐战争所取得的胜利果实被以蒋介石、汪精卫为代表的大地主大资产阶级窃取

国民革命运动

- **工农运动进一步发展**：1924年2月，全国铁路工人代表大会在北京秘密召开，会上成立了全国铁路总工会；1925年，成立了中华全国总工会，为全国工农运动的高潮做好了准备
- **废除不平等条约运动**：①1923年，苏联宣布放弃俄帝在华一切特权，次年签订《中俄解决悬案大纲协定》，其实施遭到列强阻挠；②1924年7月，北京成立反对国际主义运动大联盟，随后各地各界纷纷进行废除不平等条约的宣传活动，打击了帝国主义在华势力，迫使北京政府向列强提出修约要求
- **国民会议运动**：①1923年7月，中国共产党首先提出召开国民会议，代表国民制定宪法和成立新政府，得到孙中山支持；②1924年北京政变后，冯玉祥邀请孙中山北上，11月孙中山北上，一路宣传召开国民会议；③在国共两党大力推动下，全国各地团体纷纷发电要求召开国民会议，为更大规模的群众运动五卅运动的到来奠定了群众基础
- **工人运动的恢复**：1924年，广州沙面租界工人爆发大罢工，抗议英法帝国主义限制中国居民自由出入沙面租界的"新警律"，斗争持续一个多月，取得胜利
- **农民运动发展**：广东各县农民建立农民协会，组织自卫军，向土豪劣绅和贪官污吏开展斗争；1924年起，广州开办六届农民运动讲习所，培养了一批农民运动骨干
- **全国群众运动高潮 五卅运动（2019年名）**
  - 1925年5月15日，日本资本家枪杀工人、共产党员顾正红，30日，在中国共产党领导下，上海工人和学生举行街头示威游行，遭到英帝国主义命巡捕开枪射击，制造了"五卅惨案"
  - 反帝斗争迅速发展为上海地区的"三罢"斗争，并扩展为全国1700万人直接参加
  - 以五卅惨案为导火线引发的全国范围的反帝民族主义浪潮就是五卅运动，这场运动迫使帝国主义召开"关税会议"，进行"司法调查"，并表示了一定的妥协
- **省港大罢工**：五卅运动的重要组成部分；由1925年6月英帝国主义在香港制造的"沙基惨案"引发，在中共省港罢工委员会领导之下，实行严密封锁香港及沙面租界，扣押走私货物，抵制英货等措施，是五卅运动中规模最大，时间最长，影响最深的罢工斗争

中共四大

- **时间**：1925年，为加强对日益高涨的革命运动的领导而召开
- **内容**：①提出了无产阶级在民主革命中的领导权问题，提出了工农联盟问题；②决定在全国范围内加强党的组织建设；③修改党章，3名党员即可成立党支部；④选举产生中央执行委员会，中央执行委员会选出陈独秀任总书记的中央局

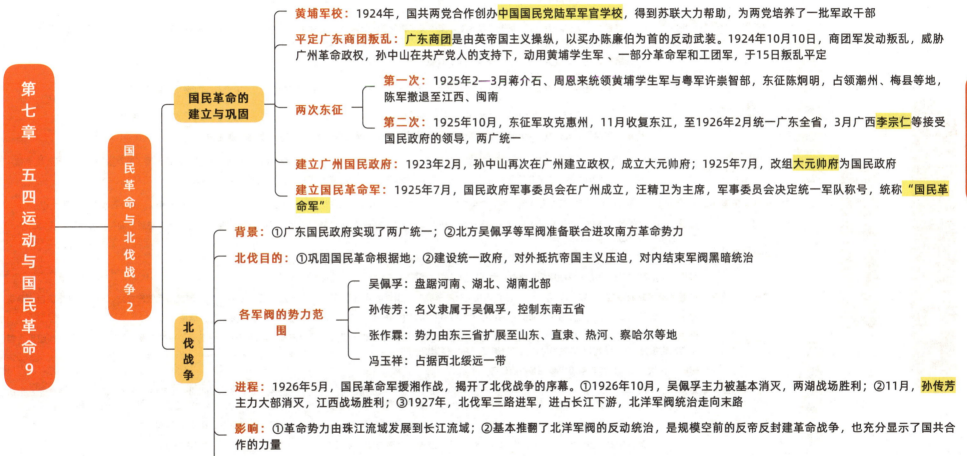

第七章 五四运动与国民革命 9

国民革命与北伐战争 2

国民革命的建立与巩固

黄埔军校：1924年，国共两党合作创办**中国国民党陆军军官学校**，得到苏联大力帮助，为两党培养了一批军政干部

平定广东商团叛乱：**广东商团**是由英帝国主义操纵，以买办陈廉伯为首的反动武装。1924年10月10日，商团军发动叛乱，威胁广州革命政权，孙中山在共产党人的支持下，动用黄埔学生军、一部分革命军和工团军，于15日叛乱平定

两次东征
第一次：1925年2—3月蒋介石、周恩来统领黄埔学生军与粤军许崇智部，东征陈炯明，占领潮州、梅县等地，陈军撤退至江西、闽南
第二次：1925年10月，东征军攻克惠州，11月收复东江，至1926年2月统一广东全省，3月广西**李宗仁**等接受国民政府的领导，两广统一

建立广州国民政府：1923年2月，孙中山再次在广州建立政权，成立大元帅府；1925年7月，改组**大元帅府**为国民政府

建立国民革命军：1925年7月，国民政府军事委员会在广州成立，汪精卫为主席，军事委员会决定统一军队称号，统称"**国民革命军**"

北伐战争

背景：①广东国民政府实现了两广统一；②北方吴佩孚等军阀准备联合进攻南方革命势力

北伐目的：①巩固国民革命根据地；②建设统一政府，对外抵抗帝国主义压迫，对内结束军阀黑暗统治

各军阀的势力范围
吴佩孚：盘踞河南、湖北、湖南北部
孙传芳：名义隶属于吴佩孚，控制东南五省
张作霖：势力由东三省扩展至山东、直隶、热河、察哈尔等地
冯玉祥：占据西北绥远一带

进程：1926年5月，国民革命军援湘作战，揭开了北伐战争的序幕。①1926年10月，吴佩孚主力被基本消灭，两湖战场胜利；②11月，**孙传芳**主力大部消灭，江西战场胜利；③1927年，北伐军三路进军，进占长江下游，北洋军阀统治走向末路

影响：①革命势力由珠江流域发展到长江流域；②基本推翻了北洋军阀的反动统治，是规模空前的反帝反封建革命战争，也充分显示了国共合作的力量

北伐过程中的工人运动：①罢工斗争；②反帝运动，参与汉口、九江英租界收回斗争；③武装斗争，上海工人起义；④工会组织的建立和扩大

中国近现代史

中国近现代史

第七章 五四运动与国民革命 10

国民革命与北伐战争 3

革命阵营内部的斗争与分裂

国民党内部分化（廖仲恺被刺事件）
- 背景：孙中山去世后，国民党的内部分化日益明显，廖仲恺身为坚定的国民党左派，成为右派分子集中攻击的目标
- 过程：1925年8月20日，廖仲恺被国民党右派分子刺杀牺牲，国民政府成立特别法庭处理廖案
- 结果：国民党左派势力受到打击，蒋介石夺取了广东军政实权

国共两党的政治理论斗争（戴季陶与反戴季陶主义）
- 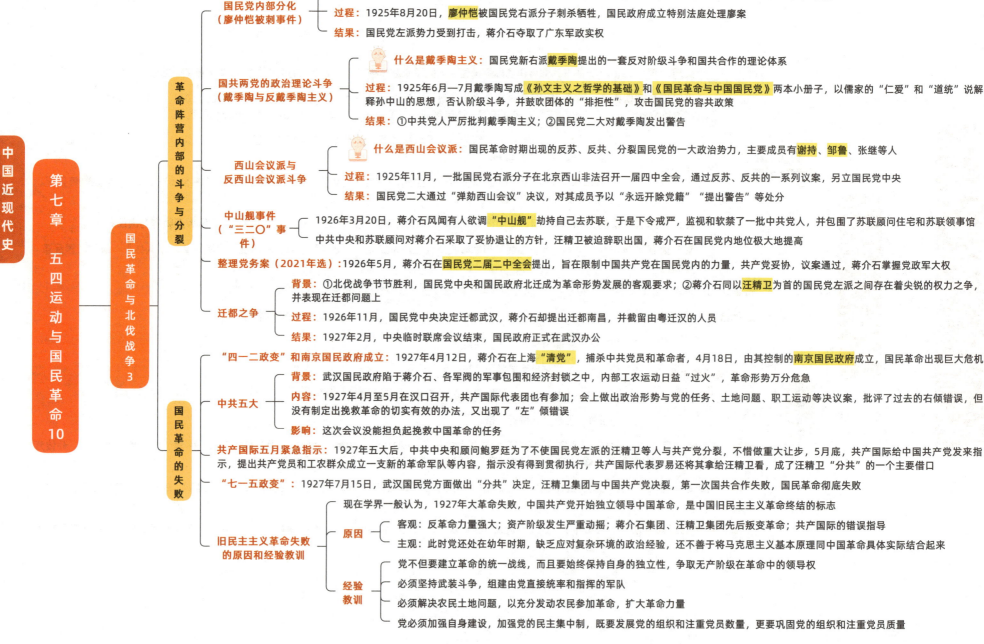 什么是戴季陶主义：国民党新右派戴季陶提出的一套反对阶级斗争和国共合作的理论体系
- 过程：1925年6月—7月戴季陶写成《孙文主义之哲学的基础》和《国民革命与中国国民党》两本小册子，以儒家的"仁爱"和"道统"说解释孙中山的思想，否认阶级斗争，并鼓吹团体的"排拒性"，攻击国民党的容共政策
- 结果：①中共党人严厉批判戴季陶主义；②国民党二大对戴季陶发出警告

西山会议派与反西山会议派斗争
- 什么是西山会议派：国民革命时期出现的反苏、反共、分裂国民党的一大政治势力，主要成员有谢持、邹鲁、张继等人
- 过程：1925年11月，一批国民党右派分子在北京西山非法召开一届四中全会，通过反苏、反共的一系列议案，另立国民党中央
- 结果：国民党二大通过"弹劾西山会议"决议，对其成员予以"永远开除党籍""提出警告"等处分

中山舰事件（"三二〇"事件）
- 1926年3月20日，蒋介石风闻有人欲调"中山舰"劫持自己去苏联，于是下令戒严，监视和软禁了一批中共党人，并包围了苏联顾问住宅和苏联领事馆
- 中共中央和苏联顾问对蒋介石采取了妥协退让的方针，汪精卫被迫辞职出国，蒋介石在国民党内地位极大地提高

整理党务案（2021年选）：1926年5月，蒋介石在国民党二届二中全会提出，旨在限制中国共产党在国民党内的力量，共产党妥协，议案通过，蒋介石掌握党政军大权

迁都之争
- 背景：①北伐战争节节胜利，国民党中央和国民政府北迁成为革命形势发展的客观要求；②蒋介石同以汪精卫为首的国民党左派之间存在着尖锐的权力之争，并表现在迁都问题上
- 过程：1926年11月，国民党中央决定迁都武汉，蒋介石却提出迁都南昌，并截留由粤迁汉的人员
- 结果：1927年2月，中央临时联席会议结束，国民政府正式在武汉办公

国民革命的失败

"四一二政变"和南京国民政府成立：1927年4月12日，蒋介石在上海"清党"，捕杀中共党员和革命者，4月18日，由其控制的南京国民政府成立，国民革命出现巨大危机

中共五大
- 背景：武汉国民政府陷于蒋介石、各军阀的军事包围和经济封锁之中，内部工农运动日益"过火"，革命形势万分危急
- 内容：1927年4月至5月在汉口召开，共产国际代表团也有参加；会上做出政治形势与党的任务、土地问题、职工运动等决议案，批评了过去的右倾错误，但没有制定出挽救革命的切实有效的办法，又出现了"左"倾错误
- 影响：这次会议没能担负起挽救中国革命的任务

共产国际五月紧急指示：1927年五大后，中共中央和顾问鲍罗廷为了不使国民党左派的汪精卫等人与共产党分裂，不惜做重大让步，5月底，共产国际给中国共产党发来指示，提出共产党员和工农群众成立一支新的革命军队等内容，指示没有得到贯彻执行，共产国际代表罗易还将其拿给汪精卫看，成了汪精卫"分共"的一个主要借口

"七一五政变"：1927年7月15日，武汉国民党方面做出"分共"决定，汪精卫集团与中国共产党决裂，第一次国共合作失败，国民革命彻底失败

旧民主主义革命失败的原因和经验教训
- 现在学界一般认为，1927年大革命失败，中国共产党开始独立领导中国革命，是中国旧民主主义革命终结的标志
- 原因
  - 客观：反革命力量强大；资产阶级发生严重动摇；蒋介石集团、汪精卫集团先后叛变革命；共产国际的错误指导
  - 主观：此时党还处在幼年时期，缺乏应对复杂环境的政治经验，还不善于将马克思主义基本原理同中国革命具体实际结合起来
- 经验教训
  - 党不但要建立革命的统一战线，而且要始终保持自身的独立性，争取无产阶级在革命中的领导权
  - 必须坚持武装斗争，组建由党直接统率和指挥的军队
  - 必须解决农民土地问题，以充分发动农民参加革命，扩大革命力量
  - 党必须加强自身建设，加强党的民主集中制，既要发展党的组织和注重党员数量，更要巩固党的组织和注重党员质量

第八章　南京国民政府建立与苏维埃革命 1

南京国民政府的建立及其内政、外交

建立过程

- **南京国民政府成立**：1927年4月18日，蒋介石、何应钦、胡汉民、张静江、古应芬、蔡元培等在前江苏省议会举行定都典礼，宣读了《国民政府定都南京宣言》，会后召开了庆祝定都南京群众大会，蔡元培、胡汉民、蒋介石等在大会上发表演说（演说的主要内容是诬蔑共产党"阻挠北伐""破坏国民革命"，对共产党坚决"驱除""肃清"），南京国民政府就此成立

- **宁汉合流**：1927年，蒋介石、汪精卫背叛革命后，国民党内形成宁汉沪三个集团与其他地方势力。9月，武汉国民政府迁往南京与南京国民政府合并，这次合并的实质是国民党各派系的暂时联合

- **第二次北伐（2017年名）**：1928年，国民党新军阀蒋、冯、阎、桂各派取得暂时妥协后，根据《限期完成北伐案》再次进行北伐，4月蒋介石下总攻击令，5月占领济南，但遭遇日军制造的"济南惨案"后撤出济南，绕道北上，6月击败军阀张宗昌后，张作霖被迫撤回东北，途中在皇姑屯被日军炸死，其子张学良宣布东北易帜，国民党统治扩展到了全国

- **东北易帜**：张作霖专列被日本关东军预谋炸毁的皇姑屯事件发生以后，统治中国东北的军阀张学良于1928年12月通电全国，宣布遵从三民主义，服从蒋介石为首的南京国民政府，降下北洋政府的五色旗，换成青天白日满地红旗，标志着北洋军阀统治结束

训政与中央政权机构

- **"国民会议"**：蒋介石为了加强他的独裁统治，于1930年10月通电全国制定训政时期约法，因其主张背离了孙中山的政治构想，受到国民党元老胡汉民的激烈反对，发生了所谓的"约法之争"，之后蒋介石将胡汉民软禁，于1931年5月召开了"国民会议"，会上颁布的《训政时期约法》成为蒋介石集团坚持国民党反动统治的法统依据，国民党一党专政的政治体制以国家大法的形式固定下来

- **训政体制**
  - **理论来源**：对孙中山训政思想的重新解释
  - **确立过程**：①1928年，在法国考察的胡汉民给南京国民政府寄回一份《训政大纲（草案）》，提议国民政府改组为五院制政府，以此作为国民党二届五中全会的提案，孙科提交的《党国训政大纲及应付外交方法》，也交予大会讨论；②8月，国民党二届五中全会通过胡汉民等人的提案，决定实施"训政"体制，改组为五院制政府；③10月，国民党中央常务委员会通过《训政纲领》；1931年国民会议通过《中华民国训政时期约法》，从法律上国民党训政体制正式形成
  - **内容**：①以党治国；②五院制；③地方自治
  - **特征**：①确立了国民党至高无上的地位，维护一党专制；②中国社会的思想和政治传统影响了现代政治模式的运行，政府能力低下

- **中央机构**：①蒋介石为国民政府主席兼陆海空军总司令；②国民政府由行政、立法、司法、考试、监察五院组成，分别执行五项治权；③党中央政治会议：全国实行训政的最高指导机关，总握训政时期一切根本方针的抉择权

建立时期的内政

统治措施

- **政治**
  - **厉行"清党"和推行镇压工农的政策**：①"四一二政变"：1927年4月12日，以蒋介石为首的国民党新右派在上海发动的反对国民党左派和共产党的武装政变；②5月5日，成立了国民党中央清党委员会，大力开展清党运动；③"七一五政变"：1927年7月15日，汪精卫在武汉发动的反革命政变
  - **保甲制度**：户为单位，十户为甲，十甲为保，依照"管、教、养、卫"原则，1934年以后推行全国，逐步建立基层统治网

- **军事**
  - **建中央军**：1932年6月，军队统一编制，并建立由蒋介石直接指挥的"中央军"，进行精神训练、聘请外教、更新武器装备，加强了蒋介石的独裁统治
  - **特务组织（党内、政军都有）**
    - **中央俱乐部（CC系）**：1929年，国民党三大前后，形成以陈果夫、陈立夫为中心的集团
    - **中统**：全称"中国国民党中央执行委员会调查统计局"，由国民党CC系领导人陈果夫、陈立夫所控制的全国性特务机构，其作战对象除了中国共产党，还包括伪政府等蒋介石的敌对力量
    - **中华民族复兴社**：1932年3月成立，以贺衷寒、戴笠等人为骨干，起初活动于国民党的军事系统，后来扩张到其他方面，设有特务处和别动队，后来隶属于军统

教育与文化

- **大学区制**：由蔡元培主持，目的是将教育与学术结合起来，在中央设大学院，作为全国最高学术教育行政机关，在地方设若干大学区，由校长总理区内一切学术与教育行政事项，因反对声音过多，于实施不久后的1929年结束

- **中央研究院的设立**：1928年成立，蔡元培兼任院长，其研究院任务是"实行科学研究和指导、联络、奖励学术之研究"，对推动中国科学事业的发展作出了贡献

- **实施"党化教育"**："党化教育"首先在学校实行，而后到整个国民教育中，在国民党的各个地方党部，设立党化教育委员会，在学校设立训育制度，完全抽去孙中山三民主义的革命精神和内容，是国民党的反动教育

- **推行"力行哲学"或"诚的哲学"**：蒋介石大肆宣传中国固有的封建道德"四维"（礼、义、廉、耻）、"八德"（忠、孝、仁、爱、信、义、和、平），他推崇王阳明"致良知"的哲学，并把王阳明的"致良知"和法西斯的行动主义结合起来，形成了蒋介石的反动哲学思想体系

建立时期的外交

- **改订新约运动**：1928年，国民政府向列强提出改订新约问题，提出重订新约的三原则，主要是关税自主和废除领事裁判权问题，但是关于取消领事裁判权问题没有取得结果

- **关税自主运动**：1928年，美国率先与中国签订《整理中美两国关税关系之条约》，之后多国重新签订新约，新约都在原则上承认中国关税自主，但同时规定了最惠国待遇

- **收回租界运动及废除领事裁判权运动**：1927年，开始陆续收回汉口和九江的英租界等租借地；1928年，南京国民政府宣布撤销各国在华领事裁判权，维护司法独立；意大利、葡萄牙等国自动放弃领事裁判权，但英、法、美、日等国拒不接受

- **亲英美的新外交风向**
  - **处理济南惨案**：1928年，国民政府对外侨在南京惨案中的损失表示歉意，并给予适当的赔偿，英、美两国也对炮击南京表示"深为抱歉"；直至1929年，中日间才就南京惨案的解决达成协议，中国对日本领事馆及日人在事件中的死伤及损失道歉并给予赔偿
  - **加入《巴黎非战公约》**：1929年，南京国民政府加入法、美、英、日等九国创始的非战公约，互相同意以和平方式解决国际争端，但这公约本身就是一纸空文

- **对俄绝交**：国民党在叛变革命后，对于援助中国革命的苏联采取报复和仇视政策，1927年12月，蒋介石提出"对俄绝交"

- **中东路事件**：①国民党初期放弃了联俄政策，采取反苏政策；②1929年7月，张学良以武力收回当时为苏联掌握的中东铁路部分管理权，随后"苏联特别远东军集团军"进攻东北军，东北军败，12月签订《伯力协定》，恢复苏联以前的状态；③此事件影响了东北政局的走向，张学良认为自身实力抵不过苏联，日后在对日的策略偏向于妥协和犹豫

新军阀混战

- **军队编遣会议**：1929年1月，全国军队编遣会议在南京召开，会议正式成立军队"编遣委员会"，以蒋介石为委员长，这次会议加剧了各军事集团间的矛盾

- **蒋桂大战**：1929年3月，蒋介石与新桂系发生冲突，最终蒋方胜利

- **蒋冯大战**：1929年5月，蒋介石与冯玉祥发生冲突，最终蒋方胜利

- **中原大战**：1930年5月至10月，蒋介石同阎锡山、冯玉祥、李宗仁等在河南、安徽等省发生规模最大的军阀混战，最终以蒋介石的胜利而告终

- **两广事变**：又称"六一事变"，1936年，广东实力派陈济棠、广西实力派李宗仁、白崇禧等为反对蒋介石吞并地方势力而发动的政变，最后经过各方的调解，蒋、桂双方达成妥协，事变结束

中国近现代史

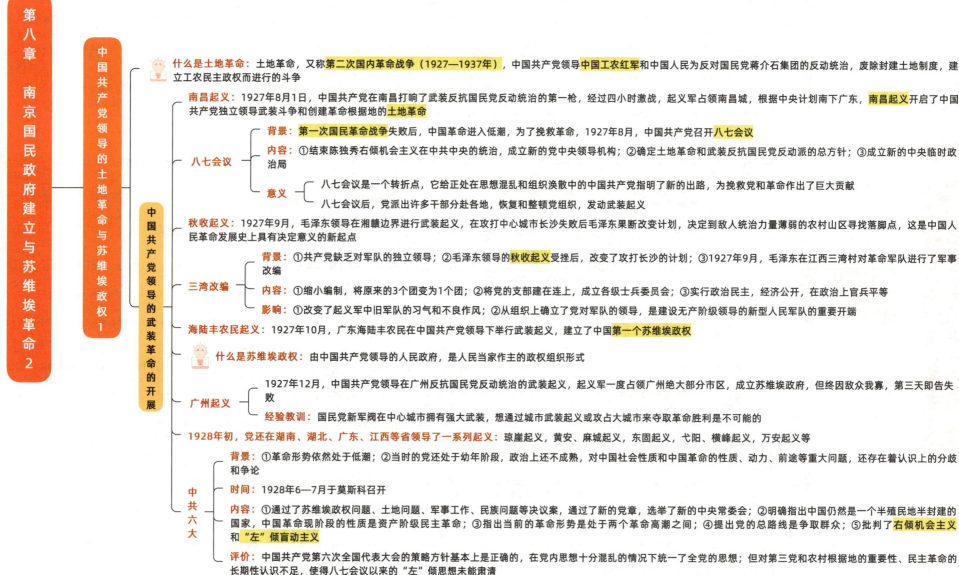

第八章 南京国民政府建立与苏维埃革命 2

中国近现代史

中国共产党领导的土地革命与苏维埃政权 1

中国共产党领导的武装革命的开展

什么是土地革命：土地革命，又称第二次国内革命战争（1927—1937年），中国共产党领导中国工农红军和中国人民为反对国民党蒋介石集团的反动统治，废除封建土地制度，建立工农民主政权而进行的斗争

南昌起义：1927年8月1日，中国共产党在南昌打响了武装反抗国民党反动统治的第一枪，经过四小时激战，起义军占领南昌城，根据中央计划南下广东，南昌起义开启了中国共产党独立领导武装斗争和创建革命根据地的土地革命

八七会议
- 背景：第一次国民革命战争失败后，中国革命进入低潮，为了挽救革命，1927年8月，中国共产党召开八七会议
- 内容：①结束陈独秀右倾机会主义在中共中央的统治，成立新的党中央领导机构；②确定土地革命和武装反抗国民党反动派的总方针；③成立新的中央临时政治局
- 意义：
  - 八七会议是一个转折点，它给正处于思想混乱和组织涣散中的中国共产党指明了新的出路，为挽救党和革命作出了巨大贡献
  - 八七会议后，党派出许多干部分赴各地，恢复和整顿党组织，发动武装起义

秋收起义：1927年9月，毛泽东领导在湘赣边界进行武装起义，在攻打中心城市长沙失败后毛泽东果断改变计划，决定到敌人统治力量薄弱的农村山区寻找落脚点，这是中国人民革命发展史上具有决定意义的新起点

三湾改编
- 背景：①共产党缺乏对军队的独立领导；②毛泽东领导的秋收起义受挫后，改变了攻打长沙的计划；③1927年9月，毛泽东在江西三湾村对革命军队进行了军事改编
- 内容：①缩小编制，将原来的3个团变为1个团；②将党的支部建在连上，成立各级士兵委员会；③实行政治民主，经济公开，在政治上官兵平等
- 影响：①改变了起义军中旧军队的习气和不良作风；②从组织上确立了党对军队的领导，是建设无产阶级领导的新型人民军队的重要开端

海陆丰农民起义：1927年10月，广东海陆丰农民在中国共产党领导下举行武装起义，建立了中国第一个苏维埃政权

什么是苏维埃政权：由中国共产党领导的人民政府，是人民当家作主的政权组织形式

广州起义
- 1927年12月，中国共产党领导在广州反抗国民党反动统治的武装起义，起义军一度占领广州绝大部分市区，成立苏维埃政府，但终因敌众我寡，第三天即告失败
- 经验教训：国民党新军阀在中心城市拥有强大武装，想通过城市武装起义或攻占大城市来夺取革命胜利是不可能的

1928年初，党还在湖南、湖北、广东、江西等省领导了一系列起义：崇崖起义，黄安、麻城起义，东固起义，弋阳、横峰起义，万安起义等

中共六大
- 背景：①革命形势依然处于低潮；②当时的党还处于幼年阶段，政治上还不成熟，对中国社会性质和中国革命的性质、动力、前途等重大问题，还存在着认识上的分歧和争论
- 时间：1928年6—7月于莫斯科召开
- 内容：①通过了苏维埃政权问题、土地问题、军事工作、民族问题等决议案，通过了新的党章，选举了新的中央常委会；②明确指出中国仍然是一个半殖民地半封建的国家，中国革命现阶段的性质是资产阶级民主革命；③指出当前的革命形势是处于两个革命高潮之间；④提出党的总路线是争取群众；⑤批判了右倾机会主义和"左"倾盲动主义
- 评价：中国共产党第六次全国代表大会的策略方针基本上是正确的，在党内思想十分混乱的情况下统一了全党的思想；但对第三党和农村根据地的重要性、民主革命的长期性认识不足，使得八七会议以来的"左"倾思想未能肃清

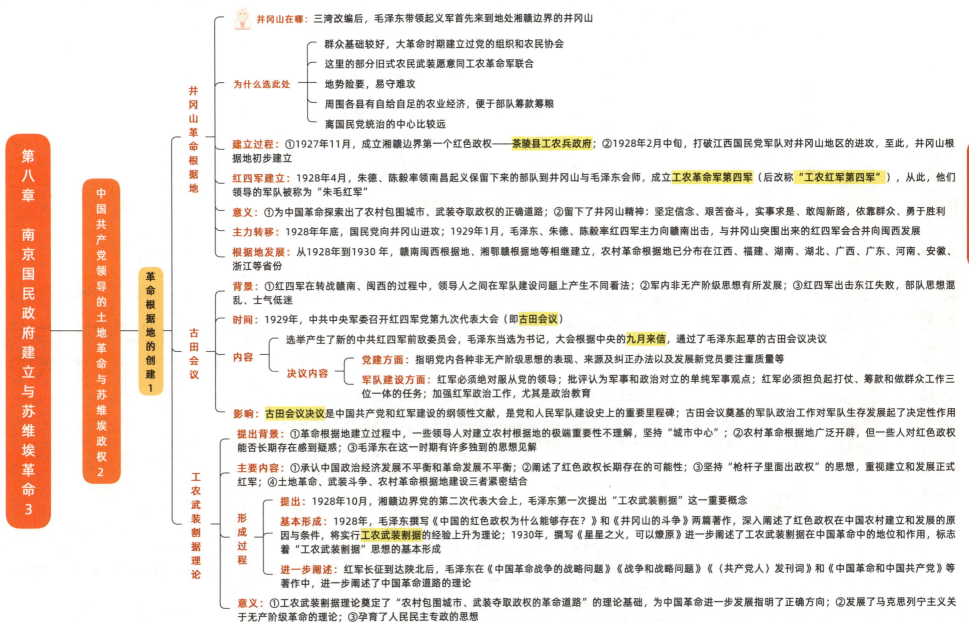

井冈山在哪：三湾改编后，毛泽东带领起义军首先来到地处湘赣边界的井冈山

为什么选此处
- 群众基础较好，大革命时期建立过党的组织和农民协会
- 这里的部分旧式农民武装愿意同工农革命军联合
- 地势险要，易守难攻
- 周围各县有自给自足的农业经济，便于部队筹款筹粮
- 离国民党统治的中心比较远

建立过程：①1927年11月，成立湘赣边界第一个红色政权——茶陵县工农兵政府；②1928年2月中旬，打破江西国民党军队对井冈山地区的进攻，至此，井冈山根据地初步建立

红四军建立：1928年4月，朱德、陈毅率领南昌起义保留下来的部队到井冈山与毛泽东会师，成立工农革命军第四军（后改称"工农红军第四军"），从此，他们领导的军队被称为"朱毛红军"

意义：①为中国革命探索出了农村包围城市、武装夺取政权的正确道路；②留下了井冈山精神：坚定信念、艰苦奋斗，实事求是、敢闯新路，依靠群众、勇于胜利

主力转移：1928年年底，国民党向井冈山进攻；1929年1月，毛泽东、朱德、陈毅率红四军主力向赣南出击，与井冈山突围出来的红四军会合并向闽西发展

根据地发展：从1928年到1930年，赣南闽西根据地、湘鄂赣根据地等相继建立，农村革命根据地已分布在江西、福建、湖南、湖北、广西、广东、河南、安徽、浙江等省份

背景：①红四军在转战赣南、闽西的过程中，领导人之间在军队建设问题上产生不同看法；②军内非无产阶级思想有所发展；③红四军出击东江失败，部队思想混乱、士气低迷

时间：1929年，中共中央军委召开红四军党第九次代表大会（即古田会议）

内容
- 选举产生了新的中共红四军前敌委员会，毛泽东当选为书记，大会根据中央的九月来信，通过了毛泽东起草的古田会议决议
- **决议内容**
  - **党建方面**：指明党内各种非无产阶级思想的表现、来源及纠正办法以及发展新党员要注重质量等
  - **军队建设方面**：红军必须绝对服从党的领导；批评认为军事和政治对立的单纯军事观点；红军必须担负起打仗、筹款和做群众工作三位一体的任务；加强红军政治工作，尤其是政治教育

影响：古田会议决议是中国共产党和红军建设的纲领性文献，是党和人民军队建设史上的重要里程碑；古田会议奠基的军队政治工作对军队生存发展起了决定性作用

提出背景：①革命根据地建立过程中，一些领导人对建立农村根据地的极端重要性不理解，坚持"城市中心"；②农村革命根据地广泛开辟，但一些人对红色政权能否长期存在感到疑惑；③毛泽东在这一时期有许多独到的思想见解

主要内容：①承认中国政治经济发展不平衡和革命发展不平衡；②阐述了红色政权长期存在的可能性；③坚持"枪杆子里面出政权"的思想，重视建立和发展正式红军；④土地革命、武装斗争、农村革命根据地建设三者紧密结合

形成过程
- **提出**：1928年10月，湘赣边界党的第二次代表大会上，毛泽东第一次提出"工农武装割据"这一重要概念
- **基本形成**：1928年，毛泽东撰写《中国的红色政权为什么能够存在？》和《井冈山的斗争》两篇著作，深入阐述了红色政权在中国农村建立和发展的原因与条件，将实行工农武装割据的经验上升为理论；1930年，撰写《星星之火，可以燎原》进一步阐述了工农武装割据在中国革命中的地位和作用，标志着"工农武装割据"思想的基本形成
- **进一步阐述**：红军长征到达陕北后，毛泽东在《中国革命战争的战略问题》《战争和战略问题》《〈共产党人〉发刊词》和《中国革命和中国共产党》等著作中，进一步阐述了中国革命道路的理论

意义：①工农武装割据理论奠定了"农村包围城市、武装夺取政权的革命道路"的理论基础，为中国革命进一步发展指明了正确方向；②发展了马克思列宁主义关于无产阶级革命的理论；③孕育了人民民主专政的思想

左侧纵向标签：第八章　南京国民政府建立与苏维埃革命 3｜中国共产党领导的土地革命与苏维埃政权 2｜革命根据地的创建 1｜井冈山革命根据地｜古田会议｜工农武装割据理论

右侧纵向标签：中国近现代史

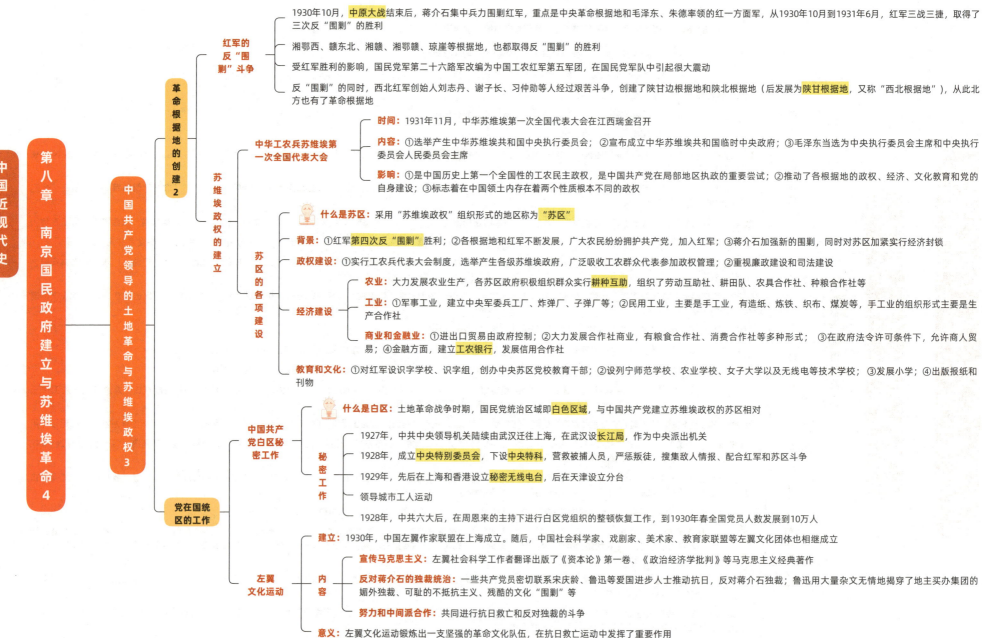

中国近现代史

第八章 南京国民政府建立与苏维埃革命 4

中国共产党领导的土地革命与苏维埃政权 3

革命根据地的创建 2

红军的反"围剿"斗争

- 1930年10月，中原大战结束后，蒋介石集中兵力围剿红军，重点是中央革命根据地和毛泽东、朱德率领的红一方面军，从1930年10月到1931年6月，红军三战三捷，取得了三次反"围剿"的胜利
- 湘鄂西、赣东北、湘赣、湘鄂赣、琼崖等根据地，也都取得反"围剿"的胜利
- 受红军胜利的影响，国民党军第二十六路军改编为中国工农红军第五军团，在国民党军队中引起很大震动
- 反"围剿"的同时，西北红军创始人刘志丹、谢子长、习仲勋等人经过艰苦斗争，创建了陕甘边根据地和陕北根据地（后发展为陕甘根据地，又称"西北根据地"），从此北方也有了革命根据地

苏维埃政权的建立

中华工农兵苏维埃第一次全国代表大会

- **时间：** 1931年11月，中华苏维埃第一次全国代表大会在江西瑞金召开
- **内容：** ①选举产生中华苏维埃共和国中央执行委员会；②宣布成立中华苏维埃共和国临时中央政府；③毛泽东当选为中央执行委员会主席和中央执行委员会人民委员会主席
- **影响：** ①是中国历史上第一个全国性的工农民主政权，是中国共产党在局部地区执政的重要尝试；②推动了各根据地的政权、经济、文化教育和党的自身建设；③标志着在中国领土内存在着两个性质根本不同的政权

苏区的各项建设

- **什么是苏区：** 采用"苏维埃政权"组织形式的地区称为"苏区"
- **背景：** ①红军第四次反"围剿"胜利；②各根据地和红军不断发展，广大农民纷纷拥护共产党，加入红军；③蒋介石加强新的围剿，同时对苏区加紧实行经济封锁
- **政权建设：** ①实行工农兵代表大会制度，选举产生各级苏维埃政府，广泛吸收工农群众代表参加政权管理；②重视廉政建设和司法建设
- **经济建设**
  - **农业：** 大力发展农业生产，各苏区政府积极组织群众实行耕种互助，组织了劳动互助社、耕田队、农具合作社、种粮合作社等
  - **工业：** ①军事工业，建立中央军委兵工厂、炸弹厂、子弹厂等；②民用工业，主要是手工业，有造纸、炼铁、织布、煤炭等，手工业的组织形式主要是生产合作社
  - **商业和金融业：** ①进出口贸易由政府控制；②大力发展合作社商业，有粮食合作社、消费合作社等多种形式；③在政府法令许可条件下，允许商人贸易；④金融方面，建立工农银行，发展信用合作社
- **教育和文化：** ①对红军设识字学校、识字组，创办中央苏区党校教育干部；②设列宁师范学校、农业学校、女子大学以及无线电等技术学校；③发展小学；④出版报纸和刊物

党在国统区的工作

中国共产党白区秘密工作

- **什么是白区：** 土地革命战争时期，国民党统治区域即白色区域，与中国共产党建立苏维埃政权的苏区相对
- **秘密工作**
  - 1927年，中共中央领导机关陆续由武汉迁往上海，在武汉设长江局，作为中央派出机关
  - 1928年，成立中央特别委员会，下设中央特科，营救被捕人员，严惩叛徒，搜集敌人情报、配合红军和苏区斗争
  - 1929年，先后在上海和香港设立秘密无线电台，后在天津设立分台
  - 领导城市工人运动
  - 1928年，中共六大后，在周恩来的主持下进行白区党组织的整顿恢复工作，到1930年春全国党员人数发展到10万人

左翼文化运动

- **建立：** 1930年，中国左翼作家联盟在上海成立。随后，中国社会科学家、戏剧家、美术家、教育家联盟等左翼文化团体也相继成立
- **内容**
  - **宣传马克思主义：** 左翼社会科学工作者翻译出版了《资本论》第一卷、《政治经济学批判》等马克思主义经典著作
  - **反对蒋介石的独裁统治：** 一些共产党员密切联系宋庆龄、鲁迅等爱国进步人士推动抗日，反对蒋介石独裁；鲁迅用大量杂文无情地揭穿了地主买办集团的媚外独裁、可耻的不抵抗主义、残酷的文化"围剿"等
  - **努力和中间派合作：** 共同进行抗日救亡和反对独裁的斗争
- **意义：** 左翼文化运动锻炼出一支坚强的革命文化队伍，在抗日救亡运动中发挥了重要作用

第八章 南京国民政府建立与苏维埃革命 5

中国共产党领导的土地革命与苏维埃政权 4

中国近现代史

第五次反"围剿"失败和长征

王明"左"倾错误思想： 1931年，缺乏斗争经验的王明不仅被补选为中央委员，而且成为中央政治局委员，以王明为代表的"左"倾教条主义错误在党的领导机关内开始了长达4年的统治；王明过分夸大国民党统治的危机和革命力量的发展，组织城市暴动，使国统区内的党组织遭到严重破坏

第四次反"围剿"： 在教条主义错误的支配下，毛泽东的正确主张受到指责，他在红军中的领导职务被错误撤销，周恩来、朱德运用以往的成功经验，成功打破了国民党军队的"围剿"

红军长征

背景： 1933年，蒋介石发动第五次"围剿"，博古把军事指挥权交给不了解中国国情的苏联顾问李德，加之王明"左"倾冒险主义在全党的推行，导致红军第五次反"围剿"失败

开始长征： 1934年10月，中央机关和中央红军8.6万多人，从福建和江西等地出发，向湘西进军，开始长征

湘江战役： 原来"左"倾冒险主义的领导者变为防御中的逃跑主义，随军带着笨重的印刷、军工机器，导致红军在国民党大批"追剿"军的追击下损失惨重，渡过湘江后，8.6万多人锐减到3万多人

改变前进方向： 1934年12月，中央政治局根据毛泽东建议通过决议，放弃到湘西与当地的红军会合，改向贵州北部进军

遵义会议（2020年选）
　背景： 第五次反"围剿"失败而被迫长征，1935年1月，中央在途中召开政治局扩大会议
　内容： ①总结第五次反"围剿"失败的原因；②指出博古、李德在反"围剿"中的错误；③改组中央领导机构，确立以毛泽东为首的政治军事新"三人团"；④纠正错误的军事路线，结束了"左"倾教条主义
　影响： ①这次会议挽救了党和红军，成为中国共产党历史上一个生死攸关的转折点；②结束了"左"倾教条主义错误在中央的统治，开始确立毛泽东同志在党和红军中的领导地位

新作战方向： 四渡赤水—南渡乌江，佯攻贵阳—渡过金沙江—冲过泸定桥，渡过天险大渡河—翻越雪山夹金山—穿过大草地—1935年10月，陕甘支队到达陕北吴起镇（长征胜利结束）

会师： 1936年，陕甘根据地扩大为陕甘宁根据地，南方的红二、红四方面军在甘肃会宁与陕甘的红一方面军会合，至此三大主力红军胜利会师

长征胜利的意义： ①向世人证明了中国共产党人的理想信念是坚不可摧的；②极大地促进了党在政治上和思想上的成熟（结合中国实际）；③宣传了党的主张，播撒下革命的火种，扩大了党和红军的影响；④是中国革命转危为安的关键；⑤铸就了伟大的长征精神：坚定信念、不怕牺牲、实事求是、顾全大局、与人民群众生死相依

土地革命战争时期中国共产党的土改政策（2024年选）

《井冈山土地法》： ①1928年12月，毛泽东在井冈山颁布的第一部土地法；②内容：没收一切土地，所有人平均分配土地，分配得到的土地不能私自进行买卖交易；③"没收一切土地"的做法伤及了富农、中农和拥有少量土地的贫农的切身利益，不利于团结全体民众对抗国民党

《兴国土地法》： ①1929年4月，毛泽东在兴国颁布；②内容：将"没收一切土地"改为"没收一切地主土地"；③《兴国土地法》保护了中农的利益，明确了土地革命的没收对象

"富农分坏田"的土地政策： 王明"左"倾错误时期强制推行富农分坏田、少分田，这一政策给土地革命带来了严重危害，直到1935年才把对待富农的错误政策改正过来

纠正对待富农的政策： ①1935年12月，中央颁布了《关于改变对富农策略的决定》；②内容：对于有革命意识的地主和富农，他们应该受到与苏维埃工作人员同等的待遇，取得选举权和被选举权；③纠正了过去对待富农过"左"的错误政策，确立了正确的富农政策

放宽对地主、富农的土地政策： ①1936年夏，中国共产党颁布《中共中央关于土地政策的指示》，对地主阶级的土地政策开始有所改变；②内容：没收地主阶级的土地后，仍分给其部分耕种份地，对富农的土地政策由没收出租土地改为均不没收；③对富农和地主的政策都有所放宽，为抗日民族统一战线土地政策的确立做出了准备

中国近现代史

第八章 南京国民政府建立与苏维埃革命 6

南京政府时期的社会经济与文化

经济政策

财政金融政策

税制改革： ①南京国民政府于1927年，宣布实行关税自主，但在列强的高压下，这一政策暂缓实行；1928年，通过外交努力实现了一定程度上的关税自主；②纠正了一些税制的弊端，保护了**民族资本主义**工商业的发展；③1931年，国民政府颁布《盐法》，将盐业由专卖转变为自由买卖；④1928年起，国民政府对卷烟、面粉、棉纱、火柴等统一征税

废两改元： ①1926年，中央银行和交通银行联合发行十进位制的辅币，但是国内交易时还存在银元和银两交换的局面，对外贸易中以黄金为币值计算单位；②1933年，国民政府颁布**废两改元**的经济政策，使银元作为国家统一流通的货币，实行**银本位制**

法币政策： ①1933年，世界经济危机使美国放弃金本位制，提高白银在通货准备金中的比重，导致中国白银大量外流；②国民政府发行**法币**，将白银收归国有，1935年，正式实行法币政策。1936年底，四大银行发行法币，法币确定为国家统一流通货币

金融体制改革： 南京国民政府设立中央、中国、交通、中国农民**四大银行**和邮政会计金汇业局、中央信托局（**四行二局**）这几大国家金融管理机构

经济建设政策

设立经济机构： ①1931年，成立**全国经济委员会**，统制一切国有企业及管理全国经济建设，先取得铁路、公路、航空和邮电等部门的垄断与独占地位后，又对棉纱和蚕丝实施统制；②1935年，将国防设计委员会更名为**资源委员会**，发展重工业，兴办工矿企业，大部分是兵工厂、造船厂、飞机修理厂等

建立近代工业体系： ①1928—1935年，国民政府兴办钢铁、纺织、造纸等工业，至抗战前夕已经建立一批国营工厂；②1929年，颁布工业奖励法令，鼓励民间投资设厂、兴办工业；③1935年，开展"**工业建设运动**"，促进国营有色金属等重工业发展

形成商业市场： ①发展国内贸易市场网络；②完善交通运输体系；③国际贸易中，中国多进口机械、钢铁、纺织等产品，出口多为农产品或矿物原料

交通运输网形成： ①1928年，国民政府成立铁道部，组建道路修建委员会；②1937年，全国公路网已基本建成，水路和航空建设也有较大发展

土地政策

1930年，国民党政府颁布《土地法》，核心内容是保护地主对土地的私有，提出"**二五减租**"（地主可租地，按战前的原租额减低百分之二十五），但未实施

文化与教育

乡村建设运动

乡村建设运动： ①1928年，**梁漱溟**提出"乡治"主张，提出解决中国问题的唯一出路是搞"乡村建设"；②1931年，梁漱溟在山东邹平创办乡村建设研究院，建立乡农学校，向农民进行安分守法的伦理道德教育，组织乡村自卫团体维护治安，组织农村合作谋求乡村发达

中华平民教育促进会： ①1930年起，**晏阳初**在河北定县领导**中华平民教育促进会**，以学校、社会、家庭三位一体的方式，实施四大教育来医治中国农民普遍存在的"愚、贫、弱、私"四大病害；②他们开办平民学校，推广合作组织，创建实验农场，传授农业科技，改良动植物品种，倡办手工业和其他副业，建立医疗卫生保健制度，还开展了农民戏剧、诗歌、民谣演唱等文艺活动

中华职业教育社： ①由我国著名教育家**黄炎培**先生联合社会知名人士蔡元培、梁启超等人于1917年在上海创立；②黄炎培在江苏昆山徐公桥领导的**中华职业教育会**，在乡村进行普及教育，推广优良品种及新农具，提倡公共卫生，修桥筑路，禁绝烟赌

陶行知乡村教育运动： ①1926年，陶行知提出生活教育理论，批判传统教育，倡导乡村教育运动，他创办晓庄学校，实行"**教学做合一**"，学习知识的同时提倡修路、种树等活动；②陶行知认为，乡村教育要与土豪劣绅、帝国主义和传统教育做斗争；③该校于1930年被国民政府查封

新生活运动（2018年名）

什么是新生活运动： 1934年2月，国民政府使全体国民的全部生活都合乎民族固有道德——"礼义廉耻"的运动

目的： 蒋介石开展**新生活运动**，希望统一人们的思想以及改革社会，把"礼义廉耻"结合到民众日常的"食衣住行"中，具备"国民道德"和"国民知识"，从根本上革除陋习

内容

- 倡导"**礼义廉耻**"：蒋介石认为当时的中国社会"礼仪沦亡，廉耻尽丧"，而中国想要复兴就需要把民众的思想引入"礼义廉耻"的范围之内
- 改造国民的日常生活：蒋介石认为单纯的内心修养不能达到"礼义廉耻"的要求，必须在民众的衣食住行中有所体现，故将"礼"同资本主义国家的文明礼貌结合起来
- "**三化**"为实践行动：①"艺术化"；②"生产化"；③"军事化"

意义

- 1939年，蒋介石发动**国民精神总动员**，号召"国家至上、民族至上"，鼓舞国民对日作战，同时从事各种救死扶伤、捐献慰问工作，客观上支持了抗战，为抗战胜利作出了不可磨灭的贡献
- 新生活运动介入民众生活的意图，在于塑造现代国家的合格国民，这体现了蒋介石的建国理念，有助于蒋介石集中国家权力抵抗日本入侵
- 新生活运动是中国自身近代化过程的有机组成部分，体现了晚清以来现代国家建设的一个中间状态

全盘西化论

20世纪30年代，由**陈序经**正式提出全盘接受西方文化的主张，他认为西方近代文明显然比中国传统文化先进，更适应时代发展的需要

陈序经的**全盘西化论**提出不久就引起了很大争论，有很多人批评反对，也有人支持，胡适是最坚定的支持者之一

文化建设运动

1934年，**国民党CC系**发起**中国文化建设运动**，成立中华文化协会，陈立夫任理事长，创办《文化建设》月刊，在创刊号上发表**陈立夫**的《中国文化建设论》，提出所谓发扬固有文化，吸收西方文化来建设新的文化体系

1935年1月，陶希圣、何炳松、王新命等**十位教授**发表《中国本位文化建设宣言》（即**十教授宣言**），旗帜鲜明地反对"全盘西化"的主张，强调加强中国的本位文化建设，对西洋文化要有适当的吸收，在当时引发了中国文化的大讨论

中间势力的主张与活动

第三党： ①1927年冬，谭平山等开始筹建第三党；1928年6月，起草党内宣言；1930年，国民党左派领导人**邓演达**改组第三党；②第三党积极进行反蒋活动，策动蒋系军官反蒋；③1931年，邓演达遇害，此后第三党成员继续斗争

改组派： ①国民政府初期，政府内部的主要反对派；②1928年5月，**陈公博**、顾孟余在上海创办《革命评论》《前进》等被查封，以资产阶级改良主义为号召，重新制定纲领，改组国民党；③改组派受到蒋介石的镇压，改组派的刊物《革命评论》等相继被查封，领导机关先后被封团

人权派： ①胡适、罗隆基等在大革命失败后，面对蒋介石集团的法西斯专政，以"保障人权"为旗号，掀起"**人权运动**"；②他们以《新月》月刊为阵地，宣扬"人权""法治"，鼓吹民主政治，反对国民党的独裁统治，反对共产党领导的革命战争；③一定程度上配合了全国人民反对蒋介石的独裁统治，争取实现人民民主权利的斗争

中国托派： "**托洛茨基主义派**"，1927年大革命失败后，中国共产党内部出现了一个政治上与中共中央路线相对抗、组织上进行分裂活动的反对派别，以陈独秀为代表

第九章 抗日战争1

日本侵华与抗日救亡运动1

中国近现代史

日本侵华

原因

日本：①需向外获取资源；②明治维新后具备向外侵略的实力；③日本国民普遍对中国存在敌意；④需转嫁经济危机；⑤军国主义者在日本势力上升，主张对外用兵

中国：①近代以来中国发展落后；②国内军阀混战，派系斗争激烈，给了日本侵略的空隙；③中国地大物博，对日本充满了吸引力

日本出兵东北

九一八事变：又称"奉天事变""柳条湖事变"，1931年9月18日，日本关东军突然袭击沈阳，以武力侵占中国东北，九一八事变是日本帝国主义侵华的开端

"一·二八"事变：九一八事变后，日本为了转移国际视线，并迫使南京国民政府屈服，1932年1月28日晚，进攻上海中国守军，最后在英法美的调停下，以签订《上海停战协定》结束，该事变后蒋汪合作，促进了国内的团结，十九路军和第五军的广大爱国官兵显示了高度的爱国热情和英勇的牺牲精神

建立伪满洲国：存在时间为1932年3月至1945年8月，是日本侵占中国东北地区之后，所扶植的一个傀儡政权，"领土"包括今中国大连和旅顺以外的东三省以及蒙古和河北的承德市，溥仪任"执政"，年号"大同"，首都长春，改称"新京"，1934年改为伪满洲帝国，年号"康德"，直到抗战结束后消失

日本向关内扩张

《塘沽协定》：面对日本的进攻和侵占中国领土，蒋介石采取妥协退让的方法以达到"求和"的目的。1933年5月，何应钦派北平军分会总参议与日军代表冈村宁次签订协定，实际上默认日本帝国主义占领东三省和热河，并承认冀东为"非武装区"，之后华北的门户洞开

华北事变：1935年日本侵略蚕食华北的一系列事件的总称，包括河北事件（后签订《何梅协定》）、张北事件（后签订《秦土协定》）、华北五省自治运动（后即成立"冀察政务委员会"）等，在这一过程中，中华民族的危机到了空前严重的地步，抗日救亡运动进一步高涨，为国共两党合作的实现提供了可能

河北事件：1935年初，天津日租界《国权报》的社长胡恩溥和《振报》的社长白逾桓相继被刺杀，日本认为这是中国的排日行为，促使地方政府更加注意，否则日方将采取自卫行动，此事件发生后国民政府派何应钦与日方代表梅津美治郎签订《何梅协定》

《何梅协定》：1935年河北事件发生后，国民政府派何应钦与日方代表梅津美治郎所签订的特殊形式的非正式协定，主要内容：①罢免日本指定的中国军政人员；②取消或解散日本指定的国民政府的党政机构；③撤退河北的国民党中央和东北军；④抵制抗日活动等。该协定使中国在河北的主权全部丧失，为日本进一步侵略华北创造了有利条件

张北事件：1935年6月，四名日本特务人员潜入察哈尔省偷绘地图，在张北县被第二十九队扣留，日方借此向国民政府提出无理要求，后国民政府派秦德纯与日方代表土肥原贤二以换文的方式签订协定

《秦土协定》：1935年6月，察哈尔省代理主席秦德纯与关东军特务机关长土肥原贤二签订的协定，主要内容：①国民党当局向日本道歉，撤换与事件有关的中国军官，担保日本人今后在察哈尔省可以自由行动；②成立察东非武装区，第二十九军全部撤离；③中国方面停止向察哈尔移民；④取消察哈尔排日组织和机构。华北的危机进一步加深

抗日救亡运动

东北抗日联军：中国东北地区的抗日武装，其前身是东北抗日义勇军余部、东北反日游击队和东北人民革命军，在1931年至1945年的抗战中，其高级将领皆由中国共产党担任，中国共产党由于长征而与其失去联系，是中国人民解放军的前身之一

长城抗战：1933年3月至5月，中国国民政府指挥下的国民革命军，在长城的古北口、冷口和喜峰口等地，抗击日军进攻作战，革命军虽浴血奋战，但是日军装备精良，训练有素，长城沿线仍然失守，平津危急，之后成立驻北平政务整理委员会，中日双方签订《塘沽停战协定》

察哈尔抗日同盟：长城抗战失败后，日军进逼察哈尔和热河边境，在中国共产党的推动和帮助下，由冯玉祥、吉鸿昌等爱国将领于1933年在华北北部察哈尔组织部队进行抗日斗争，由于日伪、蒋的联合进攻最终失败，但对全国的抗日救亡运动起到了极大的鼓动

福建人民政府的确立：淞沪抗战结束后，国民党第十九路军被派往福建剿共，第十九路军将领在此期间认识到"内战"无用，于是在1933年11月，十九路军将领蔡廷锴、蒋光鼐联合国民党内反蒋势力李济深、陈铭枢等人，成立了中华共和国人民革命政府，发动福建事变，但是最终失败

成立中国民权保障同盟：土地革命战争时期，中国共产党和爱国民主人士发起建立的以争取民权为主旨的进步组织，1932年12月由宋庆龄、蔡元培以及杨杏佛等人在上海成立，同时在全国几个重要城市设立分会，通过各种组织活动发表言论，争取人民权利，反对国民党当局的专制统治，反对帝国主义特别是日本的侵略

"一二·九"运动：华北事变后政局危急，1935年12月9日，北京大、中学生数千人举行了抗日救亡示威游行，反对华北自治，反抗日本的侵略，要求保全中国领土的完整，掀起了全国抗日救国新高潮，这是中国共产党领导的一次大规模的学生爱国运动，它配合了红军北上抗日，促进了国内的和平和对日战斗，标志着中国人民抗日民主运动高潮的到来

两广事变：两广军阀与蒋介石矛盾很深，1936年，蒋介石企图分裂两广，然后各个消灭；两广军阀打算先发制人，打起"抗日救国"的旗号，进行反蒋，内战一触即发，后因全国一致反对内战，蒋介石和军阀李宗仁在广州会晤，两广事件遂告和平解决

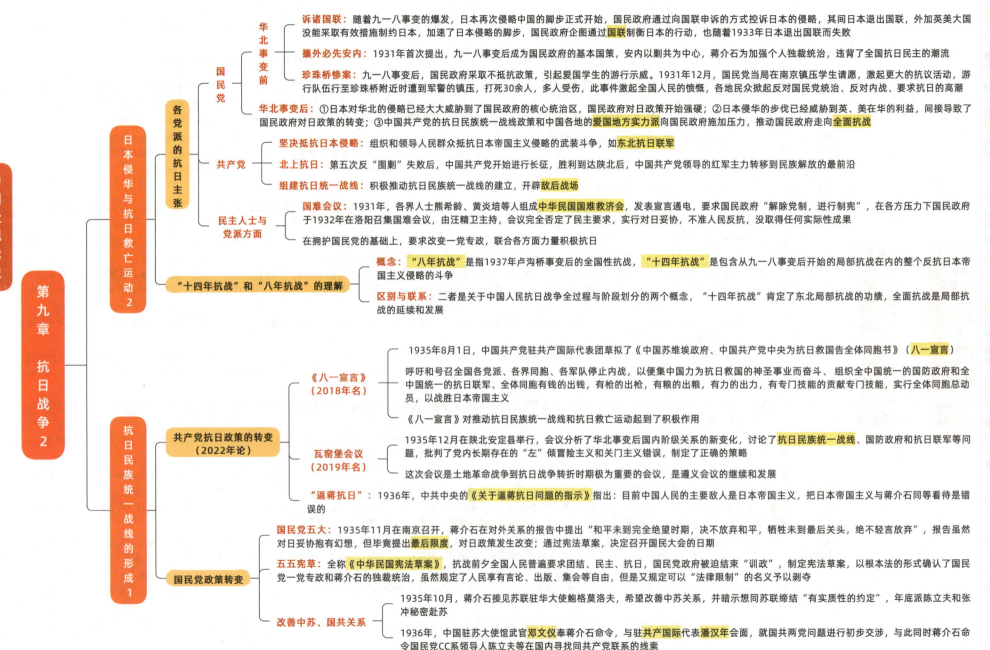

中国近现代史

第九章 抗日战争2

日本侵华与抗日救亡运动2

各党派的抗日主张

国民党

华北事变前

诉诸国联： 随着九一八事变的爆发，日本再次侵略中国的脚步正式开始，国民政府通过向国联申诉的方式控诉日本的侵略，其间日本退出国联，外加英美大国没能采取有效措施制约日本，加速了日本侵略的脚步，国民政府企图通过国联制衡日本的行动，也随着1933年日本退出国联而失败

攘外必先安内： 1931年首次提出，九一八事变后成为国民政府的基本国策，安内以剿共为中心，蒋介石为加强个人独裁统治，违背了全国抗日民主的潮流

珍珠桥惨案： 九一八事变后，国民政府采取不抵抗政策，引起爱国学生的游行示威。1931年12月，国民党当局在南京镇压学生请愿，激起更大的抗议活动，游行队伍行至珍珠桥附近时遭到军警的镇压，打死30余人，多人受伤，此事件激起全国人民的愤慨，各地民众掀起反对国民党统治、反对内战、要求抗日的高潮

华北事变后：①日本对华北的侵略已经大大威胁到了国民政府的核心统治区，国民政府对日政策开始强硬；②日本侵华的步伐已经威胁到英、美在华的利益，间接导致了国民政府对日政策的转变；③中国共产党的抗日民族统一战线政策和中国各地的爱国地方实力派向国民政府施加压力，推动国民政府走向全面抗战

共产党

坚决抵抗日本侵略： 组织和领导人民群众抵抗日本帝国主义侵略的武装斗争，如东北抗日联军

北上抗日： 第五次反"围剿"失败后，中国共产党开始进行长征，胜利到达陕北后，中国共产党领导的红军主力转移到民族解放的最前沿

组建抗日统一战线： 积极推动抗日民族统一战线的建立，开辟敌后战场

民主人士与党派方面

国难会议： 1931年，各界人士熊希龄、黄炎培等人组成中华民国国难救济会，发表宣言通电，要求国民政府"解除党制，进行制宪"，在各方压力下国民政府于1932年在洛阳召集国难会议，由汪精卫主持，会议完全否定了民主要求，实行对日妥协，不准人民反抗，没取得任何实际性成果

在拥护国民党的基础上，要求改变一党专政，联合各方面力量积极抗日

"十四年抗战"和"八年抗战"的理解

概念： "八年抗战"是指1937年卢沟桥事变后的全国性抗战，"十四年抗战"是包含从九一八事变后开始的局部抗战在内的整个反抗日本帝国主义侵略的斗争

区别与联系： 二者是关于中国人民抗日战争全过程与阶段划分的两个概念，"十四年抗战"肯定了东北局部抗战的功绩，全面抗战是局部抗战的延续和发展

抗日民族统一战线的形成1

共产党抗日政策的转变（2022年论）

《八一宣言》（2018年名）

1935年8月1日，中国共产党驻共产国际代表团草拟了《中国苏维埃政府、中国共产党中央为抗日救国告全体同胞书》（八一宣言）

呼吁和号召全国各党派、各界同胞、各军队停止内战，以便集中国力为抗日救国的神圣事业而奋斗、组织全中国统一的国防政府和全中国统一的抗日联军、全体同胞有钱的出钱，有枪的出枪，有粮的出粮，有力的出力，有专门技能的贡献专门技能，实行全体同胞总动员，以战胜日本帝国主义

《八一宣言》对推动抗日民族统一战线和抗日救亡运动起到了积极作用

瓦窑堡会议（2019年名）

1935年12月在陕北安定县举行，会议分析了华北事变后国内阶级关系的新变化，讨论了抗日民族统一战线、国防政府和抗日联军等问题，批判了党内长期存在的"左"倾冒险主义和关门主义错误，制定了正确的策略

这次会议是土地革命战争到抗日战争转折时期极为重要的会议，是遵义会议的继续和发展

"逼蒋抗日"： 1936年，中共中央的《关于逼蒋抗日问题的指示》指出：目前中国人民的主要敌人是日本帝国主义，把日本帝国主义与蒋介石同等看待是错误的

国民党政策转变

国民党五大： 1935年11月在南京召开，蒋介石在对外关系的报告中提出"和平未到完全绝望时期，决不放弃和平，牺牲未到最后关头，绝不轻言放弃"，报告虽然对日妥协抱有幻想，但毕竟提出最后限度，对日政策发生改变；通过宪法草案，决定召开国民大会的日期

五五宪草： 全称《中华民国宪法草案》，抗战前夕全国人民普遍要求团结、民主、抗日，国民党政府被迫结束"训政"，制定宪法草案，以根本法的形式确认了国民党一党专政和蒋介石的独裁统治，虽然规定了人民享有言论、出版、集会等自由，但是又规定可以"法律限制"的名义予以剥夺

改善中苏、国共关系

1935年10月，蒋介石接见苏联驻华大使鲍格莫洛夫，希望改善中苏关系，并暗示想同苏联缔结"有实性性的约定"，年底派陈立夫和张冲秘密赴苏

1936年，中国驻苏大使馆武官邓文仪奉蒋介石命令，与驻共产国际代表潘汉年会面，就国共两党问题进行初步交涉，与此同时蒋介石令国民党CC系领导人陈立夫等在国内寻找同共产党联系的线索

第九章　抗日战争 3

抗日民族统一战线的形成 2

西安事变

背景：①民族危机严重；②张学良、杨虎城与共产党接触；③西安群众"停止剿共，一致抗日"的呼声高涨

过程：1936年12月，蒋介石由洛阳飞抵西安，严令进剿红军，为挽救民族危机，劝谏蒋介石改变"攘外必先安内"的既定国策，停止内战一致抗日，张学良和杨虎城对蒋介石实行"兵谏"，将其扣留，之后提出八项抗日救国政治主张，逼蒋介石抗日。在中共中央和周恩来的努力之下，蒋介石接受六项主张，西安事变和平解决

影响：结束了国共之间长达十年的内战，促成国共两党进行第二次合作，初步形成抗日民族统一战线，奠定了全民族抗战胜利的基础，成为由国内战争走向全国抗日战争的转折点

抗日民族统一战线的建立过程（2022年论）

抗日民族统一战线思想的初步建立：九一八事变以后，中国共产党号召全党同下层小资产阶级群众结成抗日反蒋统一战线

抗日民族统一战线的正式提出：1935年8月，八一宣言主张停止内战，组织"全中国统一的抗日联军"

抗日民族统一战线策略的正式确定：1935年12月，瓦窑堡会议明确提出党的基本策略是建立广泛的抗日民族统一战线，批评了党内长期存在的"左"倾冒险主义、关门主义的错误倾向

抗日民族统一战线初步形成
- 西安事变的和平解决为抗日民族统一战线的正式建立扫清了障碍
- 1937年，国民党五届三中全会上宋庆龄等人联名提出《恢复孙中山先生手订联俄、联共、扶助农工三大政策案》，这次会议国民党基本上确定了停止内战、实行国共合作的原则，标志着国共抗日民族统一战线已初步形成

抗日民族统一战线最终形成：1937年7月，中国共产党向国民党提交《中国共产党为公布国共合作宣言》；1937年9月，国民党发表《中国共产党为公布国共合作宣言》，承认共产党的合法地位，国共第二次合作宣告成立，抗日民族统一战线正式形成

抗日民族统一战线建立的影响

对中华民族而言：抗日民族统一战线的建立，坚决抵抗了日本的侵略，在中国共产党的推动下，以国共合作为基础的抗日民族统一战线正式形成，中国人民的抗日战争取得了伟大的胜利

对于中国共产党：在抗日民族统一战线的旗帜下，中国共产党成为反抗日本帝国主义侵略的中流砥柱，党所领导的人民革命力量在抗日战争中得到了空前壮大，成为决定中国政治前途的根本力量

全面抗战的爆发

七七事变

背景：日本为进一步挑起侵华战争，占领华北地区

过程：1937年7月7日晚，日本军部诡称一名士兵失踪，要求进城搜查，遭到中国驻军的严正拒绝，早有准备的日军向卢沟桥等地发动进攻，第二十九军的官兵奋起回击

结果：日军提出解决事变的无理要求，张自忠签字同意，但是日军依然继续发动攻击，加紧侵华战争

影响：七七事变标志着日本全面侵华战争和全国性抗战的开始

中国共产党通电全国
1937年7月8日，中国共产党中央通电全国，要求南京政府立即开放全国民众爱国运动，立即动员军队准备应战，要求全国人民用全力援助抗日自卫战争

庐山谈话
1937年7月17日，蒋介石发表庐山谈话，表示准备抗战并提出解决卢沟桥事变的四个条件，表明了中国立场，但仍然希望日方能和平解决这次事变

平津沦陷
日军在边谈边打期间，集结大量军队，形成了对平津的包围态势。7月29日，北平沦陷；30日，敌方援军在大沽口登陆，敌我激战后，天津失陷

八一三事变
1937年8月9日，日军乘汽车冲入虹桥中国军用机场，开枪打死一名中国士兵，中国军队将日军官兵击毙；8月13日，日军向上海发动进攻，中国军队奋起反击，淞沪会战开始

《自卫抗战声明书》
1937年8月14日，国民政府发表《自卫抗战声明书》，中国政府正式进入抗战，全国抗战终于实现

中国近现代史

中国近现代史

第九章 抗日战争 4

正面战场与敌后战场 1

战略防御时期（1937年7月7日—1938年10月）

正面战场

淞沪会战： 1937年8月13日至11月，中日进行的第一次大型会战，中国军队浴血奋战，最终因日军援军增多、中国军队腹背受敌，被迫全线撤退，上海失陷，这是整个中日战争中进行的规模最大、战斗最惨烈的一场战役，彻底粉碎日本"三个月灭亡中国"计划，同时为中国沿海工业的内迁赢得了时间

太原会战（国共配合较好）
包括 平型关大捷（国民党以及林彪、聂荣臻部队）、忻口战役（保卫太原、铁路公路贯穿南北、国共合作典范）、娘子关战役（太原东面门户、防御重视不够失守）、太原保卫战等

太原会战历时2个月，以失败告终，太原失守，国民革命军在华北的正规战争宣告结束；但它依然是抗战初期华北战场上规模最大、战斗最激烈、持续时间最长、战绩最显著的一次会战

徐州会战
1938年3月，日军占领南京后，为打通津浦路，连接南北战场，中日双方以徐州为中心进行的一次大规模战役；5月下旬，徐州失陷，但徐州会战给予日军巨大的打击，大大迟滞了日军进攻的脚步，为中方部署武汉会战赢得了时间

台儿庄战役： 又称鲁南会战，徐州会战的重要组成部分，由滕县战斗、临沂附近战斗、台儿庄战斗等部分组成，历时一个月（3—4月），取得了抗战以来的最大胜利，沉重打击了日军的嚣张气焰

武汉会战： 1938年6月，中国第五、第九战区部队在武汉外围长江南北两岸与日展开战斗，最终武汉失守，但此次战役大大消耗了日军的有生力量，是抗日战争战略防御阶段规模最大、时间最长、歼敌最多的一次战役，从此中国的抗日战争进入战略相持阶段

敌后战场的开辟

洛川会议

背景：两党在抗日问题上主张不同
- 国民党：主张片面抗战路线；单纯依靠政府和军队；不愿意实行民主、改善民生，不敢发动和依靠人民大众
- 共产党：主张全面抗战路线；废除国民党的一党专政，给人民以充分的抗日民主权利；充分动员、组织和武装民众抗战

时间：1937年8月

内容：①制定了全面抗战路线；②提出了抗日救国十大纲领；③具体行动方针：一是发动群众，建立敌后抗日根据地；二是减租减息；三是争取人民应有的政治经济权利；四是战略转为游击军和游击战

影响：标志着党的全面抗战路线正式形成

开辟敌后战场： 根据洛川会议指示，党领导的军队着重向敌后实施战略展开，发动独立自主的敌后游击战争，当日本向前猛进、国民党节节败退时，装备简陋的八路军大踏步向敌后挺进

持久战方针的提出

原因："亡国论"和"速胜论"的错误观点都有较大影响，为动员并组织人民群众进行全面抗战，必须明确提出抗战的军事战略方针

时间：毛泽东在1938年5月26日至6月3日发表了《论持久战》的长篇演讲

内容：①明确指出中国既不会速胜也不会亡国；②科学预见了抗日战争分为战略防御、战略相持、战略进攻三个阶段；③作战形式以游击战为主，运动战为辅；④指出"兵民是胜利之本"

意义：①系统阐明了党的抗日持久战战略总方针，是中国共产党领导抗日战争的纲领性文献；②大大增强了人们坚持抗战的决心和信心

主要战役

平型关大捷： 1937年9月，八路军在平型关阻挡日军攻势，在115师林彪、聂荣臻的指挥下，充分发挥近战和山地战的特长，取得了抗战以来中国军队的第一次胜利

忻口战役： 1937年10月，中国军队在山西忻口展开抗击日军、保卫太原的忻口战役，这是华北战场上规模最大、战斗最激烈的一次战役，也是国共两党团结合作的一次成功范例

阳明堡战役： 1937年10月19日夜，八路军129师一部在当地人民群众的协助下，夜袭阳明堡机场，击毁敌机22架，有力地配合了正面战场作战，是中国军队取得的又一次重大胜利

第九章 抗日战争 5

正面战场与敌后战场 2

战略相持前期（1938年10月—1941年11月）

正面战场

日军方面：武汉会战结束后，日本帝国主义侵华方针转变，对国民党采取政治诱降为主、军事打击为辅的策略，并大力扶植南京汪精卫伪政权，逐渐集中主力打击共产党军队及其敌后战场

第一次长沙会战：1939年9月至10月国民党军队在长沙展开的对日军的防御战役，此战消耗了日军大量的人员和装备，鼓舞了全国人民抗战必胜的信心

桂南会战：1939年11月至1940年10月广州失陷后，中国守军为抵抗日军打击中国国际交通线并威胁西南大后方，而在广西南宁等地区展开的作战，1940年中国军队继续反攻，经过百余次激烈战斗，于10月收复龙州和南宁，经过一年的桂南会战至此结束

枣宜会战：1940年5月，日本军队为威胁重庆，在湖北枣阳、江西宜昌等地发动枣宜战役，会战以日军占领襄阳、宜昌而结束，此次会战中国国民党第33集团军总司令张自忠阵亡

第二次长沙会战：1941年6月苏德战争爆发后，日本政府为加强对苏战争准备和南进太平洋，企图早日结束中日战争，从8月中旬起日军主力部队于岳阳、临湘地区，准备再次进攻长沙，中国军队将逼近长沙的日军包围，并展开激战，10月日军凭借坚固工事进行顽抗，最后双方在新墙河形成对峙局面，会战结束

敌后战场

逐渐上升为主战场：1937年11月太原失守后，以中国共产党为主体的游击战争在华北上升到主要地位，八路军按照中共中央和毛泽东的指示，在敌后开展广泛的游击战争

敌后游击战争的发展

背景：战略相持阶段，日军对抗日根据地"扫荡"的重点是华北地区（南方大部分重要城市沦陷）

内容

华北：根据"巩固华北"的战略方针，八路军依靠广大群众，坚持山地游击战争，发展平原游击战争，如1939年的黄土岭伏击战，击毙日本重要长官

华中：为了贯彻"发展华中"的战略方针，1940年，党中央派八路军一部1.2万人南下

华南：1938年广州失陷后，中国共产党广东党组织积极领导开展游击战争，创建东江抗日游击根据地和东江纵队；长期斗争的海南红军游击队后来发展为琼崖纵队

东北：党领导的东北抗日联军长期坚持在白山黑水之间，给日、伪军以沉重打击

国际：多位国际友人来华，参与艰苦的敌后战争，有加拿大共产党员白求恩、德国医学博士米勒、美国医学博士马海德、印度医生柯棣华等；1939年，白求恩大夫抢救八路军做手术时被感染不幸病逝，毛泽东发表了《纪念白求恩》

黄土岭战斗：1939年10月下旬，日军调集2万余兵力，对晋察冀抗日根据地进行冬季大"扫荡"，八路军主力将日军包围在黄土岭村，歼灭日军900余人，击毙日军名将阿部规秀

百团大战：1940年8月，为粉碎日军对华北敌后抗日根据地频繁"扫荡"，八路军总部决定向华北日军占领的交通线和据点发动大规模的破袭战。八路军共进行大小战斗1824次，攻克大量日军据点，对日军交通线形成了卓有成效的打击；这是八路军在华北地区发动的一次规模最大，持续时间最长的战役，重击了日伪军的反动气焰，极大鼓舞了全国的抗战信心

新民主主义理论（2022年选）

背景：抗战以来，中国向何处去的问题随着国民党顽固派刻意宣传"一个主义""一个政党"主张，尖锐地摆在每一个中国人面前

党内存在将民主革命同社会主义革命的任务相混淆的情况

提出：1940年，为了使中国革命经验丰富化，阐明党的理论和纲领，回答中国何处去的问题，毛泽东发表了《新民主主义论》

内容

指明中国社会的性质和特征，指出中国革命包括民主主义革命和社会主义革命两个阶段在内的全部革命运动

阐明新民主主义革命的基本纲领：政治上建立无产阶级领导下的一切反帝反封建人联合专政的民主共和国；经济上建立国营经济、没收地主土地等；文化上发展民族的科学的大众的文化

新民主主义革命和社会主义革命是革命的两个阶段，是必然衔接的，新民主主义革命的前途必然是社会主义

指出统一战线、武装斗争、党的建设是中国共产党战胜敌人的三大法宝

意义：①是马克思主义中国化的重大理论成果，标志着毛泽东思想趋于成熟；②思想上武装了中国共产党人，使全党极大地增强了参加和领导抗日战争和新民主主义革命的自觉性，为战时中国共产党的前进道路指明了方向

国共摩擦

国民党五届五中全会：①1939年1月，在重庆召开"整顿党务"、研究"如何与共产党作积极之斗争"的国民党五届五中全会；②会议制定了"溶共、防共、限共、反共"的方针，设立国防最高委员会，蒋介石任委员长；③这次会议标志着国民党政策重点由抗日转向反共

国民党反共高潮：国民党先后于1939年冬、1941年（皖南事变）和1943年发动了三次反共高潮，严重削弱了中国整体抗战的力量，影响了中国抗战的进程

皖南事变：1941年1月，新四军部所属部队9000余人奉命北移，从云岭驻地出发绕道前进，行至皖南泾县茂林地区，突遭国民党第三战区军队的袭击，新四军大部分壮烈牺牲，事后蒋介石反诬新四军为"叛军"，取消新四军番号，反共摩擦达到顶点

中国近现代史

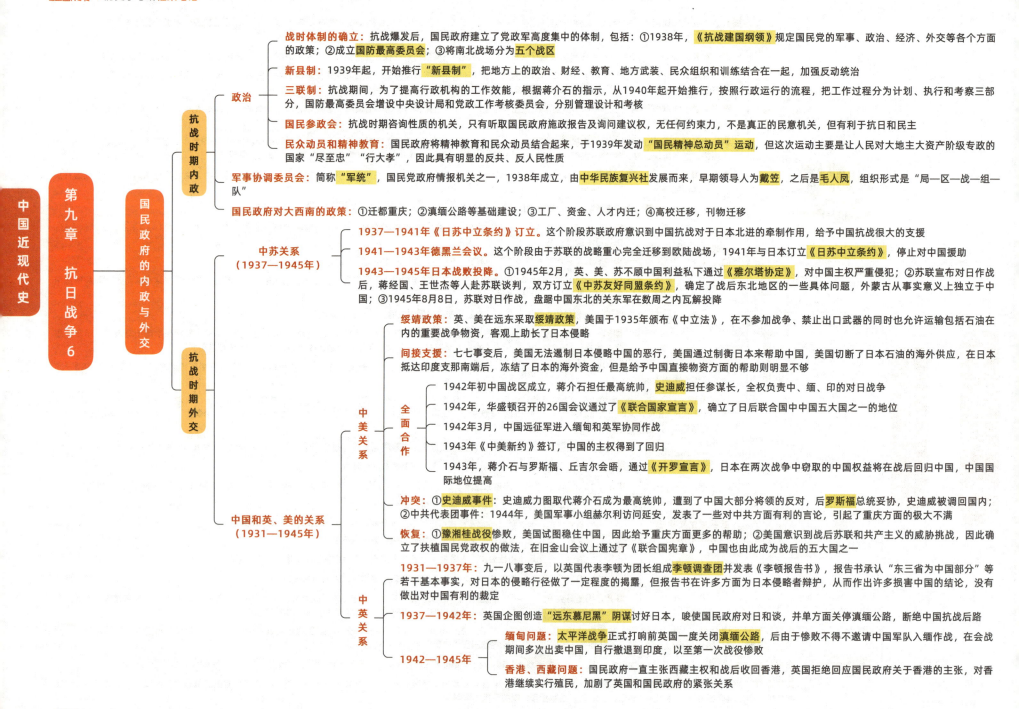

第九章 抗日战争 6 — 中国近现代史

国民政府的内政与外交

抗战时期内政

政治

战时体制的确立： 抗战爆发后，国民政府建立了党政军高度集中的体制，包括：①1938年，《抗战建国纲领》规定国民党的军事、政治、经济、外交等各个方面的政策；②成立国防最高委员会；③将南北战场分为五个战区

新县制： 1939年起，开始推行"新县制"，把地方上的政治、财经、教育、地方武装、民众组织和训练结合在一起，加强反动统治

三联制： 抗战期间，为了提高行政机构的工作效能，根据蒋介石的指示，从1940年起开始推行，按照行政运行的流程，把工作过程分为计划、执行和考察三部分，国防最高委员会增设中央设计局和党政工作考核委员会，分别管理设计和考核

国民参政会： 抗战时期咨询性质的机关，只有听取国民政府施政报告及询问建议权，无任何约束力，不是真正的民意机关，但有利于抗日和民主

民众动员和精神教育： 国民政府将精神教育和民众动员结合起来，于1939年发动"国民精神总动员"运动，但这次运动主要是让人民对大地主大资产阶级专政的国家"尽至忠""行大孝"，因此具有明显的反共、反人民性质

军事协调委员会： 简称"军统"，国民党政府情报机关之一，1938年成立，由中华民族复兴社发展而来，早期领导人为戴笠，之后是毛人凤，组织形式是"局—区—战—组—队"

国民政府对大西南的政策： ①迁都重庆；②滇缅公路等基础建设；③工厂、资金、人才内迁；④高校迁移，刊物迁移

抗战时期外交

中苏关系（1937—1945年）

1937—1941年《日苏中立条约》订立。这个阶段苏联政府意识到中国抗战对于日本北进的牵制作用，给予中国抗战很大的支援

1941—1943年德黑兰会议。这个阶段由于苏联的战略重心完全迁移到欧陆战场，1941年与日本订立《日苏中立条约》，停止对中国援助

1943—1945年日本战败投降。①1945年2月，英、美、苏不顾中国利益私下通过《雅尔塔协定》，对中国主权严重侵犯；②苏联宣布对日作战后，蒋经国、王世杰等人赴苏联谈判，双方订立《中苏友好同盟条约》，确定了战后东北地区的一些具体问题，外蒙古从事实意义上独立于中国；③1945年8月8日，苏联对日作战，盘踞中国东北的关东军在数周之内瓦解投降

中国和英、美的关系（1931—1945年）

中美关系

绥靖政策： 英、美在远东采取绥靖政策，美国于1935年颁布《中立法》，在不参加战争、禁止出口武器的同时也允许运输包括石油在内的重要战争物资，客观上助长了日本侵略

间接支援： 七七事变后，美国无法遏制日本侵略中国的恶行，美国通过制衡日本来帮助中国，美国切断了日本石油的海外供应，在日本抵达印度支那南端后，冻结了日本的海外资金，但是给予中国直接物资方面的帮助则明显不够

全面合作

- 1942年初中国战区成立，蒋介石担任最高统帅，史迪威担任参谋长，全权负责中、缅、印的对日战争
- 1942年，华盛顿召开的26国会议通过了《联合国家宣言》，确立了日后联合国中中国五大国之一的地位
- 1942年3月，中国远征军进入缅甸和英军协同作战
- 1943年《中美新约》签订，中国的主权得到了回归
- 1943年，蒋介石与罗斯福、丘吉尔会晤，通过《开罗宣言》，日本在两次战争中窃取的中国权益将在战后回归中国，中国国际地位提高

冲突： ①史迪威事件：史迪威力图取代蒋介石成为最高统帅，遭到了中国大部分将领的反对，后罗斯福总统妥协，史迪威被调回国内；②中共代表团事件：1944年，美国军事小组赫尔利访问延安，发表了一些对中共方面有利的言论，引起了重庆方面的极大不满

恢复： ①豫湘桂战役惨败，美国试图稳住中国，因此给予重庆方面更多的帮助；②美国意识到战后苏联和共产主义的威胁挑战，因此确立了扶植国民党政权的做法，在旧金山会议上通过了《联合国宪章》，中国也由此成为战后的五大国之一

中英关系

1931—1937年： 九一八事变后，以英国代表李顿为团长组成李顿调查团并发表《李顿报告书》，报告书承认"东三省为中国部分"等若干基本事实，对日本的侵略行径做了一定程度的揭露，但报告书在许多方面为日本侵略者辩护，从而作出许多损害中国的结论，没有做出对中国有利的裁定

1937—1942年： 英国企图创造"远东慕尼黑"阴谋讨好日本，唆使国民政府对日和谈，并单方面关停滇缅公路，断绝中国抗战后路

1942—1945年

- 缅甸问题：太平洋战争正式打响前英国一度关闭滇缅公路，后由于惨败不得不邀请中国军队入缅作战，在会战期间多次出卖中国，自行撤退到印度，以至第一次战役惨败
- 香港、西藏问题：国民政府一直主张西藏主权和战后收回香港，英国拒绝回应国民政府关于香港的主张，对香港继续实行殖民，加剧了英国和国民政府的紧张关系

第九章 抗日战争 7

中国近现代史

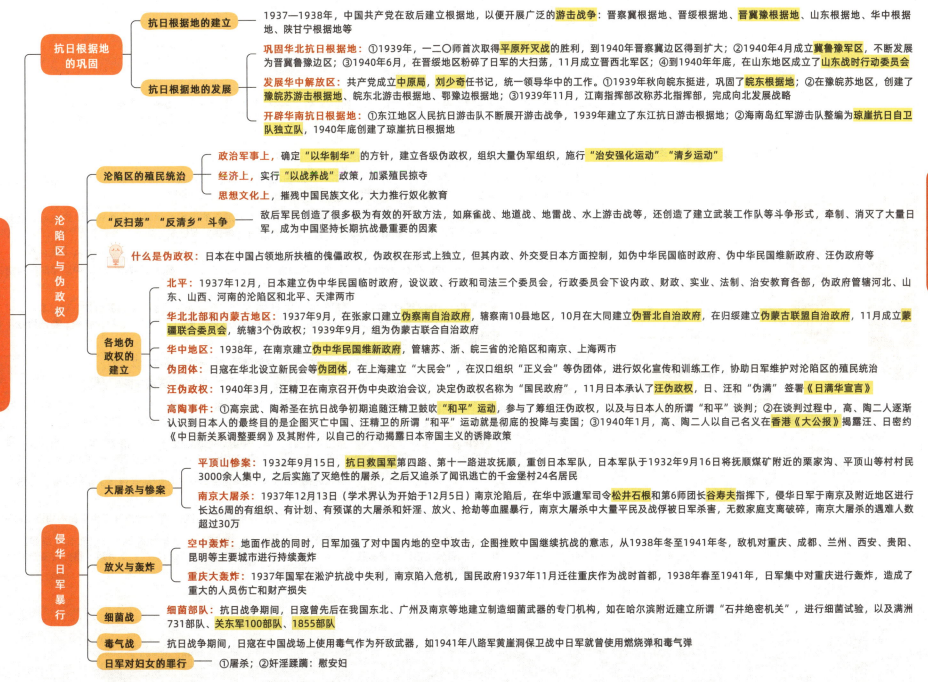

抗日根据地的巩固

抗日根据地的建立
1937—1938年，中国共产党在敌后建立根据地，以便开展广泛的**游击战争**：晋察冀根据地、晋绥根据地、**晋冀豫根据地**、山东根据地、华中根据地、陕甘宁根据地等

抗日根据地的发展
巩固华北抗日根据地：①1939年，一二〇师首次取得**平原歼灭战**的胜利，到1940年晋察冀边区得到扩大；②1940年4月成立**冀鲁豫军区**，不断发展为晋冀鲁豫边区；③1940年6月，在晋绥地区粉碎了日军的大扫荡，11月成立晋西北军区；④到1940年年底，在山东地区成立了**山东战时行动委员会**

发展华中解放区：共产党成立**中原局**，刘少奇任书记，统一领导华中的工作。①1939年秋向皖东挺进，巩固了**皖东根据地**；②在豫皖苏地区，创建了**豫皖苏游击根据地**、皖东北游击根据地、鄂豫边根据地；③1939年11月，江南指挥部改称苏北指挥部，完成向北发展战略

开辟华南抗日根据地：①东江地区人民抗日游击队不断展开游击战争，1939年建立了东江抗日游击根据地；②海南岛红军游击队整编为**琼崖抗日自卫队独立队**，1940年底创建了琼崖抗日根据地

沦陷区与伪政权

沦陷区的殖民统治
- **政治军事上**，确定"**以华制华**"的方针，建立各级伪政权，组织大量伪军组织，施行"**治安强化运动**""**清乡运动**"
- **经济上**，实行"**以战养战**"政策，加紧殖民掠夺
- **思想文化上**，摧残中国民族文化，大力推行奴化教育

"反扫荡""反清乡"斗争
敌后军民创造了很多极为有效的歼敌方法，如麻雀战、地道战、地雷战、水上游击战等，还创造了建立武装工作队等斗争形式，牵制、消灭了大量日军，成为中国坚持长期抗战最重要的因素

什么是伪政权：日本在中国占领地所扶植的傀儡政权，伪政权在形式上独立，但其内政、外交受日本方面控制，如伪中华民国临时政府、伪中华民国维新政府、汪伪政府等

各地伪政权的建立
北平：1937年12月，日本建立伪中华民国临时政府，设议政、行政和司法三个委员会，行政委员会下设内政、财政、实业、法制、治安教育各部，伪政府管辖河北、山东、山西、河南的沦陷区和北平、天津两市

华北北部和内蒙古地区：1937年9月，在张家口建立**伪察南自治政府**，辖察南10县地区，10月在大同建立**伪晋北自治政府**，在归绥建立**伪蒙古联盟自治政府**，11月成立**蒙疆联合委员会**，统辖3个伪政权；1939年9月，组为伪蒙古联合自治政府

华中地区：1938年，在南京建立**伪中华民国维新政府**，管辖苏、浙、皖三省的沦陷区和南京、上海两市

伪团体：日寇在华北设立新民会等**伪团体**，在上海建立"大民会"，在汉口组织"正义会"等伪团体，进行奴化宣传和训练工作，协助日军维护对沦陷区的殖民统治

汪伪政权：1940年3月，汪精卫在南京召开伪中央政治会议，决定伪政权名称为"国民政府"，11月日本承认了**汪伪政权**，日、汪和"伪满"签署《日满华宣言》

高陶事件：①高宗武、陶希圣在抗日战争初期追随汪精卫鼓吹"**和平**"运动，参与了筹组汪伪政权，以及与日本人的所谓"和平"谈判；②在谈判过程中，高、陶二人逐渐认识到日本人的最终目的是企图灭亡中国、汪精卫的所谓"和平"运动就是彻底的投降与卖国；③1940年1月，高、陶二人以自己名义在香港《**大公报**》揭露汪、日密约《中日新关系调整要纲》及其附件，以自己的行动揭露日本帝国主义的诱降政策

侵华日军暴行

大屠杀与惨案
平顶山惨案：1932年9月15日，**抗日救国军**第四路、第十一路进攻抚顺，重创日本军队，日本军队于1932年9月16日将抚顺煤矿附近的栗家沟、平顶山等村村民3000余人集中，之后实施了灭绝性的屠杀，之后又追杀了闻讯逃亡的千金堡村24名居民

南京大屠杀：1937年12月13日（学术界认为开始于12月5日）南京沦陷后，在华中派遣军司令**松井石根**和第6师团长**谷寿夫**指挥下，侵华日军于南京及附近地区进行长达6周的有组织、有计划、有预谋的大屠杀和奸淫、放火、抢劫等血腥暴行，南京大屠杀中大量平民及战俘被日军杀害，无数家庭支离破碎，南京大屠杀的遇难人数超过30万

放火与轰炸
空中轰炸：地面作战的同时，日军加强了对中国内地的空中攻击，企图挫败中国继续抗战的意志，从1938年冬至1941年冬，敌机对重庆、成都、兰州、西安、贵阳、昆明等主要城市进行持续轰炸

重庆大轰炸：1937年国军在淞沪抗战中失利，南京陷入危机，国民政府1937年11月迁往重庆作为战时首都，1938年春至1941年，日军集中对重庆进行轰炸，造成了重大的人员伤亡和财产损失

细菌战
细菌部队：抗日战争期间，日寇曾先后在我国东北、广州及南京等地建立制造细菌武器的专门机构，如在哈尔滨附近建立所谓"石井绝密机关"，进行细菌试验，以及满洲731部队、**关东军100部队**、**1855部队**

毒气战
抗日战争期间，日寇在中国战场上使用毒气作为歼敌武器，如1941年八路军黄崖洞保卫战中日军就曾使用燃烧弹和毒气弹

日军对妇女的罪行
①屠杀；②奸淫蹂躏：慰安妇

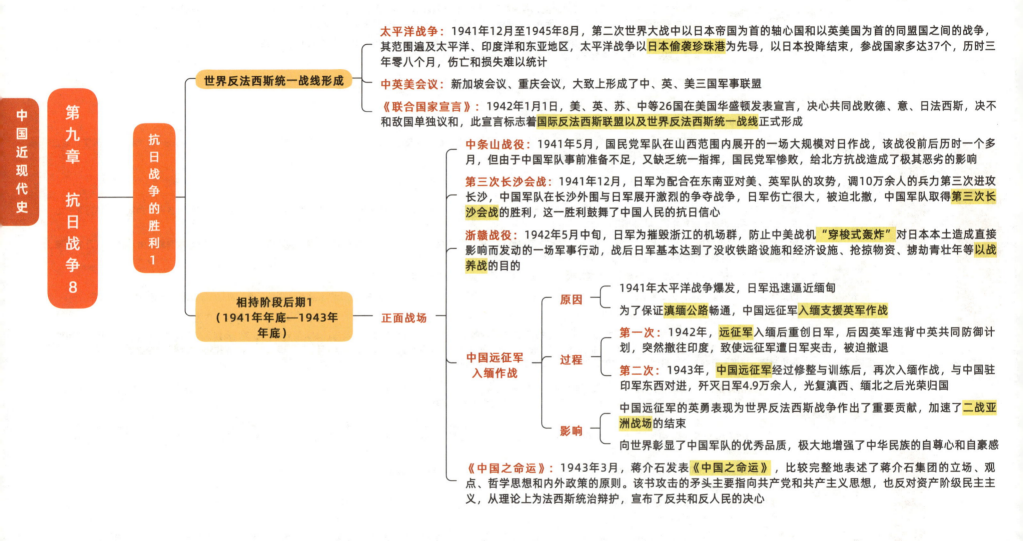

中国近现代史

第九章 抗日战争 8

抗日战争的胜利 1

世界反法西斯统一战线形成

太平洋战争： 1941年12月至1945年8月，第二次世界大战中以日本帝国为首的轴心国和以英美国为首的同盟国之间的战争，其范围遍及太平洋、印度洋和东亚地区，太平洋战争以日本偷袭珍珠港为先导，以日本投降结束，参战国家多达37个，历时三年零八个月，伤亡和损失难以统计

中英美会议： 新加坡会议、重庆会议，大致上形成了中、英、美三国军事联盟

《联合国家宣言》： 1942年1月1日，美、英、苏、中等26国在美国华盛顿发表宣言，决心共同战败德、意、日法西斯，决不和敌国单独议和，此宣言标志着国际反法西斯联盟以及世界反法西斯统一战线正式形成

相持阶段后期1（1941年年底—1943年年底）

正面战场

中条山战役： 1941年5月，国民党军队在山西范围内展开的一场大规模对日作战，该战役前后历时一个多月，但由于中国军队事前准备不足，又缺乏统一指挥，国民党军惨败，给北方抗战造成了极其恶劣的影响

第三次长沙会战： 1941年12月，日军为配合在东南亚对美、英军队的攻势，调10万余人的兵力第三次进攻长沙，中国军队在长沙外围与日军展开激烈的争夺战争，日军伤亡很大，被迫北撤，中国军队取得第三次长沙会战的胜利，这一胜利鼓舞了中国人民的抗日信心

浙赣战役： 1942年5月中旬，日军为摧毁浙江的机场群，防止中美战机"穿梭式轰炸"对日本本土造成直接影响而发动的一场军事行动，战后日军基本达到了没收铁路设施和经济设施、抢掠物资、掳劫青壮年等以战养战的目的

中国远征军入缅作战

原因
- 1941年太平洋战争爆发，日军迅速逼近缅甸
- 为了保证滇缅公路畅通，中国远征军入缅支援英军作战

过程
- **第一次：** 1942年，远征军入缅后重创日军，后因英军违背中英共同防御计划，突然撤往印度，致使远征军遭日军夹击，被迫撤退
- **第二次：** 1943年，中国远征军经过修整与训练后，再次入缅作战，与中国驻印军东西对进，歼灭日军4.9万余人，光复滇西、缅北之后光荣归国

影响
- 中国远征军的英勇表现为世界反法西斯战争作出了重要贡献，加速了二战亚洲战场的结束
- 向世界彰显了中国军队的优秀品质，极大地增强了中华民族的自尊心和自豪感

《中国之命运》： 1943年3月，蒋介石发表《中国之命运》，比较完整地表述了蒋介石集团的立场、观点、哲学思想和内外政策的原则。该书攻击的矛头主要指向共产党和共产主义思想，也反对资产阶级民主主义，从理论上为法西斯统治辩护，宣布了反共和反人民的决心

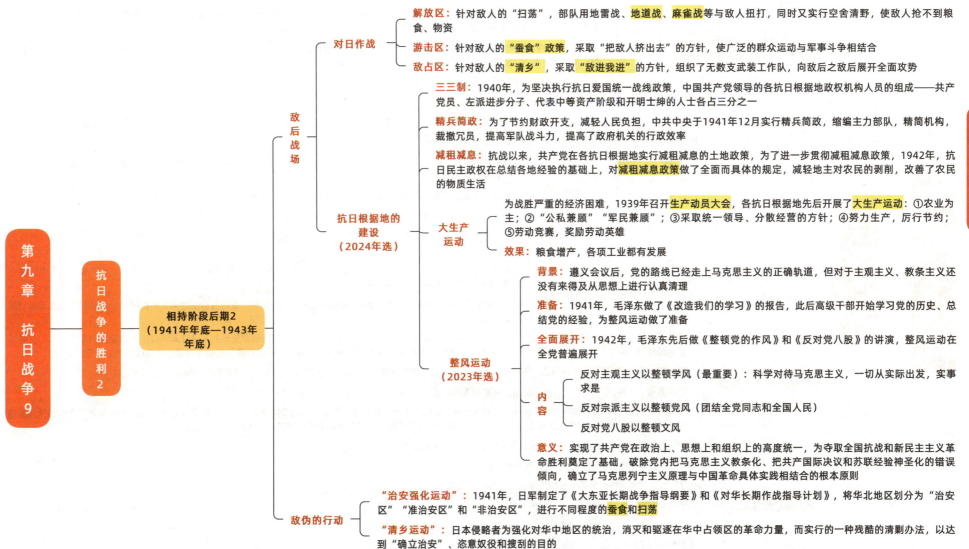

第九章 抗日战争9

抗日战争的胜利2

相持阶段后期2（1941年年底—1943年年底）

敌后战场

对日作战

解放区：针对敌人的"扫荡"，部队用地雷战、地道战、麻雀战等与敌人扭打，同时又实行空舍清野，使敌人抢不到粮食、物资

游击区：针对敌人的"蚕食"政策，采取"把敌人挤出去"的方针，使广泛的群众运动与军事斗争相结合

敌占区：针对敌人的"清乡"，采取"敌进我进"的方针，组织了无数支武装工作队，向敌后之敌后展开全面攻势

抗日根据地的建设（2024年选）

三三制：1940年，为坚决执行抗日爱国统一战线政策，中国共产党领导的各抗日根据地政权机构人员的组成——共产党员、左派进步分子、代表中等资产阶级和开明士绅的人士各占三分之一

精兵简政：为了节约财政开支，减轻人民负担，中共中央于1941年12月实行精兵简政，缩编主力部队，精简机构，裁撤冗员，提高军队战斗力，提高了政府机关的行政效率

减租减息：抗战以来，共产党在各抗日根据地实行减租减息的土地政策，为了进一步贯彻减租减息政策，1942年，抗日民主政权在总结各地经验的基础上，对减租减息政策做了全面而具体的规定，减轻地主对农民的剥削，改善了农民的物质生活

大生产运动
为战胜严重的经济困难，1939年召开生产动员大会，各抗日根据地先后开展了大生产运动：①农业为主；②"公私兼顾""军民兼顾"；③采取统一领导、分散经营的方针；④努力生产，厉行节约；⑤劳动竞赛，奖励劳动英雄

效果：粮食增产，各项工业都有发展

整风运动（2023年选）

背景：遵义会议后，党的路线已经走上马克思主义的正确轨道，但对于主观主义、教条主义还没有来得及从思想上进行认真清理

准备：1941年，毛泽东做了《改造我们的学习》的报告，此后高级干部开始学习党的历史、总结党的经验，为整风运动做了准备

全面展开：1942年，毛泽东先后做《整顿党的作风》和《反对党八股》的讲演，整风运动在全党普遍展开

内容
反对主观主义以整顿学风（最重要）：科学对待马克思主义，一切从实际出发，实事求是

反对宗派主义以整顿党风（团结全党同志和全国人民）

反对党八股以整顿文风

意义：实现了共产党在政治上、思想上和组织上的高度统一，为夺取全国抗战和新民主主义革命胜利奠定了基础，破除党内把马克思主义教条化、把共产国际决议和苏联经验神圣化的错误倾向，确立了马克思列宁主义原理与中国革命具体实践相结合的根本原则

敌伪的行动

"治安强化运动"：1941年，日军制定了《大东亚长期战争指导纲要》和《对华长期作战指导计划》，将华北地区划分为"治安区""准治安区"和"非治安区"，进行不同程度的蚕食和扫荡

"清乡运动"：日本侵略者为强化对华中地区的统治，消灭和驱逐在华中占领区的革命力量，而实行的一种残酷的清剿办法，以达到"确立治安"、恣意奴役和搜刮的目的

中国近现代史

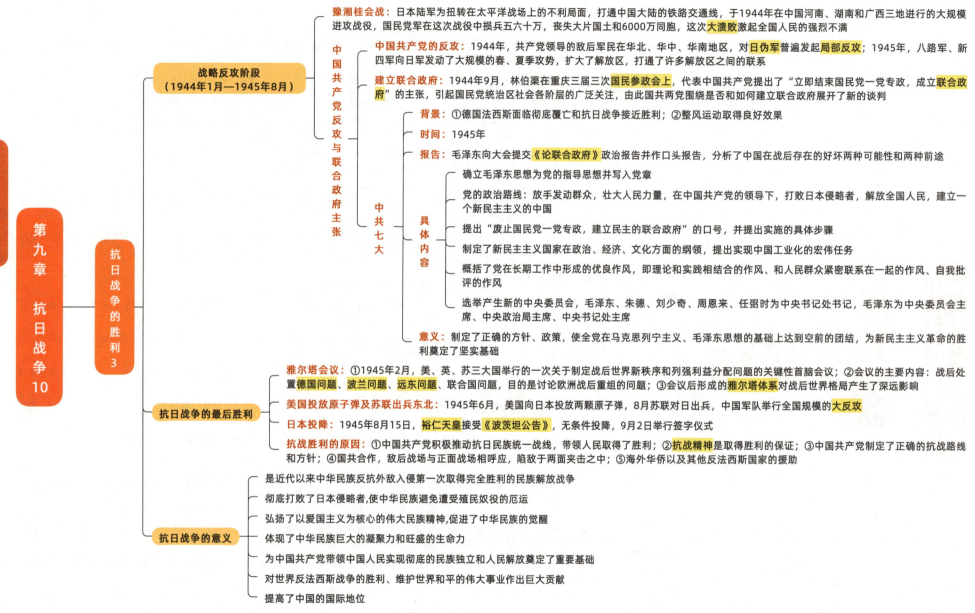

中国近现代史

第九章 抗日战争 10

抗日战争的胜利 3

战略反攻阶段（1944年1月—1945年8月）

中国共产党反攻与联合政府主张

豫湘桂会战： 日本陆军为扭转在太平洋战场上的不利局面，打通中国大陆的铁路交通线，于1944年在中国河南、湖南和广西三地进行的大规模进攻战役，国民党军在这次战役中损兵五六十万，丧失大片国土和6000万同胞，这次**大溃败**激起全国人民的强烈不满

中国共产党的反攻： 1944年，共产党领导的敌后军民在华北、华中、华南地区，对**日伪军**普遍发起**局部反攻**；1945年，八路军、新四军向日军发动了大规模的春、夏季攻势，扩大了解放区，打通了许多解放区之间的联系

建立联合政府： 1944年9月，林伯渠在重庆三届三次**国民参政会上**，代表中国共产党提出了"立即结束国民党一党专政，成立**联合政府**"的主张，引起国民党统治区社会各阶层的广泛关注，由此国共两党围绕是否和如何建立联合政府展开了新的谈判

中共七大

背景： ①德国法西斯面临彻底覆亡和抗日战争接近胜利；②整风运动取得良好效果

时间： 1945年

报告： 毛泽东向大会提交《论联合政府》政治报告并作口头报告，分析了中国在战后存在的好坏两种可能性和两种前途

具体内容

确立毛泽东思想为党的指导思想并写入党章

党的政治路线：放手发动群众，壮大人民力量，在中国共产党的领导下，打败日本侵略者，解放全国人民，建立一个新民主主义的中国

提出"废止国民党一党专政，建立民主的联合政府"的口号，并提出实施的具体步骤

制定了新民主主义国家在政治、经济、文化方面的纲领，提出实现中国工业化的宏伟任务

概括了党在长期工作中形成的优良作风，即理论和实践相结合的作风、和人民群众紧密联系在一起的作风、自我批评的作风

选举产生新的中央委员会，毛泽东、朱德、刘少奇、周恩来、任弼时为中央书记处书记，毛泽东为中央委员会主席、中央政治局主席、中央书记处主席

意义： 制定了正确的方针、政策，使全党在马克思列宁主义、毛泽东思想的基础上达到空前的团结，为新民主主义革命的胜利奠定了坚实基础

抗日战争的最后胜利

雅尔塔会议： ①1945年2月，美、英、苏三大国举行的一次关于制定战后世界新秩序和列强利益分配问题的关键性首脑会议；②会议的主要内容：战后处置德国问题、**波兰问题**、**远东问题**、联合国问题，目的是讨论欧洲战后重组的问题；③会议后形成的**雅尔塔体系**对战后世界格局产生了深远影响

美国投放原子弹及苏联出兵东北： 1945年6月，美国向日本投放两颗原子弹，8月苏联对日出兵，中国军队举行全国规模的**大反攻**

日本投降： 1945年8月15日，**裕仁天皇**接受《波茨坦公告》，无条件投降，9月2日举行签字仪式

抗战胜利的原因： ①中国共产党积极推动抗日民族统一战线，带领人民取得了胜利；②**抗战精神**是取得胜利的保证；③中国共产党制定了正确的抗战路线和方针；④国共合作，敌后战场与正面战场相呼应，陷敌于两面夹击之中；⑤海外华侨以及其他反法西斯国家的援助

抗日战争的意义

是近代以来中华民族反抗外敌入侵第一次取得完全胜利的民族解放战争

彻底打败了日本侵略者，使中华民族避免遭受殖民奴役的厄运

弘扬了以爱国主义为核心的伟大民族精神，促进了中华民族的觉醒

体现了中华民族巨大的凝聚力和旺盛的生命力

为中国共产党带领中国人民实现彻底的民族独立和人民解放奠定了重要基础

对世界反法西斯战争的胜利、维护世界和平的伟大事业作出巨大贡献

提高了中国的国际地位

中国近现代史

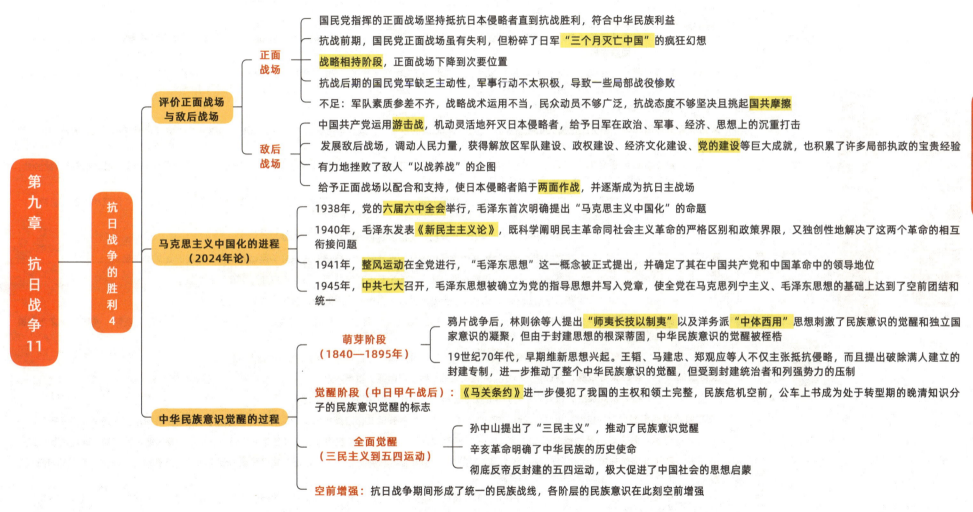

第九章　抗日战争 11

抗日战争的胜利 4

评价正面战场与敌后战场

正面战场
- 国民党指挥的正面战场坚持抵抗日本侵略者直到抗战胜利，符合中华民族利益
- 抗战前期，国民党正面战场虽有失利，但粉碎了日军"三个月灭亡中国"的疯狂幻想
- 战略相持阶段，正面战场下降到次要位置
- 抗战后期的国民党军缺乏主动性，军事行动不太积极，导致一些局部战役惨败
- 不足：军队素质参差不齐，战略战术运用不当，民众动员不够广泛，抗战态度不够坚决且挑起国共摩擦

敌后战场
- 中国共产党运用游击战，机动灵活地歼灭日本侵略者，给予日军在政治、军事、经济、思想上的沉重打击
- 发展敌后战场，调动人民力量，获得解放区军队建设、政权建设、经济文化建设、党的建设等巨大成就，也积累了许多局部执政的宝贵经验
- 有力地挫败了敌人"以战养战"的企图
- 给予正面战场以配合和支持，使日本侵略者陷于两面作战，并逐渐成为抗日主战场

马克思主义中国化的进程（2024年论）
- 1938年，党的六届六中全会举行，毛泽东首次明确提出"马克思主义中国化"的命题
- 1940年，毛泽东发表《新民主主义论》，既科学阐明民主革命同社会主义革命的严格区别和政策界限，又独创性地解决了这两个革命的相互衔接问题
- 1941年，整风运动在全党进行，"毛泽东思想"这一概念被正式提出，并确定了其在中国共产党和中国革命中的领导地位
- 1945年，中共七大召开，毛泽东思想被确立为党的指导思想并写入党章，使全党在马克思列宁主义、毛泽东思想的基础上达到了空前团结和统一

中华民族意识觉醒的过程

萌芽阶段（1840—1895年）
- 鸦片战争后，林则徐等人提出"师夷长技以制夷"以及洋务派"中体西用"思想刺激了民族意识的觉醒和独立国家意识的凝聚，但由于封建思想的根深蒂固，中华民族意识的觉醒被桎梏
- 19世纪70年代，早期维新思想兴起。王韬、马建忠、郑观应等人不仅主张抵抗侵略，而且提出破除满人建立的封建专制，进一步推动了整个中华民族意识的觉醒，但受到封建统治者和列强势力的压制

觉醒阶段（中日甲午战后）：《马关条约》进一步侵犯了我国的主权和领土完整，民族危机空前，公车上书成为处于转型期的晚清知识分子的民族意识觉醒的标志

全面觉醒（三民主义到五四运动）
- 孙中山提出了"三民主义"，推动了民族意识觉醒
- 辛亥革命明确了中华民族的历史使命
- 彻底反帝反封建的五四运动，极大促进了中国社会的思想启蒙

空前增强：抗日战争期间形成了统一的民族战线，各阶层的民族意识在此刻空前增强

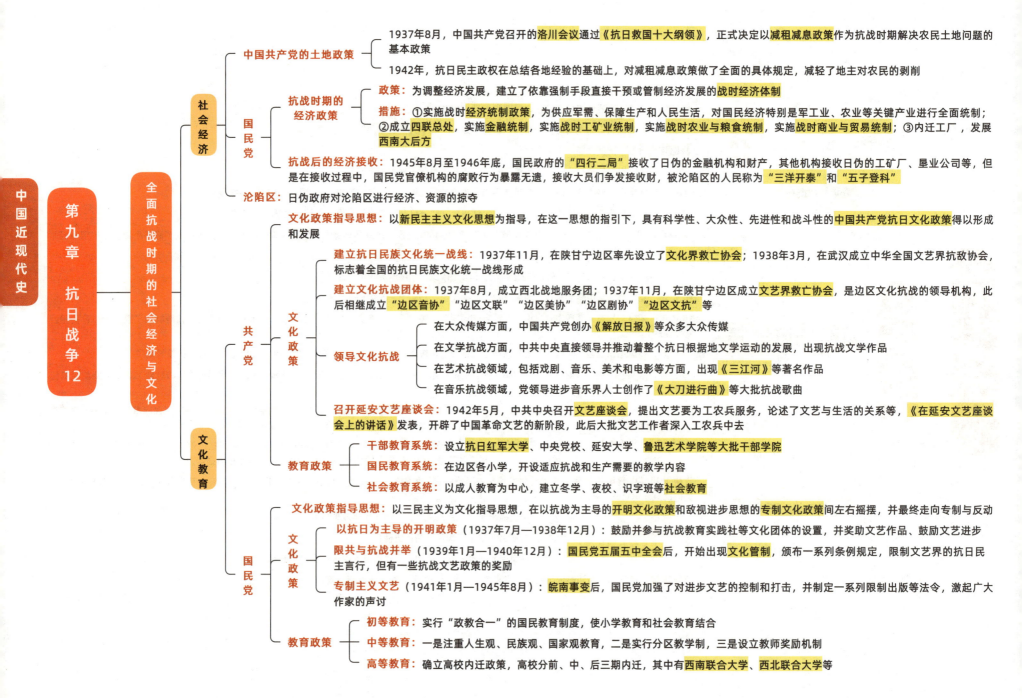

中国近现代史

第九章 抗日战争12

全面抗战时期的社会经济与文化

社会经济

中国共产党的土地政策
- 1937年8月，中国共产党召开的洛川会议通过《抗日救国十大纲领》，正式决定以减租减息政策作为抗战时期解决农民土地问题的基本政策
- 1942年，抗日民主政权在总结各地经验的基础上，对减租减息政策做了全面的具体规定，减轻了地主对农民的剥削

国民党

抗战时期的经济政策
- 政策：为调整经济发展，建立了依靠强制手段直接干预或管制经济发展的战时经济体制
- 措施：①实施战时经济统制政策，为供应军需、保障生产和人民生活，对国民经济特别是军工业、农业等关键产业进行全面统制；②成立四联总处，实施金融统制，实施战时工矿业统制，实施战时农业与粮食统制，实施战时商业与贸易统制；③内迁工厂，发展西南大后方

抗战后的经济接收：1945年8月至1946年底，国民政府的"四行二局"接收了日伪的金融机构和财产，其他机构接收日伪的工矿厂、垦业公司等，但是在接收过程中，国民党官僚机构的腐败行为暴露无遗，接收大员们争发接收财，被沦陷区的人民称为"三洋开泰"和"五子登科"

沦陷区：日伪政府对沦陷区进行经济、资源的掠夺

文化教育

共产党

文化政策
- 文化政策指导思想：以新民主主义文化思想为指导，在这一思想的指引下，具有科学性、大众性、先进性和战斗性的中国共产党抗日文化政策得以形成和发展
- 建立抗日民族文化统一战线：1937年11月，在陕甘宁边区率先设立了文化界救亡协会；1938年3月，在武汉成立中华全国文艺界抗敌协会，标志着全国的抗日民族文化统一战线形成
- 建立文化抗战团体：1937年8月，成立西北战地服务团；1937年11月，在陕甘宁边区成立文艺界救亡协会，是边区文化抗战的领导机构，此后相继成立"边区音协""边区文联""边区美协""边区剧协""边区文抗"等
- 领导文化抗战
  - 在大众传媒方面，中国共产党创办《解放日报》等众多大众传媒
  - 在文学抗战方面，中共中央直接领导并推动着整个抗日根据地文学运动的发展，出现抗战文学作品
  - 在艺术抗战领域，包括戏剧、音乐、美术和电影等方面，出现《三江河》等著名作品
  - 在音乐抗战领域，党领导进步音乐界人士创作了《大刀进行曲》等大批抗战歌曲
- 召开延安文艺座谈会：1942年5月，中共中央召开文艺座谈会，提出文艺要为工农兵服务，论述了文艺与生活的关系等，《在延安文艺座谈会上的讲话》发表，开辟了中国革命文艺的新阶段，此后大批文艺工作者深入工农兵中去

教育政策
- 干部教育系统：设立抗日红军大学、中央党校、延安大学、鲁迅艺术学院等大批干部学院
- 国民教育系统：在边区各小学，开设适应抗战和生产需要的教学内容
- 社会教育系统：以成人教育为中心，建立冬学、夜校、识字班等社会教育

国民党

文化政策
- 文化政策指导思想：以三民主义为文化指导思想，在以抗战为主导的开明文化政策和敌视进步思想的专制文化政策间左右摇摆，并最终走向专制与反动
- 以抗日为主导的开明政策（1937年7月—1938年12月）：鼓励并参与抗战教育实践社等文化团体的设置，并奖助文艺作品、鼓励文艺进步
- 限共与抗战并举（1939年1月—1940年12月）：国民党五届五中全会后，开始出现文化管制，颁布一系列条例规定，限制文艺界的抗日民主言行，但有一些抗战文艺政策的奖励
- 专制主义文艺（1941年1月—1945年8月）：皖南事变后，国民党加强了对进步文艺的控制和打击，并制定一系列限制出版等法令，激起广大作家的声讨

教育政策
- 初等教育：实行"政教合一"的国民教育制度，使小学教育和社会教育结合
- 中等教育：一是注重人生观、民族观、国家观教育，二是实行分区教学制，三是设立教师奖励机制
- 高等教育：确立高校内迁政策，高校分前、中、后三期内迁，其中有西南联合大学、西北联合大学等

第十章 国共内战 1

重庆谈判与政治协商会议

1945—1946年的政局

国际：①西欧国家普遍衰落，美国一枝独秀，社会主义力量发展；②欧洲一片废墟；③美苏对华政策从自身利益出发，不愿卷入中国军事对峙

国内

各党派对中国前途的主张

国民党提出地主阶级和买办性质的大资产阶级方案：企图维护国民党一党专政的政权，使中国沿着老路发展下去，处心积虑地消灭共产党领导的人民革命力量

共产党领导下的工人阶级和其他进步势力的方案：中国共产党在七大时就提出建设独立、自由、民主、统一和富强新中国的主张，提出通过建立民主的联合政府，实现建设新中国的目标

民主党派的民族资本主义方案：他们希望建立资产阶级共和国，使中国发展成为一个独立的资本主义国家，即第三条道路

普通群众渴望和平与发展的呼声高涨

重庆谈判的背景

国际：①德、意、日三个法西斯国家战败、垮台；②美国通过美元和原子弹扩展其全球势力；③社会主义国家苏联，在二战中遭受重大损失；④欧洲和亚洲出现一系列人民民主国家，原殖民地、半殖民地国家和地区兴起民族独立运动；⑤以雅尔塔会议为开端逐步形成美、苏之间的对立与斗争，美国和苏联都支持蒋介石统一中国

国内：①中国人民同国民党反动派的矛盾成了国内的主要矛盾；②国民党政权通过受降和接收日伪产业，国家垄断资本空前膨胀，垄断地位大大增强，官僚机构暴露其腐败行为，沦陷区人民称他们是"三洋开泰""五子登科"；③战后中国共产党已成为拥有120万党员的大党，解放军的兵力和装备均不如国民党军，但是中国共产党的政治声望大大提高，是人民的希望所在；④各民主党派进一步亮明各自的建国方案，展开了政治的较量

重庆谈判与《双十协定》

1945年，在日本宣布投降之际，蒋介石电邀请毛泽东赴渝当面协商"目前各种重要问题"。8月28日，毛泽东、周恩来等人飞抵重庆，几经商谈后，国共双方代表于10月10日，签订《政府与中央代表会谈纪要》（又称"双十协定"）

谈判的主要成果：一是确定了和平建国的基本方针及途径；二是确认国民党应迅速结束训政，实施宪政，并由国民政府召开政治协商会议，邀集各党派代表及社会贤达协商国是，讨论和平建国方案及召开国民大会各项问题

军队国家化和解放区政权问题是双方斗争的焦点，国民党拒不承认人民军队和解放区政权的合法地位，中共先后提出四个解放区问题的方案，均被国民党拒绝，未达成协议

政治协商会议

1946年1月在重庆召开，国民党、中国共产党以及各民主党派参加，中心议题是"政治民主化"和"军队国家化"，会上否定国民党一党专政以及内战，基本符合全国人民的和平民主愿望

知识延伸——马歇尔调处

1945年12月，美国总统杜鲁门派马歇尔来中国就国民党与中国共产党的军事冲突进行调处，在"调处"下，国共双方暂时停战并筹办重庆政治协商会议

内战时期的政治、经济与社会 1

国民党统治区 1

政治

制宪国大：1946年7月，蒋介石撕毁政协协议，不顾共产党、民盟和许多无党派民主人士的坚决反对，决定在当年11月非法召开"国民大会"，这次伪国大的任务是"制定宪法"，故称"制宪国大"，会后通过《中华民国宪法》，以根本大法的形式确认了蒋介石独裁统治的国家制度，遭到全国人民的谴责，使蒋介石国民党在政治上陷于孤立

改组政府：1947年3月，国民党召开六届三中全会，通过《宪政实施准备案》。4月，国民党内重新选任了国民政府委员和五院院长。4月23日，宣告改组政府成立

"戡乱总动员"：国民党为挽救在内战中的败局并加紧对人民的镇压，将共产党列为其戡乱对象，1947年7月发布总动员令，将中国共产党参政员除名，取消中国共产党"国大代表"和国民政府委员保留名额，至此国共十年的合作完全破裂

行宪国大：1948年在南京举行"行宪"国民大会，蒋介石主持会议并致开幕词，会议通过《动员戡乱时期临时条款》，取消宪法中对总统权力的限制，大会选举蒋介石和李宗仁分别为"总统"和"副总统"

对国统区民主运动采取高压政策

沧白堂事件：1946年1月，政治协商会议召开期间，民主建国会、陪都文化界政治协商会议协进会筹备会及中国人民建国会三个团体为促进政协会议的成功，在重庆成立"政治协商会议陪都各界协进会"，该会每天晚间集会，邀请政协代表到会演讲，介绍会议情况，并听取各界意见。第四次演讲会在沧白堂举行，遭到国民党特务、暴徒的破坏，使演讲会无法正常进行

较场口惨案：1946年2月，国民党反动派假手特务暴徒，冲散陪都各界在较场口举行的庆祝政协成功的大会，打伤了大会主持人李公朴、章乃器和政协代表郭沫若等人，马寅初和60余位群众被打伤，造成较场口惨案

"六二三"下关惨案：1946年6月，上海各界万余人集会，欢送由上海人民团体联合会及学生代表组成的上海人民和平请愿团赴南京请愿，会后进行了反内战游行，代表们当晚抵南京下关车站时，遭到国民党特务、暴徒的围攻、劫掠达5个小时，造成"下关惨案"

李闻血案：1946年7月，国民党反动派在昆明制造了暗杀民主人士李公朴、闻一多的血案，国民党法西斯统治的真实面目暴露无遗

经济

签订《中美商约》：1946年，国民政府为在内战中取得美国支持，与美国签订《中美友好通商航海条约》，是一份包括通商航海设领等内容的不平等条约

国统区经济危机：①财政入不敷出，通货膨胀；②民族工商业停产倒闭；③失业和无业人员增加；④严重粮荒，农村经济破产

中国近现代史

中国近现代史

第十章 国共内战2

内战时期的政治、经济与社会2

国民党统治区2

社会

全国学生抗议美军暴行联合总会： 1946年12月，在北平东单发生美军强奸中国女大学生的 沈崇事件，事件激起了北平和各城市学生、工人及市民的抗议运动，数十个城市大约50万学生喊出"美军滚出中国"的口号，1947年，在上海成立 全国学生抗议美军暴行联合总会

反内战运动： 1947年，蒋介石的内战政策违背人民意愿，国统区人民掀起 反内战运动。沈钧儒等在重庆发起成立陪都各界反内战联合会反对内战，反内战呼声迅速传遍国统区各大城市

反饥饿运动： 1947年5月，国统区的学生开始举行 抢救教育危机的反饥饿游行，此后学生反饥饿斗争不断，实质上是反对蒋介石内战政策的民主爱国运动

反迫害运动： 1947年5月，国民党颁布了镇压人民反抗的办法，北京、上海学生举行 反内战反迫害游行，随着呼声的不断提高，学生运动发展为要饭吃、要和平、要自由的反饥饿、反内战、反迫害运动

中间路线的宣传和"南北朝"论： ①中间路线是中间集团在政协时期未来得及进行的关于建立资产阶级共和国理论、路线、纲领、政策的进一步阐发与宣传；②大规模内战打了一年多以后，1947年夏，"南北朝"论流行起来，即以江淮为界，国、共两党分而治之，尽管在一段时间内这种呼声很高，但是国共双方都未接受

第二条战线

什么是"第二战线"： 1947年,周恩来在中央政治局报告中第一次把国统区的人民运动称为"第二战场"，它以学生运动为先导、以中间党派斗争为旗帜、以人民群众运动的高涨为基础

背景
- 抗日战争胜利后，人民群众迫切希望建立一个符合全中国人民利益的新中国
- 国民党反动势力在国统区搞虚假民主政治，使国统区政治危机加深
- 国民党官僚腐败，造成国统区经济一片混乱
- 共产党的群众性得到广大国民认可

形成过程

酝酿时期： 1945年11月，西南联合大学的师生召开了反内战的时事讨论会，遭到军警破坏，12月1日，学生罢课遭到了国民党军警的围攻，学生死伤严重，造成了"一二·一"昆明惨案。以学生运动为主的反内战运动，一时席卷国民党统治区

开始形成： 1946年12月24日晚，在北平发生了美军强奸中国女大学生的 沈崇事件，激起了北平和各城市学生及工人、市民的抗议运动。它的规模比"一二·一"运动大得多，全国各地爆发了共有50万学生相继参加的抗暴活动，并得到社会舆论的广泛支持

发展： 1947年，国民党统治区通货膨胀剧烈，国民党统治区人民生活困苦。反饥饿、反内战运动此时在全国范围内猛烈展开

正式形成： 1947年5月20日，北平、天津、南京和上海等地的学生们进行反内战宣传示威，遭到了军警的逮捕和殴打，随后学生们提出了"反饥饿、反内战、反迫害"的口号，进行了集体罢课、游行示威的"五二〇"运动。随后运动扩展到南京、上海、北平、天津、杭州等大中城市，至此第二条战线正式形成

继续发展
- 1947年10月，浙江大学学生于子三被军警杀害，浙大师生罢课罢教，并得到了全国学生的声援。学生爱国民主运动走向新的高潮
- 1948年5月，美国实行扶植日本的政策，上海万余学生组织"反美扶日联合会"，发起反美扶日签名运动，受到社会各界进步人士的支持和响应

"第二战线"结束： 辽沈、淮海、平津三大战略决战相继展开，到1949年1月取得完全胜利，学生运动的任务开始转为迎接解放

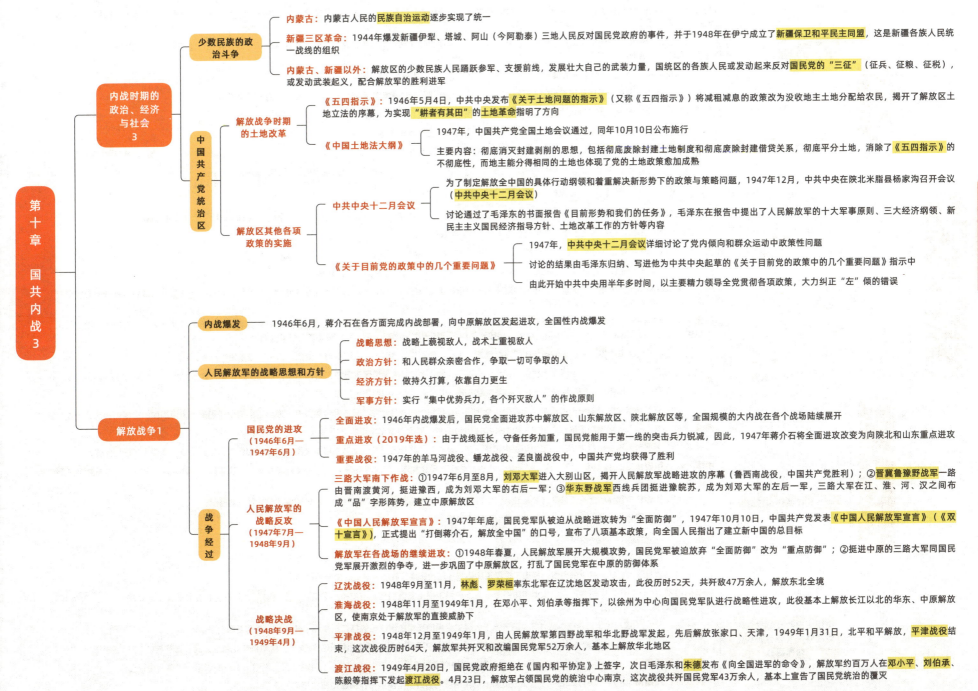

第十章 国共内战 3

中国近现代史

内战时期的政治、经济与社会 3

少数民族的政治斗争

内蒙古： 内蒙古人民的民族自治运动逐步实现了统一

新疆三区革命： 1944年爆发新疆伊犁、塔城、阿山（今阿勒泰）三地人民反对国民党政府的事件，并于1948年在伊宁成立了新疆保卫和平民主同盟，这是新疆各族人民统一战线的组织

内蒙古、新疆以外： 解放区的少数民族人民踊跃参军、支援前线，发展壮大自己的武装力量，国统区的各族人民或发动起来反对国民党的"三征"（征兵、征粮、征税），或发动武装起义，配合解放军的胜利进军

中国共产党统治区

解放战争时期的土地改革

《五四指示》： 1946年5月4日，中共中央发布《关于土地问题的指示》（又称《五四指示》）将减租减息的政策改为没收地主土地分配给农民，揭开了解放区土地立法的序幕，为实现"耕者有其田"的土地革命指明了方向

《中国土地法大纲》

1947年，中国共产党全国土地会议通过，同年10月10日公布施行

主要内容：彻底消灭封建剥削的思想，包括彻底废除封建土地制度和彻底废除封建借贷关系，彻底平分土地，消除了《五四指示》的不彻底性，而地主能分得相同的土地也体现了党的土地政策愈加成熟

解放区其他各项政策的实施

中共中央十二月会议

为了制定解放全中国的具体行动纲领和着重解决新形势下的政策与策略问题，1947年12月，中共中央在陕北米脂县杨家沟召开会议（中共中央十二月会议）

讨论通过了毛泽东的书面报告《目前形势和我们的任务》，毛泽东在报告中提出了人民解放军的十大军事原则、三大经济纲领、新民主主义国民经济指导方针、土地改革工作的方针等内容

《关于目前党的政策中的几个重要问题》

1947年，中共中央十二月会议详细讨论了党内倾向和群众运动中政策性问题

讨论的结果由毛泽东归纳、写进他为中共中央起草的《关于目前党的政策中的几个重要问题》指示中

由此开始中共中央用半年多时间，以主要精力领导全党贯彻各项政策，大力纠正"左"倾的错误

解放战争 1

内战爆发 1946年6月，蒋介石在各方面完成内战部署，向中原解放区发起进攻，全国性内战爆发

人民解放军的战略思想和方针

战略思想： 战略上藐视敌人，战术上重视敌人

政治方针： 和人民群众亲密合作，争取一切可争取的人

经济方针： 做持久打算，依靠自力更生

军事方针： 实行"集中优势兵力，各个歼灭敌人"的作战原则

战争经过

国民党的进攻（1946年6月—1947年6月）

全面进攻： 1946年内战爆发后，国民党全面进攻苏中解放区、山东解放区、陕北解放区等，全国规模的大内战在各个战场陆续展开

重点进攻（2019年选）： 由于战线延长，守备任务加重，国民党能用于第一线的突击兵力锐减，因此，1947年蒋介石将全面进攻改变为向陕北和山东重点进攻

重要战役： 1947年的羊马河战役、蟠龙战役、孟良崮战役中，中国共产党均获得了胜利

人民解放军的战略反攻（1947年7月—1948年9月）

三路大军南下作战： ①1947年6月至8月，刘邓大军进入大别山区，揭开人民解放军战略进攻的序幕（鲁西南战役，中国共产党胜利）；②晋冀鲁豫野战军一路由晋南渡黄河，挺进豫西，成为刘邓大军的右后一军；③华东野战军西线兵团挺进豫皖苏，成为刘邓大军的左后一军，三路大军在江、淮、河、汉之间布成"品"字形阵势，建立中原解放区

《中国人民解放军宣言》： 1947年年底，国民党军队被迫从战略进攻转为"全面防御"，1947年10月10日，中国共产党发表《中国人民解放军宣言》（《双十宣言》），正式提出"打倒蒋介石，解放全中国"的口号，宣布了八项基本政策，向全国人民指出了建立新中国的总目标

解放军在各战场的继续进攻： ①1948年春夏，人民解放军展开大规模攻势，国民党军被迫放弃"全面防御"改为"重点防御"；②挺进中原的三路大军同国民党军展开激烈的争夺，进一步巩固了中原解放区，打乱了国民党军在中原的防御体系

战略决战（1948年9月—1949年4月）

辽沈战役： 1948年9月至11月，林彪、罗荣桓率东北军在辽沈地区发动攻击，此役历时52天，共歼敌47万余人，解放东北全境

淮海战役： 1948年11月至1949年1月，在邓小平、刘伯承等指挥下，以徐州为中心向国民党军队进行战略性进攻，此役基本上解放长江以北的华东、中原解放区，使南京处于解放军的直接威胁下

平津战役： 1948年12月至1949年1月，由人民解放军第四野战军和华北野战军发起，先后解放张家口、天津，1949年1月31日，北平和平解放，平津战役结束，这次战役历时64天，解放军共歼灭和改编国民党军52万余人，基本上解放华北地区

渡江战役： 1949年4月20日，国民党政府拒绝在《国内和平协定》上签字，次日毛泽东和朱德发布《向全国进军的命令》，解放军约百万人在邓小平、刘伯承、陈毅等指挥下发起渡江战役。4月23日，解放军占领国民党的统治中心南京，这次战役共歼国民党军43万余人，基本上宣告了国民党统治的覆灭

中国近现代史

第十章 国共内战 4

解放战争 2

国民党大陆溃败的主要原因

政治：①背离了孙中山的三民主义，丧失理想信念；②发动内战，违反民意与历史潮流；③忽视作风建设，党内腐败、派系林立，使其民心丧尽，是国民党在大陆政治失败的重要原因

经济：①战争带来的通货膨胀使得国民党赖以存在的经济基础彻底崩溃；②官僚资本巧取豪夺，导致农业遭到破坏与商业混乱；③拒绝实行土地改革使广大农民彻底抛弃了国民党；④错误的经济政策

军事：①发动反共内战的非正义性与人心向背；②军纪败坏、官兵对立；③战略战术的错误

外交：①全力投靠美国最终被美国所抛弃；②对苏的妥协与制约，没能扭转外交失败的结局；③对自身外交实力的定位不当

中国共产党领导的解放战争的历史意义

- 彻底结束了帝国主义、殖民主义势力奴役中国各族人民的历史，真正实现了民族独立
- 彻底结束了极少数剥削者统治广大劳动人民的历史，真正实现了民族独立
- 彻底结束了旧中国一盘散沙的局面，真正实现了国家统一
- 从根本上改变了中国社会的发展方向，为在社会主义上实现中华民族伟大复兴创造了政治前提
- 深刻改变了世界历史发展的进程

中华人民共和国的成立

成立准备

中共七届二中全会

背景：国共内战即将结束，为了将人民革命进行到底，夺取全国胜利，1949年3月，中国共产党在河北省平山县西柏坡举行了七届二中全会

内容：
- 毛泽东在报告中指出了党的工作重心必须由乡村转到城市
- 毛泽东在报告中分析了在全国胜利以后国内外的基本矛盾，指明由新民主主义发展到社会主义的总任务
- 毛泽东在报告中着重分析了中国的国情，阐述了新民主主义经济形态和党的经济政策

影响：是一次具有重大历史意义的会议，它提出的重要理论思想和确定的各项方针政策，为党夺取全国胜利，以及胜利以后由新民主主义社会向社会主义社会转变、建立社会主义新中国，在政治上和思想上做了准备

中国人民政治协商会议

背景：①1949年3月，中共中央机关及毛泽东、周恩来等领导人离开西柏坡前往北平；②各民主党派负责人和著名民主人士先后抵达北平；③随着全国大城市的解放，国民党统治的垮台，1949年9月，中国人民政治协商会议第一次全体会议在北平中南海怀仁堂隆重召开

内容：
- 会议通过了《中国人民政治协商会议共同纲领》，选举中华人民共和国中央人民政府委员会，选举毛泽东为中央人民政府主席
- 规定了外交、文化、军事等政策制度，决定以五星红旗为国旗，以《义勇军进行曲》为代国歌，以北平为首都，改名为北京，采用公元纪年
- 大会决定在首都天安门广场建立一座人民英雄纪念碑，以表示对革命先烈的无限崇敬和缅怀

影响：
- 它标志着中国爱国统一战线和全国人民革命大团结在组织上的最后形成，标志着中国共产党领导的多党合作和政治协商制度的主要机构从此产生
- 它为中华人民共和国的成立奠基，为1949年10月1日的开国大典做了全面的准备
- 人民政协这一组织形式体现了中华民族和衷共济、兼收并蓄的传统精神，是马克思主义同中国实践相结合的光辉典范，是毛泽东思想的伟大胜利

中华人民共和国成立

中华人民共和国成立：1949年10月1日，在天安门城楼上举行了开国大典，向世界宣告中华人民共和国中央人民政府成立，群众举行了游行，欢庆中华人民共和国诞生

意义：
- 标志着中国新民主主义革命的基本胜利，中国历史进入了人民当家作主的新时代，开启了中国历史发展的新纪元
- 为中国社会发展进步奠定了新的国家平台和政治前提
- 打破帝国主义的东方阵线和殖民体系，开启了亚洲政治版图的新格局
- 打开了从整体上实现中国现代化和进入社会主义的大门
- 增强了人民民主阵营的力量，打击了世界殖民体系，对被压迫民族的斗争具有深远的影响

中华人民共和国成立前中国共产党领导的多党合作局面

抗战时期：①1938年,中国共产党积极参与国民参政会，获得了民主党派的信任与支持；②实行"三三制"，促进了我党与各民主党派的合作；③1944年8月，提出建立联合政府

解放战争：
- 解放战争初期在中国共产党的带领下，民主党派同我党在国统区的第二条战线中开展了一系列爱国民主运动
- 1947年，蒋介石发布《动员戡乱令》，对民主党派发起进攻，在中国共产党的争取、帮助和教育之下，民主党派最终倒向了共产党一边

新政协筹备期间：1948年，中国共产党提出迅速召开政治协商会议得到各党派积极响应；1949年6月，新政治协商会议第一次筹备会议召开

新政协召开期间：1949年9月21日，中国人民政协一届全会胜利召开，是多党合作的新型政党形成的标志

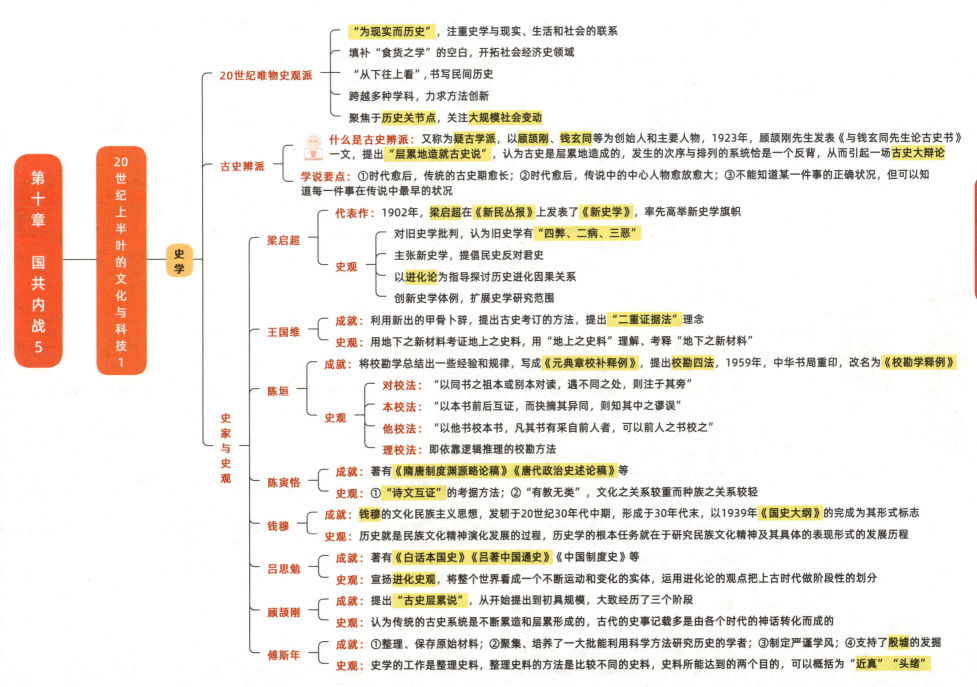

第十章 国共内战 5

20世纪上半叶的文化与科技 1

史学

20世纪唯物史观派
- "为现实而历史"，注重史学与现实、生活和社会的联系
- 填补"食货之学"的空白，开拓社会经济史领域
- "从下往上看"，书写民间历史
- 跨越多种学科，力求方法创新
- 聚焦于历史关节点，关注大规模社会变动

古史辨派
- **什么是古史辨派**：又称为疑古学派，以顾颉刚、钱玄同等为创始人和主要人物，1923年，顾颉刚先生发表《与钱玄同先生论古史书》一文，提出"层累地造就古史说"，认为古史是层累地造成的，发生的次序与排列的系统恰是一个反背，从而引起一场古史大辩论
- **学说要点**：①时代愈后，传统的古史期愈长；②时代愈后，传说中的中心人物愈放愈大；③不能知道某一件事的正确状况，但可以知道每一件事在传说中最早的状况

史家与史观

梁启超
- **代表作**：1902年，梁启超在《新民丛报》上发表了《新史学》，率先高举新史学旗帜
- **史观**：
  - 对旧史学批判，认为旧史学有"四弊、二病、三恶"
  - 主张新史学，提倡民史反对君史
  - 以进化论为指导探讨历史进化因果关系
  - 创新史学体例，扩展史学研究范围

王国维
- **成就**：利用新出的甲骨卜辞，提出古史考订的方法，提出"二重证据法"理念
- **史观**：用地下之新材料考证地上之史料，用"地上之史料"理解、考释"地下之新材料"

陈垣
- **成就**：将校勘学总结出一些经验和规律，写成《元典章校补释例》，提出校勘四法，1959年，中华书局重印，改名为《校勘学释例》
- **史观**：
  - **对校法**："以同书之祖本或别本对读，遇不同之处，则注于其旁"
  - **本校法**："以本书前后互证，而抉摘其异同，则知其中之谬误"
  - **他校法**："以他书校本书，凡其书有采自前人者，可以前人之书校之"
  - **理校法**：即依靠逻辑推理的校勘方法

陈寅恪
- **成就**：著有《隋唐制度渊源略论稿》《唐代政治史述论稿》等
- **史观**：①"诗文互证"的考据方法；②"有教无类"，文化之关系较重而种族之关系较轻

钱穆
- **成就**：钱穆的文化民族主义思想，发轫于20世纪30年代中期，形成于30年代末，以1939年《国史大纲》的完成为其形式标志
- **史观**：历史就是民族文化精神演化发展的过程，历史学的根本任务就在于研究民族文化精神及其具体的表现形式的发展历程

吕思勉
- **成就**：著有《白话本国史》《吕著中国通史》《中国制度史》等
- **史观**：宣扬进化史观，将整个世界看成一个不断运动和变化的实体，运用进化论的观点把上古时代做阶段性的划分

顾颉刚
- **成就**：提出"古史层累说"，从开始提出到初具规模，大致经历了三个阶段
- **史观**：认为传统的古史系统是不断累造和层累形成的，古代的史事记载多是由各个时代的神话转化而成的

傅斯年
- **成就**：①整理、保存原始材料；②聚集、培养了一大批能利用科学方法研究历史的学者；③制定严谨学风；④支持了殷墟的发掘
- **史观**：史学的工作是整理史料，整理史料的方法是比较不同的史料，史料所能达到的两个目的，可以概括为"近真""头绪"

中国近现代史

中国近现代史

第十章 国共内战 6

20世纪上半叶的文化与科技 2

哲学

介绍西方哲学流派： 五四时期流行的西方主要哲学流派学说，主要有尼采的哲学、**杜威的实用主义哲学**、**罗素的哲学**、康德的哲学、黑格尔的哲学、柏格森的哲学、马克思主义哲学

马克思主义哲学： ①李大钊《我的马克思主义观》《物质变动与道德变动》等；②陈独秀《马克思主义学说》

新儒学

冯友兰的代表作是关于"新理学"的六本书，《新理学》《新世论》等，新理学是程朱理学的继承和发展，同时采纳了一些佛道思想和西方哲学

金岳霖的著作有《论道》《逻辑》等，用西方哲学的方法建立自己的哲学体系，包括本体论和知识论，提出了"道""式""能"三个基本的哲学范畴

熊十力的著作有《新唯识论》《原儒》等，他认为哲学的根本任务是"明示本体"，"本体"即人的生命创造活动、道德自我完善的活动，为此他构建了一个较为成熟的会通华梵、融贯中西的"本心"本体论哲学体系

马一浮提出"义理名相论"，于本体论主张理气一元、心性一元，于认识论主张知行合一、性修不二

贺麟，在**本体论上**将新黑格尔主义把心视为"绝对实在"与陆王心学的"吾心即宇宙"结合起来，提出"心为物之体，物为心之用"的本体论体系；在**伦理观上**，他强调"三纲五常"仍是现代社会行之有效的伦理规范；在**认识论上**，贺麟承袭王阳明的"知行合一"论，提出"自然的知行合一论"，从而构成"**新心学**"的基本思想

钱穆提倡"儒史相资"，即发挥历史文化精神之中儒学义理与历史演化的能动关系，融汇百家之言与各家之长；他认为应"经世致用"，将"大义微言"实践于现代，融会秦汉新儒学的革命精神与制度设计于今日中国

文学

革命文学： 陈独秀的《新青年》、**沈雁冰的《论无产阶级艺术》**、郭沫若的《革命文学》等

左翼作家联盟： 共产党20世纪20年代在上海领导创建的一个文学组织，传播马克思文艺主义理论，目的是为了与国民党争取宣传阵地，吸引广大群众支持其思想，主要代表人物有**鲁迅**、**田汉**等

经济学

马克思主义政治经济学： 翻译出版的马克思主义经济学著作有李季译马克思《价值价格及利润》、陈寿增译卢森堡《新经济学》等

资产阶级经济学： 王开化译李斯特《国家经济学》、王亚南译克赖士《经济学绪论》等

社会学

翻译著作： 赵作雄译爱尔乌特《社会学及现代社会问题》、吴旭译黎朋《群众心理》

中国人关于社会学的著作： 陶孟和的《社会问题》、常乃德的《社会学要旨》、朱亦松的《社会学原理》、孙本文的《社会学大纲》和《社会学原理》等

专业和课程设置： 1919年以来，厦门大学、复旦大学等成立社会学系，国民政府为了推行所谓的"社会建设"，设立了社会部

社会学的团体和刊物： 1922年，**余天休**发起成立社会学会，主编的《社会学杂志》创刊，1928年，孙本文以及**吴景超**组织东南社会学会，创办《社会学刊》

进行社会调查： 燕京大学的清河镇社会调查、金陵大学的各地农村调查等

中国社会性质问题的讨论： **中国社会性质问题的讨论**始于20世纪30年代初期，持续到1935年，论战的实质与核心在于弄清楚中国在现实中国、古代中国、中国乡村的社会性质，中心议题：中国社会是资本主义社会、半封建社会、半殖民地半封建社会还是其他性质的社会，经过讨论中国社会是"半殖民地半封建社会"这一论断被更多人接受

现代化问题： ①1933年7月，《申报月刊》提出关于**中国现代化问题的讨论**，中国现代化问题的争论在20世纪30年代中期达到高潮，以后时断时续，直到40年代末；②通过讨论，人们加深了对"现代化"问题的认识，而且把现代化的基本内容定为工业化、科学化、政治民主化、非资本主义化等

自然科学

自然科学： 小学有算术和格致课，中学有算学、博物、理化，大学有算学、动植物学、地质学等

数学： 陈建功对傅立叶级数的研究、苏步青对微分几何学的研究等

物理： 吴有训对**康普顿效应**的研究、钱三强对**铀原子核**的研究等

地质学： 李四光《东亚的几个特别构造型》等

地理： 竺可桢的《中国气流之要素》、**涂长望**的《大气运行与世界气温之关系》等

天文学： 1934年国民政府在南京紫金山建立天文台，1941年我国组织观测队到西北进行观测等

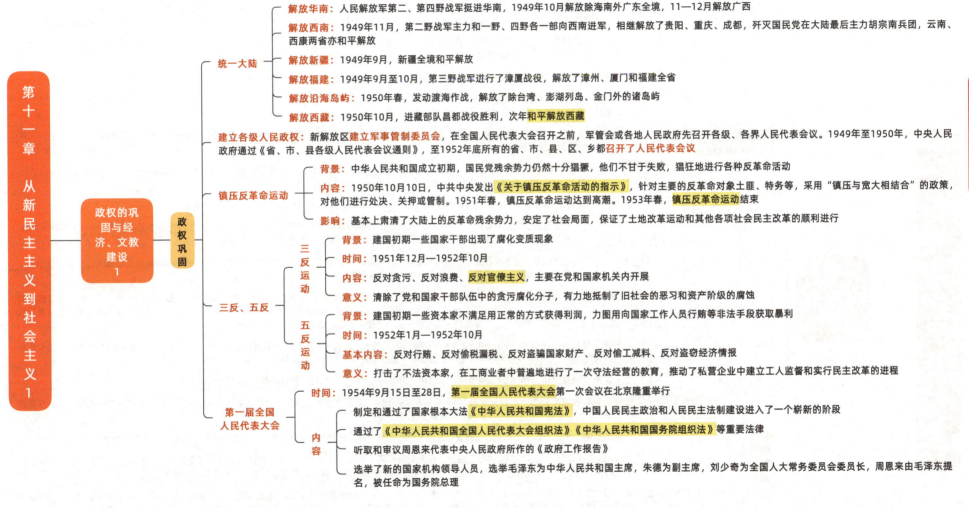

第十一章 从新民主主义到社会主义 1

中国近现代史

政权的巩固与经济、文教建设 1

政权巩固

统一大陆

解放华南：人民解放军第二、第四野战军挺进华南，1949年10月解放除海南外广东全境，11—12月解放广西

解放西南：1949年11月，第二野战军主力和一野、四野各一部向西南进军，相继解放了贵阳、重庆、成都，歼灭国民党在大陆最后主力胡宗南兵团，云南、西康两省亦和平解放

解放新疆：1949年9月，新疆全境和平解放

解放福建：1949年9月至10月，第三野战军进行了漳厦战役，解放了漳州、厦门和福建全省

解放沿海岛屿：1950年春，发动渡海作战，解放了除台湾、澎湖列岛、金门外的诸岛屿

解放西藏：1950年10月，进藏部队昌都战役胜利，次年和平解放西藏

建立各级人民政权：新解放区建立军事管制委员会，在全国人民代表大会召开之前，军管会或各地人民政府先召开各级、各界人民代表会议。1949年至1950年，中央人民政府通过《省、市、县各级人民代表会议通则》，至1952年底所有的省、市、县、区、乡都召开了人民代表会议

镇压反革命运动

背景：中华人民共和国成立初期，国民党残余势力仍然十分猖獗，他们不甘于失败，猖狂地进行各种反革命活动

内容：1950年10月10日，中共中央发出《关于镇压反革命活动的指示》，针对主要的反革命对象土匪、特务等，采用"镇压与宽大相结合"的政策，对他们进行处决、关押或管制。1951年春，镇压反革命运动达到高潮。1953年春，镇压反革命运动结束

影响：基本上肃清了大陆上的反革命残余势力，安定了社会局面，保证了土地改革运动和其他各项社会民主改革的顺利进行

三反、五反

三反运动

背景：建国初期一些国家干部出现了腐化变质现象

时间：1951年12月—1952年10月

内容：反对贪污、反对浪费、反对官僚主义，主要在党和国家机关内开展

意义：清除了党和国家干部队伍中的贪污腐化分子，有力地抵制了旧社会的恶习和资产阶级的腐蚀

五反运动

背景：建国初期一些资本家不满足用正常的方式获得利润，力图用向国家工作人员行贿等非法手段获取暴利

时间：1952年1月—1952年10月

基本内容：反对行贿、反对偷税漏税、反对盗骗国家财产、反对偷工减料、反对盗窃经济情报

意义：打击了不法资本家，在工商业者中普遍地进行了一次守法经营的教育，推动了私营企业中建立工人监督和实行民主改革的进程

第一届全国人民代表大会

时间：1954年9月15日至28日，第一届全国人民代表大会第一次会议在北京隆重举行

内容：

制定和通过了国家根本大法《中华人民共和国宪法》，中国人民民主政治和人民民主法制建设进入了一个崭新的阶段

通过了《中华人民共和国全国人民代表大会组织法》《中华人民共和国国务院组织法》等重要法律

听取和审议周恩来代表中央人民政府所作的《政府工作报告》

选举了新的国家机构领导人员，选举毛泽东为中华人民共和国主席，朱德为副主席，刘少奇为全国人大常务委员会委员长，周恩来由毛泽东提名，被任命为国务院总理

中国近现代史

第十一章 从新民主主义到社会主义2

政权的巩固与经济、文教建设2

恢复国民经济（2024年选）

没收官僚资本，恢复国民经济：1949年1月，中共中央规定了接收官僚资本企业的方针。至1949年底，接收了国民党政府的"四行两局一库"及省市地方银行系统；接收了全部交通运输业以及各垄断性质的商业贸易公司，官僚资本以及其他外资企业都变成了新民主主义国家的国有企业

土地制度改革

背景：解放初期中国共产党领导当地人民进行清匪反霸、减租退押等斗争，并建立农村基层政权和民兵组织，培养了一批农民积极分子，为开展**土地改革**准备了条件，1950年冬至1953年春，在华东、中南、西南、西北等新解放区约2.9亿农业人口的地区进行土地制度的改革

内容：①**总路线**：依靠贫农、雇农，团结中农，中立富农，有步骤地有分别地消灭封建剥削制度，发展农业生产；②大体步骤：在新解放区发动群众、划分阶级、没收和分配土地

结果：至1953年春，全国约3亿无地、少地的农民无偿获得了约7亿亩土地和大量生产资料

影响：彻底推翻了**地主土地所有制**，使广大农民在政治、经济上获得了解放，提高了农民的生产积极性，解放了农村生产力，同时激发了农民发展个体经济和劳动互助的积极性

整顿社会经济秩序

背景：中华人民共和国成立初期面临着严重的经济困难，通货膨胀严重，物价飞涨，1949年8月，陈云受共中央委托，主持召开**上海财经工作会议**

会后采取措施：①取缔倒买倒卖银元等非法活动，加强金融管理；②打击投机倒把活动，平抑市场物价；③加强市场监管，保护正当工商业活动；④统一全国财经工作，包括财政收支、物资调度、现金管理等

结果：1950年3月以后，国家财政收支接近平衡，物价日趋稳定，我国财政经济状况初步好转

七届三中全会（1950年）

毛泽东做了《为争取国家财政经济状况的基本好转而斗争》的书面报告，指出党的中心任务是争取国家财政经济状况的根本好转，好转需要土地改革的完成、现有工商业的合理调整、国家机构所需经费的大量节减

毛泽东做了《不要四面出击》的重要讲话，深刻分析了国内各阶级的动态，认为应孤立和打击当前的主要敌人，不要四面出击，造成全国紧张，必须在一个方面有所让步，有所缓和

合理调整工商业（2019年选）：1950年6月，七届三中全会后开始调整工商业，至9月基本结束。①调整公私关系：调整人民政府、国营经济同私人资本主义经济的关系，巩固国营经济领导地位，同时使私营经济发挥有益于国计民生的作用；②调整劳资关系：调整资本家与工人之间的关系，以发展生产、改善经营；③调整产销关系：克服生产中的无政府状态，使私人企业走向计划生产的道路

文教建设

文化教育事业的发展

第一次全国教育工作会议（1949年12月）：①重申新民主主义教育的总方针，明确改革旧教育的方针、步骤和发展**新教育**的方向；②拟订创办**中国人民大学**、**工农速成中学**实施计划和改进**北京师范大学**及各地师范学校的意见

第一次高等教育工作会议（1950年6月）：讨论并通过高等学校暂行规程、**课程改革**、领导关系等问题

接管国民党政府所属的一切公立学校：1950年年底从帝国主义手中收回教育权后，在全国各级学校中建立共产党和青年团组织，开设马克思列宁主义课程，逐步地把旧学校改造成为工农兵服务的阵地

制定新学制：确立劳动人民和工农干部教育在各类学校系统中的重要地位，并逐步地建立和健全从初等教育到高等教育的新的人民教育制度

1952年院系调整：通过调整，学校的性质、任务更加明确，基本实现了"以培养工业建设人才和师资为重点，发展专门学院，整顿和加强综合性大学"的方针，但是机械搬用苏联经验，不当地取消了一些学科，有的专业设置过细，对人才的成长和合理使用不利

知识分子思想改造运动：①1951年11月至1952年下半年，在中国开展的知识分子的**自我教育和自我改造运动**；②主要围绕认真学习马克思列宁主义、毛泽东思想、联系实际开展**批评与自我批评**、**分清革命和反革命**，树立为人民服务的思想展开；③适应了国家需要，清除了残存在知识分子中间的旧帝国主义、封建主义、小资产阶级的思想

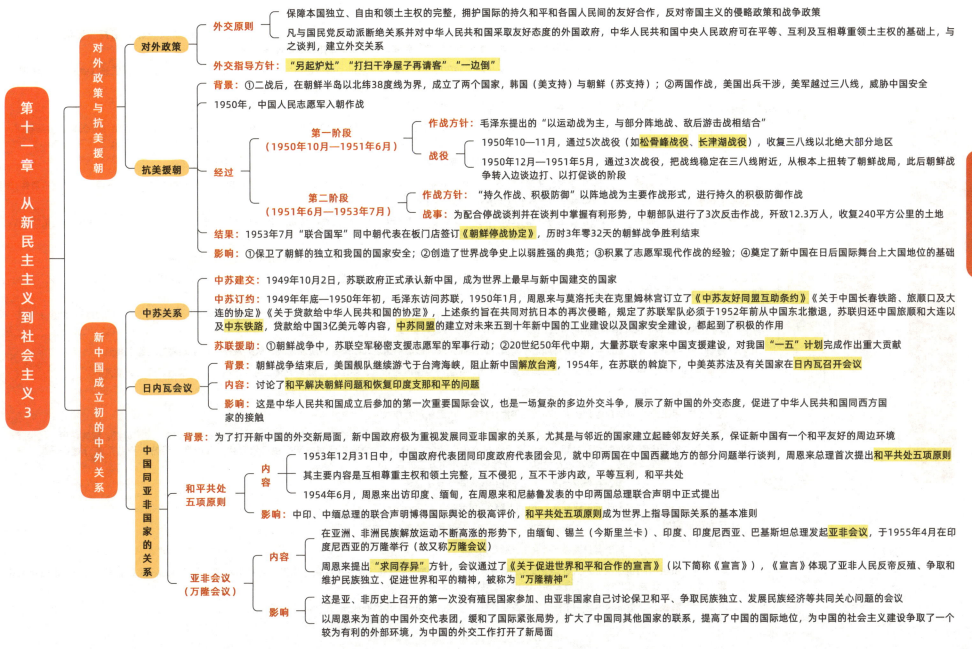

第十一章 从新民主主义到社会主义3

中国近现代史

对外政策与抗美援朝

对外政策

外交原则
- 保障本国独立、自由和领土主权的完整，拥护国际的持久和平和各国人民间的友好合作，反对帝国主义的侵略政策和战争政策
- 凡与国民党反动派断绝关系并对中华人民共和国采取友好态度的外国政府，中华人民共和国中央人民政府可在平等、互利及互相尊重领土主权的基础上，与之谈判，建立外交关系

外交指导方针："另起炉灶""打扫干净屋子再请客""一边倒"

抗美援朝

背景：①二战后，在朝鲜半岛以北纬38度线为界，成立了两个国家，韩国（美支持）与朝鲜（苏支持）；②两国作战，美国出兵干涉，美军越过三八线，威胁中国安全

1950年，中国人民志愿军入朝作战

经过
- 第一阶段（1950年10月—1951年6月）
  - 作战方针：毛泽东提出的"以运动战为主，与部分阵地战、敌后游击战相结合"
  - 战役
    - 1950年10—11月，通过5次战役（如松骨峰战役、长津湖战役），收复三八线以北绝大部分地区
    - 1950年12月—1951年5月，通过3次战役，把战线稳定在三八线附近，从根本上扭转了朝鲜战局，此后朝鲜战争转入边谈边打、以打促谈的阶段
- 第二阶段（1951年6月—1953年7月）
  - 作战方针："持久作战、积极防御"以阵地战为主要作战形式，进行持久的积极防御作战
  - 战事：为配合停战谈判并在谈判中掌握有利形势，中朝部队进行了3次反击作战，歼敌12.3万人，收复240平方公里的土地

结果：1953年7月"联合国军"同中朝代表在板门店签订《朝鲜停战协定》，历时3年零32天的朝鲜战争胜利结束

影响：①保卫了朝鲜的独立和我国的国家安全；②创造了世界战争史上以弱胜强的典范；③积累了志愿军现代作战的经验；④奠定了新中国在日后国际舞台上大国地位的基础

新中国成立初的中外关系

中苏关系

中苏建交：1949年10月2日，苏联政府正式承认新中国，成为世界上最早与新中国建交的国家

中苏订约：1949年年底—1950年年初，毛泽东访问苏联，1950年1月，周恩来与莫洛托夫在克里姆林宫订立了《中苏友好同盟互助条约》《关于中国长春铁路、旅顺口及大连的协定》《关于贷款给中华人民共和国的协定》，上述条约旨在共同对抗日本的再次侵略，规定了苏联军队必须于1952年前从中国东北撤退，苏联归还中国旅顺和大连以及中东铁路，贷款给中国3亿美元等内容，中苏同盟的建立对未来五到十年新中国的工业建设以及国家安全建设，都起到了积极的作用

苏联援助：①朝鲜战争中，苏联空军秘密支援志愿军的军事行动；②20世纪50年代中期，大量苏联专家来中国支援建设，对我国"一五"计划完成作出重大贡献

日内瓦会议

背景：朝鲜战争结束后，美国舰队继续游弋于台湾海峡，阻止新中国解放台湾，1954年，在苏联的斡旋下，中美英苏法及有关国家在日内瓦召开会议

内容：讨论了和平解决朝鲜问题和恢复印度支那和平的问题

影响：这是中华人民共和国成立后参加的第一次重要国际会议，也是一场复杂的多边外交斗争，展示了新中国的外交态度，促进了中华人民共和国同西方国家的接触

中国同亚非国家的关系

背景：为了打开新中国的外交新局面，新中国政府极为重视发展同亚非国家的关系，尤其是与邻近的国家建立起睦邻友好关系，保证新中国有一个和平友好的周边环境

和平共处五项原则
- 内容
  - 1953年12月31日中，中国政府代表团同印度政府代表团会见，就中印两国在中国西藏地方的部分问题举行谈判，周恩来总理首次提出和平共处五项原则
  - 其主要内容是互相尊重主权和领土完整，互不侵犯，互不干涉内政，平等互利，和平共处
  - 1954年6月，周恩来出访印度、缅甸，在周恩来和尼赫鲁发表的中印两国总理联合声明中正式提出
- 影响：中印、中缅总理的联合声明博得国际舆论的极高评价，和平共处五项原则成为世界上指导国际关系的基本准则

亚非会议（万隆会议）
- 内容
  - 在亚洲、非洲民族解放运动不断高涨的形势下，由缅甸、锡兰（今斯里兰卡）、印度、印度尼西亚、巴基斯坦总理发起亚非会议，于1955年4月在印度尼西亚的万隆举行（故又称万隆会议）
  - 周恩来提出"求同存异"方针，会议通过了《关于促进世界和平和合作的宣言》（以下简称《宣言》），《宣言》体现了亚非人民反帝反殖、争取和维护民族独立、促进世界和平的精神，被称为"万隆精神"
- 影响
  - 这是亚、非历史上召开的第一次没有殖民国家参加、由亚非国家自己讨论保卫和平、争取民族独立、发展民族经济等共同关心问题的会议
  - 以周恩来为首的中国外交代表团，缓和了国际紧张局势，扩大了中国同其他国家的联系，提高了中国的国际地位，为中国的社会主义建设争取了一个较为有利的外部环境，为中国的外交工作打开了新局面

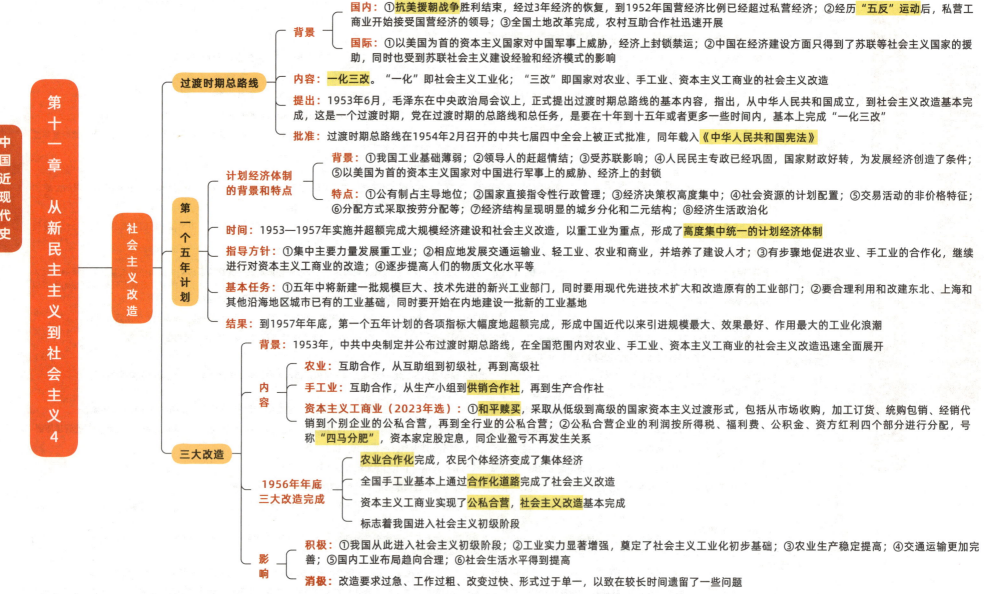

第十一章 从新民主主义到社会主义4

中国近现代史

社会主义改造

过渡时期总路线

背景

国内： ①抗美援朝战争胜利结束，经过3年经济的恢复，到1952年国营经济比例已经超过私营经济；②经历"五反"运动后，私营工商业开始接受国营经济的领导；③全国土地改革完成，农村互助合作社迅速开展

国际： ①以美国为首的资本主义国家对中国军事上威胁，经济上封锁禁运；②中国在经济建设方面只得到了苏联等社会主义国家的援助，同时也受到苏联社会主义建设经验和经济模式的影响

内容： 一化三改。"一化"即社会主义工业化；"三改"即国家对农业、手工业、资本主义工商业的社会主义改造

提出： 1953年6月，毛泽东在中央政治局会议上，正式提出过渡时期总路线的基本内容，指出，从中华人民共和国成立，到社会主义改造基本完成，这是一个过渡时期，党在过渡时期的总路线和总任务，是要在十年到十五年或者更多一些时间内，基本上完成"一化三改"

批准： 过渡时期总路线在1954年2月召开的中共七届四中全会上被正式批准，同年载入《中华人民共和国宪法》

第一个五年计划

计划经济体制的背景和特点

背景： ①我国工业基础薄弱；②领导人的赶超情结；③受苏联影响；④人民民主专政已经巩固，国家财政好转，为发展经济创造了条件；⑤以美国为首的资本主义国家对中国进行军事上的威胁、经济上的封锁

特点： ①公有制占主导地位；②国家直接指令性行政管理；③经济决策权高度集中；④社会资源的计划配置；⑤交易活动的非价格特征；⑥分配方式采取按劳分配等；⑦经济结构呈现明显的城乡分化和二元结构；⑧经济生活政治化

时间： 1953—1957年实施并超额完成大规模经济建设和社会主义改造，以重工业为重点，形成了高度集中统一的计划经济体制

指导方针： ①集中主要力量发展重工业；②相应地发展交通运输业、轻工业、农业和商业，并培养了建设人才；③有步骤地促进农业、手工业的合作化，继续进行对资本主义工商业的改造；④逐步提高人们的物质文化水平等

基本任务： ①五年中将新建一批规模巨大、技术先进的新兴工业部门，同时要用现代先进技术扩大和改造原有的工业部门；②要合理利用和改建东北、上海和其他沿海地区城市已有的工业基础，同时要开始在内地建设一批新的工业基地

结果： 到1957年年底，第一个五年计划的各项指标大幅度地超额完成，形成中国近代以来引进规模最大、效果最好、作用最大的工业化浪潮

三大改造

背景： 1953年，中共中央制定并公布过渡时期总路线，在全国范围内对农业、手工业、资本主义工商业的社会主义改造迅速全面展开

内容

农业： 互助合作，从互助组到初级社，再到高级社

手工业： 互助合作，从生产小组到供销合作社，再到生产合作社

资本主义工商业（2023年选）： ①和平赎买，采取从低级到高级的国家资本主义过渡形式，包括从市场收购，加工订货、统购包销、经销代销到个别企业的公私合营，再到全行业的公私合营；②公私合营企业的利润按所得税、福利费、公积金、资方红利四个部分进行分配，号称"四马分肥"，资本家定股定息，同企业盈亏不再发生关系

1956年年底三大改造完成

农业合作化完成，农民个体经济变成了集体经济

全国手工业基本上通过合作化道路完成了社会主义改造

资本主义工商业实现了公私合营，社会主义改造基本完成

标志着我国进入社会主义初级阶段

影响

积极： ①我国从此进入社会主义初级阶段；②工业实力显著增强，奠定了社会主义工业化初步基础；③农业生产稳定提高；④交通运输更加完善；⑤国内工业布局趋向合理；⑥社会生活水平得到提高

消极： 改造要求过急、工作过粗、改变过快、形式过于单一，以致在较长时间遗留了一些问题

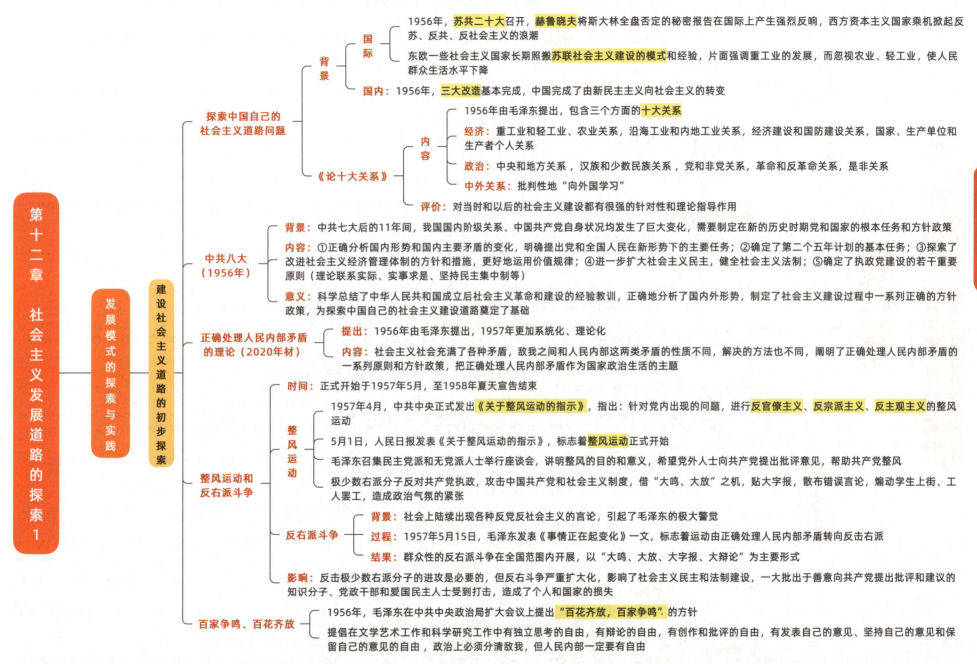

第十二章 社会主义发展道路的探索1

中国近现代史

发展模式的探索与实践

建设社会主义道路的初步探索

探索中国自己的社会主义道路问题

背景
- 国际
  - 1956年，苏共二十大召开，赫鲁晓夫将斯大林全盘否定的秘密报告在国际上产生强烈反响，西方资本主义国家乘机掀起反苏、反共、反社会主义的浪潮
  - 东欧一些社会主义国家长期照搬苏联社会主义建设的模式和经验，片面强调重工业的发展，而忽视农业、轻工业，使人民群众生活水平下降
- 国内：1956年，三大改造基本完成，中国完成了由新民主主义向社会主义的转变

《论十大关系》
- 1956年由毛泽东提出，包含三个方面的十大关系
- 内容
  - 经济：重工业和轻工业、农业关系，沿海工业和内地工业关系，经济建设和国防建设关系，国家、生产单位和生产者个人关系
  - 政治：中央和地方关系，汉族和少数民族关系，党和非党关系，革命和反革命关系，是非关系
  - 中外关系：批判性地"向外国学习"
- 评价：对当时和以后的社会主义建设都有很强的针对性和理论指导作用

中共八大（1956年）

背景：中共七大后的11年间，我国国内阶级关系、中国共产党自身状况均发生了巨大变化，需要制定在新的历史时期党和国家的根本任务和方针政策

内容：①正确分析国内形势和国内主要矛盾的变化，明确提出党和全国人民在新形势下的主要任务；②确定了第二个五年计划的基本任务；③探索了改进社会主义经济管理体制的方针和措施，更好地运用价值规律；④进一步扩大社会主义民主，健全社会主义法制；⑤确定了执政党建设的若干重要原则（理论联系实际、实事求是、坚持民主集中制等）

意义：科学总结了中华人民共和国成立后社会主义革命和建设的经验教训，正确地分析了国内外形势，制定了社会主义建设过程中一系列正确的方针政策，为探索中国自己的社会主义建设道路奠定了基础

正确处理人民内部矛盾的理论（2020年材）

提出：1956年由毛泽东提出，1957年更加系统化、理论化

内容：社会主义社会充满了各种矛盾，敌我之间和人民内部这两类矛盾的性质不同，解决的方法也不同，阐明了正确处理人民内部矛盾的一系列原则和方针政策，把正确处理人民内部矛盾作为国家政治生活的主题

整风运动和反右派斗争

时间：正式开始于1957年5月，至1958年夏天宣告结束

整风运动
- 1957年4月，中共中央正式发出《关于整风运动的指示》，指出：针对党内出现的问题，进行反官僚主义、反宗派主义、反主观主义的整风运动
- 5月1日，人民日报发表《关于整风运动的指示》，标志着整风运动正式开始
- 毛泽东召集民主党派和无党派人士举行座谈会，讲明整风的目的和意义，希望党外人士向共产党提出批评意见，帮助共产党整风
- 极少数右派分子反对共产党执政，攻击中国共产党和社会主义制度，借"大鸣、大放"之机，贴大字报，散布错误言论，煽动学生上街、工人罢工，造成政治气氛的紧张

反右派斗争
- 背景：社会上陆续出现各种反党反社会主义的言论，引起了毛泽东的极大警觉
- 过程：1957年5月15日，毛泽东发表《事情正在起变化》一文，标志着运动由正确处理人民内部矛盾转向反击右派
- 结果：群众性的反右派斗争在全国范围内开展，以"大鸣、大放、大字报、大辩论"为主要形式

影响：反击极少数右派分子的进攻是必要的，但反右斗争严重扩大化，影响了社会主义民主和法制建设，一大批出于善意向共产党提出批评和建议的知识分子、党政干部和爱国民主人士受到打击，造成了个人和国家的损失

百家争鸣、百花齐放
- 1956年，毛泽东在中共中央政治局扩大会议上提出"百花齐放，百家争鸣"的方针
- 提倡在文学艺术工作和科学研究工作中有独立思考的自由，有辩论的自由，有创作和批评的自由，有发表自己的意见、坚持自己的意见和保留自己的意见的自由，政治上必须分清敌我，但人民内部一定要有自由

中国近现代史

第十二章 社会主义发展道路的探索 2

经济建设的曲折 1

经济建设指导方针的失误

"大跃进"

社会主义建设总路线：1958年，中共八大二次会议上提出"鼓足干劲、力争上游、多快好省地建设社会主义"的总路线，这条总路线成为指导"大跃进"的总方针

背景：①"左"的错误在党内有了进一步发展；②工、农业出现迅速增长的新形势

发展阶段：
开始：1957年，在庆祝苏联革命40周年并出席各国共产党和工人党代表大会上，毛泽东提出了中国15年钢产量赶上或者超过英国，刘少奇在中国工会第八次全国代表大会上宣布赶超英国的口号，全国农村开展了农业生产高潮，拉开了"大跃进"的"序幕"

全面开展：1958年中共八大二次会议后，"大跃进"运动进入全面开展阶段

高潮（北戴河会议）：1958年8月，中共中央在北戴河召开了政治局扩大会议，确定了一系列不切实际的经济发展的高指标，以及建立人民公社的要求，会后全国迅速出现了全民大炼钢铁和人民公社化运动的高潮

结果："大跃进"导致大量的人力、资源被浪费，国民经济比例严重失调

失败原因：①把建设社会主义和改变中国落后面貌看得过于简单；②对"右倾保守"和"反冒进"的不断批判促成了党内"左"倾思潮过度蔓延；③对中国社会主义建设规律缺乏深入的认识了解；④高度集中的政治经济体制和民主制度的极不健全

人民公社化运动

什么是人民公社：人民公社是农林牧副渔全面发展、工农商学兵五位一体的社会基层组织，担负着政治、经济、文化、军事等各方面的任务

背景：随着"大跃进"运动在全国掀起，农村广泛兴起了人民公社化运动。1958年8月，北戴河会议讨论了在全国农村建立人民公社的问题，通过了《中共中央关于在农村建立人民公社问题的决议》

特点：一大二公，"大"指规模和经营范围大；"公"指集体化、公有化程度高

表现：①在社队内部贫富拉平，大搞平均主义；②实行组织军事化、生活集体化，大办公共食堂、幸福院、幼儿园等公共事业；③公社对生产队的劳力、财物往往无偿调拨，甚至对社员的财物也无偿占有

影响：①降低了农民劳动积极性；②削弱了国营经济领导作用；③造成了农村经济混乱

"左"倾思潮泛滥与纠左措施

"左"倾思潮泛滥与错误批判

背景：反右派斗争严重扩大化后，党内"左"倾错误进一步发展，发生在"大跃进"与人民公社化运动期间

内容：①教育领域：过分强调"教育与生产劳动相结合"，否定课堂教学，忽视理论学习，学校盲目发展；②文化领域：要求文学、电影、美术等方面要放"卫星"，创作了一批反映"大跃进"和人民公社化运动的公式化、概念化的作品；③理论学术方面：经济学家马寅初提出应进行人口普查、计划生育、晚婚晚育等控制人口，其基本观点是正确的，但在"左"倾思想下，错误地批判了马寅初的"新人口论"

影响：损害了"双百"方针的贯彻执行，使一批知识分子蒙受不白之冤，引发教育文化工作的混乱

对"左"倾错误的纠正：①1958年第一次郑州会议，毛泽东在肯定总路线、"大跃进"、人民公社的前提下提出必须划清两种界限，肯定现阶段是社会主义，肯定人民公社基本上是集体所有制，不要一扯就扯到共产主义；②1958年武昌会议，会议在继续纠正"共产风"的同时，着重讨论了降低高指标和浮夸风的问题；③1958年，中共八届六中全会召开，会议集中反映了中共中央纠正这一时期人民公社化运动中混乱现象的成果，会后各地普遍开展人民公社的整顿工作；④急于向全民所有制和共产主义过渡的势头被抑制，但公社内部的平均主义、"共产风"和向农民征收过头粮的现象仍然存在，党同农民的关系依然紧张，据此召开了第二次郑州会议，主要讨论解决人民公社的所有制问题；⑤1959年，召开了上海会议和八届七中全会

二届全国人大一次会议：1959年4月第二届全国人民代表大会第一次会议在北京召开，大会通过的1959年国民经济计划指标仍然是高指标，选举刘少奇为中华人民共和国主席，宋庆龄、董必武为副主席，朱德为全国人民代表大会常务委员会委员长，决定周恩来任国务院总理

庐山会议

时间：1959年7—8月，中国共产党在庐山先后召开的中央政治局扩大会议和八届八中全会，统称为"庐山会议"

内容：①中共中央为了讨论和总结"大跃进"运动的经验，调整目标，纠正错误；②彭德怀等人在会上对经济发展问题直言不讳，遭到错误批判，会议的主题也因此由纠正"左"倾错误变成反右倾斗争

影响：①"大跃进"的步伐更加快速，国民经济严重倒退；②党内纠"左"倾进程被打断，党内反右倾斗争全面展开，在党内外形成了严肃、压抑的政治氛围

反右倾斗争

背景：庐山会议后，毛泽东认为党内出现了严重的右倾机会主义

内容：①反右倾斗争前期对"右倾机会主义分子"进攻，上至中央党政军机关和各军区、各省地县领导机关，下到基层干部和群众，一大批干部、党员遭到错误批判；②反右倾斗争后期对错划的"右倾"分子进行甄别平反工作

影响：①政治上，使国家的民主生活遭到严重损害；②理论上，使阶级斗争扩大化理论进一步发展；③经济上，打断郑州会议以来纠正"左"倾错误的进程，使中国共产党内已有所克服的"左"倾思想和"左"的行动再次泛滥，并延续更长时间，严重阻碍国内经济发展

"左"倾错误：阶级斗争扩大化

"左"倾纠正：1962年1月至2月，召开七千人大会，清理了经济工作中的"左"倾错误，但并未从指导思想上彻底清理

再度发展：1962年9月，中共八届十中全会召开，毛泽东把社会主义社会中在一定范围内存在的阶级斗争做了扩大化和绝对化的论述，阶级斗争扩大化理论系统化

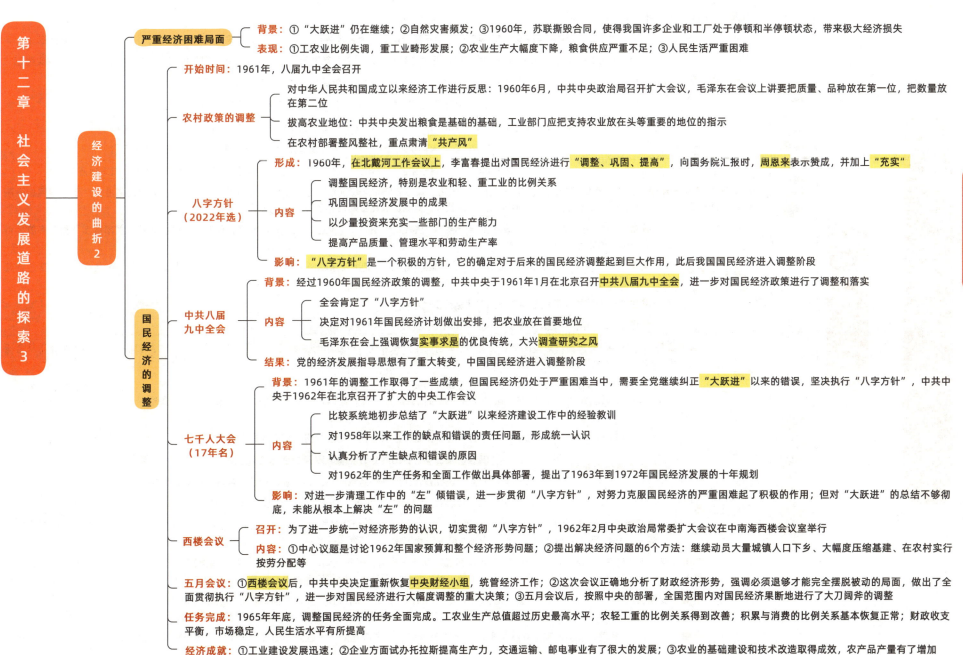

第十二章　社会主义发展道路的探索 3

中国近现代史

经济建设的曲折 2

严重经济困难局面

背景： ①"大跃进"仍在继续；②自然灾害频发；③1960年，苏联撕毁合同，使得我国许多企业和工厂处于停顿和半停顿状态，带来极大经济损失

表现： ①工农业比例失调，重工业畸形发展；②农业生产大幅度下降，粮食供应严重不足；③人民生活严重困难

开始时间： 1961年，八届九中全会召开

农村政策的调整

对中华人民共和国成立以来经济工作进行反思：1960年6月，中共中央政治局召开扩大会议，毛泽东在会议上讲要把质量、品种放在第一位，把数量放在第二位

拔高农业地位：中共中央发出粮食是基础的基础，工业部门应把支持农业放在头等重要的地位的指示

在农村部署整风整社，重点肃清"共产风"

八字方针（2022年选）

形成： 1960年，在北戴河工作会议上，李富春提出对国民经济进行"调整、巩固、提高"，向国务院汇报时，周恩来表示赞成，并加上"充实"

内容

调整国民经济，特别是农业和轻、重工业的比例关系

巩固国民经济发展中的成果

以少量投资来充实一些部门的生产能力

提高产品质量、管理水平和劳动生产率

影响： "八字方针"是一个积极的方针，它的确定对于后来的国民经济调整起到巨大作用，此后我国国民经济进入调整阶段

国民经济的调整

中共八届九中全会

背景： 经过1960年国民经济政策的调整，中共中央于1961年1月在北京召开中共八届九中全会，进一步对国民经济政策进行了调整和落实

内容

全会肯定了"八字方针"

决定对1961年国民经济计划做出安排，把农业放在首要地位

毛泽东在会上强调恢复实事求是的优良传统，大兴调查研究之风

结果： 党的经济发展指导思想有了重大转变，中国国民经济进入调整阶段

七千人大会（17年名）

背景： 1961年的调整工作取得了一些成绩，但国民经济仍处于严重困难当中，需要全党继续纠正"大跃进"以来的错误，坚决执行"八字方针"，中共中央于1962年在北京召开了扩大的中央工作会议

内容

比较系统地初步总结了"大跃进"以来经济建设工作中的经验教训

对1958年以来工作的缺点和错误的责任问题，形成统一认识

认真分析了产生缺点和错误的原因

对1962年的生产任务和全面工作做出具体部署，提出了1963年到1972年国民经济发展的十年规划

影响： 对进一步清理工作中的"左"倾错误，进一步贯彻"八字方针"，对努力克服国民经济的严重困难起了积极的作用；但对"大跃进"的总结不够彻底，未能从根本上解决"左"的问题

西楼会议

召开： 为了进一步统一对经济形势的认识，切实贯彻"八字方针"，1962年2月中央政治局常委扩大会议在中南海西楼会议室举行

内容： ①中心议题是讨论1962年国家预算和整个经济形势问题；②提出解决经济问题的6个方法：继续动员大量城镇人口下乡、大幅度压缩基建、在农村实行按劳分配等

五月会议： ①西楼会议后，中共中央决定重新恢复中央财经小组，统管经济工作；②这次会议正确地分析了财政经济形势，强调必须退够才能完全摆脱被动的局面，做出了全面贯彻执行"八字方针"，进一步对国民经济进行大幅度调整的重大决策；③五月会议后，按照中央的部署，全国范围内对国民经济果断地进行了大刀阔斧的调整

任务完成： 1965年年底，调整国民经济的任务全面完成。工农业生产总值超过历史最高水平；农轻重工的比例关系得到改善；积累与消费的比例关系基本恢复正常；财政收支平衡，市场稳定，人民生活水平有所提高

经济成就： ①工业建设发展迅速；②企业方面试办托拉斯提高生产力，交通运输、邮电事业有了很大的发展；③农业的基础建设和技术改造取得成效，农产品产量有了增加

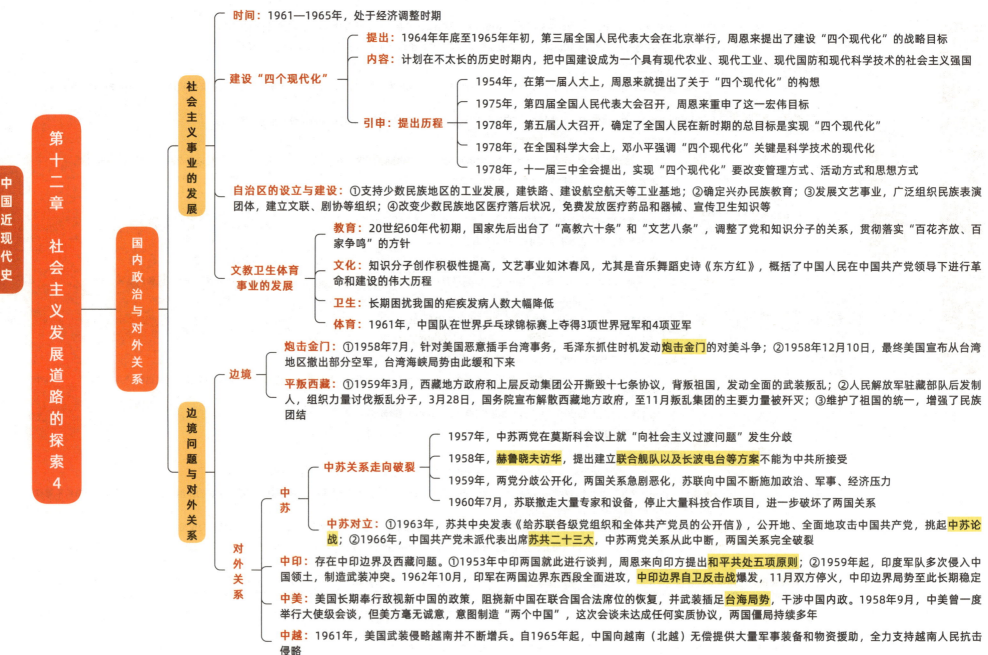

中国近现代史

第十二章 社会主义发展道路的探索4

社会主义事业的发展

时间： 1961—1965年，处于经济调整时期

建设"四个现代化"

提出： 1964年年底至1965年年初，第三届全国人民代表大会在北京举行，周恩来提出了建设"四个现代化"的战略目标

内容： 计划在不太长的历史时期内，把中国建设成为一个具有现代农业、现代工业、现代国防和现代科学技术的社会主义强国

引申：提出历程
- 1954年，在第一届人大上，周恩来就提出了关于"四个现代化"的构想
- 1975年，第四届全国人民代表大会召开，周恩来重申了这一宏伟目标
- 1978年，第五届人大召开，确定了全国人民在新时期的总目标是实现"四个现代化"
- 1978年，在全国科学大会上，邓小平强调"四个现代化"关键是科学技术的现代化
- 1978年，十一届三中全会提出，实现"四个现代化"要改变管理方式、活动方式和思想方式

自治区的设立与建设： ①支持少数民族地区的工业发展，建铁路、建设航空航天等工业基地；②确定兴办民族教育；③发展文艺事业，广泛组织民族表演团体，建立文联、剧协等组织；④改变少数民族地区医疗落后状况，免费发放医疗药品和器械、宣传卫生知识等

文教卫生体育事业的发展

教育： 20世纪60年代初期，国家先后出台了"高教六十条"和"文艺八条"，调整了党和知识分子的关系，贯彻落实"百花齐放、百家争鸣"的方针

文化： 知识分子创作积极性提高，文艺事业如沐春风，尤其是音乐舞蹈史诗《东方红》，概括了中国人民在中国共产党领导下进行革命和建设的伟大历程

卫生： 长期困扰我国的疟疾发病人数大幅降低

体育： 1961年，中国队在世界乒乓球锦标赛上夺得3项世界冠军和4项亚军

国内政治与对外关系

边境问题与对外关系

边境

炮击金门： ①1958年7月，针对美国恶意插手台湾事务，毛泽东抓住时机发动炮击金门的对美斗争；②1958年12月10日，最终美国宣布从台湾地区撤出部分空军，台湾海峡局势由此缓和下来

平叛西藏： ①1959年3月，西藏地方政府和上层反动集团公开撕毁十七条协议，背叛祖国，发动全面的武装叛乱；②人民解放军驻藏部队后发制人，组织力量讨伐叛乱分子，3月28日，国务院宣布解散西藏地方政府，至11月叛乱集团的主要力量被歼灭；③维护了祖国的统一，增强了民族团结

对外关系

中苏

中苏关系走向破裂
- 1957年，中苏两党在莫斯科会议上就"向社会主义过渡问题"发生分歧
- 1958年，赫鲁晓夫访华，提出建立联合舰队以及长波电台等方案不能为中共所接受
- 1959年，两党分歧公开化，两国关系急剧恶化，苏联向中国不断施加政治、军事、经济压力
- 1960年7月，苏联撤走大量专家和设备，停止大量科技合作项目，进一步破坏了两国关系

中苏对立： ①1963年，苏共中央发表《给苏联各级党组织和全体共产党员的公开信》，公开地、全面地攻击中国共产党，挑起中苏论战；②1966年，中国共产党未派代表出席苏共二十三大，中苏两党关系从此中断，两国关系完全破裂

中印： 存在中印边界及西藏问题。①1953年中印两国就此进行谈判，周恩来向印方提出和平共处五项原则；②1959年起，印度军队多次侵入中国领土，制造武装冲突。1962年10月，印军在两国边界东西段全面进攻，中印边界自卫反击战爆发，11月双方停火，中印边界局势至此长期稳定

中美： 美国长期奉行敌视新中国的政策，阻挠新中国在联合国合法席位的恢复，并武装插足台海局势，干涉中国内政。1958年9月，中美曾一度举行大使级会谈，但美方毫无诚意，意图制造"两个中国"，这次会谈未达成任何实质协议，两国僵局持续多年

中越： 1961年，美国武装侵略越南并不断增兵。自1965年起，中国向越南（北越）无偿提供大量军事装备和物资援助，全力支持越南人民抗击侵略

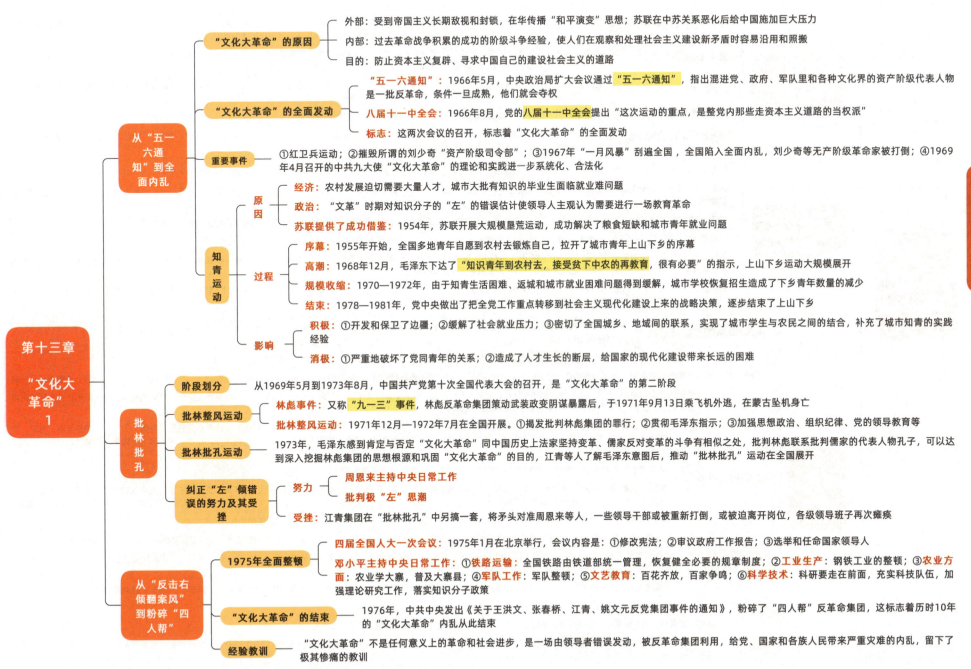

第十三章 "文化大革命" 1

从"五一六通知"到全面内乱

"文化大革命"的原因
- 外部：受到帝国主义长期敌视和封锁，在华传播"和平演变"思想；苏联在中苏关系恶化后给中国施加巨大压力
- 内部：过去革命战争积累的成功的阶级斗争经验，使人们在观察和处理社会主义建设新矛盾时容易沿用和照搬
- 目的：防止资本主义复辟、寻求中国自己的建设社会主义的道路

"文化大革命"的全面发动
- "五一六通知"：1966年5月，中央政治局扩大会议通过"五一六通知"，指出混进党、政府、军队里和各种文化界的资产阶级代表人物是一批反革命，条件一旦成熟，他们就会夺权
- 八届十一中全会：1966年8月，党的八届十一中全会提出"这次运动的重点，是整党内那些走资本主义道路的当权派"
- 标志：这两次会议的召开，标志着"文化大革命"的全面发动

重要事件
①红卫兵运动；②摧毁所谓的刘少奇"资产阶级司令部"；③1967年"一月风暴"刮遍全国，全国陷入全面内乱，刘少奇等无产阶级革命家被打倒；④1969年4月召开的中共九大使"文化大革命"的理论和实践进一步系统化、合法化

知青运动

原因
- 经济：农村发展迫切需要大量人才，城市大批有知识的毕业生面临就业难问题
- 政治："文革"时期对知识分子的"左"的错误估计使领导人主观认为需要进行一场教育革命
- 苏联提供了成功借鉴：1954年，苏联开展大规模垦荒运动，成功解决了粮食短缺和城市青年就业问题

过程
- 序幕：1955年开始，全国多地青年自愿到农村去锻炼自己，拉开了城市青年上山下乡的序幕
- 高潮：1968年12月，毛泽东下达了"知识青年到农村去，接受贫下中农的再教育，很有必要"的指示，上山下乡运动大规模展开
- 规模收缩：1970—1972年，由于知青生活困难、返城和城市就业困难问题得到缓解，城市学校恢复招生造成了下乡青年数量的减少
- 结束：1978—1981年，党中央做出了把全党工作重点转移到社会主义现代化建设上来的战略决策，逐步结束了上山下乡

影响
- 积极：①开发和保卫了边疆；②缓解了社会就业压力；③密切了全国城乡、地域间的联系，实现了城市学生与农民之间的结合，补充了城市知青的实践经验
- 消极：①严重地破坏了党同青年的关系；②造成了人才生长的断层，给国家的现代化建设带来长远的困难

批林批孔

阶段划分
从1969年5月到1973年8月，中国共产党第十次全国代表大会的召开，是"文化大革命"的第二阶段

批林整风运动
- 林彪事件：又称"九一三"事件，林彪反革命集团策动武装政变阴谋暴露后，于1971年9月13日乘飞机外逃，在蒙古坠机身亡
- 批林整风运动：1971年12月—1972年7月在全国开展。①揭发批判林彪集团的罪行；②贯彻毛泽东指示；③加强思想政治、组织纪律、党的领导教育等

批林批孔运动
1973年，毛泽东感到肯定与否定"文化大革命"同中国历史上法家坚持变革、儒家反对变革的斗争有相似之处，批判林彪联系批判儒家的代表人物孔子，可以达到深入挖掘林彪集团的思想根源和巩固"文化大革命"的目的，江青等人了解毛泽东意图后，推动"批林批孔"运动在全国展开

纠正"左"倾错误的努力及其受挫
- 努力
  - 周恩来主持中央日常工作
  - 批判极"左"思潮
- 受挫：江青集团在"批林批孔"中另搞一套，将矛头对准周恩来等人，一些领导干部或被重新打倒，或被迫离开岗位，各级领导班子再次瘫痪

从"反击右倾翻案风"到粉碎"四人帮"

1975年全面整顿
- 四届全国人大一次会议：1975年1月在北京举行，会议内容是：①修改宪法；②审议政府工作报告；③选举和任命国家领导人
- 邓小平主持中央日常工作：①铁路运输：全国铁路由铁道部统一管理，恢复健全必要的规章制度；②工业生产：钢铁工业的整顿；③农业方面：农业学大寨，普及大寨县；④军队工作：军队整顿；⑤文艺教育：百花齐放，百家争鸣；⑥科学技术：科研要走在前面，充实科技队伍，加强理论研究工作，落实知识分子政策

"文化大革命"的结束
1976年，中共中央发出《关于王洪文、张春桥、江青、姚文元反党集团事件的通知》，粉碎了"四人帮"反革命集团，这标志着历时10年的"文化大革命"内乱从此结束

经验教训
"文化大革命"不是任何意义上的革命和社会进步，是一场由领导者错误发动，被反革命集团利用，给党、国家和各族人民带来严重灾难的内乱，留下了极其惨痛的教训

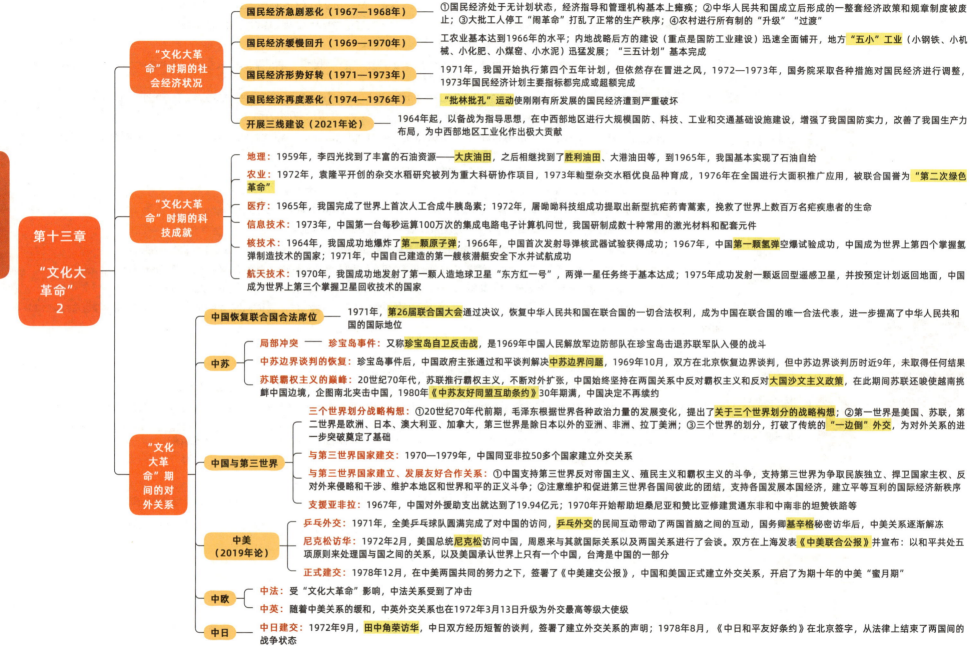

中国近现代史

第十三章 "文化大革命" 2

"文化大革命"时期的社会经济状况

- 国民经济急剧恶化（1967—1968年）——①国民经济处于无计划状态，经济指导和管理机构基本上瘫痪；②中华人民共和国成立后形成的一整套经济政策和规章制度被废止；③大批工人停工"闹革命"打乱了正常的生产秩序；④农村进行所有制的"升级""过渡"

- 国民经济缓慢回升（1969—1970年）——工农业基本达到1966年的水平；内地战略后方的建设（重点是国防工业建设）迅速全面铺开，地方"五小"工业（小钢铁、小机械、小化肥、小煤窑、小水泥）迅猛发展；"三五计划"基本完成

- 国民经济形势好转（1971—1973年）——1971年，我国开始执行第四个五年计划，但依然存在冒进之风，1972—1973年，国务院采取各种措施对国民经济进行调整，1973年国民经济计划主要指标都完成或超额完成

- 国民经济再度恶化（1974—1976年）——"批林批孔"运动使刚刚有所发展的国民经济遭到严重破坏

- 开展三线建设（2021年论）——1964年起，以备战为指导思想，在中西部地区进行大规模国防、科技、工业和交通基础设施建设，增强了我国国防实力，改善了我国生产力布局，为中西部地区工业化作出极大贡献

"文化大革命"时期的科技成就

- 地理：1959年，李四光找到了丰富的石油资源——大庆油田，之后相继找到了胜利油田、大港油田等，到1965年，我国基本实现了石油自给

- 农业：1972年，袁隆平开创的杂交水稻研究被列为重大科研协作项目，1973年籼型杂交水稻优良品种育成，1976年在全国进行大面积推广应用，被联合国誉为"第二次绿色革命"

- 医疗：1965年，我国完成了世界上首次人工合成牛胰岛素；1972年，屠呦呦科技组成功提取出新型抗疟药青蒿素，挽救了世界上数百万名疟疾患者的生命

- 信息技术：1973年，中国第一台每秒运算100万次的集成电路电子计算机问世，我国研制成数十种常用的激光材料和配套元件

- 核技术：1964年，我国成功地爆炸了第一颗原子弹；1966年，中国首次发射导弹核武器试验获得成功；1967年，中国第一颗氢弹空爆试验成功，中国成为世界上第四个掌握氢弹制造技术的国家；1971年，中国自己建造的第一艘核潜艇安全下水并试航成功

- 航天技术：1970年，我国成功地发射了第一颗人造地球卫星"东方红一号"，两弹一星任务终于基本达成；1975成功发射一颗返回型遥感卫星，并按预定计划返回地面，中国成为世界上第三个掌握卫星回收技术的国家

"文化大革命"期间的对外关系

- 中国恢复联合国合法席位——1971年，第26届联合国大会通过决议，恢复中华人民共和国在联合国的一切合法权利，成为中国在联合国的唯一合法代表，进一步提高了中华人民共和国的国际地位

- 中苏
  - 局部冲突——珍宝岛事件：又称珍宝岛自卫反击战，是1969年中国人民解放军边防部队在珍宝岛击退苏联军队入侵的战斗
  - 中苏边界谈判的恢复：珍宝岛事件后，中国政府主张通过和平谈判解决中苏边界问题，1969年10月，双方在北京恢复边界谈判，但中苏边界谈判历时近9年，未取得任何结果
  - 苏联霸权主义的巅峰：20世纪70年代，苏联推行霸权主义，不断对外扩张，中国始终坚持在两国关系中反对霸权主义和反对大国沙文主义政策，在此期间苏联还唆使越南挑衅中国边境，企图南北夹击中国，1980年《中苏友好同盟互助条约》30年期满，中国决定不再续约

- 中国与第三世界
  - 三个世界划分战略构想：①20世纪70年代前期，毛泽东根据世界各种政治力量的发展变化，提出了关于三个世界划分的战略构想；②第一世界是美国、苏联，第二世界是欧洲、日本、澳大利亚、加拿大，第三世界是除日本以外的亚洲、非洲、拉丁美洲；③三个世界的划分，打破了传统的"一边倒"外交，为对外关系的进一步突破奠定了基础
  - 与第三世界国家建交：1970—1979年，中国同亚非拉50多个国家建立外交关系
  - 与第三世界国家建立、发展友好合作关系：①中国支持第三世界反对帝国主义、殖民主义和霸权主义的斗争，支持第三世界为争取民族独立、捍卫国家主权、反对外来侵略和干涉、维护本地区和世界和平的正义斗争；②注意维护和促进第三世界各国间彼此的团结，支持各国发展本国经济，建立平等互利的国际经济新秩序
  - 支援亚非拉：1967年，中国对外援助支出就达到了19.94亿元；1970年开始帮助坦桑尼亚和赞比亚修建贯通东非和中南非的坦赞铁路等

- 中美（2019年论）
  - 乒乓外交：1971年，全美乒乓球队圆满完成了对中国的访问，乒乓外交的民间互动带动了两国首脑之间的互动，国务卿基辛格秘密访华后，中美关系逐渐解冻
  - 尼克松访华：1972年2月，美国总统尼克松访问中国，周恩来与其就国际关系以及两国关系进行了会谈。双方在上海发表《中美联合公报》并宣布：以和平共处五项原则来处理国与国之间的关系，以及美国承认世界上只有一个中国，台湾是中国的一部分
  - 正式建交：1978年12月，在中美两国共同的努力之下，签署了《中美建交公报》，中国和美国正式建立外交关系，开启了为期十年的中美"蜜月期"

- 中欧
  - 中法：受"文化大革命"影响，中法关系受到了冲击
  - 中英：随着中美关系的缓和，中英外交关系也在1972年3月13日升级为外交最高等级大使级

- 中日——中日建交：1972年9月，田中角荣访华，中日双方经历短暂的谈判，签署了建立外交关系的声明；1978年8月，《中日和平友好条约》在北京签字，从法律上结束了两国间的战争状态

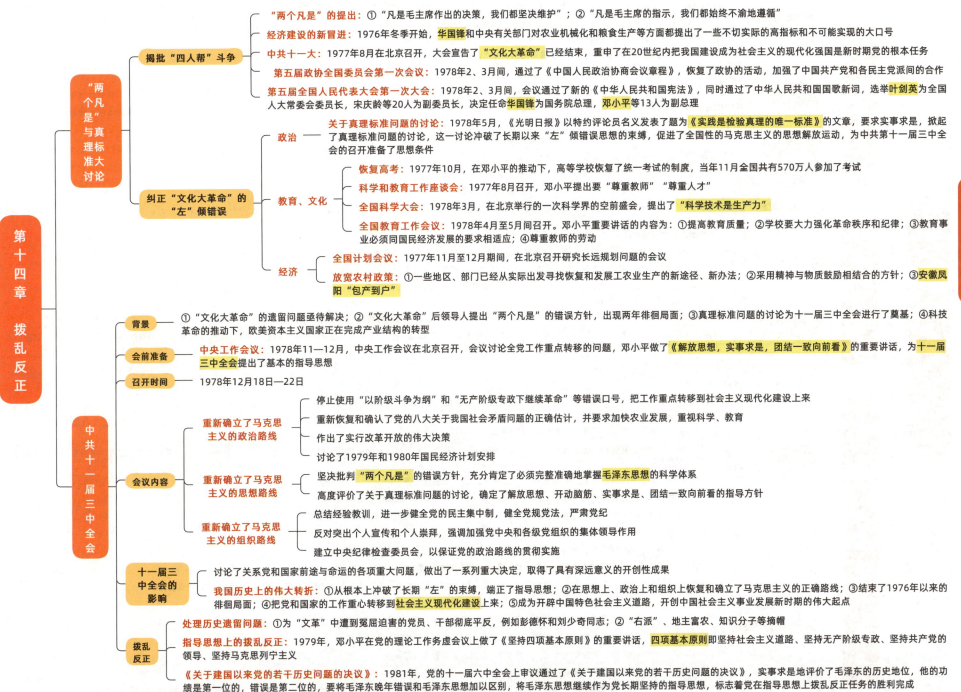

第十四章　拨乱反正

"两个凡是"与真理标准大讨论

揭批"四人帮"斗争

"两个凡是"的提出：①"凡是毛主席作出的决策，我们都坚决维护"；②"凡是毛主席的指示，我们都始终不渝地遵循"

经济建设的新冒进：1976年冬季开始，华国锋和中央有关部门对农业机械化和粮食生产等方面都提出了一些不切实际的高指标和不可能实现的大口号

中共十一大：1977年8月在北京召开，大会宣告了"文化大革命"已经结束，重申了在20世纪内把我国建设成为社会主义的现代化强国是新时期党的根本任务

第五届政协全国委员会第一次会议：1978年2、3月间，通过了《中国人民政治协商会议章程》，恢复了政协的活动，加强了中国共产党和各民主党派间的合作

第五届全国人民代表大会第一次大会：1978年2、3月间，会议通过了新的《中华人民共和国宪法》，同时通过了中华人民共和国国歌新词，选举叶剑英为全国人大常委会委员长，宋庆龄等20人为副委员长，决定任命华国锋为国务院总理，邓小平等13人为副总理

纠正"文化大革命"的"左"倾错误

政治——关于真理标准问题的讨论：1978年5月，《光明日报》以特约评论员名义发表了题为《实践是检验真理的唯一标准》的文章，要求实事求是，掀起了真理标准问题的讨论，这一讨论冲破了长期以来"左"倾错误思想的束缚，促进了全国性的马克思主义的思想解放运动，为中共第十一届三中全会的召开准备了思想条件

教育、文化

恢复高考：1977年10月，在邓小平的推动下，高等学校恢复了统一考试的制度，当年11月全国共有570万人参加了考试

科学和教育工作座谈会：1977年8月召开，邓小平提出要"尊重教师""尊重人才"

全国科学大会：1978年3月，在北京举行的一次科学界的空前盛会，提出了"科学技术是生产力"

全国教育工作会议：1978年4月至5月间召开。邓小平重要讲话的内容为：①提高教育质量；②学校要大力强化革命秩序和纪律；③教育事业必须同国民经济发展的要求相适应；④尊重教师的劳动

经济

全国计划会议：1977年11月至12月期间，在北京召开研究长远规划问题的会议

放宽农村政策：①一些地区、部门已经从实际出发寻找恢复和发展工农业生产的新途径、新办法；②采用精神与物质鼓励相结合的方针；③安徽凤阳"包产到户"

中共十一届三中全会

背景——①"文化大革命"的遗留问题亟待解决；②"文化大革命"后领导人提出"两个凡是"的错误方针，出现两年徘徊局面；③真理标准问题的讨论为十一届三中全会进行了奠基；④科技革命的推动下，欧美资本主义国家正在完成产业结构的转型

会前准备——中央工作会议：1978年11—12月，中央工作会议在北京召开，会议讨论全党工作重点转移的问题，邓小平做了《解放思想，实事求是，团结一致向前看》的重要讲话，为十一届三中全会提出了基本的指导思想

召开时间——1978年12月18日—22日

会议内容

重新确立了马克思主义的政治路线
- 停止使用"以阶级斗争为纲"和"无产阶级专政下继续革命"等错误口号，把工作重点转移到社会主义现代化建设上来
- 重新恢复和确认了党的八大关于我国社会矛盾问题的正确估计，并要求加快农业发展，重视科学、教育
- 作出了实行改革开放的伟大决策
- 讨论了1979年和1980年国民经济计划安排

重新确立了马克思主义的思想路线
- 坚决批判"两个凡是"的错误方针，充分肯定了必须完整准确地掌握毛泽东思想的科学体系
- 高度评价了关于真理标准问题的讨论，确定了解放思想、开动脑筋、实事求是、团结一致向前看的指导方针

重新确立了马克思主义的组织路线
- 总结经验教训，进一步健全党的民主集中制，健全党规党法，严肃党纪
- 反对突出个人宣传和个人崇拜，强调加强党中央和各级党组织的集体领导作用
- 建立中央纪律检查委员会，以保证党的政治路线的贯彻实施

十一届三中全会的影响
- 讨论了关系党和国家前途与命运的各项重大问题，做出了一系列重大决定，取得了具有深远意义的开创性成果
- 我国历史上的伟大转折：①从根本上冲破了长期"左"的束缚，端正了指导思想；②在思想上、政治上和组织上恢复和确立了马克思主义的正确路线；③结束了1976年以来的徘徊局面；④把党和国家的工作重心转移到社会主义现代化建设上来；⑤成为开辟中国特色社会主义道路，开创中国社会主义事业发展新时期的伟大起点

拨乱反正
- **处理历史遗留问题：**①为"文革"中遭到冤屈迫害的党员、干部彻底平反，例如彭德怀和刘少奇同志；②"右派"、地主富农、知识分子等摘帽
- **指导思想上的拨乱反正：**1979年，邓小平在党的理论工作务虚会议上做了《坚持四项基本原则》的重要讲话，四项基本原则即坚持社会主义道路、坚持无产阶级专政、坚持共产党的领导、坚持马克思列宁主义
- **《关于建国以来党的若干历史问题的决议》：**1981年，党的十一届六中全会上审议通过了《关于建国以来党的若干历史问题的决议》，实事求是地评价了毛泽东的历史地位，他的功绩是第一位的，错误是第二位的，要将毛泽东晚年错误和毛泽东思想加以区别，将毛泽东思想继续作为党长期坚持的指导思想，标志着党在指导思想上拨乱反正任务的胜利完成

中国近现代史

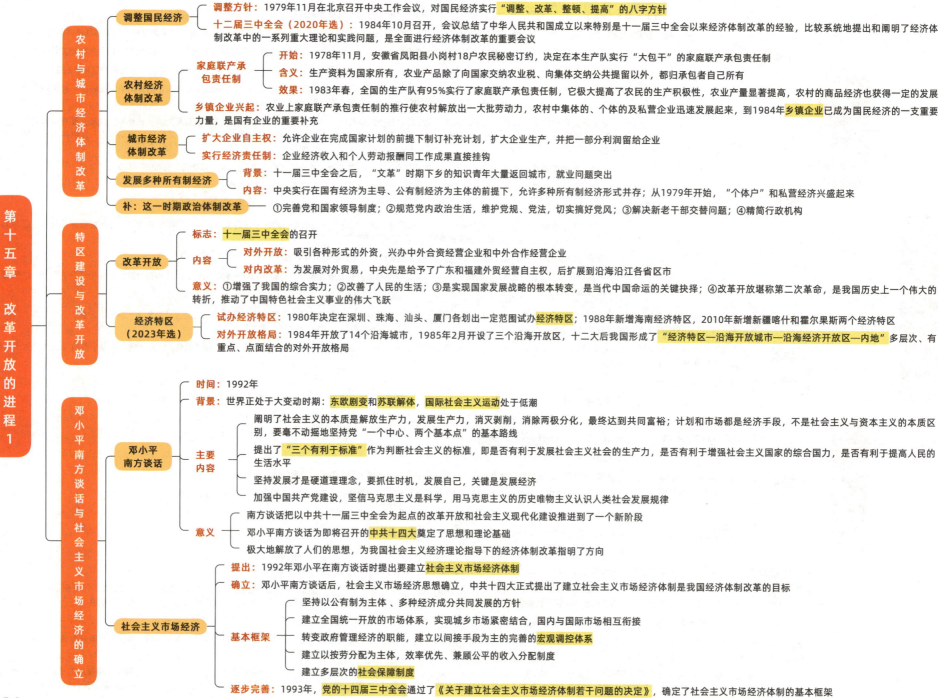

中国近现代史

第十五章 改革开放的进程1

农村与城市经济体制改革

调整国民经济
- **调整方针：** 1979年11月在北京召开中央工作会议，对国民经济实行"调整、改革、整顿、提高"的八字方针
- **十二届三中全会（2020年选）：** 1984年10月召开，会议总结了中华人民共和国成立以来特别是十一届三中全会以来经济体制改革的经验，比较系统地提出和阐明了经济体制改革中的一系列重大理论和实践问题，是全面进行经济体制改革的重要会议

农村经济体制改革
- **家庭联产承包责任制**
  - **开始：** 1978年11月，安徽省凤阳县小岗村18户农民秘密订约，决定在本生产队实行"大包干"的家庭联产承包责任制
  - **含义：** 生产资料为国家所有，农业产品除了向国家交纳农业税、向集体交纳公共提留以外，都归承包者自己所有
  - **效果：** 1983年春，全国的生产队有95%实行了家庭联产承包责任制，它极大提高了农民的生产积极性，农业产量显著提高，农村的商品经济也获得一定的发展
- **乡镇企业兴起：** 农业上家庭联产承包责任制的推行使农村解放出一大批劳动力，农村中集体的、个体的及私营企业迅速发展起来，到1984年乡镇企业已成为国民经济的一支重要力量，是国有企业的重要补充

城市经济体制改革
- **扩大企业自主权：** 允许企业在完成国家计划的前提下制订补充计划，扩大企业生产，并把一部分利润留给企业
- **实行经济责任制：** 企业经济收入和个人劳动报酬同工作成果直接挂钩

发展多种所有制经济
- **背景：** 十一届三中全会之后，"文革"时期下乡的知识青年大量返回城市，就业问题突出
- **内容：** 中央实行在国有经济为主导、公有制经济为主体的前提下，允许多种所有制经济形式并存；从1979年开始，"个体户"和私营经济兴盛起来

补：这一时期政治体制改革 ——①完善党和国家领导制度；②规范党内政治生活，维护党规、党法，切实搞好党风；③解决新老干部交替问题；④精简行政机构

特区建设与改革开放

改革开放
- **标志：** 十一届三中全会的召开
- **内容**
  - **对外开放：** 吸引各种形式的外资，兴办中外合资经营企业和中外合作经营企业
  - **对内改革：** 为发展对外贸易，中央先是给予了广东和福建外贸经营自主权，后扩展到沿海沿江各省区市
- **意义：** ①增强了我国的综合实力；②改善了人民的生活；③是实现国家发展战略的根本转变，是当代中国命运的关键抉择；④改革开放堪称第二次革命，是我国历史上一个伟大的转折，推动了中国特色社会主义事业的伟大飞跃

经济特区（2023年选）
- **试办经济特区：** 1980年决定在深圳、珠海、汕头、厦门各划出一定范围试办经济特区；1988年新增海南经济特区，2010年新增新疆喀什和霍尔果斯两个经济特区
- **对外开放格局：** 1984年开放了14个沿海城市，1985年2月开设了三个沿海开放区，十二大后我国形成了"经济特区—沿海开放城市—沿海经济开放区—内地"多层次、有重点、点面结合的对外开放格局

邓小平南方谈话与社会主义市场经济的确立

邓小平南方谈话
- **时间：** 1992年
- **背景：** 世界正处于大变动时期：东欧剧变和苏联解体，国际社会主义运动处于低潮
- **主要内容**
  - 阐明了社会主义的本质是解放生产力，发展生产力，消灭剥削，消除两极分化，最终达到共同富裕；计划和市场都是经济手段，不是社会主义与资本主义的本质区别，要毫不动摇地坚持党"一个中心、两个基本点"的基本路线
  - 提出了"三个有利于标准"作为判断社会主义的标准，即是否有利于发展社会主义社会的生产力，是否有利于增强社会主义国家的综合国力，是否有利于提高人民的生活水平
  - 坚持发展才是硬道理理念，要抓住时机，发展自己，关键是发展经济
  - 加强中国共产党建设，坚信马克思主义是科学，用马克思主义的历史唯物主义认识人类社会发展规律
- **意义**
  - 南方谈话把以中共十一届三中全会为起点的改革开放和社会主义现代化建设推进到了一个新阶段
  - 邓小平南方谈话为即将召开的中共十四大奠定了思想和理论基础
  - 极大地解放了人们的思想，为我国社会主义经济理论指导下的经济体制改革指明了方向

社会主义市场经济
- **提出：** 1992年邓小平在南方谈话时提出要建立社会主义市场经济体制
- **确立：** 邓小平南方谈话后，社会主义市场经济思想确立，中共十四大正式提出了建立社会主义市场经济体制是我国经济体制改革的目标
- **基本框架**
  - 坚持以公有制为主体、多种经济成分共同发展的方针
  - 建立全国统一开放的市场体系，实现城乡市场紧密结合，国内与国际市场相互衔接
  - 转变政府管理经济的职能，建立以间接手段为主的完善的宏观调控体系
  - 建立以按劳分配为主体，效率优先、兼顾公平的收入分配制度
  - 建立多层次的社会保障制度
- **逐步完善：** 1993年，党的十四届三中全会通过了《关于建立社会主义市场经济体制若干问题的决定》，确定了社会主义市场经济体制的基本框架

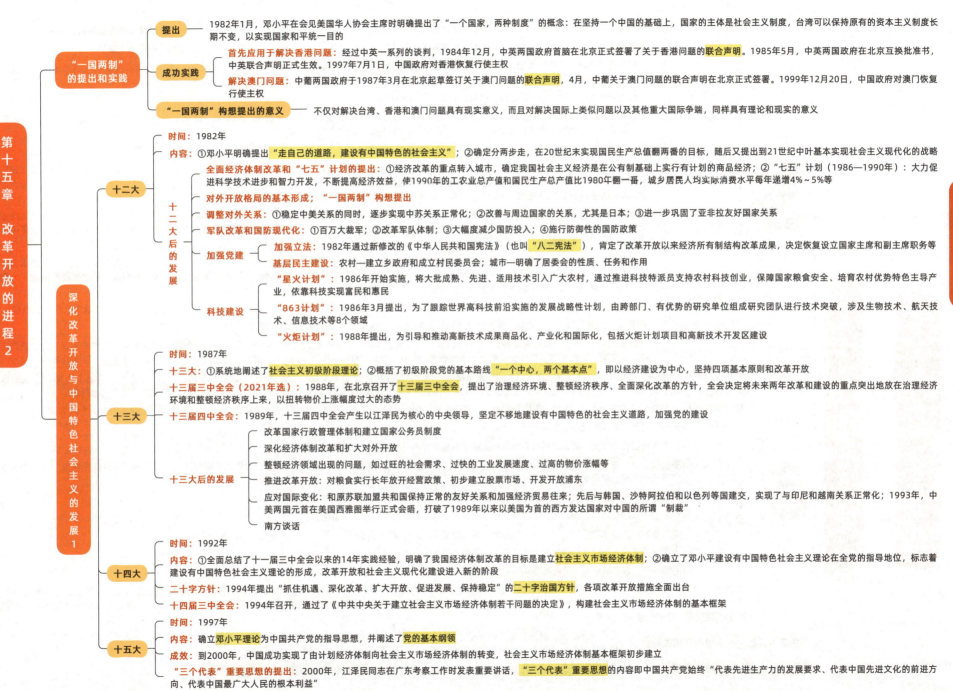

"一国两制"的提出和实践

- **提出**：1982年1月，邓小平在会见美国华人协会主席时明确提出了"一个国家，两种制度"的概念：在坚持一个中国的基础上，国家的主体是社会主义制度，台湾可以保持原有的资本主义制度长期不变，以实现国家和平统一目的

- **成功实践**
  - **首先应用于解决香港问题**：经过中英一系列的谈判，1984年12月，中英两国政府首脑在北京正式签署了关于香港问题的联合声明。1985年5月，中英两国政府在北京互换批准书，中英联合声明正式生效。1997年7月1日，中国政府对香港恢复行使主权
  - **解决澳门问题**：中葡两国政府于1987年3月在北京起草签订关于澳门问题的联合声明，4月，中葡关于澳门问题的联合声明在北京正式签署。1999年12月20日，中国政府对澳门恢复行使主权

- **"一国两制"构想提出的意义**：不仅对解决台湾、香港和澳门问题具有现实意义，而且对解决国际上类似问题以及其他重大国际争端，同样具有理论和现实的意义

十二大

- **时间**：1982年
- **内容**：①邓小平明确提出"走自己的道路，建设有中国特色的社会主义"；②确定分两步走，在20世纪末实现国民生产总值翻两番的目标，随后又提出到21世纪中叶基本实现社会主义现代化的战略

- **十二大后的发展**
  - **全面经济体制改革和"七五"计划的提出**：①经济改革的重点转入城市，确定我国社会主义经济是在公有制基础上实行有计划的商品经济；②"七五"计划（1986—1990年）：大力促进科学技术进步和智力开发，不断提高经济效益，使1990年的工农业总产值和国民生产总产值比1980年翻一番，城乡居民人均实际消费水平每年递增4%～5%等
  - **对外开放格局的基本形成；"一国两制"构想提出**
  - **调整对外关系**：①稳定中美关系的同时，逐步实现中苏关系正常化；②改善与周边国家的关系，尤其是日本；③进一步巩固了亚非拉友好国家关系
  - **军队改革和国防现代化**：①百万大裁军；②改革军队体制；③大幅度减少国防投入；④施行防御性的国防政策
  - **加强党建**
    - **加强立法**：1982年通过新修改的《中华人民共和国宪法》（也叫"八二宪法"），肯定了改革开放以来经济所有制结构改革成果，决定恢复设立国家主席和副主席职务等
    - **基层民主建设**：农村——建立乡政府和成立村民委员会；城市——明确了居委会的性质、任务和作用
  - **科技建设**
    - **"星火计划"**：1986年开始实施，将大批成熟、先进、适用技术引入广大农村，通过推进科技特派员支持农村科技创业，保障国家粮食安全、培育农村优势特色主导产业，依靠科技实现富民和惠民
    - **"863计划"**：1986年3月提出，为了跟踪世界高科技前沿实施的发展战略性计划，由跨部门、有优势的研究单位组成研究团队进行技术突破，涉及生物技术、航天技术、信息技术等8个领域
    - **"火炬计划"**：1988年提出，为引导和推动高新技术成果商品化、产业化和国际化，包括火炬计划项目和高新技术开发区建设

十三大

- **时间**：1987年
- **十三大**：①系统地阐述了社会主义初级阶段理论；②概括了初级阶段党的基本路线"一个中心，两个基本点"，即以经济建设为中心，坚持四项基本原则和改革开放
- **十三届三中全会（2021年选）**：1988年，在北京召开了十三届三中全会，提出了治理经济环境、整顿经济秩序、全面深化改革的方针，全会决定将未来两年改革和建设的重点突出地放在治理经济环境和整顿经济秩序上来，以扭转物价上涨幅度过大的态势
- **十三届四中全会**：1989年，十三届四中全会产生以江泽民为核心的中央领导，坚定不移地建设有中国特色的社会主义道路，加强党的建设
- **十三大后的发展**
  - 改革国家行政管理体制和建立国家公务员制度
  - 深化经济体制改革和扩大对外开放
  - 整顿经济领域出现的问题，如过旺的社会需求、过快的工业发展速度、过高的物价涨幅等
  - 推进改革开放：对粮食实行长年放开经营政策、初步建立股票市场、开发开放浦东
  - 应对国际变化：和原苏联加盟共和国保持正常的友好关系和加强经济贸易往来；先后与韩国、沙特阿拉伯和以色列等国建交，实现了与印尼和越南关系正常化；1993年，中美两国元首在美国西雅图举行正式会晤，打破了1989年以来以美国为首的西方发达国家对中国的所谓"制裁"
  - 南方谈话

十四大

- **时间**：1992年
- **内容**：①全面总结了十一届三中全会以来的14年实践经验，明确了我国经济体制改革的目标是建立社会主义市场经济体制；②确立了邓小平建设有中国特色社会主义理论在全党的指导地位，标志着建设有中国特色社会主义理论的形成，改革开放和社会主义现代化建设进入新的阶段
- **二十字方针**：1994年提出"抓住机遇、深化改革、扩大开放、促进发展、保持稳定"的二十字治国方针，各项改革开放措施全面出台
- **十四届三中全会**：1994年召开，通过了《中共中央关于建立社会主义市场经济体制若干问题的决定》，构建社会主义市场经济体制的基本框架

十五大

- **时间**：1997年
- **内容**：确立邓小平理论为中国共产党的指导思想，并阐述了党的基本纲领
- **成效**：到2000年，中国成功实现了由计划经济体制向社会主义市场经济体制的转变，社会主义市场经济体制基本框架初步建立
- **"三个代表"重要思想的提出**：2000年，江泽民同志在广东考察工作时发表重要讲话，"三个代表"重要思想的内容即中国共产党始终"代表先进生产力的发展要求、代表中国先进文化的前进方向、代表中国最广大人民的根本利益"

左侧主干：**第十五章 改革开放的进程 2**

分支：
- "一国两制"的提出和实践
- 深化改革开放与中国特色社会主义的发展 1

右侧：**中国近现代史**

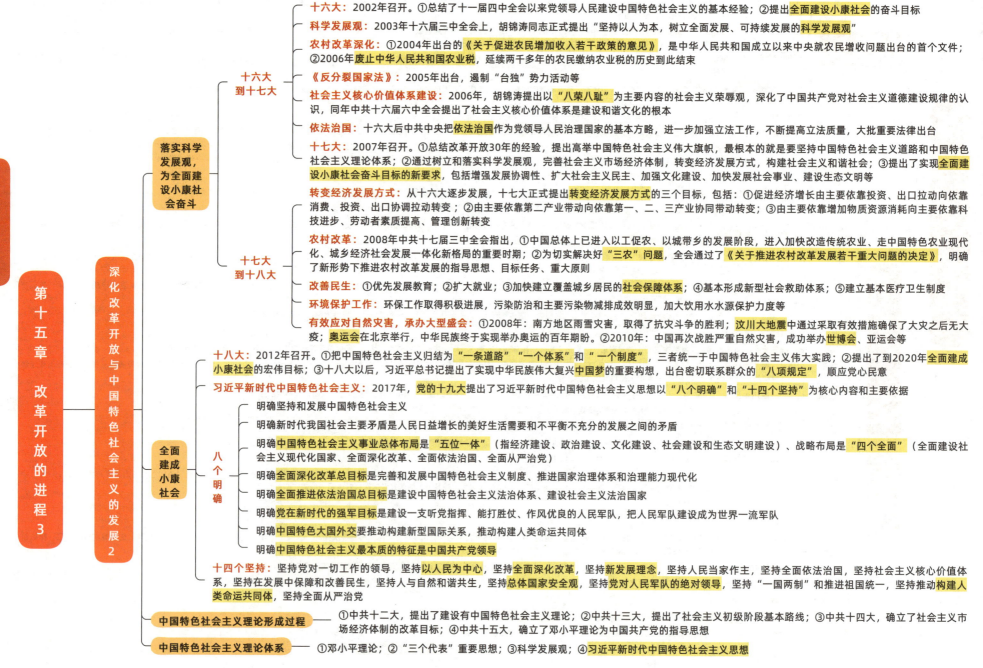

中国近现代史

第十五章 改革开放的进程3

深化改革开放与中国特色社会主义的发展2

落实科学发展观，为全面建设小康社会奋斗

十六大到十七大

十六大：2002年召开。①总结了十一届四中全会以来党领导人民建设中国特色社会主义的基本经验；②提出全面建设小康社会的奋斗目标

科学发展观：2003年十六届三中全会上，胡锦涛同志正式提出"坚持以人为本，树立全面发展、可持续发展的科学发展观"

农村改革深化：①2004年出台的《关于促进农民增加收入若干政策的意见》，是中华人民共和国成立以来中央就农民增收问题出台的首个文件；②2006年废止中华人民共和国农业税，延续两千多年的农民缴纳农业税的历史到此结束

《反分裂国家法》：2005年出台，遏制"台独"势力活动等

社会主义核心价值体系建设：2006年，胡锦涛提出以"八荣八耻"为主要内容的社会主义荣辱观，深化了中国共产党对社会主义道德建设规律的认识，同年中共十六届六中全会提出了社会主义核心价值体系是建设和谐文化的根本

依法治国：十六大后中共中央把依法治国作为党领导人民治理国家的基本方略，进一步加强立法工作，不断提高立法质量，大批重要法律出台

十七大：2007年召开。①总结改革开放30年的经验，提出高举中国特色社会主义伟大旗帜，最根本的就是要坚持中国特色社会主义道路和中国特色社会主义理论体系；②通过树立和落实科学发展观，完善社会主义市场经济体制，转变经济发展方式，构建社会主义和谐社会；③提出了实现全面建设小康社会奋斗目标的新要求，包括增强发展协调性、扩大社会主义民主、加强文化建设、加快发展社会事业、建设生态文明等

十七大到十八大

转变经济发展方式：从十六大逐步发展，十七大正式提出转变经济发展方式的三个目标，包括：①促进经济增长由主要依靠投资、出口拉动向依靠消费、投资、出口协调拉动转变；②由主要依靠第二产业带动向依靠第一、二、三产业协同带动转变；③由主要依靠增加物质资源消耗向主要依靠科技进步、劳动者素质提高、管理创新转变

农村改革：2008年中共十七届三中全会指出，①中国总体上已进入以工促农、以城带乡的发展阶段，进入加快改造传统农业、走中国特色农业现代化、城乡经济社会发展一体化新格局的重要时期；②为切实解决好"三农"问题，全会通过了《关于推进农村改革发展若干重大问题的决定》，明确了新形势下推进农村改革发展的指导思想、目标任务、重大原则

改善民生：①优先发展教育；②扩大就业；③加快建立覆盖城乡居民的社会保障体系；④基本形成新型社会救助体系；⑤建立基本医疗卫生制度

环境保护工作：环保工作取得积极进展，污染防治和主要污染物减排成效明显，加大饮用水水源保护力度等

有效应对自然灾害，承办大型盛会：①2008年：南方地区雨雪灾害，取得了抗灾斗争的胜利，汶川大地震中通过采取有效措施确保了大灾之后无大疫；奥运会在北京举行，中华民族终于实现举办奥运的百年期盼。②2010年：中国再次战胜严重自然灾害，成功举办世博会、亚运会等

全面建成小康社会

十八大：2012年召开。①把中国特色社会主义归结为"一条道路""一个体系"和"一个制度"，三者统一于中国特色社会主义伟大实践；②提出了到2020年全面建成小康社会的宏伟目标；③十八大以后，习近平总书记提出了实现中华民族伟大复兴中国梦的重要构想，出台密切联系群众的"八项规定"，顺应党心民意

习近平新时代中国特色社会主义：2017年，党的十九大提出了习近平新时代中国特色社会主义思想以"八个明确"和"十四个坚持"为核心内容和主要依据

八个明确

明确坚持和发展中国特色社会主义

明确新时代我国社会主要矛盾是人民日益增长的美好生活需要和不平衡不充分的发展之间的矛盾

明确中国特色社会主义事业总体布局是"五位一体"（指经济建设、政治建设、文化建设、社会建设和生态文明建设）、战略布局是"四个全面"（全面建设社会主义现代化国家、全面深化改革、全面依法治国、全面从严治党）

明确全面深化改革总目标是完善和发展中国特色社会主义制度、推进国家治理体系和治理能力现代化

明确全面推进依法治国总目标是建设中国特色社会主义法治体系、建设社会主义法治国家

明确党在新时代的强军目标是建设一支听党指挥、能打胜仗、作风优良的人民军队，把人民军队建设成为世界一流军队

明确中国特色大国外交要推动构建新型国际关系，推动构建人类命运共同体

明确中国特色社会主义最本质的特征是中国共产党领导

十四个坚持：坚持党对一切工作的领导，坚持以人民为中心，坚持全面深化改革，坚持新发展理念，坚持人民当家作主，坚持全面依法治国，坚持社会主义核心价值体系，坚持在发展中保障和改善民生，坚持人与自然和谐共生，坚持总体国家安全观，坚持党对人民军队的绝对领导，坚持"一国两制"和推进祖国统一，坚持推动构建人类命运共同体，坚持全面从严治党

中国特色社会主义理论形成过程——①中共十二大，提出了建设有中国特色社会主义理论；②中共十三大，提出了社会主义初级阶段基本路线；③中共十四大，确立了社会主义市场经济体制的改革目标；④中共十五大，确立了邓小平理论为中国共产党的指导思想

中国特色社会主义理论体系——①邓小平理论；②"三个代表"重要思想；③科学发展观；④习近平新时代中国特色社会主义思想

第十五章 改革开放的进程 4

中国近现代史

对外关系

中苏

中苏关系解冻：1982年，苏共总书记勃列日涅夫在中亚发表塔什干谈话，明确表示中国是社会主义国家，台湾是中国领土的一部分，这次讲话被认为是中苏关系解冻的信号

中苏关系正常化
- 1985年戈尔巴乔夫上台后，提出了新思维外交，力图改善同各国的关系，苏联当局从阿富汗、蒙古国撤军的行为也引发了中国的好感
- 1989年5月，戈尔巴乔夫访华，与邓小平进行会谈，访问取得圆满的成功，标志着中苏关系的正常化，长达30年的中苏对抗关系回到了友好对话层面
- 1990年国务院总理李鹏、1991年中共中央总书记江泽民分别访苏，使中苏两国的关系得到进一步发展

苏联解体后：1991年12月苏联解体后，我国同独联体各国建立外交关系并保持在各个领域里的友好往来

21世纪新阶段：这期间中俄关系健康快速发展。①2004年中俄签署《关于中俄国界东段的补充协定》《关于中俄国界线东段的补充叙述议定书》及其附件，彻底解决了历史遗留的边界问题；②2011年中俄双方将两国关系提升为平等信任、相互支持、共同繁荣、世代友好的全面战略协作伙伴关系

中美（2019年论）

中美建交：1978年，中美两国政府发表联合公报，决定自1979年1月1日建立外交关系，1979年1月邓小平副总理访问美国，中国和美国正式建立外交关系，开启了为期十年的"中美蜜月期"（1979—1989年）

21世纪新阶段
- "9·11"事件：美国调整对华政策，虽以台湾问题、贸易摩擦问题、人权问题和涉藏问题等干扰两国关系，但总体平稳发展
- 2003年至2008年：胡锦涛主席与小布什总统每年或互访或在国际场合会晤，互动十分频繁
- 2005年至2009年：2005年中美首次战略对话，2009年进一步升格为中美战略与经济对话，美国总统奥巴马访华，双方决定建立应对共同挑战的伙伴关系
- 2011年：胡锦涛主席访美，双方致力于建设相互尊重、互利共赢的合作伙伴关系
- 2012年：时任国家副主席习近平访美，中美关系走向成熟

中日

中日订约：继中日建交后，1978年8月，《中日和平友好条约》在北京签字，10月邓小平应邀访问日本，这次历史性的友好访问和《中日和平友好条约》的正式生效，使中日友好关系进入一个新阶段

日本天皇访华：1992年，江泽民、万里先后访日，日本天皇明仁和皇后美智子于10月正式访华，这是日本天皇首次访华，使中日邦交关系提高到了一个新的水平

21世纪新阶段
- 日本首相小泉纯一郎连续六年参拜供奉有二战甲级战犯的靖国神社，中日关系陷入僵局
- 2006年，安倍晋三就任日本首相，表现出改善中日关系的意愿，应邀访华，双方同意正视历史，妥善处理影响两国关系的问题
- 2008年，胡锦涛主席对日本进行国事访问，与福田康夫首相举行会谈，双方发表《中日关于全面推进战略互惠关系的联合声明》
- 当两国关系回暖之时，2012年日本政府不顾中国再三严正交涉，正式签署钓鱼岛"购买合同"，完成所谓的"国有化"，中国政府予以反制
- 2012年，中国常驻联合国代表向联合国秘书长交存钓鱼岛及其附属岛屿领海基点基线坐标表和海图，之后中国海监、渔政船在钓鱼岛海域进行巡航，捍卫中国主权

中越

中越关系恶化：①1978年起，越南当局掀起大规模的反华、排华运动，驱赶大批华侨回国，我国被迫决定停止对越南的经济技术援助；②越军不断侵犯我国领土，破坏我国边疆地区的和平安定，制造国与国之间的紧张局势

越南自卫反击战：1979年2月，我国边防部队在广西、云南边境地区对越南侵略者发起自卫反击，3月，我国政府宣布我国边防部队被迫自卫还击，已达到预期目的，将全部撤回中国境内，这次自卫还击在政治上、军事上取得了重大胜利

中越关系正常化：中越两国以1991年11月的高级会晤为标志，结束了双方长达13年的敌对状态，实现了两国关系的正常化。1992年年底，李鹏对越南的访问，进一步推动了双边关系的健康发展

21世纪新阶段中国外交的总局面

中国成为亚太经合组织、上合组织、金砖国家、二十国集团等多边峰会的重要参与方，积极参与国际多边合作，在推动全球克服金融危机的影响、加强区域合作、应对气候变化、反对贸易保护主义、人道主义维和等问题的解决上发挥了重要作用。中国国际地位不断提升，在国际上具有较大的话语权

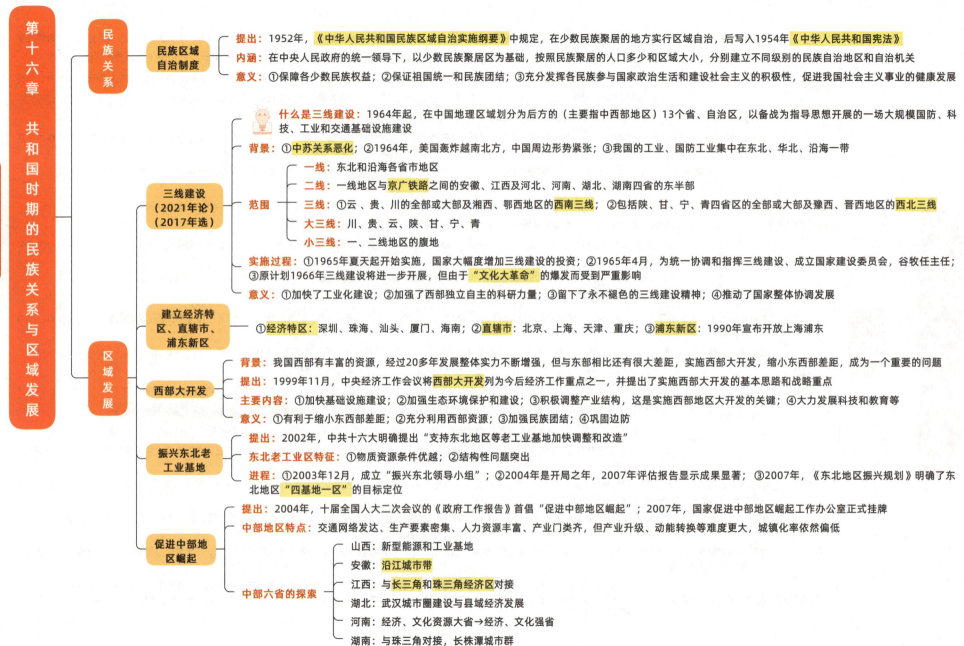

第十六章 共和国时期的民族关系与区域发展

民族关系

民族区域自治制度

- **提出**：1952年，《中华人民共和国民族区域自治实施纲要》中规定，在少数民族聚居的地方实行区域自治，后写入1954年《中华人民共和国宪法》
- **内涵**：在中央人民政府的统一领导下，以少数民族聚居区为基础，按照民族聚居的人口多少和区域大小，分别建立不同级别的民族自治地区和自治机关
- **意义**：①保障各少数民族权益；②保证祖国统一和民族团结；③充分发挥各民族参与国家政治生活和建设社会主义的积极性，促进我国社会主义事业的健康发展

区域发展

三线建设（2021年论）（2017年选）

- **什么是三线建设**：1964年起，在中国地理区域划分为后方的（主要指中西部地区）13个省、自治区，以备战为指导思想开展的一场大规模国防、科技、工业和交通基础设施建设
- **背景**：①中苏关系恶化；②1964年，美国轰炸越南北方，中国周边形势紧张；③我国的工业、国防工业集中在东北、华北、沿海一带
- **范围**：
  - **一线**：东北和沿海各省市地区
  - **二线**：一线地区与京广铁路之间的安徽、江西及河北、河南、湖北、湖南四省的东半部
  - **三线**：①云、贵、川的全部或大部及湘西、鄂西地区的西南三线；②包括陕、甘、宁、青四省区的全部或大部及豫西、晋西地区的西北三线
  - **大三线**：川、贵、云、陕、甘、宁、青
  - **小三线**：一、二线地区的腹地
- **实施过程**：①1965年夏天起开始实施，国家大幅度增加三线建设的投资；②1965年4月，为统一协调和指挥三线建设，成立国家建设委员会，谷牧任主任；③原计划1966年三线建设将进一步开展，但由于"文化大革命"的爆发而受到严重影响
- **意义**：①加快了工业化建设；②加强了西部独立自主的科研力量；③留下了永不褪色的三线建设精神；④推动了国家整体协调发展

建立经济特区、直辖市、浦东新区

- ①经济特区：深圳、珠海、汕头、厦门、海南；②直辖市：北京、上海、天津、重庆；③浦东新区：1990年宣布开放上海浦东

西部大开发

- **背景**：我国西部有丰富的资源，经过20多年发展整体实力不断增强，但与东部相比还有很大差距，实施西部大开发，缩小东西部差距，成为一个重要的问题
- **提出**：1999年11月，中央经济工作会议将西部大开发列为今后经济工作重点之一，并提出了实施西部大开发的基本思路和战略重点
- **主要内容**：①加快基础设施建设；②加强生态环境保护和建设；③积极调整产业结构，这是实施西部地区大开发的关键；④大力发展科技和教育等
- **意义**：①有利于缩小东西部差距；②充分利用西部资源；③加强民族团结；④巩固边防

振兴东北老工业基地

- **提出**：2002年，中共十六大明确提出"支持东北地区等老工业基地加快调整和改造"
- **东北老工业区特征**：①物质资源条件优越；②结构性问题突出
- **进程**：①2003年12月，成立"振兴东北领导小组"；②2004年是开局之年，2007年评估报告显示成果显著；③2007年，《东北地区振兴规划》明确了东北地区"四基地一区"的目标定位

促进中部地区崛起

- **提出**：2004年，十届全国人大二次会议的《政府工作报告》首倡"促进中部地区崛起"；2007年，国家促进中部地区崛起工作办公室正式挂牌
- **中部地区特点**：交通网络发达、生产要素密集、人力资源丰富、产业门类齐，但产业升级、动能转换等难度更大，城镇化率依然偏低
- **中部六省的探索**：
  - 山西：新型能源和工业基地
  - 安徽：沿江城市带
  - 江西：与长三角和珠三角经济区对接
  - 湖北：武汉城市圈建设与县域经济发展
  - 河南：经济、文化资源大省→经济、文化强省
  - 湖南：与珠三角对接，长株潭城市群

中国近现代史

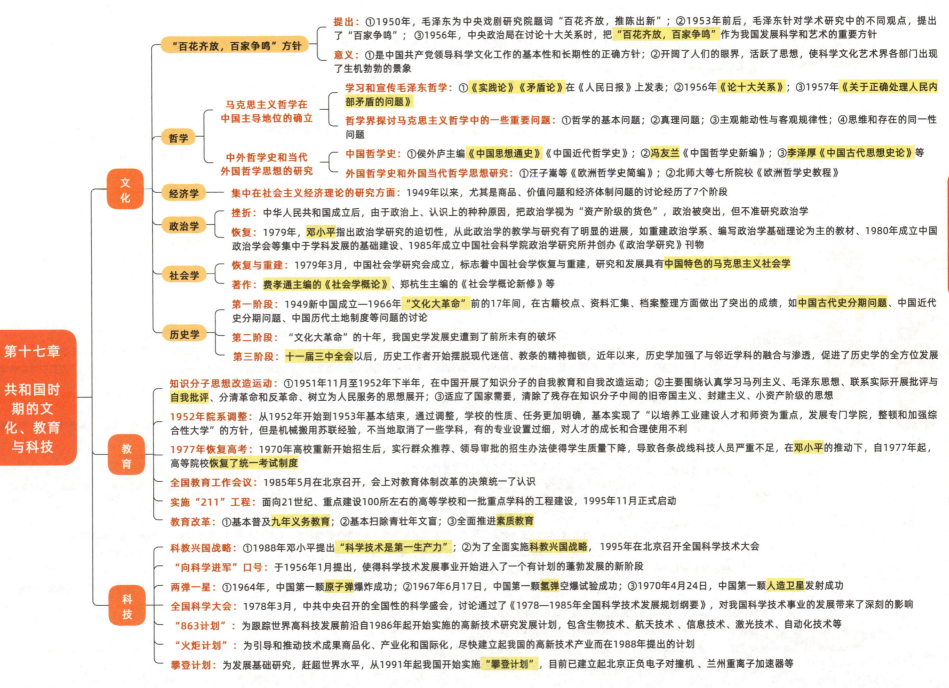

"百花齐放，百家争鸣"方针

提出：①1950年，毛泽东为中央戏剧研究院题词"百花齐放，推陈出新"；②1953年前后，毛泽东针对学术研究中的不同观点，提出了"百家争鸣"；③1956年，中央政治局在讨论十大关系时，把"百花齐放，百家争鸣"作为我国发展科学和艺术的重要方针

意义：①是中国共产党领导科学文化工作的基本性和长期性的正确方针；②开阔了人们的眼界，活跃了思想，使科学文化艺术界各部门出现了生机勃勃的景象

哲学

马克思主义哲学在中国主导地位的确立

学习和宣传毛泽东哲学：①《实践论》《矛盾论》在《人民日报》上发表；②1956年《论十大关系》；③1957年《关于正确处理人民内部矛盾的问题》

哲学界探讨马克思主义哲学中的一些重要问题：①哲学的基本问题；②真理问题；③主观能动性与客观规律性；④思维和存在的同一性问题

中外哲学史和当代外国哲学思想的研究

中国哲学史：①侯外庐主编《中国思想通史》《中国近代哲学史》；②冯友兰《中国哲学史新编》；③李泽厚《中国古代思想史论》等

外国哲学史和外国当代哲学思想研究：①汪子嵩等《欧洲哲学史简编》；②北师大等七所院校《欧洲哲学史教程》

经济学　集中在社会主义经济理论的研究方面：1949年以来，尤其是商品、价值问题和经济体制问题的讨论经历了7个阶段

政治学

挫折：中华人民共和国成立后，由于政治上、认识上的种种原因，把政治学视为"资产阶级的货色"，政治被突出，但不准研究政治学

恢复：1979年，邓小平指出政治学研究的迫切性，从此政治学的教学与研究有了明显的进展，如重建政治学系、编写政治学基础理论为主的教材、1980年成立中国政治学会等集中于学科发展的基础建设、1985年成立中国社会科学院政治学研究所并创办《政治学研究》刊物

社会学

恢复与重建：1979年3月，中国社会学研究会成立，标志着中国社会学恢复与重建，研究和发展具有中国特色的马克思主义社会学

著作：费孝通主编的《社会学概论》、郑杭生主编的《社会学概论新修》等

历史学

第一阶段：1949新中国成立—1966年"文化大革命"前的17年间，在古籍校点、资料汇集、档案整理方面做出了突出的成绩，如中国古代史分期问题、中国近代史分期问题、中国历代土地制度等问题的讨论

第二阶段："文化大革命"的十年，我国史学发展史遭到了前所未有的破坏

第三阶段：十一届三中全会以后，历史工作者开始摆脱现代迷信、教条的精神枷锁，近年以来，历史学加强了与邻近学科的融合与渗透，促进了历史学的全方位发展

文化

教育

知识分子思想改造运动：①1951年11月至1952年下半年，在中国开展了知识分子的自我教育和自我改造运动；②主要围绕认真学习马列主义、毛泽东思想、联系实际开展批评与自我批评、分清革命和反革命、树立为人民服务的思想展开；③适应了国家需要，清除了残存在知识分子中间的旧帝国主义、封建主义、小资产阶级的思想

1952年院系调整：从1952年开始到1953年基本结束，通过调整，学校的性质、任务更加明确，基本实现了"以培养工业建设人才和师资为重点，发展专门学院，整顿和加强综合性大学"的方针，但是机械搬用苏联经验，不当地取消了一些学科，有的专业设置过细，对人才的成长和合理使用不利

1977年恢复高考：1970年高校重新开始招生后，实行群众推荐、领导审批的招生办法使得学生质量下降，导致各条战线科技人员严重不足，在邓小平的推动下，自1977年起，高等院校恢复了统一考试制度

全国教育工作会议：1985年5月在北京召开，会上对教育体制改革的决策统一了认识

实施"211"工程：面向21世纪、重点建设100所左右的高等学校和一批重点学科的工程建设，1995年11月正式启动

教育改革：①基本普及九年义务教育；②基本扫除青壮年文盲；③全面推进素质教育

科技

科教兴国战略：①1988年邓小平提出"科学技术是第一生产力"；②为了全面实施科教兴国战略，1995年在北京召开全国科学技术大会

"向科学进军"口号：于1956年1月提出，使得科学技术发展事业开始进入了一个有计划的蓬勃发展的新阶段

两弹一星：①1964年，中国第一颗原子弹爆炸成功；②1967年6月17日，中国第一颗氢弹空爆试验成功；③1970年4月24日，中国第一颗人造卫星发射成功

全国科学大会：1978年3月，中共中央召开的全国性的科学盛会，讨论通过了《1978—1985年全国科学技术发展规划纲要》，对我国科学技术事业的发展带来了深刻的影响

"863计划"：为跟踪世界高科技发展前沿自1986年起开始实施的高新技术研究发展计划，包含生物技术、航天技术、信息技术、激光技术、自动化技术等

"火炬计划"：为引导和推动技术成果商品化、产业化和国际化，尽快建立起我国的高新技术产业而在1988年提出的计划

攀登计划：为发展基础研究，赶超世界水平，从1991年起我国开始实施"攀登计划"，目前已建立起北京正负电子对撞机、兰州重离子加速器等

第十七章　共和国时期的文化、教育与科技

中国近现代史

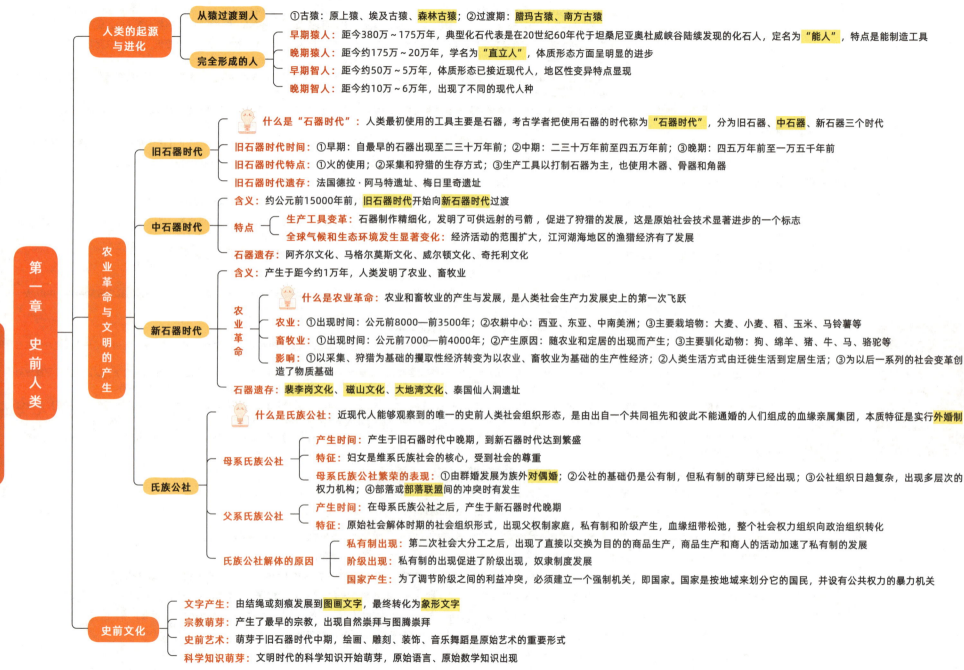

世界古代中世纪史

第一章 史前人类

农业革命与文明的产生

人类的起源与进化

- **从猿过渡到人**：①古猿：原上猿、埃及古猿、森林古猿；②过渡期：腊玛古猿、南方古猿
- **完全形成的人**
  - **早期猿人**：距今380万～175万年，典型化石代表是在20世纪60年代于坦桑尼亚奥杜威峡谷陆续发现的化石人，定名为"能人"，特点是能制造工具
  - **晚期猿人**：距今约175万～20万年，学名为"直立人"，体质形态方面呈明显的进步
  - **早期智人**：距今约50万～5万年，体质形态已接近现代人，地区性变异特点显现
  - **晚期智人**：距今约10万～6万年，出现了不同的现代人种

旧石器时代

- **什么是"石器时代"**：人类最初使用的工具主要是石器，考古学者把使用石器的时代称为"石器时代"，分为旧石器、中石器、新石器三个时代
- **旧石器时代时间**：①早期：自最早的石器出现至二三十万年前；②中期：二三十万年前至四五万年前；③晚期：四五万年前至一万五千年前
- **旧石器时代特点**：①火的使用；②采集和狩猎的生存方式；③生产工具以打制石器为主，也使用木器、骨器和角器
- **旧石器时代遗存**：法国德拉·阿马特遗址、梅日里奇遗址

中石器时代

- **含义**：约公元前15000年前，旧石器时代开始向新石器时代过渡
- **特点**
  - **生产工具变革**：石器制作精细化，发明了可供远射的弓箭，促进了狩猎的发展，这是原始社会技术显著进步的一个标志
  - **全球气候和生态环境发生显著变化**：经济活动的范围扩大，江河湖海地区的渔猎经济有了发展
- **石器遗存**：阿齐尔文化、马格尔莫斯文化、威尔顿文化、奇托利文化

新石器时代

- **含义**：产生于距今约1万年，人类发明了农业、畜牧业
- **农业革命**
  - **什么是农业革命**：农业和畜牧业的产生与发展，是人类社会生产力发展史上的第一次飞跃
  - **农业**：①出现时间：公元前8000—前3500年；②农耕中心：西亚、东亚、中南美洲；③主要栽培物：大麦、小麦、稻、玉米、马铃薯等
  - **畜牧业**：①出现时间：公元前7000—前4000年；②产生原因：随农业和定居的出现而产生；③主要驯化动物：狗、绵羊、猪、牛、马、骆驼等
  - **影响**：①以采集、狩猎为基础的攫取性经济转变为以农业、畜牧业为基础的生产性经济；②人类生活方式由迁徙生活到定居生活；③为以后一系列的社会变革创造了物质基础
- **石器遗存**：裴李岗文化、磁山文化、大地湾文化、泰国仙人洞遗址

氏族公社

- **什么是氏族公社**：近现代人能够观察到的唯一的史前人类社会组织形态，是由出自一个共同祖先和彼此不能通婚的人们组成的血缘亲属集团，本质特征是实行外婚制
- **母系氏族公社**
  - **产生时间**：产生于旧石器时代中晚期，到新石器时代达到繁盛
  - **特征**：妇女是维系氏族社会的核心，受到社会的尊重
  - **母系氏族公社繁荣的表现**：①由群婚发展为族外对偶婚；②公社的基础仍是公有制，但私有制的萌芽已经出现；③公社组织日趋复杂，出现多层次的权力机构；④部落或部落联盟间的冲突时有发生
- **父系氏族公社**
  - **产生时间**：在母系氏族公社之后，产生于新石器时代晚期
  - **特征**：原始社会解体时期的社会组织形式，出现父权制家庭，私有制和阶级产生，血缘纽带松弛，整个社会权力组织向政治组织转化
- **氏族公社解体的原因**
  - **私有制出现**：第二次社会大分工之后，出现了直接以交换为目的的商品生产，商品生产和商人的活动加速了私有制的发展
  - **阶级出现**：私有制的出现促进了阶级出现，奴隶制度发展
  - **国家产生**：为了调节阶级之间的利益冲突，必须建立一个强制机关，即国家。国家是按地域来划分它的国民，并设有公共权力的暴力机关

史前文化

- **文字产生**：由结绳或刻痕发展到图画文字，最终转化为象形文字
- **宗教萌芽**：产生了最早的宗教，出现自然崇拜与图腾崇拜
- **史前艺术**：萌芽于旧石器时代中期，绘画、雕刻、装饰、音乐舞蹈是原始艺术的重要形式
- **科学知识萌芽**：文明时代的科学知识开始萌芽，原始语言、原始数学知识出现

第二章　古代西亚诸文明1

世界古代中世纪史

苏美尔和阿卡德文明

苏美尔时代

3个文化时期：约公元前4300年，苏美尔开始走向氏族社会解体和向文明过渡的过程，考古上分别称为欧贝德时期（约公元前4300—前3500年）、乌鲁克时期（公元前3500—前3100年）、捷姆迭特·那色时期（公元前3100—前2700年）

城邦政治和社会经济
- **政治制度**：初期存在氏族社会末期军事民主制的残余，政治机构分别为城邦首领、贵族会议和人民大会
- **经济**
  - **土地关系**：神庙是城邦的经济中心，神庙土地在各邦中占有重要地位，公社占有相当数量的土地，少数权贵可能拥有私人土地
  - **其他**：①神庙经济内部分工细密，有农业、畜牧业和捕鱼业等；②神庙控制了城邦的手工业和商业；③神庙使用奴隶劳动
- **阶级结构**：居民分为奴隶主贵族、公社成员、依附民、奴隶

城邦混战：苏美尔各邦之间为争夺土地、奴隶和霸权展开长期战争

乌鲁卡基那改革
- **背景**：城邦争霸战争和内部阶级斗争不断，乌鲁卡基那意图缓解城邦内部矛盾，加强统治
- **内容**：①政治上，打击旧贵族、扩大公民人数和公民权利、提高僧侣地位并限制其特权；②军事上，改革军事制度，平民组成的步兵代替贵族的战车兵；③经济上，撤去派往各地的税吏、豁免平民部分赋税和欠赋、开凿运河兴修水利、减少殡葬费；④社会制度上，以国家立法形式确定财产的私有制、以国家立法形式确定一夫一妻制、解除债务奴役
- **影响**：①限制贵族利益，减轻平民负担，促进社会生产；②在一定程度上加强了王权；③未能解决根本问题，平民和奴隶依然受剥削

阿卡德王国时代

- **存在时间**：约公元前2371—前2191年
- **统一**：王国的创立者——萨尔贡先后出征34次，征服了广大地区，到阿卡德时代，南部两河流域实现统一
- **萨尔贡改革**：①政治上，建立了中央集权统治，组建了两河流域历史上第一支常备军；②农业、交通、对外贸易的发展，促进了奴隶制发展
- **灭亡**：王国内部奴隶与奴隶主、贵族与平民之间存在着尖锐的矛盾，被征服者的反抗斗争此起彼伏。公元前2191年，库提人入侵南部两河流域，灭亡阿卡德王国

乌尔第三王朝时代

- **存在时间**：约公元前2113—前2006年
- **建立**：约公元前2120年，乌图赫加尔赶走库提人，不久，乌尔纳木战胜乌图赫加尔，统一南部两河流域，建立乌尔第三王朝
- **《乌尔纳木法典》（2017年选）**：世界上已知最早的一部成文法典，是乌尔第三王朝君主乌尔纳木制定的一部涉及政治、宗教与法律的法典，本质是为了维护奴隶主阶级的利益
- **社会经济状况**：①奴隶制经济迅速发展，王室经济在全国经济中占很大比例；②农业上出现了带播种器的犁，商业贸易也有所发展
- **灭亡**：国内阶级矛盾十分尖锐，东南面的埃兰人和西面的阿摩利人不断侵袭，最后伊比辛被埃兰人所俘，乌尔第三王朝覆灭

巴比伦文明

古巴比伦王国

- **存在时间**：约公元前1894—前1595年
- **兴起**：立国之初巴比伦只是一个依附邻国的小邦，到第六代国王汉谟拉比时，巴比伦逐渐强大
- **汉谟拉比的统治**：①政治上，建立集权制度、官僚机构；②经济上，土地私有制发达，兴修水利、奖励农商；③军事上，重视军队优待士兵；④法律上，颁布《汉谟拉比法典》；⑤鼓励学习文化
- **《汉谟拉比法典》**
  - **背景**：①汉谟拉比刚统一两河流域，广阔的政治版图要求有一套统一的法律体系来管理不同的地区和人群；②两河流域存在立法传统
  - **内容**：①序言：一是神话王权，二是宣扬汉谟拉比的功绩，三是表明立法的目的；②正文：诉讼程序、财产继承、债务债权、租佃关系以及对奴隶的惩罚等；③结尾：再次对汉谟拉比歌功颂德，强调法典的神圣地位和不可更改
  - **影响**：①传世较早的法典中较完整的一部法典，促进私有制和奴隶制经济的迅速发展；②法典在债权、契约、侵权行为、家庭以及刑法等方面对后世立法产生了重要影响
- **社会性质**：奴隶制集权国家，人们被分为阿维鲁（有公民权的自由民）、穆什根努（无公民权的自由民）、奴隶三个等级
- **衰亡**：国家不稳固，内部阶级矛盾十分尖锐，古巴比伦王国在内外交困中日益衰弱，约公元前1595年被北方入侵的赫梯人所灭

新巴比伦王国

- **存在时间**：公元前626—前539年
- **建立**：公元前626年，亚述人派迦勒底人领袖那波帕拉沙尔率军驻守巴比伦，那波帕拉沙尔到巴比伦后却发动了反对亚述统治的起义，建立了新巴比伦王国
- **尼布甲尼撒二世的统治**
  - **对内**：①注重巴比伦的城市建设，该城成为当时重要的国际商业贸易中心，修建了"空中花园"，毁于公元前3世纪；②发展经济，在尼普尔附近修建了一个巨大的水库；③可能制定过法典，有一部新巴比伦王国时期的法典保留了下来
  - **对外**：公元前586年耶路撒冷城在经过一年半的围困后被新巴比伦攻破，惨遭劫掠破坏，这是犹太王国第二次被征服，大部分居民被俘往巴比伦尼亚，史称"巴比伦之囚"
- **社会经济**：①农业、手工业和商业贸易经济相当繁荣，商品货币经济十分发达；②奴隶制发展繁荣
- **灭亡**：国内阶级矛盾和民族矛盾十分尖锐，并日益激化，于公元前539年被波斯人所灭

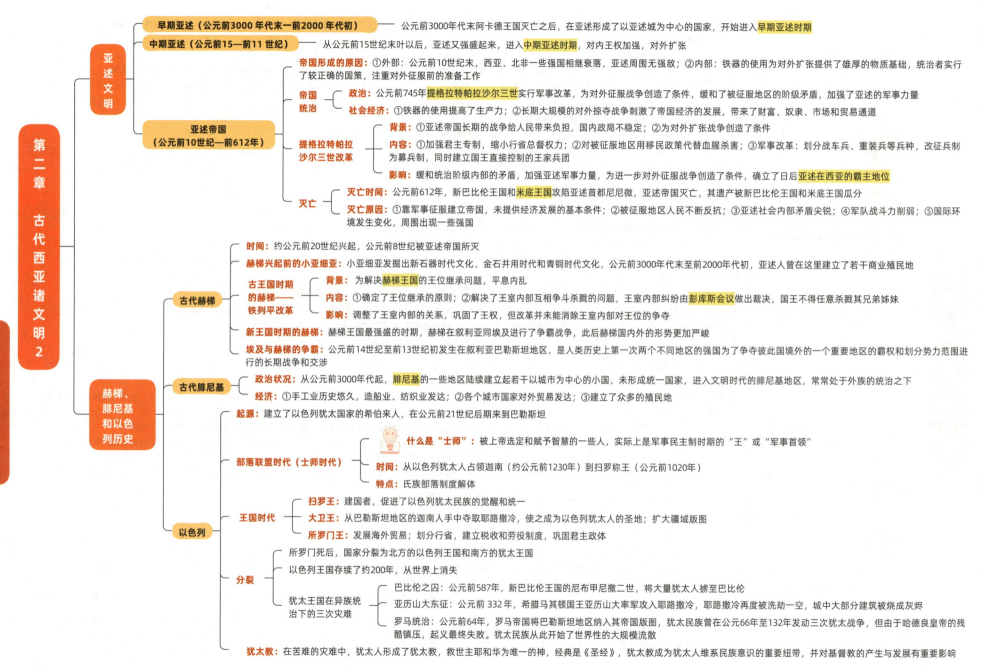

第二章 古代西亚诸文明 2

世界古代中世纪史

亚述文明

早期亚述（公元前3000年代末—前2000年代初）：公元前3000年代末阿卡德王国灭亡之后，在亚述形成了以亚述城为中心的国家，开始进入**早期亚述时期**

中期亚述（公元前15—前11世纪）：从公元前15世纪末叶以后，亚述又强盛起来，进入**中期亚述时期**，对内王权加强，对外扩张

亚述帝国（公元前10世纪—前612年）

帝国形成的原因：①外部：公元前10世纪末，西亚、北非一些强国相继衰落，亚述周围无强敌；②内部：铁器的使用为对外扩张提供了雄厚的物质基础，统治者实行了较正确的国策，注重对外征服前的准备工作

帝国统治
- **政治**：公元前745年**提格拉特帕拉沙尔三世**实行军事改革，为对外征服战争创造了条件，缓和了被征服地区的阶级矛盾，加强了亚述的军事力量
- **社会经济**：①铁器的使用提高了生产力；②长期大规模的对外掠夺战争刺激了帝国经济的发展，带来了财富、奴隶、市场和贸易通道

提格拉特帕拉沙尔三世改革
- **背景**：①亚述帝国长期的战争给人民带来负担，国内政局不稳定；②为对外扩张战争创造了条件
- **内容**：①加强君主专制，缩小行省总督权力；②对被征服地区用移民政策代替血腥杀害；③军事改革：划分战车兵、重装兵等兵种，改征兵制为募兵制，同时建立国王直接控制的王家兵团
- **影响**：缓和统治阶级内部的矛盾，加强亚述军事力量，为进一步对外征服战争创造了条件，确立了日后**亚述在西亚的霸主地位**

灭亡
- **灭亡时间**：公元前612年，新巴比伦王国和**米底王国**攻陷亚述首都尼尼微，亚述帝国灭亡，其遗产被新巴比伦王国和米底王国瓜分
- **灭亡原因**：①靠军事征服建立帝国，未提供经济发展的基本条件；②被征服地区人民不断反抗；③亚述社会内部矛盾尖锐；④军队战斗力削弱；⑤国际环境发生变化，周围出现一些强国

赫梯、腓尼基和以色列历史

古代赫梯

时间：约公元前20世纪兴起，公元前8世纪被亚述帝国所灭

赫梯兴起前的小亚细亚：小亚细亚发掘出新石器时代文化、金石并用时代和青铜时代文化，公元前3000年代末至前2000年代初，亚述人曾在这里建立了若干商业殖民地

古王国时期的赫梯——铁列平改革
- **背景**：为解决赫梯王国的王位继承问题，平息内乱
- **内容**：①确定了王位继承的原则；②解决了王室内部互相争斗杀戮的问题，王室内部纠纷由**彭库斯会议**做出裁决，国王不得任意杀戮其兄弟姊妹
- **影响**：调整了王室内部的关系，巩固了王权，但改革并未能消除王室内部对王位的争夺

新王国时期的赫梯：赫梯王国最强盛的时期，赫梯在叙利亚同埃及进行了争霸战争，此后赫梯国内外的形势更加严峻

埃及与赫梯的争霸：公元前14世纪至前13世纪初发生在叙利亚巴勒斯坦地区，是人类历史上第一次两个不同地区的强国为了争夺彼此国境外的一个重要地区的霸权和划分势力范围进行的长期战争和交涉

古代腓尼基

政治状况：从公元前3000年代起，**腓尼基**的一些地区陆续建立起若干以城市为中心的小国，未形成统一国家，进入文明时代的腓尼基地区，常常处于外族的统治之下

经济：①手工业历史悠久，造船业、纺织业发达；②各个城市国家对外贸易发达；③建立了众多的殖民地

以色列

起源：建立了以色列犹太国家的希伯来人，在公元前21世纪后期来到巴勒斯坦

部落联盟时代（士师时代）
- **什么是"士师"**：被上帝选定和赋予智慧的一些人，实际上是军事民主制时期的"王"或"军事首领"
- **时间**：从以色列犹太人占领迦南（约公元前1230年）到扫罗称王（公元前1020年）
- **特点**：氏族部落制度解体

王国时代
- **扫罗王**：建国者，促进了以色列犹太民族的觉醒和统一
- **大卫王**：从巴勒斯坦地区的迦南人手中夺取耶路撒冷，使之成为以色列犹太人的圣地；扩大疆域版图
- **所罗门王**：发展海外贸易；划分行省，建立税收和劳役制度，巩固君主政体

分裂
- 所罗门死后，国家分裂为北方的以色列王国和南方的犹太王国
- 以色列王国存续了约200年，从世界上消失
- 犹太王国在异族统治下的三次灾难：
  - **巴比伦之囚**：公元前587年，新巴比伦王国的尼布甲尼撒二世，将大量犹太人掳至巴比伦
  - **亚历山大东征**：公元前332年，希腊马其顿国王亚历山大率军攻入耶路撒冷，耶路撒冷再度被洗劫一空，城中大部分建筑被烧成灰烬
  - **罗马统治**：公元前64年，罗马帝国将巴勒斯坦地区纳入其帝国版图，犹太民族曾在公元66年至132年发动三次犹太战争，但由于哈德良皇帝的残酷镇压，起义最终失败。犹太民族从此开始了世界性的大规模流散

犹太教：在苦难的灾难中，犹太人形成了犹太教，救世主耶和华为唯一的神，经典是《圣经》，犹太教成为犹太人维系民族意识的重要纽带，并对基督教的产生与发展有重要影响

第二章 古代西亚诸文明3

世界古代中世纪史

波斯帝国

兴起
- **波斯帝国兴起前的伊朗**：伊朗高原最早的文明是**埃兰文明**，后来一些讲印欧语的部落来到高原西部。一支是米底人，定居高原西北部；另一支是波斯人，定居高原西南部
- **波斯的兴起**：公元前6世纪中叶波斯兴起，波斯帝国的创立者——居鲁士二世通过战争的方式先后征服**米底王国**、埃兰、吕底亚、新巴伦，远征中亚时，居鲁士二世兵败被杀
- **冈比西斯二世的统治**：**居鲁士**死后，冈比西斯即位，利用埃及统治集团内部矛盾征服埃及、镇压埃及起义，但之后的军事行动连连受挫，波斯帝国内部矛盾尖锐

统治危机与改革
高墨达暴动
- **背景**：①波斯的征服及掠夺政策，给被征服地人民带来了深重灾难，他们因丧失了自身的权益不满波斯人的统治；②波斯人民因长期的对外征战而不胜负担；③波斯贵族的地位降低，特权逐渐丧失；④对埃及的军事行动受挫的同时，波斯国内爆发了高墨达暴动
- **过程**：公元前522年，高墨达以**冈比西斯**的弟弟巴尔狄亚旗号起兵，得到波斯人、米底人等各地人民响应，最后**大流士**同其他六个波斯贵族镇压了起义
- **影响**：动摇了波斯帝国的统治，使帝国面临全面崩溃的危险

大流士改革
- **背景**：①帝国版图辽阔，民族成分复杂；②波斯的国家机器十分薄弱；③国内阶级矛盾、民族矛盾尖锐；④各地社会经济发展极不平衡
- **内容**：
  - **政治**：①加强王权，确立君主专制的统治形式；②将帝国划分为若干行省，设总督治理；③调整波斯人与各被征服地区的原有统治阶级之间的关系，实行宗教宽容，拉拢各被征服地区的统治阶级上层
  - **军事**：①全国划分为五个大军区，每个军区下辖若干省军区；②建立驿道制度，方便军队调动、国王命令下达和下情上传；③波斯军队由步兵、骑兵、象兵、海军、工兵等兵种组成，分常备兵和战时临时征召两部分
  - **经济**：统一铸币制、兴修水利
  - **宗教**：奉**琐罗亚斯德教**为国教
- **影响**：巩固了波斯帝国的统治，但并未消除帝国内的阶级矛盾和民族矛盾，也未消除帝国境内政治、经济、文化发展的不平衡性

社会经济
- **经济状况**：①王室、神庙和贵族奴隶制经济发达；②对被征服地区推行铸币制度、保证商旅安全、发展过境贸易等；③先进生产技术、灌溉农业传入中亚和伊朗高原
- **特点**：帝国境内各统治区社会经济发展极不平衡，有的地区奴隶制经济已存在千年，有的地区处于初期，有的地区农业、手工业和商业贸易发达，有的地区畜牧业发达

帝国衰亡（2019年选）
希波战争激化了帝国内部的阶级、民族矛盾。公元前330年，最终亚历山大灭亡波斯帝国，建立了亚历山大帝国，波斯帝国的灭亡标志着**西亚、北非文明的终结**

波斯帝国的历史地位
①为后世帝国的政治架构打下了基础；②开启了整体世界历史的时代；③促进了奴隶制经济的高度发展；④在国际上产生了重大影响

古代西亚文字与宗教

历史
史料
- 王家铭文，如居鲁士二世征服两河流域的圆柱铭文、大流士的镇压各地起义的**贝希斯顿铭文**等
- 经济方面，如《宝库铭文》《要塞墙铭文》、两河流域地区的著名商业高利贷家族——埃吉贝商家和穆拉树商家的档案
- 古希腊作家的作品，如希罗多德《历史》、色诺芬《长征记》
- 犹太教的《圣经》里若干篇与波斯帝国史有关
- **史学史**：19世纪上半叶随西亚楔形文字释读成功兴起了**亚述学**，对西亚进行考古和研究

文字
- **楔形文字**：苏美尔人发明的文字，由表意、表音和限定符号三部分组成，苏美尔语**楔形文字**对西亚许多民族语言文字的形成和发展有着重要影响
- **字母文字**：腓尼基人创造出来的**腓尼基字母**，为后来西方各国字母奠定了基础

文学
- 创世神话《**埃努玛·埃立什**》反映了古巴比伦王国统一两河流域南部的事实
- 箴言文学代表作有《咏正直的受难者的诗》和《主人与奴隶的对话》
- 《**吉尔伽美什史诗**》在两河流域文学中地位重要，内容分四部分记在12块泥板上
- 宗教文学代表有希伯来人犹太教的《圣经》和琐罗亚斯德教的经典《阿维斯塔》

科学
①苏美尔人观察天象，制定历法；②发明计数法，并用数学解决生活问题；③卫生事业方面已有专门的医生和民间的医生

法典
《**乌尔纳木法典**》《汉谟拉比法典》《亚述法典》《赫梯法典》

建筑
乌鲁克时期的神庙建筑吉库拉特、多级寺塔塔庙、亚述帝国的王宫建筑、巴勒斯坦的耶利哥古城

宗教
- **琐罗亚斯德教**：古波斯帝国国教，认为世界有善恶二神，且二神始终处于斗争之中，人们要站在善神一边与恶神斗争，其经典是《**阿维斯塔**》
- **犹太教**
  - **兴起的过程**：①前16世纪，希伯来人进入巴勒斯坦，信仰多神，主神为雅赫维（基督教称之为耶和华）；②前11世纪，希伯来人建立国家，耶和华成为国家的保护神；③"**巴比伦之囚**"被俘期间，犹太人产生了弥赛亚（"救世主"）思想；④公元前539年，波斯帝国消灭新巴比伦王国，犹太人得以释放返回故乡，建立神权政体的国家，一神论的**犹太教**便正式形成
  - **教义**：①一神论；②契约观；③末世论；④救赎；⑤经典：《**圣经**》
  - **影响**：①对犹太民族：维系犹太民族生存发展；影响犹太民族的律法观；②对宗教：对后来的基督教产生重要影响；伊斯兰教汲取并继承了诸多犹太教的教义和习俗

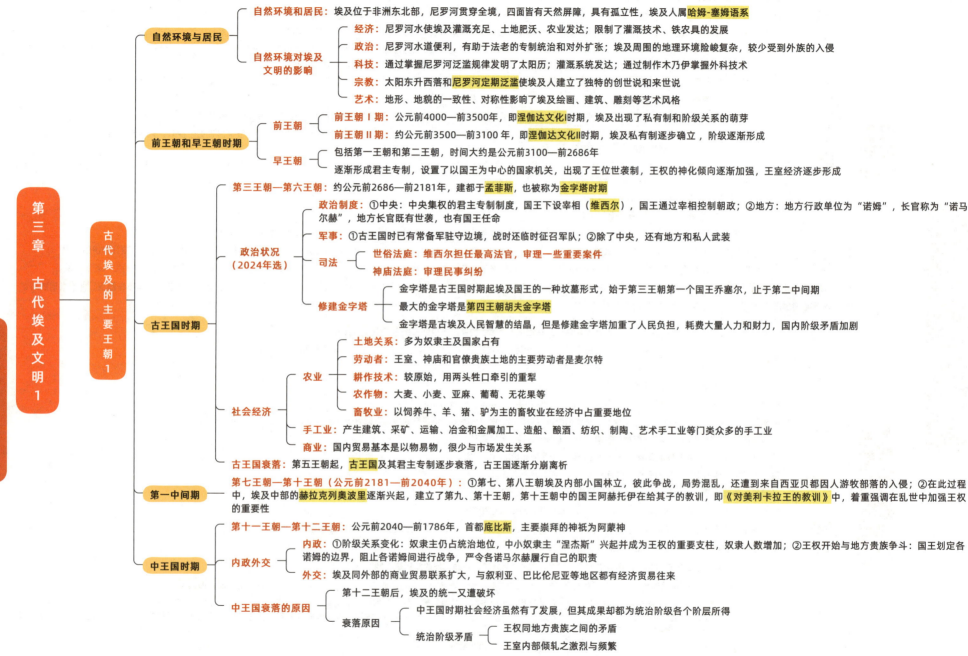

第三章 古代埃及文明1

世界古代中世纪史

古代埃及的主要王朝1

自然环境与居民

- **自然环境和居民**：埃及位于非洲东北部，尼罗河贯穿全境，四面皆有天然屏障，具有孤立性，埃及人属哈姆-塞姆语系
- **自然环境对埃及文明的影响**
  - 经济：尼罗河水使埃及灌溉充足、土地肥沃、农业发达；限制了灌溉技术、铁农具的发展
  - 政治：尼罗河水道便利，有助于法老的专制统治和对外扩张；埃及周围的地理环境险峻复杂，较少受到外族的入侵
  - 科技：通过掌握尼罗河泛滥规律发明了太阳历；灌溉系统发达；通过制作木乃伊掌握外科技术
  - 宗教：太阳东升西落和尼罗河定期泛滥使埃及人建立了独特的创世说和来世说
  - 艺术：地形、地貌的一致性、对称性影响了埃及绘画、建筑、雕刻等艺术风格

前王朝和早王朝时期

- **前王朝**
  - 前王朝Ⅰ期：公元前4000—前3500年，即涅伽达文化Ⅰ时期，埃及出现了私有制和阶级关系的萌芽
  - 前王朝Ⅱ期：约公元前3500—前3100年，即涅伽达文化Ⅱ时期，埃及私有制逐步确立，阶级逐渐形成
- **早王朝**
  - 包括第一王朝和第二王朝，时间大约是公元前3100—前2686年
  - 逐渐形成君主专制，设置了以国王为中心的国家机关，出现了王位世袭制，王权的神化倾向逐渐加强，王室经济逐步形成

古王国时期

- 第三王朝—第六王朝：约公元前2686—前2181年，建都于孟菲斯，也被称为金字塔时期
- **政治状况（2024年选）**
  - 政治制度：①中央：中央集权的君主专制制度，国王下设宰相（维西尔），国王通过宰相控制朝政；②地方：地方行政单位为"诺姆"，长官称为"诺马尔赫"，地方长官既有世袭，也有国王任命
  - 军事：①古王国时已有常备军驻守边境，战时还临时征召军队；②除了中央，还有地方和私人武装
  - 司法
    - 世俗法庭：维西尔担任最高法官，审理一些重要案件
    - 神庙法庭：审理民事纠纷
  - 修建金字塔
    - 金字塔是古王国时期起埃及国王的一种坟墓形式，始于第三王朝第一个国王乔塞尔，止于第二中间期
    - 最大的金字塔是第四王朝胡夫金字塔
    - 金字塔是古埃及人民智慧的结晶，但是修建金字塔加重了人民负担，耗费大量人力和财力，国内阶级矛盾加剧
- **社会经济**
  - **农业**
    - 土地关系：多为奴隶主及国家占有
    - 劳动者：王室、神庙和官僚贵族土地的主要劳动者是麦尔特
    - 耕作技术：较原始，用两头牲口牵引的重犁
    - 农作物：大麦、小麦、亚麻、葡萄、无花果等
    - 畜牧业：以饲养牛、羊、猪、驴为主的畜牧业在经济中占重要地位
  - 手工业：产生建筑、采矿、运输、冶金和金属加工、造船、酿酒、纺织、制陶、艺术手工业等门类众多的手工业
  - 商业：国内贸易基本是以物易物，很少与市场发生关系
- 古王国衰落：第五王朝起，古王国及其君主专制逐步衰落，古王国逐渐分崩离析

第一中间期

- 第七王朝—第十王朝（公元前2181—前2040年）：①第七、第八王朝埃及内部小国林立，彼此争战，局势混乱，还遭到来自西亚贝都因人游牧部落的入侵；②在此过程中，埃及中部的赫拉克列奥波里逐渐兴起，建立了第九、第十王朝，第十王朝中的国王阿赫托伊在给其子的教训，即《对美利卡拉王的教训》中，着重强调在乱世中加强王权的重要性

中王国时期

- 第十一王朝—第十二王朝：公元前2040—前1786年，首都底比斯，主要崇拜的神祇为阿蒙神
- **内政外交**
  - 内政：①阶级关系变化：奴隶主仍占统治地位，中小奴隶主"涅杰斯"兴起并成为王权的重要支柱，奴隶人数增加；②王权开始与地方贵族争斗：国王划定各诺姆的边界，阻止各诺姆间进行战争，严令各诺马尔赫履行自己的职责
  - 外交：埃及同外部的商业贸易联系扩大，与叙利亚、巴比伦尼亚等地区都有经济贸易往来
- **中王国衰落的原因**
  - 第十二王朝后，埃及的统一又遭破坏
  - 衰落原因
    - 中王国时期社会经济虽然有了发展，但其成果却都为统治阶级各个阶层所得
    - 统治阶级矛盾
      - 王权同地方贵族之间的矛盾
      - 王室内部倾轧之激烈与频繁

第三章 古代埃及文明2

古代埃及的主要王朝2

第二中间期

第十三王朝—第十七王朝：约公元前1786—前1567年，第十三王朝在南方，第十四王朝在三角洲的西北部，第十五、十六王朝为喜克索斯人建立，第十七王朝在南方的底比斯，埃及在分裂混乱的形势下爆发第二次贫民奴隶大起义，《伊浦味陈辞》中记录了起义过程

喜克索斯人入侵：当埃及国内处于分裂混乱之时，喜克索斯人侵入了埃及，建立了第十五、十六两个王朝，统治过大半个埃及

埃及人反喜克索斯人的斗争：第十七王朝国王卡美斯领导埃及人对喜克索斯人进行了战争，取得了重大胜利，后在其弟雅赫摩斯一世带领下，将喜克索斯人赶出埃及，建立了第十八王朝

新王国时期

第十八王朝—第二十王朝：约公元前1567—前1085年；这是古代埃及最繁荣的时期，通过征服，埃及成为一个地跨西亚、北非的帝国

帝国兴衰

埃及帝国的形成（2017年选）：新王国时期（约前1567—前1085年），通过战争，埃及扩张为地跨西亚、北非的奴隶制帝国，图特摩斯一世是埃及帝国的奠基者，图特摩斯三世是埃及帝国的完成者

埃赫那吞改革（2021年选）

- **背景**：①第十八王朝中期开始，统治阶级内部，王权与神权、神权与世俗奴隶主之间的矛盾逐步暴露并激化；②阿蒙神庙势力加强
- **内容**：①取消对阿蒙神和其他一切神的崇拜，只准崇拜阿吞神；②没收阿蒙神庙及其他一切神庙的财产，将其转交给阿吞神庙；③铲除一切建筑物上的阿蒙字样；④迁都至埃及中部的阿马尔那，以摆脱阿蒙祭司集团的影响；⑤国王由阿蒙霍特普四世改名为"埃赫那吞"；⑥提拔一些出身中、下层的人（涅木虎）担任高级官吏，以实施和推进改革
- **影响**：改革最终失败，阿蒙神庙和其他神庙势力复辟，王权对神庙势力更加依赖，但在历史上第一次提出神信仰

与赫梯的争霸战争

- **背景**：①历史原因：叙利亚、巴勒斯坦地区具有重要的经济和战略价值；②直接原因：赫梯趁埃赫那吞改革混乱之机，征服了埃及的若干领地；埃及与赫梯在联姻问题上产生了矛盾
- **内容**：经历了三个阶段，在拉美西斯二世统治时期战争达到了高潮，卡迭什战役中双方损失惨重，无力再战，最终于前1283年缔结了合约，即《银板合约》，正式结束两国之间近一个世纪的争霸战争
- **影响**：①严重削弱了两国的实力，给两国带来严重后果；②给叙利亚、巴勒斯坦地区的人民带来了巨大的灾难，遭到该地区人民的激烈反抗；③客观上加强了埃及同叙利亚和巴勒斯坦地区的经济和文化交流；④埃及与赫梯签订和约，为以后处理国际争端提供了借鉴

埃及帝国的衰落：经历了埃赫那吞改革及与赫梯的争霸战争，特别在"海上民族"的入侵后，埃及帝国被严重削弱，国内外矛盾十分尖锐

社会经济

农业

- **土地制度**：国家、国王、神庙和官僚贵族仍是土地的主要占有者
- **经营方式**：以上土地往往采用出租的方式经营，佃户分有农民、奴隶、雇佣兵、下层祭司等，负担繁重
- **技术**：整体改进不大，但出现了新的提水装置，便于高地开发

手工业

- **金属**：冶炼金属和铜制品的制作方法有所改进，如发明了新的锻造法
- **建筑**：建筑业是埃及重要的手工业部门之一，这一时期不仅建造了新都埃赫塔吞，还修建了大型神庙等
- **纺织**：以亚麻和羊毛为主要原料的纺织业发达，纺织机械也有改进，大大提高了纺织效率
- **玻璃**：新王国时期的玻璃制造业达到很高水平，种类有紫水晶、黑水晶、蓝水晶等

商业：商品货币经济发展较大，银带有了货币性质，借贷关系获得发展，出现了真正的商人

奴隶制经济繁荣：新王国时期奴隶人数大增，占有奴隶最多的是王室、神庙和少数官僚贵族奴隶主，但此时居民的中下层也较广泛地占有奴隶，他们不仅从事家务劳动，而且从事农业生产和手工业生产

涅木虎阶层兴起：涅木虎服务于王室土地和法老土地，也有的服务于军队，随着发展，他们逐渐成了一个中小奴隶主阶层，占有奴隶，担任官职，成为王权的社会支柱

古王国和新王国的比较

- **同**：①都实行中央集权的君主专制；②地方行政单位都以诺姆为主；③都利用祭司贵族维护和神化自己的专制统治
- **异**：①相比古王国，新王国地理范围扩大，成为横跨亚非的帝国；②与古王国时期相比，新王国时期官吏选拔范围扩大；③与古王国时期相比，新王国时期军队的兵源范围扩大，增加了外国雇佣军；④与古王国相比，新王国时期对外战争更加频繁，且范围扩大；⑤与古王国时期相比，新王国时期教俗矛盾日趋显现

第三章 古代埃及文明3 — 世界古代中世纪史

古代埃及的主要王朝3

后王朝时期（2022年选）

- 第二十一王朝至被阿拉伯人占领为止的时期，先后有利比亚人、埃塞俄比亚人、亚述人统治过埃及，之后埃及又陆续沦于波斯人、希腊人、罗马人的统治下
- 第二十四王朝时期国王波克荷利斯改革时期，废除债务奴隶制；第二十五王朝末年，亚述短暂征服埃及；第二十六王朝国王尼科统治时期，开凿尼罗河至红海间的运河，利用腓尼基人绕航非洲
- 波斯征服并统治埃及，建立第二十七王朝；埃及一度独立，建立第二十八王朝至第三十王朝；波斯再度占领埃及，建立第三十一王朝

外来民族对埃及的统治（2023年选）

- **喜克索斯人**：①第二中间期开始入侵埃及，占领埃及北部和部分西亚地区；②建立埃及第十五、十六王朝，雅赫摩斯一世成功驱逐了喜克索斯人，建立了埃及第十八王朝
- **亚述人**：①公元前7世纪，亚述国王阿萨尔哈东征服埃及，成为上下埃及之王和埃塞俄比亚之王；②亚述对埃及统治松散，只满足于埃及金银供奉，前651年，埃及法老普桑麦提克彻底驱逐亚述占领军
- **波斯人**：①公元前526年，冈比西远征埃及并于次年征服埃及；②公元前525年，在埃及建立第二十七王朝
- **马其顿王国**：①公元前332年，亚历山大侵入埃及，埃及祭司称他为"法老""阿蒙神之子"；②亚历山大死后，埃及处于总督托勒密一世的管辖之下，埃及于前305年正式独立为托勒密王国
- **罗马人**：①公元前31年，安东尼和屋大维会战于亚克兴海角，屋大维胜；次年，罗马征服埃及。②公元前30年，托勒密王朝宣告结束，埃及并入罗马版图

宗教崇拜与墓葬习俗

宗教崇拜

- **鹰神荷鲁斯**：早王朝时期，鹰神荷鲁斯成了全国崇拜的主神和王权的保护神
- **太阳神**：古王国时期，太阳神（拉神）逐渐取代荷鲁斯成为全国崇拜的主神和王权的主要保护神
- **阿蒙神**：中王国时期，阿蒙神地位逐渐上升，成为全国崇拜的主神和王权的主要保护神
- **阿蒙-拉神**：中王国时期，阿蒙神与拉神相结合，成为阿蒙-拉神

墓葬习俗

- **马斯塔巴墓**：早王朝时期的一种王室墓葬形式，建筑的规模和结构较为复杂，殉葬品更加丰富，这一时期出现了人殉
- **金字塔**：古王国时期埃及国王的一种坟墓形式，最有名的金字塔有胡夫金字塔、海夫拉金字塔以及孟卡拉金字塔

古代埃及的文化

历史（2020年选）

- **史料（2018年选）**：①古希腊、古罗马古典作家的著作，如希罗多德的《历史》、斯特拉波的《地理学》；②古埃及的文字资料，写在纸草、皮革，或刻石头上；③古埃及留下各类遗迹和遗物
- **史学史**：法国语言学家商博良成功译读象形文字，被称为"埃及学之父"。从此以后，古埃及政治、经济、文化、军事及社会生活的各个方面都陆续得到研究

文字

- **象形文字**：起源于公元前4000年末，一般由表意符号、表音符号和部首符号（或叫限定符号）三部分组成，古代埃及的象形文字对西亚腓尼基字母作出重要贡献

文学

- 创作了包括诗歌、小说、神话、格言、祈祷文、教训、传记、战记等多种多样的文学作品

科学

- ①天文：历法的制定，使用太阳历；②数学：创造了十进位的计数制度，并创造了用以表示数字的若干符号

建筑

- 大金字塔、亚历山大里亚港的法洛士灯塔、底比斯的卡尔纳克和卢克索尔神庙

艺术

- 雕刻有浮雕和圆雕，绘画有《纸草丛中的猫》和《三个女音乐家》

第四章 古代印度文明1

世界古代中世纪史

印度河流域的早期文明

古代南亚的自然环境与居民

自然环境：亚洲南部，全境分北中南三部分，内地自然条件差异大，各地发展不平衡，北部高山和中部平原地区的北印度是古代印度文明的发源地

居民：新石器时代，南亚大陆的居民是矮黑人和原始澳大利亚人；公元前3000年起，达罗毗荼人在南亚次大陆居于主要地位；约自公元前2000年中期起，雅利安人从印度西北部入侵南亚次大陆；公元前1000年中期后波斯人、希腊人等又先后侵入南亚次大陆

哈拉巴文明

存在时间：约为公元前2500—前1750年

文化内容：①城市文明：进入城市文明时代，城市分为卫城和下城两部分；②经济：大量铜器、青铜器出现；农业是主要经济部门；纺织和制陶是重要手工业部门；商业繁荣，进出口贸易发达；③文化状况：已有文字，主要保存在石、陶、象牙等制成的印章上

文化衰落：哈拉巴文明存在了几百年后衰亡，但这一古代文明的某些因素同后来的雅利安文明结合，共同成为印度文明的基础

吠陀文明、婆罗门教与种姓制度

吠陀文明

什么是吠陀时代：哈拉巴文化衰落后古印度进入"吠陀时代"，因这一时期的传说材料收集在《吠陀》文献中而得名

早期吠陀时代（公元前1500—前900年）

- **雅利安人入侵**：公元前1500年前后，雅利安人进入印度河河谷，对南亚大陆原始居民进行了不断的征服
- **经济生活**：畜牧业占有重要地位，由于农业、手工业的发展，社会上出现了等级划分
- **社会生活**：雅利安人存在着氏族、部落组织，私有制逐渐产生，社会上开始出现了等级划分的现象，战争频繁

晚期吠陀时代（公元前900—前600年）

- **国家形成**：阶级矛盾不断激化，从前的军事民主制机构逐渐变成国家
- **社会经济**：铁器得到推广，农业、手工业、商业不断发展

种姓制度与宗教

瓦尔那制度（种姓制度）（2022年选）

萌芽于早期吠陀时代，形成于后期吠陀时代，成熟于孔雀帝国时期

分为婆罗门（僧侣阶级）、刹帝利（武士阶级）、吠舍（平民大众）、首陀罗（社会地位最低、被征服的土著居民）四个等级，等级间地位和职业范围不同

种姓制度束缚了生产力发展，阻碍了社会进步

婆罗门教

- **产生**：形成于晚期吠陀时代，保留了原始宗教的多神崇拜，并给诸神赋予了新的内容
- **教义**："业力轮回""梵我一致"等
- **经典**：《吠陀》《梵书》《森林书》和《奥义书》

二者关系：婆罗门教的教义和仪式强化了瓦尔那制度的合法性，而瓦尔那制度又为婆罗门教的社会秩序提供了基础

列国时代的新兴宗教与思想

列国时代

什么是列国时代：公元前6世纪—前4世纪的古印度诸邦林立而无统一国家，人们称这一时期为"列国时代"，又因佛教产生于此时期，又称"早期佛教时代"

政治制度：君主国、共和国两种体制一直并存，但从整个发展趋势来看，君主制在恒河流域占了优势，最终将取共和制而代之

阶级矛盾：阶级关系发生了新的变化，旧的等级制度开始受到破坏

社会经济：①铁器普遍使用；②农业、畜牧业以家庭为单位；③商业发展、商路开通，出现铸币和货币借贷现象，各等级都出现贫富分化；④奴隶制经济发展

反婆罗门教思潮（2019年选、2023年选）

反婆罗门教思潮兴起的原因：①社会关系的变化和阶级矛盾的尖锐化；②婆罗门教自身的堕落

斫婆迦派：①代表人物：阿耆多·翅舍钦婆罗；②主张：世界万物都由地、水、火、风四大元素构成；人死后不会有灵魂和轮回，人们应该入世求快乐；重视感性认识，否定理性认识

阿什斐迦派：①代表人物：代表人物末伽梨·拘舍罗；②主张"宿命论"，认为整个世界都是按既定的程序绝对地安排的

耆那教：①创立人：筏驮摩那；②基本教义："三宝"（正信、正知、正行）、"五戒"（不伤生、不诳语、不偷盗、不奸淫、不贪财）

早期佛教：①创立人：释迦牟尼；②基本教义："四谛"说；八正道；"众生平等"；"十二因缘"；"五蕴说"

137

世界古代中世纪史 — 第四章 古代印度文明2

孔雀帝国与佛教的传播

孔雀帝国

王朝建立： 公元前327年，希腊马其顿王国的亚历山大东征波斯帝国时，也征服了印度河流，派总督对征服地进行治理，约公元前324年，旃陀罗笈多推翻了希腊侵略者的统治，建立了孔雀王朝

帝国建立： 旃陀罗笈多的孙子阿育王统治时期，征服了实力强大的羯陵伽，版图达于半岛南端，成为古代南亚统治地区最广的一个王朝，南亚由此进入帝国时代

阿育王的统治

政治

- **中央**
  - **国王：** 君主专制的政治体制，国王决定一切重大政策
  - **宰相：** 主管日常政务，下设管理行政、军事、经济、司法、城市乡村等事务的各类机构
  - **官员：** ①主管地方事务的长官，负责开修河渠，丈量土地，收税并监督与土地有关的行业如伐木、采矿等；②主管城市的长官，负责手工业、外侨、生死登记、市场交易与度量衡、产品检查以及征收什一之税等；③主管军事的长官，分组负责海军、后勤辎重、步兵、骑兵等
- **地方：** 实行行省制，设总督治理，主要边远行省往往由王族成员任总督
- **司法：** 中央有最高法院，国王往往亲自过问司法事宜
- **军事：** 军队庞大，专管军事的官吏分为六组，负责舰队、运输、骑兵等具体事务；除此之外还设有特务组织进行统治

经济制度： 土地大致分为国有（或者王有）、私有、农村公社所有和多种所有制，土地私有制发展较为迟缓

奴隶制度： 奴隶数量庞大，不仅从事家内劳动，还进行农业、手工业生产，同时奴隶的地位有所提升，奴隶制度发展到了最高点，同时也开始了走向衰落的过程

宗教：信仰佛教，宣扬"圣法"

- **背景：** ①阿育王在征服羯陵伽以后，对这次战争的伤亡感到忏悔，变成了佛教徒；②帝国不同地域、部落之间的差别很大，种姓之间的矛盾严重，各种教派之间斗争激烈，强调宽容，以便缓和社会上的各种矛盾
- **"圣法"：** ①宣扬仁爱和慈悲；②宣扬宗教容忍精神；③宣扬非暴力主张；④倡导做有助于公益的好事

帝国解体： 阿育王死后不久帝国分裂，因没有长久统一的基础，帝国内部存在着种种深刻复杂的矛盾，约公元前187年，孔雀帝国正式结束

佛教的传播（2020年论）

- **早期佛教产生的原因：** 列国时期社会阶级矛盾的尖锐化，反婆罗门教思潮兴起，佛教在此时得以快速发展
- **教义：** "四谛"说、"八正道""众生平等"
- **传播途径：** ①向北传入中国、朝鲜、日本等国（大乘佛教）；②向南传入东南亚各国（小乘佛教）
- **影响：** 对被传播的国家和地区的政治、文化产生重要影响，成为世界三大宗教之一

上古南亚文化

历史

史料

- 古代南亚本身的资料有《吠陀》《梵书》《森林书》和《奥义书》等、史诗《摩诃婆罗多》和《罗摩衍那》
- 古希腊的资料有希罗多德的《历史》、阿里安的《亚历山大远征记》、斯特拉波的《地理学》、狄奥多罗斯的《历史集成》
- 古中国的资料有二十四史中的《西域传》、法显《佛国记》、玄奘《大唐西域记》等

考古发现： 20世纪20年代，在印度河流域进行哈拉巴文化的发掘，已被人们遗忘的古老文明重新为世人所认识，把古代印度文明提前了约一千年

文字 — 哈拉巴时期的"印章文字"，印度雅利安人的"梵文"

文学 — ①最早的《吠陀》文献；②包含许多散文故事，寓言、童话等小故事的《佛经》；③著名史诗《摩诃婆罗多》和《罗摩衍那》

哲学 — ①婆罗门教：认为"梵"是世界的本质；②早期佛教：否定神的存在，主张"我空法有"

科学 — ①天文学：注意观察天象；②数学：发明数字，并提出按位计值的方法；③医学：出现《妙闻集》等医学著作，南亚医生注重解剖、外科和医药学知识

建筑 — ①哈拉巴时期的城市建筑；②佛教石头建筑：桑奇大塔、阿旃陀石窟

艺术 — ①哈拉巴文化时期的青铜女像；②佛教艺术：犍陀罗雕塑艺术

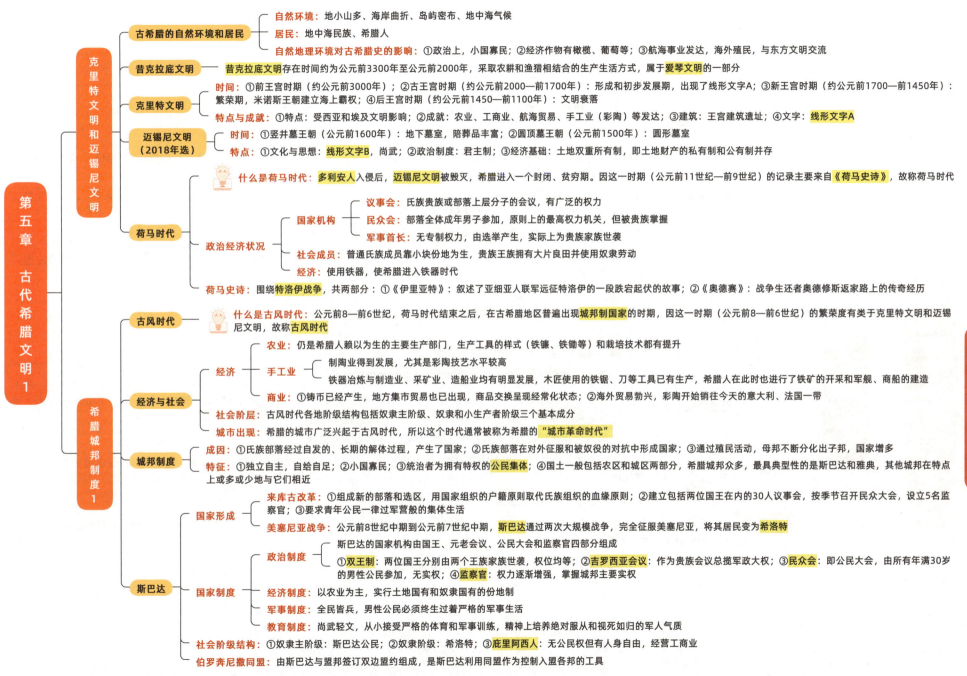

第五章　古代希腊文明1

克里特文明和迈锡尼文明

古希腊的自然环境和居民
- **自然环境**：地小山多、海岸曲折、岛屿密布、地中海气候
- **居民**：地中海民族、希腊人
- **自然地理环境对古希腊史的影响**：①政治上，小国寡民；②经济作物有橄榄、葡萄等；③航海事业发达，海外殖民，与东方文明交流

昔克拉底文明　昔克拉底文明存在时间约为公元前3300年至公元前2000年，采取农耕和渔猎相结合的生产生活方式，属于爱琴文明的一部分

克里特文明
- **时间**：①前王宫时期（约公元前3000年）；②古王宫时期（约公元前2000—前1700年）：形成和初步发展期，出现了线形文字A；③新王宫时期（约公元前1700—前1450年）：繁荣期，米诺斯王朝建立海上霸权；④后王宫时期（约公元前1450—前1100年）：文明衰落
- **特点与成就**：①特点：受西亚和埃及文明影响；②成就：农业、工商业、航海贸易、手工业（彩陶）等发达；③建筑：王宫建筑遗址；④文字：线形文字A

迈锡尼文明（2018年选）
- **时间**：①竖井墓王朝（公元前1600年）：地下墓室，陪葬品丰富；②圆顶墓王朝（公元前1500年）：圆形墓室
- **特点**：①文化与思想：线形文字B，尚武；②政治制度：君主制；③经济基础：土地双重所有制，即土地财产的私有制和公有制并存

荷马时代
- 什么是荷马时代：多利安人入侵后，迈锡尼文明被毁灭，希腊进入一个封闭、贫穷期。因这一时期（公元前11世纪—前9世纪）的记录主要来自《荷马史诗》，故称荷马时代
- **政治经济状况**
  - **国家机构**
    - **议事会**：氏族贵族或部落上层分子的会议，有广泛的权力
    - **民众会**：部落全体成年男子参加，原则上的最高权力机关，但被贵族掌握
    - **军事首长**：无专制权力，由选举产生，实际上为贵族家族世袭
  - **社会成员**：普通氏族成员靠小块份地为生，贵族王族拥有大片良田并使用奴隶劳动
  - **经济**：使用铁器，使希腊进入铁器时代
- **荷马史诗**：围绕特洛伊战争，共两部分：①《伊里亚特》：叙述了亚细亚人联军远征特洛伊的一段跌宕起伏的故事；②《奥德赛》：战争生还者奥德修斯返家路上的传奇经历

希腊城邦制度1

古风时代
- 什么是古风时代：公元前8—前6世纪，荷马时代结束之后，在古希腊地区普遍出现城邦制国家的时期，因这一时期（公元前8—前6世纪）的繁荣度有类于克里特文明和迈锡尼文明，故称古风时代

经济与社会
- **经济**
  - **农业**：仍是希腊人赖以为生的主要生产部门，生产工具的样式（铁镰、铁锄等）和栽培技术都有提升
  - **手工业**
    - 制陶业得到发展，尤其是彩陶技艺水平较高
    - 铁器冶炼与制造业、采矿业、造船业均有明显发展，木匠使用的铁锯、刀等工具已有生产，希腊人在此时也进行了铁矿的开采和军舰、商船的建造
  - **商业**：①铸币已经产生，地方集市贸易也已出现，商品交换呈现经常化状态；②海外贸易勃兴，彩陶开始销往今天的意大利、法国一带
- **社会阶层**：古风时代各地阶级结构包括奴隶主阶级、奴隶和小生产者阶级三个基本成分
- **城市出现**：希腊的城市广泛兴起于古风时代，所以这个时代通常被称为希腊的"城市革命时代"

城邦制度
- **成因**：①氏族部落经过自发的、长期的解体过程，产生了国家；②氏族部落在对外征服和被奴役的对抗中形成国家；③通过殖民活动，母邦不断分化出子邦，国家增多
- **特征**：①独立自主，自给自足；②小国寡民；③统治者为拥有特权的公民集体；④国土一般包括农区和城区两部分，希腊城邦众多，最具典型性的是斯巴达和雅典，其他城邦在特点上或多或少地与它们相近

斯巴达
- **国家形成**
  - **来库古改革**：①组成新的部落和选区，用国家组织的户籍原则取代氏族组织的血缘原则；②建立包括两位国王在内的30人议事会，按季节召开民众大会，设立5名监察官；③要求青年公民一律过军营般的集体生活
  - **美塞尼亚战争**：公元前8世纪中期到公元前7世纪中期，斯巴达通过两次大规模战争，完全征服美塞尼亚，将其居民变为希洛特
- **国家制度**
  - **政治制度**
    - 斯巴达的国家机构由国王、元老会议、公民大会和监察官四部分组成
    - ①双王制：两位国王分别由两个王族家族世袭，权位均等；②吉罗西亚会议：作为贵族会议总揽军政大权；③民众会：即公民大会，由所有年满30岁的男性公民参加，无实权；④监察官：权力逐渐增强，掌握城邦主要实权
  - **经济制度**：以农业为主，实行土地国有和奴隶国有的份地制
  - **军事制度**：全民皆兵，男性公民必须终生过着严格的军事生活
  - **教育制度**：尚武轻文，从小接受严格的体育和军事训练，精神上培养绝对服从和视死如归的军人气质
- **社会阶级结构**：①奴隶主阶级：斯巴达公民；②奴隶阶级：希洛特；③庇里阿西人：无公民权但有人身自由，经营工商业
- **伯罗奔尼撒同盟**：由斯巴达与盟邦签订双边盟约组成，是斯巴达利用同盟作为控制入盟各邦的工具

世界古代中世纪史

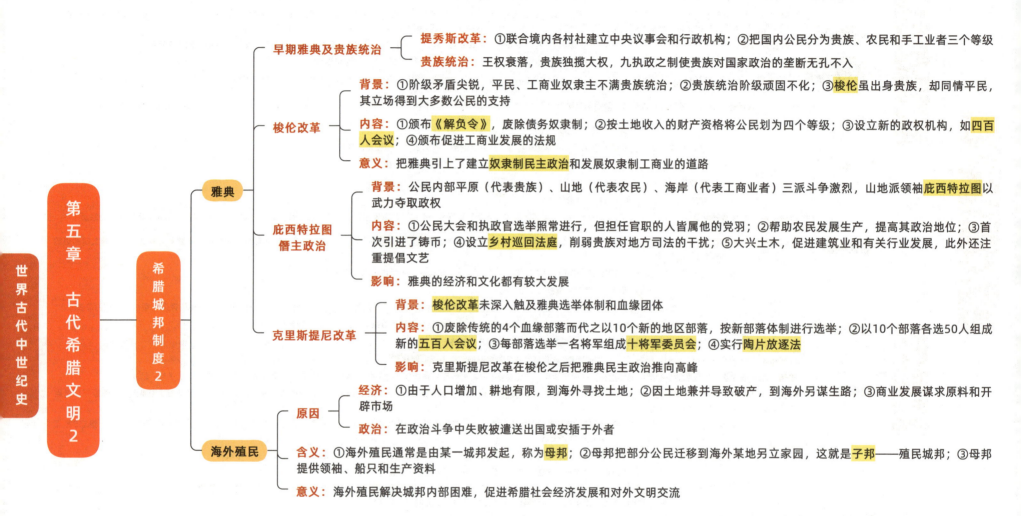

世界古代中世纪史

第五章 古代希腊文明2

希腊城邦制度2

雅典

早期雅典及贵族统治
- **提秀斯改革：**①联合境内各村社建立中央议事会和行政机构；②把国内公民分为贵族、农民和手工业者三个等级
- **贵族统治：**王权衰落，贵族独揽大权，九执政之制使贵族对国家政治的垄断无孔不入

梭伦改革
- **背景：**①阶级矛盾尖锐，平民、工商业奴隶主不满贵族统治；②贵族统治阶级顽固不化；③梭伦虽出身贵族，却同情平民，其立场得到大多数公民的支持
- **内容：**①颁布《解负令》，废除债务奴隶制；②按土地收入的财产资格将公民划为四个等级；③设立新的政权机构，如四百人会议；④颁布促进工商业发展的法规
- **意义：**把雅典引上了建立奴隶制民主政治和发展奴隶制工商业的道路

庇西特拉图僭主政治
- **背景：**公民内部平原（代表贵族）、山地（代表农民）、海岸（代表工商业者）三派斗争激烈，山地派领袖庇西特拉图以武力夺取政权
- **内容：**①公民大会和执政官选举照常进行，但担任官职的人皆属他的党羽；②帮助农民发展生产，提高其政治地位；③首次引进了铸币；④设立乡村巡回法庭，削弱贵族对地方司法的干扰；⑤大兴土木，促进建筑业和有关行业发展，此外还注重提倡文艺
- **影响：**雅典的经济和文化都有较大发展

克里斯提尼改革
- **背景：**梭伦改革未深入触及雅典选举体制和血缘团体
- **内容：**①废除传统的4个血缘部落而代之以10个新的地区部落，按新部落体制进行选举；②以10个部落各选50人组成新的五百人会议；③每部落选举一名将军组成十将军委员会；④实行陶片放逐法
- **影响：**克里斯提尼改革在梭伦之后把雅典民主政治推向高峰

海外殖民

原因
- **经济：**①由于人口增加、耕地有限，到海外寻找土地；②因土地兼并导致破产，到海外另谋生路；③商业发展谋求原料和开辟市场
- **政治：**在政治斗争中失败被遣送出国或安插于外者

含义：①海外殖民通常是由某一城邦发起，称为母邦；②母邦把部分公民迁移到海外某地另立家园，这就是子邦——殖民城邦；③母邦提供领袖、船只和生产资料

意义：海外殖民解决城邦内部困难，促进希腊社会经济发展和对外文明交流

第五章 古代希腊文明3

世界古代中世纪史

希波战争与伯罗奔尼撒战争（2022年论）

古典时代

什么是古典时代：起止于公元前5—前4世纪中期，前承古风时代，后启希腊化时代，对古罗马文明和整个西方文明都有重大影响

社会经济
- **农业**：农业生产加入商品经济的成分，经济作物（橄榄、葡萄）的生产在农业中占重要比重
- **手工业**：手工业分化加深，出现专业化倾向，其中制陶业兴盛，以个体经营为主
- **商业**：商业贸易发达，地方性的集市贸易已经形成，海外贸易也取得很大发展

奴隶制的繁荣
- **类型**：①斯巴达型：农业为主，工商业不发达，土地国有制；②雅典或开俄斯型：以农业为基础，工商业比较发达
- **特点**：①希腊普遍使用奴隶，但以小规模为主；②奴隶制经济中，占优势的是小农和小作坊的经济；③奴隶劳动使用于商品生产的比重较大；④希腊城邦一般不以本邦公民为奴，而是奴役外邦人和蛮族人

希波战争

背景：①波斯吞并小亚细亚时产生了希波矛盾，波斯人的野心和两大政治力量的接触；②公元前500年，米利都起义反抗波斯的统治，之后波斯以雅典曾援助起义为由入侵希腊

经过
- **波斯进攻阶段（公元前492—前479年）**：①公元前490年，波斯取海路进攻希腊，雅典在马拉松战役中以少胜多；②公元前481年，希腊组成全希腊同盟；③公元前480年，波斯在温泉关战役中取胜，之后雅典在萨拉米湾海战中重创波斯舰队；④公元前479年，希腊联军在普拉提亚战役中获胜
- **希腊反攻和相持阶段（公元前479—前449年）**：公元前449年双方签订《卡里阿斯和约》，希波战争实际以希腊尤其是雅典的胜利而告终

影响：①世界文明发展成东西方并立共存之势；②雅典走向繁荣，提高了政治地位，奠定了后来的西方文明；③对波斯影响较小，波斯帝国继续发展

伯罗奔尼撒战争

背景：①以雅典为首的提洛同盟与以斯巴达为首的伯罗奔尼撒同盟间争霸不断；②经济上，双方争夺粮食、奴隶和海外殖民地；③政治上，两国均有争霸的野心，互相成为对方的阻碍

经过
- **第一阶段（公元前431—前421年）**：相持阶段。斯巴达军队入侵雅典，战争全面爆发，双方互有胜负，最后雅典与斯巴达订约，暂时休战
- **第二阶段（公元前415—前404年）**：转折阶段+斯巴达胜利。雅典西西里远征开始，雅典在海上大败，公元前405年羊河之役，雅典海军全军覆没

影响：①雅典战败，解散提洛同盟，加入伯罗奔尼撒同盟，沦为二等城邦；②战争加剧了城邦内部矛盾，破坏了公民集体的团结；③战争打击了小农经济，造成小农大量破产；④希腊城邦进入危机阶段，希腊古典文明亦由全盛走向衰落

城邦危机

危机的原因：①自然地理环境造成希腊城邦长期分立，没有形成统一的国家；②城邦自治原则导致希腊城邦各自为政和不稳定结盟，内战频繁；③奴隶制经济发展加剧了社会分化；④公民兵制动摇，雇佣兵开始增多

危机的表现：小农和手工业者破产、阶级斗争尖锐、贫民奴隶起义、争霸斗争不断、城邦衰落

平等者公社的解体：伯罗奔尼撒战争后，大奴隶制经济流行，广大贫民与大奴隶主的矛盾日趋尖锐

雅典的暂时复兴：公元前395—前387年，斯巴达在科林斯战争中受挫，雅典乘机恢复海军

底比斯的霸权：公元前371年，底比斯在留克特拉战役中击败斯巴达，解散伯罗奔尼撒同盟

雅典民主政治

时间：开始于古风时代，巅峰于古典时代

实行的原因：①政治原因：小国寡民，各邦长期独立自治；②经济原因：工商业和海外贸易发达，新兴工商业者要求获得政治权利；③自然环境：多山靠海的自然环境有利于对内小国寡民，对外贸易和扩张；④直接原因：平民与贵族长期斗争

伯里克利改革内容：①各级官职向一切公民开放，由抽签产生；②民主政治机构进一步完善，公民大会成为国家最高权力机关；③铲除原有氏族贵族势力，只处理宗教事务；④为担任公职和参加城邦政治活动的公民发放工资和补贴

积极意义：①为雅典公民的主观能动性和聪明才智提供了发挥空间，在政治、经济、文化方面为人类文明作出贡献；②民主政治的理论与实践，为近现代西方政治制度奠定最初的基础

局限：①广大奴隶毫无权利，且被列为专政对象；②妇女和外邦人不能参政；③雅典对内虽然民主，对外特别是提洛同盟的盟邦却是极端专横；④民主政治的领导权掌握在奴隶主上层手中

雅典民主政治的建立过程：①梭伦改革奠定基础；②庇西特拉图继续推行；③克里斯提尼推向高峰；④伯里克利时期雅典民主政治达到顶峰

世界古代中世纪史

第五章 古代希腊文明 4

马其顿帝国与希腊化时代

早期马其顿
- **马其顿兴起**：公元前4世纪兴起，**腓力二世**时期强大起来
- **马其顿控制希腊**：①公元前348年，爱琴海北部落入马其顿；②公元前338年，希腊联军在**喀罗尼亚战役**中失败；③公元前337年，腓力二世在科林斯召开全希腊会议，成立**科林斯联盟**（"希腊联盟"）

亚历山大帝国
- **亚历山大东征（2021年选）**
  - **背景**：①腓力二世执政后马其顿王国不断兴盛；②波斯帝国实力衰退；③和希腊各城邦间的矛盾不断；④亚历山大对东方志在必得
  - **经过**：①公元前334年开始东征；②公元前334年经过格拉尼卡战役，占领萨尔狄斯和小亚细亚地区；③公元前333年发起**伊苏斯战役**，击败波斯国王**大流士三世**；④公元前332年攻陷推罗，征服叙利亚和埃及地区；⑤公元前331年在高加米拉战役中彻底击败大流士三世，次年波斯帝国灭亡；⑥公元前327年侵入印度西北部，前325年回到巴比伦
  - **结果**：通过东征，亚历山大建立起一个地跨欧亚非三洲的**亚历山大帝国**
  - **影响**：东征给当地人民带来了深重的灾难，但开创了欧亚非文化交流的新时代
- **帝国分裂**：亚历山大死后，部将们为继承人问题展开争夺，公元前301年**伊浦苏斯战役**后，帝国分裂为三部分

希腊化时代
- **什么是希腊化时代**：从亚历山大帝国崩溃开始，到最后一个希腊化王国托勒密埃及被并入罗马帝国为止，这一时期被称为希腊化时代
- **马其顿王国统治希腊**
  - **建立**：伊普苏斯之战后，马其顿几易其主，最后建立长期统治的是**安提柯王朝**
  - **统治**：①政治：君主个人权利加强，国家政策由少数马其顿要人决定；②社会：城市发展快，城市数目增加；③对内：加强对南部希腊的控制；④对外军事：与埃及、叙利亚争霸，同时南部希腊的反马其顿势力一直存在
- **埃及托勒密王国**：①政治：将马其顿君主制与埃及法老专制结合，建立以国王为首的中央集权制；②经济：税收繁多，垄断经济；托勒密二世时，开通连接红海与尼罗河的运河；③文化：扶植文化事业，**亚历山大里亚**成为地中海文化中心
- **西亚塞琉古王国**：①政治：推崇国王崇拜，强化王权；②经济：商业和手工业发达，进行转手贸易；③对外：战争频繁，公元前64年亡于罗马庞培之手
- **帕加马王国**：①政治、土地制度与塞琉古王国差异不大；②经济：工商业较发达，所产羊皮纸和纺织品最为著名，生产大量沥青；③文化：帕加马图书馆藏书众多，国王们奖掖学术，帕加马城成为希腊散文修辞学的中心

古代希腊的宗教与文化

哲学
- **早期希腊**
  - **米利都学派**
    - 泰勒斯：水是万物的始基，一切生于水还于水，大地漂浮在水上。
    - 阿那克西曼德：只有无限才能永恒存在，无限在运动中产生矛盾，就把世界万物统一到一个相同的概念之中
    - 阿那克西美尼：世界的本原是空气，一切都在永恒的空气中发生和转变，其中也包括神灵
    - 因这三位早期哲学家均是米利都人，且保持着师承关系，因而被称作"米利都学派"
  - **毕达哥拉斯学派**：毕达哥拉斯是目前所知的第一个使用"哲学"一词的人，他及他的追随者特别强调和谐统一，用苦行来力求达到完美的做人境界
  - **赫拉克利**：强调万物之源是火，他从火的运动进而指出世界万物都处于有规律的永恒运动之中，他把这种运动的规律称作"逻各斯"，已经具有了朴素的辩证法色彩
- **古典时期**
  - **德谟克利特**："原子学说"，万物的本原是原子与虚空，原子是存在，虚空是非存在，原子论是古代唯物主义最高体系
  - **苏格拉底**：把研究对象从自然转向了社会和人类的内心世界，提倡知德合一，认为美德基于知识，而两者的获得有赖于教育
  - **柏拉图**：思想核心为"理念论"，认为只有理念或观念才是万物之本原，理念世界是真，物质世界反成虚幻，主要作品以对话体为主，如《理想国》《申辩篇》
  - **亚里士多德**：集古希腊科学文化知识之大成的渊博学者，在《形而上学》中认为自然界是客观的、真实的存在，人们的认识来自对客观世界的感觉
- **希腊化时期**
  - **斯多葛派**：创始人芝诺，学说有唯物和唯心的因素，提出"人人皆兄弟"和世界公民的主张，在人类历史上第一次论证天赋人权、人生而平等这一核心理论
  - **伊壁鸠鲁派**：创始人伊壁鸠鲁，继承和发展了德谟克利特的原子论，宣扬无神论，提倡寻求快乐和幸福
  - **犬儒学派**：创始人安提斯梯尼，主张自然主义，坚持个人自由、自我满足，鼓吹根据"自然"生活，对社会持批判态度，对财富和地位无所追求
  - **怀疑主义**：创始人皮洛，核心思想是"一切不可知"

史学（2021年论）
- **古风时期**：《荷马史诗》记述了公元前12—前11世纪的特洛伊战争，包括《伊利亚特》和《奥德赛》两部作品，是特洛伊战争以来数百年希腊民间文学的结晶
- **古典时期（2019年名）**
  - **希罗多德**："史学之父"，代表作《历史》，以希波战争为主轴写成，采用历史叙述体的形式，将历史真实性和艺术性结合起来，初步运用历史批判方法
  - **修昔底德**："政治史之父"，代表作《伯罗奔尼撒战争史》，注重史料搜集，提出严格的史料批判原则，重视辨析和考证；提出著名的"修昔底德陷阱"，即新崛起的大国必然要挑战现存大国，而现存大国也必然会回应这种威胁
  - **色诺芬**：代表作《希腊史》和《长征记》，《长征记》具有重要的历史作用，揭露了波斯帝国的腐朽性，色诺芬比其他历史学家更多地关注社会经济生活
- **希腊化时期**：阿拉图斯的回忆录、曼涅托《埃及史》、贝鲁苏斯《巴比伦史》

宗教
神人同形同性论，使希腊文明带有人本主义色彩

文学
①早期希腊：《荷马史诗》；②古典时期：悲剧（埃斯库罗斯《普罗米修斯》、索福克里斯《俄狄浦斯王》、欧里庇得斯《美狄亚》），喜剧（阿里斯多芬）；③希腊化时期：阿拉图斯创作科普诗

建筑
早期希腊：最能体现希腊人建筑艺术的是神庙建筑，神庙建筑形成两种标准化柱式，多利亚柱式和**爱奥尼亚柱式**

艺术
①古典时期：菲狄亚斯（雅典娜像、宙斯像）、米隆《掷铁饼者》、波吕克利特《执矛者》；②希腊化时期：三大雕塑中心（亚历山大里亚、帕加马、罗德斯岛）

自然科学
①古典时期：**希波克拉底**的生命平衡理论；②希腊化时期：数学家**欧几里得**的《几何原本》到近代仍为教科书；物理学家**阿基米德**求出圆周率近似值、浮力定律等

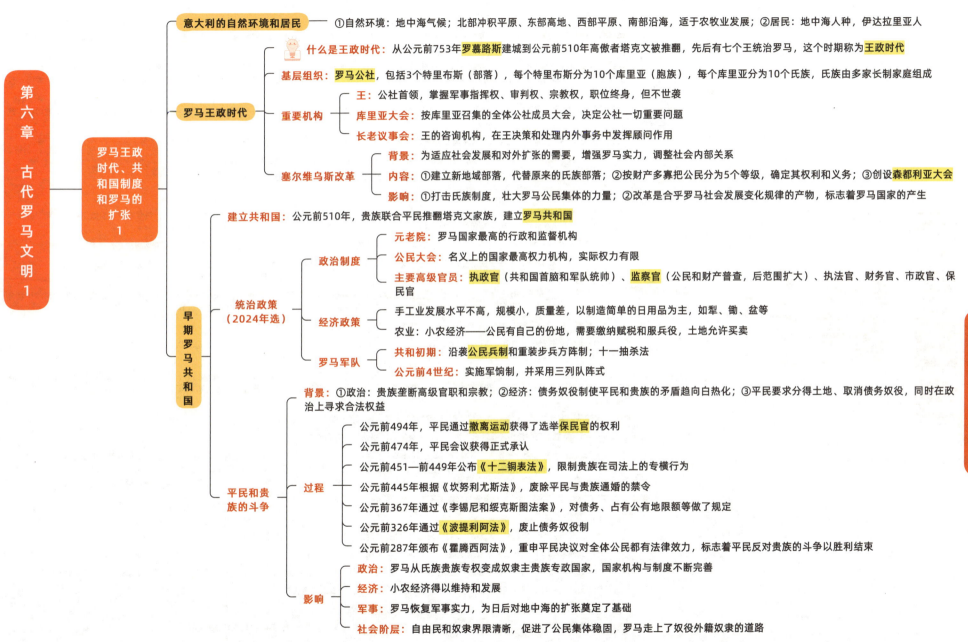

第六章 古代罗马文明1

罗马王政时代、共和国制度和罗马的扩张1

意大利的自然环境和居民 — ①自然环境：地中海气候；北部冲积平原、东部高地、西部平原、南部沿海，适于农牧业发展；②居民：地中海人种，伊达拉里亚人

罗马王政时代

什么是王政时代：从公元前753年罗慕路斯建城到公元前510年高傲者塔克文被推翻，先后有七个王统治罗马，这个时期称为王政时代

基层组织：罗马公社，包括3个特里布斯（部落），每个特里布斯分为10个库里亚（胞族），每个库里亚分为10个氏族，氏族由多家长制家庭组成

重要机构
- 王：公社首领，掌握军事指挥权、审判权、宗教权，职位终身，但不世袭
- 库里亚大会：按库里亚召集的全体公社成员大会，决定公社一切重要问题
- 长老议事会：王的咨询机构，在王决策和处理内外事务中发挥顾问作用

塞尔维乌斯改革
- 背景：为适应社会发展和对外扩张的需要，增强罗马实力，调整社会内部关系
- 内容：①建立新地域部落，代替原来的氏族部落；②按财产多寡把公民分为5个等级，确定其权利和义务；③创设森都利亚大会
- 影响：①打击氏族制度，壮大罗马公民集体的力量；②改革是合乎罗马社会发展变化规律的产物，标志着罗马国家的产生

早期罗马共和国

建立共和国：公元前510年，贵族联合平民推翻塔克文家族，建立罗马共和国

统治政策（2024年选）

政治制度
- 元老院：罗马国家最高的行政和监督机构
- 公民大会：名义上的国家最高权力机构，实际权力有限
- 主要高级官员：执政官（共和国首脑和军队统帅）、监察官（公民和财产普查，后范围扩大）、执法官、财务官、市政官、保民官

经济政策
- 手工业发展水平不高，规模小，质量差，以制造简单的日用品为主，如犁、锄、盆等
- 农业：小农经济——公民有自己的份地，需要缴纳赋税和服兵役，土地允许买卖

罗马军队
- 共和初期：沿袭公民兵制和重装步兵方阵制；十一抽杀法
- 公元前4世纪：实施军饷制，并采用三列队阵式

平民和贵族的斗争

背景：①政治：贵族垄断高级官职和宗教；②经济：债务奴役制使平民和贵族的矛盾趋向白热化；③平民要求分得土地、取消债务奴役，同时在政治上寻求合法权益

过程
- 公元前494年，平民通过撤离运动获得了选举保民官的权利
- 公元前474年，平民会议获得正式承认
- 公元前451—前449年公布《十二铜表法》，限制贵族在司法上的专横行为
- 公元前445年根据《坎努利尤斯法》，废除平民与贵族通婚的禁令
- 公元前367年通过《李锡尼和绥克斯图法案》，对债务、占有公有地限额等做了规定
- 公元前326年通过《波提利阿法》，废止债务奴役制
- 公元前287年颁布《霍腾西阿法》，重申平民决议对全体公民都有法律效力，标志着平民反对贵族的斗争以胜利结束

影响
- 政治：罗马从氏族贵族专权变成奴隶主贵族专政国家，国家机构与制度不断完善
- 经济：小农经济得以维持和发展
- 军事：罗马恢复军事实力，为日后对地中海的扩张奠定了基础
- 社会阶层：自由民和奴隶界限清晰，促进了公民集体稳固，罗马走上了奴役外籍奴隶的道路

世界古代中世纪史

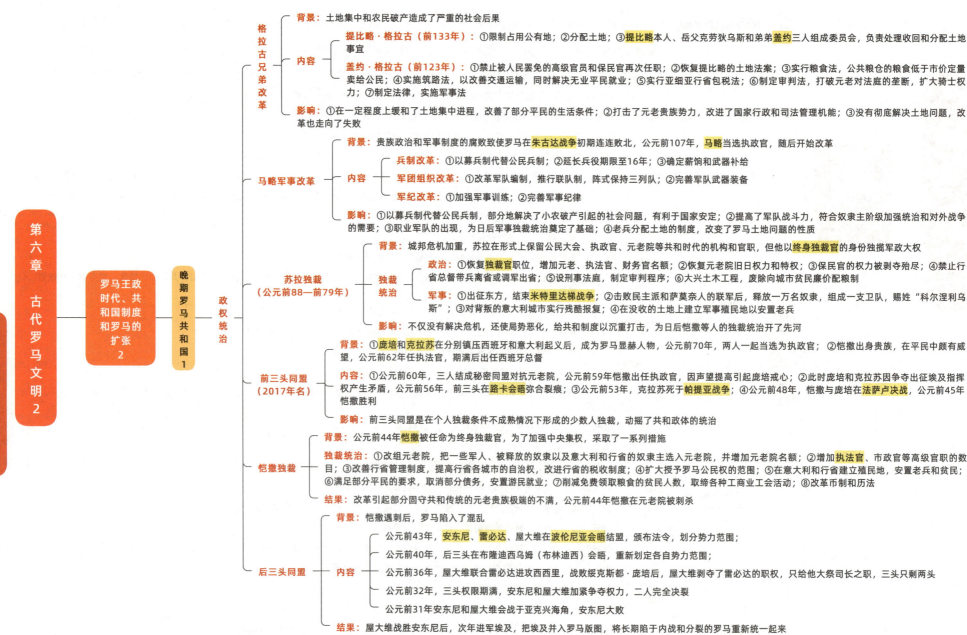

世界古代中世纪史

第六章 古代罗马文明 2

罗马王政时代、共和国制度和罗马的扩张 2

晚期罗马共和国 1

政权统治

格拉古兄弟改革

背景： 土地集中和农民破产造成了严重的社会后果

内容：
提比略·格拉古（前133年）：①限制占用公有地；②分配土地；③提比略本人、岳父克劳狄乌斯和弟弟盖约三人组成委员会，负责处理收回和分配土地事宜

盖约·格拉古（前123年）：①禁止被人民罢免的高级官员和保民官再次任职；②恢复提比略的土地法案；③实行粮食法，公共粮仓的粮食低于市价定量卖给公民；④实施筑路法，以改善交通运输，同时解决无业平民就业；⑤实行亚细亚行省包税法；⑥制定审判法，打破元老对法庭的垄断，扩大骑士权力；⑦制定法律，实施军事法

影响： ①在一定程度上缓和了土地集中进程，改善了部分平民的生活条件；②打击了元老贵族势力，改进了国家行政和司法管理机能；③没有彻底解决土地问题，改革也走向了失败

马略军事改革

背景： 贵族政治和军事制度的腐败致使罗马在朱古达战争初期连连败北，公元前107年，马略当选执政官，随后开始改革

内容：
兵制改革：①以募兵制代替公民兵制；②延长兵役期限至16年；③确定薪饷和武器补给

军团组织改革：①改革军队编制，推行联队制，阵式保持三列队；②完善军队武器装备

军纪改革：①加强军事训练；②完善军事纪律

影响： ①以募兵制代替公民兵制，部分地解决了小农破产引起的社会问题，有利于国家安定；②提高了军队战斗力，符合奴隶主阶级加强统治和对外战争的需要；③职业军队的出现，为日后军事独裁统治奠定了基础；④老兵分配土地的制度，改变了罗马土地问题的性质

苏拉独裁（公元前88—前79年）

背景： 城邦危机加重，苏拉在形式上保留公民大会、执政官、元老院等共和时代的机构和官职，但他以终身独裁官的身份独揽军政大权

独裁统治：
政治：①恢复独裁官职位，增加元老、执法官、财务官名额；②恢复元老院旧日权力和特权；③保民官的权力被剥夺殆尽；④禁止行省总督带兵离省或调军出省；⑤设刑事法庭，制定审判程序；⑥大兴土木工程，废除向城市贫民廉价分配粮食

军事：①出征东方，结束米特里达梯战争；②击败民主派和萨莫奈人的联军后，释放一万名奴隶，组成一支卫队，赐姓"科尔涅利乌斯"；③对背叛的意大利城市实行残酷报复；④在没收的土地上建立军事殖民地以安置老兵

影响： 不仅没有解决危机，还使局势恶化，给共和制度以沉重打击，为日后恺撒等人的独裁统治开了先河

前三头同盟（2017年名）

背景： ①庞培和克拉苏在分别镇压西班牙和意大利起义后，成为罗马显赫人物，公元前70年，两人一起当选为执政官；②恺撒出身贵族，在平民中颇有威望，公元前62年任执法官，期满后出任西班牙总督

内容： ①公元前60年，三人结成秘密同盟对抗元老院，公元前59年恺撒出任执政官，因声望提高引起庞培戒心；②此时庞培和克拉苏因争夺出征埃及指挥权产生矛盾，公元前56年，前三头在路卡会晤弥合裂痕；③公元前53年，克拉苏死于帕提亚战争；④公元前48年，恺撒与庞培在法萨卢决战，公元前45年恺撒胜利

影响： 前三头同盟是在个人独裁条件不成熟情况下形成的少数人独裁，动摇了共和政体的统治

恺撒独裁

背景： 公元前44年恺撒被任命为终身独裁官，为了加强中央集权，采取了一系列措施

独裁统治： ①改组元老院，把一些军人、被释放的奴隶以及意大利和行省的奴隶主选入元老院，并增加元老院名额；②增加执法官、市政官等高级官职的数目；③改善行省管理制度，提高行省各城市的自治权，改进行省的税收制度；④扩大授予罗马公民权的范围；⑤在意大利和行省建立殖民地，安置老兵和贫民；⑥满足部分平民的要求，取消部分债务，安置游民就业；⑦削减免费领取粮食的贫民人数，取缔各种工商业工会活动；⑧改革币制和历法

结果： 改革引起部分固守共和和传统的元老贵族极端的不满，公元前44年恺撒在元老院被刺杀

后三头同盟

背景： 恺撒遇刺后，罗马陷入了混乱

内容：
公元前43年，安东尼、雷必达、屋大维在波伦尼亚会晤结盟，颁布法令，划分势力范围；

公元前40年，后三头在布隆迪西乌姆（布林迪西）会晤，重新划定各自势力范围；

公元前36年，屋大维联合雷必达进攻西西里，战败绥克斯都·庞培后，屋大维剥夺了雷必达的职权，只给他大祭司长之职，三头只剩两头

公元前32年，三头权限期满，安东尼和屋大维加紧争夺权力，二人完全决裂

公元前31年安东尼和屋大维会战于亚克兴海角，安东尼大败

结果： 屋大维战胜安东尼后，次年进军埃及，把埃及并入罗马版图，将长期陷于内战和分裂的罗马重新统一起来

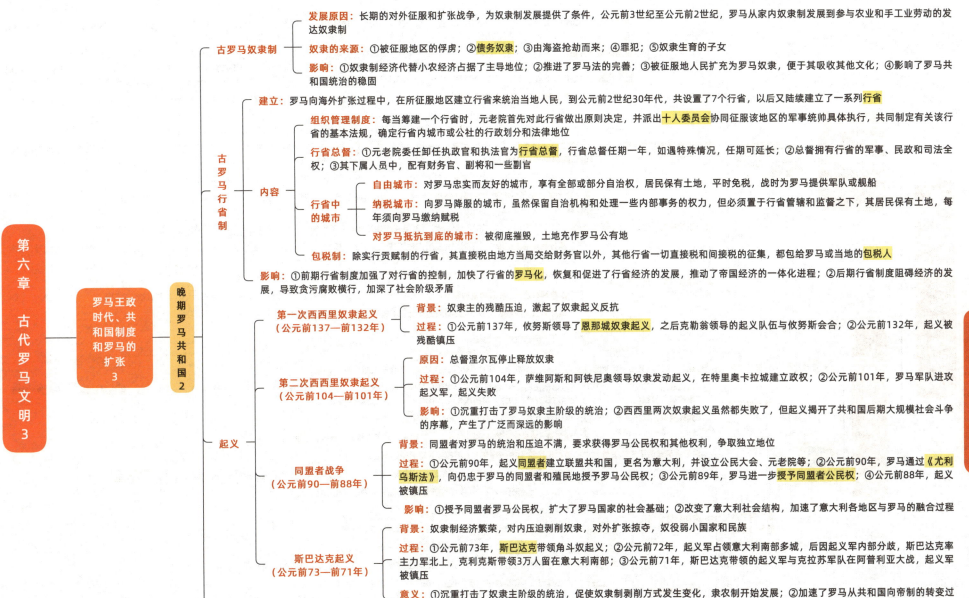

第六章 古代罗马文明 3

罗马王政时代、共和国制度和罗马的扩张 3

晚期罗马共和国 2

古罗马奴隶制

发展原因：长期的对外征服和扩张战争，为奴隶制发展提供了条件，公元前3世纪至公元前2世纪，罗马从家内奴隶制发展到参与农业和手工业劳动的发达奴隶制

奴隶的来源：①被征服地区的俘虏；②债务奴隶；③由海盗抢劫而来；④罪犯；⑤奴隶生育的子女

影响：①奴隶制经济代替小农经济占据了主导地位；②推进了罗马法的完善；③被征服地人民扩充为罗马奴隶，便于其吸收其他文化；④影响了罗马共和国统治的稳固

古罗马行省制

建立：罗马向海外扩张过程中，在所征服地区建立行省来统治当地人民，到公元前2世纪30年代，共设置了7个行省，以后又陆续建立了一系列行省

内容

组织管理制度：每当筹建一个行省时，元老院首先对此行省做出原则决定，并派出十人委员会协同征服该地区的军事统帅具体执行，共同制定有关该行省的基本法规，确定行省内城市或公社的行政划分和法律地位

行省总督：①元老院委任卸任执政官和执法官为行省总督，行省总督任期一年，如遇特殊情况，任期可延长；②总督拥有行省的军事、民政和司法全权；③其下属人员中，配有财务官、副将和一些副官

行省中的城市

自由城市：对罗马忠实而友好的城市，享有全部或部分自治权，居民保有土地，平时免税，战时为罗马提供军队或舰船

纳税城市：向罗马降服的城市，虽然保留自治机构和处理一些内部事务的权力，但必须置于行省管辖和监督之下，其居民保有土地，每年须向罗马缴纳赋税

对罗马抵抗到底的城市：被彻底摧毁，土地充作罗马公有地

包税制：除实行贡赋制的行省，其直接税由地方当局交给财务官以外，其他行省一切直接税和间接税的征集，都包给罗马或当地的包税人

影响：①前期行省制度加强了对行省的控制，加快了行省的罗马化，恢复和促进了行省经济的发展，推动了帝国经济的一体化进程；②后期行省制度阻碍经济的发展，导致贪污腐败横行，加深了社会阶级矛盾

起义

第一次西西里奴隶起义（公元前137—前132年）

背景：奴隶主的残酷压迫，激起了奴隶起义反抗

过程：①公元前137年，攸努斯领导了恩那城奴隶起义，之后克勒翁领导的起义队伍与攸努斯会合；②公元前132，起义被残酷镇压

第二次西西里奴隶起义（公元前104—前101年）

原因：总督涅尔瓦停止释放奴隶

过程：①公元前104年，萨维阿斯和阿铁尼奥领导奴隶发动起义，在特里奥卡拉城建立政权；②公元前101年，罗马军队进攻起义军，起义失败

影响：①沉重打击了罗马奴隶主阶级的统治；②西西里两次奴隶起义虽然都失败了，但起义揭开了共和国后期大规模社会斗争的序幕，产生了广泛而深远的影响

同盟者战争（公元前90—前88年）

背景：同盟者对罗马的统治和压迫不满，要求获得罗马公民权和其他权利，争取独立地位

过程：①公元前90年，起义同盟者建立联盟共和国，更名为意大利，并设立公民大会、元老院等；②公元前90年，罗马通过《尤利乌斯法》，向仍忠于罗马的同盟者和殖民地授予罗马公民权；③公元前89年，罗马进一步授予同盟者公民权；④公元前88年，起义被镇压

影响：①授予同盟者罗马公民权，扩大了罗马国家的社会基础；②改变了意大利社会结构，加速了意大利各地区与罗马的融合过程

斯巴达克起义（公元前73—前71年）

背景：奴隶制经济繁荣，对内压迫剥削奴隶，对外扩张掠夺，奴役弱小国家和民族

过程：①公元前73年，斯巴达克带领角斗奴起义；②公元前72年，起义军占领意大利南部多城，后因起义军内部分歧，斯巴达克率主力军北上，克利克斯带领3万人留在意大利南部；③公元前71年，斯巴达克带领的起义军与克拉苏军队在阿普利亚大战，起义军被镇压

意义：①沉重打击了奴隶主阶级的统治，促使奴隶制剥削方式发生变化，隶农制开始发展；②加速了罗马从共和国向帝制的转变过程，推进了罗马奴隶社会的发展

共和国覆亡：公元前27年，罗马元老院赠给屋大维"奥古斯都"称号，正式确立元首制，罗马从共和时代进入帝国时代

世界古代中世纪史

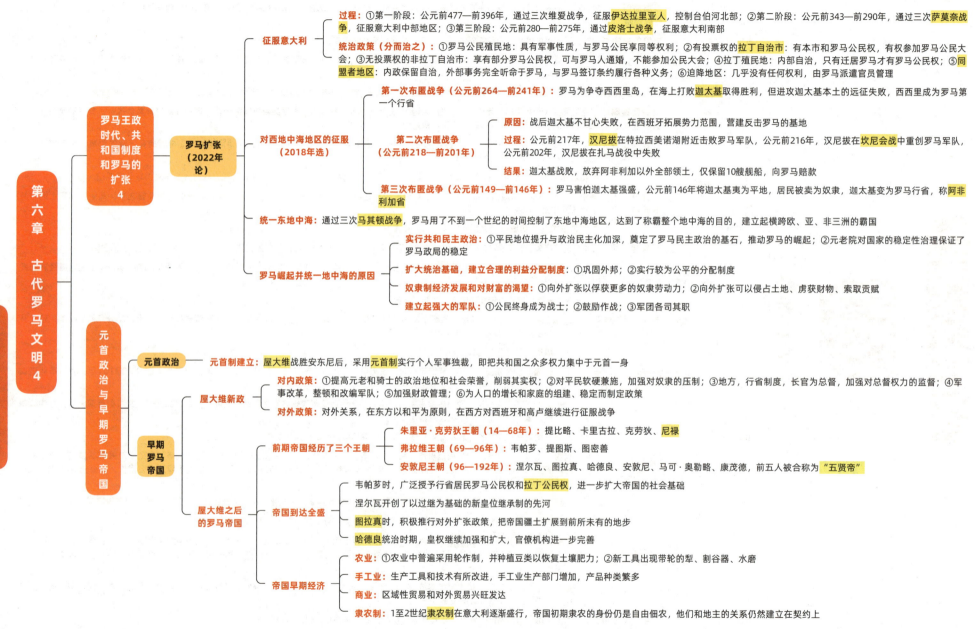

世界古代中世纪史

第六章 古代罗马文明 4

罗马王政时代、共和国制度和罗马的扩张 4

罗马扩张（2022年论）

征服意大利

过程：①第一阶段：公元前477—前396年，通过三次维爱战争，征服**伊达拉里亚人**，控制台伯河北部；②第二阶段：公元前343—前290年，通过三次**萨莫奈战争**，征服意大利中部地区；③第三阶段：公元前280—前275年，通过皮洛士战争，征服意大利南部

统治政策（分而治之）：①罗马公民殖民地：具有军事性质，与罗马公民享同等权利；②有投票权的**拉丁自治市**：有本市和罗马公民权，有权参加罗马公民大会；③无投票权的非拉丁自治市：享有部分罗马公民权，可与罗马人通婚，不能参加公民大会；④拉丁殖民地：内部自治，只有迁居罗马才有罗马公民权；⑤**同盟者地区**：内政保留自治，外部事务完全听命于罗马，与罗马签订条约履行各种义务；⑥迫降地区：几乎没有任何权利，由罗马派遣官员管理

对西地中海地区的征服（2018年选）

第一次布匿战争（公元前264—前241年）：罗马为争夺西西里岛，在海上打败**迦太基**取得胜利，但进攻迦太基本土的远征失败，西西里成为罗马第一个行省

第二次布匿战争（公元前218—前201年）

原因：战后迦太基不甘心失败，在西班牙拓展势力范围，营建反击罗马的基地

过程：公元前217年，**汉尼拔**在特拉西美诺湖附近击败罗马军队，公元前216年，汉尼拔在**坎尼会战**中重创罗马军队，公元前202年，汉尼拔在扎马战役中失败

结果：迦太基战败，放弃阿非利加以外全部领土，仅保留10艘舰船，向罗马赔款

第三次布匿战争（公元前149—前146年）：罗马害怕迦太基强盛，公元前146年将迦太基夷为平地，居民被卖为奴隶，迦太基变为罗马行省，称**阿非利加省**

统一东地中海：通过三次**马其顿战争**，罗马用了不到一个世纪的时间控制了东地中海地区，达到了称霸整个地中海的目的，建立起横跨欧、亚、非三洲的霸国

罗马崛起并统一地中海的原因

实行共和民主政治：①平民地位提升与政治民主化加深，奠定了罗马民主政治的基石，推动罗马的崛起；②元老院对国家的稳定性治理保证了罗马政局的稳定

扩大统治基础，建立合理的利益分配制度：①巩固外邦；②实行较为公平的分配制度

奴隶制经济发展和对财富的渴望：①向外扩张以俘获更多的奴隶劳动力；②向外扩张可以侵占土地、虏获物品、索取贡赋

建立起强大的军队：①公民终身成为战士；②鼓励作战；③军团各司其职

元首政治与早期罗马帝国

元首政治

元首制建立：屋大维战胜安东尼后，采用**元首制**实行个人军事独裁，即把共和国之众多权力集中于元首一身

屋大维新政

对内政策：①提高元老和骑士的政治地位和社会荣誉，削弱其实权；②对平民软硬兼施，加强对奴隶的压制；③地方，行省制度，长官为总督，加强对总督权力的监督；④军事改革，整顿和改编军队；⑤加强财政管理；⑥为人口的增长和家庭的组建、稳定而制定政策

对外政策：对外关系，在东方以和平为原则，在西方对西班牙和高卢继续进行征服战争

早期罗马帝国

屋大维之后的罗马帝国

前期帝国经历了三个王朝

朱里亚·克劳狄王朝（14—68年）：提比略、卡里古拉、克劳狄、**尼禄**

弗拉维王朝（69—96年）：韦帕芗、提图斯、图密善

安敦尼王朝（96—192年）：涅尔瓦、图拉真、哈德良、安敦尼、马可·奥勒略、康茂德，前五人被合称为**"五贤帝"**

帝国到达全盛

韦帕芗时，广泛授予行省居民罗马公民权和**拉丁公民权**，进一步扩大帝国的社会基础

涅尔瓦开创了以过继为基础的新皇位继承制的先河

图拉真时，积极推行对外扩张政策，把帝国疆土扩展到前所未有的地步

哈德良统治时期，皇权继续加强和扩大，官僚机构进一步完善

帝国早期经济

农业：①农业中普遍采用轮作制，并种植豆类以恢复土壤肥力；②新工具出现带轮的犁、割谷器、水磨

手工业：生产工具和技术有所改进，手工业生产部门增加，产品种类繁多

商业：区域性贸易和对外贸易兴旺发达

隶农制：1至2世纪**隶农制**在意大利逐渐盛行，帝国初期隶农的身份仍是自由佃农，他们和地主的关系仍然建立在契约上

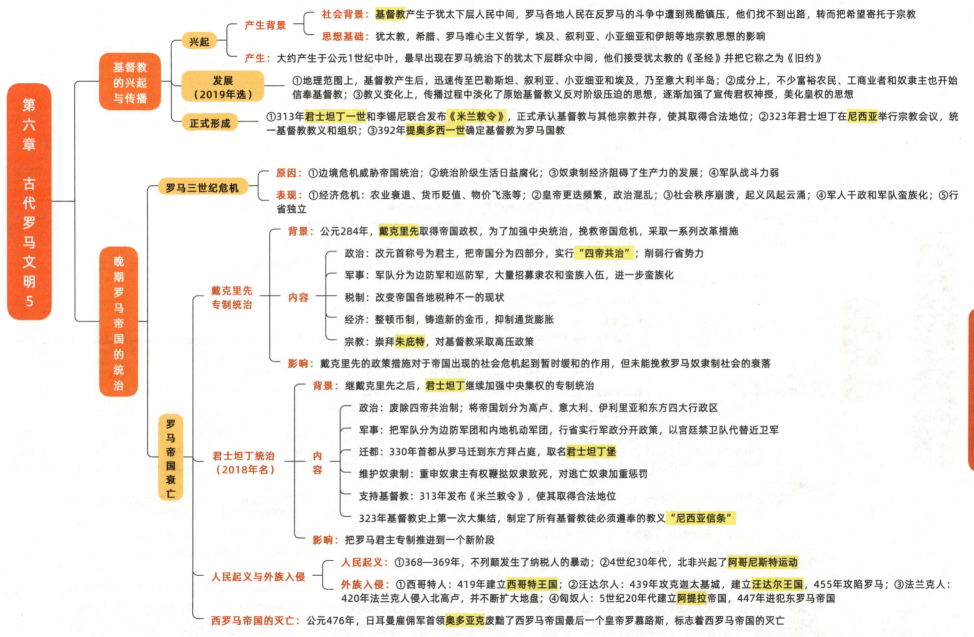

第六章 古代罗马文明 5

- **基督教的兴起与传播**
  - **兴起**
    - **产生背景**
      - **社会背景**：基督教产生于犹太下层人民中间，罗马各地人民在反罗马的斗争中遭到残酷镇压，他们找不到出路，转而把希望寄托于宗教
      - **思想基础**：犹太教，希腊、罗马唯心主义哲学，埃及、叙利亚、小亚细亚和伊朗等地宗教思想的影响
    - **产生**：大约产生于公元1世纪中叶，最早出现在罗马统治下的犹太下层群众中间，他们接受犹太教的《圣经》并把它称之为《旧约》
  - **发展（2019年选）**：①地理范围上，基督教产生后，迅速传至巴勒斯坦、叙利亚、小亚细亚和埃及，乃至意大利半岛；②成分上，不少富裕农民、工商业者和奴隶主也开始信奉基督教；③教义变化上，传播过程中淡化了原始基督教义反对阶级压迫的思想，逐渐加强了宣传君权神授，美化皇权的思想
  - **正式形成**：①313年君士坦丁一世和李锡尼联合发布《米兰敕令》，正式承认基督教与其他宗教并存，使其取得合法地位；②323年君士坦丁在尼西亚举行宗教会议，统一基督教教义和组织；③392年提奥多西一世确定基督教为罗马国教

- **晚期罗马帝国的统治**
  - **罗马三世纪危机**
    - **原因**：①边境危机威胁帝国统治；②统治阶级生活日益腐化；③奴隶制经济阻碍了生产力的发展；④军队战斗力弱
    - **表现**：①经济危机：农业衰退、货币贬值、物价飞涨等；②皇帝更迭频繁，政治混乱；③社会秩序崩溃，起义风起云涌；④军人干政和军队蛮族化；⑤行省独立
  - **罗马帝国衰亡**
    - **戴克里先专制统治**
      - **背景**：公元284年，戴克里先取得帝国政权，为了加强中央统治，挽救帝国危机，采取一系列改革措施
      - **内容**
        - **政治**：改元首称号为君主，把帝国分为四部分，实行"四帝共治"；削弱行省势力
        - **军事**：军队分为边防军和巡防军，大量招募隶农和蛮族入伍，进一步蛮族化
        - **税制**：改变帝国各地税种不一的现状
        - **经济**：整顿币制，铸造新的金币，抑制通货膨胀
        - **宗教**：崇拜朱庇特，对基督教采取高压政策
      - **影响**：戴克里先的政策措施对于帝国出现的社会危机起到暂时缓和的作用，但未能挽救罗马奴隶制社会的衰落
    - **君士坦丁统治（2018年名）**
      - **背景**：继戴克里先之后，君士坦丁继续加强中央集权的专制统治
      - **内容**
        - **政治**：废除四帝共治制；将帝国划分为高卢、意大利、伊利里亚和东方四大行政区
        - **军事**：把军队分为边防军团和内地机动军团，行省实行军政分开政策，以宫廷禁卫队代替近卫军
        - **迁都**：330年首都从罗马迁到东方拜占庭，取名君士坦丁堡
        - **维护奴隶制**：重申奴隶主有权鞭挞奴隶致死，对逃亡奴隶加重惩罚
        - **支持基督教**：313年发布《米兰敕令》，使其取得合法地位
        - 323年基督教史上第一次大集结，制定了所有基督教徒必须遵奉的教义"尼西亚信条"
      - **影响**：把罗马君主专制推进到一个新阶段
    - **人民起义与外族入侵**
      - **人民起义**：①368—369年，不列颠发生了纳税人的暴动；②4世纪30年代，北非兴起了阿哥尼斯特运动
      - **外族入侵**：①西哥特人：419年建立西哥特王国；②汪达尔人：439年攻克迦太基城，建立汪达尔王国，455年攻陷罗马；③法兰克人：420年法兰克人侵入北高卢，并不断扩大地盘；④匈奴人：5世纪20年代建立阿提拉帝国，447年进犯东罗马帝国
    - **西罗马帝国的灭亡**：公元476年，日耳曼雇佣军首领奥多亚克废黜了西罗马帝国最后一个皇帝罗慕路斯，标志着西罗马帝国的灭亡

世界古代中世纪史

第六章 古代罗马文明 6

古代罗马文化

文学艺术

共和国时期
- 诗人：安德罗尼库斯、尼维阿斯、埃涅乌斯
- 拉丁散文：加图是拉丁散文的开创者，代表作《创始记》和《农业志》
- 西塞罗的文体被誉为拉丁文学的典范，对后世有着重要影响
- 恺撒的《高卢战记》和《内战记》，文笔洗练流畅，也被当作拉丁文的范本

帝国时期
- 维吉尔著有《牧歌》和《农事诗》，其作品《埃尼伊德》歌颂罗马，美化屋大维
- 贺拉西的《颂歌》歌颂了罗马的光荣伟大，赞美了屋大维的丰功伟绩，《讽嘲集》和《书简集》是教谕诗的范本
- 奥维德最著名的代表作《变形记》借用希腊罗马神话，描写神把人变为动植物，与统治者意愿相左，遭到流放

史学（2021年论）

共和国时期
- 加图：罗马史学的真正奠基者，代表作《创始记》
- 恺撒的《高卢战记》和《内战记》，是研究共和末期以及高卢和日耳曼人历史的重要文献资料
- 法比乌斯·皮克托的《罗马史》
- 波里比阿《通史》是非常成熟的历史著作，全书的中心是再现罗马征服地中海世界的过程
- 萨路斯提乌斯《喀提林纳阴谋》《朱古达战争》对共和后期罗马重要史事有详实的记载

帝国时期
- 李维《罗马建城以来的历史》，叙述始自罗马建城，止于屋大维时代末年
- 塔西佗的《编年史》和《历史》，分别叙述从屋大维统治末年到尼禄，以及弗拉维王朝的历史，《日耳曼尼亚志》则为我们了解日耳曼人的历史提供了参考
- 普鲁塔克《希腊罗马名人传》和斯韦东尼阿斯《罗马十二恺撒传》，开创了西方史学传记体的先河
- 阿庇安《罗马史》，阿里安《亚历山大远征记》

哲学（2017年选）

共和国时期
- 西塞罗把希腊各种唯心主义哲学思想拼凑在一起，宣扬神灵永恒存在和灵魂不死的观点，主张顺乎自然，其哲学著作主要有《论善与恶的定义》《论神的本性》《论老年》《论友谊》等
- 卢克莱修代作《物性论》保存至今，是我们了解古代罗马唯物论思想的唯一系统性的作品

帝国时期
- 新斯多噶派：宣扬宿命论和禁欲主义，主张以个人道德修养求得社会的和谐，完全蜕化为宗教伦理思想。代表人物有尼加、马可·奥勒略
- 逻各斯观念：1世纪，斐洛创立逻各斯观念，并说逻各斯为神的最初启示和创造力，号召人们要克服物质罪恶，向神忏悔求救
- 唯物论：琉善推崇伊壁鸠鲁的唯物论思想，抨击宗教迷信，主张财产公有，人人平等，对后世颇有影响

法律

- **习惯法**：公元前8至前6世纪的王政时期主要实行古老氏族的习惯和社会通行的各种惯例；**公民法**：从罗马建国到前3世纪中叶，罗马的法律统称为公民法，最重要的是公元前451—前449年颁布的《十二铜表法》，它是古罗马第一部成文法典；**万民法**：公元前3世纪中叶确立，主要是关于所有权和债权方面的规范，较少涉及婚姻、家庭和继承等内容

- **罗马民法大全**：拜占庭帝国查士丁尼时期，法典编纂委员会于529年编成《查士丁尼法典》；于533年编成《学说汇纂》，同年又颁布《法理概要》（又称《法学家指南》）；将534年以后颁布的法令于565年汇编成《新法典》（又译作《新律》），上述所有法律文献统称《罗马民法大全》，把皇权视为至高无上

自然科学

- **综合**：老普林尼的《自然史》，内容包括天文、地理、历史、动植物、农业、医学、矿物、工艺、绘画和雕刻等，是一部百科全书式的巨著
- **地理学**：屋大维时代曾编制了地图；公元1世纪初，希腊人编著了一部《地理学》，把当时西方所积累的地理知识做了总结，还绘制过一幅包括欧洲、非洲和亚洲的世界地图
- **医学**：①提比略时代的名医塞尔苏斯写过一部医学论著，残篇保存至今；②盖伦在解剖学、生理学、病理学及医疗学方面均有建树，长期在西方医学界被奉为经典

建筑
①奥古斯都修建的万神殿是古罗马建筑最辉煌的成就之一；②韦帕芎至提图斯时代建造的大圆形竞技场；③引水渠道建设是罗马最伟大的成就；④道路建设成绩斐然

文字
拉丁文是罗马人为人类作出的巨大贡献之一，是公共事务领域唯一合法专用文字，后被西方多国继承，现在还是国际性书面语言的重要组成部分

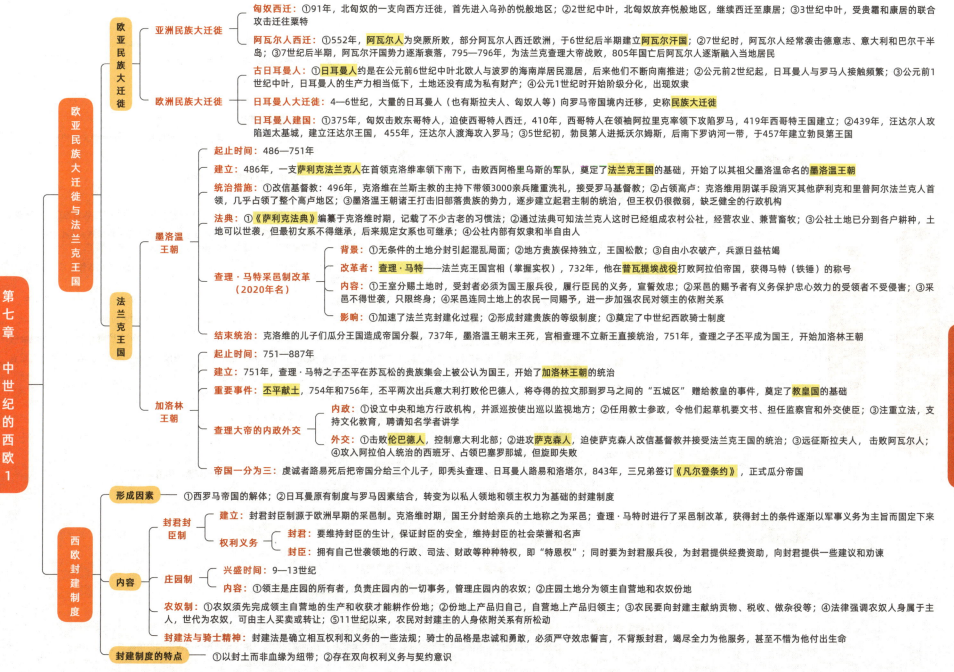

第七章 中世纪的西欧 1

世界古代中世纪史

欧亚民族大迁徙与法兰克王国

欧亚民族大迁徙

亚洲民族大迁徙

匈奴西迁：①91年，北匈奴的一支向西方迁徙，首先进入乌孙的悦般地区；②2世纪中叶，北匈奴放弃悦般地区，继续西迁至康居；③3世纪中叶，受贵霜和康居的联合攻击迁往粟特

阿瓦尔人西迁：①552年，阿瓦尔人为突厥所败，部分阿瓦尔人西迁欧洲，于6世纪后半期建立阿瓦尔汗国；②7世纪时，阿瓦尔人经常袭击德意志、意大利和巴尔干半岛；③7世纪后半期，阿瓦尔汗国势力逐渐衰落，795—796年，为法兰克理理大帝战败，805年国亡后阿瓦尔人逐渐融入当地居民

欧洲民族大迁徙

古日耳曼人：①日耳曼人约是在公元前6世纪中叶北欧人与波罗的海南岸居民混居，后来他们不断向南推进；②公元前2世纪起，日耳曼人与罗马人接触频繁；③公元前1世纪中叶，日耳曼人的生产力相当低下，土地还没有成为私有财产；④公元1世纪时开始阶级分化，出现奴隶

日耳曼人大迁徙：4—6世纪，大量的日耳曼人（也有斯拉夫人、匈奴人等）向罗马帝国境内迁移，史称民族大迁徙

日耳曼人建国：①375年，匈奴击败东哥特人，迫使西哥特人西迁，410年，西哥特人在领袖阿拉里克率领下攻陷罗马，419年西哥特王国建立；②439年，汪达尔人攻陷迦太基城，建立汪达尔王国，455年，汪达尔人渡海攻入罗马；③5世纪初，勃艮第人进抵沃尔姆斯，后南下罗讷河一带，于457年建立勃艮第王国

法兰克王国

墨洛温王朝

起止时间：486—751年

建立：486年，一支萨利克法兰克人在首领克洛维率领下南下，击败西阿格里乌斯的军队，奠定了法兰克王国的基础，开始了以其祖父墨洛温命名的墨洛温王朝

统治措施：①改信基督教：496年，克洛维在兰斯主教的主持下带领3000亲兵隆重洗礼，接受罗马基督教；②占领高卢：克洛维用阴谋手段消灭其他萨利克和里普阿尔法兰克人首领，几乎占领了整个高卢地区；③墨洛温王朝诸王打击旧部落贵族的势力，逐步建立起君主制的统治，但王权仍很微弱，缺乏健全的行政机构

法典：①《萨利克法典》编纂于克洛维时期，记载了不少古老的习惯法；②通过法典可知法兰克人这时已经组成农村公社，经营农业、兼营畜牧；③公社土地已分到各户耕种，土地可以世袭，但最初女系不得继承，后来规定女系也可继承；④公社内部有奴隶和半自由人

查理·马特采邑制改革（2020年名）

　背景：①无条件的土地分封引起混乱局面；②地方贵族保持独立，王国松散；③自由小农破产，兵源日益枯竭

　改革者：查理·马特——法兰克王国宫相（掌握实权），732年，他在普瓦提埃战役打败阿拉伯帝国，获得马特（铁锤）的称号

　内容：①王室分赐土地时，受益者必须为国王服兵役，履行臣民的义务，宣誓效忠；②采邑的赐予者有义务保护忠心效力的受领者不受侵害；③采邑不得世袭，只限终身；④采邑连同土地上的农民一同赐予，进一步加强农民对领主的依附关系

　影响：①加速了法兰克封建化过程；②形成封建贵族的等级制度；③奠定了中世纪西欧骑士制度

结束统治：克洛维的儿子们瓜分王国造成帝国分裂，737年，墨洛温王朝末王死，宫相查理不立新王直接统治，751年，查理之子丕平成为国王，开始加洛林王朝

加洛林王朝

起止时间：751—887年

建立：751年，查理·马特之子丕平在苏瓦松的贵族集会上被公认为国王，开始了加洛林王朝的统治

重要事件：丕平献土，754年和756年，丕平两次出兵意大利打败伦巴德人，将夺得的拉文那到罗马之间的"五城区"赠给教皇的事件，奠定了教皇国的基础

查理大帝的内政外交

　内政：①设立中央和地方行政机构，并派巡按使出巡以监视地方；②任用教士参政，令他们起草机要文书、担任监察官和外交使臣；③注重立法，支持文化教育，聘请知名学者讲学

　外交：①击败伦巴德人，控制意大利北部；②进攻萨克森人，迫使萨克森人改信基督教并接受法兰克王国的统治；③远征斯拉夫人，击败阿瓦尔人；④攻入阿拉伯人统治的西班牙、占领巴塞罗那城，但旋即失败

帝国一分为三：虔诚者路易死后把帝国分给三个儿子，即秃头查理、日耳曼人路易和洛塔尔，843年，三兄弟签订《凡尔登条约》，正式瓜分帝国

西欧封建制度

形成因素——①西罗马帝国的解体；②日耳曼原有制度与罗马因素结合，转变为以私人领地和领主权力为基础的封建制度

内容

封君封臣制

建立：封君封臣制源于欧洲早期的采邑制。克洛维时期，国王分封给亲兵的土地称之为采邑；查理·马特时进行了采邑制改革，获得封土的条件逐渐以军事义务为主旨而固定下来

权利义务

　封君：要维持封臣的生计，保证封臣的安全，维持封臣的社会荣誉和名声

　封臣：拥有自己世袭领地的行政、司法、财政等种种特权，即"特恩权"；同时要为封君服兵役，为封君提供经费资助，向封君提供一些建议和劝谏

庄园制

兴盛时间：9—13世纪

内容：①领主是庄园的所有者，负责庄园内的一切事务，管理庄园内的农奴；②庄园土地分为领主自营地和农奴份地

农奴制：①农奴须先完成领主自营地的生产和收获才能耕作份地；②份地上产品归自己，自营地上产品归领主；③农民要向封建主献纳贡物、税收、做杂役等；④法律强调农奴人身属于主人，世代为农奴，可由主人买卖或转让；⑤11世纪以来，农民对封建主的人身依附关系有所松动

封建法与骑士精神：封建法是确立相互权利和义务的一些法规；骑士的品格是忠诚和勇敢，必须严守效忠誓言，不背叛封君，竭尽全力为他服务，甚至不惜为他付出生命

封建制度的特点——①以封土而非血缘为纽带；②存在双向权利义务与契约意识

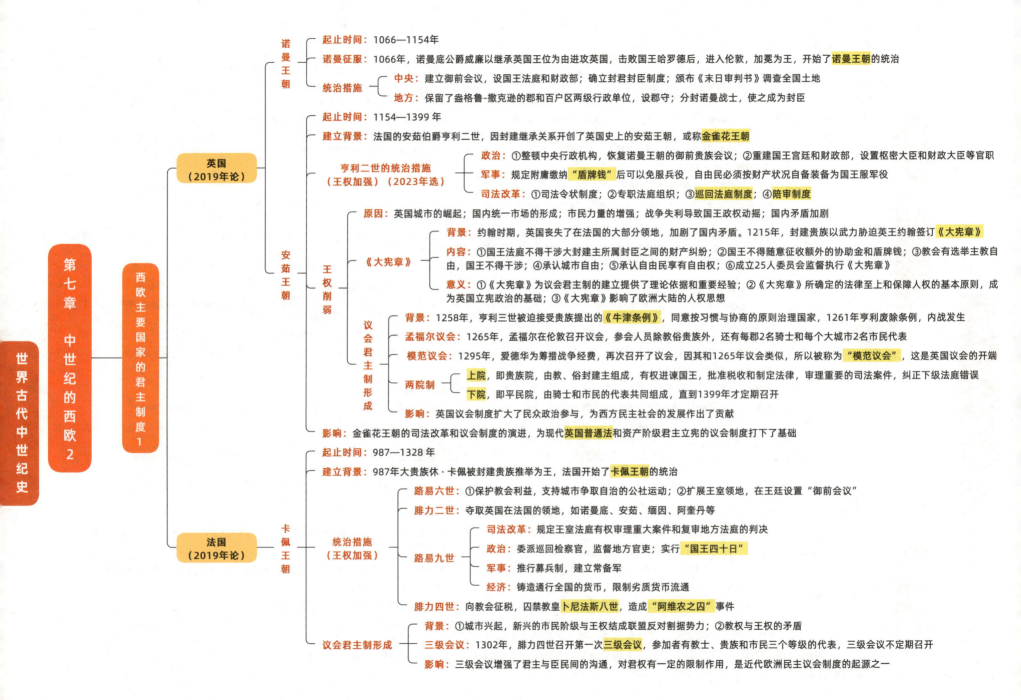

世界古代中世纪史

第七章 中世纪的西欧 2

西欧主要国家的君主制度 1

英国（2019年论）

诺曼王朝
- 起止时间：1066—1154年
- 诺曼征服：1066年，诺曼底公爵威廉以继承英国王位为由进攻英国，击败国王哈罗德后，进入伦敦，加冕为王，开始了**诺曼王朝**的统治
- 统治措施
  - 中央：建立御前会议，设国王法庭和财政部；确立封君封臣制度；颁布《末日审判书》调查全国土地
  - 地方：保留了盎格鲁-撒克逊的郡和百户区两级行政单位，设郡守；分封诺曼战士，使之成为封臣

安茹王朝
- 起止时间：1154—1399年
- 建立背景：法国的安茹伯爵亨利二世，因封建继承关系开创了英国史上的安茹王朝，或称**金雀花王朝**
- 亨利二世的统治措施（王权加强）（2023年选）
  - 政治：①整顿中央行政机构，恢复诺曼王朝的御前贵族会议；②重建国王宫廷和财政部，设置枢密大臣和财政大臣等官职
  - 军事：规定附庸缴纳"**盾牌钱**"后可以免服兵役，自由民必须按财产状况自备装备为国王服军役
  - 司法改革：①司法令状制度；②专职法庭组织；③**巡回法庭制度**；④**陪审制度**
- 王权削弱
  - 原因：英国城市的崛起；国内统一市场的形成；市民力量的增强；战争失利导致国王政权动摇；国内矛盾加剧
  - 《大宪章》
    - 背景：约翰时期，英国丧失了在法国的大部分领地，加剧了国内矛盾。1215年，封建贵族以武力胁迫英王约翰签订《大宪章》
    - 内容：①国王法庭不得干涉大封建主所属封臣之间的财产纠纷；②国王不得随意征收额外的协助金和盾牌钱；③教会有选举主教自由，国王不得干涉；④承认城市自由；⑤承认自由民享有自由权；⑥成立25人委员会监督执行《大宪章》
    - 意义：①《大宪章》为议会君主制的建立提供了理论依据和重要经验；②《大宪章》所确定的法律至上和保障人权的基本原则，成为英国立宪政治的基础；③《大宪章》影响了欧洲大陆的人权思想
  - 议会君主制形成
    - 背景：1258年，亨利三世被迫接受贵族提出的《牛津条例》，同意按习惯与协商的原则治理国家，1261年亨利废除条例，内战发生
    - 孟福尔议会：1265年，孟福尔在伦敦召开议会，参会人员除教俗贵族外，还有每郡2名骑士和每个大城市2名市民代表
    - 模范议会：1295年，爱德华为筹措战争经费，再次召开了议会，因其和1265年议会类似，所以被称为"**模范议会**"，这是英国议会的开端
    - 两院制
      - 上院，即贵族院，由教、俗封建主组成，有权进谏国王，批准税收和制定法律，审理重要的司法案件，纠正下级法庭错误
      - 下院，即平民院，由骑士和市民的代表共同组成，直到1399年才定期召开
    - 影响：英国议会制度扩大了民众政治参与，为西方民主社会的发展作出了贡献
- 影响：金雀花王朝的司法改革和议会制度的演进，为现代**英国普通法**和资产阶级君主立宪的议会制度打下了基础

法国（2019年论）

卡佩王朝
- 起止时间：987—1328年
- 建立背景：987年大贵族休·卡佩被封建贵族推举为王，法国开始了**卡佩王朝**的统治
- 统治措施（王权加强）
  - 路易六世：①保护教会利益，支持城市争取自治的公社运动；②扩展王室领地，在王廷设置"御前会议"
  - 腓力二世：夺取英国在法国的领地，如诺曼底、安茹、缅因、阿奎丹等
  - 路易九世
    - 司法改革：规定王室法庭有权审理重大案件和复审地方法庭的判决
    - 政治：委派巡回检察官，监督地方官吏；实行"**国王四十日**"
    - 军事：推行募兵制，建立常备军
    - 经济：铸造通行全国的货币，限制劣质货币流通
  - 腓力四世：向教会征税，囚禁教皇**卜尼法斯八世**，造成"**阿维农之囚**"事件
- 议会君主制形成
  - 背景：①城市兴起，新兴的市民阶级与王权结成联盟反对割据势力；②教权与王权的矛盾
  - 三级会议：1302年，腓力四世召开第一次**三级会议**，参加者有教士、贵族和市民三个等级的代表，三级会议不定期召开
  - 影响：三级会议增强了君主与臣民间的沟通，对君权有一定的限制作用，是近代欧洲民主议会制度的起源之一

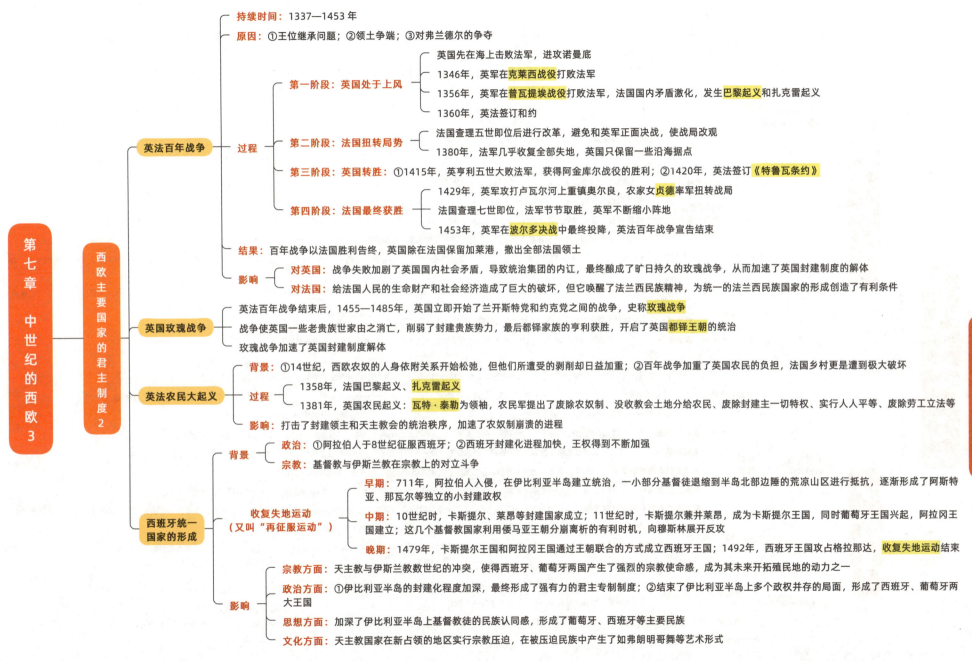

第七章 中世纪的西欧 3

西欧主要国家的君主制度 2

英法百年战争

持续时间：1337—1453 年

原因：①王位继承问题；②领土争端；③对弗兰德尔的争夺

过程

第一阶段：英国处于上风
- 英国先在海上击败法军，进攻诺曼底
- 1346年，英军在克莱西战役打败法军
- 1356年，英军在普瓦提埃战役打败法军，法国国内矛盾激化，发生巴黎起义和扎克雷起义
- 1360年，英法签订和约

第二阶段：法国扭转局势
- 法国查理五世即位后进行改革，避免和英军正面决战，使战局改观
- 1380年，法军几乎收复全部失地，英国只保留一些沿海据点

第三阶段：英国转胜：①1415年，英亨利五世大败法军，获得阿金库尔战役的胜利；②1420年，英法签订《特鲁瓦条约》

第四阶段：法国最终获胜
- 1429年，英军攻打卢瓦尔河上重镇奥尔良，农家女贞德率军扭转战局
- 法国查理七世即位，法军节节取胜，英军不断缩小阵地
- 1453年，英军在波尔多决战中最终投降，英法百年战争宣告结束

结果：百年战争以法国胜利告终，英国除在法国保留加莱港，撤出全部法国领土

影响
- 对英国：战争失败加剧了英国国内社会矛盾，导致统治集团的内讧，最终酿成了旷日持久的玫瑰战争，从而加速了英国封建制度的解体
- 对法国：给法国人民的生命财产和社会经济造成了巨大的破坏，但它唤醒了法兰西民族精神，为统一的法兰西民族国家的形成创造了有利条件

英国玫瑰战争

英法百年战争结束后，1455—1485年，英国立即开始了兰开斯特党和约克党之间的战争，史称玫瑰战争

战争使英国一些老贵族世家由之消亡，削弱了封建贵族势力，最后都铎家族的亨利获胜，开启了英国都铎王朝的统治

玫瑰战争加速了英国封建制度解体

英法农民大起义

背景：①14世纪，西欧农奴的人身依附关系开始松弛，但他们所遭受的剥削却日益加重；②百年战争加重了英国农民的负担，法国乡村更是遭到极大破坏

过程
- 1358年，法国巴黎起义、扎克雷起义
- 1381年，英国农民起义：瓦特·泰勒为领袖，农民军提出了废除农奴制、没收教会土地分给农民、废除封建主一切特权、实行人人平等、废除劳工立法等

影响：打击了封建领主和天主教会的统治秩序，加速了农奴制崩溃的进程

西班牙统一国家的形成

背景
- 政治：①阿拉伯人于8世纪征服西班牙；②西班牙封建化进程加快，王权得到不断加强
- 宗教：基督教与伊斯兰教在宗教上的对立斗争

收复失地运动（又叫"再征服运动"）
- 早期：711年，阿拉伯人入侵，在伊比利亚半岛建立统治，一小部分基督徒退缩到半岛北部边陲的荒凉山区进行抵抗，逐渐形成了阿斯特亚、那瓦尔等独立的小封建政权
- 中期：10世纪时，卡斯提尔、莱昂等封建国家成立；11世纪时，卡斯提尔兼并莱昂，成为卡斯提尔王国，同时葡萄牙王国兴起，阿拉冈王国建立；这几个基督教国家利用倭马亚王朝分崩离析的有利时机，向穆斯林展开反攻
- 晚期：1479年，卡斯提尔王国和阿拉冈王国通过王朝联合的方式成立西班牙王国；1492年，西班牙王国攻占格拉纳达，收复失地运动结束

影响
- 宗教方面：天主教与伊斯兰教数世纪的冲突，使得西班牙、葡萄牙两国产生了强烈的宗教使命感，成为其未来开拓殖民地的动力之一
- 政治方面：①伊比利亚半岛的封建化程度加深，最终形成了强有力的君主专制制度；②结束了伊比利亚半岛上多个政权并存的局面，形成了西班牙、葡萄牙两大王国
- 思想方面：加深了伊比利亚半岛上基督教徒的民族认同感，形成了葡萄牙、西班牙等主要民族
- 文化方面：天主教国家在新占领的地区实行宗教压迫，在被压迫民族中产生了如弗朗明哥舞等艺术形式

世界古代中世纪史

世界古代中世纪史

第七章 中世纪的西欧 4

西欧主要国家的君主制度 3

德意志（神圣罗马帝国）

- **起止时间**：962—1806年
- **建立背景**：962年，奥托一世帮助罗马教皇平定内乱，教皇为奥托加冕，取得"神圣罗马皇帝"称号，从此德国在中世纪亦被称为神圣罗马帝国
- **奥托一世加强王权**：①打击割据势力；②抵御匈牙利人侵扰
- **政治经济特点**
  - 政治：①历任统治者都想恢复帝国统治；②政治版图四分五裂；③骑士阶层与中小封建主兴起；④地方诸侯领区出现区域统一现象
  - 经济：①城市出现与发展；②经济版图的扩大；③自由农民原有的政治权利被剥夺，"二期农奴制"的出现
- **对外侵略**
  - 侵略意大利：①奥托一世961年带领大批人马侵入意大利，于962年在罗马圣彼得大教堂加冕为"奥古斯都"；②奥托二世在位时，一度攻占那不勒斯和塔兰托，但被阿拉伯人击败；③奥托三世数次远征意大利，结果丧命罗马
  - 侵略西斯拉夫人：①亨利一世时，德意志入侵波希米亚，迫使当地斯拉夫人称臣纳贡，后又征服奥波德利人和丹麦人；②奥托一世执政后，利用基督教作为统治西斯拉夫人的工具，大批斯拉夫人被杀害，或被卖为奴隶；③12世纪起，德国封建主又发动大规模对西斯拉夫人的入侵，不仅重新占领了易北河以东广大地区，还侵入波兰和波罗的海东岸
- **皇权的衰落**：1356年《金玺诏书》的发布，明确规定了德国皇帝由七大选侯选举，标志着德国分裂割据的合法化，标志着诸侯对皇帝和中央集权的胜利
- **中世纪德国未能统一原因（2023年论）**
  - 政治层面：①国内始终未形成统一且有力的集权君主制；②德国国内地方教俗封建主势力强大；③农民战争失败
  - 经济层面：①德国经济发展的分散性；②德国经济发展的不平衡性；③德国地区性贸易同盟的存在
  - 宗教和文化层面：①教权与皇权的斗争；②德国国内未形成统一的民族意识

意大利

- **基本情况**：①中古意大利历史发展的突出特点是分裂割据占支配地位，没有实现国家的统一；②罗马教皇妄图执掌西欧的最高宗教和世俗权力，是意大利国家统一的死敌；③长期以来遭受外国入侵，拜占庭人、阿拉伯人、诺曼人、德国人、法国人和西班牙人都曾入侵或占领意大利
- **城市共和国**
  - 💡 什么是城市共和国：北部意大利长期是神圣罗马帝国的一部分，1254年，霍亨斯陶芬王朝完结后，北意大利一些先进地区实质上脱离了神圣罗马帝国进行自治，成为"城市共和国"
  - 威尼斯：商人贵族共和国，十字军东征后成为地中海强国，新航路开辟后走向衰落
  - 佛罗伦萨：商业贸易和高利贷资本发达，14世纪初制呢业中出现资本主义生产，是西欧最早出现的资本主义萌芽

中世纪基督教的盛衰

教权与皇权的斗争

- **政教联盟阶段**
  - 丕平献土：751年，丕平在教会支持下当上国王，为酬谢教会，同伦巴德人开战，并将意大利中部连同罗马城一起献给了教皇
  - "奥托特权"：奥托一世授予天主教主教和修道院院长特恩权。962年，奥托一世在罗马加冕为皇帝后，与教皇约翰十二世正式签订规定特权的协定
  - 教皇敕令：格里高利七世与德皇亨利四世发生册封权斗争，这位教皇发布敕令，"教皇"一词被罗马主教垄断
- **教权强势阶段**
  - 克吕尼运动：11世纪克吕尼运动在西欧各地广泛传播，克吕尼派修士强调教皇的至高无上地位，反对世俗统治者任命主教和修道院的续任权
  - 卡诺莎事件：1076年，教皇格里高利七世下诏开除德皇亨利四世的教籍，亨利迫于形势，于次年赤足披毡到意大利的卡诺莎城堡向教皇请罪，请求教皇宽恕
  - 《沃尔姆斯宗教协定》：1122年，教皇与德皇亨利五世签订《沃尔姆斯宗教协定》，皇帝的神职授予权大为削弱
  - 拉特兰宗教会议：1123年，第一次拉特兰宗教大会在罗马召开，教皇将各项规定系统化并作为正式的禁令发布，其中包括禁止教士结婚的禁令
  - 教皇英诺森三世时期教权顶峰：1198年，英诺森三世上位，他到处干涉欧洲世俗事务，挑起各国内战，随意征税，甚至迫使英王约翰向教皇称臣并纳贡，且多次组织十字军东征运动
- **教皇权势衰弱**
  - 阿维农之囚：1309年以后，法国国王强制让罗马教廷迁移到法国阿维农地区，受法国国王掌控
  - 天主教会大分裂（1378—1417年）：由于法国和德、意争夺对教廷的控制权，造成天主教会同时有两个教皇对峙，甚至三个教皇鼎立的分裂局面

"异端运动"

- **原因**：在教会的压迫下，中古西欧的革命派往往以"异端"的形式出现
- **法国南部：阿尔比派**
  - 华尔多派：反对教会聚敛财富，否认以教皇为首的教阶制，反对到教堂做礼拜
  - 纯洁派：受拜占庭保罗派影响，信徒必须信守独身
- **意大利北部**：①使徒兄弟会：成员以兄弟姐妹相称，实行财产公有；②多尔奇诺起义：宣传私有制是罪恶的根源，号召人们实行财产公有和用暴力推翻一切僧俗政权
- **结果**：在教皇残酷镇压下均遭失败

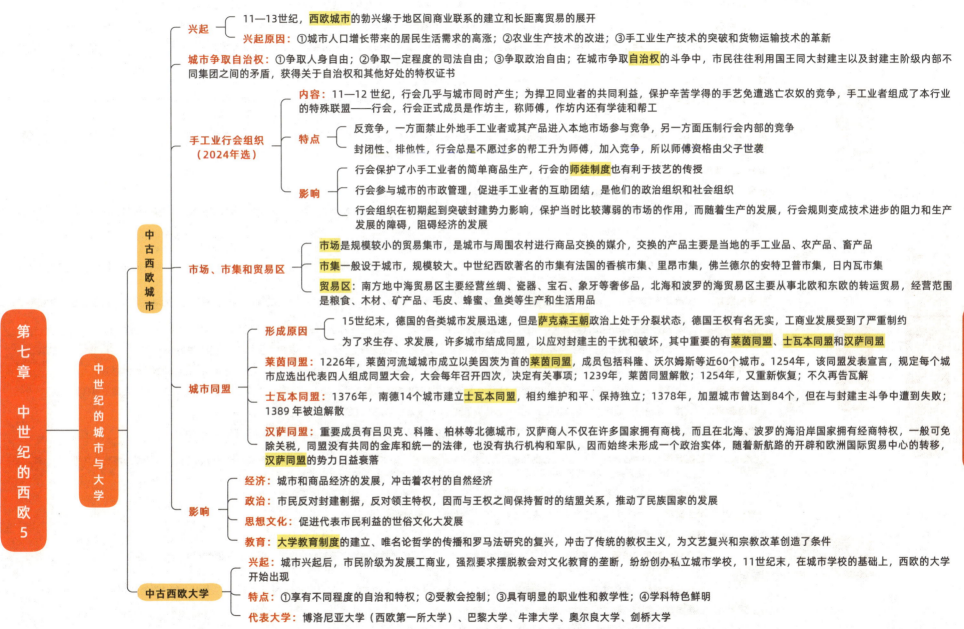

第七章 中世纪的西欧 5

中世纪的城市与大学

世界古代中世纪史

中古西欧城市

兴起
- 11—13世纪，西欧城市的勃兴缘于地区间商业联系的建立和长距离贸易的展开
- 兴起原因：①城市人口增长带来的居民生活需求的高涨；②农业生产技术的改进；③手工业生产技术的突破和货物运输技术的革新

城市争取自治权：①争取人身自由；②争取一定程度的司法自由；③争取政治自由；在城市争取自治权的斗争中，市民往往利用国王同大封建主以及封建主阶级内部不同集团之间的矛盾，获得关于自治权和其他好处的特权证书

手工业行会组织（2024年选）
- 内容：11—12世纪，行会几乎与城市同时产生；为捍卫同业者的共同利益，保护辛苦学得的手艺免遭逃亡农奴的竞争，手工业者组成了本行业的特殊联盟——行会，行会正式成员是作坊主，称师傅，作坊内还有学徒和帮工
- 特点
  - 反竞争，一方面禁止外地手工业者或其产品进入本地市场参与竞争，另一方面压制行会内部的竞争
  - 封闭性、排他性，行会总是不愿过多的帮工升为师傅，加入竞争，所以师傅资格由父子世袭
- 影响
  - 行会保护了小手工业者的简单商品生产，行会的师徒制度也有利于技艺的传授
  - 行会参与城市的市政管理，促进手工业者的互助团结，是他们的政治组织和社会组织
  - 行会组织在初期起到突破封建势力影响，保护当时比较薄弱的市场的作用，而随着生产的发展，行会规则变成技术进步的阻力和生产发展的障碍，阻碍经济的发展

市场、市集和贸易区
- 市场是规模较小的贸易集市，是城市与周围农村进行商品交换的媒介，交换的产品主要是当地的手工业品、农产品、畜产品
- 市集一般设于城市，规模较大。中世纪西欧著名的市集有法国的香槟市集、里昂市集，佛兰德尔的安特卫普市集，日内瓦市集
- 贸易区：南方地中海贸易区主要经营丝绸、瓷器、宝石、象牙等奢侈品，北海和波罗的海贸易区主要从事北欧和东欧的转运贸易，经营范围是粮食、木材、矿产品、毛皮、蜂蜜、鱼类等生产和生活用品

城市同盟
- 形成原因
  - 15世纪末，德国的各类城市发展迅速，但是萨克森王朝政治上处于分裂状态，德国王权有名无实，工商业发展受到了严重制约
  - 为了求生存、求发展，许多城市结成同盟，以应对封建主的干扰和破坏，其中重要的有莱茵同盟、士瓦本同盟和汉萨同盟
- 莱茵同盟：1226年，莱茵河流域城市成立以美因茨为首的莱茵同盟，成员包括科隆、沃尔姆斯等近60个城市。1254年，该同盟发表宣言，规定每个城市应选出代表四人组成同盟大会，大会每年召开四次，决定有关事项；1239年，莱茵同盟解散；1254年，又重新恢复；不久再告瓦解
- 士瓦本同盟：1376年，南德14个城市建立士瓦本同盟，相约维护和平、保持独立；1378年，加盟城市曾达到84个，但在与封建主斗争中遭到失败；1389年被迫解散
- 汉萨同盟：重要成员有吕贝克、科隆、柏林等北德城市，汉萨商人不仅在许多国家拥有商栈，而且在北海、波罗的海沿岸国家拥有经商特权，一般可免除关税，同盟没有共同的金库和统一的法律，也没有执行机构和军队，因而始终未形成一个政治实体，随着新航路的开辟和欧洲国际贸易中心的转移，汉萨同盟的势力日益衰落

影响
- 经济：城市和商品经济的发展，冲击着农村的自然经济
- 政治：市民反对封建割据，反对领主特权，因而与王权之间保持暂时的结盟关系，推动了民族国家的发展
- 思想文化：促进代表市民利益的世俗文化大发展
- 教育：大学教育制度的建立、唯名论哲学的传播和罗马法研究的复兴，冲击了传统的教权主义，为文艺复兴和宗教改革创造了条件

中古西欧大学
- 兴起：城市兴起后，市民阶级为发展工商业，强烈要求摆脱教会对文化教育的垄断，纷纷创办私立城市学校，11世纪末，在城市学校的基础上，西欧的大学开始出现
- 特点：①享有不同程度的自治和特权；②受教会控制；③具有明显的职业性和教学性；④学科特色鲜明
- 代表大学：博洛尼亚大学（西欧第一所大学）、巴黎大学、牛津大学、奥尔良大学、剑桥大学

世界古代中世纪史

第七章 中世纪的西欧 6

十字军东征

背景

宗教因素：①犹太教、基督教和伊斯兰教都把耶路撒冷视为自己的圣地，此地的宗教矛盾错综复杂；②以罗马教廷为首的封建集团想通过东征缓和社会矛盾，解决社会危机，增强罗马教皇的权威

经济因素：①城市的兴起和商业的发展；②骑士阶层渴望到东方劫掠财物和夺取土地；③生活恶化的农民壮大了十字军东征的队伍

历史契机：1091年，一支突厥人准备进攻君士坦丁堡，拜占庭皇帝阿历克塞一世向罗马教皇和神圣罗马帝国求援，给罗马教廷和西方各国封建主提供了一个东征的契机

经过

第一次东征（1096—1099年）：1096年，西欧各国封建骑士向君士坦丁堡进发，最终攻占耶路撒冷和地中海东部沿岸地区，并在那建立耶路撒冷王国、埃德萨伯国等国家

第二次东征（1147—1149年）：为夺回塞尔柱人占领的埃德萨伯国，以失败告终

第三次东征（1189—1192年）：1189年，埃及苏丹萨拉丁收复耶路撒冷后，英、法、德组织联军东征；最终双方签订停战协定：耶路撒冷仍归穆斯林，基督徒可自由前往朝圣

第四次东征（1202—1204年）：1202年，英诺森三世发动第四次东征，原本目标是进攻穆斯林阿尤布王朝的埃及，但因拜占庭帝国内乱，攻占君士坦丁堡，建立拉丁帝国

第五次至第八次东征（1217—1270年）：目标是埃及、叙利亚、突尼斯，均失败

结束：1291年，十字军的据点阿克城陷落，标志着十字军东征彻底失败

影响

经济：①东方国家的经济和生命财产遭受了极大损失，历史进程大大延缓；②刺激欧洲由传统农业走上商业繁荣道路，促进了资本主义发展；③促进了中西方的经济贸易往来

政治：①促进了西欧社会结构的变动；②使教会的威信严重受损，教权逐渐退出欧洲政治舞台；③改变了地中海地区的政治格局

文化：①十字军东征后，留在东方的欧洲人为文化的传播作出了贡献；②欧洲人通过阿拉伯文的译本了解先人的思想，后来兴起文艺复兴运动；③使得欧洲人具有了世界眼光，为地理大发现奠定了基础；④客观上促进了东西方文化交流

民族和宗教：①教会影响力渐失，出现众多异端教派，动摇了教会统治的基础；②欧洲人的劫掠给阿拉伯人造成了心理重创，一定程度上成为阿拉伯人敌对西方的根源

欧洲黑死病

中世纪黑死病流行情况：黑死病起源于中亚（这是其中一种起源说，还有其他起源说），流行于1347至1353年，夺走了无数欧洲人的性命

1348年，黑死病侵袭威尼斯和热那亚，后蔓延至整个意大利，随后迅速传入西班牙、法国，由法国诺曼底渡过海峡传入不列颠，1350年又传到俄国

影响

经济影响：①人口大量死亡，造成了劳动力和生产力短缺，经济衰退；②推动了农奴制的瓦解；③促使农业结构调整；④加快了西欧城市发展的进程

政治影响：①原贵族领主的地位下降，市民阶层的地位提高；②欧洲长期存在的虐犹思潮变为大规模屠犹运动，并得到上层统治者的支持；③各国王权得到加强

社会影响：①贫富分化进一步加剧，社会矛盾更加突出；②促进了教育和卫生防疫制度的发展；③妇女地位得到提升

宗教影响：①教会威信日益降低，反教会的异端和神秘主义团体逐渐壮大；②人们的思想得到解放，为日后的宗教改革运动奠定了基础

中世纪西欧文化（2018年论）

哲学

经院哲学：①中古西欧，占统治地位的思想和官方哲学是经院哲学，基本内容是神学思想，基本任务是以形式逻辑来进一步论证基督教教义和信条，使之更好地为封建统治服务；②经院哲学内部，存在着唯名论和唯实论的长期斗争

文学

英雄史诗：英国《贝奥武甫》、法国《罗兰之歌》、德国《尼伯龙根之歌》、西班牙《熙德之歌》

骑士文学：《破晓歌》《特洛伊的故事》《亚历山大的故事》《亚瑟王》

城市文学：《列那狐的故事》

教育

基督教对教育的垄断：中古前期，天主教垄断西欧教育，初级学校主要讲授拉丁语和宗教仪式；中等学校讲授文法、修辞、逻辑、算术、几何、天文和音乐，即"七艺"

大学教育兴起：西欧城市兴起后，市民阶级强烈要求摆脱教会对文化教育的垄断，纷纷创办私立城市学校，主要培养市民阶级的知识分子

建筑

哥特式教堂建筑物是12、13世纪西欧艺术主要的表现形式

意义

中世纪在西欧历史上主要起到对西方文明承上启下的作用

它继承和沿袭了古典文化，并将外来文化、古典文化和自身的基督教、日耳曼文化加以融合

它影响了西欧后世的发展，促使近代文艺复兴运动的产生，奠定了近代科学的基础，等等

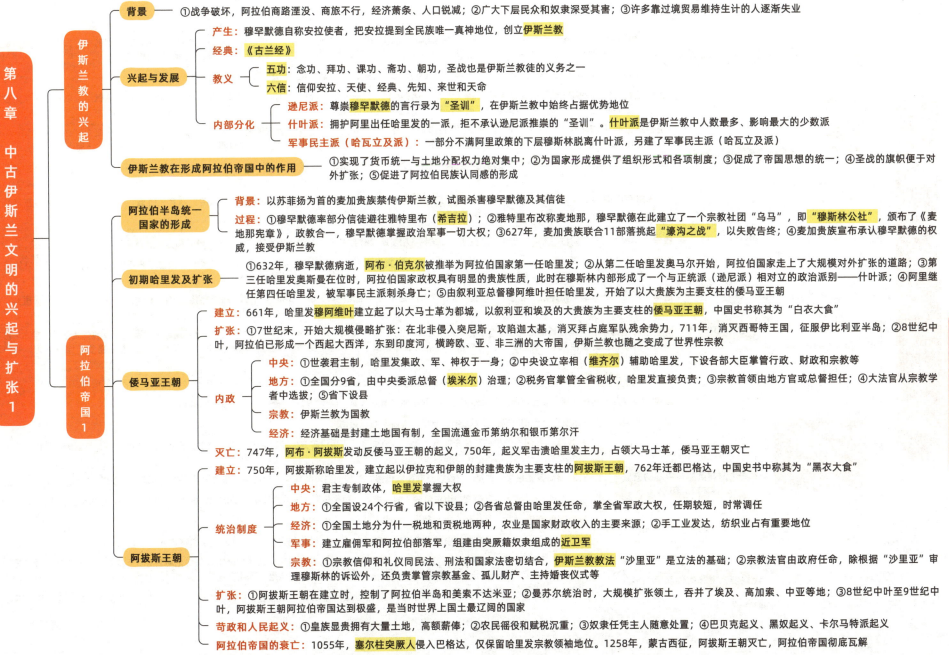

第八章 中古伊斯兰文明的兴起与扩张1

世界古代中世纪史

伊斯兰教的兴起

背景：①战争破坏，阿拉伯商路湮没、商旅不行，经济萧条、人口锐减；②广大下层民众和奴隶深受其害；许多靠过境贸易维持生计的人逐渐失业

兴起与发展

产生：穆罕默德自称安拉使者，把安拉提到全民族唯一真神地位，创立伊斯兰教

经典：《古兰经》

教义：
- 五功：念功、拜功、课功、斋功、朝功，圣战也是伊斯兰教徒的义务之一
- 六信：信仰安拉、天使、经典、先知、来世和天命

内部分化：
- 逊尼派：尊崇穆罕默德的言行录为"圣训"，在伊斯兰教中始终占据优势地位
- 什叶派：拥护阿里出任哈里发的一派，拒不承认逊尼派推崇的"圣训"。什叶派是伊斯兰教中人数最多、影响最大的少数派
- 军事民主派（哈瓦立及派）：一部分不满阿里政策的下层穆斯林脱离什叶派，另建了军事民主派（哈瓦立及派）

伊斯兰教在形成阿拉伯帝国中的作用：①实现了货币统一与土地分配权力绝对集中；②为国家形成提供了组织形式和各项制度；③促成了帝国思想的统一；④圣战的旗帜便于对外扩张；⑤促进了阿拉伯民族认同感的形成

阿拉伯帝国1

阿拉伯半岛统一国家的形成

背景：以苏菲扬为首的麦加贵族禁传伊斯兰教，试图杀害穆罕默德及其信徒

过程：①穆罕默德率部分信徒迁往雅特里布（希吉拉）；②雅特里布改称麦地那，穆罕默德在此建立了一个宗教社团"乌马"，即"穆斯林公社"，颁布了《麦地那宪章》，政教合一，穆罕默德掌握政治军事一切大权；③627年，麦加贵族联合11部落挑起"壕沟之战"，以失败告终；④麦加贵族宣布承认穆罕默德的权威，接受伊斯兰教

初期哈里发及扩张

①632年，穆罕默德病逝，阿布·伯克尔被推举为阿拉伯国家第一任哈里发；②从第二任哈里发奥马尔开始，阿拉伯国家走上了大规模对外扩张的道路；③第三任哈里发奥斯曼在位时，阿拉伯国家政权具有明显的贵族性质，此时在穆斯林内部形成了一个与正统派（逊尼派）相对立的政治派别——什叶派；④阿里继任第四任哈里发，被军事民主派刺杀身亡；⑤由叙利亚总督阿维叶担任哈里发，开始了以大贵族为主要支柱的倭马亚王朝

倭马亚王朝

建立：661年，哈里发阿维叶建立起以大马士革为都城，以叙利亚和埃及的大贵族为主要支柱的倭马亚王朝，中国史书称其为"白衣大食"

扩张：①7世纪末，开始大规模侵略扩张：在北非侵入突尼斯，攻陷迦太基，消灭拜占庭军队残余势力，711年，消灭西哥特王国，征服伊比利亚半岛；②8世纪中叶，阿拉伯已形成一个西起大西洋，东到印度河，横跨欧、亚、非三洲的大帝国，伊斯兰教也随之变成了世界性宗教

内政：
- 中央：①世袭君主制，哈里发集政、军、神权于一身；②中央设立宰相（维齐尔）辅助哈里发，下设各部大臣掌管行政、财政和宗教等
- 地方：①全国分9省，由中央委派总督（埃米尔）治理；②税务官掌管全省税收，哈里发直接负责；③宗教首领由地方官或总督担任；④大法官从宗教学者中选拔；⑤省下设县
- 宗教：伊斯兰教为国教
- 经济：经济基础是封建土地国有制，全国流通金币第纳尔和银币第尔汗

灭亡：747年，阿布·阿拔斯发动反倭马亚王朝的起义，750年，起义军击溃哈里发主力，占领大马士革，倭马亚王朝灭亡

阿拔斯王朝

建立：750年，阿拔斯称哈里发，建立起以伊拉克和伊朗的封建贵族为主要支柱的阿拔斯王朝，762年迁都巴格达，中国史书中称其为"黑衣大食"

统治制度：
- 中央：君主专制政体，哈里发掌握大权
- 地方：①全国设24个行省，省以下设县；②各省总督由哈里发任命，掌全省军政大权，任期较短，时常调任
- 经济：①全国土地分为什一税地和贡赋地两种，农业是国家财政收入的主要来源；②手工业发达，纺织业占有重要地位
- 军事：建立雇佣军和阿拉伯部落军，组建由突厥籍奴隶组成的近卫军
- 宗教：①宗教信仰和礼仪同民法、刑法和国家法密切结合，伊斯兰教教法"沙里亚"是立法的基础；②宗教法官由政府任命，除根据"沙里亚"审理穆斯林的诉讼外，还负责掌管宗教基金、孤儿财产、主持婚丧仪式等

扩张：①阿拔斯王朝在建立时，控制了阿拉伯半岛和美索不达米亚；②曼苏尔统治时，大规模扩张领土，吞并了埃及、高加索、中亚等地；③8世纪中叶至9世纪中叶，阿拔斯王朝阿拉伯帝国达到极盛，是当时世界上国土最辽阔的国家

苛政和人民起义：①皇族显贵拥有大量土地，高额薪俸；②农民徭役和赋税沉重；③奴隶任凭主人随意处置；④巴贝克起义、黑奴起义、卡尔马特派起义

阿拉伯帝国的衰亡：1055年，塞尔柱突厥人侵入巴格达，仅保留哈里发宗教领袖地位。1258年，蒙古西征，阿拔斯王朝灭亡，阿拉伯帝国彻底瓦解

155

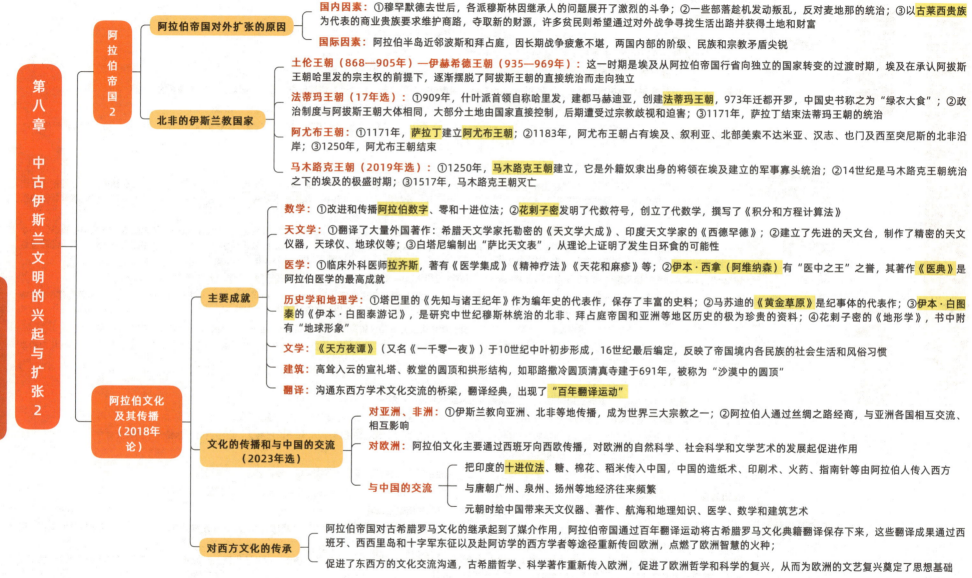

第八章 中古伊斯兰文明的兴起与扩张2

世界古代中世纪史

阿拉伯帝国2

阿拉伯帝国对外扩张的原因

国内因素：①穆罕默德去世后，各派穆斯林因继承人的问题展开了激烈的斗争；②一些部落趁机发动叛乱，反对麦地那的统治；③以古莱西贵族为代表的商业贵族要求维护商路，夺取新的财源，许多贫民则希望通过对外战争寻找生活出路并获得土地和财富

国际因素：阿拉伯半岛近邻波斯和拜占庭，因长期战争疲惫不堪，两国内部的阶级、民族和宗教矛盾尖锐

北非的伊斯兰教国家

土伦王朝（868—905年）—伊赫希德王朝（935—969年）：这一时期是埃及从阿拉伯帝国行省向独立的国家转变的过渡时期，埃及在承认阿拔斯王朝哈里发的宗主权的前提下，逐渐摆脱了阿拔斯王朝的直接统治而走向独立

法蒂玛王朝（17年选）：①909年，什叶派首领自称哈里发，建都马赫迪亚，创建法蒂玛王朝，973年迁都开罗，中国史书称之为"绿衣大食"；②政治制度与阿拔斯王朝大体相同，大部分土地由国家直接控制，后期遭受过宗教歧视和迫害；③1171年，萨拉丁结束法蒂玛王朝的统治

阿尤布王朝：①1171年，萨拉丁建立阿尤布王朝；②1183年，阿尤布王朝占有埃及、叙利亚、北部美索不达米亚、汉志、也门及西至突尼斯的北非沿岸；③1250年，阿尤布王朝结束

马木路克王朝（2019年选）：①1250年，马木路克王朝建立，它是外籍奴隶出身的将领在埃及建立的军事寡头统治；②14世纪是马木路克王朝统治之下的埃及的极盛时期；③1517年，马木路克王朝灭亡

阿拉伯文化及其传播（2018年论）

主要成就

数学：①改进和传播阿拉伯数字、零和十进位法；②花剌子密发明了代数符号，创立了代数学，撰写了《积分和方程计算法》

天文学：①翻译了大量外国著作：希腊天文学家托勒密的《天文学大成》、印度天文学家的《西德罕德》；②建立了先进的天文台，制作了精密的天文仪器，天球仪、地球仪等；③白塔尼编制出"萨比天文表"，从理论上证明了发生日环食的可能性

医学：①临床外科医师拉齐斯，著有《医学集成》《精神疗法》《天花和麻疹》等；②伊本·西拿（阿维纳森）有"医中之王"之誉，其著作《医典》是阿拉伯医学的最高成就

历史学和地理学：①塔巴里的《先知与诸王纪年》作为编年史的代表作，保存了丰富的史料；②马苏迪的《黄金草原》是纪事体的代表作；③伊本·白图泰的《伊本·白图泰游记》，是研究中世纪穆斯林统治的北非、拜占庭帝国和亚洲等地区历史的极为珍贵的资料；④花剌子密的《地形学》，书中附有"地球形象"

文学：《天方夜谭》（又名《一千零一夜》）于10世纪中叶初步形成，16世纪最后编定，反映了帝国境内各民族的社会生活和风俗习惯

建筑：高耸入云的宣礼塔、教堂的圆顶和拱形结构，如耶路撒冷圆顶清真寺建于691年，被称为"沙漠中的圆顶"

翻译：沟通东西方学术文化交流的桥梁，翻译经典，出现了"百年翻译运动"

文化的传播和与中国的交流（2023年选）

对亚洲、非洲：①伊斯兰教向亚洲、北非等地传播，成为世界三大宗教之一；②阿拉伯人通过丝绸之路经商，与亚洲各国相互交流、相互影响

对欧洲：阿拉伯文化主要通过西班牙向西欧传播，对欧洲的自然科学、社会科学和文学艺术的发展起促进作用

与中国的交流：
把印度的十进位法、糖、棉花、稻米传入中国，中国的造纸术、印刷术、火药、指南针等由阿拉伯人传入西方
与唐朝广州、泉州、扬州等地经济往来频繁
元朝时给中国带来天文仪器、著作、航海和地理知识、医学、数学和建筑艺术

对西方文化的传承

阿拉伯帝国对古希腊罗马文化的继承起到了媒介作用，阿拉伯帝国通过百年翻译运动将古希腊罗马文化典籍翻译保存下来，这些翻译成果通过西班牙、西西里岛和十字军东征以及赴阿访学的西方学者等途径重新传回欧洲，点燃了欧洲智慧的火种；

促进了东西方的文化交流沟通，古希腊哲学、科学著作重新传入欧洲，促进了欧洲哲学和科学的复兴，从而为欧洲的文艺复兴奠定了思想基础

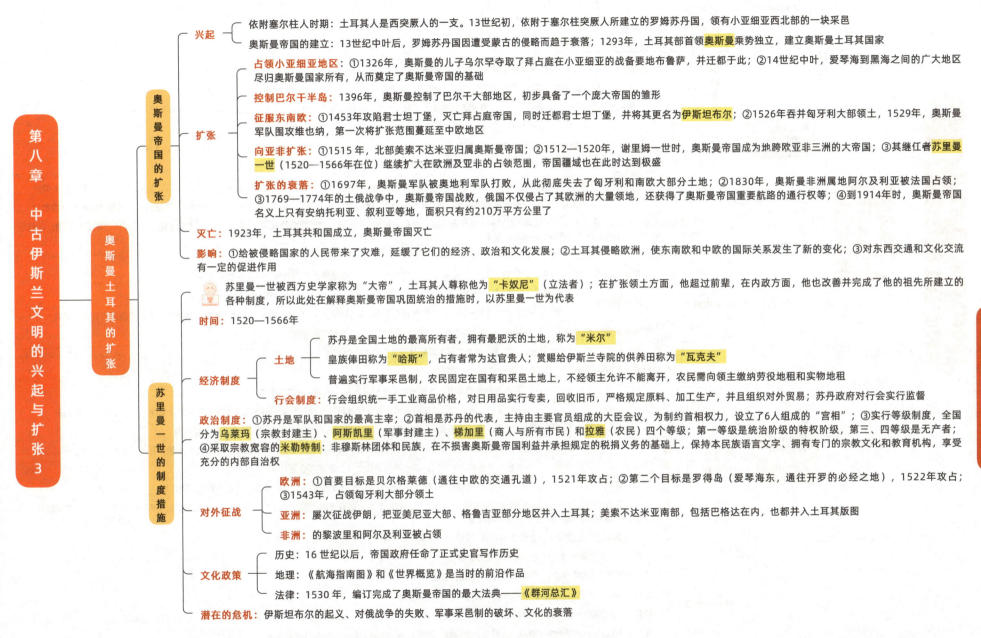

依附塞尔柱人时期：土耳其人是西突厥人的一支。13世纪初，依附于塞尔柱突厥人所建立的罗姆苏丹国，领有小亚细亚西北部的一块采邑

奥斯曼帝国的建立：13世纪中叶后，罗姆苏丹国因遭受蒙古的侵略而趋于衰落；1293年，土耳其部首领**奥斯曼**乘势独立，建立奥斯曼土耳其国家

占领小亚细亚地区：①1326年，奥斯曼的儿子乌尔罕夺取了拜占庭在小亚细亚的战备要地布鲁萨，并迁都于此；②14世纪中叶，爱琴海到黑海之间的广大地区尽归奥斯曼国家所有，从而奠定了奥斯曼帝国的基础

控制巴尔干半岛：1396年，奥斯曼控制了巴尔干大部地区，初步具备了一个庞大帝国的雏形

征服东南欧：①1453年攻陷君士坦丁堡，灭亡拜占庭帝国，同时迁都君士坦丁堡，并将其更名为**伊斯坦布尔**；②1526年吞并匈牙利大部领土，1529年，奥斯曼军队围攻维也纳，第一次将扩张范围蔓延至中欧地区

向亚非扩张：①1515年，北部美索不达米亚归属奥斯曼帝国；②1512—1520年，谢里姆一世时，奥斯曼帝国成为地跨欧亚非三洲的大帝国；③其继任者**苏里曼一世**（1520—1566年在位）继续扩大在欧洲及亚非的占领范围，帝国疆域也在此时达到极盛

扩张的衰落：①1697年，奥斯曼军队被奥地利军队打败，从此彻底失去了匈牙利和南欧大部分土地；②1830年，奥斯曼非洲属地阿尔及利亚被法国占领；③1769—1774年的土俄战争中，奥斯曼帝国战败，俄国不仅侵占了其欧洲的大量领地，还获得了奥斯曼帝国重要航路的通行权等；④到1914年时，奥斯曼帝国名义上只有安纳托利亚、叙利亚等地，面积只有约210万平方公里了

灭亡：1923年，土耳其共和国成立，奥斯曼帝国灭亡

影响：①给被侵略国家的人民带来了灾难，延缓了它们的经济、政治和文化发展；②土耳其侵略欧洲，使东南欧和中欧的国际关系发生了新的变化；③对东西交通和文化交流有一定的促进作用

苏里曼一世被西方史学家称为"大帝"，土耳其人尊称他为"**卡奴尼**"（立法者）；在扩张领土方面，他超过前辈，在内政方面，他也改善并完成了他的祖先所建立的各种制度，所以此处在解释奥斯曼帝国巩固统治的措施时，以苏里曼一世为代表

时间：1520—1566年

经济制度

　　土地

　　　苏丹是全国土地的最高所有者，拥有最肥沃的土地，称为"**米尔**"

　　　皇族俸田称为"**哈斯**"，占有者常为达官贵人；赏赐给伊斯兰寺院的供养田称为"**瓦克夫**"

　　　普遍实行军事采邑制，农民固定在国有和采邑土地上，不经领主允许不能离开，农民需向领主缴纳劳役地租和实物地租

　　行会制度：行会组织统一手工业商品价格，对日用品实行专卖，回收旧币，严格规定原料、加工生产，并且组织对外贸易；苏丹政府对行会实行监督

政治制度：①苏丹是军队和国家的最高主宰；②首相是苏丹的代表，主持由主要官员组成的大臣会议，为制约首相权力，设立了6人组成的"宫相"；③实行等级制度，全国分为**乌莱玛**（宗教封建主）、**阿斯凯里**（军事封建主）、**梯加里**（商人与所有市民）和**拉雅**（农民）四个等级；第一等级是统治阶级的特权阶级，第三、四等级是无产者；④采取宗教宽容的**米勒特制**：非穆斯林团体和民族，在不损害奥斯曼帝国利益并承担规定的税捐义务的基础上，保持本民族语言文字、拥有专门的宗教文化和教育机构，享受充分的内部自治权

对外征战

　　欧洲：①首要目标是贝尔格莱德（通往中欧的交通孔道），1521年攻占；②第二个目标是罗得岛（爱琴海东，通往开罗的必经之地），1522年攻占；③1543年，占领匈牙利大部分领土

　　亚洲：屡次征战伊朗，把亚美尼亚大部、格鲁吉亚部分地区并入土耳其；美索不达米亚南部，包括巴格达在内，也都并入土耳其版图

　　非洲：的黎波里和阿尔及利亚被占领

文化政策

　　历史：16世纪以后，帝国政府任命了正式史官写作历史

　　地理：《航海指南图》和《世界概览》是当时的前沿作品

　　法律：1530年，编订完成了奥斯曼帝国的最大法典——《**群河总汇**》

潜在的危机：伊斯坦布尔的起义、对俄战争的失败、军事采邑制的破坏、文化的衰落

兴起　扩张

奥斯曼帝国的扩张

奥斯曼土耳其的扩张

苏里曼一世的制度措施

世界古代中世纪史

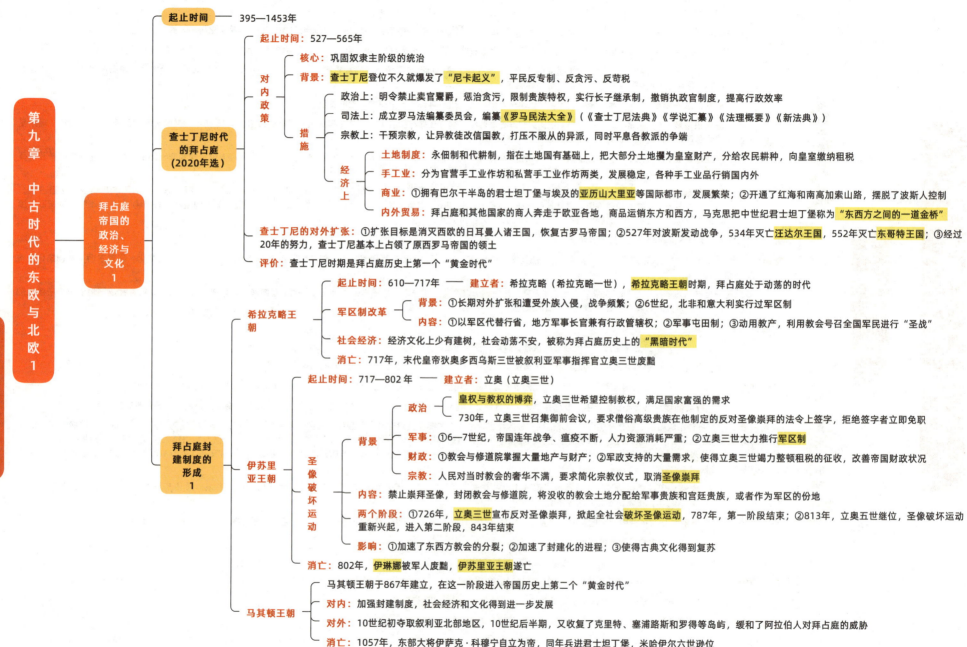

第九章 中古时代的东欧与北欧 1

世界古代中世纪史

起止时间—— 395—1453年

拜占庭帝国的政治、经济与文化 1

查士丁尼时代的拜占庭（2020年选）

- **起止时间：527—565年**
- **对内政策**
  - **核心：** 巩固奴隶主阶级的统治
  - **背景：** 查士丁尼登位不久就爆发了"尼卡起义"，平民反专制、反贪污、反苛税
  - **措施**
    - 政治上：明令禁止卖官鬻爵，惩治贪污，限制贵族特权，实行长子继承制，撤销执政官制度，提高行政效率
    - 司法上：成立罗马法编纂委员会，编纂《罗马民法大全》（《查士丁尼法典》《学说汇纂》《法理概要》《新法典》）
    - 宗教上：干预宗教，让异教徒改信国教，打压不服从的异派，同时平息各教派的争端
    - 经济上
      - **土地制度：** 永佃制和代耕制，指在土地国有基础上，把大部分土地攫为皇室财产，分给农民耕种，向皇室缴纳租税
      - **手工业：** 分为官营手工业作坊和私营手工业作坊两类，发展稳定，各种手工业品行销国内外
      - **商业：** ①拥有巴尔干半岛的君士坦丁堡与埃及的亚历山大里亚等国际都市，发展繁荣；②开通了红海和南高加索山路，摆脱了波斯人控制
      - **内外贸易：** 拜占庭和其他国家的商人奔走于欧亚各地，商品运销东方和西方，马克思把中世纪君士坦丁堡称为"东西方之间的一道金桥"
- **查士丁尼的对外扩张：** ①扩张目标是消灭西欧的日耳曼人诸王国，恢复古罗马帝国；②527年对波斯发动战争，534年灭亡汪达尔王国，552年灭亡东哥特王国；③经过20年的努力，查士丁尼基本上占领了原西罗马帝国的领土
- **评价：** 查士丁尼时期是拜占庭历史上第一个"黄金时代"

拜占庭封建制度的形成 1

希拉克略王朝

- **起止时间：610—717年** **建立者：** 希拉克略（希拉克略一世），希拉克略王朝时期，拜占庭处于动荡的时代
- **军区制改革**
  - **背景：** ①长期对外扩张和遭受外族入侵，战争频繁；②6世纪，北非和意大利实行过军区制
  - **内容：** ①以军区代替行省，地方军事长官兼有行政管辖权；②军事屯田制；③动用教产，利用教会号召全国军民进行"圣战"
- **社会经济：** 经济文化上少有建树，社会动荡不安，被称为拜占庭历史上的"黑暗时代"
- **消亡：** 717年，末代皇帝狄奥多西乌斯三世被叙利亚军事指挥官立奥三世废黜

伊苏里亚王朝

- **起止时间：717—802年** **建立者：** 立奥（立奥三世）
- **圣像破坏运动**
  - **背景**
    - **政治：** 皇权与教权的博弈，立奥三世希望控制教权，满足国家富强的需求 / 730年，立奥三世召集御前会议，要求僧俗高级贵族在他制定的反对圣像崇拜的法令上签字，拒绝签字者立即免职
    - **军事：** ①6—7世纪，帝国连年战争、瘟疫不断，人力资源消耗严重；②立奥三世大力推行军区制
    - **财政：** ①教会与修道院掌握大量地产与财产；②军政支持的大量需求，使得立奥三世竭力整顿租税的征收，改善帝国财政状况
    - **宗教：** 人民对当时教会的奢华不满，要求简化宗教仪式，取消圣像崇拜
  - **内容：** 禁止崇拜圣像，封闭教会与修道院，将没收的教会土地分配给军事贵族和宫廷贵族，或者作为军区的份地
  - **两个阶段：** ①726年，立奥三世宣布反对圣像崇拜，掀起全社会破坏圣像运动，787年，第一阶段结束；②813年，立奥五世继位，圣像破坏运动重新兴起，进入第二阶段，843年结束
  - **影响：** ①加速了东西方教会的分裂；②加速了封建化的进程；③使得古典文化得到复苏
- **消亡：** 802年，伊琳娜被军人废黜，伊苏里亚王朝遂亡

马其顿王朝

- 马其顿王朝于867年建立，在这一阶段进入帝国历史上第二个"黄金时代"
- **对内：** 加强封建制度，社会经济和文化得到进一步发展
- **对外：** 10世纪初夺取叙利亚北部地区，10世纪后半期，又收复了克里特、塞浦路斯和罗得等岛屿，缓和了阿拉伯人对拜占庭的威胁
- **消亡：** 1057年，东部大将伊萨克·科穆宁自立为帝，同年兵进君士坦丁堡，米哈伊尔六世逊位

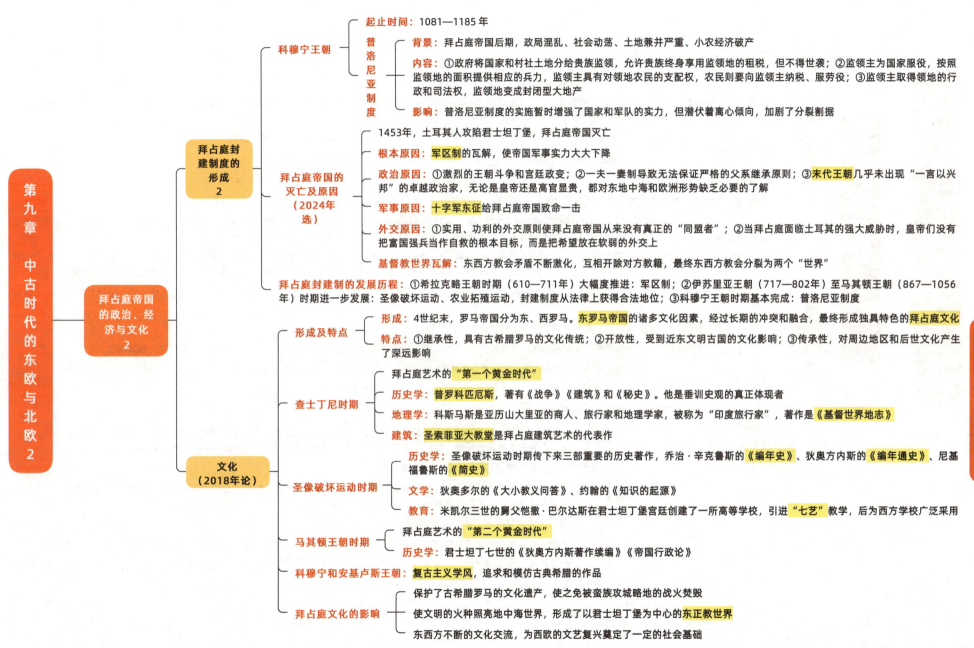

第九章　中古时代的东欧与北欧 2

拜占庭帝国的政治、经济与文化 2

拜占庭封建制度的形成 2

科穆宁王朝

起止时间：1081—1185 年

普洛尼亚制度

背景：拜占庭帝国后期，政局混乱、社会动荡、土地兼并严重、小农经济破产

内容：①政府将国家和村社土地分给贵族监领，允许贵族终身享用监领地的租税，但不得世袭；②监领主为国家服役，按照监领地的面积提供相应的兵力，监领主具有对领地农民的支配权，农民则要向监领主纳税、服劳役；③监领主取得领地的行政和司法权，监领地变成封闭型大地产

影响：普洛尼亚制度的实施暂时增强了国家和军队的实力，但潜伏着离心倾向，加剧了分裂割据

拜占庭帝国的灭亡及原因（2024年选）

1453年，土耳其人攻陷君士坦丁堡，拜占庭帝国灭亡

根本原因：军区制的瓦解，使帝国军事实力大大下降

政治原因：①激烈的王朝斗争和宫廷政变；②一夫一妻制导致无法保证严格的父系继承原则；③末代王朝几乎未出现"一言以兴邦"的卓越政治家，无论是皇帝还是高官显贵，都对东地中海和欧洲形势缺乏必要的了解

军事原因：十字军东征给拜占庭帝国致命一击

外交原因：①实用、功利的外交原则使拜占庭帝国从来没有真正的"同盟者"；②当拜占庭面临土耳其的强大威胁时，皇帝们没有把富国强兵当作自救的根本目标，而是把希望放在软弱的外交上

基督教世界瓦解：东西方教会矛盾不断激化，互相开除对方教籍，最终东西方教会分裂为两个"世界"

拜占庭封建制的发展历程：①希拉克略王朝时期（610—711年）大幅度推进：军区制；②伊苏里亚王朝（717—802年）至马其顿王朝（867—1056年）时期进一步发展：圣像破坏运动、农业拓殖运动，封建制度从法律上获得合法地位；③科穆宁王朝时期基本完成：普洛尼亚制度

文化（2018年论）

形成及特点

形成：4世纪末，罗马帝国分为东、西罗马。东罗马帝国的诸多文化因素，经过长期的冲突和融合，最终形成独具特色的拜占庭文化

特点：①继承性，具有古希腊罗马的文化传统；②开放性，受到近东文明古国的文化影响；③传承性，对周边地区和后世文化产生了深远影响

查士丁尼时期

拜占庭艺术的"第一个黄金时代"

历史学：普罗科匹厄斯，著有《战争》《建筑》和《秘史》。他是垂训史观的真正体现者

地理学：科斯马斯是亚历山大里亚的商人、旅行家和地理学家，被称为"印度旅行家"，著作是《基督世界地志》

建筑：圣索菲亚大教堂是拜占庭建筑艺术的代表作

圣像破坏运动时期

历史学：圣像破坏运动时期传下来三部重要的历史著作，乔治·辛克鲁斯的《编年史》、狄奥方内斯的《编年通史》、尼基福鲁斯的《简史》

文学：狄奥多尔的《大小教义问答》、约翰的《知识的起源》

教育：米凯尔三世的舅父恺撒·巴尔达斯在君士坦丁堡宫廷创建了一所高等学校，引进"七艺"教学，后为西方学校广泛采用

马其顿王朝时期

拜占庭艺术的"第二个黄金时代"

历史学：君士坦丁七世的《狄奥方内斯著作续编》《帝国行政论》

科穆宁和安基卢斯王朝：复古主义学风，追求和模仿古典希腊的作品

拜占庭文化的影响

保护了古希腊罗马的文化遗产，使之免被蛮族攻城略地的战火焚毁

使文明的火种照亮地中海世界，形成了以君士坦丁堡为中心的东正教世界

东西方不断的文化交流，为西欧的文艺复兴奠定了一定的社会基础

世界古代中世纪史

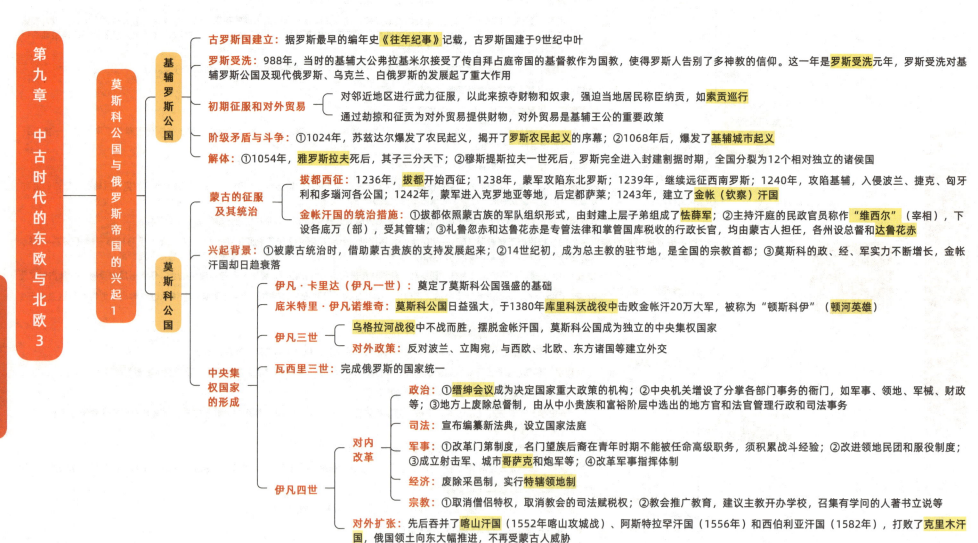

第九章 中古时代的东欧与北欧 3

世界古代中世纪史

莫斯科公国与俄罗斯帝国的兴起 1

基辅罗斯公国

古罗斯国建立：据罗斯最早的编年史《往年纪事》记载，古罗斯国建于9世纪中叶

罗斯受洗：988年，当时的基辅大公弗拉基米尔接受了传自拜占庭帝国的基督教作为国教，使得罗斯人告别了多神教的信仰。这一年是罗斯受洗元年，罗斯受洗对基辅罗斯公国及现代俄罗斯、乌克兰、白俄罗斯的发展起了重大作用

初期征服和对外贸易
— 对邻近地区进行武力征服，以此来掠夺财物和奴隶，强迫当地居民称臣纳贡，如索贡巡行
— 通过劫掠和征贡为对外贸易提供财物，对外贸易是基辅王公的重要政策

阶级矛盾与斗争：①1024年，苏兹达尔爆发了农民起义，揭开了罗斯农民起义的序幕；②1068年后，爆发了基辅城市起义

解体：①1054年，雅罗斯拉夫死后，其子三分天下；②穆斯提斯拉夫一世死后，罗斯完全进入封建割据时期，全国分裂为12个相对独立的诸侯国

莫斯科公国

蒙古的征服及其统治
— **拔都西征**：1236年，拔都开始西征；1238年，蒙军攻陷东北罗斯；1239年，继续远征西南罗斯；1240年，攻陷基辅，入侵波兰、捷克、匈牙利和多瑙河各公国；1242年，蒙军进入克罗地亚等地，后定都萨莱；1243年，建立了金帐（钦察）汗国
— **金帐汗国的统治措施**：①拔都依照蒙古族的军队组织形式，由封建上层子弟组成了怯薛军；②主持汗庭的民政官员称作"维西尔"（宰相），下设各底万（部），受其管辖；③札鲁忽赤和达鲁花赤是专管法律和掌管国库税收的行政长官，均由蒙古人担任，各州设总督和达鲁花赤

兴起背景：①被蒙古统治时，借助蒙古贵族的支持发展起来；②14世纪初，成为总主教的驻节地，是全国的宗教首都；③莫斯科的政、经、军实力不断增长，金帐汗国却日趋衰落

中央集权国家的形成

伊凡·卡里达（伊凡一世）：奠定了莫斯科公国强盛的基础

底米特里·伊凡诺维奇：莫斯科公国日益强大，于1380年库里科沃战役中击败金帐汗20万大军，被称为"顿斯科伊"（顿河英雄）

伊凡三世
— 乌格拉河战役中不战而胜，摆脱金帐汗国，莫斯科公国成为独立的中央集权国家
— **对外政策**：反对波兰、立陶宛，与西欧、北欧、东方诸国等建立外交

瓦西里三世：完成俄罗斯的国家统一

伊凡四世
— **对内改革**
  — **政治**：①缙绅会议成为决定国家重大政策的机构；②中央机关增设了分掌各部门事务的衙门，如军事、领地、军械、财政等；③地方上废除总督制，由从中小贵族和富裕阶层中选出的地方官和法官管理行政和司法事务
  — **司法**：宣布编纂新法典，设立国家法庭
  — **军事**：①改革门第制度，名门望族后裔在青年时期不能被任命高级职务，须积累战斗经验；②改进领地民团和服役制度；③成立射击军、城市哥萨克和炮军等；④改革军事指挥体制
  — **经济**：废除采邑制，实行特辖领地制
  — **宗教**：①取消僧侣特权，取消教会的司法赋税权；②教会推广教育，建议主教开办学校，召集有学问的人著书立说等
— **对外扩张**：先后吞并了喀山汗国（1552年喀山攻城战）、阿斯特拉罕汗国（1556年）和西伯利亚汗国（1582年），打败了克里木汗国，俄国领土向东大幅推进，不再受蒙古人威胁

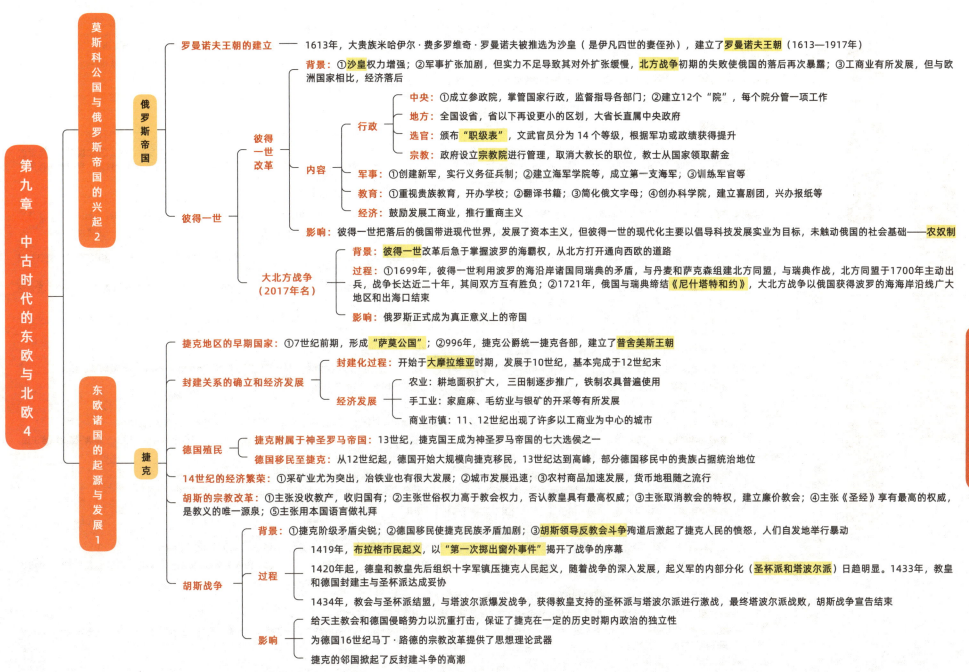

第九章 中古时代的东欧与北欧 4

莫斯科公国与俄罗斯帝国的兴起 2

俄罗斯帝国

罗曼诺夫王朝的建立——1613年，大贵族米哈伊尔·费多罗维奇·罗曼诺夫被推选为沙皇（是伊凡四世的妻侄孙），建立了罗曼诺夫王朝（1613—1917年）

彼得一世

彼得一世改革

背景：①沙皇权力增强；②军事扩张加剧，但实力不足导致其对外扩张缓慢，北方战争初期的失败使俄国的落后再次暴露；③工商业有所发展，但与欧洲国家相比，经济落后

内容

行政
- 中央：①成立参政院，掌管国家行政，监督指导各部门；②建立12个"院"，每个院分管一项工作
- 地方：全国设省，省以下再设更小的区划，大省长直属中央政府
- 选官：颁布"职级表"，文武官员分为14个等级，根据军功或政绩获得提升
- 宗教：政府设立宗教院进行管理，取消大教长的职位，教士从国家领取薪金

军事：①创建新军，实行义务征兵制；②建立海军学院等，成立第一支海军；③训练军官等

教育：①重视贵族教育，开办学校；②翻译书籍；③简化俄文字母；④创办科学院，建立喜剧团，兴办报纸等

经济：鼓励发展工商业，推行重商主义

影响：彼得一世把落后的俄国带进现代世界，发展了资本主义，但彼得一世的现代化主要以倡导科技发展实业为目标，未触动俄国的社会基础——农奴制

大北方战争（2017年名）

背景：彼得一世改革后急于掌握波罗的海霸权，从北方打开通向西欧的道路

过程：①1699年，彼得一世利用波罗的海沿岸诸国同瑞典的矛盾，与丹麦和萨克森组建北方同盟，与瑞典作战，北方同盟于1700年主动出兵，战争长达近二十年，其间双方互有胜负；②1721年，俄国与瑞典缔结《尼什塔特和约》，大北方战争以俄国获得波罗的海海岸沿线广大地区和出海口结束

影响：俄罗斯正式成为真正意义上的帝国

东欧诸国的起源与发展 1

捷克

捷克地区的早期国家：①7世纪前期，形成"萨莫公国"；②996年，捷克公爵统一捷克各部，建立了普舍美斯王朝

封建关系的确立和经济发展

封建化过程：开始于大摩拉维亚时期，发展于10世纪，基本完成于12世纪末

经济发展
- 农业：耕地面积扩大，三田制逐步推广，铁制农具普遍使用
- 手工业：家庭麻、毛纺业与银矿的开采等有所发展
- 商业市镇：11、12世纪出现了许多以工商业为中心的城市

德国殖民
- 捷克附属于神圣罗马帝国：13世纪，捷克国王成为神圣罗马帝国的七大选侯之一
- 德国移民至捷克：从12世纪起，德国开始大规模向捷克移民，13世纪达到高峰，部分德国移民中的贵族占据统治地位

14世纪的经济繁荣：①采矿业尤为突出，冶铁业也有很大发展；②城市发展迅速；③农村商品加速发展，货币地租随之流行

胡斯的宗教改革：①主张没收教产，收归国有；②主张世俗权力高于教会权力，否认教皇具有最高权威；③主张取消教会的特权，建立廉价教会；④主张《圣经》享有最高的权威，是教义的唯一源泉；⑤主张用本国语言做礼拜

胡斯战争

背景：①捷克阶级矛盾尖锐；②德国移民使捷克民族矛盾加剧；③胡斯领导反教会斗争殉道后激起了捷克人民的愤怒，人们自发地举行暴动

过程
- 1419年，布拉格市民起义，以"第一次掷出窗外事件"揭开了战争的序幕
- 1420年起，德皇和教皇先后组织十字军镇压捷克人民起义，随着战争的深入发展，起义军的内部分化（圣杯派和塔波尔派）日趋明显。1433年，教皇和德国封建主与圣杯派达成妥协
- 1434年，教会与圣杯派结盟，与塔波尔派爆发战争，获得教皇支持的圣杯派与塔波尔派进行激战，最终塔波尔派战败，胡斯战争宣告结束

影响
- 给天主教会和德国侵略势力以沉重打击，保证了捷克在一定的历史时期内政治的独立性
- 为德国16世纪马丁·路德的宗教改革提供了思想理论武器
- 捷克的邻国掀起了反封建斗争的高潮

世界古代中世纪史

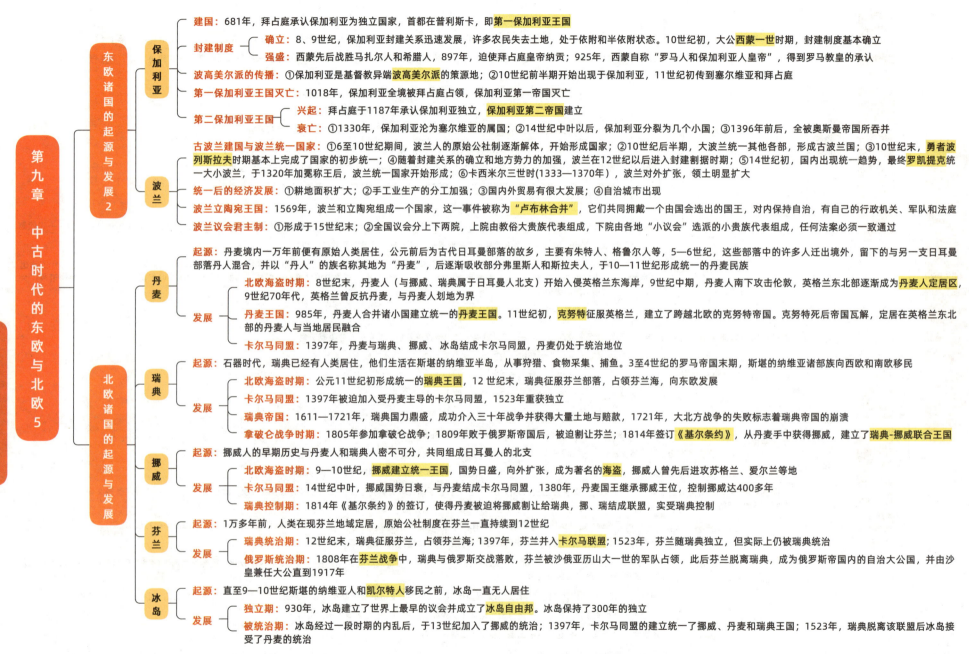

第九章 中古时代的东欧与北欧 5

世界古代中世纪史

东欧诸国的起源与发展2

保加利亚

- **建国**：681年，拜占庭承认保加利亚为独立国家，首都在普利斯卡，即第一保加利亚王国
- **封建制度**
  - **确立**：8、9世纪，保加利亚封建关系迅速发展，许多农民失去土地，处于依附和半依附状态。10世纪初，大公西蒙一世时期，封建制度基本确立
  - **强盛**：西蒙先后战胜马扎尔人和希腊人，897年，迫使拜占庭皇帝纳贡；925年，西蒙自称"罗马人和保加利亚人皇帝"，得到罗马教皇的承认
- **波高美尔派的传播**：①保加利亚是基督教异端波高美尔派的策源地；②10世纪前半期开始出现于保加利亚，11世纪初传到塞尔维亚和拜占庭
- **第一保加利亚王国灭亡**：1018年，保加利亚全境被拜占庭占领，保加利亚第一帝国灭亡
- **第二保加利亚王国**
  - **兴起**：拜占庭于1187年承认保加利亚独立，保加利亚第二帝国建立
  - **衰亡**：①1330年，保加利亚沦为塞尔维亚的属国；②14世纪中叶以后，保加利亚分裂为几个小国；③1396年前后，全被奥斯曼帝国所吞并

波兰

- **古波兰建国与波兰统一国家**：①6至10世纪期间，波兰人的原始公社制逐渐解体，开始形成国家；②10世纪后半期，大波兰统一其他各部，形成古波兰国；③10世纪末，勇者波列斯拉夫时期基本上完成了国家的初步统一；④随着封建关系的确立和地方势力的加强，波兰在12世纪以后进入封建割据时期；⑤14世纪初，国内出现统一趋势，最终罗凯提克统一大小波兰，于1320年加冕称王后，波兰统一国家开始形成；⑥卡西米尔三世时(1333—1370年)，波兰对外扩张，领土明显扩大
- **统一后的经济发展**：①耕地面积扩大；②手工业生产的分工加强；③国内外贸易有很大发展；④自治城市出现
- **波兰立陶宛王国**：1569年，波兰和立陶宛组成一个国家，这一事件被称为"卢布林合并"，它们共同拥戴一个由国会选出的国王，对内保持自治，有自己的行政机关、军队和法庭
- **波兰议会君主制**：①形成于15世纪末；②全国议会分上下两院，上院由教俗大贵族代表组成，下院由各地"小议会"选派的小贵族代表组成，任何法案必须一致通过

北欧诸国的起源与发展

丹麦

- **起源**：丹麦境内一万年前便有原始人类居住，公元前后为古代日耳曼部落的故乡，主要有朱特人、格鲁尔人等，5—6世纪，这些部落中的许多人迁出境外，留下的与另一支日耳曼部落丹人混合，并以"丹人"的族名称其地为"丹麦"，后逐渐吸收部分弗里斯人和斯拉夫人，于10—11世纪形成统一的丹麦民族
- **发展**
  - **北欧海盗时期**：8世纪末，丹麦人（与挪威、瑞典属于日耳曼人北支）开始入侵英格兰东海岸，9世纪中期，丹麦人南下攻击伦敦，英格兰东北部逐渐成为丹麦人定居区，9世纪70年代，英格兰曾反抗丹麦，与丹麦人划地为界
  - **丹麦王国**：985年，丹麦人合并诸小国建立统一的丹麦王国。11世纪初，克努特征服英格兰，建立了跨越北欧的克努特帝国。克努特死后帝国瓦解，定居在英格兰东北部的丹麦人与当地居民融合
  - **卡尔马同盟**：1397年，丹麦与瑞典、挪威、冰岛结成卡尔马同盟，丹麦仍处于统治地位

瑞典

- **起源**：石器时代，瑞典已经有人类居住，他们生活在斯堪的纳维亚半岛，从事狩猎、食物采集、捕鱼。3至4世纪的罗马帝国末期，斯堪的纳维亚诸部族向西欧和南欧移民
- **发展**
  - **北欧海盗时期**：公元11世纪初形成统一的瑞典王国，12世纪末，瑞典征服芬兰部落，占领芬兰海，向东欧发展
  - **卡尔马同盟**：1397年被迫加入受丹麦主导的卡尔马同盟，1523年重获独立
  - **瑞典帝国**：1611—1721年，瑞典国力鼎盛，成功介入三十年战争并获得大量土地与赔款，1721年，大北方战争的失败标志着瑞典帝国的崩溃
  - **拿破仑战争时期**：1805年参加拿破仑战争；1809年败于俄罗斯帝国后，被迫割让芬兰；1814年签订《基尔条约》，从丹麦手中获得挪威，建立了瑞典-挪威联合王国

挪威

- **起源**：挪威人的早期历史与丹麦人和瑞典人密不可分，共同组成日耳曼人的北支
- **发展**
  - **北欧海盗时期**：9—10世纪，挪威建立统一王国，国势日盛，向外扩张，成为著名的海盗，挪威人曾先后进攻苏格兰、爱尔兰等地
  - **卡尔马同盟**：14世纪中叶，挪威国势日衰，与丹麦结成卡尔马同盟，1380年，丹麦国王继承挪威王位，控制挪威达400多年
  - **瑞典控制期**：1814年《基尔条约》的签订，使得丹麦被迫将挪威割让给瑞典，挪、瑞结成联盟，实受瑞典控制

芬兰

- **起源**：1万多年前，人类在现芬兰地域定居，原始公社制度在芬兰一直持续到12世纪
- **发展**
  - **瑞典统治期**：12世纪末，瑞典征服芬兰，占领芬兰海；1397年，芬兰并入卡尔马联盟；1523年，芬兰随瑞典独立，但实际上仍被瑞典统治
  - **俄罗斯统治期**：1808年在芬兰战争中，瑞典与俄罗斯交战落败，芬兰被沙俄亚历山大一世的军队占领，此后芬兰脱离瑞典，成为俄罗斯帝国内的自治大公国，并由沙皇兼任大公直到1917年

冰岛

- **起源**：直至9—10世纪斯堪的纳维亚人和凯尔特人移民之前，冰岛一直无人居住
- **发展**
  - **独立期**：930年，冰岛建立了世界上最早的议会并成立了冰岛自由邦。冰岛保持了300年的独立
  - **被统治期**：冰岛经过一段时期的内乱后，于13世纪加入了挪威的统治；1397年，卡尔马同盟的建立统一了挪威、丹麦和瑞典王国；1523年，瑞典脱离该联盟后冰岛接受了丹麦的统治

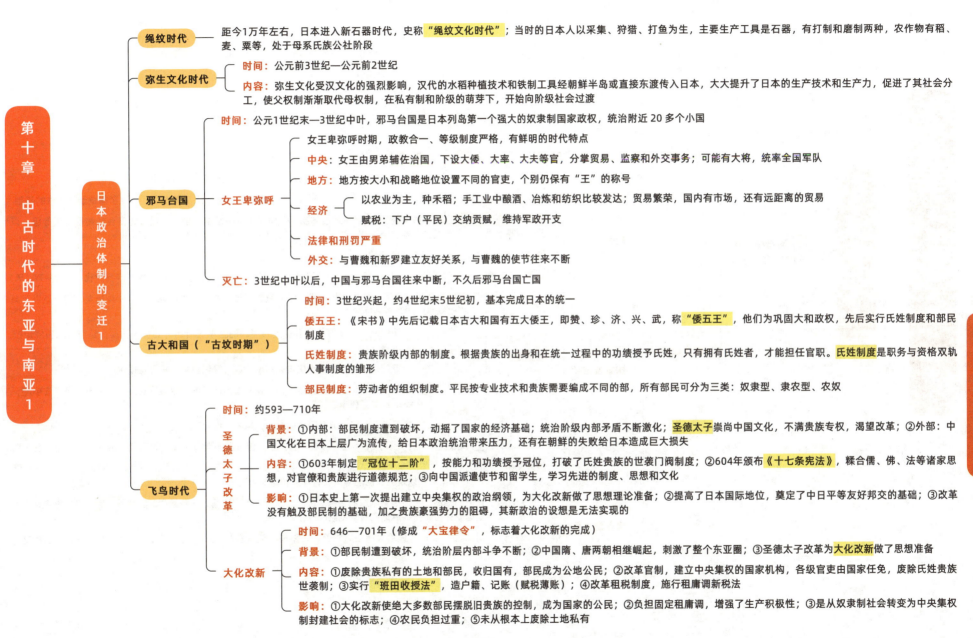

第十章 中古时代的东亚与南亚 1

日本政治体制的变迁 1

- **绳纹时代**
  距今1万年左右，日本进入新石器时代，史称**"绳纹文化时代"**；当时的日本人以采集、狩猎、打鱼为生，主要生产工具是石器，有打制和磨制两种，农作物有稻、麦、粟等，处于母系氏族公社阶段

- **弥生文化时代**
  - 时间：公元前3世纪—公元前2世纪
  - 内容：弥生文化受汉文化的强烈影响，汉代的水稻种植技术和铁制工具经朝鲜半岛或直接东渡传入日本，大大提升了日本的生产技术和生产力，促进了其社会分工，使父权制渐渐取代母权制，在私有制和阶级的萌芽下，开始向阶级社会过渡

- **邪马台国**
  - 时间：公元1世纪末—3世纪中叶，邪马台国是日本列岛第一个强大的奴隶制国家政权，统治附近20多个小国
  - **女王卑弥呼**
    - 女王卑弥呼时期，政教合一、等级制度严格，有鲜明的时代特点
    - 中央：女王由男弟辅佐治国，下设大倭、大率、大夫等官，分掌贸易、监察和外交事务；可能有大将，统率全国军队
    - 地方：地方按大小和战略地位设置不同的官吏，个别仍保有"王"的称号
    - 经济
      - 以农业为主，种禾稻；手工业中酿酒、冶炼和纺织比较发达；贸易繁荣，国内有市场，还有远距离的贸易
      - 赋税：下户（平民）交纳贡赋，维持军政开支
    - **法律和刑罚严重**
    - 外交：与曹魏和新罗建立友好关系，与曹魏的使节往来不断
  - 灭亡：3世纪中叶以后，中国与邪马台国往来中断，不久后邪马台国亡国

- **古大和国（"古坟时期"）**
  - 时间：3世纪兴起，约4世纪末5世纪初，基本完成日本的统一
  - 倭五王：《宋书》中先后记载日本古大和国有五大倭王，即赞、珍、济、兴、武，称**"倭五王"**，他们为巩固大和政权，先后实行氏姓制度和部民制度
  - 氏姓制度：贵族阶级内部的制度。根据贵族的出身和在统一过程中的功绩授予氏姓，只有拥有氏姓者，才能担任官职。**氏姓制度**是职务与资格双轨人事制度的雏形
  - 部民制度：劳动者的组织制度。平民按专业技术和贵族需要编成不同的部，所有部民可分为三类：奴隶型、隶农型、农奴

- **飞鸟时代**
  - **圣德太子改革**
    - 时间：约593—710年
    - 背景：①内部：部民制度遭到破坏，动摇了国家的经济基础；统治阶级内部矛盾不断激化；**圣德太子**崇尚中国文化，不满贵族专权，渴望改革；②外部：中国文化在日本上层广为流传，给日本政治统治带来压力，还有在朝鲜的失败给日本造成巨大损失
    - 内容：①603年制定**"冠位十二阶"**，按能力和功绩授予官位，打破了氏姓贵族的世袭门阀制度；②604年颁布**《十七条宪法》**，糅合儒、佛、法等诸家思想，对官僚和贵族进行道德规范；③向中国派遣使节和留学生，学习先进的制度、思想和文化
    - 影响：①日本史上第一次提出建立中央集权的政治纲领，为大化改新做了思想理论准备；②提高了日本国际地位，奠定了中日平等友好邦交的基础；③改革没有触及部民制的基础，加之贵族豪强势力的阻碍，其新政治的设想是无法实现的
  - **大化改新**
    - 时间：646—701年（修成**"大宝律令"**，标志着大化改新的完成）
    - 背景：①部民制遭到破坏，统治阶层内部斗争不断；②中国隋、唐两朝相继崛起，刺激了整个东亚圈；③圣德太子改革为**大化改新**做了思想准备
    - 内容：①废除贵族私有的土地和部民，收归国有，部民成为公地公民；②改革官制，建立中央集权的国家机构，各级官吏由国家任免，废除氏姓贵族世袭制；③实行**"班田收授法"**，造户籍、记账（赋税薄账）；④改革租税制度，施行租庸调新税法
    - 影响：①大化改新使绝大多数部民摆脱旧贵族的控制，成为国家的公民；②负担固定租庸调，增强了生产积极性；③是从奴隶制社会转变为中央集权制封建社会的标志；④农民负担过重；⑤未从根本上废除土地私有

世界古代中世纪史

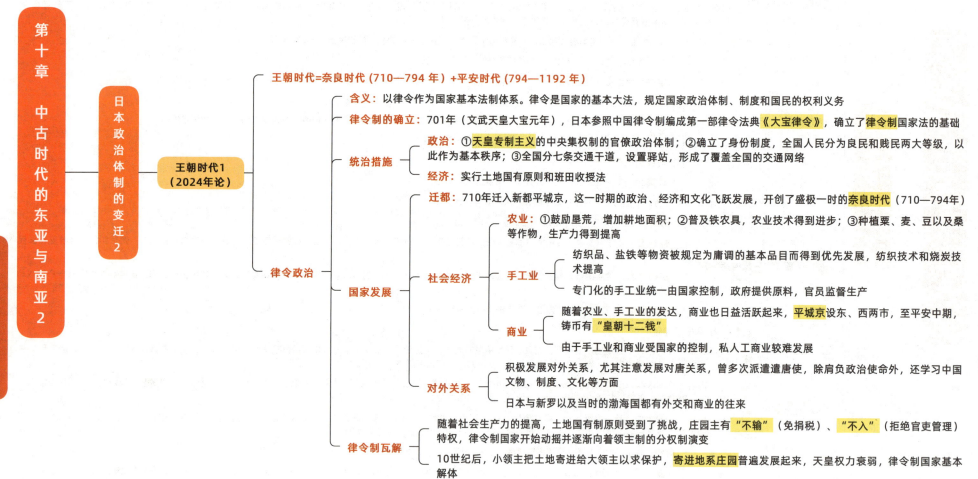

第十章 中古时代的东亚与南亚 2

世界古代中世纪史

日本政治体制的变迁 2

王朝时代1（2024年论）

王朝时代=奈良时代 (710—794 年) +平安时代 (794—1192 年)

律令政治

含义：以律令作为国家基本法制体系。律令是国家的基本大法，规定国家政治体制、制度和国民的权利义务

律令制的确立：701年（文武天皇大宝元年），日本参照中国律令制编成第一部律令法典《大宝律令》，确立了律令制国家法的基础

统治措施
政治：①天皇专制主义的中央集权制的官僚政治体制；②确立了身份制度，全国人民分为良民和贱民两大等级，以此作为基本秩序；③全国分七条交通干道，设置驿站，形成了覆盖全国的交通网络
经济：实行土地国有原则和班田收授法

国家发展
迁都：710年迁入新都平城京，这一时期的政治、经济和文化飞跃发展，开创了盛极一时的奈良时代（710—794年）

社会经济
　农业：①鼓励垦荒，增加耕地面积；②普及铁农具，农业技术得到进步；③种植粟、麦、豆以及桑等作物，生产力得到提高
　手工业
　　纺织品、盐铁等物资被规定为庸调的基本品目而得到优先发展，纺织技术和烧炭技术提高
　　专门化的手工业统一由国家控制，政府提供原料，官员监督生产
　商业
　　随着农业、手工业的发达，商业也日益活跃起来，平城京设东、西两市，至平安中期，铸币有"皇朝十二钱"
　　由于手工业和商业受国家的控制，私人工商业较难发展

对外关系
　积极发展对外关系，尤其注意发展对唐关系，曾多次派遣遣唐使，除肩负政治使命外，还学习中国文物、制度、文化等方面
　日本与新罗以及当时的渤海国都有外交和商业的往来

律令制瓦解
随着社会生产力的提高，土地国有制原则受到了挑战，庄园主有"不输"（免捐税）、"不入"（拒绝官吏管理）特权，律令制国家开始动摇并逐渐向着领主制的分权制演变
10世纪后，小领主把土地寄进给大领主以求保护，寄进地系庄园普遍发展起来，天皇权力衰弱，律令制国家基本解体

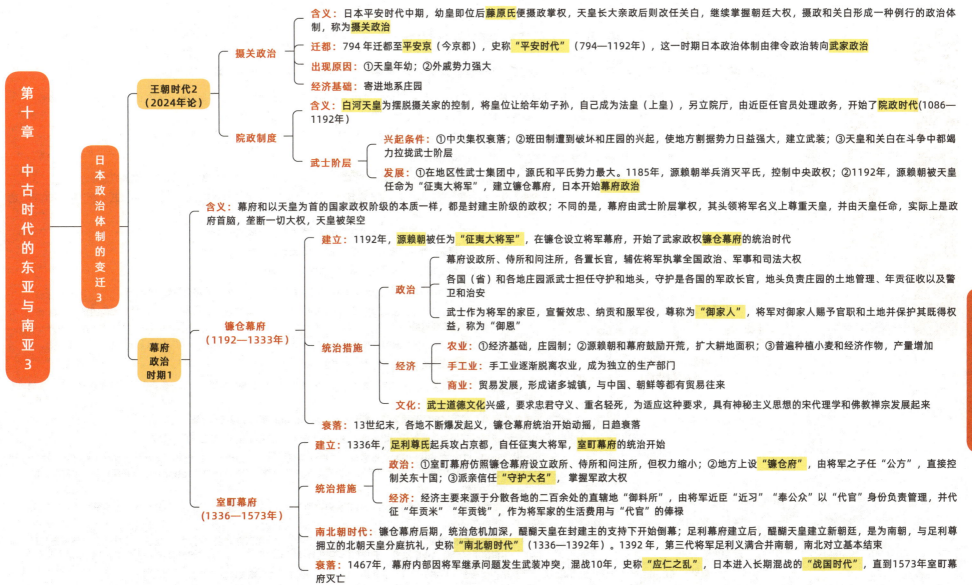

第十章 中古时代的东亚与南亚 3

日本政治体制的变迁 3

王朝时代 2（2024年论）

摄关政治

- **含义**：日本平安时代中期，幼皇即位后藤原氏便摄政掌权，天皇长大亲政后则改任关白，继续掌握朝廷大权，摄政和关白形成一种例行的政治体制，称为摄关政治
- **迁都**：794年迁都至平安京（今京都），史称"平安时代"（794—1192年），这一时期日本政治体制由律令政治转向武家政治
- **出现原因**：①天皇年幼；②外戚势力强大
- **经济基础**：寄进地系庄园

院政制度

- **含义**：白河天皇为摆脱摄关家的控制，将皇位让给年幼子孙，自己成为法皇（上皇），另立院厅，由近臣任官员处理政务，开始了院政时代(1086—1192年)

武士阶层

- **兴起条件**：①中央集权衰落；②班田制遭到破坏及庄园的兴起，使地方割据势力日益强大，建立武装；③天皇和关白在斗争中都竭力拉拢武士阶层
- **发展**：①在地区性武士集团中，源氏和平氏势力最大。1185年，源赖朝举兵消灭平氏，控制中央政权；②1192年，源赖朝被天皇任命为"征夷大将军"，建立镰仓幕府，日本开始幕府政治

幕府政治时期 1

含义：幕府和以天皇为首的国家政权阶级的本质一样，都是封建主阶级的政权；不同的是，幕府由武士阶层掌权，其头领将军名义上尊重天皇，并由天皇任命，实际上是政府首脑，垄断一切大权，天皇被架空

镰仓幕府（1192—1333年）

- **建立**：1192年，源赖朝被任为"征夷大将军"，在镰仓设立将军幕府，开始了武家政权镰仓幕府的统治时代
- **统治措施**
  - **政治**
    - 幕府设政所、侍所和问注所，各置长官，辅佐将军执掌全国政治、军事和司法大权
    - 各国（省）和各地庄园派武士担任守护和地头，守护是各国的军政长官，地头负责庄园的土地管理、年贡征收以及警卫和治安
    - 武士作为将军的家臣，宣誓效忠、纳贡和服军役，尊称为"御家人"，将军对御家人赐予官职和土地并保护其既得权益，称为"御恩"
  - **经济**
    - **农业**：①经济基础，庄园制；②源赖朝和幕府鼓励开荒，扩大耕地面积；③普遍种植小麦和经济作物，产量增加
    - **手工业**：手工业逐渐脱离农业，成为独立的生产部门
    - **商业**：贸易发展，形成诸多城镇，与中国、朝鲜等都有贸易往来
  - **文化**：武士道德文化兴盛，要求忠君守义、重名轻死，为适应这种要求，具有神秘主义思想的宋代理学和佛教禅宗发展起来
- **衰落**：13世纪末，各地不断爆发起义，镰仓幕府统治开始动摇，日趋衰落

室町幕府（1336—1573年）

- **建立**：1336年，足利尊氏起兵攻占京都，自任征夷大将军，室町幕府的统治开始
- **统治措施**
  - **政治**：①室町幕府仿照镰仓幕府设立政所、侍所和问注所，但权力缩小；②地方上设"镰仓府"，由将军之子任"公方"，直接控制关东十国；③派亲信任"守护大名"，掌握军政大权
  - **经济**：经济主要来源于分散各地的二百余处的直辖地"御料所"，由将军近臣"近习""奉公众"以"代官"身份负责管理，并代征"年贡米""年贡钱"，作为将军家的生活费用与"代官"的俸禄
- **南北朝时代**：镰仓幕府后期，统治危机加深，醍醐天皇在封建主的支持下开始倒幕；足利幕府建立后，醍醐天皇建立新朝廷，是为南朝，与足利拥立的北朝天皇分庭抗礼，史称"南北朝时代"（1336—1392年）。1392年，第三代将军足利义满合并南朝，南北对立基本结束
- **衰落**：1467年，幕府内部因将军继承问题发生武装冲突，混战10年，史称"应仁之乱"，日本进入长期混战的"战国时代"，直到1573年室町幕府灭亡

世界古代中世纪史

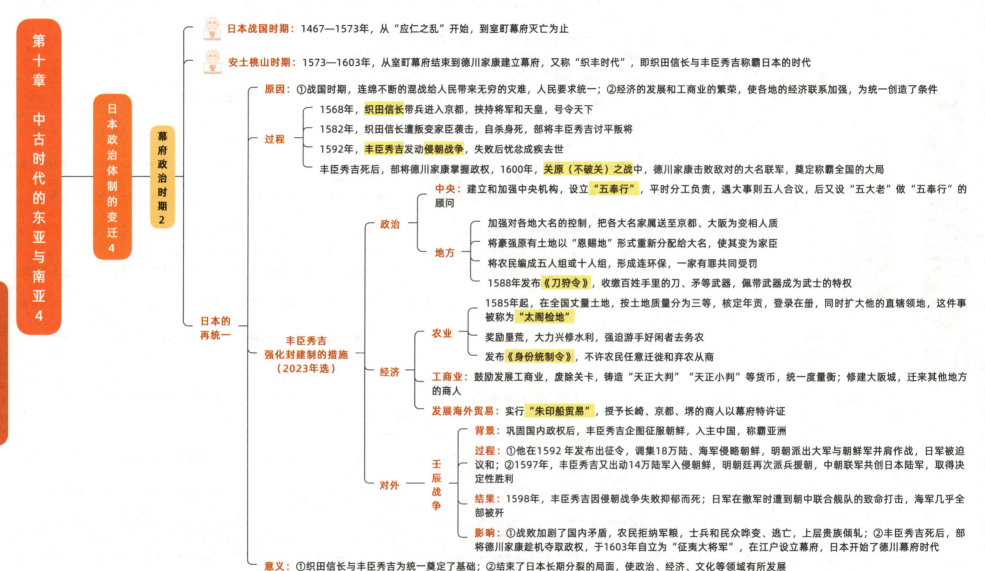

第十章 中古时代的东亚与南亚 4

世界古代中世纪史

日本政治体制的变迁 4

幕府政治时期 2

日本战国时期： 1467—1573年，从"应仁之乱"开始，到室町幕府灭亡为止

安土桃山时期： 1573—1603年，从室町幕府结束到德川家康建立幕府，又称"织丰时代"，即织田信长与丰臣秀吉称霸日本的时代

日本的再统一

原因： ①战国时期，连绵不断的混战给人民带来无穷的灾难，人民要求统一；②经济的发展和工商业的繁荣，使各地的经济联系加强，为统一创造了条件

过程
- 1568年，织田信长带兵进入京都，挟持将军和天皇，号令天下
- 1582年，织田信长遭叛变家臣袭击，自杀身死，部将丰臣秀吉讨平叛将
- 1592年，丰臣秀吉发动侵朝战争，失败后忧忿成疾去世
- 丰臣秀吉死后，部将德川家康掌握政权，1600年，关原（不破关）之战中，德川家康击败敌对的大名联军，奠定称霸全国的大局

丰臣秀吉强化封建制的措施（2023年选）

政治
- **中央：** 建立和加强中央机构，设立"五奉行"，平时分工负责，遇大事则五人合议，后又设"五大老"做"五奉行"的顾问
- **地方**
  - 加强对各地大名的控制，把各大名家属送至京都、大阪为变相人质
  - 将豪强原有土地以"恩赐地"形式重新分配给大名，使其变为家臣
  - 将农民编成五人组或十人组，形成连环保，一家有罪共同受罚
  - 1588年发布《刀狩令》，收缴百姓手里的刀、矛等武器，佩带武器成为武士的特权

经济
- **农业**
  - 1585年起，在全国丈量土地，按土地质量分为三等，核定年贡，登录在册，同时扩大他的直辖领地，这件事被称为"太阁检地"
  - 奖励垦荒，大力兴修水利，强迫游手好闲者去务农
  - 发布《身份统制令》，不许农民任意迁徙和弃农从商
- **工商业：** 鼓励发展工商业，废除关卡，铸造"天正大判""天正小判"等货币，统一度量衡；修建大阪城，迁来其他地方的商人
- **发展海外贸易：** 实行"朱印船贸易"，授予长崎、京都、堺的商人以幕府特许证

对外
- **壬辰战争**
  - **背景：** 巩固国内政权后，丰臣秀吉企图征服朝鲜，入主中国，称霸亚洲
  - **过程：** ①他在1592年发布出征令，调集18万陆、海军侵略朝鲜，明朝派出大军与朝鲜军并肩作战，日军被迫议和；②1597年，丰臣秀吉又出动14万陆军入侵朝鲜，明朝廷再次派兵援朝，中朝联军共创日本陆军，取得决定性胜利
  - **结果：** 1598年，丰臣秀吉因侵朝战争失败抑郁而死；日军在撤军时遭到朝中联合舰队的致命打击，海军几乎全部被歼
  - **影响：** ①战败加剧了国内矛盾，农民拒纳军粮，士兵和民众哗变、逃亡，上层贵族倾轧；②丰臣秀吉死后，部将德川家康趁机夺取政权，于1603年自立为"征夷大将军"，在江户设立幕府，日本开始了德川幕府时代

意义： ①织田信长与丰臣秀吉为统一奠定了基础；②结束了日本长期分裂的局面，使政治、经济、文化等领域有所发展

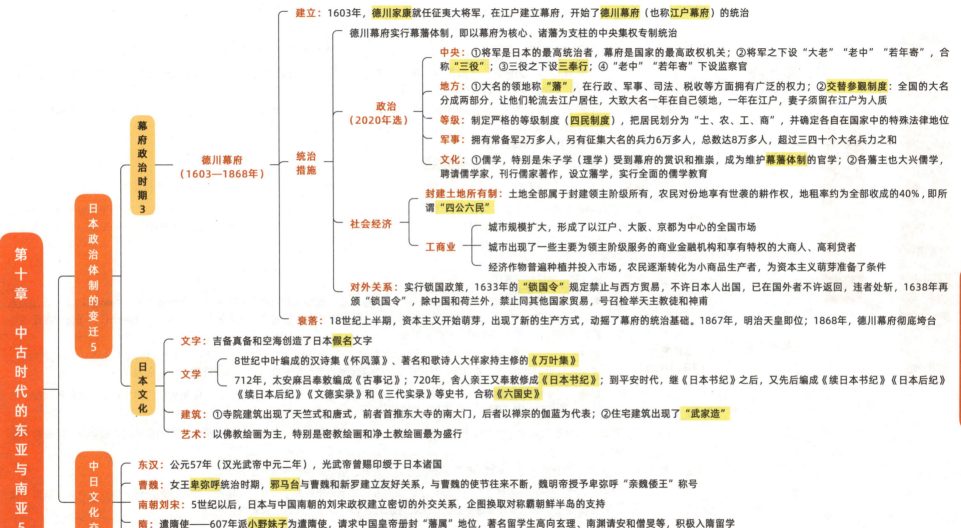

第十章　中古时代的东亚与南亚 5

日本政治体制的变迁 5

幕府政治时期 3

德川幕府（1603—1868年）

统治措施

建立：1603年，德川家康就任征夷大将军，在江户建立幕府，开始了德川幕府（也称江户幕府）的统治

德川幕府实行幕藩体制，即以幕府为核心、诸藩为支柱的中央集权专制统治

政治（2020年选）

中央：①将军是日本的最高统治者，幕府是国家的最高政权机关；②将军之下设"大老""老中""若年寄"，合称"三役"；③三役之下设三奉行；④"老中""若年寄"下设监察官

地方：①大名的领地称"藩"，在行政、军事、司法、税收等方面拥有广泛的权力；②交替参觐制度：全国的大名分成两部分，让他们轮流去江户居住，大致大名一年在自己领地，一年在江户，妻子须留在江户为人质

等级：制定严格的等级制度（四民制度），把居民划分为"士、农、工、商"，并确定各自在国家中的特殊法律地位

军事：拥有常备军2万多人，另有征集大名的兵力6万多人，总数达8万多人，超过三四十个大名兵力之和

文化：①儒学，特别是朱子学（理学）受到幕府的赏识和推崇，成为维护幕藩体制的官学；②各藩主也大兴儒学，聘请儒学家，刊行儒家著作，设立藩学，实行全面的儒学教育

社会经济

封建土地所有制：土地全部属于封建领主阶级所有，农民对份地享有世袭的耕作权，地租率约为全部收成的40%，即所谓"四公六民"

工商业：
城市规模扩大，形成了以江户、大阪、京都为中心的全国市场
城市出现了一些主要为领主阶级服务的商业金融机构和享有特权的大商人、高利贷者
经济作物普遍种植并投入市场，农民逐渐转化为小商品生产者，为资本主义萌芽准备了条件

对外关系：实行锁国政策，1633年的"锁国令"规定禁止与西方贸易，不许日本人出国，已在国外者不许返回，违者处斩，1638年再颁"锁国令"，除中国和荷兰外，禁止同其他国家贸易，号召检举天主教徒和神甫

衰落：18世纪上半期，资本主义开始萌芽，出现了新的生产方式，动摇了幕府的统治基础。1867年，明治天皇即位；1868年，德川幕府彻底垮台

日本文化

文字：吉备真备和空海创造了日本假名文字

文学：
8世纪中叶编成的汉诗集《怀风藻》、著名和歌诗人大伴家持主修的《万叶集》
712年，太安麻吕奉敕编成《古事记》；720年，舍人亲王又奉敕修成《日本书纪》；到平安时代，继《日本书纪》之后，又先后编成《续日本书纪》《日本后纪》《续日本后纪》《文德实录》和《三代实录》等史书，合称《六国史》

建筑：①寺院建筑出现了天竺式和唐式，前者首推东大寺的南大门，后者以禅宗的伽蓝为代表；②住宅建筑出现了"武家造"

艺术：以佛教绘画为主，特别是密教绘画和净土教绘画最为盛行

中日文化交流

东汉：公元57年（汉光武帝中元二年），光武帝曾赐印绶于日本诸国

曹魏：女王卑弥呼统治时期，邪马台与曹魏和新罗建立友好关系，与曹魏的使节往来不断，魏明帝授予卑弥呼"亲魏倭王"称号

南朝刘宋：5世纪以后，日本与中国南朝的刘宋政权建立密切的外交关系，企图换取对称霸朝鲜半岛的支持

隋：遣隋使——607年派小野妹子为遣隋使，请求中国皇帝册封"藩属"地位，著名留学生高向玄理、南渊请安和僧旻等，积极入隋留学

唐：遣唐使——从公元7世纪初至9世纪末，日本为了学习中国文化，先后向唐朝派出十几次遣唐使团，其成员如阿倍仲麻吕、吉备真备等

世界古代中世纪史

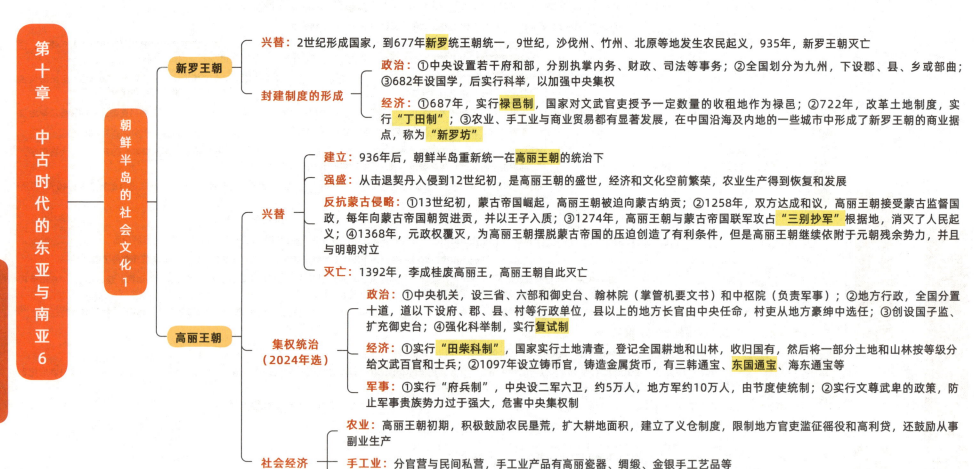

第十章 中古时代的东亚与南亚 6

世界古代中世纪史

朝鲜半岛的社会文化 1

新罗王朝

兴替：2世纪形成国家，到677年新罗统王朝统一，9世纪，沙伐州、竹州、北原等地发生农民起义，935年，新罗王朝灭亡

封建制度的形成

政治：①中央设置若干府和部，分别执掌内务、财政、司法等事务；②全国划分为九州，下设郡、县、乡或部曲；③682年设国学，后实行科举，以加强中央集权

经济：①687年，实行禄邑制，国家对文武官吏授予一定数量的收租地作为禄邑；②722年，改革土地制度，实行"丁田制"；③农业、手工业与商业贸易都有显著发展，在中国沿海及内地的一些城市中形成了新罗王朝的商业据点，称为"新罗坊"

高丽王朝

兴替

建立：936年后，朝鲜半岛重新统一在高丽王朝的统治下

强盛：从击退契丹入侵到12世纪初，是高丽王朝的盛世，经济和文化空前繁荣，农业生产得到恢复和发展

反抗蒙古侵略：①13世纪初，蒙古帝国崛起，高丽王朝被迫向蒙古纳贡；②1258年，双方达成和议，高丽王朝接受蒙古监督国政，每年向蒙古帝国朝贺进贡，并以王子入质；③1274年，高丽王朝与蒙古帝国联军攻占"三别抄军"根据地，消灭了人民起义；④1368年，元政权覆灭，为高丽王朝摆脱蒙古帝国的压迫创造了有利条件，但是高丽王朝继续依附于元朝残余势力，并且与明朝对立

灭亡：1392年，李成桂废高丽王，高丽王朝自此灭亡

集权统治（2024年选）

政治：①中央机关，设三省、六部和御史台、翰林院（掌管机要文书）和中枢院（负责军事）；②地方行政，全国分置十道，道以下设府、郡、县、村等行政单位，县以上的地方长官由中央任命，村吏从地方豪绅中选任；③创设国子监、扩充御史台；④强化科举制，实行复试制

经济：①实行"田柴科制"，国家实行土地清查，登记全国耕地和山林，收归国有，然后将一部分土地和山林按等级分给文武百官和士兵；②1097年设立铸币官，铸造金属货币，有三韩通宝、东国通宝、海东通宝等

军事：①实行"府兵制"，中央设二军六卫，约5万人，地方军约10万人，由节度使统制；②实行文尊武卑的政策，防止军事贵族势力过于强大，危害中央集权制

社会经济

农业：高丽王朝初期，积极鼓励农民垦荒，扩大耕地面积，建立了义仓制度，限制地方官吏滥征徭役和高利贷，还鼓励从事副业生产

手工业：分官营与民间私营，手工业产品有高丽瓷器、绸缎、金银手工艺品等

商业：①国内：首都开城是全国最大的市场，地方行政中心也兴起了乡市；②国际：国家控制国际贸易，贸易多以朝贡、交邻等形式进行，但民间贸易也很活跃，主要对象有宋朝、日本、契丹、女真甚至伊朗等

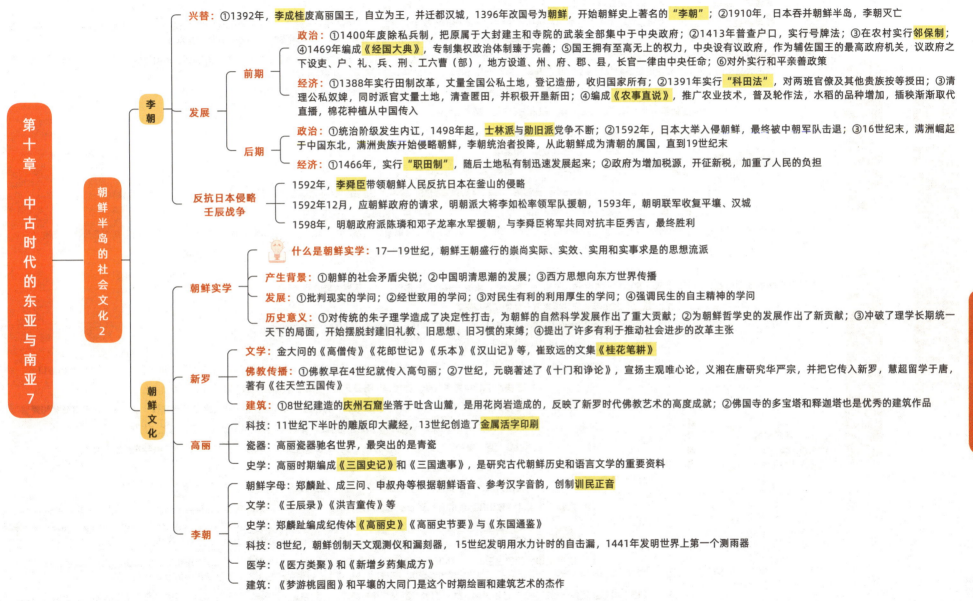

第十章 中古时代的东亚与南亚 7

朝鲜半岛的社会文化 2

世界古代中世纪史

李朝

兴替：①1392年，李成桂废高丽国王，自立为王，并迁都汉城，1396年改国号为朝鲜，开始朝鲜史上著名的"李朝"；②1910年，日本吞并朝鲜半岛，李朝灭亡

发展

前期

政治：①1400年废除私兵制，把原属于大封建主和寺院的武装全部集中于中央政府；②1413年普查户口，实行号牌法；③在农村实行邻保制；④1469年编成《经国大典》，专制集权政治体制臻于完善；⑤国王拥有至高无上的权力，中央设有议政府，作为辅佐国王的最高政府机关，议政府之下设吏、户、礼、兵、刑、工六曹（部），地方设道、州、府、郡、县，长官一律由中央任命；⑥对外实行和平亲善政策

经济：①1388年实行田制改革，丈量全国公私土地，登记造册，收归国家所有；②1391年实行"科田法"，对两班官僚及其他贵族按等授田；③清理公私奴婢，同时派官丈量土地，清查匿田，并积极开垦新田；④编成《农事直说》，推广农业技术，普及轮作法，水稻的品种增加，插秧渐渐取代直播，棉花种植从中国传入

后期

政治：①统治阶级发生内讧，1498年起，士林派与勋旧派党争不断；②1592年，日本大举入侵朝鲜，最终被中朝军队击退；③16世纪末，满洲崛起于中国东北，满洲贵族开始侵略朝鲜，李朝统治者投降，从此朝鲜成为清朝的属国，直到19世纪末

经济：①1466年，实行"职田制"，随后土地私有制迅速发展起来；②政府为增加税源，开征新税，加重了人民的负担

反抗日本侵略王辰战争

1592年，李舜臣带领朝鲜人民反抗日本在釜山的侵略

1592年12月，应朝鲜政府的请求，明朝派大将李如松率领军队援朝，1593年，朝明联军收复平壤、汉城

1598年，明朝政府派陈璘和邓子龙率领水军援朝，与李舜臣将军共同对抗丰臣秀吉，最终胜利

朝鲜文化

朝鲜实学

什么是朝鲜实学：17—19世纪，朝鲜王朝盛行的崇尚实际、实效、实用和实事求是的思想流派

产生背景：①朝鲜的社会矛盾尖锐；②中国明清思潮的发展；③西方思想向东方世界传播

发展：①批判现实的学问；②经世致用的学问；③对民生有利的利用厚生的学问；④强调民生的自主精神的学问

历史意义：①对传统的朱子理学造成了决定性打击，为朝鲜的自然科学发展作出了重大贡献；②为朝鲜哲学史的发展作出了新贡献；③冲破了理学长期统一天下的局面，开始摆脱封建旧礼教、旧思想、旧习惯的束缚；④提出了许多有利于推动社会进步的改革主张

新罗

文学：金大问的《高僧传》《花郎世记》《乐本》《汉山记》等，崔致远的文集《桂花笔耕》

佛教传播：①佛教早在4世纪就传入高句丽；②7世纪，元晓著述了《十门和诤论》，宣扬主观唯心论，义湘在唐研究华严宗，并把它传入新罗，慧超留学于唐，著有《往天竺五国传》

建筑：①8世纪建造的庆州石窟坐落于吐含山麓，是用花岗岩造成的，反映了新罗时代佛教艺术的高度成就；②佛国寺的多宝塔和释迦塔也是优秀的建筑作品

高丽

科技：11世纪下半叶的雕版印大藏经，13世纪创造了金属活字印刷

瓷器：高丽瓷器驰名世界，最突出的是青瓷

史学：高丽时期编成《三国史记》和《三国遗事》，是研究古代朝鲜历史和语言文学的重要资料

李朝

朝鲜字母：郑麟趾、成三问、申叔舟等根据朝鲜语音、参考汉字音韵，创制训民正音

文学：《壬辰录》《洪吉童传》等

史学：郑麟趾编成纪传体《高丽史》《高丽史节要》与《东国通鉴》

科技：8世纪，朝鲜创制天文观测仪和漏刻器，15世纪发明用水力计时的自击漏，1441年发明世界上第一个测雨器

医学：《医方类聚》和《新增乡药集成方》

建筑：《梦游桃园图》和平壤的大同门是这个时期绘画和建筑艺术的杰作

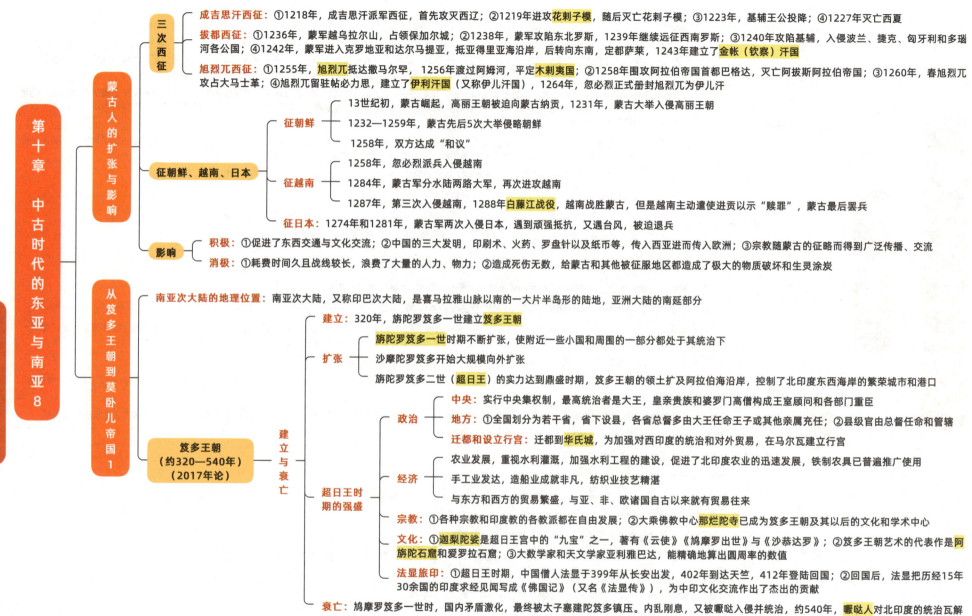

第十章 中古时代的东亚与南亚 8

世界古代中世纪史

蒙古人的扩张与影响

三次西征

成吉思汗西征： ①1218年，成吉思汗派军西征，首先攻灭西辽；②1219年进攻花剌子模，随后灭亡花剌子模；③1223年，基辅王公投降；④1227年灭亡西夏

拔都西征： ①1236年，蒙军越乌拉尔山，占领保加尔城；②1238年，蒙军攻陷东北罗斯，1239年继续远征西南罗斯；③1240年攻陷基辅，入侵波兰、捷克、匈牙利和多瑙河各公国；④1242年，蒙军进入克罗地亚和达尔马提亚，抵达得里亚海沿岸，后转向东南，定都萨莱，1243年建立了金帐（钦察）汗国

旭烈兀西征： ①1255年，旭烈兀抵达撒马尔罕，1256年渡过阿姆河，平定木剌夷国；②1258年围攻阿拉伯帝国首都巴格达，灭亡阿拔斯阿拉伯帝国；1260年，春旭烈兀攻占大马士革；④旭烈兀留驻帖必力思，建立了伊利汗国（又称伊儿汗国），1264年，忽必烈正式册封旭烈兀为伊儿汗

征朝鲜、越南、日本

征朝鲜
- 13世纪初，蒙古崛起，高丽王朝被迫向蒙古纳贡，1231年，蒙古大举入侵高丽王朝
- 1232—1259年，蒙古先后5次大举侵略朝鲜
- 1258年，双方达成"和议"

征越南
- 1258年，忽必烈派兵入侵越南
- 1284年，蒙古军分水陆两路大军，再次进攻越南
- 1287年，第三次入侵越南，1288年白藤江战役，越南战胜蒙古，但是越南主动遣使进贡以示"赎罪"，蒙古最后罢兵

征日本： 1274年和1281年，蒙古军两次入侵日本，遇到顽强抵抗，又遇台风，被迫退兵

影响

积极： ①促进了东西交通与文化交流；②中国的三大发明，印刷术、火药、罗盘针以及纸币等，传入西亚进而传入欧洲；③宗教随蒙古的征略而得到广泛传播、交流

消极： ①耗费时间久且战线较长，浪费了大量的人力、物力；②造成死伤无数，给蒙古和其他被征服地区都造成了极大的物质破坏和生灵涂炭

从笈多王朝到莫卧儿帝国 1

南亚次大陆的地理位置： 南亚次大陆，又称印巴次大陆，是喜马拉雅山脉以南的一大片半岛形的陆地，亚洲大陆的南延部分

笈多王朝（约320—540年）（2017年论）

建立与衰亡

建立： 320，旃陀罗笈多一世建立笈多王朝

扩张
- 旃陀罗笈多一世时期不断扩张，使附近一些小国和周围的一部分都处于其统治下
- 沙摩陀罗笈多开始大规模向外扩张
- 旃陀罗笈多二世（超日王）的实力达到鼎盛时期，笈多王朝的领土扩及阿拉伯海沿岸，控制了北印度东西海岸的繁荣城市和港口

超日王时期的强盛

政治
- **中央：** 实行中央集权制，最高统治者是大王，皇亲贵族和婆罗门高僧构成王室顾问和各部门重臣
- **地方：** ①全国划分为若干省，省下设县，各省总督多由大王任命王子或其他亲属充任；②县级官由总督任命和管辖
- **迁都和设立行宫：** 迁都到华氏城，为加强对西印度的统治和对外贸易，在马尔瓦建立行宫

经济
- 农业发展，重视水利灌溉，加强水利工程的建设，促进了北印度农业的迅速发展，铁制农具已普遍推广使用
- 手工业发达，造船业成就非凡，纺织业技艺精湛
- 与东方和西方的贸易繁盛，与亚、非、欧诸国自古以来就有贸易往来

宗教： ①各种宗教和印度教的各教派都在自由发展；②大乘佛教中心那烂陀寺已成为笈多王朝及其以后的文化和学术中心

文化： ①迦梨陀娑是超日王宫中的"九宝"之一，著有《云使》《鸠摩罗出世》与《沙恭达罗》；②笈多王朝艺术的代表作是阿旃陀石窟和爱罗拉石窟；③大数学家和天文学家亚利雅巴达，能精确地算出圆周率的数值

法显旅印： ①超日王时期，中国僧人法显于399年从长安出发，402年到达天竺，412年登陆回国；②回国后，法显把历经15年30余国的印度求经见闻写成《佛国记》（又名《法显传》），为中印文化交流作出了杰出的贡献

衰亡： 鸠摩罗笈多一世时，国内矛盾激化，最终被太子塞建陀笈多镇压。内乱刚息，又被嚈哒入侵并统治，约540年，嚈哒人对北印度的统治瓦解

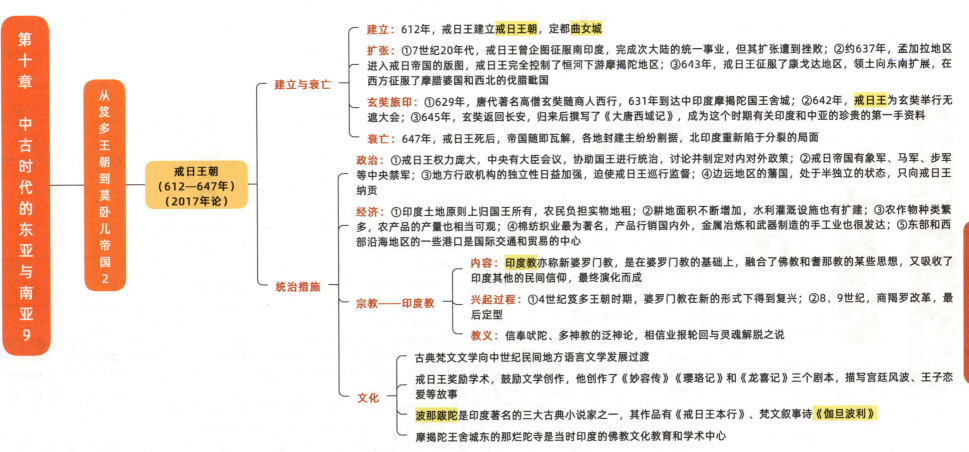

第十章　中古时代的东亚与南亚 9

从笈多王朝到莫卧儿帝国 2

戒日王朝
（612—647年）
（2017年论）

世界古代中世纪史

建立与衰亡

建立： 612年，戒日王建立戒日王朝，定都曲女城

扩张： ①7世纪20年代，戒日王曾企图征服南印度，完成次大陆的统一事业，但其扩张遭到挫败；②约637年，孟加拉地区进入戒日帝国的版图，戒日王完全控制了恒河下游摩揭陀地区；③643年，戒日王征服了康戈达地区，领土向东南扩展，在西方征服了摩腊婆国和西北的伐腊毗国

玄奘旅印： ①629年，唐代著名高僧玄奘随商人西行，631年到达中印度摩揭陀国王舍城；②642年，戒日王为玄奘举行无遮大会；③645年，玄奘返回长安，归来后撰写了《大唐西域记》，成为这个时期有关印度和中亚的珍贵的第一手资料

衰亡： 647年，戒日王死后，帝国随即瓦解，各地封建主纷纷割据，北印度重新陷于分裂的局面

统治措施

政治： ①戒日王权力庞大，中央有大臣会议，协助国王进行统治，讨论并制定对内对外政策；②戒日帝国有象军、马军、步军等中央禁军；③地方行政机构的独立性日益加强，迫使戒日王巡行监督；④边远地区的藩国，处于半独立的状态，只向戒日王纳贡

经济： ①印度土地原则上归国王所有，农民负担实物地租；②耕地面积不断增加，水利灌溉设施也有扩建；③农作物种类繁多，农产品的产量也相当可观；④棉纺织业最为著名，产品行销国内外，金属冶炼和武器制造的手工业也很发达；⑤东部和西部沿海地区的一些港口是国际交通和贸易的中心

宗教——印度教

内容： 印度教亦称新婆罗门教，是在婆罗门教的基础上，融合了佛教和耆那教的某些思想，又吸收了印度其他的民间信仰，最终演化而成

兴起过程： ①4世纪笈多王朝时期，婆罗门教在新的形式下得到复兴；②8、9世纪，商羯罗改革，最后定型

教义： 信奉吠陀、多神教的泛神论，相信业报轮回与灵魂解脱之说

文化

古典梵文文学向中世纪民间地方语言文学发展过渡

戒日王奖励学术，鼓励文学创作，他创作了《妙容传》《璎珞记》和《龙喜记》三个剧本，描写宫廷风波、王子恋爱等故事

波那跋陀是印度著名的三大古典小说家之一，其作品有《戒日王本行》、梵文叙事诗《伽旦波利》

摩揭陀王舍城东的那烂陀寺是当时印度的佛教文化教育和学术中心

世界古代中世纪史

第十章 中古时代的东亚与南亚 10

从笈多王朝到莫卧儿帝国 3

德里苏丹国（1206—1526年）

建立与衰亡

建立： 1206年，库特卜·乌丁·艾巴克在德里自立为苏丹，建立德里苏丹国。这是印度历史上第一个较为稳固的伊斯兰教政权

伊斯兰教传播： ①伊斯兰教从8世纪开始传入印度；②10世纪以后随着加兹尼王朝和古尔王朝的征服，伊斯兰教逐渐扩展到印度内陆；③影响：伊斯兰教的传播导致尖锐的宗教矛盾，但同时加深了印度人信奉的印度教与信奉的伊斯兰教相互之间的影响

巴克提教派运动

背景： 德里苏丹国时期，伊斯兰教的传播加深了印度教与伊斯兰教之间的对立，导致了尖锐的宗教矛盾，但彼此在对立中又相互影响，巴克提教派运动便是二者对立、影响的产物

南方： 12世纪兴起于印度南部。初期的代表人物是罗摩奴阇，他强调"梵天"在印度教诸神中的至高地位，认为"梵天"是天地万物的创造者、保护者和毁灭者，一切存在皆由"梵天"而来

北方：
- 13世纪以后，巴克提教派运动由印度南部传入北方各地，主要流行于城市下层群众中
- **代表人物：** 罗摩难陀和克比尔
- **罗摩难陀：** 不仅认为"梵天"是宇宙万物的主宰，而且强调众生平等的原则，所有虔信"梵天"的人不论身世高低贵贱，皆可获得解脱
- **克比尔：** 推崇折中主义，旨在消除印度教与伊斯兰教的对立；他吸收二者教义，强调一神信仰，认为伊斯兰教的"安拉"和印度教的"梵天"只是名字不同，反对偶像崇拜和种姓制度，主张简化宗教仪式

影响： 这次运动加深了印度教与伊斯兰教的互相了解，使得宗教文化在矛盾中得以持续发展

灭亡： 1526年，帖木儿的后裔巴布尔击败罗第王朝苏丹率领的军队后攻占德里，德里苏丹国最终灭亡

国家统治政策

政权形式

政体： 政教合一的伊斯兰教政权

统治阶级： 信奉伊斯兰教的突厥人、阿富汗人和波斯人组成的军事贵族集团，以波斯语为官方语言

中央： ①苏丹是全国的最高统治者，集君权和教权于一身；②中央政府由若干个部（迪万）组成，分别掌管税收、司法、军事、驿政和文书等，各部长官由苏丹任命

地方： ①各省划分为若干称为"舍克"的行政区，"舍克"之下是"巴尔加那"，村社构成最小的行政单位，各省的长官称"瓦利"，直接隶属于德里苏丹；②边远地区分布着印度教王公统治的半独立土邦，承认德里苏丹的宗主权并缴纳贡税

军队： 拥有大规模常备军，兵源来自阿富汗突厥人以及印度血统的穆斯林，全部军队分为骑兵、步兵和象兵，装备简单的火器

经济

土地制度： ①国家土地所有制，苏丹在名义上拥有全国的土地，是全国土地的最高所有者；②"哈斯"是苏丹直接支配的土地，"伊克塔"是苏丹以服军役为条件分封给穆斯林战士的土地，与神庙土地是三种土地形式

农业： ①国家积极兴建水利工程，推广波斯式水车等新型灌溉工具；②广泛种植经济作物

手工业： ①分为官营和私营两种，主要的部门是纺织业，产品不仅供应国内，而且畅销海外；②制糖业、造纸业、金属加工业也很发达

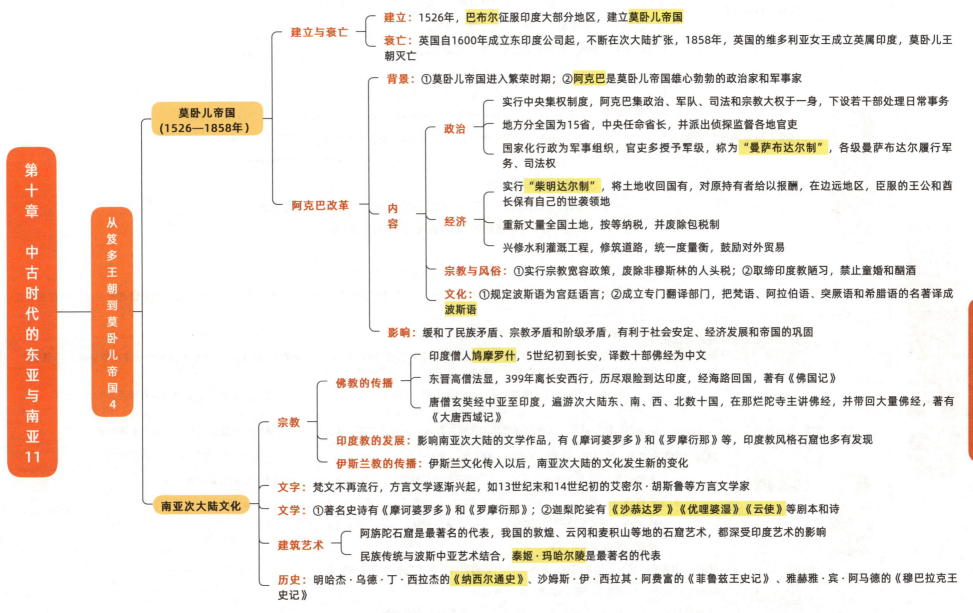

第十章 中古时代的东亚与南亚 11

从笈多王朝到莫卧儿帝国 4

莫卧儿帝国（1526—1858年）

建立与衰亡
- 建立：1526年，巴布尔征服印度大部分地区，建立莫卧儿帝国
- 衰亡：英国自1600年成立东印度公司起，不断在次大陆扩张，1858年，英国的维多利亚女王成立英属印度，莫卧儿王朝灭亡

阿克巴改革
- 背景：①莫卧儿帝国进入繁荣时期；②阿克巴是莫卧儿帝国雄心勃勃的政治家和军事家
- 内容
  - 政治
    - 实行中央集权制度，阿克巴集政治、军队、司法和宗教大权于一身，下设若干部处理日常事务
    - 地方分全国为15省，中央任命省长，并派出侦探监督各地官吏
    - 国家化行政为军事组织，官吏多授予军级，称为"曼萨布达尔制"，各级曼萨布达尔履行军务、司法权
  - 经济
    - 实行"柴明达尔制"，将土地收回国有，对原持有者给以报酬，在边远地区，臣服的王公和酋长保有自己的世袭领地
    - 重新丈量全国土地，按等纳税，并废除包税制
    - 兴修水利灌溉工程，修筑道路，统一度量衡，鼓励对外贸易
  - 宗教与风俗：①实行宗教宽容政策，废除非穆斯林的人头税；②取缔印度教陋习，禁止童婚和酗酒
  - 文化：①规定波斯语为宫廷语言；②成立专门翻译部门，把梵语、阿拉伯语、突厥语和希腊语的名著译成波斯语
- 影响：缓和了民族矛盾、宗教矛盾和阶级矛盾，有利于社会安定、经济发展和帝国的巩固

南亚次大陆文化

宗教
- 佛教的传播
  - 印度僧人鸠摩罗什，5世纪初到长安，译数十部佛经为中文
  - 东晋高僧法显，399年离长安西行，历尽艰险到达印度，经海路回国，著有《佛国记》
  - 唐僧玄奘经中亚至印度，遍游次大陆东、南、西、北数十国，在那烂陀寺主讲佛经，并带回大量佛经，著有《大唐西域记》
- 印度教的发展：影响南亚次大陆的文学作品，有《摩诃婆罗多》和《罗摩衍那》等，印度教风格石窟也多有发现
- 伊斯兰教的传播：伊斯兰文化传入以后，南亚次大陆的文化发生新的变化

文字：梵文不再流行，方言文学逐渐兴起，如13世纪末和14世纪初的艾密尔·胡斯鲁等方言文学家

文学：①著名史诗有《摩诃婆罗多》和《罗摩衍那》；②迦梨陀娑有《沙恭达罗》《优哩婆湿》《云使》等剧本和诗

建筑艺术
- 阿旃陀石窟是最著名的代表，我国的敦煌、云冈和麦积山等地的石窟艺术，都深受印度艺术的影响
- 民族传统与波斯中亚艺术结合，泰姬·玛哈尔陵是最著名的代表

历史：明哈杰·乌德·丁·西拉杰的《纳西尔通史》、沙姆斯·伊·西拉其·阿费富的《菲鲁兹王史记》、雅赫雅·宾·阿马德的《穆巴拉克王史记》

世界古代中世纪史

第十一章 古代美洲文明

世界古代中世纪史

古代中美洲文明

自然环境和居民
- **自然环境**：美洲包括北美洲和拉丁美洲两大部分，15世纪末前，美洲与世界隔绝，诸民族间缺乏联系，只有墨西哥、中美洲和南美洲一些印第安人形成古代文明国家，创造了**玛雅文化、阿兹特克文化、印加文化**
- **居民**：美洲的原住民主要是印第安人以及**爱斯基摩人**

玛雅人国家和玛雅文化
- **玛雅人**：**玛雅人是美洲印第安人中文化最发达的一支**
- **国家管理**
  - 政治
    - **奴隶占有制**
    - **社会组织**：农村公社为基本单位
  - 经济
    - **农业**：①刀耕火种的原始作业方法；②玉米、甘薯、西红柿、棉花等
    - **手工业**：用陶土、木头、石头制作器皿、生产工具、武器等
    - **商业**：交换发达，每个村落和城市都有广场作为交易场所
- **文化**
  - **文字**：象形文字体系
  - **建筑**：①饰有彩色壁画的庙宇和宫殿；②科潘遗址；③**乌斯马尔遗址**
  - **天文历法**：①"**玛雅历**"；②奇钦·伊查天文观测台
  - **算术**：**20进位法**
  - **历史**：重大事件用象形文字刻于石碑或石柱，隔20年立石记事一次

阿兹特克人和阿兹特克文化（2017年选）
- **阿兹特克人**：讲纳瓦特尔语的印第安人，经迁徙来到墨西哥平原后，接受了先进文化，建立**特诺奇蒂特兰城**，信仰鹰吃蛇的传说
- **政治**：专制统治，男子15岁起接受军事训练
- **经济**：①农业上，发明了"**浮园耕作法**"；②土地归公社所有；③手工业发达，锻造和模压金器细工水平很高；④商业上，交换发达，有宽广的市场，并与一些城邦和遥远的秘鲁有贸易联系
- **文化**：①建筑成就举世闻名；②创造了自己的象形文字和历法；③历史上，**《贡税册》**是研究阿兹特克人的珍贵史料

印加文明

- 💡 **什么是印加文明**：位于南美洲安第斯高原，是美洲古代文化又一发源地，很早便发展了较高的农业文明，12世纪建立国家，后开始不断扩张

印加帝国
- **政治**：①国王享有最高权威；②基层组织："**阿伊鲁**"农村公社
- 经济
  - **土地政策**："太阳田"供祭祀，"印加田"为王室所用，"公社田"为村社共有，分给各家耕种
  - **农牧业**：①精于农业，耕种40多种农作物，以玉米和马铃薯为主；②畜牧业，美洲驼和羊驼
  - **手工业**：①冶炼青铜，制陶精巧；②手工业专业化，有专门的手工工匠
  - **商业**：商品交换不发达

印加文化
- **建筑**：①太阳神庙；②完善的供水系统；③"**黄金园林**"的花鸟树木用金银制成
- **交通**：干道、支线道路、吊桥、要塞、烽火台设计技术高超
- **科学知识**：①天文台；②医学发达，掌握外科学、解剖学、麻醉学等
- **文字**：结绳记事

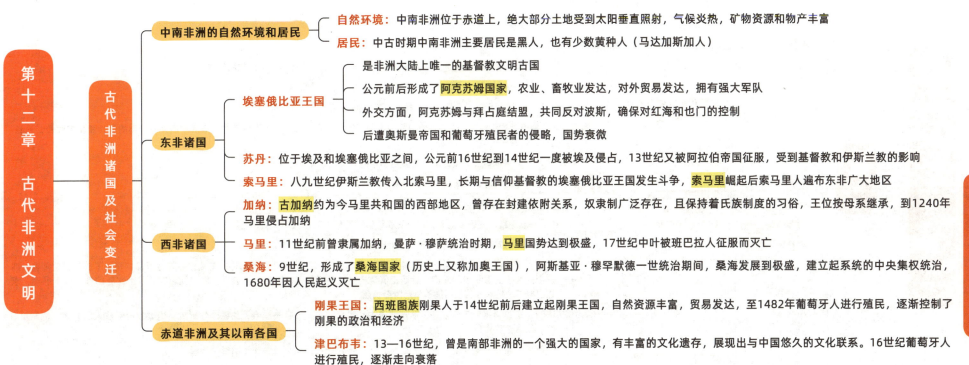

第十二章　古代非洲文明

古代非洲诸国及社会变迁

中南非洲的自然环境和居民
- **自然环境：** 中南非洲位于赤道上，绝大部分土地受到太阳垂直照射，气候炎热，矿物资源和物产丰富
- **居民：** 中古时期中南非洲主要居民是黑人，也有少数黄种人（马达加斯加人）

东非诸国
- **埃塞俄比亚王国**
  - 是非洲大陆上唯一的基督教文明古国
  - 公元前后形成了阿克苏姆国家，农业、畜牧业发达，对外贸易发达，拥有强大军队
  - 外交方面，阿克苏姆与拜占庭结盟，共同反对波斯，确保对红海和也门的控制
  - 后遭奥斯曼帝国和葡萄牙殖民者的侵略，国势衰微
- **苏丹：** 位于埃及和埃塞俄比亚之间，公元前16世纪到14世纪一度被埃及侵占，13世纪又被阿拉伯帝国征服，受到基督教和伊斯兰教的影响
- **索马里：** 八九世纪伊斯兰教传入北索马里，长期与信仰基督教的埃塞俄比亚王国发生斗争，索马里崛起后索马里人遍布东非广大地区

西非诸国
- **加纳：** 古加纳约为今马里共和国的西部地区，曾存在封建依附关系，奴隶制广泛存在，且保持着氏族制度的习俗，王位按母系继承，到1240年马里侵占加纳
- **马里：** 11世纪前曾隶属加纳，曼萨·穆萨统治时期，马里国势达到极盛，17世纪中叶被班巴拉人征服而灭亡
- **桑海：** 9世纪，形成了桑海国家（历史上又称加奥王国），阿斯基亚·穆罕默德一世统治期间，桑海发展到极盛，建立起系统的中央集权统治，1680年因人民起义灭亡

赤道非洲及其以南各国
- **刚果王国：** 西班图族刚果人于14世纪前后建立起刚果王国，自然资源丰富，贸易发达，至1482年葡萄牙人进行殖民，逐渐控制了刚果的政治和经济
- **津巴布韦：** 13—16世纪，曾是南部非洲的一个强大的国家，有丰富的文化遗存，展现出与中国悠久的文化联系。16世纪葡萄牙人进行殖民，逐渐走向衰落

世界古代中世纪史

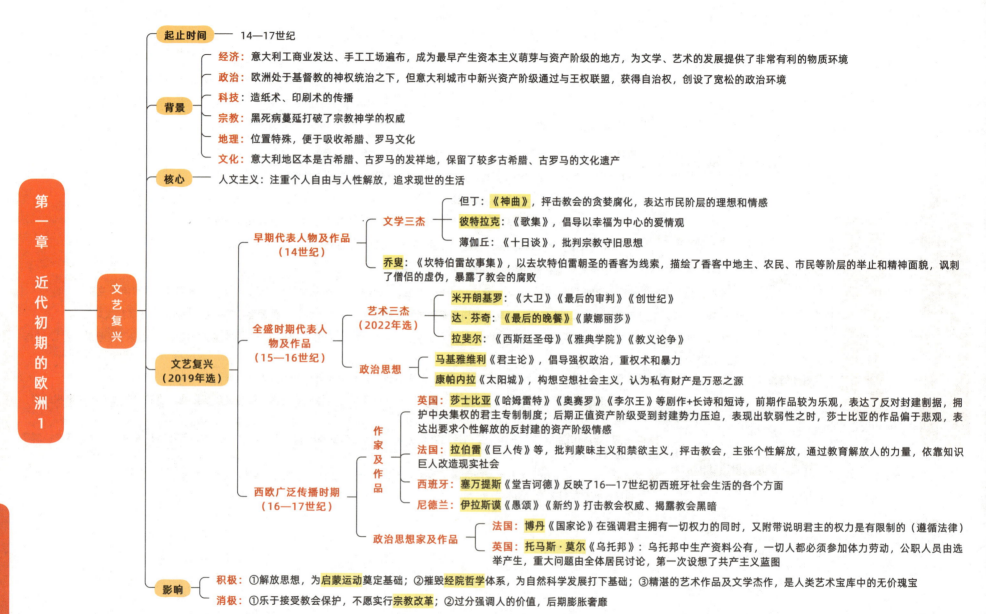

第一章　近代初期的欧洲1

文艺复兴

- **起止时间**　14—17世纪
- **背景**
  - **经济**：意大利工商业发达、手工工场遍布，成为最早产生资本主义萌芽与资产阶级的地方，为文学、艺术的发展提供了非常有利的物质环境
  - **政治**：欧洲处于基督教的神权统治之下，但意大利城市中新兴资产阶级通过与王权联盟，获得自治权，创设了宽松的政治环境
  - **科技**：造纸术、印刷术的传播
  - **宗教**：黑死病蔓延打破了宗教神学的权威
  - **地理**：位置特殊，便于吸收希腊、罗马文化
  - **文化**：意大利地区本是古希腊、古罗马的发祥地，保留了较多古希腊、古罗马的文化遗产
- **核心**　人文主义：注重个人自由与人性解放，追求现世的生活
- **文艺复兴（2019年选）**
  - **早期代表人物及作品（14世纪）**
    - **文学三杰**
      - 但丁：《神曲》，抨击教会的贪婪腐化，表达市民阶层的理想和情感
      - 彼特拉克：《歌集》，倡导以幸福为中心的爱情观
      - 薄伽丘：《十日谈》，批判宗教守旧思想
    - 乔叟：《坎特伯雷故事集》，以去坎特伯雷朝圣的香客为线索，描绘了香客中地主、农民、市民等阶层的举止和精神面貌，讽刺了僧侣的虚伪，暴露了教会的腐败
  - **全盛时期代表人物及作品（15—16世纪）**
    - **艺术三杰（2022年选）**
      - 米开朗基罗：《大卫》《最后的审判》《创世纪》
      - 达·芬奇：《最后的晚餐》《蒙娜丽莎》
      - 拉斐尔：《西斯廷圣母》《雅典学院》《教义论争》
    - **政治思想**
      - 马基雅维利《君主论》，倡导强权政治，重权术和暴力
      - 康帕内拉《太阳城》，构想空想社会主义，认为私有财产是万恶之源
  - **西欧广泛传播时期（16—17世纪）**
    - **作家及作品**
      - 英国：莎士比亚《哈姆雷特》《奥赛罗》《李尔王》等剧作+长诗和短诗，前期作品较为乐观，表达了反对封建割据，拥护中央集权的君主专制制度；后期正值资产阶级受到封建势力压迫，表现出软弱性之时，莎士比亚的作品偏于悲观，表达出要求个性解放的反封建的资产阶级情感
      - 法国：拉伯雷《巨人传》等，批判蒙昧主义和禁欲主义，抨击教会，主张个性解放，通过教育解放人的力量，依靠知识巨人改造现实社会
      - 西班牙：塞万提斯《堂吉诃德》反映了16—17世纪初西班牙社会生活的各个方面
      - 尼德兰：伊拉斯谟《愚颂》《新约》打击教会权威、揭露教会黑暗
    - **政治思想家及作品**
      - 法国：博丹《国家论》在强调君主拥有一切权力的同时，又附带说明君主的权力是有限制的（遵循法律）
      - 英国：托马斯·莫尔《乌托邦》：乌托邦中生产资料公有，一切人都必须参加体力劳动，公职人员由选举产生，重大问题由全体居民讨论，第一次设想了共产主义蓝图
- **影响**
  - **积极**：①解放思想，为启蒙运动奠定基础；②摧毁经院哲学体系，为自然科学发展打下基础；③精湛的艺术作品及文学杰作，是人类艺术宝库中的无价瑰宝
  - **消极**：①乐于接受教会保护，不愿实行宗教改革；②过分强调人的价值，后期膨胀奢靡

世界近现代史

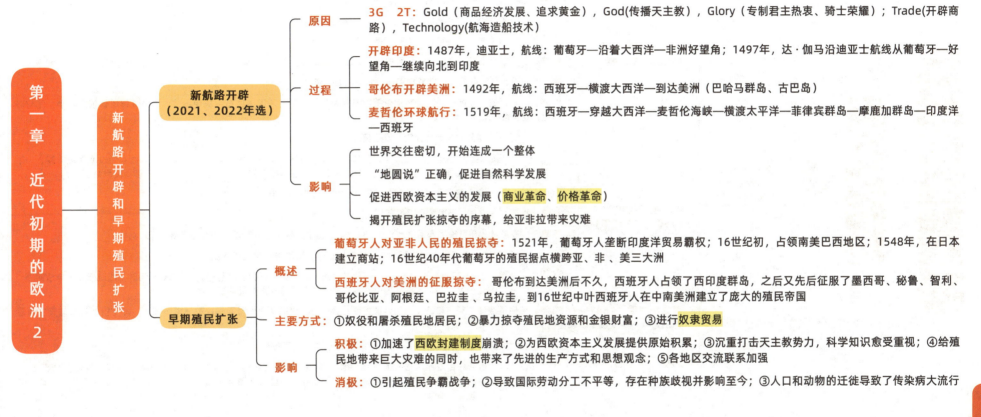

第一章　近代初期的欧洲 2

新航路开辟和早期殖民扩张

新航路开辟（2021、2022年选）

原因　3G　2T：Gold（商品经济发展、追求黄金），God(传播天主教)，Glory（专制君主热衷、骑士荣耀）；Trade(开辟商路)，Technology(航海造船技术)

过程
- **开辟印度**：1487年，迪亚士，航线：葡萄牙—沿着大西洋—非洲好望角；1497年，达·伽马沿迪亚士航线从葡萄牙—好望角—继续向北到印度
- **哥伦布开辟美洲**：1492年，航线：西班牙—横渡大西洋—到达美洲（巴哈马群岛、古巴岛）
- **麦哲伦环球航行**：1519年，航线：西班牙—穿越大西洋—麦哲伦海峡—横渡太平洋—菲律宾群岛—摩鹿加群岛—印度洋—西班牙

影响
- 世界交往密切，开始连成一个整体
- "地圆说"正确，促进自然科学发展
- 促进西欧资本主义的发展（商业革命、价格革命）
- 揭开殖民扩张掠夺的序幕，给亚非拉带来灾难

早期殖民扩张

概述
- **葡萄牙人对亚非人民的殖民掠夺**：1521年，葡萄牙人垄断印度洋贸易霸权；16世纪初，占领南美巴西地区；1548年，在日本建立商站；16世纪40年代葡萄牙的殖民据点横跨亚、非、美三大洲
- **西班牙人对美洲的征服掠夺**：哥伦布到达美洲后不久，西班牙人占领了西印度群岛，之后又先后征服了墨西哥、秘鲁、智利、哥伦比亚、阿根廷、巴拉圭、乌拉圭，到16世纪中叶西班牙人在中南美洲建立了庞大的殖民帝国

主要方式：①奴役和屠杀殖民地居民；②暴力掠夺殖民地资源和金银财富；③进行奴隶贸易

影响
- **积极**：①加速了西欧封建制度崩溃；②为西欧资本主义发展提供原始积累；③沉重打击天主教势力，科学知识愈受重视；④给殖民地带来巨大灾难的同时，也带来了先进的生产方式和思想观念；⑤各地区交流联系加强
- **消极**：①引起殖民争霸战争；②导致国际劳动分工不平等，存在种族歧视并影响至今；③人口和动物的迁徙导致了传染病大流行

世界近现代史

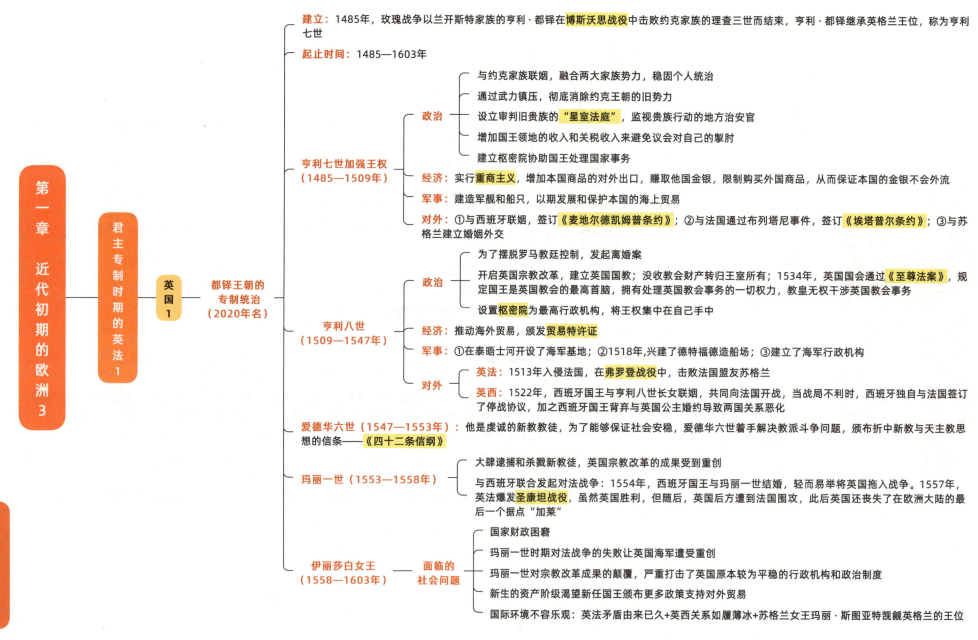

第一章 近代初期的欧洲 3

世界近现代史

君主专制时期的英法 1

英国 1

都铎王朝的专制统治（2020年名）

建立： 1485年，玫瑰战争以兰开斯特家族的亨利·都铎在 博斯沃思战役 中击败约克家族的理查三世而结束，亨利·都铎继承英格兰王位，称为亨利七世

起止时间： 1485—1603年

亨利七世加强王权（1485—1509年）

政治
- 与约克家族联姻，融合两大家族势力，稳固个人统治
- 通过武力镇压，彻底消除约克王朝的旧势力
- 设立审判旧贵族的 "星室法庭"，监视贵族行动的地方治安官
- 增加国王领地的收入和关税收入来避免议会对自己的掣肘
- 建立枢密院协助国王处理国家事务

经济： 实行 重商主义，增加本国商品的对外出口，赚取他国金银，限制购买外国商品，从而保证本国的金银不会外流

军事： 建造军舰和船只，以期发展和保护本国的海上贸易

对外： ①与西班牙联姻，签订《麦地尔德凯姆普条约》；②与法国通过布列塔尼事件，签订《埃塔普尔条约》；③与苏格兰建立婚姻外交

亨利八世（1509—1547年）

政治
- 为了摆脱罗马教廷控制，发起离婚案
- 开启英国宗教改革，建立英国国教；没收教会财产转归王室所有；1534年，英国国会通过《至尊法案》，规定国王是英国教会的最高首脑，拥有处理英国教会事务的一切权力，教皇无权干涉英国教会事务
- 设置 枢密院 为最高行政机构，将王权集中在自己手中

经济： 推动海外贸易，颁发 贸易特许证

军事： ①在泰晤士河开设了海军基地；②1518年，兴建了德特福德造船场；③建立了海军行政机构

对外
- **英法：** 1513年入侵法国，在 弗罗登战役 中，击败法国盟友苏格兰
- **英西：** 1522年，西班牙国王与亨利八世长女联姻，共同向法国开战，当战局不利时，西班牙独自与法国签订了停战协议，加之西班牙国王背弃与英国公主婚约导致两国关系恶化

爱德华六世（1547—1553年）： 他是虔诚的新教教徒，为了能够保证社会安稳，爱德华六世着手解决教派斗争问题，颁布折中新教与天主教思想的信条——《四十二条信纲》

玛丽一世（1553—1558年）
- 大肆逮捕和杀戮新教徒，英国宗教改革的成果受到重创
- 与西班牙联合发起对法战争：1554年，西班牙国王与玛丽一世结婚，轻而易举将英国拖入战争。1557年，英法爆发 圣康坦战役，虽然英国胜利，但随后，英国后方遭到法国围攻，此后英国还丧失了在欧洲大陆的最后一个据点 "加莱"

伊丽莎白女王（1558—1603年） —— **面临的社会问题**
- 国家财政困窘
- 玛丽一世时期对法战争的失败让英国海军遭受重创
- 玛丽一世对宗教改革成果的颠覆，严重打击了英国原本较为平稳的行政机构和政治制度
- 新生的资产阶级渴望新任国王颁布更多政策支持对外贸易
- 国际环境不容乐观：英法矛盾由来已久+英西关系如履薄冰+苏格兰女王玛丽·斯图亚特觊觎英格兰的王位

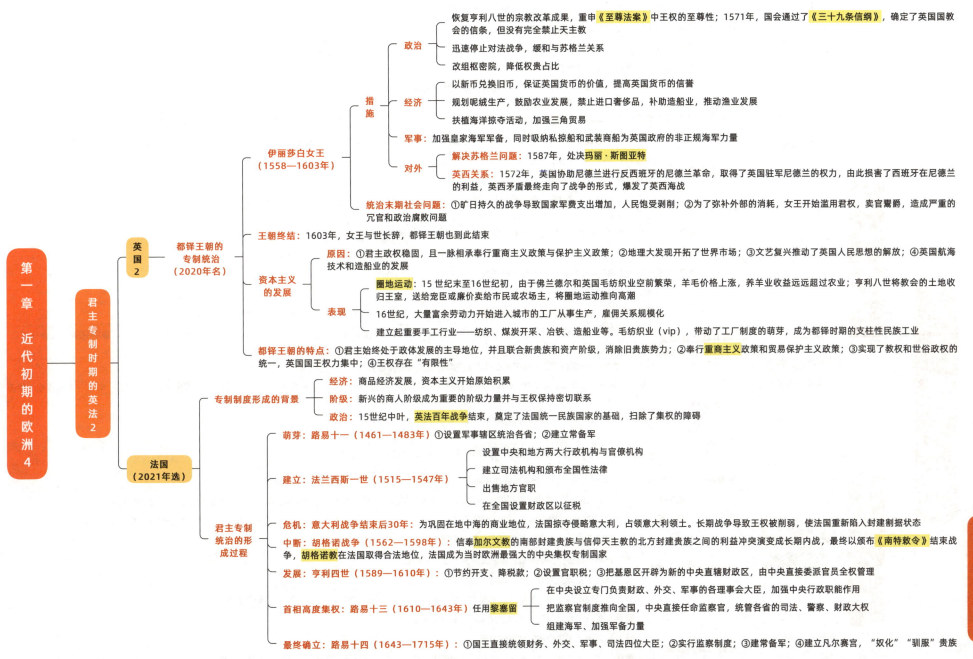

第一章　近代初期的欧洲 4

君主专制时期的英法 2

英国 2

都铎王朝的专制统治（2020年名）

伊丽莎白女王（1558—1603年）

措施

政治
- 恢复亨利八世的宗教改革成果，重申《至尊法案》中王权的至尊性；1571年，国会通过了《三十九条信纲》，确定了英国国教会的信条，但没有完全禁止天主教
- 迅速停止对法战争，缓和与苏格兰关系
- 改组枢密院，降低权贵占比

经济
- 以新币兑换旧币，保证英国货币的价值，提高英国货币的信誉
- 规划呢绒生产，鼓励农业发展，禁止进口奢侈品，补助造船业，推动渔业发展
- 扶植海洋掠夺活动，加强三角贸易

军事：加强皇家海军军备，同时吸纳私掠船和武装商船为英国政府的非正规海军力量

对外
- 解决苏格兰问题：1587年，处决玛丽·斯图亚特
- 英西关系：1572年，英国协助尼德兰进行反西班牙的尼德兰革命，取得了英国驻军尼德兰的权力，由此损害了西班牙在尼德兰的利益，英西矛盾最终走向了战争的形式，爆发了英西海战

统治末期社会问题：①旷日持久的战争导致国家军费支出增加，人民饱受剥削；②为了弥补外部的消耗，女王开始滥用君权，卖官鬻爵，造成严重的冗官和政治腐败问题

王朝终结：1603年，女王与世长辞，都铎王朝也到此结束

资本主义的发展

原因：①君主政权稳固，且一脉相承奉行重商主义政策与保护主义政策；②地理大发现开拓了世界市场；③文艺复兴推动了英国人民思想的解放；④英国航海技术和造船业的发展

表现
- 圈地运动：15世纪末至16世纪初，由于佛兰德尔和英国毛纺织业空前繁荣，羊毛价格上涨，养羊业收益远远超过农业；亨利八世将教会的土地收归王室，送给宠臣或廉价卖给市民或农场主，将圈地运动推向高潮
- 16世纪，大量富余劳动力开始进入城市的工厂从事生产，雇佣关系规模化
- 建立起重要手工业——纺织、煤炭开采、冶铁、造船业等。毛纺织业（vip），带动了工厂制度的萌芽，成为都铎时期的支柱性民族工业

都铎王朝的特点：①君主始终处于政体发展的主导地位，并且联合新贵族和资产阶级，消除旧贵族势力；②奉行重商主义政策和贸易保护主义政策；③实现了教权和世俗政权的统一，英国国王权力集中；④王权存在"有限性"

法国（2021年选）

专制制度形成的背景
- 经济：商品经济发展，资本主义开始原始积累
- 阶级：新兴的商人阶级成为重要的阶级力量并与王权保持密切联系
- 政治：15世纪中叶，英法百年战争结束，奠定了法国统一民族国家的基础，扫除了集权的障碍

君主专制统治的形成过程

萌芽：路易十一（1461—1483年）①设置军事辖区统治各省；②建立常备军

建立：法兰西斯一世（1515—1547年）
- 设置中央和地方两大行政机构与官僚机构
- 建立司法机构和颁布全国性法律
- 出售地方官职
- 在全国设置财政区以征税

危机：意大利战争结束后30年：为巩固在地中海的商业地位，法国掠夺侵略意大利，占领意大利领土。长期战争导致王权被削弱，使法国重新陷入封建割据状态

中断：胡格诺战争（1562—1598年）：信奉加尔文教的南部封建贵族与信仰天主教的北方封建贵族之间的利益冲突演变成长期内战，最终以颁布《南特敕令》结束战争，胡格诺教在法国取得合法地位，法国成为当时欧洲最强大的中央集权专制国家

发展：亨利四世（1589—1610年）：①节约开支、降税款；②设置官职税；③把基恩区开辟为新的中央直辖财政区，由中央直接委派官员全权管理

首相高度集权：路易十三（1610—1643年）任用黎塞留
- 在中央设立专门负责财政、外交、军事的各理事会大臣，加强中央行政职能作用
- 把监察官制度推向全国，中央直接任命监察官，统管各省的司法、警察、财政大权
- 组建海军、加强军备力量

最终确立：路易十四（1643—1715年）：①国王直接统领财务、外交、军事、司法四位大臣；②实行监察制度；③建常备军；④建立凡尔赛宫，"奴化""驯服"贵族

第一章 近代初期的欧洲 5

世界近现代史

宗教改革和反宗教改革

宗教改革

背景
- **政治：** 中世纪西欧天主教势力强大，威胁各国世俗王权的统治
- **经济：** 欧洲资本主义萌芽开始发展，资产阶级要求冲破宗教束缚
- **思想：** 14世纪开始兴起的文艺复兴解放了人们的思想
- **宗教：** 天主教会的腐朽与宗教裁判所迫害"异教徒"引起人民强烈的不满
- **导火索：** 天主教会向教众兜售赎罪券

德国马丁·路德宗教改革
- **进程：** 1517年，马丁·路德发表《九十五条论纲》；1519年在莱比锡与天主教神学家辩论，后发表《致德意志民族基督教贵族公开书》《论基督教的自由》等宣传自己的观点；1521年，马丁·路德在沃姆斯会议上反抗教皇
- **主张：** ①"因信称义"信仰上帝即可得救；②信仰的唯一根据是《圣经》；③全体教徒皆教士；④简化宗教仪式，神职人员可娶妻
- **影响：** ①宗教改革扩展到欧洲其他国家；②形成不受罗马教皇控制的教派——新教；③促进思想解放，人文主义得到进一步发展传播

瑞士宗教改革
- **慈温利：** ①《圣经》是信仰的唯一根据；②反对斋戒，反对教士独身，反对礼敬圣像，反对教皇在瑞士兜售赎罪券
- **加尔文：** ①《圣经》权威至高无上；②信仰得救；③先定论；④简化宗教仪式

英国宗教改革 ——①亨利八世时期，《至尊法案》规定英王为教会首脑；②伊丽莎白一世时期，制定了《三十九条信纲》，规定了英国教会的教义，将《圣经》作为信仰的唯一准则

影响
- **政治：** 沉重打击天主教会在各国的封建统治，促进欧洲民族国家的成长
- **经济：** 促进了资本主义的发展
- **思想：** 欧洲又一次的思想解放运动，解除宗教禁锢
- **文化：** 促进欧洲各国民族文化和教育事业的发展

天主教会反宗教改革

召开特兰托会议（1545—1565年）
- **内容**
  - **革除天主教内部弊端：** 如停止兜售赎罪券，不再增加教会神职薪俸，加强对神职人员的监督等
  - 宣布所有的新教为异端，天主教的教条和仪式全部正确，教皇是最高权威，唯有教会有权解释《圣经》，教徒只有靠教会神甫施行"圣礼"才能得救
- **影响：** 一定程度上纯洁了天主教会，恢复天主教会的部分实力

成立耶稣会
- **内容：** 西班牙贵族军官伊格纳修·罗耀拉网罗西班牙贵族始创，耶稣会仿照军队形式组成，强调绝对服从，耶稣会成立后到东亚、非洲、美洲传教，并在传教地修教堂、修学校，在欧洲上层社会施加影响
- **影响：** ①成为最早的海外殖民者；②某种程度上促进了东西方文化交流

重商主义和商业战争 1

重商主义（2019年名）（2022年选）（2024年选）

- **什么是"重商主义"：** 16—18世纪西欧资本主义积累时期以工商业为本的政治经济体制
- **主要内容：** ①贵金属是衡量一切的标准；②对外贸易必须保持顺差
- **阶段**
  - **第一阶段：** 15—16世纪中叶，主张采取行政强制手段，禁止货币输出，以及在对外贸易中多卖少买甚至不买来实现重金属货币的积累
  - **第二阶段：** 16世纪下半叶—17世纪中叶，国际市场形成，重商主义政策开始允许货币流通，但是依旧要保证贸易顺差，且国家政权与商业资本结合
- **重商主义兴起的原因**
  - 西欧一些国家运用国家力量支持商业发展
  - 资本主义生产关系发展，追求工商业资本成为潮流
  - 地理大发现扩大市场，推动对外贸易发展
  - 阶级关系的变化，随着商业的发展和国家支持商业发展的政策实施，产生从理论上阐述这些经济政策的需要
- **重商主义的影响**
  - **经济：** 促进了商品经济和资本主义工场手工业的发展
  - **政治：** 促进了民族资本主义强国崛起
  - **思想：** 内容涉及社会经济问题，挣脱了经院哲学禁锢，拓宽了经济学研究领域，同时引发了价值观的转变
  - **其他：** 为工业革命的发展创造了必要条件

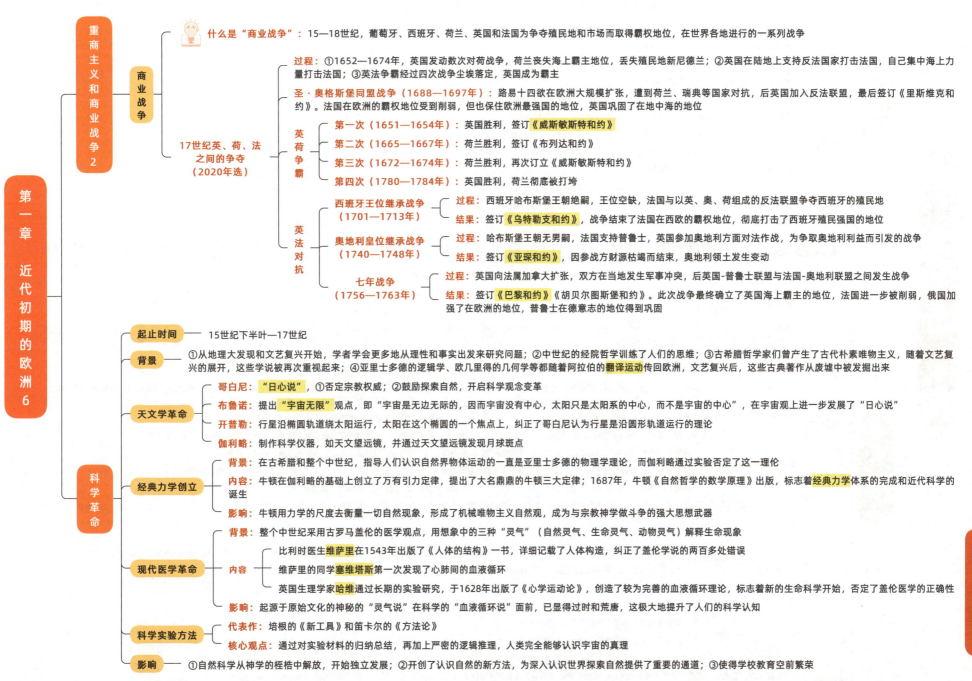

第一章 近代初期的欧洲 6

重商主义和商业战争 2

商业战争

什么是"商业战争"：15—18世纪，葡萄牙、西班牙、荷兰、英国和法国为争夺殖民地和市场而取得霸权地位，在世界各地进行的一系列战争

商业战争

过程：①1652—1674年，英国发动数次对荷战争，荷兰丧失海上霸主地位，丢失殖民地新尼德兰；②英国在陆地上支持反法国家打击法国，自己集中海上力量打击法国；③英法争霸经过四次战争尘埃落定，英国成为霸主

圣·奥格斯堡同盟战争（1688—1697年）：路易十四欲在欧洲大规模扩张，遭到荷兰、瑞典等国家对抗，后英国加入反法联盟，最后签订《里斯维克和约》。法国在欧洲的霸权地位受到削弱，但也保住欧洲最强国的地位，英国巩固了在地中海的地位

17世纪英、荷、法之间的争夺（2020年选）

英荷争霸
- 第一次（1651—1654年）：英国胜利，签订《威斯敏斯特和约》
- 第二次（1665—1667年）：荷兰胜利，签订《布列达和约》
- 第三次（1672—1674年）：荷兰胜利，再次订立《威斯敏斯特和约》
- 第四次（1780—1784年）：英国胜利，荷兰彻底被打垮

英法对抗

西班牙王位继承战争（1701—1713年）
- 过程：西班牙哈布斯堡王朝绝嗣，王位空缺，法国与以英、奥、荷组成的反法联盟争西班牙的殖民地
- 结果：签订《乌特勒支和约》，战争结束了法国在西欧的霸权地位，彻底打击了西班牙殖民强国的地位

奥地利皇位继承战争（1740—1748年）
- 过程：哈布斯堡王朝无男嗣，法国支持普鲁士，英国参加奥地利方面对法作战，为争取奥地利利益而引发的战争
- 结果：签订《亚琛和约》，因参战方财源枯竭而结束，奥地利领土发生变动

七年战争（1756—1763年）
- 过程：英国向法属加拿大扩张，双方在当地发生军事冲突，后英国-普鲁士联盟与法国-奥地利联盟之间发生战争
- 结果：签订《巴黎和约》《胡贝尔图斯堡和约》。此次战争最终确立了英国海上霸主的地位，法国进一步被削弱，俄国加强了在欧洲的地位，普鲁士在德意志的地位得到巩固

科学革命

起止时间　15世纪下半叶—17世纪

背景　①从地理大发现和文艺复兴开始，学者学会更多地从理性和事实出发来研究问题；②中世纪的经院哲学训练了人们的思维；③古希腊哲学家们曾产生了古代朴素唯物主义，随着文艺复兴的展开，这些学说被再次重视起来；④亚里士多德的逻辑学、欧几里得的几何学等都随着阿拉伯的翻译运动传回欧洲，文艺复兴后，这些古典著作从废墟中被发掘出来

天文学革命
- 哥白尼："日心说"，①否定宗教权威；②鼓励探索自然，开启科学观念变革
- 布鲁诺：提出"宇宙无限"观点，即"宇宙是无边无际的，因而宇宙没有中心，太阳只是太阳系的中心，而不是宇宙的中心"，在宇宙观上进一步发展了"日心说"
- 开普勒：行星沿椭圆轨道绕太阳运行，太阳在这个椭圆的一个焦点上，纠正了哥白尼认为行星是沿圆形轨道运行的理论
- 伽利略：制作科学仪器，如天文望远镜，并通过天文望远镜发现月球斑点

经典力学创立
- 背景：在古希腊和整个中世纪，指导人们认识自然界物体运动的一直是亚里士多德的物理学理论，而伽利略通过实验否定了这一理论
- 内容：牛顿在伽利略的基础上创立了万有引力定律，提出了大名鼎鼎的牛顿三大定律；1687年，牛顿《自然哲学的数学原理》出版，标志着经典力学体系的完成和近代科学的诞生
- 影响：牛顿用力学的尺度去衡量一切自然现象，形成了机械唯物主义自然观，成为与宗教神学做斗争的强大思想武器

现代医学革命
- 背景：整个中世纪采用古罗马盖伦的医学观点，用想象中的三种"灵气"（自然灵气、生命灵气、动物灵气）解释生命现象
- 内容：
  - 比利时医生维萨里在1543年出版了《人体的结构》一书，详细记载了人体构造，纠正了盖伦学说的两百多处错误
  - 维萨里的同学塞维塔斯第一次发现了心肺间的血液循环
  - 英国生理学家哈维通过长期的实验研究，于1628年出版了《心学运动论》，创造了较为完善的血液循环理论，标志着新的生命科学开始，否定了盖伦医学的正确性
- 影响：起源于原始文化的神秘的"灵气说"在科学的"血液循环说"面前，已显得过时和荒唐，这极大地提升了人们的科学认知

科学实验方法
- 代表作：培根的《新工具》和笛卡尔的《方法论》
- 核心观点：通过对实验材料的归纳总结，再加上严密的逻辑推理，人类完全能够认识宇宙的真理

影响　①自然科学从神学的桎梏中解放，开始独立发展；②开创了认识自然的新方法，为深入认识世界探索自然提供了重要的通道；③使得学校教育空前繁荣

什么是尼德兰：尼德兰包括今天的荷兰和比利时两国，在中古后期是经济比较发达的地区，但政治上一直辗转隶属于外国王侯

第二章 欧美主要国家的社会转型1

尼德兰革命

背景
- **经济**：尼德兰资本主义经济发展迅速，要求摆脱殖民束缚
- **西班牙专制统治**：经济搜刮、政治专制、宗教迫害
- **阶级**：资产阶级、新贵族思想激进，要求推翻封建制度；手工工人、农民深受压迫也渴望革命
- **思想**：民族意识发展，对民族独立的不懈追求

经过
- 1566年，贵族同盟呈递请愿书，西班牙政府拒绝让步，这时爆发了人民起义——**圣像破坏运动**
- 西班牙疯狂镇压，并在尼德兰地区加大税收，企图以重税使尼德兰经济崩溃
- 1572年，尼德兰北方民众的起义取得胜利，北方各省推举支持革命的奥兰治亲王为总督，并且宣布独立
- 1573—1574年，爆发来登保卫战，尼德兰北方军队获得胜利，给各地起义重大鼓舞，南方也展开了反抗斗争
- 1576年，南北各省代表签订**《根特协定》**，宣布恢复尼德兰的统一和各城市原有的特权，废除西班牙总督颁布的一切法令，双方联合，共抗西班牙
- 1579年，南北分裂，北方各省建立联省共和国，称**荷兰共和国**；南方则由于封建贵族和天主教徒的反扑导致革命失败，重新被西班牙统治

影响
- **国内**：①建立荷兰共和国，赢得民族独立；②为北方资本主义的发展扫除障碍；③推动资产阶级思想文化的发展；④革命不彻底性，仍然保留君主专制的某些特点
- **国际**：①削弱了西班牙的实力，推动欧洲反西班牙反封建霸权斗争；②在欧洲建立了最早的资本主义制度，开创资产阶级革命时代新纪元

英国资产阶级革命

革命爆发的原因
①**政治**：**斯图亚特王朝**国王和议会的矛盾尖锐，难以调和；②**经济**：英国国内资本主义经济与工业迅速发展，上层建筑已经不能适应经济基础的发展；③**阶级**：英国的资产阶级和新贵族势力增强，开始反对专制王权；④**思想**：清教徒运动抨击封建贵族僧侣的奢靡

经过
- **导火索**：查理一世的反动政策，特别是他的宗教政策推行到由他兼任国王的苏格兰，导致1637年**苏格兰人民起义**
- **议会斗争**
  - **短期议会**：1640年4月，查理一世为筹措军费，召开被停11年的国会，议会拒绝筹集军费提案并提出限制王权，查理愤而解散议会，新国会只存在3个星期
  - **长期议会**：1640年11月，查理一世为筹集战败赔偿费用重新召开议会，这届议会断断续续存在到1653年，史称"长期议会"
- **内战（2022年选）**：以查理一世为首的王党军和议会军之间展开两次战争。①**第一次内战**：查理一世拒绝了资产阶级革命的纲领性文件**《大抗议书》**，1642年，查理一世为首的王党以讨伐议会叛乱分子挑起内战，最终王党军被克伦威尔领导的议会军打败，但胜利果实被资产阶级新贵族攫取，中下层人民依然被压迫；②**第二次内战**：1648年春，王党武装重新掀起叛乱，取得胜利的革命军在第二次内战中很快打败王党军，查理一世再次成为革命者的阶下囚
- **成立共和国**：1649年，在群众的坚决要求下，查理一世被处死，英吉利共和国建立。1653年，克伦威尔宣布为护国主
- **克伦威尔独裁**
  - **对内政策**：①成立了新的**贝尔彭议会**，但因议案过于激烈，克伦威尔无法接受而解散；②制定**《政府约法》**，说明由克伦威尔负责全权掌控国家军政大权，负责国家军政事务；③将全国分成11个区，每个区各派一名军做行政长官，负责区内一切行政、税收、司法事务，可随意运用军队，暴力压制百姓反抗等
  - **对外政策**：1652年，**第一次英荷战争**爆发。克伦威尔在1654年迫使荷兰签订**《航海条例》**，使得英国取代荷兰成为海上强国
  - **影响**：①维护资产阶级和新贵族的既得利益，稳定政局；②促进英国商品经济的发展；③独裁使得议会制度被破坏，克伦威尔死后造成政局动荡
- **斯图亚特王朝复辟（1603—1714年）**
  - **背景**：①克伦威尔死后政局混乱；②资产阶级和新贵族对复辟妥协，1660年5月，查理登上王位，称**查理二世**，开始复辟时期
  - **统治政策**：①查理二世亲政，并企图依靠法国恢复其绝对君权的统治，国会有人提出《排斥法案》被驳回；②詹姆斯二世企图恢复天主教
  - **影响**：①损害资产阶级和新贵族的利益，引起反抗；②英国政坛出现**辉格党和托利党**；③爆发**"光荣革命"**
- **光荣革命**
  - **背景**：①克伦威尔逝世后斯图亚特王朝复辟；②狂热的天主教徒詹姆斯二世采取一系列措施恢复天主教的统治地位，还触及土地贵族以及工商业资产阶级的利益；③詹姆斯的长女是新教徒，且具有继承王位的合法性
  - **过程**
    - 1688年4月，英国国教领袖和社会上其他各阶层人士都反对詹姆斯二世发布的宗教宽容宣言
    - 包括辉格党和托利党在内的各派代表，在1688年共同做出决定，废黜詹姆斯二世，迎立他新教徒的女儿玛丽和其丈夫荷兰执政官威廉为英国女王和国王
    - 1688年11月，威廉率军到达伦敦，12月詹姆斯二世逃往法国
    - 1689年，威廉继承英国王位，同年10月议会通过了**《权利法案》**，限制了国王的权力
  - **影响**
    - 光荣革命是资产阶级**君主立宪制**最终确立的标志，奠定英国近代宪政格局
    - **光荣革命**之后英国资产阶级实行大规模的殖民扩张
    - 和平改良成为英国政治及社会演化的基本模式
    - 某种程度上是欧洲范围的革命，宣告了欧洲新社会的政治制度

影响
- 对英国本身，①**政治**：推翻封建君主专制制度；②**经济**：为英国资本主义发展开辟道路
- 对世界而言，是人类历史上资本主义一次重大胜利，揭开资产阶级革命运动的序幕，推动人类历史发展新进程

什么是启蒙运动：17、18世纪欧洲资产阶级以理性主义为武器反对封建专制统治、反对教会思想束缚的思想解放运动

背景

经济：资本主义经济发展

政治：封建专制制度严重阻碍资本主义发展

思想：文艺复兴和宗教改革解放思想

科技：17—18世纪自然科学的发展提供了锐利武器

过程

起源——**英国启蒙运动**

霍布斯：强调国家的作用，拥护强有力的国家权力

洛克：①认为自然状态下所有人都是平等而独立的；②主张对政府权力实行监督与制衡，当政府背叛人民时，革命不但是一种权利，也是一种义务；③主张三权分立（立法权、行政权、联邦权）

18世纪法国启蒙运动

伏尔泰：①批判天主教教义的烦琐及教条主义；②倡导自然权利学说，天赋人权；③反对君主专制，赞成开明专制

孟德斯鸠：①三权分立；②著作《论法的精神》奠定了近代西方政治与法律理论发展的基础

卢梭：①主张社会契约论，认为人们为了保障自身生命的安全与自由建立了国家，如果政府违背原始契约，人民有权通过公开起义推翻它；②著作《论人类不平等的起源》认为私有财产是人类不平等的起源

百科全书派：以狄德罗为代表，包括伏尔泰、孟德斯鸠、孔多塞等人。①认为世界是由物质构成的，物质是离开人的主观意识而独立存在的；②以科学成果对抗宗教神学的谬误

重农学派：以魁奈为代表。①认为农业是唯一的生产部门；②提倡自由竞争和自由贸易

其他国家的启蒙运动（2020年选）

苏格兰启蒙运动

背景：①1707年，苏格兰正式成为"大不列颠联合王国"的成员之一，政治稳定，经济发展，人民自信心、进取心大增；②早期英国启蒙运动加速了苏格兰的民族觉醒；③苏格兰具有优良的教育传统，促进了人才培养

代表人物：①大卫·休谟：不可知论；②亚当·斯密：《国富论》说明了自由放任的经济理论；③其他：社会学创始人亚当·弗格森、近代地质学的莫基人詹姆斯·赫顿、近代史学的开创者威廉·罗伯森、修辞学家休布莱尔、哲学家弗兰西斯·哈奇森等

影响：①对法、德、美等国影响极大；②为欧洲国家的社会转型提供了理论基础，有助于深化理解现代经济学；③使人文科学中产生很多新学术用语

北美：本杰明·富兰克林和托马斯·杰斐逊成为启蒙思想在北美的杰出代表

启蒙运动也扩大到意大利、普鲁士和奥地利等地

核心思想

两信条：①理性是衡量一切的标准；②人类进步是人类社会发展的规律

三建议：①经济领域实行自由放任，反对重商主义；②政治上实行"主权在民"的理论；③宗教上实行宗教信仰自由,反对政教合一

影响——①解放了人们的思想；②冲击封建专制制度和天主教会，为资产阶级革命提供思想上、理论上的准备；③对世界各国产生了深远的影响：法国大革命、开明君主专制等

什么是开明君主制：18世纪流行于欧洲的政治思潮，是法国启蒙思想家伏尔泰、孟德斯鸠等提出的理论

具体实践

普鲁士"开明君主专制"：腓特烈二世

政治：加强中央集权，建立了直属国王、廉洁高效的行政管理体制

经济：发展工商业，推行重商主义，修桥建路，统一币制，创办银行，鼓励垦荒

教育：开办学校，重建了普鲁士科学院；奖励科学，扶助艺术，重视教育发展。

奥地利的"开明君主专制"

玛丽亚·特蕾西亚：①政治：组成国务院，建立内政和财政管理机构；②经济：统一货币，发行纸币，鼓励工商，奖励发明，允许技师迁居奥地利；③军事：军官以学历和战功作为升官的标准

约瑟夫二世：①经济：奖励工商业，废除农奴制；②宗教：限制主教权力，强迫教士还俗；③文化：新闻自由，但实行严格的书报检查制；④社会：规定德语为官方语言，重视教育，为贫苦学生提供奖学金

俄国的"开明君主专制"（2018年选）——叶卡捷琳娜

经济：重视农业，加强农奴制，发展工商业，鼓励开办工厂和自由贸易，取消转让、买卖土地限制，为土地私有开辟道路

政治：加强中央集权，取消省、州、县三级地方制度，代之以省、县二级管理体制，省长、副省长由沙皇直接任命，省、县设地方议会，议员均由贵族担任，直接向沙皇负责

文化：提倡西方文化，叶卡捷琳娜二世为贵族开办了许多学校，鼓励他们读外国书、说外语、在生活方面模仿西欧

影响

积极：①经济：促进经济发展，缩小与英、法等国家差距；②政治：推动封建君主制逐步向资产阶级君主制转变；③军事：军事实力增强

消极：①未触及根本问题，未打破原有社会结构；②排斥普通民众参与国家政治，缺乏社会基础

第二章　欧美主要国家的社会转型2

启蒙运动

开明君主专制

世界近现代史

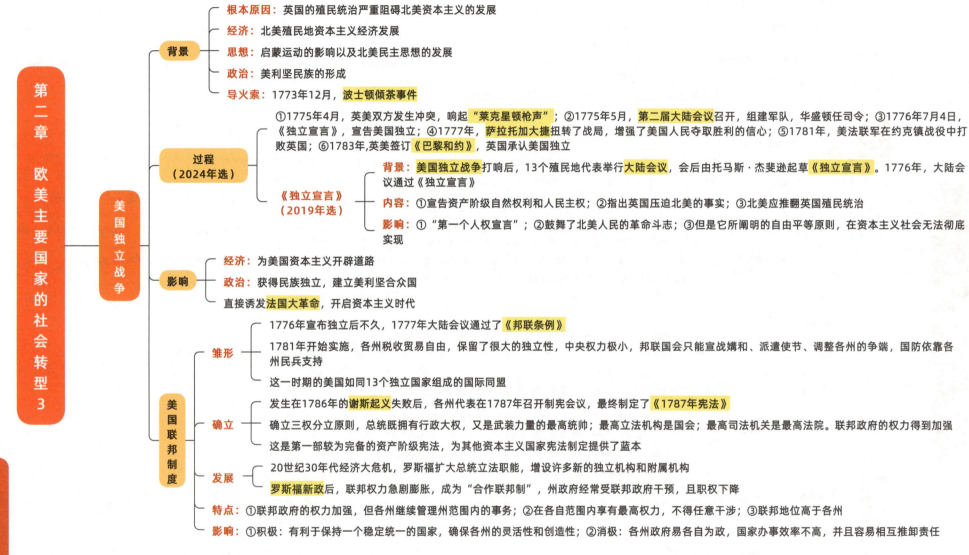

第二章 欧美主要国家的社会转型3

世界近现代史

美国独立战争

背景
- **根本原因：** 英国的殖民统治严重阻碍北美资本主义的发展
- **经济：** 北美殖民地资本主义经济发展
- **思想：** 启蒙运动的影响以及北美民主思想的发展
- **政治：** 美利坚民族的形成
- **导火索：** 1773年12月，波士顿倾茶事件

过程（2024年选）
- ①1775年4月，英美双方发生冲突，响起"莱克星顿枪声"；②1775年5月，第二届大陆会议召开，组建军队，华盛顿任司令；③1776年7月4日，《独立宣言》，宣告美国独立；④1777年，萨拉托加大捷扭转了战局，增强了美国人民夺取胜利的信心；⑤1781年，美法联军在约克镇战役中打败英国；⑥1783年，英美签订《巴黎和约》，英国承认美国独立
- 《独立宣言》（2019年选）
  - **背景：** 美国独立战争打响后，13个殖民地代表举行大陆会议，会后由托马斯·杰斐逊起草《独立宣言》。1776年，大陆会议通过《独立宣言》
  - **内容：** ①宣告资产阶级自然权利和人民主权；②指出英国压迫北美的事实；③北美应推翻英国殖民统治
  - **影响：** ①"第一个人权宣言"；②鼓舞了北美人民的革命斗志；③但是它所阐明的自由平等原则，在资本主义社会无法彻底实现

影响
- **经济：** 为美国资本主义开辟道路
- **政治：** 获得民族独立，建立美利坚合众国
- 直接诱发法国大革命，开启资本主义时代

美国联邦制度

雏形
- 1776年宣布独立后不久，1777年大陆会议通过了《邦联条例》
- 1781年开始实施，各州税收贸易自由，保留了很大的独立性，中央权力极小，邦联国会只能宣战媾和、派遣使节、调整各州的争端，国防依靠各州民兵支持
- 这一时期的美国如同13个独立国家组成的国际同盟

确立
- 发生在1786年的谢斯起义失败后，各州代表在1787年召开制宪会议，最终制定了《1787年宪法》
- 确立三权分立原则，总统既拥有行政大权，又是武装力量的最高统帅；最高立法机构是国会；最高司法机关是最高法院。联邦政府的权力得到加强
- 这是第一部较为完备的资产阶级宪法，为其他资本主义国家宪法制定提供了蓝本

发展
- 20世纪30年代经济大危机，罗斯福扩大总统立法职能，增设许多新的独立机构和附属机构
- 罗斯福新政后，联邦权力急剧膨胀，成为"合作联邦制"，州政府经常受联邦政府干预，且职权下降

特点： ①联邦政府的权力加强，但各州继续管理州范围内的事务；②在各自范围内享有最高权力，不得任意干涉；③联邦地位高于各州

影响： ①积极：有利于保持一个稳定统一的国家，确保各州的灵活性和创造性；②消极：各州政府易各自为政，国家办事效率不高，并且容易相互推卸责任

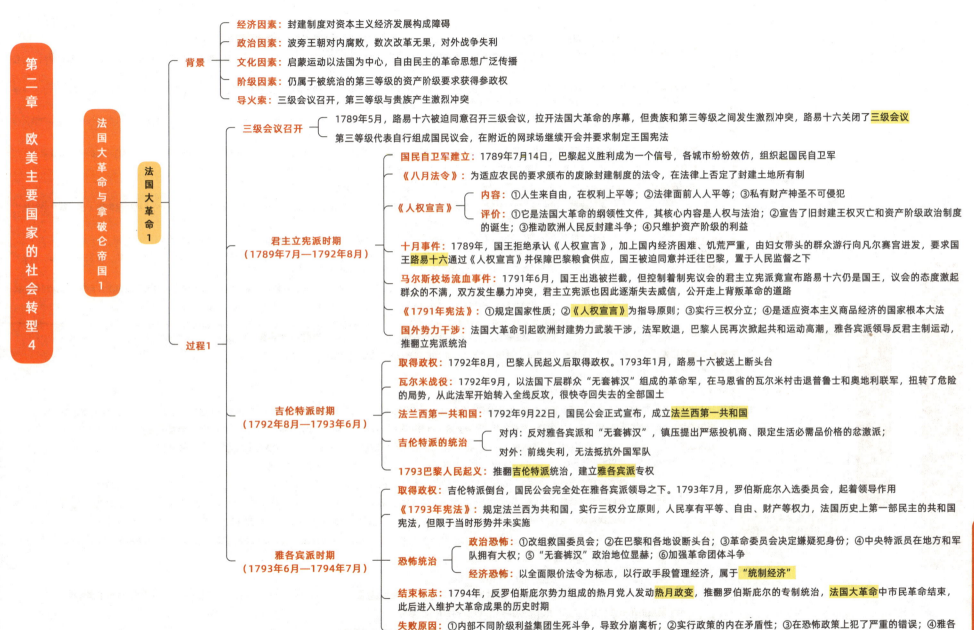

第二章 欧美主要国家的社会转型 4

法国大革命与拿破仑帝国 1

法国大革命 1

背景
- 经济因素：封建制度对资本主义经济发展构成障碍
- 政治因素：波旁王朝对内腐败，数次改革无果，对外战争失利
- 文化因素：启蒙运动以法国为中心，自由民主的革命思想广泛传播
- 阶级因素：仍属于被统治的第三等级的资产阶级要求获得参政权
- 导火索：三级会议召开，第三等级与贵族产生激烈冲突

过程 1

三级会议召开
- 1789年5月，路易十六被迫同意召开三级会议，拉开法国大革命的序幕，但贵族和第三等级之间发生激烈冲突，路易十六关闭了三级会议
- 第三等级代表自行组成国民议会，在附近的网球场继续开会并要求制定王国宪法

君主立宪派时期（1789年7月—1792年8月）
- 国民自卫军建立：1789年7月14日，巴黎起义胜利成为一个信号，各城市纷纷效仿，组织起国民自卫军
- 《八月法令》：为适应农民的要求颁布的废除封建制度的法令，在法律上否定了封建土地所有制
- 《人权宣言》
  - 内容：①人生来自由，在权利上平等；②法律面前人人平等；③私有财产神圣不可侵犯
  - 评价：①它是法国大革命的纲领性文件，其核心内容是人权与法治；②宣告了旧封建王权灭亡和资产阶级政治制度的诞生；③推动欧洲人民反封建斗争；④只维护资产阶级的利益
- 十月事件：1789年，国王拒绝承认《人权宣言》，加上国内经济困难、饥荒严重，由妇女带头的群众游行向凡尔赛宫进发，要求国王路易十六通过《人权宣言》并保障巴黎粮食供应，国王被迫同意并迁往巴黎，置于人民监督之下
- 马尔斯校场流血事件：1791年6月，国王出逃被拦截，但控制着制宪议会的君主立宪派竟宣布路易十六仍是国王，议会的态度激起群众的不满，双方发生暴力冲突，君主立宪派也因此逐渐失去威信，公开走上背叛革命的道路
- 《1791年宪法》：①规定国家性质；②《人权宣言》为指导原则；③实行三权分立；④是适应资本主义商品经济的国家根本大法
- 国外势力干涉：法国大革命引起欧洲封建势力武装干涉，法军败退，巴黎人民再次掀起共和运动高潮，雅各宾派领导反君主制运动，推翻立宪派统治

吉伦特派时期（1792年8月—1793年6月）
- 取得政权：1792年8月，巴黎人民起义后取得政权。1793年1月，路易十六被送上断头台
- 瓦尔米战役：1792年9月，以法国下层群众"无套裤汉"组成的革命军，在马恩省的瓦尔米村击退普鲁士和奥地利联军，扭转了危险的局势，从此法军开始转入全线反攻，很快夺回失去的全部国土
- 法兰西第一共和国：1792年9月22日，国民公会正式宣布，成立法兰西第一共和国
- 吉伦特派的统治
  - 对内：反对雅各宾派和"无套裤汉"，镇压提出严惩投机商、限定生活必需品价格的忿激派；
  - 对外：前线失利，无法抵抗外国军队
- 1793巴黎人民起义：推翻吉伦特派统治，建立雅各宾派专政

雅各宾派时期（1793年6月—1794年7月）
- 取得政权：吉伦特派倒台，国民公会完全处在雅各宾派领导之下。1793年7月，罗伯斯庇尔入选委员会，起着领导作用
- 《1793年宪法》：规定法兰西为共和国，实行三权分立原则，人民享有平等、自由、财产等权力，法国历史上第一部民主的共和国宪法，但限于当时形势并未实施
- 恐怖统治
  - 政治恐怖：①改组救国委员会；②在巴黎和各地设断头台；③革命委员会决定嫌疑犯身份；④中央特派员在地方和军队拥有大权；⑤"无套裤汉"政治地位显赫；⑥加强革命团体斗争
  - 经济恐怖：以全面限价法令为标志，以行政手段管理经济，属于"统制经济"
- 结束标志：1794年，反罗伯斯庇尔势力组成的热月党人发动热月政变，推翻罗伯斯庇尔的专制统治，法国大革命中市民革命结束，此后进入维护大革命成果的历史时期
- 失败原因：①内部不同阶级利益集团生死斗争，导致分崩离析；②实行政策的内在矛盾性；③在恐怖政策上犯了严重的错误；④雅各宾派是小资产阶级，不符合社会发展要求

世界近现代史

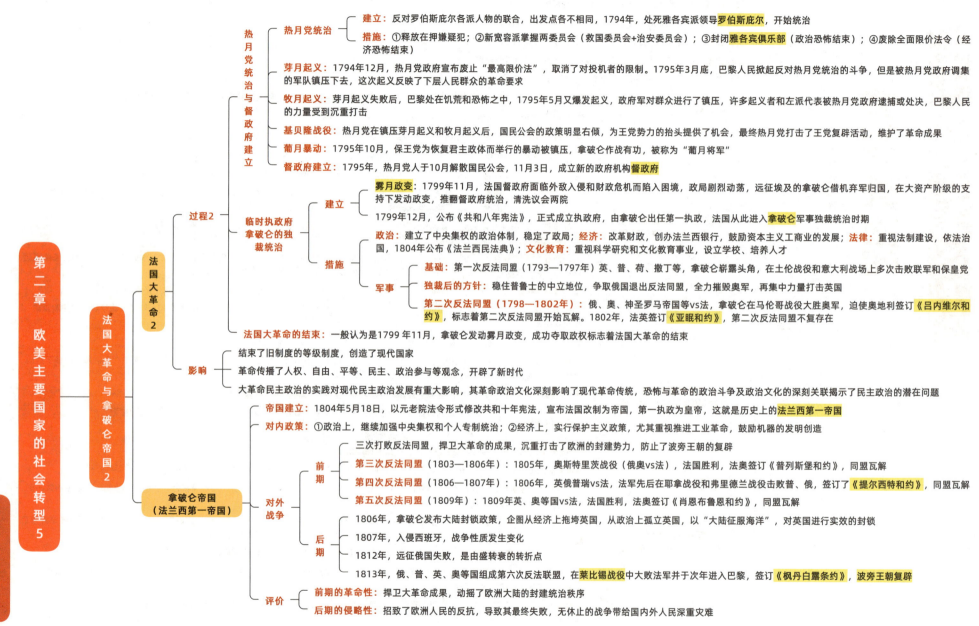

第二章 欧美主要国家的社会转型 5

世界近现代史

法国大革命与拿破仑帝国 2

法国大革命 2

过程2

热月党统治与督政府建立

热月党统治

建立：反对罗伯斯庇尔各派人物的联合，出发点各不相同，1794年，处死雅各宾派领导**罗伯斯庇尔**，开始统治

措施：①释放在押嫌疑犯；②新宽容派掌握两委员会（救国委员会+治安委员会）；③封闭**雅各宾俱乐部**（政治恐怖结束）；④废除全面限价法令（经济恐怖结束）

芽月起义：1794年12月，热月党政府宣布废止"最高限价法"，取消了对投机者的限制。1795年3月底，巴黎人民掀起反对热月党统治的斗争，但是被热月党政府调集的军队镇压下去，这次起义反映了下层人民群众的革命要求

牧月起义：芽月起义失败后，巴黎处在饥荒和恐怖之中，1795年5月又爆发起义，政府军对群众进行了镇压，许多起义者和左派代表被热月党政府逮捕或处决，巴黎人民的力量受到沉重打击

基贝隆战役：热月党在镇压芽月起义和牧月起义后，国民公会的政策明显右倾，为王党势力的抬头提供了机会，最终热月党打击了王党复辟活动，维护了革命成果

葡月暴动：1795年10月，保王党为恢复君主政体而举行的暴动被镇压，拿破仑作战有功，被称为"葡月将军"

督政府建立：1795年，热月党人于10月解散国民公会，11月3日，成立新的政府机构**督政府**

临时执政府拿破仑的独裁统治

建立

雾月政变：1799年11月，法国督政府面临外敌入侵和财政危机而陷入困境，政局剧烈动荡，远征埃及的拿破仑借机弃军归国，在大资产阶级的支持下发动政变，推翻督政府统治，清洗议会两院

1799年12月，公布《共和八年宪法》，正式成立执政府，由拿破仑出任第一执政，法国从此进入**拿破仑**军事独裁统治时期

措施

政治：建立了中央集权的政治体制，稳定了政局；**经济**：改革财政，创办法兰西银行，鼓励资本主义工商业的发展；**法律**：重视法制建设，依法治国，1804年公布《法兰西民法典》；**文化教育**：重视科学研究和文化教育事业，设立学校、培养人才

军事

基础：第一次反法同盟（1793—1797年）英、普、荷、撒丁等，拿破仑崭露头角，在土伦战役和意大利战场上多次击败联军和保皇党

独裁后的方针：稳住普鲁士的中立地位，争取俄国退出反法同盟，全力摧毁奥军，再集中力量打击英国

第二次反法同盟（1798—1802年）：俄、奥、神圣罗马帝国等vs法，拿破仑在马伦哥战役大胜奥军，迫使奥地利签订《吕内维尔和约》，标志着第二次反法同盟开始瓦解。1802年，法英签订《亚眠和约》，第二次反法同盟不复存在

法国大革命的结束：一般认为是1799年11月，拿破仑发动雾月政变，成功夺取政权标志着法国大革命的结束

影响

结束了旧制度的等级制度，创造了现代国家

革命传播了人权、自由、平等、民主、政治参与等观念，开辟了新时代

大革命民主政治的实践对现代民主政治发展有重大影响，其革命政治文化深刻影响了现代革命传统，恐怖与革命的政治斗争及政治文化的深刻关联揭示了民主政治的潜在问题

拿破仑帝国（法兰西第一帝国）

帝国建立：1804年5月18日，以元老院法令形式修改共和十年宪法，宣布法国改制为帝国，第一执政为皇帝，这就是历史上的**法兰西第一帝国**

对内政策：①政治上，继续加强中央集权和个人专制统治；②经济上，实行保护主义政策，尤其重视推进工业革命，鼓励机器的发明创造

对外战争

前期

三次打败反法同盟，捍卫大革命的成果，沉重打击了欧洲的封建势力，防止了波旁王朝的复辟

第三次反法同盟（1803—1806年）：1805年，奥斯特里茨战役（俄奥vs法），法国胜利，法奥签订《普列斯堡和约》，同盟瓦解

第四次反法同盟（1806—1807年）：1806年，英俄普瑞vs法，法军先后在耶拿战役和弗里德兰战役中战败普、俄，签订了《提尔西特和约》，同盟瓦解

第五次反法同盟（1809年）：1809年英、奥等国vs法，法国胜利，法奥签订《肖恩布鲁恩和约》，同盟瓦解

后期

1806年，拿破仑发布大陆封锁政策，企图从经济上拖垮英国，从政治上孤立英国，以"大陆征服海洋"，对英国进行实效的封锁

1807年，入侵西班牙，战争性质发生变化

1812年，远征俄国失败，是由盛转衰的转折点

1813年，俄、普、英、奥等国组成第六次反法联盟，在**莱比锡战役**中大败法军并于次年进入巴黎，签订《枫丹白露条约》，**波旁王朝复辟**

评价

前期的革命性：捍卫大革命成果，动摇了欧洲大陆的封建统治秩序

后期的侵略性：招致了欧洲人民的反抗，导致其最终失败，无休止的战争带给国内外人民深重灾难

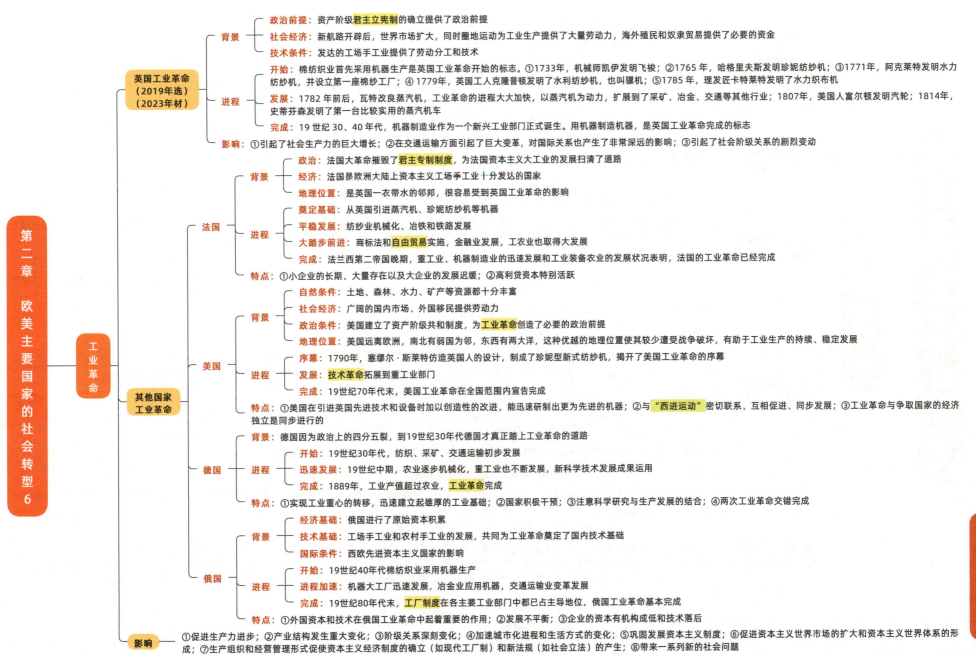

第二章 欧美主要国家的社会转型 6

工业革命

英国工业革命（2019年选）（2023年材）

背景
- **政治前提**：资产阶级**君主立宪制**的确立提供了政治前提
- **社会经济**：新航路开辟后，世界市场扩大，同时圈地运动为工业生产提供了大量劳动力，海外殖民和奴隶贸易提供了必要的资金
- **技术条件**：发达的工场手工业提供了劳动分工和技术

进程
- **开始**：棉纺织业首先采用机器生产是英国工业革命开始的标志。①1733年，机械师凯伊发明飞梭；②1765年，哈格里夫斯发明珍妮纺纱机；③1771年，阿克莱特发明水力纺纱机，并设立第一座棉纱工厂；④1779年，英国工人克隆普顿发明了水利纺纱机，也叫骡机；⑤1785年，理发匠卡特莱特发明了水力织布机
- **发展**：1782年前后，瓦特改良蒸汽机，工业革命的进程大大加快，以蒸汽机为动力，扩展到了采矿、冶金、交通等其他行业；1807年，美国人富尔顿发明汽轮；1814年，史蒂芬森发明了第一台比较实用的蒸汽机车
- **完成**：19世纪30、40年代，机器制造业作为一个新兴工业部门正式诞生。用机器制造机器，是英国工业革命完成的标志

影响：①引起了社会生产力的巨大增长；②在交通运输方面引起了巨大变革，对国际关系也产生了非常深远的影响；③引起了社会阶级关系的剧烈变动

其他国家工业革命

法国

背景
- **政治**：法国大革命摧毁了**君主专制制度**，为法国资本主义大工业的发展扫清了道路
- **经济**：法国是欧洲大陆上资本主义工场**手工业十**分发达的国家
- **地理位置**：是英国一衣带水的邻邦，很容易受到英国工业革命的影响

进程
- **奠定基础**：从英国引进蒸汽机、珍妮纺纱机等机器
- **平稳发展**：纺纱业机械化、冶铁和铁路发展
- **大踏步前进**：商标法和**自由贸易**实施，金融业发展，工农业也取得大发展
- **完成**：法兰西第二帝国晚期，重工业、机器制造业的迅速发展和工业装备农业的发展状况表明，法国的工业革命已经完成

特点：①小企业的长期、大量存在以及大企业的发展迟缓；②高利贷资本特别活跃

美国

背景
- **自然条件**：土地、森林、水力、矿产等资源都十分丰富
- **社会经济**：广阔的国内市场、外国移民提供劳动力
- **政治条件**：美国建立了资产阶级共和制度，为**工业革命**创造了必要的政治前提
- **地理位置**：美国远离欧洲，南北有弱国为邻，东西有两大洋，这种优越的地理位置使其较少遭受战争破坏，有助于工业生产的持续、稳定发展

进程
- **序幕**：1790年，塞缪尔·斯莱特仿造英国人的设计，制成了珍妮型新式纺纱机，揭开了美国工业革命的序幕
- **发展**：**技术革命**拓展到重工业部门
- **完成**：19世纪70年代末，美国工业革命在全国范围内宣告完成

特点：①美国在引进英国先进技术和设备时加以创造性的改进，能迅速研制出更为先进的机器；②与**"西进运动"**密切联系、互相促进、同步发展；③工业革命与争取国家的经济独立是同步进行的

德国

背景：德国因为政治上的四分五裂，到19世纪30年代德国才真正踏上工业革命的道路

进程
- **开始**：19世纪30年代，纺织、采矿、交通运输初步发展
- **迅速发展**：19世纪中期，农业逐步机械化，重工业也不断发展，新科学技术发展成果运用
- **完成**：1889年，工业产值超过农业，**工业革命完成**

特点：①实现工业重心的转移，迅速建立起雄厚的工业基础；②国家积极干预；③注意科学研究与生产发展的结合；④两次工业革命交错完成

俄国

背景
- **经济基础**：俄国进行了原始资本积累
- **技术基础**：工场手工业和农村手工业的发展，共同为工业革命奠定了国内技术基础
- **国际条件**：西欧先进资本主义国家的影响

进程
- **开始**：19世纪40年代棉纺织业采用机器生产
- **进程加速**：机器大工厂迅速发展，冶金业应用机器，交通运输业变革发展
- **完成**：19世纪80年代末，**工厂制度**在各主要工业部门中都已占主导地位，俄国工业革命基本完成

特点：①外国资本和技术在俄国工业革命中起着重要的作用；②发展不平衡；③企业的资本有机构成低和技术落后

影响：①促进生产力进步；②产业结构发生重大变化；③阶级关系深刻变化；④加速城市化进程和生活方式的变化；⑤巩固发展资本主义制度；⑥促进资本主义世界市场的扩大和资本主义世界体系的形成；⑦生产组织和经营管理形式促使资本主义经济制度的确立（如现代工厂制）和新法规（如社会立法）的产生；⑧带来一系列新的社会问题

世界近现代史

第二章 欧美主要国家的社会转型 7

世界近现代史

19世纪法国政治演进

波旁王朝（1814—1830年）

建立： 随着拿破仑及其帝国的陨落，1814年，波旁王朝重掌政权

重要事件：
- 《1814年宪章》保留了法国大革命的成果
- **百日王朝：** 1815年，拿破仑复辟，建立百日王朝，各君主国为扑灭拿破仑组建第七次反法同盟，在滑铁卢战役中击败法军，将拿破仑流放
- 《七月敕令》的颁布维护了封建统治、反对资产阶级君主立宪派和自由派，引起自由主义反对派与社会各阶层的愤怒和反抗，成为七月革命的导火线

结束： 查理十世颁布反动的《七月敕令》，激起七月革命，波旁王朝被推翻

奥尔良王朝（1830—1848年）

建立： 1830年8月，法国议会宣布奥尔良公爵为国王，建立奥尔良王朝（七月王朝）

重要事件： 金融贵族的统治阻碍资本主义进一步发展，1848，二月革命确立了资产阶级的全面统治，为资本主义在法国的进一步发展扫清了道路

结束： 1848年，二月革命推翻了奥尔良王朝统治

法兰西第二共和国（1848—1852年）

建立： 1848年，二月革命后，法国再次建立共和国，这就是历史上的法兰西第二共和国

六月起义： 巴黎人民推翻了七月王朝，但资产阶级窃取了革命果实，成立了法兰西第二共和国。1848年6月，工人游行示威，起义爆发，最后政府军队镇压了起义，马克思称它为"无产阶级与资产阶级的第一次伟大战斗"

结束： 路易·拿破仑·波拿巴攫取了政权，法兰西第二共和国灭亡

补充：1848年革命
- **背景：** 在欧洲大陆，工业资本主义发展程度还不高，封建势力和金融资产阶级的势力相对强大，他们对自由主义运动和民主运动以及被压迫民族的斗争采取高压政策，随着社会矛盾愈演愈烈，终于在1848年爆发了几乎遍及整个大陆的革命
- **革命：** 法国二月革命、德意志革命、东南欧的民族运动

法兰西第二帝国（1852—1870年）

建立： 1852年，拿破仑三世称帝，建立法兰西第二帝国

重要事件：
- **内政**
  - 前期专制：①强化军队、警察和官僚机构；②严禁出版、集会、结社自由；③借助教会的力量对抗革命宣传；④省长专权
  - 政权稳定后：逐步实行自由化措施。①议员可享有对政府的质询权；②1870年，拿破仑三世批准帝国新宪法
  - 经济：发展资本主义工商业，完成工业革命
- **对外战争：** ①1853—1856年克里米亚战争：法、英、奥vs俄；②1856—1860年第二次鸦片战争：法、英vs中；③1863年攻占墨西哥；④1870年普法战争：法国意识到普鲁士的崛起对其地位的威胁而发动战争，但是法军接连败北，最终投降

结束： 1870年，法国在同普鲁士的作战中遭到惨败，巴黎人民发动起义，推翻了第二帝国的统治

法兰西第三共和国（1870—1940年）

建立： 1870年9月，巴黎革命推翻第二帝国，建立法兰西第三共和国

重要事件：
- **签订《法兰克福条约》：** 1871年，德意志帝国为结束普法战争而签订条约，明确了两国边界，法国割让阿尔萨斯–洛林给德国，并赔款
- **巴黎公社：** 普法战争失败后，法国政府阶级压迫和民族投降的政策激起群众不满。1871年，巴黎工人举行起义，建立了无产阶级革命政权，起义最终被镇压，巴黎公社是人类历史上第一次无产阶级政权的伟大尝试
- **布朗热事件：** 在法国以 G.布朗热将军为首掀起了民族沙文主义运动，布朗热出身军伍，深得士兵们的爱戴。在任期间多次拒绝镇压工人的示威游行，又赢得了工人的支持，由于他对德强硬，得到激进共和党人的支持。1889年，他赢得了总统选举的大部分选票准备当选总统，但温和派突然强硬宣布布朗热企图颠覆共和国，重建帝制，要逮捕布朗热，布朗热匆忙逃亡。1891年，布朗热自杀，政权重回温和派手中
- **参与一战**
- **参与二战**

结束： 1940年5月，二战中德军在西线全面进攻，法军节节败退，巴黎陷落。6月22日，法国投降并签订停战协定，成立维希傀儡政府，第三共和国宣告终结

第二章 欧美主要国家的社会转型 8

19世纪的英国改革

背景

- **经济因素**：19世纪前期，国际环境相对稳定，加之工业革命的推动，英国资本主义经济继续发展
- **社会因素**：自由党执政和工人运动风起云涌
- **政治因素**：城乡劳动群众运动的蓬勃发展，日益走向政治斗争的道路，促使激进民主派更加急迫地要求议会改革

过程

- **1832年国会改革**：①降低选举资格；②取消56个人口不到2000人的"衰败选区"；③增加了在工业革命过程中兴起的大城市代表名额
- **1867年第二次国会改革**：1832年，议会改革后选举权仍然受到很大的限制，改革内容：①进一步取消财产限制；②取消46个"衰败选区"，空余出来的席位，分配给各大城市
- **文官制度改革**
  - **背景**：①经济：工业革命的完成，资本主义的迅猛发展；②政治基础：国会制度改革为文官制度改革注入了强大的推动力；③现实原因：英国官僚制度的腐败；④直接原因：东印度公司官员任命产生的矛盾
  - **具体改革措施**
    - **1855年帕麦斯顿改革**：成立文官制度委员会，审查合格后，允准参加考试，对考试合格者颁布证书，分配到各部用人机构，经过6个月的试用期后，再决定是否正式录用
    - **1870年格拉斯顿改革**：①实行公开考试录用官员；②某些高级官员(如法官和各类视察员)的职位仍可不经考试而由内阁直接任命；③文官考试分两类进行，按相应标准录用
  - **影响**：①提高了政府各机关的工作效率，促进了社会生产的发展；②进一步巩固了工业资产阶级的统治地位；③促进了英国政坛的清明廉洁；④成为西方文官制度的典范

影响

- **意义**：①英国实现从贵族寡头政治向民主制政治的转变；②工人阶级可以参与政治生活；③为英国的繁荣提供政治保障
- **局限**：改革不彻底，只有一半成年男子享有选举权，妇女无选举权

自由贸易政策（2021年论）

- **形成条件**：19世纪英国工业革命的发展，促使工业资产阶级的社会经济力量开始壮大
- **措施**：①资产阶级代表争取废除一系列重商主义法律；②取消200多种的商品进口税；③使用炮舰政策要求外国实行自由贸易政策
- **影响**：英国廉价的商品挤垮了工业落后国家的商品，加速了殖民地、半殖民地国家和地区的手工业者及农民的破产，摧残了落后国家的民族工业

美国内战

美国西进运动

- **背景**
  - **自然因素**：美国的西部肥沃富饶、尚未开垦
  - **政治因素**：独立战争的胜利让美国取得西部的大片土地
  - **经济因素**：英国工业革命使得市场对棉花需求增加，美国南部棉花种植园迅速向西扩展；而且美国独立后经济市场开始扩大，但东部13个州的市场狭小，难以满足需求
- **经过**
  - 19世纪初—40年代，主要向俄亥俄州开拓，到1839年时俄亥俄州已成为美国重要的小麦产地
  - 19世纪40—70年代，主要向加利福尼亚州（"加州"）开拓，1849年在加州发现金矿，"淘金热"使移民涌向太平洋沿岸，同时因气候温和湿润，加州成为种植热带作物和水果的特殊产区
  - 19世纪70—90年代，主要向密西西比河以西和落基山以东的平原地带移民，1862年《宅地法》公布后，移民转向这一地区，此地的畜牧业得到发展，成为"畜牧王国"
- **影响**：①摧毁了印第安文明，使美国现代化烙上扩张印迹，开辟了美国现代化所需的新领域，为美国现代化找到了天然资源；②促进美国交通运输现代化；③促进了美国农业现代化，奠定了农业资本主义现代化发展的"美国式道路"；④加速美国工业革命和工业化，提供了劳动力、技术、资金、粮食原料和市场；⑤使中西部城市陡然崛起

背景（2019年名）

①美国独立后开始大规模领土扩张，西进运动加速了资本主义发展；②南方种植园经济和北方工业资产阶级经济的固有矛盾；③北方资产阶级要求提高关税，南方种植园奴隶主提出抗议；④堪萨斯内战：南方蓄奴论者和北方反对蓄奴论者间为争夺对堪萨斯州控制权引发了长达半年的斗争；⑤约翰·布朗在堪萨斯内战中率先武装斗争而闻名，他建立了一个废奴主义共和国，但最终失败，推动了非暴力废奴派领袖们的思想转变；⑥导火索：林肯当选美国总统

过程（2018年材）

- **战争开始**：1861年，南方"美利坚诸州同盟"国家建立，挑起内战
- **北方失利**：前期北方一直处于被动地位
- **战争转折**
  - **措施**：①1863年，林肯发布《解放宣言》，宣布叛乱诸州的奴隶全部获得自由；②1862年，《宅地法》规定凡支持拥护共和国的成年公民，从1863年6月起只要缴纳10美元登记费，就可从国有土地中领取160英亩土地，耕种5年后成为私有财产
  - **战役**：1863年，北方取得葛底斯堡大捷，战争主动权从此完全掌握在北方军队手中
- **南方战败**：1865年4月，南方军队向北方军队投降，持续4年之久的美国内战，以北方获得最后胜利而告终，美国重新恢复了统一

南方重建

- **《重建南方法案》**
  - **背景**：①林肯遇刺后，亲奴分子约翰逊上台，南方奴隶主重新得势，激起人民不满；②1867年，国会不顾约翰逊的反对，通过重建南方法案
  - **内容**：①对南方10个州实行军事管制；②重新选举各州政府；③剥夺前叛乱分子的选举权；④赋予黑人以选举权
  - **意义**：①黑人在美国历史上第一次参加了投票选举，行使自己的民主权利；②促进了奴隶制种植园经济的资本主义改造；③资本主义的生产关系已在战后的种植园经济中占主导地位

影响

- **积极**：是美国第二次资产阶级革命，具有重大进步意义。①为资本主义在美国的发展开辟了广阔道路；②有力地推动美国工人运动的发展，为黑人开辟了一个新时代
- **消极**：内战后黑人并没有得到彻底解放，他们受到极其严重的种族歧视与迫害，他们争取真正解放的斗争一直延续到今天

世界近现代史

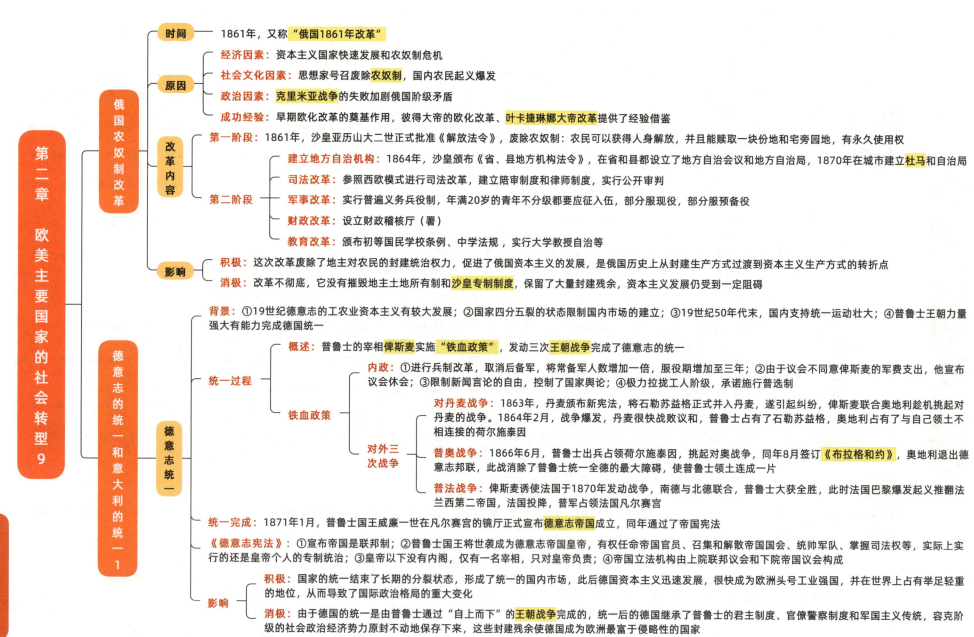

第二章 欧美主要国家的社会转型 9

世界近现代史

俄国农奴制改革

时间：1861年，又称"俄国1861年改革"

原因
- **经济因素**：资本主义国家快速发展和农奴制危机
- **社会文化因素**：思想家号召废除农奴制，国内农民起义爆发
- **政治因素**：克里米亚战争的失败加剧俄国阶级矛盾
- **成功经验**：早期欧化改革的奠基作用，彼得大帝的欧化改革、叶卡捷琳娜大帝改革提供了经验借鉴

改革内容
- **第一阶段**：1861年，沙皇亚历山大二世正式批准《解放法令》，废除农奴制：农民可以获得人身解放，并且能赎取一块份地和宅旁园地，有永久使用权
- **第二阶段**
  - **建立地方自治机构**：1864年，沙皇颁布《省、县地方机构法令》，在省和县都设立了地方自治会议和地方自治局，1870年在城市建立杜马和自治局
  - **司法改革**：参照西欧模式进行司法改革，建立陪审制度和律师制度，实行公开审判
  - **军事改革**：实行普遍义务兵役制，年满20岁的青年不分级都要应征入伍，部分服现役，部分服预备役
  - **财政改革**：设立财政稽核厅（署）
  - **教育改革**：颁布初等国民学校条例、中学法规，实行大学教授自治等

影响
- **积极**：这次改革废除了地主对农民的封建统治权力，促进了俄国资本主义的发展，是俄国历史上从封建生产方式过渡到资本主义生产方式的转折点
- **消极**：改革不彻底，它没有摧毁地主土地所有制和沙皇专制制度，保留了大量封建残余，资本主义发展仍受到一定阻碍

德意志的统一和意大利的统一1

德意志统一

背景：①19世纪德意志的工农业资本主义有较大发展；②国家四分五裂的状态限制国内市场的建立；③19世纪50年代末，国内支持统一运动壮大；④普鲁士王朝力量强大有能力完成德国统一

统一过程
- **概述**：普鲁士的宰相俾斯麦实施"铁血政策"，发动三次王朝战争完成了德意志的统一
- **铁血政策**
  - **内政**：①进行兵制改革，取消后备军，将常备军人数增加一倍，服役期增加至三年；②由于议会不同意俾斯麦的军费支出，他宣布议会休会；③限制新闻言论的自由，控制了国家舆论；④极力拉拢工人阶级，承诺施行普选制
  - **对外三次战争**
    - **对丹麦战争**：1863年，丹麦颁布新宪法，将石勒苏益格正式并入丹麦，遂引起纠纷，俾斯麦联合奥地利趁机挑起对丹麦的战争。1864年2月，战争爆发，丹麦很快战败议和，普鲁士占有了石勒苏益格，奥地利占有了与自己领土不相连接的荷尔施泰因
    - **普奥战争**：1866年6月，普鲁士出兵占领荷尔施泰因，挑起对奥战争，同年8月签订《布拉格和约》，奥地利退出德意志邦联，此战消除了普鲁士统一全德的最大障碍，使普鲁士领土连成一片
    - **普法战争**：俾斯麦诱使法国于1870年发动战争，南德与北德联合，普鲁士大获全胜，此时法国巴黎爆发起义推翻法兰西第二帝国，法国投降，普军占领法国凡尔赛宫

统一完成：1871年1月，普鲁士国王威廉一世在凡尔赛宫的镜厅正式宣布德意志帝国成立，同年通过了帝国宪法

《德意志宪法》：①宣布帝国是联邦制；②普鲁士国王将世袭成为德意志帝国皇帝，有权任命帝国官员、召集和解散帝国国会、统帅军队、掌握司法权等，实际上实行的还是皇帝个人的专制统治；③皇帝以下没有内阁，仅有一名宰相，只对皇帝负责；④帝国立法机构由上院联邦议会和下院帝国议会构成

影响
- **积极**：国家的统一结束了长期的分裂状态，形成了统一的国内市场，此后德国资本主义迅速发展，很快成为欧洲头号工业强国，并在世界上占有举足轻重的地位，从而导致了国际政治格局的重大变化
- **消极**：由于德国的统一是由普鲁士通过"自上而下"的王朝战争完成的，统一后的德国继承了普鲁士的君主制度、官僚警察制度和军国主义传统，容克阶级的社会政治经济势力原封不动地保存下来，这些封建残余使德国成为欧洲最富于侵略性的国家

第二章　欧美主要国家的社会转型 10

德意志的统一和意大利的统一 2

意大利统一

背景
- 中世纪以来，意大利长期处于分裂割据状态并受到外族统治，尤其近代，意大利半岛北部被法国与奥地利占领，只有南部一小块的撒丁王国保持独立
- 资产阶级自由派领导人加富尔在1852年担任了撒丁王国首相，进行政治经济改革，提高了撒丁王国在意大利和整个欧洲的地位和声望
- 1858年，加富尔获得了在反奥地利战争问题上法国的帮助

统一过程

第一阶段 王朝战争
- 1859年，在法国帮助下，撒丁王国对奥战争取得进展，与此同时意大利起义各地都建立了由资产阶级自由派领导的临时政府
- 法国担心意大利过于强大，退出战斗，迫使撒丁王国承认与奥地利的《维拉弗朗加和约》，加富尔辞职
- 1860年，加富尔重任首相，撒丁王国的统治阶级利用人民革命斗争和外交手段，初步完成了意大利的局部统一

第二阶段 加里波第远征
- 1860年4月，西西里人民爆发了大规模的起义，加里波第率领志愿军援助起义者，很快打败了政府军，解放了整个西西里岛
- 1860年9月，南意大利合并于撒丁王国
- 1861年3月，都灵议会正式宣布成立意大利王国，但随着加富尔去世，意大利王国进入政治不稳定时期，部分地区还在奥地利统治下，统一事业未最终完成

第三阶段 外交阶段
- 意大利统一的最后实现是通过外交手段取得的，1866年普奥战争，意大利帮助普鲁士获得胜利，根据《维也纳和约》，奥地利将威尼斯归还意大利
- 1870年，普法战争爆发，拿破仑三世不得不调回驻罗马的军队，意大利军队占领罗马，教皇被剥夺政治权利避居梵蒂冈，意大利统一最终完成
- 1871年，意大利迁都罗马

影响
- **积极：**为资本主义的发展扫清了障碍，统一后的意大利各邦间消除了关税壁垒，形成了统一的市场
- **消极：**意大利的统一以"自上而下"道路的胜利而结束，因此在政治经济和社会诸方面都留有封建残余。①经济上，封建的土地制度——世代永佃制被保留下来；②政治上，建立了君主立宪政体，世袭的国王保留着很大的权力，国家政权实际上是操纵在大资产阶级和大地主手中

世界近现代史

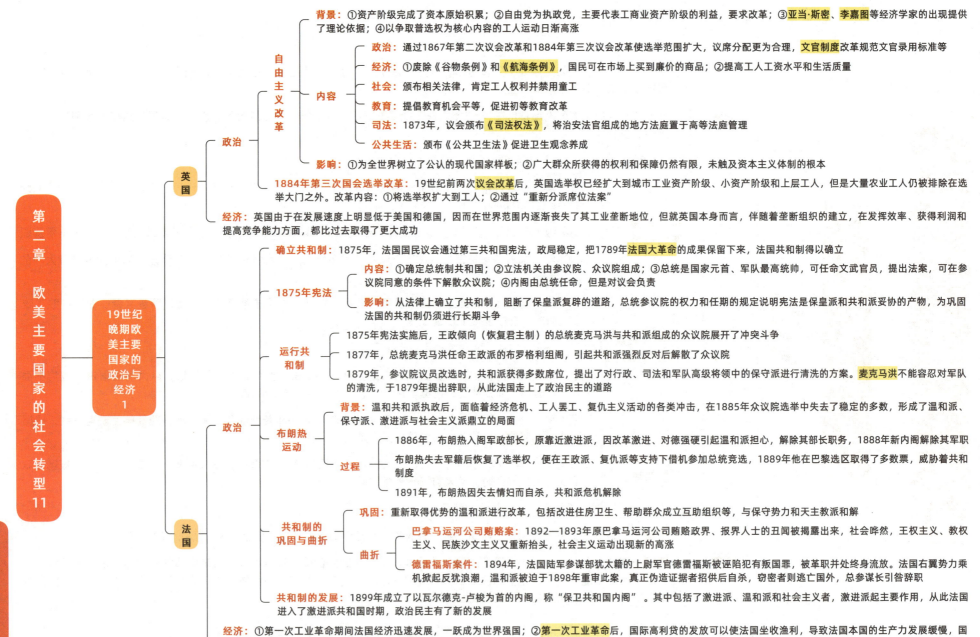

第二章 欧美主要国家的社会转型 11

世界近现代史

19世纪晚期欧美主要国家的政治与经济 1

英国

政治

自由主义改革

背景： ①资产阶级完成了资本原始积累；②自由党为执政党，主要代表工商业资产阶级的利益，要求改革；③亚当·斯密、李嘉图等经济学家的出现提供了理论依据；④以争取普选权为核心内容的工人运动日渐高涨

内容：

政治： 通过1867年第二次议会改革和1884年第三次议会改革使选举范围扩大，议席分配更为合理，文官制度改革规范文官录用标准等

经济： ①废除《谷物条例》和《航海条例》，国民可在市场上买到廉价的商品；②提高工人工资水平和生活质量

社会： 颁布相关法律，肯定工人权利并禁用童工

教育： 提倡教育机会平等，促进初等教育改革

司法： 1873年，议会颁布《司法权法》，将治安法官组成的地方法庭置于高等法庭管理

公共生活： 颁布《公共卫生法》促进卫生观念养成

影响： ①为全世界树立了公认的现代国家样板；②广大群众所获得的权利和保障仍然有限，未触及资本主义体制的根本

1884年第三次国会选举改革： 19世纪前两次议会改革后，英国选举权已经扩大到城市工业资产阶级、小资产阶级和上层工人，但是大量农业工人仍被排除在选举大门之外。改革内容：①将选举权扩大到工人；②通过"重新分派席位法案"

经济： 英国由于在发展速度上明显低于美国和德国，因而在世界范围内逐渐丧失了其工业垄断地位，但就英国本身而言，伴随着垄断组织的建立，在发挥效率、获得利润和提高竞争能力方面，都比过去取得了更大成功

法国

政治

确立共和制： 1875年，法国国民议会通过第三共和国宪法，政局稳定，把1789年法国大革命的成果保留下来，法国共和制得以确立

1875年宪法

内容： ①确定总统制共和国；②立法机关由参议院、众议院组成；③总统是国家元首、军队最高统帅，可任命文武官员，提出法案，可在参议院同意的条件下解散众议院；④内阁由总统任命，但是对议会负责

影响： 从法律上确立了共和制，阻断了保皇派复辟的道路，总统参议院的权力和任期的规定说明宪法是保皇派和共和派妥协的产物，为巩固法国的共和制仍须进行长期斗争

运行共和制

1875年宪法实施后，王政倾向（恢复君主制）的总统麦克马洪与共和派组成的众议院展开了冲突斗争

1877年，总统麦克马洪任命王政派的布罗格利组阁，引起共和派强烈反对后解散了众议院

1879年，参议院议员改选时，共和派获得多数席位，提出了对行政、司法和军队高级将领中的保守派进行清洗的方案。麦克马洪不能容忍对军队的清洗，于1879年提出辞职，从此法国走上了政治民主的道路

布朗热运动

背景： 温和共和派执政后，面临着经济危机、工人罢工、复仇主义活动的各类冲击，在1885年众议院选举中失去了稳定的多数，形成了温和派、保守派、激进派与社会主义派鼎立的局面

过程

1886年，布朗热入阁军政部长，原靠近激进派，因改革激进、对德强硬引起温和派担心，解除其部长职务，1888年新内阁解除其军职

布朗热失去军籍后恢复了选举权，便在王政派、复仇派等支持下借机参加总统竞选，1889年他在巴黎选区取得了多数票，威胁着共和制度

1891年，布朗热因失去情妇而自杀，共和派危机解除

共和制的巩固与曲折

巩固： 重新取得优势的温和派进行改革，包括改进住房卫生、帮助群众成立互助组织等，与保守势力和天主教派和解

曲折

巴拿马运河公司贿赂案： 1892—1893年原巴拿马运河公司贿赂政界、报界人士的丑闻被揭露出来，社会哗然，王权主义、教权主义、民族沙文主义又重新抬头，社会主义运动出现新的高涨

德雷福斯案件： 1894年，法国陆军参谋部犹太籍的上尉军官德雷福斯被诬陷犯有叛国罪，被革职并处终身流放。法国右翼势力乘机掀起反犹浪潮，温和派被迫于1898年重审此案，真正伪造证据者招供后自杀，窃密者则逃亡国外，总参谋长引咎辞职

共和制的发展： 1899年成立了以瓦尔德克-卢梭为首的内阁，称"保卫共和国内阁"。其中包括了激进派、温和派和社会主义者，激进派起主要作用，从此法国进入了激进派共和国时期，政治民主有了新的发展

经济： ①第一次工业革命期间法国经济迅速发展，一跃成为世界强国；②第一次工业革命后，国际高利贷的发放可以使法国坐收渔利，导致法国本国的生产力发展缓慢，国家机器陈旧不堪；③第二次工业革命后，法国的高利贷经济模式使法国生产力长期滞后；④法国干涉德国统一的计划宣告失败后向德国赔偿了大批战争赔款，并割地阿尔萨斯和洛林赔偿德国，法国经济再次受挫，发展缓慢

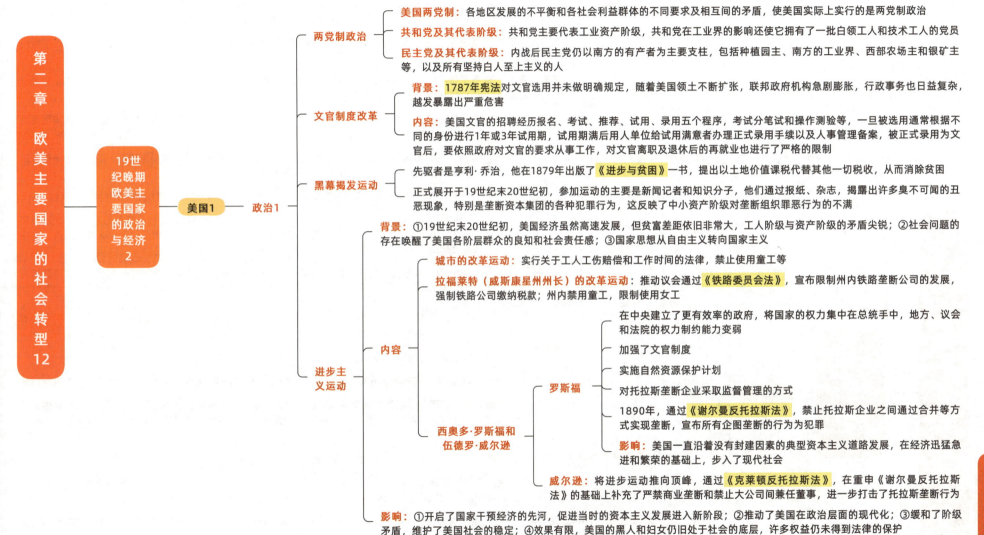

世界近现代史

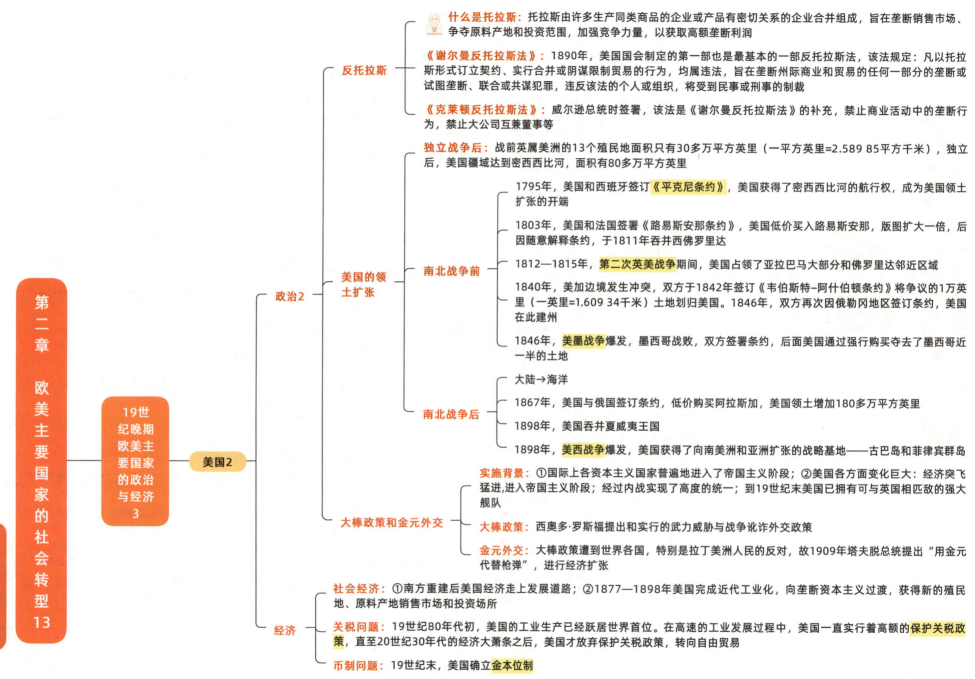

反托拉斯

什么是托拉斯：托拉斯由许多生产同类商品的企业或产品有密切关系的企业合并组成，旨在垄断销售市场、争夺原料产地和投资范围，加强竞争力量，以获取高额垄断利润

《谢尔曼反托拉斯法》：1890年，美国国会制定的第一部也是最基本的一部反托拉斯法，该法规定：凡以托拉斯形式订立契约、实行合并或阴谋限制贸易的行为，均属违法，旨在垄断州际商业和贸易的任何一部分的垄断或试图垄断、联合或共谋犯罪，违反该法的个人或组织，将受到民事或刑事的制裁

《克莱顿反托拉斯法》：威尔逊总统时签署，该法是《谢尔曼反托拉斯法》的补充，禁止商业活动中的垄断行为，禁止大公司互兼董事等

美国的领土扩张

独立战争后：战前英属美洲的13个殖民地面积只有30多万平方英里（一平方英里=2.589 85平方千米），独立后，美国疆域达到密西西比河，面积有80多万平方英里

南北战争前

1795年，美国和西班牙签订《平克尼条约》，美国获得了密西西比河的航行权，成为美国领土扩张的开端

1803年，美国和法国签署《路易斯安那条约》，美国低价买入路易斯安那，版图扩大一倍，后因随意解释条约，于1811年吞并西佛罗里达

1812—1815年，第二次英美战争期间，美国占领了亚拉巴马大部分和佛罗里达邻近区域

1840年，美加边境发生冲突，双方于1842年签订《韦伯斯特-阿什伯顿条约》将争议的1万英里（一英里=1.609 34千米）土地划归美国。1846年，双方再次因俄勒冈地区签订条约，美国在此建州

1846年，美墨战争爆发，墨西哥战败，双方签署条约，后面美国通过强行购买夺去了墨西哥近一半的土地

南北战争后

大陆→海洋

1867年，美国与俄国签订条约，低价购买阿拉斯加，美国领土增加180多万平方英里

1898年，美国吞并夏威夷王国

1898年，美西战争爆发，美国获得了向南美洲和亚洲扩张的战略基地——古巴岛和菲律宾群岛

大棒政策和金元外交

实施背景：①国际上各资本主义国家普遍地进入了帝国主义阶段；②美国各方面变化巨大：经济突飞猛进,进入帝国主义阶段；经过内战实现了高度的统一；到19世纪末美国已拥有可与英国相匹敌的强大舰队

大棒政策：西奥多·罗斯福提出和实行的武力威胁与战争讹诈外交政策

金元外交：大棒政策遭到世界各国，特别是拉丁美洲人民的反对，故1909年塔夫脱总统提出"用金元代替枪弹"，进行经济扩张

社会经济：①南方重建后美国经济走上发展道路；②1877—1898年美国完成近代工业化，向垄断资本主义过渡，获得新的殖民地、原料产地销售市场和投资场所

关税问题：19世纪80年代初，美国的工业生产已经跃居世界首位。在高速的工业发展过程中，美国一直实行着高额的保护关税政策，直至20世纪30年代的经济大萧条之后，美国才放弃保护关税政策，转向自由贸易

币制问题：19世纪末，美国确立金本位制

第二章 欧美主要国家的社会转型13

世界近现代史

19世纪晚期欧美主要国家的政治与经济3

美国2

政治2

经济

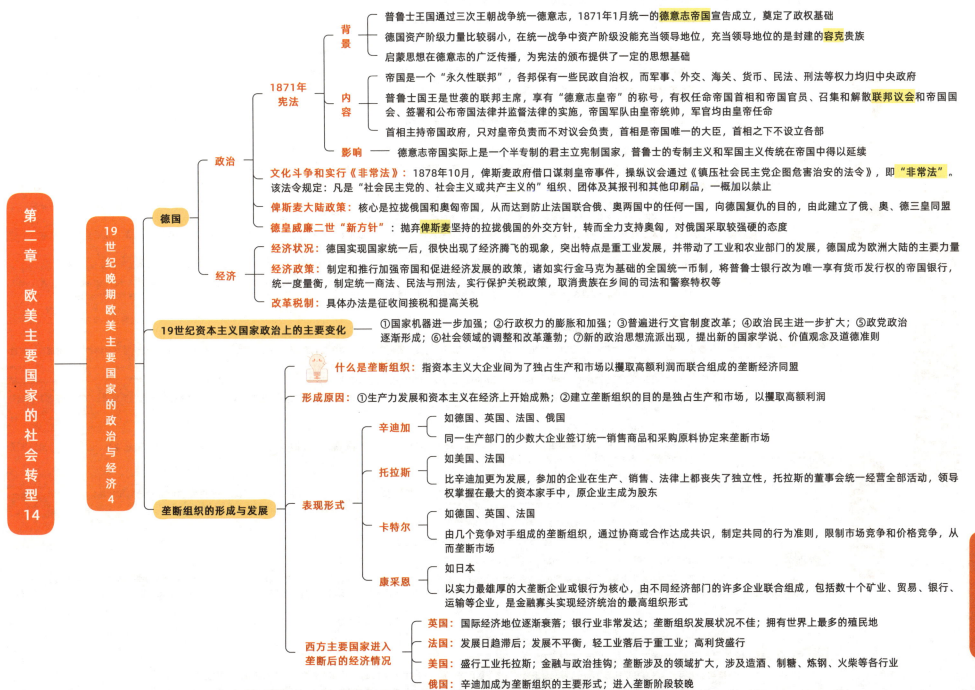

第二章 欧美主要国家的社会转型 14

19世纪晚期欧美主要国家的政治与经济 4

德国

政治

1871年宪法

背景
- 普鲁士王国通过三次王朝战争统一德意志，1871年1月统一的德意志帝国宣告成立，奠定了政权基础
- 德国资产阶级力量比较弱小，在统一战争中资产阶级没能充当领导地位，充当领导地位的是封建的容克贵族
- 启蒙思想在德意志的广泛传播，为宪法的颁布提供了一定的思想基础

内容
- 帝国是一个"永久性联邦"，各邦保有一些民政自治权，而军事、外交、海关、货币、民法、刑法等权力均归中央政府
- 普鲁士国王是世袭的联邦主席，享有"德意志皇帝"的称号，有权任命帝国首相和帝国官员、召集和解散联邦议会和帝国国会、签署和公布帝国法律并监督法律的实施，帝国军队由皇帝统帅，军官均由皇帝任命
- 首相主持帝国政府，只对皇帝负责而不对议会负责，首相是帝国唯一的大臣，首相之下不设立各部

影响
- 德意志帝国实际上是一个半专制的君主立宪制国家，普鲁士的专制主义和军国主义传统在帝国中得以延续

文化斗争和实行《非常法》：1878年10月，俾斯麦政府借口谋刺皇帝事件，操纵议会通过《镇压社会民主党企图危害治安的法令》，即"非常法"。该法令规定：凡是"社会民主党的、社会主义或共产主义的"组织、团体及其报刊和其他印刷品，一概加以禁止

俾斯麦大陆政策：核心是拉拢俄国和奥匈帝国，从而达到防止法国联合俄、奥两国中的任何一国，向德国复仇的目的，由此建立了俄、奥、德三皇同盟

德皇威廉二世"新方针"：抛弃俾斯麦坚持的拉拢俄国的外交方针，转而全力支持奥匈，对俄国采取较强硬的态度

经济

经济状况：德国实现国家统一后，很快出现了经济腾飞的现象，突出特点是重工业发展，并带动了工业和农业部门的发展，德国成为欧洲大陆的主要力量

经济政策：制定和推行加强帝国和促进经济发展的政策，诸如实行金马克为基础的全国统一币制，将普鲁士银行改为唯一享有货币发行权的帝国银行，统一度量衡，制定统一商法、民法与刑法，实行保护关税政策，取消贵族在乡间的司法和警察特权等

改革税制：具体办法是征收间接税和提高关税

19世纪资本主义国家政治上的主要变化

①国家机器进一步加强；②行政权力的膨胀和加强；③普遍进行文官制度改革；④政治民主进一步扩大；⑤政党政治逐渐形成；⑥社会领域的调整和改革蓬勃；⑦新的政治思想流派出现，提出新的国家学说、价值观念及道德准则

垄断组织的形成与发展

什么是垄断组织：指资本主义大企业间为了独占生产和市场以攫取高额利润而联合组成的垄断经济同盟

形成原因：①生产力发展和资本主义在经济上开始成熟；②建立垄断组织的目的是独占生产和市场，以攫取高额利润

表现形式

辛迪加
- 如德国、英国、法国、俄国
- 同一生产部门的少数大企业签订统一销售商品和采购原料协定来垄断市场

托拉斯
- 如美国、法国
- 比辛迪加更为发展，参加的企业在生产、销售、法律上都丧失了独立性，托拉斯的董事会统一经营全部活动，领导权掌握在最大的资本家手中，原企业主成为股东

卡特尔
- 如德国、英国、法国
- 由几个竞争对手组成的垄断组织，通过协商或合作达成共识，制定共同的行为准则，限制市场竞争和价格竞争，从而垄断市场

康采恩
- 如日本
- 以实力最雄厚的大垄断企业或银行为核心，由不同经济部门的许多企业联合组成，包括数十个矿业、贸易、银行、运输等企业，是金融寡头实现经济统治的最高组织形式

西方主要国家进入垄断后的经济情况

英国：国际经济地位逐渐衰落；银行业非常发达；垄断组织发展状况不佳；拥有世界上最多的殖民地

法国：发展日趋滞后；发展不平衡，轻工业落后于重工业；高利贷盛行

美国：盛行工业托拉斯；金融与政治挂钩；垄断涉及的领域扩大，涉及造酒、制糖、炼钢、火柴等各行业

俄国：辛迪加成为垄断组织的主要形式；进入垄断阶段较晚

世界近现代史

第二章 欧美主要国家的社会转型 15

世界近现代史

第二次工业革命与工业文明

第二次工业革命

背景
- 资本主义制度在世界范围内的确立为第二次工业革命提供了政治保障
- 大机器生产下的资本积累以及对殖民地的商品输出和掠夺积累了大量资金
- 自然科学突破性进展，为把科学原理转化为技术，并且直接应用到生产中去奠定了基础
- 美、德、意、日等开辟了统一的国内市场以及资本主义世界市场的初步形成，扩大了对商品的需求

内容
- **电力的广泛应用：** 1866年，德国工程师西门子制成发电机；1870年，比利时人格拉姆发明电动机，电力开始被用来带动机器，成为补充和取代蒸汽动力的新能源
- **内燃机的创制和使用：** 1876年，德国人奥托制造出一台以煤气为燃料的四冲程内燃机；1892年，德国工程师狄塞尔发明柴油机；19世纪80年代，汽车诞生；1903年，飞机诞生
- **化学工业的建立：** 19世纪60—70年代，化学工业随着煤焦油的综合利用得到发展；1867年，诺贝尔发明火药；从80年代起，人们开始从煤焦油中提炼氨、苯等化学产品，19世纪80年代起无烟火药技术在军事上广泛应用
- **钢铁工业的革新：** 1856年，英国人贝西默发明的"吹气精炼"操作法很快得到推广；1864年，法国人马丁和德国人西门子兄弟同时宣布发明了平炉炼钢法
- **远距离传递信息的新发明：** 电力成为新能源后，电报发展起来，贝尔发明有线电话，发现电磁波，发展电信技术
- **新型交通工具出现：** 19世纪80年代，汽车诞生；从90年代起，以内燃机为发动机的内燃机车、远洋轮船、装甲车等民用和军用交通工具陆续出现；1903年飞机诞生

新特点
- **科学与技术真正结合：** 在第一次工业革命时期，科学和技术尚未真正结合，许多技术上的发明都是一些缺乏科学理论知识的工匠依据实践经验而取得的成果。在第二次工业革命期间，科技革命与生产紧密结合，在技术上取得一系列重大的突破，并带动了相应的许多新兴工业部门的兴起
- **几乎同时发生在几个先进的资本主义国家：** 第一次工业革命首先发生于英国，重要的新机器和新生产方法都是在英国发明的；第二次工业革命几乎是同时发生在几个先进的资本主义国家
- **两次工业革命交叉进行：** 第二次工业革命开始时，除英国、美国北部和法国已完成第一次工业革命外，其他国家有的正处于高潮期，有的则刚刚起步

影响： ①极大地推动了生产力的发展；②为向垄断资本主义的过渡准备了条件；③在生产管理方面引起重大变革，出现现代管理体制，如美国的"泰勒制"和"福特制"；④西方经济的发展不平衡日益加剧，为此后的第一次世界大战埋下伏笔；⑤加剧了列强对殖民地的资源掠夺和商品倾销；⑥使得世界各国及各族之间联系更为密切，世界成为一个整体

马克思主义的诞生

历史条件及理论来源
- **历史条件：** ①资本主义的发展及其固有矛盾的逐渐暴露，为马克思主义的诞生创造了社会经济的前提；②无产阶级作为独立的力量登上了政治舞台，成为马克思主义诞生的社会阶级条件；③工人运动的兴起是马克思主义诞生的阶级基石
- **理论来源：** ①黑格尔哲学的辩证法和费尔巴哈的唯物主义；②英国古典政治经济学（吸收其劳动价值论，制定了剩余价值学说）；③19世纪自然科学的三大发现（"有机体细胞结构"学说、"能量守恒及转化"学说、达尔文"物种起源和发展"学说）

创立过程
- **1844—1846年**
  - 马克思主义学说诞生，初步创立唯物主义历史观：物质决定意识、生产力决定生产关系、经济基础决定上层建筑等
  - 1845年，马克思和恩格斯合写《德意志意识形态》，是第一部成熟的阐述唯物主义史观的马克思主义著作，为马克思主义学说的演进提供了世界观和方法论的基础
- **1847年**
  - 马克思主义学说发现并总结出剩余价值学说
  - ①1847年，马克思在《哲学的贫困》中提出剩余价值理论的一些初步原理；②在《雇佣劳动与资本》中，马克思进一步阐明了资本剥削雇佣劳动的原理；③最终著成《资本论》，揭示资本主义社会发展的规律
- **1848年**
  - 马克思主义学说创立完成
  - ①1848年，马克思和恩格斯受共产主义者同盟委托撰写《共产党宣言》，推动社会主义从空想向科学发展，推动马克思主义学说从理论走向实践；②1864年，"第一国际"成立，马克思为它起草了成立宣言和共同章程等许多重要文件；③1871年，巴黎公社建立，进一步将马克思主义落于实践
- **20世纪后**
  - 社会主义国家纷纷建立，马克思主义学说不断发展并丰富
  - ①1917年，十月革命爆发，苏联建立；②1949年，中华人民共和国建立

基本内容
①创立唯物主义历史观；②创立剩余价值学说；③创立科学社会主义

共产主义者同盟
①1847年，在伦敦由正义者同盟改组而成立的世界上第一个无产阶级政党；②马克思、恩格斯为同盟起草了科学共产主义的纲领性文件《共产党宣言》；③同盟的口号是"全世界无产者，联合起来"；④同盟的目的是推翻资产阶级，建立无产阶级统治，建立没有私有制的新社会；⑤1848年，欧洲革命失败后，同盟组织遭到破坏，1852年11月宣告解散

《共产党宣言》
- **内容**
  - 系统阐述科学社会主义理论，宣言指出，共产主义的潮流不可抗拒，要用革命的手段推翻资产阶级的统治
  - 论证了资本主义必然灭亡和社会主义必然胜利的客观规律
  - 提出消灭私有制，以无产阶级专政代替资产阶级专政
- **影响：** ①第一次较为完整系统地阐述了马克思主义的基本原理；②是国际共产主义运动的第一个纲领性文件，它的问世标志着马克思主义形成过程的完成

马克思主义的意义
①使无产阶级革命和建设有了正确的指导思想；②是无产阶级政党制定科学的策略和正确的路线、方针、政策的指南；③为日后国际工人运动的发展和无产阶级革命的爆发提供了理论依据

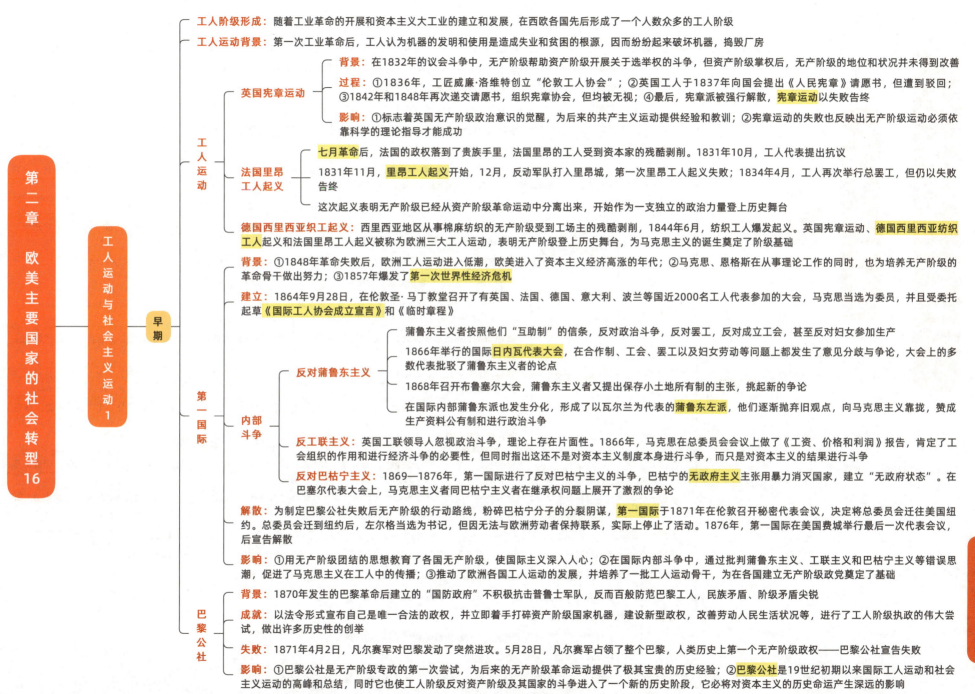

工人阶级形成：随着工业革命的开展和资本主义大工业的建立和发展，在西欧各国先后形成了一个人数众多的工人阶级

工人运动背景：第一次工业革命后，工人认为机器的发明和使用是造成失业和贫困的根源，因而纷纷起来破坏机器，捣毁厂房

工人运动

英国宪章运动

背景：在1832年的议会斗争中，无产阶级帮助资产阶级开展关于选举权的斗争，但资产阶级掌权后，无产阶级的地位和状况并未得到改善

过程：①1836年，工匠威廉·洛维特创立"伦敦工人协会"；②英国工人于1837年向国会提出《人民宪章》请愿书，但遭到驳回；③1842年和1848年再次递交请愿书，组织宪章协会，但均被无视；④最后，宪章派被强行解散，**宪章运动**以失败告终

影响：①标志着英国无产阶级政治意识的觉醒，为后来的共产主义运动提供经验和教训；②宪章运动的失败也反映出无产阶级运动必须依靠科学的理论指导才能成功

法国里昂工人起义

七月革命后，法国的政权落到了贵族手里，法国里昂的工人受到资本家的残酷剥削。1831年10月，工人代表提出抗议

1831年11月，**里昂工人起义**开始，12月，反动军队打入里昂城，第一次里昂工人起义失败；1834年4月，工人再次举行总罢工，但仍以失败告终

这次起义表明无产阶级已经从资产阶级革命运动中分离出来，开始作为一支独立的政治力量登上历史舞台

德国西里西亚织工起义：西里西亚地区从事棉麻织织的无产阶级受到工场主的残酷剥削，1844年6月，纺织工人爆发起义。英国宪章运动、**德国西里西亚纺织工人**起义和法国里昂工人起义被称为欧洲三大工人运动，表明无产阶级登上历史舞台，为马克思主义的诞生奠定了阶级基础

第一国际

背景：①1848年革命失败后，欧洲工人运动进入低潮，欧美进入了资本主义经济高涨的年代；②马克思、恩格斯在从事理论工作的同时，也为培养无产阶级的革命骨干做出努力；③1857年爆发了**第一次世界性经济危机**

建立：1864年9月28日，在伦敦圣·马丁教堂召开了有英国、法国、德国、意大利、波兰等国近2000名工人代表参加的大会，马克思当选为委员，并且受委托起草《国际工人协会成立宣言》和《临时章程》

内部斗争

反对蒲鲁东主义

蒲鲁东主义者按照他们"互助制"的信条，反对政治斗争，反对罢工，反对成立工会，甚至反对妇女参加生产

1866年举行的国际**日内瓦代表大会**，在合作制、工会、罢工以及妇女劳动等问题上都发生了意见分歧与争论，大会上的多数代表批驳了蒲鲁东主义者的论点

1868年召开布鲁塞尔大会，蒲鲁东主义者又提出保存小土地所有制的主张，挑起新的争论

在国际内部蒲鲁东派也发生分化，形成了以瓦尔兰为代表的**蒲鲁东左派**，他们逐渐抛弃旧观点，向马克思主义靠拢，赞成生产资料公有制和进行政治斗争

反工联主义：英国工联领导人忽视政治斗争，理论上存在片面性。1866年，马克思在总委员会会议上做了《工资、价格和利润》报告，肯定了工会组织的作用和进行经济斗争的必要性，但同时指出这还不是对资本主义制度本身进行斗争，而只是对资本主义的结果进行斗争

反对巴枯宁主义：1869—1876年，第一国际进行了反对巴枯宁主义的斗争，巴枯宁的**无政府主义**主张用暴力消灭国家，建立"无政府状态"。在巴塞尔代表大会上，马克思主义者同巴枯宁主义者在继承权问题上展开了激烈的争论

解散：为制定巴黎公社失败后无产阶级的行动路线，粉碎巴枯宁分子的分裂阴谋，**第一国际**于1871年在伦敦召开秘密代表会议，决定将总委员会迁往美国纽约。总委员会迁到纽约后，左尔格当选为书记，但因无法与欧洲劳动者保持联系，实际上停止了活动。1876年，第一国际在美国费城举行最后一次代表会议，后宣告解散

影响：①用无产阶级团结的思想教育了各国无产阶级，使国际主义深入人心；②在国际内部斗争中，通过批判蒲鲁东主义、工联主义和巴枯宁主义等错误思潮，促进了马克思主义在工人中的传播；③推动了欧洲各国工人运动的发展，并培养了一批工人运动骨干，为在各国建立无产阶级政党奠定了基础

巴黎公社

背景：1870年发生的巴黎革命后建立的"国防政府"不积极抗击普鲁士军队，反而百般防范巴黎工人，民族矛盾、阶级矛盾尖锐

成就：以法令形式宣布自己是唯一合法的政权，并立即着手打碎资产阶级国家机器，建设新型政权，改善劳动人民生活状况等，进行了工人阶级执政的伟大尝试，做出许多历史性的创举

失败：1871年4月2日，凡尔赛军对巴黎发动了突然进攻。5月28日，凡尔赛军占领了整个巴黎，人类历史上第一个无产阶级政权——巴黎公社宣告失败

影响：①巴黎公社是无产阶级专政的第一次尝试，为后来的无产阶级革命运动提供了极其宝贵的历史经验；②**巴黎公社**是19世纪初期以来国际工人运动和社会主义运动的高峰和总结，同时它也使工人阶级反对资产阶级及其国家的斗争进入了一个新的历史阶段，它必将对资本主义的历史命运产生深远的影响

第二章　欧美主要国家的社会转型16

工人运动与社会主义运动1

早期

世界近现代史

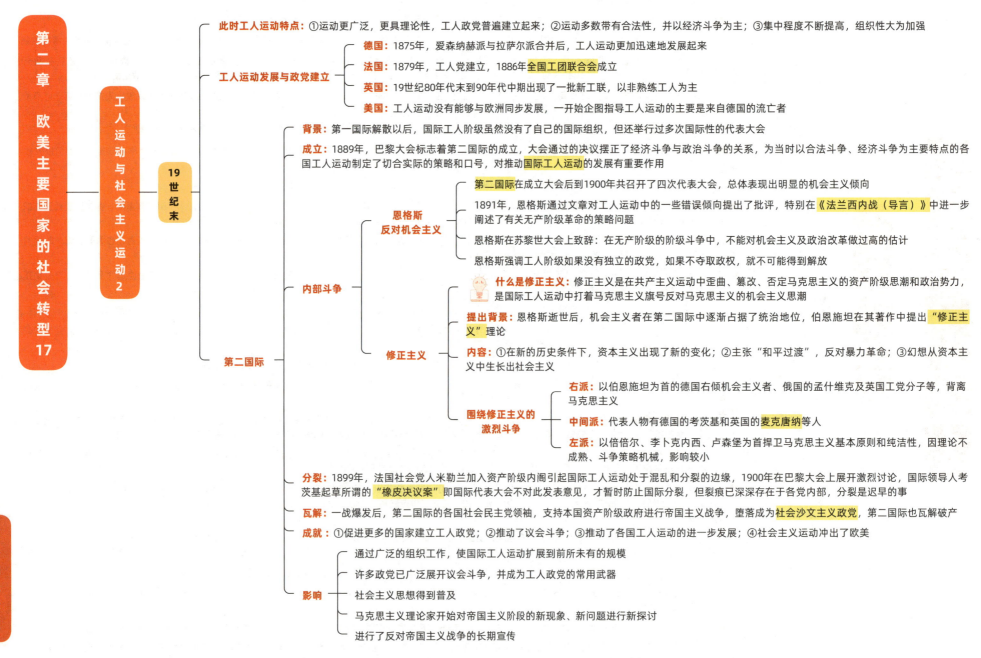

第二章 欧美主要国家的社会转型 17

工人运动与社会主义运动 2

19世纪末

此时工人运动特点：①运动更广泛，更具理论性，工人政党普遍建立起来；②运动多数带有合法性，并以经济斗争为主；③集中程度不断提高，组织性大为加强

工人运动发展与政党建立
- **德国：**1875年，爱森纳赫派与拉萨尔派合并后，工人运动更加迅速地发展起来
- **法国：**1879年，工人党建立，1886年全国工团联合会成立
- **英国：**19世纪80年代末到90年代中期出现了一批新工联，以非熟练工人为主
- **美国：**工人运动没有能够与欧洲同步发展，一开始企图指导工人运动的主要是来自德国的流亡者

第二国际

背景：第一国际解散以后，国际工人阶级虽然没有了自己的国际组织，但还举行过多次国际性的代表大会

成立：1889年，巴黎大会标志着第二国际的成立，大会通过的决议摆正了经济斗争与政治斗争的关系，为当时以合法斗争、经济斗争为主要特点的各国工人运动制定了切合实际的策略和口号，对推动国际工人运动的发展有重要作用

内部斗争

恩格斯反对机会主义
- 第二国际在成立大会后到1900年共召开了四次代表大会，总体表现出明显的机会主义倾向
- 1891年，恩格斯通过文章对工人运动中的一些错误倾向提出了批评，特别在《法兰西内战（导言）》中进一步阐述了有关无产阶级革命的策略问题
- 恩格斯在苏黎世大会上致辞：在无产阶级的阶级斗争中，不能对机会主义及政治改革做过高的估计
- 恩格斯强调工人阶级如果没有独立的政党，如果不夺取政权，就不可能得到解放

修正主义
- **什么是修正主义：**修正主义是在共产主义运动中歪曲、篡改、否定马克思主义的资产阶级思潮和政治势力，是国际工人运动中打着马克思主义旗号反对马克思主义的机会主义思潮
- **提出背景：**恩格斯逝世后，机会主义者在第二国际中逐渐占据了统治地位，伯恩施坦在其著作中提出"修正主义"理论
- **内容：**①在新的历史条件下，资本主义出现了新的变化；②主张"和平过渡"，反对暴力革命；③幻想从资本主义中生长出社会主义

围绕修正主义的激烈斗争
- **右派：**以伯恩施坦为首的德国右倾机会主义者、俄国的孟什维克及英国工党分子等，背离马克思主义
- **中间派：**代表人物有德国的考茨基和英国的麦克唐纳等人
- **左派：**以倍倍尔、李卜克内西、卢森堡为首捍卫马克思主义基本原则和纯洁性，因理论不成熟、斗争策略机械，影响较小

分裂：1899年，法国社会党人米勒兰加入资产阶级内阁引起国际工人运动处于混乱和分裂的边缘，1900年在巴黎大会上展开激烈讨论，国际领导人考茨基起草所谓的"橡皮决议案"即国际代表大会不对此发表意见，才暂时防止国际分裂，但裂痕已深深存在于各党内部，分裂是迟早的事

瓦解：一战爆发后，第二国际的各国社会民主党领袖，支持本国资产阶级政府进行帝国主义战争，堕落成为社会沙文主义政党，第二国际也瓦解破产

成就：①促进更多的国家建立工人政党；②推动了议会斗争；③推动了各国工人运动的进一步发展；④社会主义运动冲出了欧美

影响
- 通过广泛的组织工作，使国际工人运动扩展到前所未有的规模
- 许多政党已广泛展开议会斗争，并成为工人政党的常用武器
- 社会主义思想得到普及
- 马克思主义理论家开始对帝国主义阶段的新现象、新问题进行新探讨
- 进行了反对帝国主义战争的长期宣传

世界近现代史

第二章 欧美主要国家的社会转型 18

近代欧美文学艺术的主要流派

文学

古典主义： ①17世纪法国文学思潮的主流是 古典主义，它以古代希腊、罗马的文学理论和创作实践为典范，因而被称作"古典主义"；②悲剧作家高乃依（《熙德》是奠基作品）和拉辛（《安德罗玛克》），喜剧作家以 莫里哀（《伪君子》《唐璜》《吝啬鬼》）为主要代表人物

启蒙文学： ①产生于英国，出现了以笛福（《鲁宾逊漂流记》）、斯威夫特和菲尔丁（《弃婴托姆-琼斯的故事》）为代表的现实主义小说家；②启蒙文学传入法国，体现了强烈的战斗性和哲理性，影响了德、意、俄等国启蒙文学的发展，是欧洲文学从古典主义向19世纪浪漫主义和现实主义文学思潮转变的过渡性思潮

感伤主义思潮： 18世纪后半叶出现在欧洲文坛，发端于工业革命时期的英国，反映了中小资产阶级不满现实，伤感失落的情绪和心态，先后传到法国、德国和俄国后，影响了一大批著名的文学家，如 卢梭《爱弥儿》《忏悔录》，歌德《少年维特的烦恼》《浮士德》等，感伤主义文学成为浪漫主义文学的先驱

浪漫主义： 19世纪是 浪漫主义 的繁荣时期，代表人物有海涅（《诗歌集》）、雪莱（《西风颂》）、雨果（《巴黎圣母院》）等，他们猛烈抨击封建势力、教会统治和陈腐的文化，在他们的影响下，浪漫主义文学迅速传遍整个欧洲和美洲

现实主义： ①19世纪中叶，从浪漫主义中演化出来的现实主义文学思潮；②社会基础：资本主义社会矛盾的复杂化和尖锐化；③思想理论基础：传统的人道主义、民主主义和空想社会主义、基督教博爱思想和改良主义；④代表人物：司汤达、巴尔扎克、福楼拜、狄更斯、屠格涅夫、托尔斯泰、马克·吐温等；⑤现实主义是 19世纪影响最广泛、取得成就最大、最具影响力和生命力的文学思潮

自然主义： 以孔德的 实证主义 哲学和泰纳的实证主义美学理论为基础

其他文学思潮： 19世纪中叶以后还出现了提倡"为艺术而艺术"的自然主义文学思潮，19世纪80年代在法国出现以抒发悲观颓废思想为主要特征的象征主义文学思潮等

史学

理性主义史学： 18世纪的西方史学中，以理性主义为指导思想的史学，如伏尔泰《查理十二史》《路易十四时代》，大卫·休谟《英国史》，爱德华·吉本《罗马帝国衰亡史》

浪漫主义史学： 始于18世纪末，19世纪初开始占据西方史坛，抨击理性主义史学，促使西方史学发展进入新阶段

客观主义史学： 源于古希腊史家 修昔底德，形成于近代德国史家兰克的一种史学观念及方法论体系，代表人物有兰克、魏茨等

实证主义史学： 19世纪，随自然科学发展而兴起的史学，力求对人类历史进行实证式解释，代表人物有巴克尔、泰纳等

马克思主义史学： 19世纪40年代诞生，由马克思、恩格斯确立的唯物史观，是对人类历史发展进程的科学归纳与总结

艺术

巴洛克艺术
- 起源于罗马，本意是指异乎寻常，不合常规
- 16世纪后半叶处于追求来世与现世的矛盾和冲突中，巴洛克艺术力求在两者之间进行调和，将宗教教义与人文主义、自然科学与神学思想结合起来
- 代表人物是意大利的考尔东诺，创作有《巴尔贝里尼宫的天顶画》；鲁本斯代表作有《阿马宗之战》《画家和他的妻子》等

古典主义
- 17世纪法国建筑艺术以古典主义为主流，主张建筑要有严格的比例，准确的设计和合理的结构
- 凡尔赛宫是 古典主义 建筑风格的经典，代表人物有伦勃朗和委拉斯开兹

洛可可艺术
- 泛指18世纪路易十五时期流行于法国、德国和奥地利等国的一种艺术风格，以上流社会男女为对象，美化妇女成为压倒一切的艺术风尚，缺少精神内容和深刻性，但它使绘画完全摆脱了宗教体裁，追求新奇，朝着反映现实的方向迈出了一大步
- 代表作有华多的《舟发西苔岛》，布歇的《沐浴的狄安娜》等

新古典主义绘画： 为区别18世纪具有浓厚贵族色彩的古典派，法国大革命后的古典主义又被称作 新古典主义，代表作是大卫的《网球场宣誓》《马拉之死》等

浪漫主义画派： 19世纪初，法国产生了浪漫主义画派，它抛弃了古典画派匀称庄重的形式，主张通过饱满的色彩、强烈的阴暗对比、急速的节奏来刻画现实生活中英勇豪迈的事件，代表作是狄奥多·席里柯的《梅杜萨号之筏》

现实主义绘画： 18世纪末19世纪初出现，代表作有戈雅的《狂想曲》、米勒的《拾穗者》等

印象绘画： 出现于19世纪后半叶，在观察和表现技巧上，注重对外光的研究和表现，提倡户外写生。最杰出的画家是莫奈，印象派 的名称就出自他的作品《日出印象》，他的主要作品有《卢昂大教堂》《黎明》《河畔》《睡莲》等

后印象画派： 出现于19世纪末，特点是表现主观感情和情绪。法国画家 保罗·塞尚 是后期印象画派的奠基者，《浴女们》是其精华之作。把后期印象派绘画风格推向极点的是荷兰人梵高，代表作《向日葵》《农民》《自画像》等

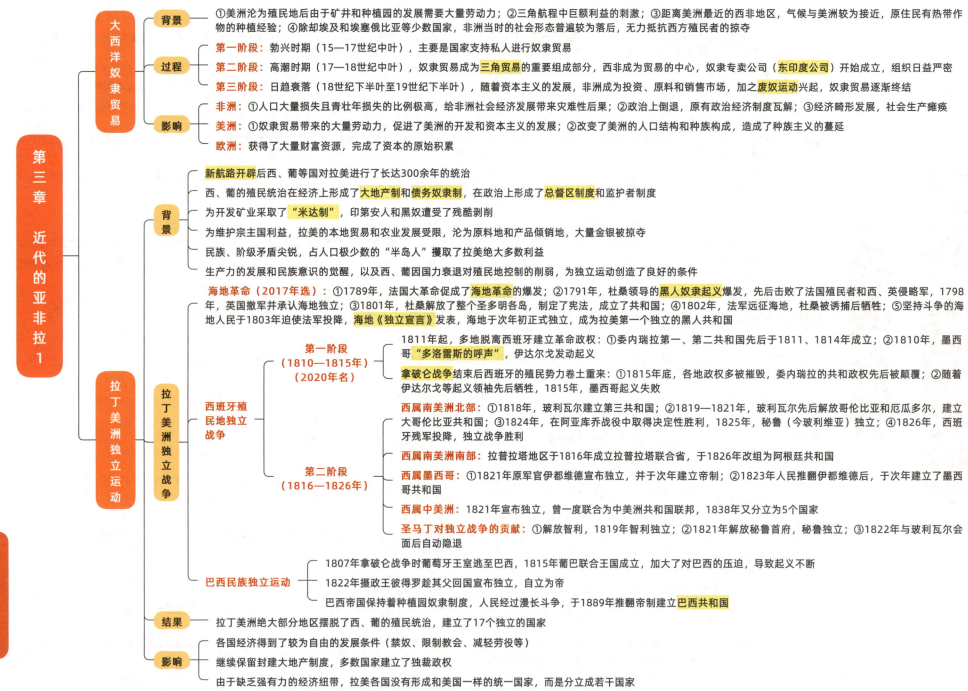

大西洋奴隶贸易

背景 —— ①美洲沦为殖民地后由于矿井和种植园的发展需要大量劳动力；②三角航程中巨额利益的刺激；③距离美洲最近的西非地区，气候与美洲较为接近，原住民有热带作物的种植经验；④除却埃及和埃塞俄比亚等少数国家，非洲当时的社会形态普遍较为落后，无力抵抗西方殖民者的掠夺

过程
- 第一阶段：勃兴时期（15—17世纪中叶），主要是国家支持私人进行奴隶贸易
- 第二阶段：高潮时期（17—18世纪中叶），奴隶贸易成为三角贸易的重要组成部分，西非成为贸易的中心，奴隶专卖公司（东印度公司）开始成立，组织日益严密
- 第三阶段：日趋衰落（18世纪下半叶至19世纪下半叶），随着资本主义的发展，非洲成为投资、原料和销售市场，加之废奴运动兴起，奴隶贸易逐渐终结

影响
- 非洲：①人口大量损失且青壮年损失的比例极高，给非洲社会经济发展带来灾难性后果；②政治上倒退，原有政治经济制度瓦解；③经济畸形发展，社会生产瘫痪
- 美洲：①奴隶贸易带来的大量劳动力，促进了美洲的开发和资本主义的发展；②改变了美洲的人口结构和种族构成，造成了种族主义的蔓延
- 欧洲：获得了大量财富资源，完成了资本的原始积累

拉丁美洲独立运动

背景
- 新航路开辟后西、葡等国对拉美进行了长达300余年的统治
- 西、葡的殖民统治在经济上形成了大地产制和债务奴隶制，在政治上形成了总督区制度和监护者制度
- 为开发矿业采取了"米达制"，印第安人和黑奴遭受了残酷剥削
- 为维护宗主国利益，拉美的本地贸易和农业发展受限，沦为原料地和产品倾销地，大量金银被掠夺
- 民族、阶级矛盾尖锐，占人口极少数的"半岛人"攫取了拉美绝大多数利益
- 生产力的发展和民族意识的觉醒，以及西、葡因国力衰退对殖民地控制的削弱，为独立运动创造了良好的条件

拉丁美洲独立战争
- 海地革命（2017年选）：①1789年，法国大革命促成了海地革命的爆发；②1791年，杜桑领导的黑人奴隶起义爆发，先后击败了法国殖民者和西、英侵略军，1798年，英国撤军并承认海地独立；③1801年，杜桑解放了整个圣多明各岛，制定了宪法，成立了共和国；④1802年，法军远征海地，杜桑被诱捕后牺牲；⑤坚持斗争的海地人民于1803年迫使法军投降，海地《独立宣言》发表，海地于次年初正式独立，成为拉美第一个独立的黑人共和国

西班牙殖民地独立战争

第一阶段（1810—1815年）（2020年名）
- 1811年起，多地脱离西班牙建立革命政权：①委内瑞拉第一、第二共和国先后于1811、1814年成立；②1810年，墨西哥"多洛雷斯的呼声"，伊达尔戈发动起义
- 拿破仑战争结束后西班牙的殖民势力卷土重来：①1815年底，各地政权多被摧毁，委内瑞拉的共和政权先后被颠覆；②随着伊达尔戈等起义领袖先后牺牲，1815年，墨西哥起义失败

第二阶段（1816—1826年）
- 西属南美洲北部：①1818年，玻利瓦尔建立第三共和国；②1819—1821年，玻利瓦尔先后解放哥伦比亚和厄瓜多尔，建立大哥伦比亚共和国；③1824年，在阿亚库乔战役中取得决定性胜利，1825年，秘鲁（今玻利维亚）独立；④1826年，西班牙残军投降，独立战争胜利
- 西属南美洲南部：拉普拉塔地区于1816年成立拉普拉塔联省，于1826年改组为阿根廷共和国
- 西属墨西哥：①1821年原军官伊都维德宣布独立，并于次年建立帝制；②1823年人民推翻伊都维德后，于次年建立了墨西哥共和国
- 西属中美洲：1821年宣布独立，曾一度联合为中美洲共和国联邦，1838年又分立为5个国家
- 圣马丁对独立战争的贡献：①解放智利，1819年智利独立；②1821年解放秘鲁首府，秘鲁独立；③1822年与玻利瓦尔会面后自动隐退

巴西民族独立运动
- 1807年拿破仑战争时葡萄牙王室逃至巴西，1815年葡巴联合王国成立，加大了对巴西的压迫，导致起义不断
- 1822年摄政王彼得罗趁其父回国宣布独立，自立为帝
- 巴西帝国保持着种植园奴隶制度，人民经过漫长斗争，于1889年推翻帝制建立巴西共和国

结果 —— 拉丁美洲绝大部分地区摆脱了西、葡的殖民统治，建立了17个独立的国家

影响
- 各国经济得到了较为自由的发展条件（禁奴、限制教会、减轻劳役等）
- 继续保留封建大地产制度，多数国家建立了独裁政权
- 由于缺乏强有力的经济纽带，拉美各国没有形成和美国一样的统一国家，而是分立成若干国家

第三章 近代的亚非拉1

世界近现代史

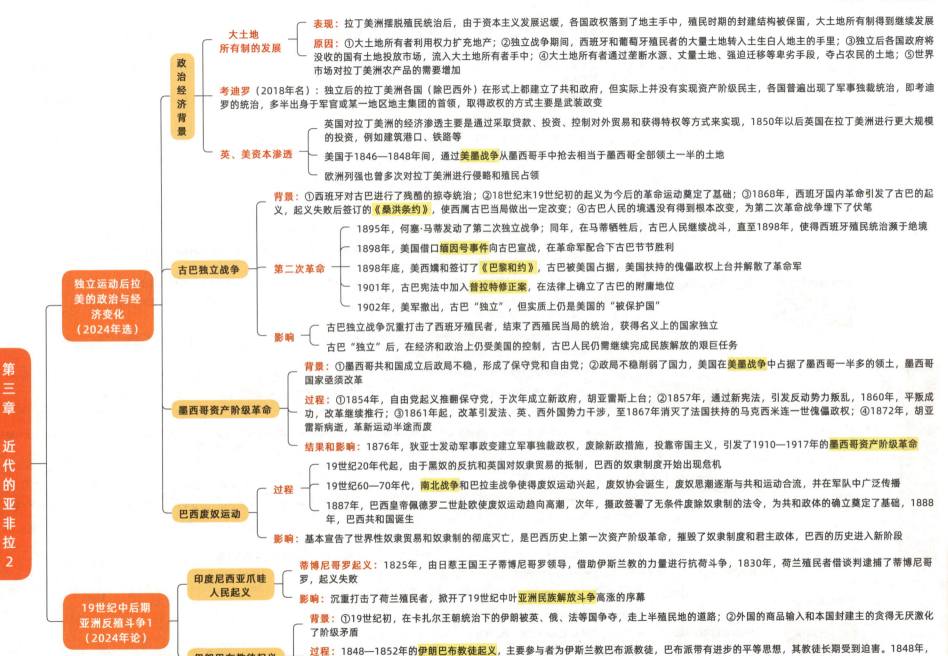

第三章 近代的亚非拉 2

独立运动后拉美的政治与经济变化（2024年选）

政治经济背景

大土地所有制的发展

表现：拉丁美洲摆脱殖民统治后，由于资本主义发展迟缓，各国政权落到了地主手中，殖民时期的封建结构被保留，大土地所有制得到继续发展

原因：①大土地所有者利用权力扩充地产；②独立战争期间，西班牙和葡萄牙殖民者的大量土地转入土生白人地主的手里；③独立后各国政府将没收的国有土地投放市场，流入大土地所有者手中；④大土地所有者通过垄断水源、丈量土地、强迫迁移等卑劣手段，夺占农民的土地；⑤世界市场对拉丁美洲农产品的需要增加

考迪罗（2018年名）：独立后的拉丁美洲各国（除巴西外）在形式上都建立了共和政府，但实际上并没有实现资产阶级民主，各国普遍出现了军事独裁统治，即考迪罗的统治，多半出身于军官或某一地区地主集团的首领，取得政权的方式主要是武装政变

英、美资本渗透

英国对拉丁美洲的经济渗透主要是通过采取贷款、投资、控制对外贸易和获得特权等方式来实现，1850年以后英国在拉丁美洲进行更大规模的投资，例如建筑港口、铁路等

美国于1846—1848年间，通过美墨战争从墨西哥手中抢去相当于墨西哥全部领土一半的土地

欧洲列强也曾多次对拉丁美洲进行侵略和殖民占领

古巴独立战争

背景：①西班牙对古巴进行了残酷的掠夺统治；②18世纪末19世纪初的起义为今后的革命运动奠定了基础；③1868年，西班牙国内革命引发了古巴的起义，起义失败后签订的《桑洪条约》，使西属古巴当局做出一定改变；④古巴人民的境遇没有得到根本改变，为第二次革命战争埋下了伏笔

第二次革命

1895年，何塞·马蒂发动了第二次独立战争；同年，在马蒂牺牲后，古巴人民继续战斗，直至1898年，使得西班牙殖民统治濒于绝境

1898年，美国借口缅因号事件向古巴宣战，在革命军配合下古巴节节胜利

1898年底，美西媾和签订了《巴黎和约》，古巴被美国占据，美国扶持的傀儡政权上台并解散了革命军

1901年，古巴宪法中加入普拉特修正案，在法律上确立了古巴的附庸地位

1902年，美军撤出，古巴"独立"，但实质上仍是美国的"被保护国"

影响

古巴独立战争沉重打击了西班牙殖民者，结束了西殖民当局的统治，获得名义上的国家独立

古巴"独立"后，在经济和政治上仍受美国的控制，古巴人民仍需继续完成民族解放的艰巨任务

墨西哥资产阶级革命

背景：①墨西哥共和国成立后政局不稳，形成了保守党和自由党；②政局不稳削弱了国力，美国在美墨战争中占据了墨西哥一半多的领土，墨西哥国家亟须改革

过程：①1854年，自由党起义推翻保守党，于次年成立新政府，胡亚雷斯上台；②1857年，通过新宪法，引发反动势力叛乱，1860年，平叛成功，改革继续推行；③1861年起，改革引发法、英、西外国势力干涉，至1867年消灭了法国扶持的马克西米连一世傀儡政权；④1872年，胡亚雷斯病逝，革新运动半途而废

结果和影响：1876年，狄亚士发动军事政变建立军事独裁政权，废除新政措施，投靠帝国主义，引发了1910—1917年的墨西哥资产阶级革命

巴西废奴运动

过程

19世纪20年代起，由于黑奴的反抗和英国对奴隶贸易的抵制，巴西的奴隶制度开始出现危机

19世纪60—70年代，南北战争和巴拉圭战争使得废奴运动兴起，废奴协会诞生，废奴思潮逐渐与共和运动合流，并在军队中广泛传播

1887年，巴西皇帝佩德罗二世赴欧使废奴运动趋向高潮，次年，摄政签署了无条件废除奴隶制的法令，为共和政体的确立奠定了基础，1888年，巴西共和国诞生

影响：基本宣告了世界性奴隶贸易和奴隶制的彻底灭亡，是巴西历史上第一次资产阶级革命，摧毁了奴隶制度和君主政体，巴西的历史进入新阶段

19世纪中后期亚洲反殖斗争1（2024年论）

印度尼西亚爪哇人民起义

蒂博尼哥罗起义：1825年，由日惹王国王子蒂博尼哥罗领导，借助伊斯兰教的力量进行抗荷斗争，1830年，荷兰殖民者借谈判逮捕了蒂博尼哥罗，起义失败

影响：沉重打击了荷兰殖民者，掀开了19世纪中叶亚洲民族解放斗争高涨的序幕

伊朗巴布教徒起义

背景：①19世纪初，在卡扎尔王朝统治下的伊朗被英、俄、法等国争夺，走上半殖民地的道路；②外国的商品输入和本国封建主的贪得无厌激化了阶级矛盾

过程：1848—1852年的伊朗巴布教徒起义，主要参与者为伊斯兰教巴布派教徒，巴布派带有进步的平等思想，其教徒长期受到迫害。1848年，在伊朗国王死后教徒发动多次起义；1850年巴布遇害，此后起义趋于低谷；1852年，起义失败

影响：作为宗教旗帜下发动的反对卡扎尔封建王朝的人民起义，巴布教徒起义具有反抗外国殖民压迫的性质，是19世纪中期亚洲民族运动高潮的重要组成部分

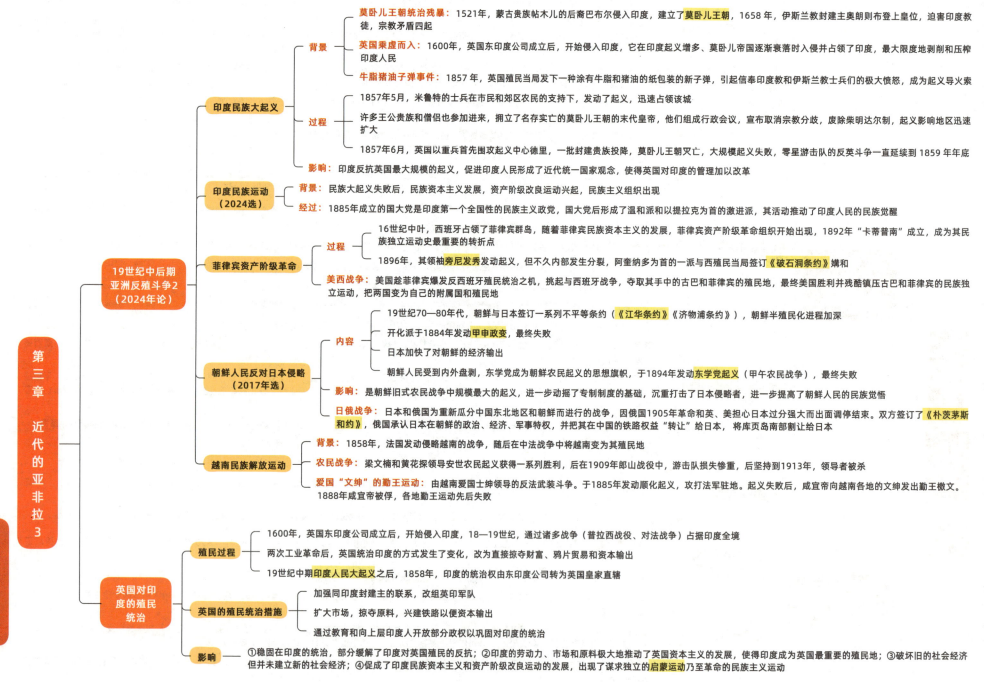

世界近现代史

第三章 近代的亚非拉3

19世纪中后期亚洲反殖斗争2（2024年论）

印度民族大起义

背景
- **莫卧儿王朝统治残暴：** 1521年，蒙古贵族帖木儿的后裔巴布尔侵入印度，建立了 **莫卧儿王朝**，1658年，伊斯兰教封建主奥朗则布登上皇位，迫害印度教徒，宗教矛盾四起
- **英国乘虚而入：** 1600年，英国东印度公司成立后，开始侵入印度，它在印度起义增多、莫卧儿帝国逐渐衰落时入侵并占领了印度，最大限度地剥削和压榨印度人民
- **牛脂猪油子弹事件：** 1857年，英国殖民当局发下一种涂有牛脂和猪油的纸包装的新子弹，引起信奉印度教和伊斯兰教士兵们的极大愤怒，成为起义导火索

过程
- 1857年5月，米鲁特的士兵在市民和郊区农民的支持下，发动了起义，迅速占领该城
- 许多王公贵族和僧侣也参加进来，拥立了名存实亡的莫卧儿王朝的末代皇帝，他们组成行政会议，宣布取消宗教分歧，废除柴明达尔制，起义影响地区迅速扩大
- 1857年6月，英国以重兵首先围攻起义中心德里，一批封建贵族投降，莫卧儿王朝灭亡，大规模起义失败，零星游击队的反英斗争一直延续到1859年年底

影响：印度反抗英国最大规模的起义，促进印度人民形成了近代统一国家观念，使得英国对印度的管理加以改革

印度民族运动（2024选）
- 背景：民族大起义失败后，民族资本主义发展，资产阶级改良运动兴起，民族主义组织出现
- 经过：1885年成立的国大党是印度第一个全国性的民族主义政党，国大党后形成了温和派和以提拉克为首的激进派，其活动推动了印度人民的民族觉醒

菲律宾资产阶级革命
- 过程
  - 16世纪中叶，西班牙占领了菲律宾群岛，随着菲律宾民族资本主义的发展，菲律宾资产阶级革命组织开始出现，1892年"卡蒂普南"成立，成为其民族独立运动史最重要的转折点
  - 1896年，其领袖旁尼发秀发动起义，但不久内部发生分裂，阿奎纳多为首的一派与西殖民当局签订《破石洞条约》媾和
- **美西战争：** 美国趁菲律宾爆发反西班牙殖民统治之机，挑起与西班牙战争，夺取其手中的古巴和菲律宾的殖民地，最终美国胜利并残酷镇压古巴和菲律宾的民族独立运动，把两国变为自己的附属国和殖民地

朝鲜人民反对日本侵略（2017年选）
- 内容
  - 19世纪70—80年代，朝鲜与日本签订一系列不平等条约（《江华条约》《济物浦条约》），朝鲜半殖民化进程加深
  - 开化派于1884年发动 甲申政变，最终失败
  - 日本加快了对朝鲜的经济输出
  - 朝鲜人民受到内外盘剥，东学党成为朝鲜农民起义的思想旗帜，于1894年发动 东学党起义（甲午农民战争），最终失败
- 影响：是朝鲜旧式农民战争中规模最大的起义，进一步动摇了专制制度的基础，沉重打击了日本侵略者，进一步提高了朝鲜人民的民族觉悟
- **日俄战争：** 日本和俄国为重新瓜分中国东北地区和朝鲜而进行的战争，因俄国1905年革命和英、美担心日本过分强大而出面调停结束。双方签订了《朴茨茅斯和约》，俄国承认日本在朝鲜的政治、经济、军事特权，并把其在中国的铁路权益"转让"给日本，将库页岛南部割让给日本

越南民族解放运动
- 背景：1858年，法国发动侵略越南的战争，随后在中法战争中将越南变为其殖民地
- 农民战争：梁文楠和黄花探领导安世农民起义获得一系列胜利，后在1909年郎山战役中，游击队损失惨重，后坚持到1913年，领导者被杀
- 爱国"文绅"的勤王运动：由越南爱国士绅领导的反法武装斗争。于1885年发动顺化起义，攻打法军驻地。起义失败后，咸宜帝向越南各地的文绅发出勤王檄文。1888年咸宜帝被俘，各地勤王运动先后失败

英国对印度的殖民统治

殖民过程
- 1600年，英国东印度公司成立后，开始侵入印度，18—19世纪，通过诸多战争（普拉西战役、对法战争）占据印度全境
- 两次工业革命后，英国统治印度的方式发生了变化，改为直接掠夺财富、鸦片贸易和资本输出
- 19世纪中期 印度人民大起义之后，1858年，印度的统治权由东印度公司转为英国皇家直辖

英国的殖民统治措施
- 加强同印度封建主的联系，改组英印军队
- 扩大市场，掠夺原料，兴建铁路以便资本输出
- 通过教育和向上层印度人开放部分政权以巩固对印度的统治

影响
- ①稳固在印度的统治，部分缓解了印度对英国殖民的反抗；②印度的劳动力、市场和原料极大地推动了英国资本主义的发展，使得印度成为英国最重要的殖民地；③破坏旧的社会经济但并未建立新的社会经济；④促成了印度民族资本主义和资产阶级改良运动的发展，出现了谋求独立的 启蒙运动乃至革命的民族主义运动

第三章 近代的亚非拉 4

瓜分非洲

19世纪末非洲的形势

帝国主义瓜分非洲的背景： 19世纪60年代末，苏伊士运河通航，西非、南非发现金矿和钻石产地与经济作物种植成功，大大提高了非洲在整个世界的政治、经济和战略地位

帝国主义的瓜分
- 非洲除了埃塞俄比亚和利比里亚等少数国家都沦为欧洲列强的殖民地，以英、法最甚
- 法国是占据非洲殖民地最多的国家，主要领地在西非和北非
- 列强对非洲的殖民引发了诸多矛盾，英德、英法和德法间矛盾丛生

英国二C计划： 英国制定的北起开罗，南到开普敦的纵贯非洲的殖民计划，因开罗和开普敦的英文首字母均为C而得名

法国二S计划： 法国制定的西起塞内加尔、东到索马里的横贯非洲的殖民计划，因塞内加尔和索马里的首字母均为S而得名

《穿过黑暗大陆》： 探险家斯坦利在1878年出版的书籍中记叙的刚果河流域情况，引发了列强极大的贪欲，比利时在争夺中占得先机夺取了刚果，列强为刚果的归属召开柏林会议

英布战争： 是英、荷殖民者间进行的一场重新分割南部非洲殖民地的战争，于1899年爆发，英国取得最终胜利，士瓦和奥兰治这两个世界上最大的金刚石和黄金产地成为英国殖民地

柏林会议
- 1884年，为解决刚果矛盾，英、法、德、比等15国在柏林召开了相关会议
- 会议承认比利时以国王个人名义对刚果河流域的占有（刚果自由邦），但给予各国通航贸易自由，今后各国在非洲新占领土地要以"实际有效占领"为准并通知缔约各国
- 会议成为列强瓜分非洲的一次分赃会议，成为列强疯狂瓜分非洲的新起点

柏林会议后各国对非洲的瓜分： 1914年，除埃塞俄比亚和利比里亚保持独立外，整个非洲已被列强瓜分完毕

非洲反殖斗争

阿散蒂人民抗英
- **领导者：** 女酋长雅·阿散蒂娃
- **结果：** 1900年，起义失败，1902年，阿散蒂正式并入英属黄金海岸殖民地

埃及人民抗英斗争
- **领导者：** "祖国党"领袖阿拉比
- **结果：** 1882年，英军攻入开罗，此后埃及逐渐处于英国的统治之下

苏丹马赫迪大起义
- **领导者：** 穆罕默德·艾哈迈迪（自称马赫迪）
- **结果：** 1885年，马赫迪病逝后，部下继续抗英至1900年，起义以失败告终，苏丹沦为英国的殖民地

埃塞俄比亚抗意斗争
- **领导者：** 孟尼利克
- **结果：** 1896年，双方签订《亚的斯亚贝巴条约》，意大利承认埃塞俄比亚独立，埃塞俄比亚取得近代非洲唯一一次卫国战争胜利

埃及阿里改革

背景
①1798年，拿破仑入侵埃及，由于埃及人民的英勇斗争和英、土两国出兵等原因，迫使法军于1801年撤离埃及；②奥斯曼帝国统治下的埃及矛盾丛生，马穆鲁克集团阻碍社会发展；③埃及农村长期实行包税制度，大部分土地为马穆鲁克包税人所霸占，他们巧取豪夺，鱼肉百姓；④1805年，奥斯曼军官阿里夺取政权，自立为总督

改革内容
- **政治：** 铲除马穆鲁克集团，设立最高国务会议，加强中央集权
- **经济：** ①发展水利灌溉事业，种植经济作物；②进行土地制度改革，废除包税制，实行土地税；③创立近代工厂，商业领域实施国家垄断制度
- **军事：** ①创建新式军队，组建海军；②进行对外扩张
- **文化：** ①学习西方文化，兴办各类专科学校、语言学校；②派遣留学生

失败原因 ①对外战争失败；②没有从根本上改变社会性质；③英国等国的入侵

影响 ①政治上结束了埃及长期以来的分裂局面，确立了中央集权国家体制；②经济上推动了埃及近代化进程，促进了资本主义在埃及的发展；③对外关系中摆脱奥斯曼帝国的统治，改革在客观上延缓了外国的入侵；④改革没有从根本上改变埃及原有的封建生产关系，具有妥协性；⑤繁重的赋税和对外战争从内部动摇了阿里统治的基础

世界近现代史

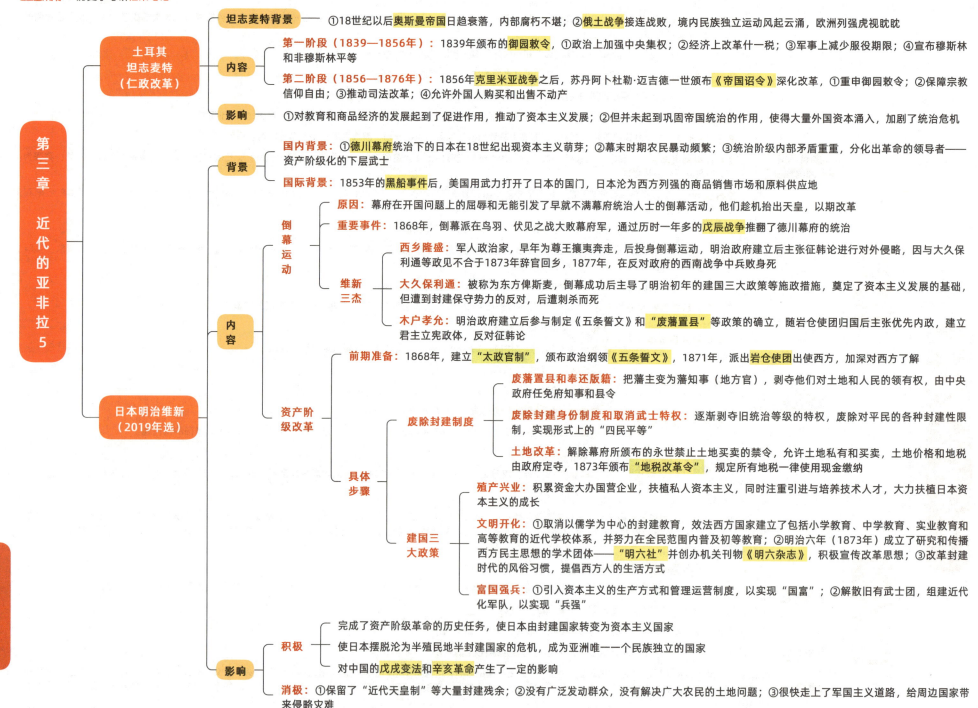

第三章 近代的亚非拉 5

世界近现代史

土耳其坦志麦特（仁政改革）

- **坦志麦特背景** —— ①18世纪以后奥斯曼帝国日趋衰落，内部腐朽不堪；②俄土战争接连战败，境内民族独立运动风起云涌，欧洲列强虎视眈眈

- **内容**
  - **第一阶段（1839—1856年）：** 1839年颁布的御园敕令，①政治上加强中央集权；②经济上改革什一税；③军事上减少服役期限；④宣布穆斯林和非穆斯林平等
  - **第二阶段（1856—1876年）：** 1856年克里米亚战争之后，苏丹阿卜杜勒·迈吉德一世颁布《帝国诏令》深化改革，①重申御园敕令；②保障宗教信仰自由；③推动司法改革；④允许外国人购买和出售不动产

- **影响** —— ①对教育和商品经济的发展起到了促进作用，推动了资本主义发展；②但并未起到巩固帝国统治的作用，使得大量外国资本涌入，加剧了统治危机

日本明治维新（2019年选）

- **背景**
  - **国内背景：** ①德川幕府统治下的日本在18世纪出现资本主义萌芽；②幕末时期农民暴动频繁；③统治阶级内部矛盾重重，分化出革命的领导者——资产阶级化的下层武士
  - **国际背景：** 1853年的黑船事件后，美国用武力打开了日本的国门，日本沦为西方列强的商品销售市场和原料供应地

- **内容**
  - **倒幕运动**
    - **原因：** 幕府在开国问题上的屈辱和无能引发了早就不满幕府统治人士的倒幕活动，他们趁机抬出天皇，以期改革
    - **重要事件：** 1868年，倒幕派在鸟羽、伏见之战大败幕府军，通过历时一年多的戊辰战争推翻了德川幕府的统治
    - **维新三杰**
      - **西乡隆盛：** 军人政治家，早年为尊王攘夷奔走，后投身倒幕运动，明治政府建立后主张征韩论进行对外侵略，因与大久保利通等政见不合于1873年辞官回乡，1877年，在反对政府的西南战争中兵败身死
      - **大久保利通：** 被称为东方俾斯麦，倒幕成功后主导了明治初年的建国三大政策等施政措施，奠定了资本主义发展的基础，但遭到封建保守势力的反对，后遭刺杀而死
      - **木户孝允：** 明治政府建立后参与制定《五条誓文》和"废藩置县"等政策的确立，随岩仓使团归国后主张优先内政，建立君主立宪政体，反对征韩论

  - **资产阶级改革**
    - **前期准备：** 1868年，建立"太政官制"，颁布政治纲领《五条誓文》，1871年，派出岩仓使团出使西方，加深对西方了解
    - **具体步骤**
      - **废除封建制度**
        - **废藩置县和奉还版籍：** 把藩主变为藩知事（地方官），剥夺他们对土地和人民的领有权，由中央政府任免府知事和县令
        - **废除封建身份制度和取消武士特权：** 逐渐剥夺旧统治等级的特权，废除对平民的各种封建性限制，实现形式上的"四民平等"
        - **土地改革：** 解除幕府所颁布的永世禁止土地买卖的禁令，允许土地私有和买卖，土地价格和地税由政府定夺，1873年颁布"地税改革令"，规定所有地税一律使用现金缴纳
      - **建国三大政策**
        - **殖产兴业：** 积累资金大办国营企业，扶植私人资本主义，同时注重引进与培养技术人才，大力扶植日本资本主义的成长
        - **文明开化：** ①取消以儒学为中心的封建教育，效法西方国家建立了包括小学教育、中学教育、实业教育和高等教育的近代学校体系，并努力在全民范围内普及初等教育；②明治六年（1873年）成立了研究和传播西方民主思想的学术团体——"明六社"并创办机关刊物《明六杂志》，积极宣传改革思想；③改革封建时代的风俗习惯，提倡西方人的生活方式
        - **富国强兵：** ①引入资本主义的生产方式和管理运营制度，以实现"国富"；②解散旧有武士团，组建近代化军队，以实现"兵强"

  - **影响**
    - **积极**
      - 完成了资产阶级革命的历史任务，使日本由封建国家转变为资本主义国家
      - 使日本摆脱沦为半殖民地半封建国家的危机，成为亚洲唯一一个民族独立的国家
      - 对中国的戊戌变法和辛亥革命产生了一定的影响
    - **消极：** ①保留了"近代天皇制"等大量封建残余；②没有广泛发动群众，没有解决广大农民的土地问题；③很快走上了军国主义道路，给周边国家带来侵略灾难

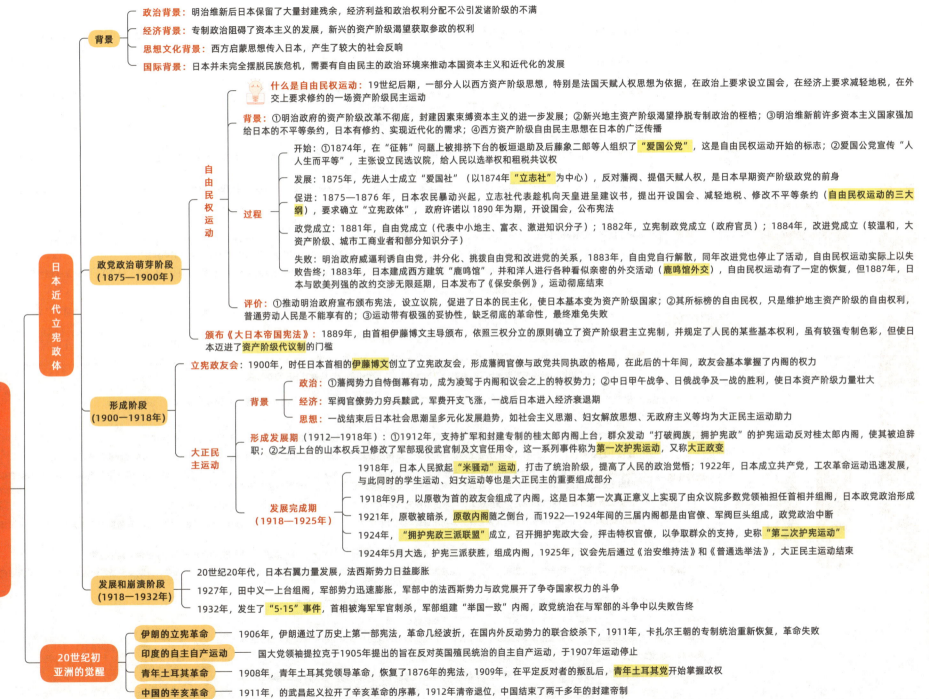

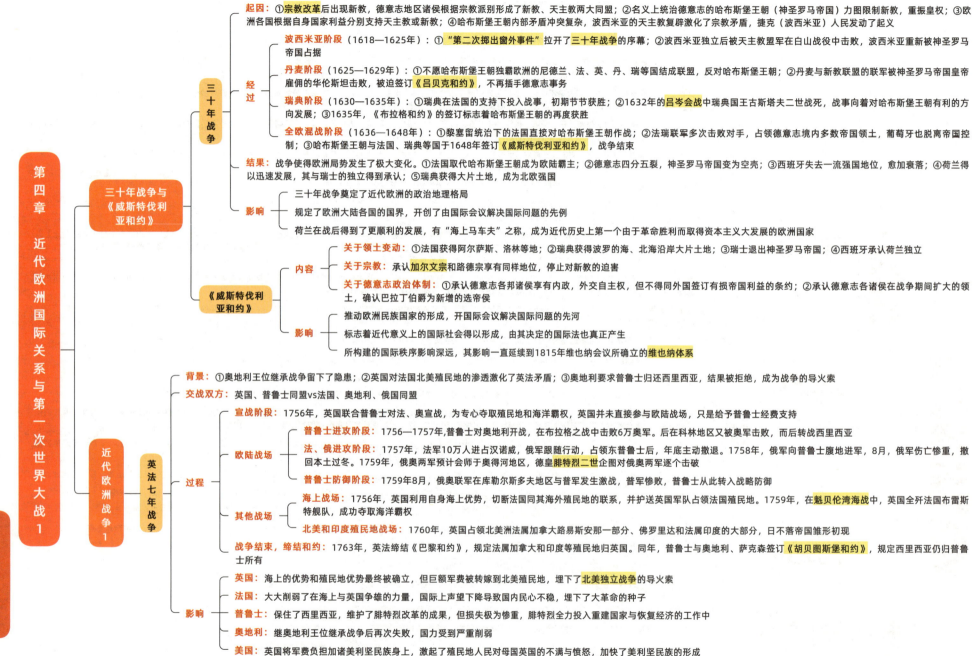

第四章 近代欧洲国际关系与第一次世界大战1

世界近现代史

三十年战争与《威斯特伐利亚和约》

三十年战争

起因： ①宗教改革后出现新教，德意志地区诸侯根据宗教派别形成了新教、天主教两大同盟；②名义上统治德意志的哈布斯堡王朝（神圣罗马帝国）力图限制新教，重振皇权；③欧洲各国根据自身国家利益分别支持天主教或新教；④哈布斯堡王朝内部矛盾冲突复杂，波西米亚的天主教复辟激化了宗教矛盾，捷克（波西米亚）人民发动了起义

经过
- **波西米亚阶段**（1618—1625年）：①"第二次掷出窗外事件"拉开了三十年战争的序幕；②波西米亚独立后被天主教盟军在白山战役中击败，波西米亚重新被神圣罗马帝国占据
- **丹麦阶段**（1625—1629年）：①不愿哈布斯堡王朝独霸欧洲的尼德兰、法、英、丹、瑞等国结成联盟，反对哈布斯堡王朝；②丹麦与新教联盟的联军被神圣罗马帝国皇帝雇佣的华伦斯坦击败，被迫签订《吕贝克和约》，不再插手德意志事务
- **瑞典阶段**（1630—1635年）：①瑞典在法国的支持下投入战事，初期节节获胜；②1632年的吕岑会战中瑞典国王古斯塔夫二世战死，战事向着对哈布斯堡王朝有利的方向发展；③1635年，《布拉格和约》的签订标志着哈布斯堡王朝的再度获胜
- **全欧混战阶段**（1636—1648年）：①黎塞留统治下的法国直接对哈布斯堡王朝作战；②法瑞联军多次击败对手，占领德意志境内多数帝国领土，葡萄牙也脱离帝国控制；③哈布斯堡王朝与法国、瑞典等国于1648年签订《威斯特伐利亚和约》，战争结束

结果： 战争使欧洲局势发生了极大变化。①法国取代哈布斯堡王朝成为欧陆霸主；②德意志四分五裂，神圣罗马帝国变为空壳；③西班牙失去一流强国地位，愈加衰落；④荷兰得以迅速发展，其与瑞士的独立得到承认；⑤瑞典获得大片土地，成为北欧强国

影响
- 三十年战争奠定了近代欧洲的政治地理格局
- 规定了欧洲大陆各国的国界，开创了由国际会议解决国际问题的先例
- 荷兰在战后得到了更顺利的发展，有"海上马车夫"之称，成为近代历史上第一个由于革命胜利而取得资本主义大发展的欧洲国家

《威斯特伐利亚和约》

内容
- **关于领土变动：** ①法国获得阿尔萨斯、洛林等地；②瑞典获得波罗的海、北海沿岸大片土地；③瑞士退出神圣罗马帝国；④西班牙承认荷兰独立
- **关于宗教：** 承认加尔文宗和路德宗享有同样地位，停止对新教的迫害
- **关于德意志政治体制：** ①承认德意志各邦诸侯享有内政、外交自主权，但不得同外国签订有损帝国利益的条约；②承认德意志各诸侯在战争期间扩大的领土，确认巴拉丁伯爵为新增的选帝侯

影响
- 推动欧洲民族国家的形成，开国际会议解决国际问题的先河
- 标志着近代意义上的国际社会得以形成，由其决定的国际法也真正产生
- 所构建的国际秩序影响深远，其影响一直延续到1815年维也纳会议所确立的维也纳体系

近代欧洲战争1 —— 英法七年战争

背景： ①奥地利王位继承战争留下了隐患；②英国对法国北美殖民地的渗透激化了英法矛盾；③奥地利要求普鲁士归还西里西亚，结果被拒绝，成为战争的导火索

交战双方： 英国、普鲁士同盟vs法国、奥地利、俄国同盟

过程
- **宣战阶段：** 1756年，英国联合普鲁士对法、奥宣战，为专心夺取殖民地和海洋霸权，英国并未直接参与欧陆战场，只是给予普鲁士经费支持
- **欧陆战场**
  - **普鲁士进攻阶段：** 1756—1757年，普鲁士对奥地利开战，在布拉格之战中击败6万奥军。后在科林地区又被奥军击败，而后转战西里西亚
  - **法、俄进攻阶段：** 1757年，法军10万人进占汉诺威，俄军跟随行动，占领东普鲁士后，年底主动撤退。1758年，俄军向普鲁士腹地进军，8月，俄军伤亡惨重，撤回本土过冬。1759年，俄奥两军预计会师于奥得河地区，德皇腓特烈二世企图对俄奥两军逐个击破
  - **普鲁士防御阶段：** 1759年8月，俄奥联军在库勒尔斯多夫地区与普军发生激战，普军惨败，普鲁士从此转入战略防御
- **其他战场**
  - **海上战场：** 1756年，英国利用自身海上优势，切断法国同其海外殖民地的联系，并护送英国军队占领法国殖民地。1759年，在魁贝伦湾海战中，英国全歼法国布雷斯特舰队，成功夺取海洋霸权
  - **北美和印度殖民地战场：** 1760年，英国占领北美洲法属加拿大路易斯安那一部分、佛罗里达和法属印度的大部分，日不落帝国雏形初现
- **战争结束，缔结和约：** 1763年，英法缔结《巴黎和约》，规定法属加拿大和印度等殖民地归英国。同年，普鲁士与奥地利、萨克森签订《胡贝图斯堡和约》，规定西里西亚仍归普鲁士所有

影响
- **英国：** 海上的优势和殖民地优势最终被确立，但巨额军费被转嫁到北美殖民地，埋下了北美独立战争的导火索
- **法国：** 大大削弱了在海上与英国争雄的力量，国际上声望下降导致国内民心不稳，埋下了大革命的种子
- **普鲁士：** 保住了西里西亚，维护了腓特烈改革的成果，但损失极为惨重，腓特烈全力投入重建国家与恢复经济的工作中
- **奥地利：** 继奥地利王位继承战争后再次失败，国力受到严重削弱
- **美国：** 英国将军费负担加诸美利坚民族身上，激起了殖民地人民对母国英国的不满与愤恨，加快了美利坚民族的形成

第四章 近代欧洲国际关系与第一次世界大战 2

近代欧洲战争 2

反法同盟战争

背景
- 法国大革命后，欧洲各君主国对新兴的资产阶级法国深表担心
- 1792年，君主制被推翻，共和国成立
- 普奥联军被击败后，路易十六被处死，各君主国陆续加入反法同盟，法军先后在耶拿战役和弗里德兰战役击败普、俄，签订了《提尔西特和约》

过程
- **第一共和国时期**：①1793—1797年，第一次反法同盟；②1799—1802年，第二次反法同盟
- **拿破仑帝国时期**：①1805年，第三次反法同盟；②1806—1807年，第四次反法同盟；③1809年，组建第五次反法同盟；④1813年，组建第六次反法联盟；⑤1815年，拿破仑复辟建立百日王朝，各君主国为扑灭拿破仑组建第七次反法同盟，在滑铁卢战役中击败法军，将拿破仑流放

评价
- **积极**
  - 战争前期，拿破仑战争带有正面意义，拿破仑指挥法军抵御反法联盟，保护法国大革命的果实，维护国家独立与主权完整
  - 从根本上动摇了欧洲大陆的封建制度，传播了资本主义理念，促进了资本主义发展，历史功绩不可磨灭
- **消极**：战争后期，伴随拿破仑个人野心的膨胀，对外战争的侵略性质不断加强，无休止的战争给国内外人民带来深重灾难，最终因其侵略的非正义性而走向失败

克里米亚战争

背景
- 东方问题长期以来是列强矛盾的焦点，沙俄挟镇压1848年欧洲革命之势，妄图抢占海峡，称霸巴尔干，激化了与英法的矛盾
- 巴勒斯坦"圣地"管辖权的争端激化了东正教沙俄与天主教法国的矛盾
- 拿破仑战争后沙俄的扩张势头引起英法的警惕

过程
- 1853年，俄军挑起对土耳其的战争，于11月在锡诺普海战中击溃土耳其舰队
- 1854年，英法联合舰队开进黑海，于3月正式对俄宣战，克里米亚战争正式开始
- 1854年，英法联军在克里米亚半岛登陆，攻击俄国塞瓦斯托波尔要塞
- 1855年，塞瓦斯托波尔沦陷，俄国无力继续作战，次年签订《巴黎和约》，战争结束

影响
- 给沙皇俄国造成了沉重打击，俄国农奴制危机加深，从而进行了1861年农奴制改革
- 是19世纪中期欧洲最重要的国际战争，结束了沙皇俄国欧洲宪兵的地位，打破了旧的国际关系平衡，法国在欧陆占据优势

维也纳会议与欧洲国际体系

维也纳会议

背景：①拿破仑战败，拿破仑帝国崩溃，需要处理战后问题；②英、奥、普、俄等大国亟须对掌控欧洲达成共识；③诸君主国联合镇压民主势力的需求

召开过程
- **过程**：1814年9月至1815年6月，在奥地利维也纳召开了全欧国际会议，大多数讨论都是由英、奥、法、普、俄等大国之间的非正式会晤进行的，其他代表参与有限，1815年6月9日，英、奥、法、普、俄及瑞典八国签订最后议定书，维也纳会议结束
- **拿破仑"百日王朝"前**
  - **1814年5月《第一次巴黎和约》**：法国恢复到1792年战争开始前的国界，四大国内部达成对欧洲领土分配有支配权的决议，法国外交大臣塔列朗的正统主义成为会议的原则，讨论了波兰-萨克森问题，俄普奥瓜分波兰，普鲁士获得部分萨克森
- **拿破仑"百日王朝"后**
  - **1815年11月《第二次巴黎和约》**：法国边界恢复到1790年时，部分割地、赔款、驻军，确认四大列强在领土方面的利益，维持德意志的分裂状态，建立尼德兰，承认瑞士为中立国，复辟了部分王朝，如法、西、两西西里的波旁王朝

结果：①会议决议构成了一段时间内的欧洲国际关系格局，形成了反动的政治局面；②列强先后成立"神圣同盟"和"四国同盟"，共同镇压欧洲革命

影响
- **积极**
  - 维也纳体系已具有一定的世界性，可视为第一个世界性的国际关系体系
  - 均势和补偿原则已经成为指导后世制定外交战略和外交政策，维护国际关系体系内均衡结构的经典性原则
  - 该体系的缔造者们建立了一种定期会晤进行协商的程序，从而使该体系在力图维护集体安全方面比威斯特伐利亚体系更前进一步
  - 为后世留下了诸多的外交惯例，维也纳体系维持了欧洲大约一百年的和平
- **消极**
  - 19世纪20—30年代的欧洲革命被屡次镇压
  - 反动的政治局面并未维持太久，19世纪中期"神圣"原则成了历史
  - 克里米亚战争的爆发标志着维也纳体系的失效，之后欧洲各帝国主义加紧抱团，相互对抗，牺牲小国利益以保持大国的均势体系终究会在大国强权和利益瓜分不均的情况下被抛弃

欧洲国际体系
①三十年战争到拿破仑战争后：威斯特伐利亚体系；②拿破仑战争到普法战争期间：维也纳体系

世界近现代史

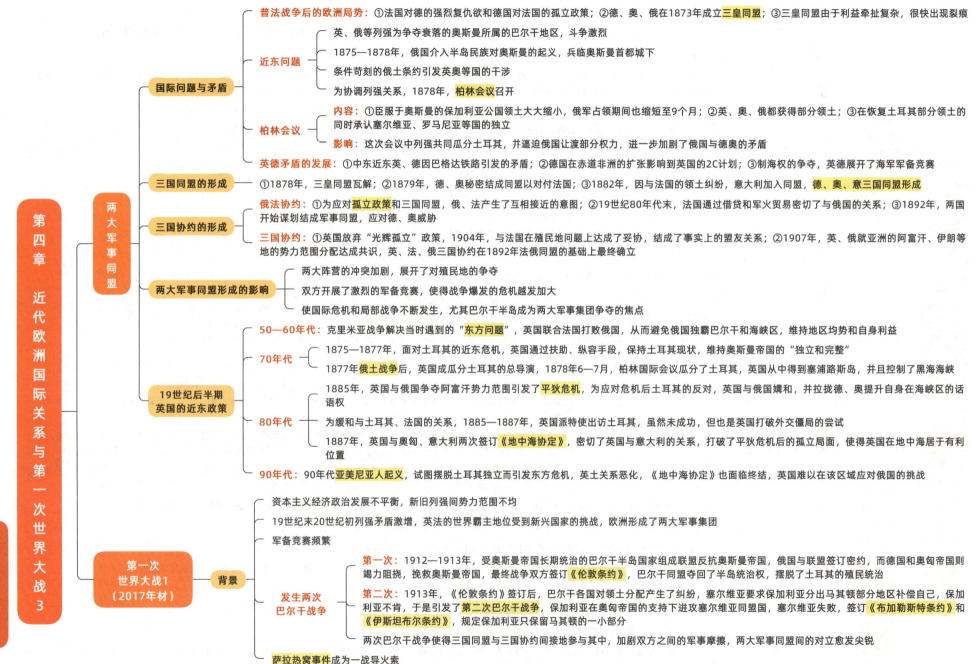

第四章 近代欧洲国际关系与第一次世界大战3

世界近现代史

两大军事同盟

国际问题与矛盾

普法战争后的欧洲局势： ①法国对德的强烈复仇欲和德国对法国的孤立政策；②德、奥、俄在1873年成立**三皇同盟**；③三皇同盟由于利益牵扯复杂，很快出现裂痕

近东问题
- 英、俄等列强为争夺衰落的奥斯曼所属的巴尔干地区，斗争激烈
- 1875—1878年，俄国介入半岛民族对奥斯曼的起义，兵临奥斯曼首都城下
- 条件苛刻的俄土条约引发英奥等国的干涉
- 为协调列强关系，1878年**柏林会议**召开

柏林会议
- **内容：** ①臣服于奥斯曼的保加利亚公国领土大大缩小，俄军占领期间也缩短至9个月；②英、奥、俄都获得部分领土；③在恢复土耳其部分领土的同时承认塞尔维亚、罗马尼亚等国的独立
- **影响：** 这次会议中列强共同瓜分土耳其，并逼迫俄国让渡部分权力，进一步加剧了俄国与德奥的矛盾

英德矛盾的发展： ①中东近东英、德因巴格达铁路引发的矛盾；②德国在赤道非洲的扩张影响到英国的2C计划；③制海权的争夺，英德展开了海军军备竞赛

三国同盟的形成： ①1878年，三皇同盟瓦解；②1879年，德、奥秘密结成同盟以对付法国；③1882年，因与法国的领土纠纷，意大利加入同盟，**德、奥、意三国同盟形成**

三国协约的形成

俄法协约： ①为应对**孤立政策**和三国同盟，俄、法产生了互相接近的意图；②19世纪80年代末，法国通过借贷和军火贸易密切了与俄国的关系；③1892年，两国开始谋划结成军事同盟，应对德、奥威胁

三国协约： ①英国放弃"光辉孤立"政策，1904年，与法国在殖民地问题上达成了妥协，结成了事实上的盟友关系；②1907年，英、俄就亚洲的阿富汗、伊朗等地的势力范围分配达成共识，英、法、俄三国协约在1892法俄同盟的基础上最终确立

两大军事同盟形成的影响
- 两大阵营的冲突加剧，展开了对殖民地的争夺
- 双方开展了激烈的军备竞赛，使得战争爆发的危机越发加大
- 使国际危机和局部战争不断发生，尤其巴尔干半岛成为两大军事集团争夺的焦点

19世纪后半期英国的近东政策

50—60年代： 克里米亚战争解决当时遇到的"**东方问题**"，英国联合法国打败俄国，从而避免俄国独霸巴尔干和海峡区，维持地区均势和自身利益

70年代
- 1875—1877年，面对土耳其的近东危机，英国通过扶助、纵容手段，保持土耳其现状，维持奥斯曼帝国的"独立和完整"
- 1877年**俄土战争**后，英国成瓜分土耳其的总导演，1878年6—7月，柏林国际会议瓜分了土耳其，英国从中得到塞浦路斯岛，并且控制了黑海海峡

80年代
- 1885年，英国与俄国争夺阿富汗势力范围引发了**平狄危机**，为应对危机后土耳其的反对，英国与俄国媾和，并拉拢德、奥提升自身在海峡区的话语权
- 为缓和与土耳其、法国的关系，1885—1887年，英国派特使出访土耳其，虽然未成功，但也是英国打破外交僵局的尝试
- 1887年，英国与奥匈、意大利两次签订《**地中海协定**》，密切了英国与意大利的关系，打破了平狄危机后的孤立局面，使得英国在地中海居于有利位置

90年代： 90年代**亚美尼亚人起义**，试图摆脱土耳其独立而引发东方危机，英土关系恶化，《地中海协定》也面临终结，英国难以在该区域应对俄国的挑战

第一次世界大战1（2017年材）

背景
- 资本主义经济政治发展不平衡，新旧列强间势力范围不均
- 19世纪末20世纪初列强矛盾激增，英法的世界霸主地位受到新兴国家的挑战，欧洲形成了两大军事集团
- 军备竞赛频繁

发生两次巴尔干战争
- **第一次：** 1912—1913年，受奥斯曼帝国长期统治的巴尔干半岛国家组成联盟反抗奥斯曼帝国，俄国与联盟签订密约，而德国和奥匈帝国则竭力阻挠，挽救奥斯曼帝国，最终战争双方签订《**伦敦条约**》，巴尔干同盟夺回了半岛统治权，摆脱了土耳其的殖民统治
- **第二次：** 1913年，《伦敦条约》签订后，巴尔干各国对领土分配产生了纠纷，塞尔维亚要求保加利亚分出马其顿部分地区补偿自己，保加利亚不肯，于是引发了**第二次巴尔干战争**，保加利亚在奥匈帝国的支持下进攻塞尔维亚同盟国，塞尔维亚失败，签订《**布加勒斯特条约**》和《**伊斯坦布尔条约**》，规定保加利亚只保留马其顿的一小部分
- 两次巴尔干战争使得三国同盟与三国协约间接地参与其中，加剧双方之间的军事摩擦，两大军事同盟间的对立愈发尖锐

萨拉热窝事件成为一战导火索

战场集中在欧洲，开战后德国根据**施里芬计划**分为了东（俄VS德奥）、西（英法VS德）两线，加之南欧奥匈帝国和塞尔维亚对峙的南线，共同组成了第一次世界大战的三个战场

德军西线速战速决计划失败，在东线被迫分兵两路

马恩河战役：1914年，德国发动战争，由于英法军队顽强抵抗，使德军速胜计划破产，是一战中第一次大规模决战

坦能堡战役：1914年，俄国发动对德国的攻击，德军在坦能堡战役中打败俄军，俄国被迫退出东普鲁士

加里西亚战役：1914年，俄军西南方面军重创奥匈军队，双方陷入对峙局面

1915年，作为三国同盟的意大利倒戈，投入于对奥匈帝国的作战

凡尔登战役：1916年，两大集团都已疲惫不堪，德国试图决一死战，德军炮火猛攻法国凡尔登半年多未果战败，使得战略主动权向协约国转移，这是一战中持续时间最长的战役，因惨烈程度被称为"绞肉机"

德国试图在西线和海上打破僵局，均告失败

索姆河战役：英国为了减轻凡尔登战役的压力，在法国北部发起了**索姆河战役**，英国首次使用了新型重装武器——坦克，此战役没有明确胜负之分，作战双方皆损失惨重，但英法牵制了大批德军

日德兰海战：1916年，德国把战略重心转到海上，与英国进行决战，此战德国战败，这是一战中规模最大的海战

战争前期（1914—1916年）

战争转折（1917—1918年）：①1917年，德国的"无限制潜艇战"引发美国参战；②大量中立国随之加入协约国，包括北洋政府统治的中国；③战争双方损失惨重，其中俄国爆发革命退出了一战，加速了战争的结束

战争结束（1918年）：①大批美军加入，西线协约国转败为胜；②东线、南线协约国全面反击，德国盟国先后投降；③德国爆发十一月革命，德皇退位，德国投降，战争结束

过程

结果
1918年11月，德国签署停战协议宣布投降，一战以协约国的获胜告终

深刻改变了旧有的国际关系体系：①欧洲地位下降，美、日地位上升；②四大帝国（德意志、沙皇俄国、奥匈帝国、奥斯曼帝国）终结，出现了一批新兴国家

各国均造成巨大的经济损失：造成了巨大的人力、物力的损失和破坏，各帝国主义国家开始大规模干预经济生活，加速了垄断资本主义向**国家垄断资本主义**的转变

引起了一系列革命：如俄国十月革命、德国十一月革命，还引发了**民族解放运动**新高潮。由于帝国主义宗主国忙于厮杀，暂时放松了对殖民地半殖民地的控制，使其民族工业得以乘隙发展，民族资产阶级和无产阶级的队伍也随之壮大起来，成为反对帝国主义的重要政治力量和社会力量

科学技术应战争的需求得到迅猛的发展：①枪炮的自动化；②主力舰吨位大增，潜艇和水雷的出现；③空战武器出现，飞机制造业发展

战争使民族解放运动达到高潮

影响

第四章　近代欧洲国际关系与第一次世界大战 4

第一次世界大战2（2017年材）

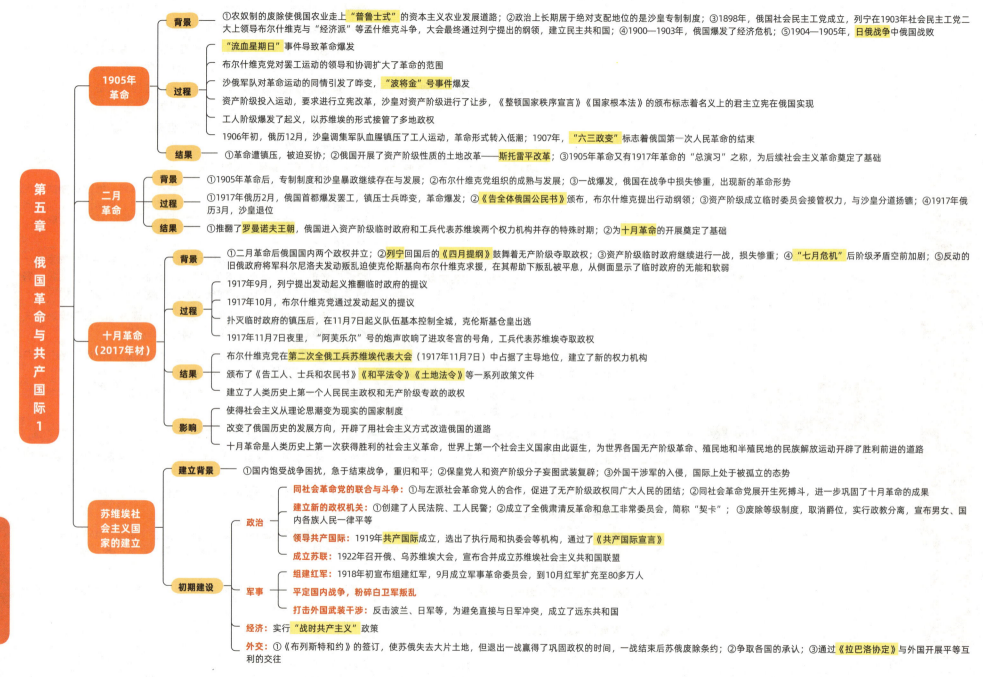

第五章 俄国革命与共产国际1

世界近现代史

1905年革命

背景：①农奴制的废除使俄国农业走上"普鲁士式"的资本主义农业发展道路；②政治上长期居于绝对支配地位的是沙皇专制制度；③1898年，俄国社会民主工党成立，列宁在1903年社会民主工党二大上领导布尔什维克与"经济派"等孟什维克斗争，大会最终通过列宁提出的纲领，建立民主共和国；④1900—1903年，俄国爆发了经济危机；⑤1904—1905年，日俄战争中俄国战败

过程：
- "流血星期日"事件导致革命爆发
- 布尔什维克党对罢工运动的领导和协调扩大了革命的范围
- 沙俄军队对革命运动的同情引发了哗变，"波将金"号事件爆发
- 资产阶级投入运动，要求进行立宪改革，沙皇对资产阶级进行了让步，《整顿国家秩序宣言》《国家根本法》的颁布标志着名义上的君主立宪在俄国实现
- 工人阶级爆发了起义，以苏维埃的形式接管了多地政权
- 1906年初，俄历12月，沙皇调集军队血腥镇压了工人运动，革命形式转入低潮；1907年，"六三政变"标志着俄国第一次人民革命的结束

结果：①革命遭镇压，被迫妥协；②俄国开展了资产阶级性质的土地改革——斯托雷平改革；③1905年革命又有1917年革命的"总演习"之称，为后续社会主义革命奠定了基础

二月革命

背景：①1905年革命后，专制制度和沙皇暴政继续存在与发展；布尔什维克党组织的成熟与发展；③一战爆发，俄国在战争中损失惨重，出现新的革命形势

过程：①1917年俄历2月，俄国首都爆发罢工，镇压士兵哗变，革命爆发；②《告全体俄国公民书》颁布，布尔什维克提出行动纲领；③资产阶级成立临时委员会接管权力，与沙皇分道扬镳；④1917年俄历3月，沙皇退位

结果：①推翻了罗曼诺夫王朝，俄国进入资产阶级临时政府和工兵代表苏维埃两个权力机构并存的特殊时期；②为十月革命的开展奠定了基础

十月革命（2017年材）

背景：①二月革命后俄国国内两个政权并立；②列宁回国后的《四月提纲》鼓舞着无产阶级夺取政权；③资产阶级临时政府继续进行一战，损失惨重；④"七月危机"后阶级矛盾空前加剧；⑤反动的旧政府将军科尔尼洛夫发动叛乱迫使克伦斯基向布尔什维克求援，在其帮助下叛乱被平息，从侧面显示了临时政府的无能和软弱

过程：
- 1917年9月，列宁提出发动起义推翻临时政府的提议
- 1917年10月，布尔什维克党通过发动起义的提议
- 扑灭临时政府的镇压后，在11月7日起义队伍基本控制全城，克伦斯基仓皇出逃
- 1917年11月7日夜里，"阿芙乐尔"号的炮声吹响了进攻冬宫的号角，工兵代表苏维埃夺取政权

结果：
- 布尔什维克党在第二次全俄工兵苏维埃代表大会（1917年11月7日）中占据了主导地位，建立了新的权力机构
- 颁布了《告工人、士兵和农民书》《和平法令》《土地法令》等一系列政策文件
- 建立了人类历史上第一个人民民主政权和无产阶级专政的政权

影响：
- 使得社会主义从理论思潮变为现实的国家制度
- 改变了俄国历史的发展方向，开辟了用社会主义方式改造俄国的道路
- 十月革命是人类历史上第一次获得胜利的社会主义革命，世界上第一个社会主义国家由此诞生，为世界各国无产阶级革命、殖民地和半殖民地的民族解放运动开辟了胜利前进的道路

苏维埃社会主义国家的建立

建立背景：①国内饱受战争困扰，急于结束战争，重归和平；②保皇党人和资产阶级分子妄图武装复辟；③外国干涉军的入侵，国际上处于被孤立的态势

初期建设：

政治：
- **同社会革命党的联合与斗争**：①与左派社会革命党人的合作，促进了无产阶级政权同广大人民的团结；②同社会革命党展开生死搏斗，进一步巩固了十月革命的成果
- **建立新的政权机关**：①创建了人民法院、工人民警；②成立了全俄肃清反革命和怠工非常委员会，简称"契卡"；③废除等级制度，取消爵位，实行政教分离，宣布男女、国内各族人民一律平等
- **领导共产国际**：1919年共产国际成立，选出了执行局和执委会等机构，通过了《共产国际宣言》
- **成立苏联**：1922年召开俄、乌苏维埃大会，宣布合并成立苏维埃社会主义共和国联盟

军事：
- **组建红军**：1918年初宣布组建红军，9月成立军事革命委员会，到10月红军扩充至80多万人
- **平定国内战争，粉碎白卫军叛乱**
- **打击外国武装干涉**：反击波兰、日军等，为避免直接与日军冲突，成立了远东共和国

经济：实行"战时共产主义"政策

外交：①《布列斯特和约》的签订，使苏俄失去大片土地，但退出一战赢得了巩固政权的时间，一战结束后苏俄废除条约；②争取各国的承认；③通过《拉巴洛协定》与外国开展平等互利的交往

第五章 俄国革命与共产国际 2

战时共产主义与新经济政策

战时共产主义

- **时间：** 1918年夏到1921年春
- **背景：** ①苏俄政权成立后面临着国内外军事压力；②连年战争使得粮食等物资十分匮乏；③以列宁为首的布尔什维克党对经济层面上如何过渡到共产主义存在认识上的不足
- **主要内容：** ①通过征粮队完成**余粮收集制**；②在物资分配上采取粮食和日用工业品的配给制；③工业和国内贸易的国有化，工业部门实施总管局制度，禁止商业贸易；④对全国成年人实行劳动义务制
- **影响：** ①有助于集中人力物力应对国内外战争、保卫新生政权；②过于冒进的政策极大冲击了农业和农民的利益，无法保障农民的基本生活；③政策延续至后期影响了工农各阶层的利益，引起了**喀琅施塔得水兵起义**等事件，不利于政权和工农联盟的稳固；④引起布尔什维克党对经济政策的改革，即新经济政策

新经济政策

- **时间：** 1921—1927年
- **背景：** ①"战时共产主义"政策延续至后期损害了农民的利益，影响国家经济政治的正常运转；②喀琅施塔得水兵起义等事件表明布尔什维克党出现了严重的执政危机，亟须改革
- **主要内容：** ①废除余粮收集制，实施粮食税制度；②在工业方面推行国家资本主义的政策，利用国内的民间资本和国外资本发展工业，鼓励私营商业企业的发展；③允许商品贸易，提升国内贸易自由度
- **影响：** ①巩固了苏维埃政权，维系了工农联盟；②探索出一条符合俄国国情的向社会主义发展过渡的道路

共产国际

- **成立背景** ①第二国际在一战后事实上的破产，沦为社会沙文主义政党；②列宁与修正主义、机会主义划清界限，为新的国际组织的建立奠定了基础；③十月革命推动了国际工人运动，世界革命形势高涨；④一战后**国际工人运动**迫切需要建立新的国际革命组织
- **组织活动**
  - **成立：** 1919年3月，第三国际（即共产国际）于莫斯科成立
  - **发展时期**
    - **前期（1919—1924年）：** 此时共产国际由列宁领导并成就显著，协助建立巴伐利亚、匈牙利的苏维埃政权，讨论东方民族与殖民地问题
    - **中期（1924—1934年）：** 第五次代表大会后领导人发生多次变动，工作中失误较多
    - **后期（1935—1943年）：** 主要工作为反法西斯主义，为世界人民的反法西斯斗争作出重要贡献
- **解散** 随着**苏德战争**的爆发，苏联为争取英美等西方国家的反法西斯斗争，于1943年解散共产国际
- **影响**
  - **积极：** ①捍卫了马克思主义，推动了**亚非拉民族解放运动**，反对法西斯主义和帝国主义战争；②帮助多国工人组织建党并为之培养了一大批骨干人才，促进了国际共产主义运动发展
  - **消极：** ①长期受"左"倾思想影响；②高度集中的组织形式影响各党的独立自主与平等关系的发展

德国十一月革命

- **背景** ①一战末期德国濒临战败，无力回天；②一战给德国造成了极大的破坏，国内的社会矛盾、阶级矛盾被激化；③工人运动此起彼伏；④一战期间，德国国内因对待战争和暴力革命态度的不同分为不同派别：社会民主党右派（主席为艾伯特）、社会民主党中派（后改称"德国独立社会民主党"）、社会民主党左派斯巴达克团（领导人为**卡尔·李卜克内西、罗莎·卢森堡**）
- **过程**
  - 1918年11月，德国海军士兵建立苏维埃组织，发动**基尔水兵起义**，拒绝送死与英国海军决战
  - 起义迅速波及全德，各大城市的反动政府被纷纷推翻，并在当地建立了苏维埃政权，威廉二世退位，**霍亨索伦王朝灭亡**
  - 资产阶级性质的临时政府（艾伯特政府）成立，结束了一战
  - 临时政府成立后，于1918年底召开了全德苏维埃一大，代表中右派占绝大多数，真正号召无产阶级革命的斯巴达克派仅有几个名额，斯巴达克派提出"撤销艾伯特政府""全部政权归苏维埃"等口号被拒，建立了独立的无产阶级政党"德国共产党"
  - 1919年1月，柏林工人发动了旨在推翻艾伯特政府的罢工，即**"一月战斗"**，斗争被镇压，卢森堡、李卜克内西等领袖牺牲
  - 1919年1月，德国工人建立巴伐利亚苏维埃共和国，革命到达高峰
  - 1919年5月，巴伐利亚苏维埃共和国惨遭艾伯特政府镇压，革命失败
- **结果** "一月战斗"结束之后，艾伯特政府在远离柏林的一个小城市魏玛召开了国民会议，任命艾伯特为总统，这个政权被称为**"魏玛共和国"**（1919—1933年）
- **影响** ①打击了国内外帝国主义反动势力，推动了欧洲其他各国革命（匈牙利革命等），支持了初生的苏维埃俄国；②为德国工人阶级和国际共产主义运动提供了经验教训

匈牙利革命

- **背景** ①一战前匈牙利是奥匈帝国的一部分，带有浓厚的封建性和依附性，人民长期遭受阶级和民族的双重压迫；②一战后匈牙利独立（**秋玫瑰革命**）；③新政府统治下的经济形势恶化，矛盾激增；④匈牙利共产党的成立引导革命形势发展；⑤一战获胜的协约国对新生匈牙利的侵略（**威克斯照会事件**）
- **过程**
  - **建立匈牙利苏维埃共和国：** ①1919年原联合政府辞职，权力转交到新生的匈牙利苏维埃共和国；②采取一系列无产阶级革命和建设措施；③匈牙利社会民主党与共产党达成协议，两党合并成为匈牙利社会主义党
  - **共和国与外国武装干涉的抗争：** ①罗马尼亚等协约国入侵新生的共和国；②苏维埃政权将侵略者赶出国境，斯洛伐克境内同样成立了苏维埃政权，并得到了苏俄的支持；③克里孟梭等协约国首脑以欺骗的形式使得匈牙利军后撤，随即向匈牙利发起更大规模的军事进攻和经济封锁；④1919共和国覆灭，革命者被残酷镇压，匈牙利进入了霍尔蒂统治时期
- **结果** 革命失败，苏维埃政权被颠覆，国有化法令等政策被推翻，匈牙利陷入了黑暗的法西斯统治
- **影响** ①建立了苏俄之后世界上又一个无产阶级专政国家，在国际共产主义运动史上写下了光辉的一页；②为国际共产主义运动提供了宝贵的经验与教训（不要放松对资本主义国家的警惕等）

世界近现代史

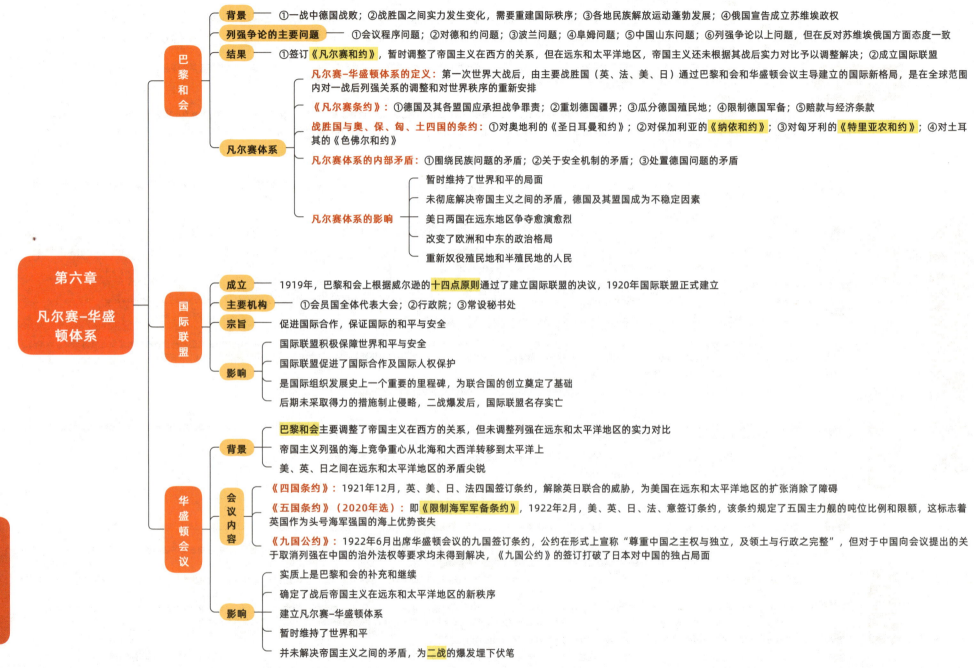

第六章 凡尔赛-华盛顿体系

世界近现代史

巴黎和会

- **背景** ——①一战中德国战败；②战胜国之间实力发生变化，需要重建国际秩序；③各地民族解放运动蓬勃发展；④俄国宣告成立苏维埃政权
- **列强争论的主要问题** ——①会议程序问题；②对德和约问题；③波兰问题；④阜姆问题；⑤中国山东问题；⑥列强争论以上问题，但在反对苏维埃俄国方面态度一致
- **结果** ——①签订《凡尔赛和约》，暂时调整了帝国主义在西方的关系，但在远东和太平洋地区，帝国主义还未根据其战后实力对比予以调整解决；②成立国际联盟
- **凡尔赛体系**
  - **凡尔赛-华盛顿体系的定义**：第一次世界大战后，由主要战胜国（英、法、美、日）通过巴黎和会和华盛顿会议主导建立的国际新格局，是在全球范围内对一战后列强关系的调整和对世界秩序的重新安排
  - **《凡尔赛条约》**：①德国及其各盟国应承担战争罪责；②重划德国疆界；③瓜分德国殖民地；④限制德国军备；⑤赔款与经济条款
  - **战胜国与奥、保、匈、土四国的条约**：①对奥地利的《圣日耳曼和约》；②对保加利亚的《纳依和约》；③对匈牙利的《特里亚农和约》；④对土耳其的《色佛尔和约》
  - **凡尔赛体系的内部矛盾**：①围绕民族问题的矛盾；②关于安全机制的矛盾；③处置德国问题的矛盾
  - **凡尔赛体系的影响**
    - 暂时维持了世界和平的局面
    - 未彻底解决帝国主义之间的矛盾，德国及其盟国成为不稳定因素
    - 美日两国在远东地区争夺愈演愈烈
    - 改变了欧洲和中东的政治格局
    - 重新奴役殖民地和半殖民地的人民

国际联盟

- **成立** ——1919年，巴黎和会上根据威尔逊的十四点原则通过了建立国际联盟的决议，1920年国际联盟正式建立
- **主要机构** ——①会员国全体代表大会；②行政院；③常设秘书处
- **宗旨** ——促进国际合作，保证国际的和平与安全
- **影响**
  - 国际联盟积极保障世界和平与安全
  - 国际联盟促进了国际合作及国际人权保护
  - 是国际组织发展史上一个重要的里程碑，为联合国的创立奠定了基础
  - 后期未采取得力的措施制止侵略，二战爆发后，国际联盟名存实亡

华盛顿会议

- **背景**
  - 巴黎和会主要调整了帝国主义在西方的关系，但未调整列强在远东和太平洋地区的实力对比
  - 帝国主义列强的海上竞争重心从北海和大西洋转移到太平洋上
  - 美、英、日之间在远东和太平洋地区的矛盾尖锐
- **会议内容**
  - **《四国条约》**：1921年12月，英、美、日、法四国签订条约，解除英日联合的威胁，为美国在远东和太平洋地区的扩张消除了障碍
  - **《五国条约》（2020年选）**：即《限制海军军备条约》，1922年2月，美、英、日、法、意签订条约，该条约规定了五国主力舰的吨位比例和限额，这标志着英国作为头号海军强国的海上优势丧失
  - **《九国公约》**：1922年6月出席华盛顿会议的九国签订条约，公约在形式上宣称"尊重中国之主权与独立，及领土与行政之完整"，但对于中国向会议提出的关于取消列强在中国的治外法权等要求均未得到解决，《九国公约》的签订打破了日本对中国的独占局面
- **影响**
  - 实质上是巴黎和会的补充和继续
  - 确定了战后帝国主义在远东和太平洋地区的新秩序
  - 建立凡尔赛-华盛顿体系
  - 暂时维持了世界和平
  - 并未解决帝国主义之间的矛盾，为二战的爆发埋下伏笔

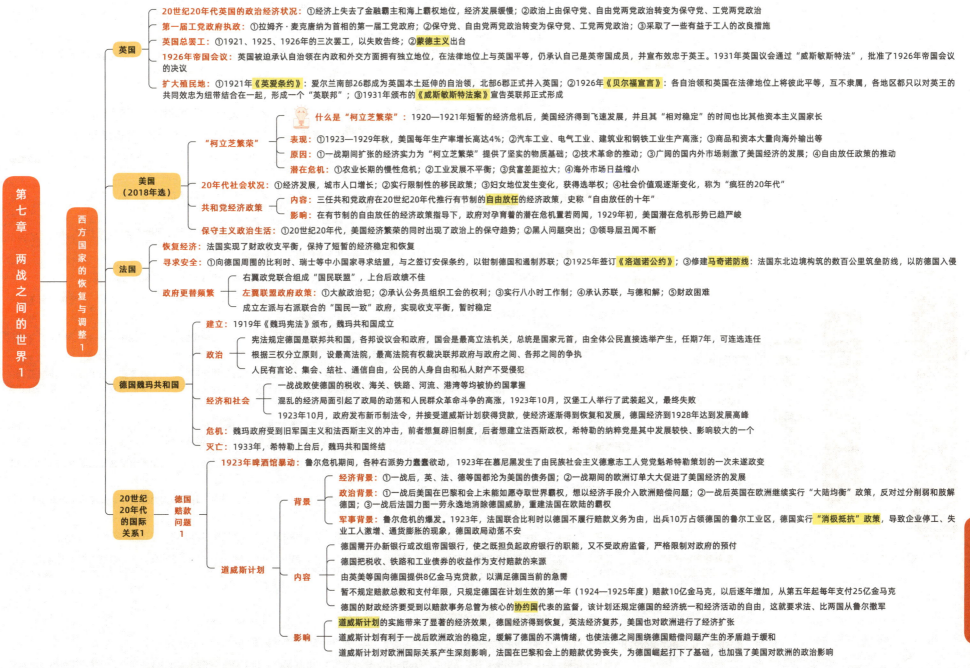

第七章 两战之间的世界1

西方国家的恢复与调整1

英国

- **20世纪20年代英国的政治经济状况**：①经济上失去了金融霸主和海上霸权地位，经济发展缓慢；②政治上由保守党、自由党两党政治转变为保守党、工党两党政治
- **第一届工党政府执政**：①拉姆齐·麦克唐纳为首相的第一届工党政府；②保守党、自由党两党政治转变为保守党、工党两党政治；③采取了一些有益于工人的改良措施
- **英国总罢工**：①1921、1925、1926年的三次罢工，以失败告终；②蒙德主义出台
- **1926年帝国会议**：英国被迫承认自治领在内政和外交方面拥有独立地位，在法律地位上与英国平等，仍承认自己是英帝国成员，并宣布效忠于英王。1931年英国议会通过"威斯敏斯特法"，批准了1926年帝国会议的决议
- **扩大殖民地**：①1921年《英爱条约》：爱尔兰南部26郡成为英国本土延伸的自治领，北部6郡正式并入英国；②1926年《贝尔福宣言》：各自治领和英国在法律地位上将彼此平等，互不隶属，各地区都只以对英王的共同效忠为纽带结合在一起，形成一个"英联邦"；③1931年颁布的《威斯敏斯特法案》宣告英联邦正式形成

美国（2018年选）

- **"柯立芝繁荣"**
  - **什么是"柯立芝繁荣"**：1920—1921年短暂的经济危机后，美国经济得到飞速发展，并且其"相对稳定"的时间也比其他资本主义国家长
  - **表现**：①1923—1929年秋，美国每年生产率增长高达4%；②汽车工业、电气工业、建筑业和钢铁工业生产高涨；③商品和资本大量向海外输出等
  - **原因**：①一战期间扩张的经济实力为"柯立芝繁荣"提供了坚实的物质基础；②技术革命的推动；③广阔的国内外市场刺激了美国经济的发展；④自由放任政策的推动
  - **潜在危机**：①农业长期的慢性危机；②工业发展不平衡；③贫富差距拉大；④海外市场日益缩小
- **20年代社会状况**：①经济发展，城市人口增长；②实行限制性的移民政策；③妇女地位发生变化，获得选举权；④社会价值观逐渐变化，称为"疯狂的20年代"
- **共和党经济政策**
  - **内容**：三任共和党政府在20世纪20年代推行有节制的自由放任的经济政策，史称"自由放任的十年"
  - **影响**：在有节制的自由放任的经济政策指导下，政府对孕育着的潜在危机置若罔闻，1929年初，美国潜在危机形势已趋严峻
- **保守主义政治生活**：①20世纪20年代，美国经济繁荣的同时出现了政治上的保守趋势；②黑人问题突出；③领导层丑闻不断

法国

- **恢复经济**：法国实现了财政收支平衡，保持了短暂的经济稳定和恢复
- **寻求安全**：①向德国周围的比利时、瑞士等中小国家寻求结盟，与之签订安保条约，以钳制德国和遏制苏联；②1925年签订《洛迦诺公约》；③修建马奇诺防线：法国东北边境构筑的数百公里筑垒防线，以防德国入侵
- **政府更替频繁**
  - 右翼政党联合组成"国民联盟"，上台后政绩不佳
  - **左翼联盟政府政策**：①大赦政治犯；②承认公务员组织工会的权利；③实行八小时工作制；④承认苏联，与德和解；⑤财政困难
  - 成立左派与右派联合的"国民一致"政府，实现收支平衡，暂时稳定

德国魏玛共和国

- **建立**：1919年《魏玛宪法》颁布，魏玛共和国成立
- **政治**
  - 宪法规定德国是联邦共和国，各邦设议会和政府，国会是最高立法机关，总统是国家元首，由全体公民直接选举产生，任期7年，可连选连任
  - 根据三权分立原则，设最高法院，最高法院有权裁决联邦政府与政府之间、各邦之间的争执
  - 人民有言论、集会、结社、通信自由，公民的人身自由和私人财产不受侵犯
- **经济和社会**
  - 一战战败使德国的税收、海关、铁路、河流、港湾等均被协约国掌握
  - 混乱的经济局面引起了政局的动荡和人民群众革命斗争的高涨，1923年10月，汉堡工人举行了武装起义，最终失败
  - 1923年10月，政府发布新币制法令，并接受道威斯计划获得贷款，使经济逐渐得到恢复和发展，德国经济到1928年达到发展高峰
- **危机**：魏玛政府受到旧军国主义和法西斯主义的冲击，前者想恢复辟旧制度，后者想建立法西斯政权，希特勒的纳粹党是其中发展较快、影响较大的一个
- **灭亡**：1933年，希特勒上台后，魏玛共和国终结

20世纪20年代的国际关系1

- **德国赔款问题1**
  - **1923年啤酒馆暴动**：鲁尔危机期间，各种右派势力蠢蠢欲动，1923年在慕尼黑发生了由民族社会主义德意志工人党党魁希特勒策划的一次未遂政变
  - **道威斯计划**
    - **背景**
      - **经济背景**：①一战后，英、法、德等国都沦为美国的债务国；②一战期间的欧洲订单大大促进了美国经济的发展
      - **政治背景**：①一战后美国在巴黎和会上未能如愿夺取世界霸权，想以经济手段介入欧洲赔偿问题；②一战后英国在欧洲继续实行"大陆均衡"政策，反对过分削弱和肢解德国；③一战后法国力图一劳永逸地消除德国威胁，重建法国在欧陆的霸权
      - **军事背景**：鲁尔危机的爆发。1923年，法国联合比利时以德国不履行赔款义务为由，出兵10万占领德国的鲁尔工业区，德国实行"消极抵抗"政策，导致企业停工、失业工人激增、通货膨胀的现象，德国政局动荡不安
    - **内容**
      - 德国需开办新银行或改组帝国银行，使之既担负起政府银行的职能，又不受政府监督，严格限制对政府的预付
      - 德国把税收、铁路和工业债券的收益作为支付赔款的来源
      - 由英美等国向德国提供8亿金马克贷款，以满足德国当前的急需
      - 暂不规定赔款总数和支付年限，只规定德国在计划生效的第一年（1924—1925年度）赔款10亿金马克，以后逐年增加，从第五年起每年支付25亿金马克
      - 德国的财政赔款要受到以赔款事务总管为核心的协约国代表的监督，该计划还规定德国的经济统一和经济活动的自由，这就要求法、比两国从鲁尔撤军
    - **影响**
      - 道威斯计划的实施带来了显著的经济效果，德国经济得到恢复，英法经济复苏，美国也对欧洲进行了经济扩张
      - 道威斯计划有利于一战后欧洲政治的稳定，缓解了德国的不满情绪，也使法德之间围绕德国赔偿问题产生的矛盾趋于缓和
      - 道威斯计划对欧洲国际关系产生深刻影响，法国在巴黎和会上的赔款优势丧失，为德国崛起打下了基础，也加强了美国对欧洲的政治影响

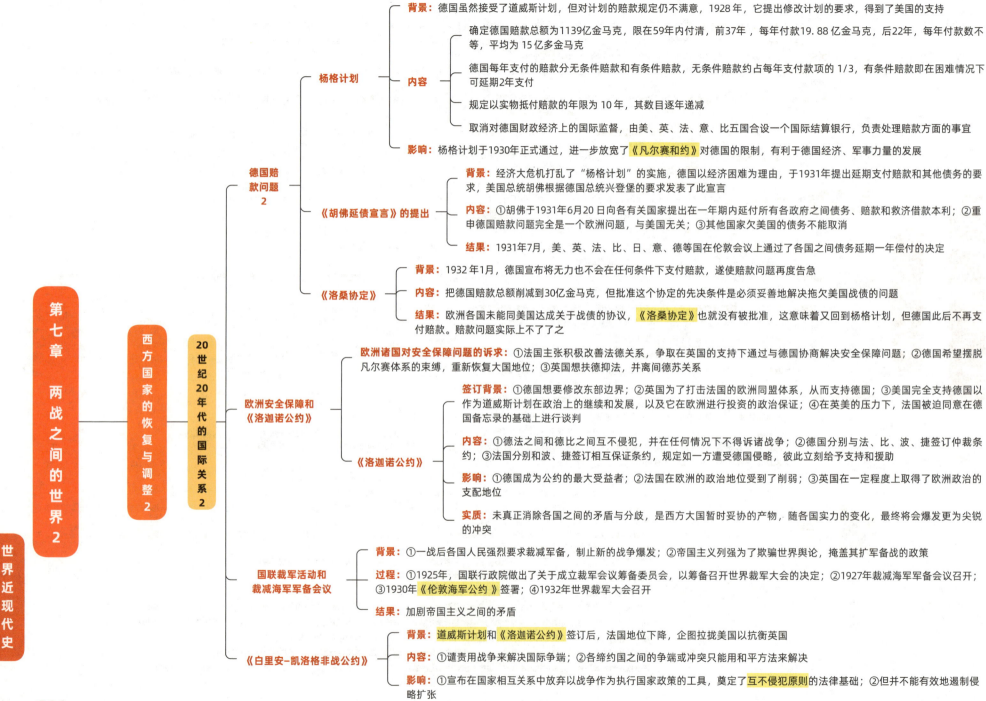

第七章 两战之间的世界2

西方国家的恢复与调整2

20世纪20年代的国际关系2

德国赔款问题2

杨格计划

背景： 德国虽然接受了道威斯计划，但对计划的赔款规定仍不满意，1928年，它提出修改计划的要求，得到了美国的支持

内容：
确定德国赔款总额为1139亿金马克，限在59年内付清，前37年，每年付款19.88亿金马克，后22年，每年付款数不等，平均为15亿多金马克

德国每年支付的赔款分无条件赔款和有条件赔款，无条件赔款约占每年支付款项的1/3，有条件赔款即在困难情况下可延期2年支付

规定以实物抵付赔款的年限为10年，其数目逐年递减

取消对德国财政经济上的国际监督，由美、英、法、意、比五国合设一个国际结算银行，负责处理赔款方面的事宜

影响： 杨格计划于1930年正式通过，进一步放宽了《凡尔赛和约》对德国的限制，有利于德国经济、军事力量的发展

《胡佛延债宣言》的提出

背景： 经济大危机打乱了"杨格计划"的实施，德国以经济困难为理由，于1931年提出延期支付赔款和其他债务的要求，美国总统胡佛根据德国总统兴登堡的要求发表了此宣言

内容： ①胡佛于1931年6月20日向各有关国家提出在一年期内延付所有各政府之间债务、赔款和救济借款本利；②重申德国赔款问题完全是一个欧洲问题，与美国无关；③其他国家欠美国的债务不能取消

结果： 1931年7月，美、英、法、比、日、意、德等国在伦敦会议上通过了各国之间债务延期一年偿付的决定

《洛桑协定》

背景： 1932年1月，德国宣布将无力也不会在任何条件下支付赔款，遂使赔款问题再度告急

内容： 把德国赔款总额削减到30亿金马克，但批准这个协定的先决条件是必须妥善地解决拖欠美国战债的问题

结果： 欧洲各国未能同美国达成关于战债的协议，《洛桑协定》也就没有被批准，这意味着又回到杨格计划，但德国此后不再支付赔款。赔款问题实际上不了了之

欧洲安全保障和《洛迦诺公约》

欧洲诸国对安全保障问题的诉求： ①法国主张积极改善法德关系，争取在英国的支持下通过与德国协商解决安全保障问题；②德国希望摆脱凡尔赛体系的束缚，重新恢复大国地位；③英国想扶德抑法，并离间德苏关系

《洛迦诺公约》

签订背景： ①德国想要修改东部边界；②英国为了打击法国的欧洲同盟体系，从而支持德国；③美国完全支持德国以作为道威斯计划在政治上的继续和发展，以及它在欧洲进行投资的政治保证；④在英美的压力下，法国被迫同意在德国备忘录的基础上进行谈判

内容： ①德法之间和德比之间互不侵犯，并在任何情况下不得诉诸战争；②德国分别与法、比、波、捷签订仲裁条约；③法国分别和波、捷签订相互保证条约，规定如一方遭受德国侵略，彼此立刻给予支持和援助

影响： ①德国成为公约的最大受益者；②法国在欧洲的政治地位受到了削弱；③英国在一定程度上取得了欧洲政治的支配地位

实质： 未真正消除各国之间的矛盾与分歧，是西方大国暂时妥协的产物，随各国实力的变化，最终将会爆发更为尖锐的冲突

国联裁军活动和裁减海军军备会议

背景： ①一战后各国人民强烈要求裁减军备，制止新的战争爆发；②帝国主义列强为了欺骗世界舆论，掩盖其扩军备战的政策

过程： ①1925年，国联行政院做出了关于成立裁军会议筹备委员会，以筹备召开世界裁军大会的决定；②1927年裁减海军军备会议召开；③1930年《伦敦海军公约》签署；④1932年世界裁军大会召开

结果： 加剧帝国主义之间的矛盾

《白里安-凯洛格非战公约》

背景： 道威斯计划和《洛迦诺公约》签订后，法国地位下降，企图拉拢美国以抗衡英国

内容： ①谴责用战争来解决国际争端；②各缔约国之间的争端或冲突只能用和平方法来解决

影响： ①宣布在国家相互关系中放弃战争作为执行国家政策的工具，奠定了互不侵犯原则的法律基础；②但并不能有效地遏制侵略扩张

世界近现代史

第七章 两战之间的世界 3

- 世界经济危机与罗斯福新政
  - 经济危机
    - **爆发**：从20世纪30年代起，持续到30年代末，甚至是40年代末
    - **原因**：①生产社会化和生产资料私人占有之间的矛盾；②工业部门开工不足，存在失业问题；③国际市场商品滞销；④股票投机增加金融市场的不稳定性
    - **表现**：①股票市场的崩溃，各国的工业产值下降；②失业人口数量大；③**特种萧条**：此次经济危机恢复后，各国的经济仍旧长期低迷、失业率居高不下；④社会恐慌
    - **影响**：①激化资本主义社会矛盾，推动各资本主义国家进行改革；②帝国主义与殖民地、半殖民地之间矛盾尖锐；③帝国主义国家之间的矛盾进一步激化；④打破一战后建立的赔款制度和债务关系；⑤国际格局急剧变化
  - 罗斯福新政
    - **背景**：①经济危机引起政治危机；②人民不满胡佛政府 自由放任的经济政策 ；③罗斯福政府推出了新政理念，反对联邦政府在经济发展中"不作为"
    - 新政实施
      - **政府体制方面**：①扩大总统权力，在三权分立体系中居中心地位；②聘用支持新政的官员，建立总统办事机构，变革中央管理体系
      - **财政金融方面**：整顿银行，统制货币，改革银行体系，改革税制
      - **工业劳资方面**：①国会通过《全国工业复兴法》避免恶性竞争、生产过剩的情况；②国会通过《全国劳工关系法》来调节劳资矛盾
      - **农业生产方面**：①初期通过《农业调整法》来调节农业供求关系；②1938年颁布新《农业调整法》，规定在丰年政府收购农产品，在荒年政府管控价格
      - **社会保障方面**：①国会通过《联邦紧急救济法》对失业、贫困人员进行救济；②通过《社会保障法》开启"福利国家"的先声；③兴建公共工程，以工代赈
    - 影响
      - **政治**：扩大了联邦政府和总统的权力，稳定了美国政局
      - **经济**：增强了美国的国家垄断资本主义并成为现代美国国家垄断资本主义经济制度的开端
      - **社会**：在一定程度上恢复了人们对美国国家制度的信心，摆脱了由经济危机造成的法西斯势力对美国的威胁
      - 对其他资本主义国家的改革有着重要的借鉴意义
      - 引发了美国经济的长期通货膨胀和财政赤字猛增现象，为未来西方世界70年代的"滞胀"危机埋下了隐患
  - 凯恩斯主义
    - 内涵
      - 提出经济发展取决于社会的有效需求：居民消费、企业投资和政府支出
      - 提出自由主义的缺点是垄断组织严重干扰经济的自由运行
      - 国家干预是实现经济平稳发展的根本政策
    - **意义**：①被应用于罗斯福新政；②标志着现代宏观经济学的开端，对全球经济发展有着深刻影响

- 苏联的社会主义建设与"斯大林模式"
  - **苏联成立时间**——1922年
  - 社会主义改造与建设
    - **社会主义工业化开展**：1925年，第十四次党的代表大会提出苏联社会主义工业建设的任务，宣布国民经济恢复期结束，工业化新时期开始
    - **全盘农业集体化**：1929—1933年间，苏联大规模开展全盘农业集体化，用行政手段使农民加入集体农庄，把分散的农业纳入国家集体经济、计划经济当中
    - 五年计划
      - ①**一五计划**：1928—1932年底提前完成；②**二五计划**：1933—1937年
      - **意义**：①两个五年计划使苏联工业总产值居欧洲第一，世界第二；②使劳动人民的生活得到改善；③劳动人民的文化水平也有了很大的提高
      - **缺陷**：①片面发展重工业，农业、轻工业处于落后地位；②片面强调产值、产量，但产品单调，质量低劣；③经济粗放发展，国家资源被大量消耗和浪费
    - **大清洗运动**：工业快速发展和农业集体的成功，造成社会对斯大林的个人崇拜之风盛行，引起了党内一些人的警觉。1934年选举时，基洛夫取代斯大林被选为党的总书记，基洛夫很快被杀。这件事成为大清洗运动的导火线，此后军队、知识分子、工人等阶层的许多人遭到迫害，一直持续到1938年的 莫斯科第三次大 审判
  - 斯大林模式
    - **定义**：斯大林执政时期形成的苏联社会主义建设的指导理论、体制和政策
    - **背景**：①列宁死后，斯大林在党内斗争和大清洗后上台；②苏联社会主义改造和建设的任务艰巨；③20世纪30年代，世界局势发生重大变化
    - **内容**：①政治上高度集权，实行一党制，意识形态高度划一，党内民主受限，推崇个人崇拜；②经济上高度集中，建立单一的生产资料公有制，中央对地方、上级对下级实行严格的指令性计划
    - **影响**：①在特定的历史条件下促进了苏联经济社会快速发展；②为苏德战争的胜利打下了坚实的基础；③阻碍了经济的发展和生产力的提高；④忽视了商品经济规律，使国家的经济发展处于不正常状态

世界近现代史

215

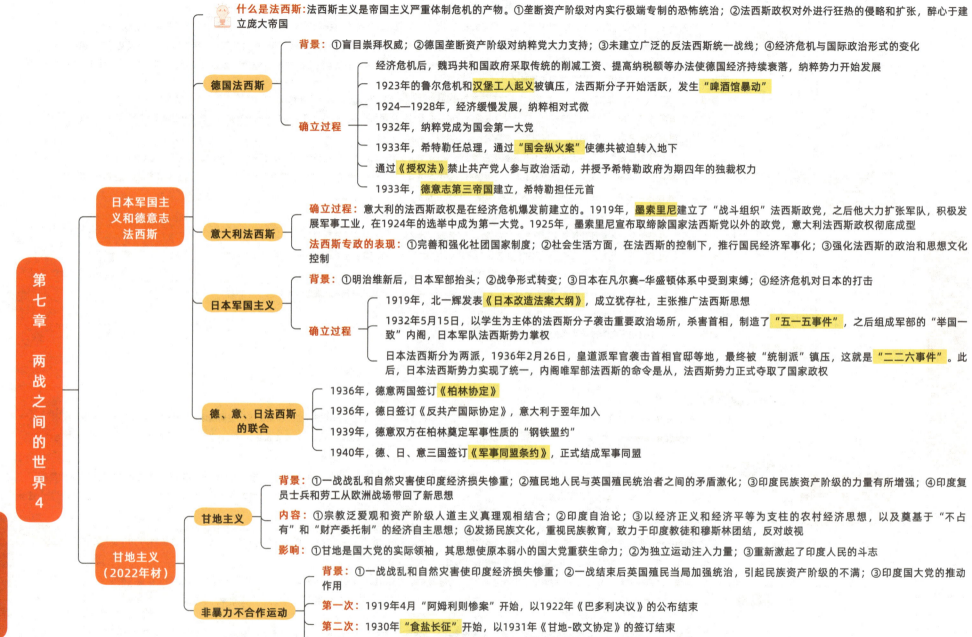

什么是法西斯：法西斯主义是帝国主义严重体制危机的产物。①垄断资产阶级对内实行极端专制的恐怖统治；②法西斯政权对外进行狂热的侵略和扩张，醉心于建立庞大帝国

德国法西斯

背景：①盲目崇拜权威；②德国垄断资产阶级对纳粹党大力支持；③未建立广泛的反法西斯统一战线；④经济危机与国际政治形式的变化

确立过程
- 经济危机后，魏玛共和国政府采取传统的削减工资、提高纳税额等办法使德国经济持续衰落，纳粹势力开始发展
- 1923年的鲁尔危机和汉堡工人起义被镇压，法西斯分子开始活跃，发生"啤酒馆暴动"
- 1924—1928年，经济缓慢发展，纳粹相对式微
- 1932年，纳粹党成为国会第一大党
- 1933年，希特勒任总理，通过"国会纵火案"使德共被迫转入地下
- 通过《授权法》禁止共产党人参与政治活动，并授予希特勒政府为期四年的独裁权力
- 1933年，德意志第三帝国建立，希特勒担任元首

意大利法西斯

确立过程：意大利的法西斯政权是在经济危机爆发前建立的。1919年，墨索里尼建立了"战斗组织"法西斯政党，之后他大力扩张军队，积极发展军事工业，在1924年的选举中成为第一大党。1925年，墨索里尼宣布取缔除国家法西斯党以外的政党，意大利法西斯政权彻底成型

法西斯专政的表现：①完善和强化社团国家制度；②社会生活方面，在法西斯的控制下，推行国民经济军事化；③强化法西斯的政治和思想文化控制

日本军国主义

背景：①明治维新后，日本军部抬头；②战争形式转变；③日本在凡尔赛-华盛顿体系中受到束缚；④经济危机对日本的打击

确立过程
- 1919年，北一辉发表《日本改造法案大纲》，成立犹存社，主张推广法西斯思想
- 1932年5月15日，以学生为主体的法西斯分子袭击重要政治场所，杀害首相，制造了"五一五事件"，之后组成军部的"举国一致"内阁，日本军队法西斯势力掌权
- 日本法西斯分为两派，1936年2月26日，皇道派军官袭击首相官邸等地，最终被"统制派"镇压，这就是"二二六事件"。此后，日本法西斯势力实现了统一，内阁唯军部法西斯的命令是从，法西斯势力正式夺取了国家政权

德、意、日法西斯的联合
- 1936年，德意两国签订《柏林协定》
- 1936年，德日签订《反共产国际协定》，意大利于翌年加入
- 1939年，德意双方在柏林奠定军事性质的"钢铁盟约"
- 1940年，德、日、意三国签订《军事同盟条约》，正式结成军事同盟

甘地主义（2022年材）

甘地主义

背景：①一战战乱和自然灾害使印度经济损失惨重；②殖民地人民与英国殖民统治者之间的矛盾激化；③印度民族资产阶级的力量有所增强；④印度复员士兵和劳工从欧洲战场带回了新思想

内容：①宗教泛爱观和资产阶级人道主义真理观相结合；②印度自治论；③以经济正义和经济平等为支柱的农村经济思想，以及奠基于"不占有"和"财产委托制"的经济自主思想；④发扬民族文化，重视民族教育，致力于印度教徒和穆斯林团结，反对歧视

影响：①甘地是国大党的实际领袖，其思想使原本弱小的国大党重获生命力；②为独立运动注入力量；③重新激起了印度人民的斗志

非暴力不合作运动

背景：①一战战乱和自然灾害使印度经济损失惨重；②一战结束后英国殖民当局加强统治，引起民族资产阶级的不满；③印度国大党的推动作用

第一次：1919年4月"阿姆利则惨案"开始，以1922年《巴多利决议》的公布结束

第二次：1930年"食盐长征"开始，以1931年《甘地-欧文协定》的签订结束

影响：①增强了印度人民的民族自尊心；②打击了英国殖民统治；③阻止了人民群众用暴力推翻现行社会制度，阻碍了民族运动的进一步发展

第七章 两战之间的世界4

日本军国主义和德意志法西斯

世界近现代史

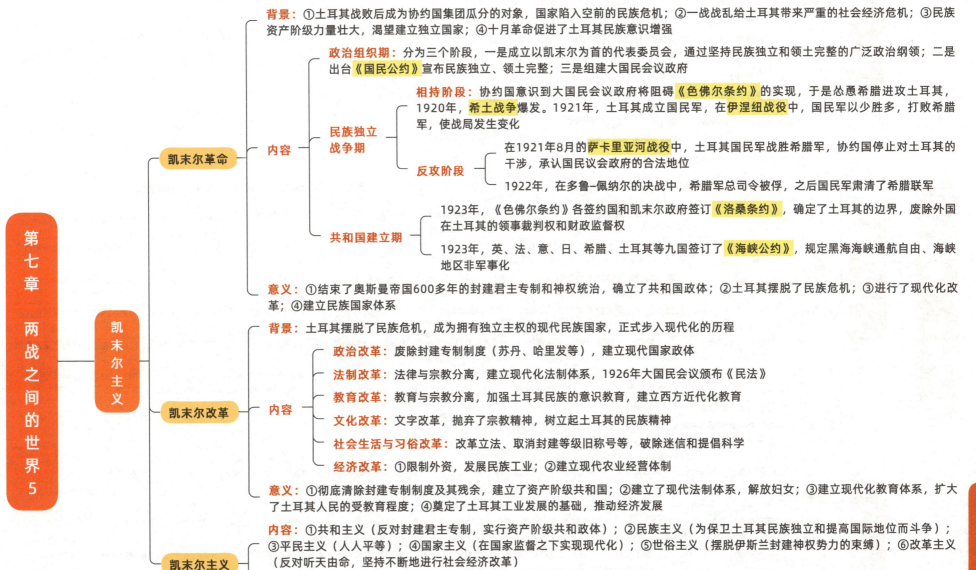

凯末尔革命

内容

背景：①土耳其战败后成为协约国集团瓜分的对象，国家陷入空前的民族危机；②一战战乱给土耳其带来严重的社会经济危机；③民族资产阶级力量壮大，渴望建立独立国家；④十月革命促进了土耳其民族意识增强

政治组织期：分为三个阶段，一是成立以凯末尔为首的代表委员会，通过坚持民族独立和领土完整的广泛政治纲领；二是出台《国民公约》宣布民族独立、领土完整；三是组建大国民会议政府

民族独立战争期

相持阶段：协约国意识到大国民会议政府将阻碍《色佛尔条约》的实现，于是怂恿希腊进攻土耳其，1920年，希土战争爆发。1921年，土耳其成立国民军，在伊涅纽战役中，国民军以少胜多，打败希腊军，使战局发生变化

反攻阶段

在1921年8月的萨卡里亚河战役中，土耳其国民军战胜希腊军，协约国停止对土耳其的干涉，承认国民议会政府的合法地位

1922年，在多鲁—佩纳尔的决战中，希腊军总司令被俘，之后国民军肃清了希腊联军

共和国建立期

1923年，《色佛尔条约》各签约国和凯末尔政府签订《洛桑条约》，确定了土耳其的边界，废除外国在土耳其的领事裁判权和财政监督权

1923年，英、法、意、日、希腊、土耳其等九国签订了《海峡公约》，规定黑海海峡通航自由、海峡地区非军事化

意义：①结束了奥斯曼帝国600多年的封建君主专制和神权统治，确立了共和国政体；②土耳其摆脱了民族危机；③进行了现代化改革；④建立民族国家体系

凯末尔改革

背景：土耳其摆脱了民族危机，成为拥有独立主权的现代民族国家，正式步入现代化的历程

内容

政治改革：废除封建专制制度（苏丹、哈里发等），建立现代国家政体

法制改革：法律与宗教分离，建立现代化法制体系，1926年大国民会议颁布《民法》

教育改革：教育与宗教分离，加强土耳其民族的意识教育，建立西方近代化教育

文化改革：文字改革，抛弃了宗教精神，树立起土耳其的民族精神

社会生活与习俗改革：改革立法、取消封建等级旧称号等，破除迷信和提倡科学

经济改革：①限制外资，发展民族工业；②建立现代农业经营体制

意义：①彻底清除封建专制制度及其残余，建立了资产阶级共和国；②建立了现代法制体系，解放妇女；③建立现代化教育体系，扩大了土耳其人民的受教育程度；④奠定了土耳其工业发展的基础，推动经济发展

凯末尔主义

内容：①共和主义（反对封建君主专制，实行资产阶级共和政体）；②民族主义（为保卫土耳其民族独立和提高国际地位而斗争）；③平民主义（人人平等）；④国家主义（在国家监督之下实现现代化）；⑤世俗主义（摆脱伊斯兰封建神权势力的束缚）；⑥改革主义（反对听天由命，坚持不断地进行社会经济改革）

意义：成为土耳其民族解放运动与世俗化改革的指导思想，推动了土耳其现代化的进程

第七章　两战之间的世界5

凯末尔主义

世界近现代史

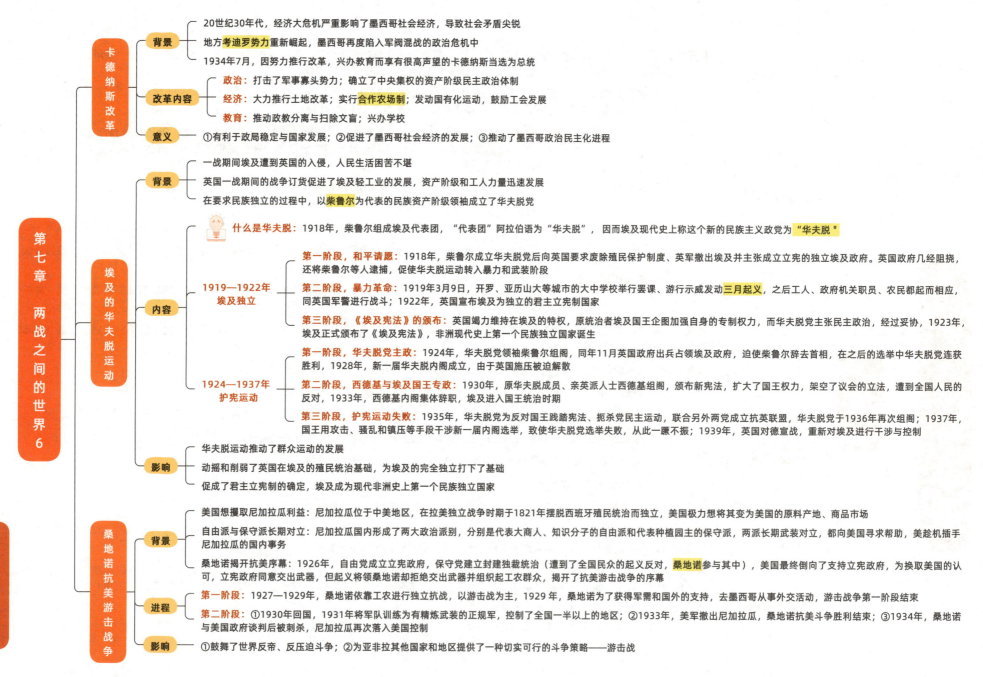

第七章 两战之间的世界6

卡德纳斯改革

背景
- 20世纪30年代，经济大危机严重影响了墨西哥社会经济，导致社会矛盾尖锐
- 地方考迪罗势力重新崛起，墨西哥再度陷入军阀混战的政治危机中
- 1934年7月，因努力推行改革，兴办教育而享有很高声望的卡德纳斯当选为总统

改革内容
- 政治：打击了军事寡头势力；确立了中央集权的资产阶级民主政治体制
- 经济：大力推行土地改革；实行合作农场制；发动国有化运动，鼓励工会发展
- 教育：推动政教分离与扫除文盲；兴办学校

意义
- ①有利于政局稳定与国家发展；②促进了墨西哥社会经济的发展；③推动了墨西哥政治民主化进程

埃及的华夫脱运动

背景
- 一战期间埃及遭到英国的入侵，人民生活困苦不堪
- 英国一战期间的战争订货促进了埃及轻工业的发展，资产阶级和工人力量迅速发展
- 在要求民族独立的过程中，以柴鲁尔为代表的民族资产阶级领袖成立了华夫脱党

什么是华夫脱：1918年，柴鲁尔组成埃及代表团，"代表团"阿拉伯语为"华夫脱"，因而埃及现代史上称这个新的民族主义政党为"华夫脱"

内容

1919—1922年埃及独立
- 第一阶段，和平请愿：1918年，柴鲁尔成立华夫脱党后向英国要求废除殖民保护制度、英军撤出埃及并主张成立立宪的独立埃及政府。英国政府几经阻挠，还将柴鲁尔等人逮捕，促使华夫脱运动转入暴力和武装阶段
- 第二阶段，暴力革命：1919年3月9日，开罗、亚历山大等城市的大中学校举行罢课、游行示威发动三月起义，之后工人、政府机关职员、农民都起而相应，同英国军警进行战斗；1922年，英国宣布埃及为独立的君主立宪制国家
- 第三阶段，《埃及宪法》的颁布：英国竭力维持在埃及的特权，原统治者埃及国王企图加强自身的专制权力，而华夫脱党主张民主政治，经过妥协，1923年，埃及正式颁布了《埃及宪法》，非洲现代史上第一个民族独立国家诞生

1924—1937年护宪运动
- 第一阶段，华夫脱党主政：1924年，华夫脱党领袖柴鲁尔组阁，同年11月英国政府出兵占领埃及政府，迫使柴鲁尔辞去首相，在之后的选举中华夫脱党连获胜利，1928年，新一届华夫脱内阁成立，由于英国施压被迫解散
- 第二阶段，西德基与埃及国王专政：1930年，原华夫脱成员、亲英派人士西德基组阁，颁布新宪法，扩大了国王权力，架空了议会的立法，遭到全国人民的反对，1933年，西德基内阁集体辞职，埃及进入国王统治时期
- 第三阶段，护宪运动失败：1935年，华夫脱党为反对国王践踏宪法、扼杀党民主运动，联合另外两党成立抗英联盟，华夫脱党于1936年再次组阁；1937年，国王用攻击、骚乱和镇压等手段干涉新一届内阁选举，致使华夫脱党选举失败，从此一蹶不振；1939年，英国对德宣战，重新对埃及进行干涉与控制

影响
- 华夫脱运动推动了群众运动的发展
- 动摇和削弱了英国在埃及的殖民统治基础，为埃及的完全独立打下了基础
- 促成了君主立宪制的确定，埃及成为现代非洲史上第一个民族独立国家

桑地诺抗美游击战争

背景
- 美国想攫取尼加拉瓜利益：尼加拉瓜位于中美地区，在拉美独立战争时期于1821年摆脱西班牙殖民统治而独立，美国极力想将其变为美国的原料产地、商品市场
- 自由派与保守派长期对立：尼加拉瓜国内形成了两大政治派别，分别是代表大商人、知识分子的自由派和代表种植园主的保守派，两派长期武装对立，都向美国寻求帮助，美趁机插手尼加拉瓜的国内事务
- 桑地诺揭开抗美序幕：1926年，自由党成立立宪政府，保守党建立封建独裁统治（遭到了全国民众的起义反对，桑地诺参与其中），美国最终倒向了支持立宪政府，为换取美国的认可，立宪政府同意交出武器，但起义将领桑地诺却拒绝交出武器并组织起工农群众，揭开了抗美游击战争的序幕

进程
- 第一阶段：1927—1929年，桑地诺依靠工农进行独立抗战，以游击战为主，1929年，桑地诺为了获得军需和国外的支持，去墨西哥从事外交活动，游击战争第一阶段结束
- 第二阶段：①1930年回国，1931年将军队训练为有精炼武装的正规军，控制了全国一半以上的地区；②1933年，美军撤出尼加拉瓜，桑地诺抗美斗争胜利结束；③1934年，桑地诺与美国政府谈判后被刺杀，尼加拉瓜再次落入美国控制

影响
- ①鼓舞了世界反帝、反压迫斗争；②为亚非拉其他国家和地区提供了一种切实可行的斗争策略——游击战

世界近现代史

第八章 第二次世界大战1

法西斯国家的侵略扩张与欧美大国的对策1

法西斯国家侵略扩张

德国

日本侵华： 1931年，日本发动**九一八事变**，1937年，日本发动**七七事变**全面侵华，在1937年布鲁塞尔会议上，中国寻求对日本的制裁和对中援助，无实质成效

意大利侵略埃塞俄比亚： 1935年，意大利入侵地中海南岸的埃塞俄比亚，欧美国家一再妥协，英法为此曾缔结**《霍尔-赖伐尔协定》**，埃及最终沦为绥靖政策的牺牲品

毁约扩军： 希特勒上台后，于1933年退出国际联盟，并实行普遍义务兵役制，扩军至50万人，公然挑战《凡尔赛和约》

进军莱茵非军事区： 1936年，希特勒命令德军冒险进驻莱茵非军事区，英法均未出面阻止，德国在未受任何制裁的情况下，实现了对莱茵区的军事占领

伙同意大利武装干涉西班牙内战
- **开始：** 1936年，西班牙左派政党组织的人民阵线在大选中获胜，成立了共和国政府，佛朗哥等法西斯军官发动叛乱，西班牙内战开始。德意给予佛朗哥大量的军事和物质支持，也借机走到了一起，而英法美却实行了"不干涉"政策
- **结束：** 西班牙共和国在内外交困中于1939年覆灭，佛朗哥开始了此后长达36年的法西斯统治

吞并奥地利： 1938年3月，德军开进奥地利，德奥签订《关于奥地利和德国重新统一法》，独立的奥地利灭亡

吞并捷克斯洛伐克： 1938年9月，**慕尼黑会议**签署协定，德国占领苏台德地区。1939年3月，德军入侵捷克，吞并捷克斯洛伐克

轴心国关系的确立

德意： ①德国在1935年的意大利侵埃战争中给予了意有力支持，德意关系迅速好转，在之后干涉西班牙和德军出兵莱茵非军事区这两件事上，德意关系更加密切；②1936年，德意达成**《柏林协定》**，约定在重要的国际问题上将采取共同的方针，形成了**柏林-罗马轴心**军事同盟

德日： 希特勒上台后希望在欧洲之外的远东找到盟友，而日本为了称霸亚太地区，也希望在欧洲寻求同盟，二者一拍即合，于1936年签订《反共产国际协定》，缔结了**柏林-东京轴心**的政治同盟

德意日： 意大利在1937年加入《反共产国际协定》，德意日三国正式形成**柏林-罗马-东京轴心**；1940年，三国签订《军事同盟条约》，正式结成军事同盟

欧美大国在战前的国际关系

英法： 1939年3月，两国确定相互支援的义务；5月，双方确认将共同对德、意作战，实质上已具有军事同盟的性质

英苏： 20世纪30年代初英苏关系改善，但两国关系在1935年英德签订《英德海军协定》，尤其是1938年《慕尼黑协定》后恶化

法苏： 两国在1932年签订了《法苏互不侵犯条约》，在1935年签订了互助条约，但两国在30年代的关系总体上互不信任，甚至敌对

英美： 在维护资本主义体系内既有配合，也有对抗，但他们有共同的不想发动战争的目标

英法苏三国谈判： 1939年4—8月，英法苏三国进行了关于缔结互助条约的谈判，被称为莫斯科谈判。内容围绕三方面：三方的义务问题、安全保障的范围问题、间接侵略问题。最终各方立场相去甚远，谈判无果而终

欧美大国应对法西斯的对策1

英法绥靖政策

原因： ①英法受经济危机打击，国力减退；②英法是凡尔赛-华盛顿体系的最大受益者；③英国均势外交思维的影响；④英法等国需以德国为地理壁垒对抗苏联

典型表现： 《慕尼黑协定》的签订。1938年，英、法、德、意在**慕尼黑会议**上通过**《慕尼黑协定》**，四国在捷克斯洛伐克代表不在场的情况下，将苏台德地区的领土主权交给德国，加强了纳粹德国的经济和军事实力，助长了德、日、意法西斯的侵略气焰

慕尼黑会议（1938年）

会议内容： 英、法、德、意达成将苏台德地区割让给德国的共识，签署**《慕尼黑协定》**

影响
- 捷克斯洛伐克丧失大量领土、人口和重工业
- 将英法的**绥靖政策**推向顶峰
- 增强德国的经济和军事实力
- 对苏联倡导的集体安全政策予以打击
- 德国看透英法软弱

美国中立政策

原因： ①国内的孤立情绪；②中立政策符合国内资产家的利益；③美国不愿陷入欧洲战争的泥潭；④一战后和平主义思潮泛滥

典型表现： 1935年8月，美国国会通过**《中立法》**，对交战国实行武器禁运

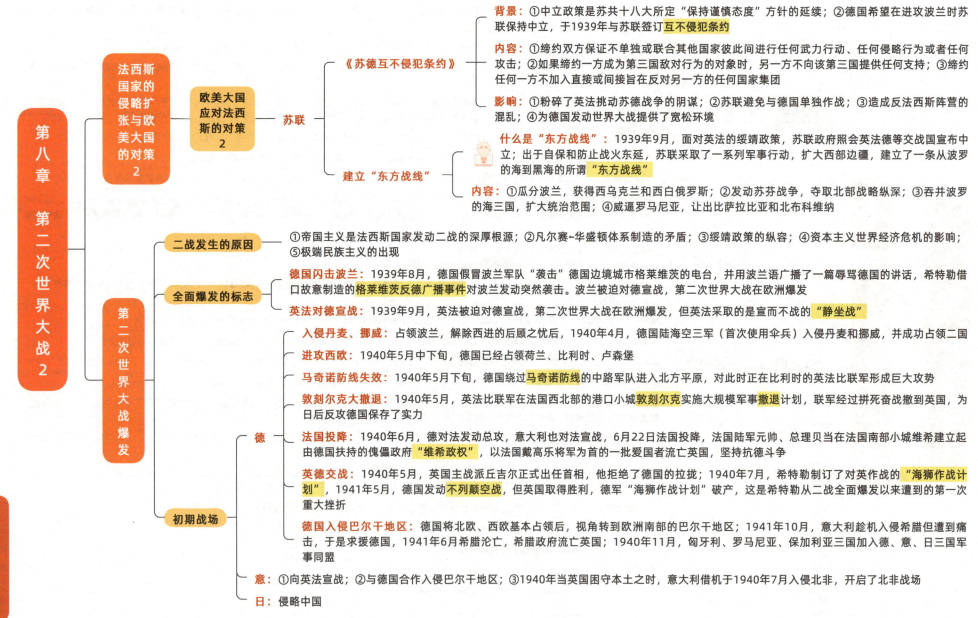

第八章 第二次世界大战 2

世界近现代史

法西斯国家的侵略扩张与欧美大国的对策 2

欧美大国应对法西斯的对策 2

苏联

《苏德互不侵犯条约》

背景： ①中立政策是苏共十八大所定"保持谨慎态度"方针的延续；②德国希望在进攻波兰时苏联保持中立，于1939年与苏联签订互不侵犯条约

内容： ①缔约双方保证不单独或联合其他国家彼此间进行任何武力行动、任何侵略行为或者任何攻击；②如果缔约一方成为第三国敌对行为的对象时，另一方不向该第三国提供任何支持；③缔约任何一方不加入直接或间接旨在反对另一方的任何国家集团

影响： ①粉碎了英法挑动苏德战争的阴谋；②苏联避免与德国单独作战；③造成反法西斯阵营的混乱；④为德国发动世界大战提供了宽松环境

建立"东方战线"

什么是"东方战线"： 1939年9月，面对英法的绥靖政策，苏联政府照会英法德等交战国宣布中立；出于自保和防止战火东延，苏联采取了一系列军事行动，扩大西部边疆，建立了一条从波罗的海到黑海的所谓"东方战线"

内容： ①瓜分波兰，获得西乌克兰和西白俄罗斯；②发动苏芬战争，夺取北部战略纵深；③吞并波罗的海三国，扩大统治范围；④威逼罗马尼亚，让出比萨拉比亚和北布科维纳

第二次世界大战爆发

二战发生的原因
①帝国主义是法西斯国家发动二战的深厚根源；②凡尔赛~华盛顿体制造的矛盾；③绥靖政策的纵容；④资本主义世界经济危机的影响；⑤极端民族主义的出现

全面爆发的标志

德国闪击波兰： 1939年8月，德国假冒波兰军队"袭击"德国边境城市格莱维茨的电台，并用波兰语广播了一篇辱骂德国的讲话，希特勒借口故意制造的格莱维茨反德广播事件对波兰发动突然袭击。波兰被迫对德宣战，第二次世界大战在欧洲爆发

英法对德宣战： 1939年9月，英法被迫对德宣战，第二次世界大战在欧洲爆发，但英法采取的是宣而不战的"静坐战"

初期战场

德

入侵丹麦、挪威： 占领波兰，解除西进的后顾之忧后，1940年4月，德国陆海空三军（首次使用伞兵）入侵丹麦和挪威，并成功占领二国

进攻西欧： 1940年5月中下旬，德国已经占领荷兰、比利时、卢森堡

马奇诺防线失效： 1940年5月下旬，德国绕过马奇诺防线的中路军队进入北方平原，对此时正在比利时的英法比联军形成巨大攻势

敦刻尔克大撤退： 1940年5月，英法比联军在法国西北部的港口小城敦刻尔克实施大规模军事撤退计划，联军经过拼死奋战撤到英国，为日后反攻德国保存了实力

法国投降： 1940年6月，德对法发动总攻，意大利也对法宣战，6月22日法国投降，法国陆军元帅、总理贝当在法国南部小城维希建立起由德国扶持的傀儡政府"维希政权"，以法国戴高乐将军为首的一批爱国者流亡英国，坚持抗德斗争

英德交战： 1940年5月，英国主战派丘吉尔正式出任首相，他拒绝了德国的拉拢；1940年7月，希特勒制订了对英作战的"海狮作战计划"，1941年5月，德国发动不列颠空战，但英国取得胜利，德军"海狮作战计划"破产，这是希特勒从二战全面爆发以来遭到的第一次重大挫折

德国入侵巴尔干地区： 德国将北欧、西欧基本占领后，视角转到欧洲南部的巴尔干地区；1941年10月，意大利趁机入侵希腊但遭到痛击，于是求援德国，1941年6月希腊沦亡，希腊政府流亡英国；1940年11月，匈牙利、罗马尼亚、保加利亚三国加入德、意、日三国军事同盟

意： ①向英法宣战；②与德国合作入侵巴尔干地区；③1940年当英国困守本土之时，意大利借机于1940年7月入侵北非，开启了北非战场

日： 侵略中国

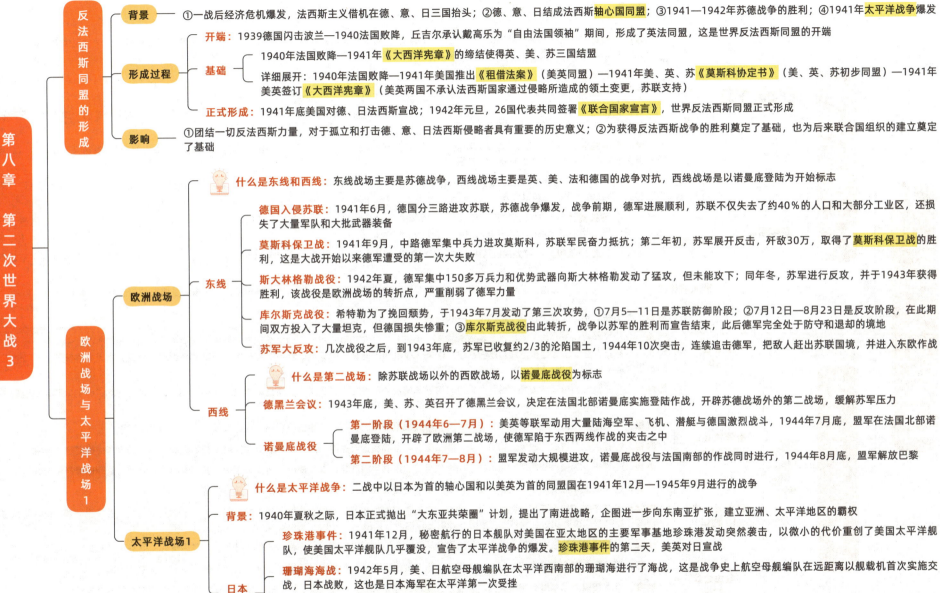

第八章 第二次世界大战3

反法西斯同盟的形成

- **背景** —— ①一战后经济危机爆发，法西斯主义借机在德、意、日三国抬头；②德、意、日结成法西斯**轴心国同盟**；③1941—1942年苏德战争的胜利；④1941年**太平洋战争**爆发

- **形成过程**
  - **开端**：1939德国闪击波兰—1940法国败降，丘吉尔承认戴高乐为"自由法国领袖"期间，形成了英法同盟，这是世界反法西斯同盟的开端
  - **基础**
    - 1940年法国败降—1941年**《大西洋宪章》**的缔结使得英、美、苏三国结盟
    - 详细展开：1940年法国败降—1941年美国推出**《租借法案》**（美英同盟）—1941年美、英、苏**《莫斯科协定书》**（美、英、苏初步同盟）—1941年美英签订**《大西洋宪章》**（美英两国不承认法西斯国家通过侵略所造成的领土变更，苏联支持）
  - **正式形成**：1941年底美国对德、日法西斯宣战；1942年元旦，26国代表共同签署**《联合国家宣言》**，世界反法西斯同盟正式形成

- **影响** —— ①团结一切反法西斯力量，对于孤立和打击德、意、日法西斯侵略者具有重要的历史意义；②为获得反法西斯战争的胜利奠定了基础，也为后来联合国组织的建立奠定了基础

欧洲战场与太平洋战场1

- **欧洲战场**
  - **东线**
    - 💡**什么是东线和西线**：东线战场主要是苏德战争，西线战场主要是英、美、法和德国的战争对抗，西线战场是以诺曼底登陆为开始标志
    - **德国入侵苏联**：1941年6月，德国分三路进攻苏联，苏德战争爆发，战争前期，德军进展顺利，苏联不仅失去了约40%的人口和大部分工业区，还损失了大量军队和大批武器装备
    - **莫斯科保卫战**：1941年9月，中路德军集中兵力进攻莫斯科，苏联军民奋力抵抗；第二年初，苏军展开反击，歼敌30万，取得了**莫斯科保卫战**的胜利，这是大战开始以来德军遭受的第一次大失败
    - **斯大林格勒战役**：1942年夏，德军集中150多万兵力和优势武器向斯大林格勒发动了猛攻，但未能攻下；同年冬，苏军进行反攻，并于1943年获得胜利，该战役是欧洲战场的转折点，严重削弱了德军力量
    - **库尔斯克战役**：希特勒为了挽回颓势，于1943年7月发动了第三次攻势，①7月5—11日是苏联防御阶段；②7月12日—8月23日是反攻阶段，在此期间双方投入了大量坦克，但德国损失惨重；③**库尔斯克战役**由此转折，战争以苏军的胜利而宣告结束，此后德军完全处于防守和退却的境地
    - **苏军大反攻**：几次战役之后，到1943年底，苏军已收复约2/3的沦陷国土，1944年10次突击，连续追击德军，把敌人赶出苏联国境，并进入东欧作战
  - **西线**
    - 💡**什么是第二战场**：除苏联战场以外的西欧战场，以**诺曼底战役**为标志
    - **德黑兰会议**：1943年底，美、苏、英召开了德黑兰会议，决定在法国北部诺曼底实施登陆作战，开辟苏德战场外的第二战场，缓解苏军压力
    - **诺曼底战役**
      - **第一阶段（1944年6—7月）**：美英等联军动用大量陆海空军、飞机、潜艇与德国激烈战斗，1944年7月底，盟军在法国北部诺曼底登陆，开辟了欧洲第二战场，使德军陷于东西两线作战的夹击之中
      - **第二阶段（1944年7—8月）**：盟军发动大规模进攻，诺曼底战役与法国南部的作战同时进行，1944年8月底，盟军解放巴黎

- **太平洋战场1**
  - 💡**什么是太平洋战争**：二战中以日本为首的轴心国和以美英为首的同盟国在1941年12月—1945年9月进行的战争
  - **背景**：1940年夏秋之际，日本正式抛出"大东亚共荣圈"计划，提出了南进战略，企图进一步向东南亚扩张，建立亚洲、太平洋地区的霸权
  - **日本进攻**
    - **珍珠港事件**：1941年12月，秘密航行的日本舰队对美国在亚太地区的主要军事基地珍珠港发动突然袭击，以微小的代价重创了美国太平洋舰队，使美国太平洋舰队几乎覆没，宣告了太平洋战争的爆发。**珍珠港事件**的第二天，美英对日宣战
    - **珊瑚海海战**：1942年5月，美、日航空母舰编队在太平洋西南部的珊瑚海进行了海战，这是战争史上航空母舰编队在远距离以舰载机首次实施交战，日本战败，这也是日本海军在太平洋第一次受挫
    - **中途岛海战**：1942年6月，日本军部为了摧毁美国太平洋舰队，派出一支庞大舰队，进攻美军驻守的中途岛，最终日军损失惨重。从此，日本失去了太平洋的战略主动权，**中途岛海战**成为太平洋战场转折的开始
    - **瓜岛之战**：中途岛海战之后，美军开始主动出击继续南下，1942年8月，美军登陆西南太平洋被日军控制的瓜达尔卡纳尔岛进行作战，在这次战役中，日军损失了最精锐的武装力量，此战役标志着太平洋战场局势转折的完成

世界近现代史

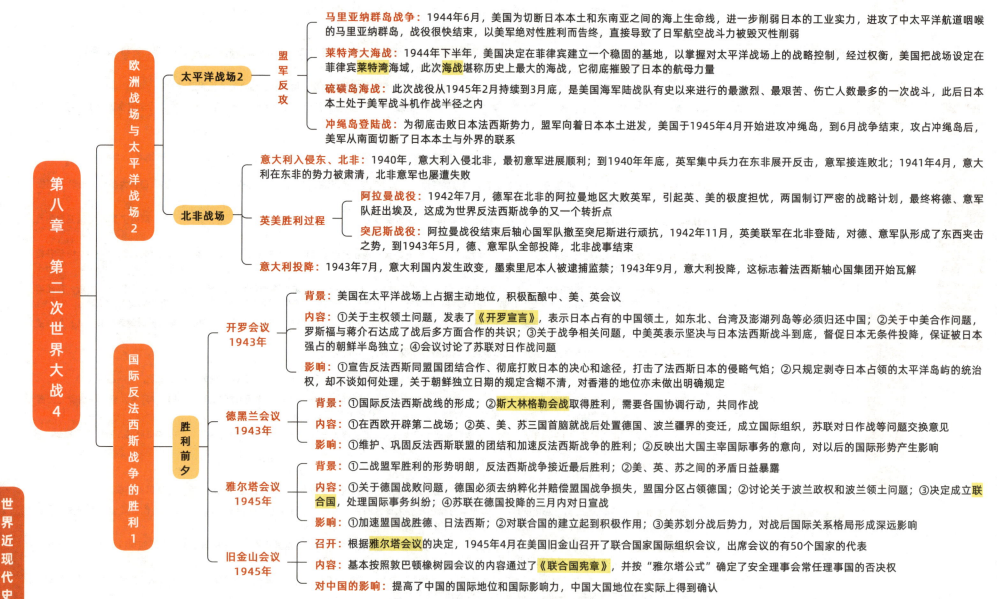

第八章 第二次世界大战 4

世界近现代史

欧洲战场与太平洋战场 2

太平洋战场 2

盟军反攻

马里亚纳群岛战争： 1944年6月，美国为切断日本本土和东南亚之间的海上生命线，进一步削弱日本的工业实力，进攻了中太平洋航道咽喉的马里亚纳群岛，战役很快结束，以美军绝对性胜利而告终，直接导致了日军航空战斗力被毁灭性削弱

莱特湾大海战： 1944年下半年，美国决定在菲律宾建立一个稳固的基地，以掌握对太平洋战场上的战略控制，经过权衡，美国把战场设定在菲律宾莱特湾海域，此次海战堪称历史上最大的海战，它彻底摧毁了日本的航母力量

硫磺岛海战： 此次战役从1945年2月持续到3月底，是美国海军陆战队有史以来进行的最激烈、最艰苦、伤亡人数最多的一次战斗，此后日本本土处于美军战斗机作战半径之内

冲绳岛登陆战： 为彻底击败日本法西斯势力，盟军向着日本本土进发，美国于1945年4月开始进攻冲绳岛，到6月战争结束，攻占冲绳岛后，美军从南面切断了日本本土与外界的联系

北非战场

意大利入侵东、北非： 1940年，意大利入侵北非，最初意军进展顺利；到1940年年底，英军集中兵力在东非展开反击，意军接连败北；1941年4月，意大利在东非的势力被肃清，北非意军也屡遭失败

英美胜利过程

阿拉曼战役： 1942年7月，德军在北非的阿拉曼地区大败英军，引起英、美的极度担忧，两国制订严密的战略计划，最终将德、意军队赶出埃及，这成为世界反法西斯战争的又一个转折点

突尼斯战役： 阿拉曼战役结束后轴心国军队撤至突尼斯进行顽抗，1942年11月，英美联军在北非登陆，对德、意军形成了东西夹击之势，到1943年5月，德、意军队全部投降，北非战事结束

意大利投降： 1943年7月，意大利国内发生政变，墨索里尼本人被逮捕监禁；1943年9月，意大利投降，这标志着法西斯轴心国集团开始瓦解

国际反法西斯战争的胜利 1

胜利前夕

开罗会议 1943年

背景： 美国在太平洋战场上占据主动地位，积极酝酿中、美、英会议

内容： ①关于主权领土问题，发表了《开罗宣言》，表示日本占有的中国领土，如东北、台湾及澎湖列岛等必须归还中国；②关于中美合作问题，罗斯福与蒋介石达成了战后多方面合作的共识；③关于战争相关问题，中美英表示坚决与日本法西斯战斗到底，督促日本无条件投降，保证被日本强占的朝鲜半岛独立；④会议讨论了苏联对日作战问题

影响： ①宣告反法西斯同盟国团结合作、彻底打败日本的决心和途径，打击了法西斯日本的侵略气焰；②只规定剥夺日本占领的太平洋岛屿的统治权，却不谈如何处理，关于朝鲜独立日期的规定含糊不清，对香港的地位亦未做出明确规定

德黑兰会议 1943年

背景： ①国际反法西斯战线的形成；②斯大林格勒会战取得胜利，需要各国协调行动，共同作战

内容： ①在西欧开辟第二战场；②英、美、苏三国首脑就战后处置德国、波兰疆界的变迁，成立国际组织，苏联对日作战等问题交换意见

影响： ①维护、巩固反法西斯联盟的团结和加速反法西斯战争的胜利；②反映出大国主宰国际事务的意向，对以后的国际形势产生影响

雅尔塔会议 1945年

背景： ①二战盟军胜利的形势明朗，反法西斯战争接近最后胜利；②美、英、苏之间的矛盾日益暴露

内容： ①关于德国战败问题，德国必须去纳粹化并赔偿盟国战争损失，盟国分区占领德国；②讨论关于波兰政权和波兰领土问题；③决定成立联合国，处理国际事务纠纷；④苏联在德国投降的三月内对日宣战

影响： ①加速盟国战胜德、日法西斯；②对联合国的建立起到积极作用；③美苏划分战后势力，对战后国际关系格局形成深远影响

旧金山会议 1945年

召开： 根据雅尔塔会议的决定，1945年4月在美国旧金山召开了联合国家国际组织会议，出席会议的有50个国家的代表

内容： 基本按照敦巴顿橡树园会议的内容通过了《联合国宪章》，并按"雅尔塔公式"确定了安全理事会常任理事国的否决权

对中国的影响： 提高了中国的国际地位和国际影响力，中国大国地位在实际上得到确认

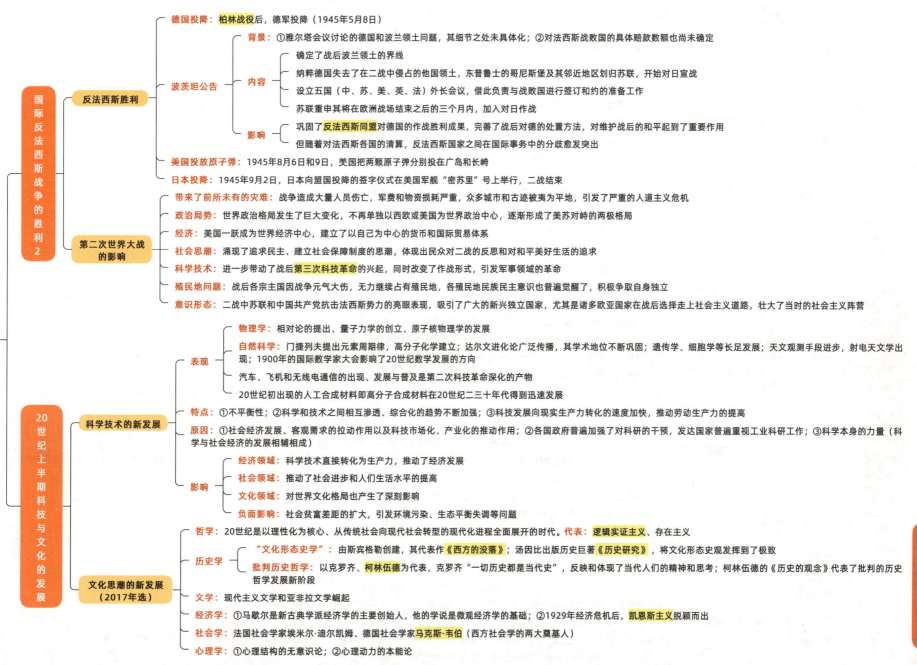

第八章　第二次世界大战 5

国际反法西斯战争的胜利 2

反法西斯胜利

德国投降：柏林战役后，德军投降（1945年5月8日）

波茨坦公告
- 背景：①雅尔塔会议讨论的德国和波兰领土问题，其细节之处未具体化；②对法西斯战败国的具体赔款数额也尚未确定
- 内容
  - 确定了战后波兰领土的界线
  - 纳粹德国失去了在二战中侵占的他国领土，东普鲁士的哥尼斯堡及其邻近地区划归苏联，开始对日宣战
  - 设立五国（中、苏、美、英、法）外长会议，借此负责与战败国进行签订和约的准备工作
  - 苏联重申其将在欧洲战场结束之后的三个月内，加入对日作战
- 影响
  - 巩固了反法西斯同盟对德国的作战胜利成果，完善了战后对德的处置方法，对维护战后的和平起到了重要作用
  - 但随着对法西斯各国的清算，反法西斯国家之间在国际事务中的分歧愈发突出

美国投放原子弹：1945年8月6日和9日，美国把两颗原子弹分别投在广岛和长崎

日本投降：1945年9月2日，日本向盟国投降的签字仪式在美国军舰"密苏里"号上举行，二战结束

第二次世界大战的影响

带来了前所未有的灾难：战争造成大量人员伤亡，军费和物资损耗严重，众多城市和古迹被夷为平地，引发了严重的人道主义危机

政治局势：世界政治格局发生了巨大变化，不再单独以西欧或美国为世界政治中心，逐渐形成了美苏对峙的两极格局

经济：美国一跃成为世界经济中心，建立了以自己为中心的货币和国际贸易体系

社会思潮：涌现了追求民主、建立社会保障制度的思潮，体现出民众对二战的反思和对和平美好生活的追求

科学技术：进一步带动了战后第三次科技革命的兴起，同时改变了作战形式，引发军事领域的革命

殖民地问题：战后各宗主国因战争元气大伤，无力继续占有殖民地，各殖民地民族民主意识也普遍觉醒了，积极争取自身独立

意识形态：二战中苏联和中国共产党抗击法西斯势力的亮眼表现，吸引了广大的新兴独立国家，尤其是诸多欧亚国家在战后选择走上社会主义道路，壮大了当时的社会主义阵营

20世纪上半期科技与文化的发展

科学技术的新发展

表现
- 物理学：相对论的提出、量子力学的创立、原子核物理学的发展
- 自然科学：门捷列夫提出元素周期律，高分子化学建立；达尔文进化论广泛传播，其学术地位不断巩固；遗传学、细胞学等长足发展；天文观测手段进步，射电天文学出现；1900年的国际数学家大会影响了20世纪数学发展的方向
- 汽车、飞机和无线电通信的出现、发展与普及是第二次科技革命深化的产物
- 20世纪初出现的人工合成材料即高分子合成材料在20世纪二三十年代得到迅速发展

特点：①不平衡性；②科学和技术之间相互渗透、综合化的趋势不断加强；③科技发展向现实生产力转化的速度加快，推动劳动生产力的提高

原因：①社会经济发展、客观需求的拉动作用以及科技市场化、产业化的推动作用；②各国政府普遍加强了对科研的干预，发达国家普遍重视工业科研工作；③科学本身的力量（科学与社会经济的发展相辅相成）

影响
- 经济领域：科学技术直接转化为生产力，推动了经济发展
- 社会领域：推动了社会进步和人们生活水平的提高
- 文化领域：对世界文化格局也产生了深刻影响
- 负面影响：社会贫富差距的扩大，引发环境污染、生态平衡失调等问题

文化思潮的新发展（2017年选）

哲学：20世纪是以理性化为核心、从传统社会向现代社会转型的现代化进程全面展开的时代。代表逻辑实证主义、存在主义

历史学
- "文化形态史学"：由斯宾格勒创建，其代表作《西方的没落》；汤因比出版历史巨著《历史研究》，将文化形态史观发挥到了极致
- 批判历史哲学：以克罗齐、柯林伍德为代表，克罗齐"一切历史都是当代史"，反映和体现了当代人们的精神和思考；柯林伍德的《历史的观念》代表了批判的历史哲学发展新阶段

文学：现代主义文学和亚非拉文学崛起

经济学：①马歇尔是新古典学派经济学的主要创始人，他的学说是微观经济学的基础；②1929年经济危机后，凯恩斯主义脱颖而出

社会学：法国社会学家埃米尔·迪尔凯姆、德国社会学家马克斯·韦伯（西方社会学的两大奠基人）

心理学：①心理结构的无意识论；②心理动力的本能论

雅尔塔体系
- 雅尔塔体系（2020年选）
  - **建立**：二战后期美、英、苏三国举行的一系列首脑会议，如开罗会议、德黑兰会议、雅尔塔会议、波茨坦会议等共同构成了雅尔塔体系
  - **内容**：①苏、美、英划分势力范围和维持战后的合作；②如何处置战败国、惩处和审判战犯、防止法西斯主义东山再起；③继续讨论联合国成立的重要原则问题
  - **实质**：①不同社会制度国家纳入国际关系体系；②大国强权政治性质

- 签订"五国和约"
  - **背景**
    - 二战后期德国投降，签订停战协定
    - 1946年，苏、美、英、法四国外长在纽约确定了"五国和约"的最后文本
    - 1947年在巴黎正式签字，对意、罗、保、匈、芬五国的战后处置做了规定
  - **内容**
    - **政治**：禁止一切法西斯组织，并审判战争罪犯
    - **赔偿**：五国向苏联、南斯拉夫、希腊、埃塞俄比亚等国支付赔偿
    - **领土**：意大利维持1938年原有边界，放弃在中的特权；芬兰割让贝柴摩地区给苏联
    - **军事**：限制五国的武装力量，不得造原子弹等
  - **影响**：①巩固反法西斯成果；②某些条约侵犯战败国领土主权

大国对国际格局的安排
- **纽伦堡审判**：1945年，欧洲国际军事法庭在德国纽伦堡开庭，审讯了21名纳粹德国首要战犯。从1946年到1949年美国人在纽伦堡举行了12次审判，对象为医生、法官、工业家、国防军最高统帅部人员、外交部人员、军事首领以及党卫队高级干部等
- 布雷顿森林体系（2020年选）
  - **什么是布雷顿森林体系**：二战后建立的以美元为中心的世界经济体系，因会议在美国新罕布什尔州布雷顿森林举行，故称为"布雷顿森林体系"
  - **内容**：①美元与黄金挂钩，各国货币与美元挂钩；②可调整的固定汇率制度；③国际收支的调节；④建立世界复兴开发银行，向成员国提供长期贷款；⑤成立国际货币基金组织监察货币汇率和各国贸易情况，并提供技术和资金支持；⑥1947年，签订关贸总协定削减关税和其他贸易壁垒
  - **作用**：①结束混乱的国际金融秩序，有助于扩大国际贸易和世界经济增长；②提高全球的购买力，促进了国际贸易和跨国投资
  - **缺陷**
    - **金汇兑制本身缺陷**：当对美元产生信任危机时，美元与黄金的固定比价就难以维持
    - **储备制度不稳定**：无法提供一种币值坚挺的储备货币
    - **汇率体制僵硬**：无法通过汇率浮动自动实现国际收支平衡，影响经济发展
  - **瓦解**：20世纪70年代，美元出现贬值，西欧、日本等宣布不再承担维持美元汇率的义务，以美元为中心的资本主义世界货币体系崩溃
- **四国分区占领德国**：①苏联占领东部，英国占领西北部，美国占领西南部，法国占领西部；②四国分区占领，组成盟国管制委员会
- **东京审判**：1946年，由中、苏、美、英等11国代表组成远东国际军事法庭，在东京审判日本25名主要战犯，但在美国的保护下，受绞刑以外的被告陆续假释，岸信介等战犯还当上了日本的首相
- 美国占领日本
  - **1951年《美日安保条约》**
    - **内容**：①美国在日本有设置军事基地的权力；②美国可派出军队镇压日本叛乱
    - **影响**：日美特殊关系确定，日本被纳入美国世界战略轨道
  - **旧金山体制**：《旧金山对日和约》和《日美安保条约》签订后，美国结束了对日本长达6年的公开独占，代之以半占领体制，日本处于半独立半占领的体制称作"旧金山体制"

联合国的建立
- 建立
  - **背景**：一战后建立的国际联盟在运作中存在很多问题，经过第二次世界大战国联实际上已经瓦解
  - **筹建过程**
    - 1941年，美英签署《大西洋宪章》，主张建立"广泛而永久的普遍安全制度"
    - 1942年，26国签署《联合国家宣言》
    - 1943年，苏、中、美、英四国政府代表签署了《关于普遍安全的宣言》
    - 1943年，苏、美、英三巨头召开德黑兰会议
    - 1944年，苏、美、英在华盛顿敦巴顿橡树园召开会议，提出维持国际和平、开展合作的各种安排
- 签署《联合国宪章》
  - **签署过程**：1945年6月在旧金山会议签字通过，10月正式生效，标志着联合国正式成立
  - **内容**
    - **主要内容**：联合国的宗旨和原则、联合国会员、职权范围等
    - **联合国宗旨**：①维持国际和平及安全；②发展国际间以尊重人民平等权利及自决原则为根据的友好关系；③促成国际合作
    - **主要机构**：大会、安全理事会、经济及社会理事会、托管理事会等
- **意义**：①继承国际协调规则和惯例，探索国家间的合作与协调；②反映第二次世界大战以来的国际力量对比；③有利于不同社会制度国家开展有效对话

第九章　第二次世界大战后的世界格局1

世界近现代史

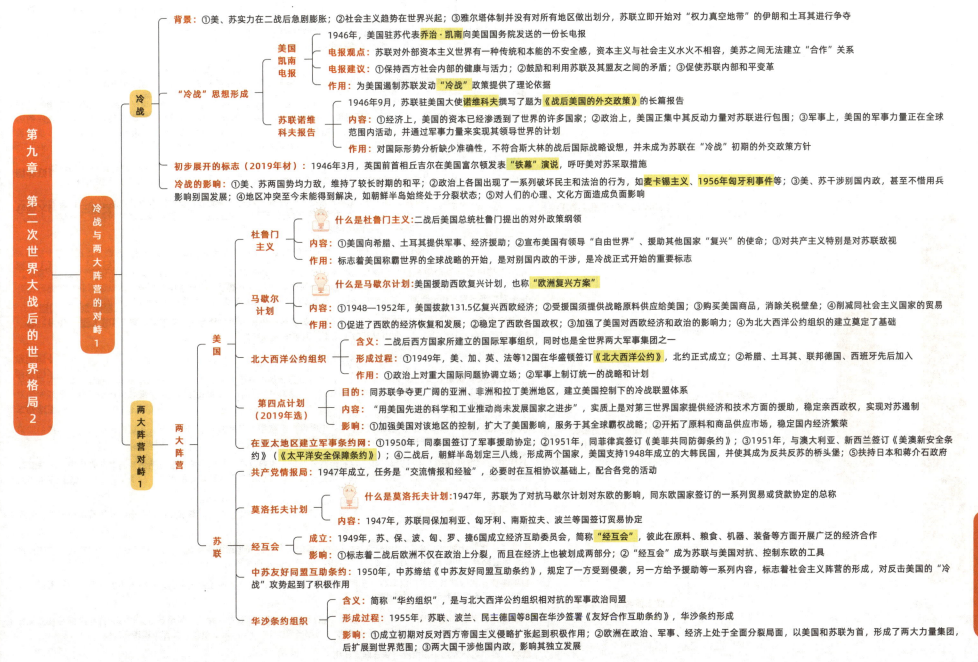

第九章 第二次世界大战后的世界格局 2

冷战与两大阵营的对峙 1

冷战

背景：①美、苏实力在二战后急剧膨胀；②社会主义趋势在世界兴起；③雅尔塔体制并没有对所有地区做出划分，苏联立即开始对"权力真空地带"的伊朗和土耳其进行争夺

"冷战"思想形成

美国凯南电报
- 1946年，美国驻苏代表乔治·凯南向美国国务院发送的一份长电报
- 电报观点：苏联对外部资本主义世界有一种传统和本能的不安全感，资本主义与社会主义水火不相容，美苏之间无法建立"合作"关系
- 电报建议：①保持西方社会内部的健康与活力；②鼓励和利用苏联及其盟友之间的矛盾；③促使苏联内部和平变革
- 作用：为美国遏制苏联发动"冷战"政策提供了理论依据

苏联诺维科夫报告
- 1946年9月，苏联驻美国大使诺维科夫撰写了题为《战后美国的外交政策》的长篇报告
- 内容：①经济上，美国的资本已经渗透到了世界的许多国家；②政治上，美国正集中其反动力量对苏联进行包围；③军事上，美国的军事力量正在全球范围内活动，并通过军事力量来实现其领导世界的计划
- 作用：对国际形势分析缺少准确性，不符合斯大林的战后国际战略设想，并未成为苏联在"冷战"初期的外交政策方针

初步展开的标志（2019年材）：1946年3月，英国前首相丘吉尔在美国富尔顿发表"铁幕"演说，呼吁美对苏采取措施

冷战的影响：①美、苏两国势均力敌，维持了较长时期的和平；②政治上各国出现了一系列破坏民主和法治的行为，如麦卡锡主义、1956年匈牙利事件等；③美、苏干涉别国内政，甚至不惜用兵影响别国发展；④地区冲突至今未能得到解决，如朝鲜半岛始终处于分裂状态；⑤对人们的心理、文化方面造成负面影响

两大阵营对峙 1

两大阵营

美国

杜鲁门主义
- 什么是杜鲁门主义：二战后美国总统杜鲁门提出的对外政策纲领
- 内容：①美国向希腊、土耳其提供军事、经济援助；②宣布美国有领导"自由世界"、援助其他国家"复兴"的使命；③对共产主义特别是对苏联敌视
- 作用：标志着美国称霸世界的全球战略的开始，是对别国内政的干涉，是冷战正式开始的重要标志

马歇尔计划
- 什么是马歇尔计划：美国援助西欧复兴计划，也称"欧洲复兴方案"
- 内容：①1948—1952年，美国拨款131.5亿复兴西欧经济；②受援国须提供战略原料供应给美国；③购买美国商品，消除关税壁垒；④削减同社会主义国家的贸易
- 作用：①促进了西欧的经济恢复和发展；②稳定了西欧各国政权；③加强了美国对西欧经济和政治的影响力；④为北大西洋公约组织的建立奠定了基础

北大西洋公约组织
- 含义：二战后西方国家所建立的国际军事组织，同时也是全世界两大军事集团之一
- 形成过程：①1949年，美、加、英、法等12国在华盛顿签订《北大西洋公约》，北约正式成立；②希腊、土耳其、联邦德国、西班牙先后加入
- 作用：①政治上对重大国际问题协调立场；②军事上制订统一的战略和计划

第四点计划（2019年选）
- 目的：同苏联争夺更广阔的亚洲、非洲和拉丁美洲地区，建立美国控制下的冷战联盟体系
- 内容："用美国先进的科学和工业推动尚未发展国家之进步"，实质上是对第三世界国家提供经济和技术方面的援助，稳定亲西政权，实现对苏遏制
- 影响：①加强美国对该地区的控制，扩大了美国影响，服务于其全球霸权战略；②开拓了原料和商品供应市场，稳定国内经济繁荣

在亚太地区建立军事条约网：①1950年，同泰国签订了军事援助协定；②1951年，同菲律宾签订《美菲共同防御条约》；③1951年，与澳大利亚、新西兰签订《美澳新安全条约》（《太平洋安全保障条约》）；④二战后，朝鲜半岛划定三八线，形成两个国家，美国支持1948年成立的大韩民国，并使其成为反共反苏的桥头堡；⑤扶持日本和蒋介石政府

苏联

共产党情报局：1947年成立，任务是"交流情报和经验"，必要时在互相协议基础上，配合各党的活动

莫洛托夫计划
- 什么是莫洛托夫计划：1947年，苏联为了对抗马歇尔计划对东欧的影响，同东欧国家签订的一系列贸易或贷款协定的总称
- 内容：1947年，苏联同保加利亚、匈牙利、南斯拉夫、波兰等国签订贸易协定

经互会
- 成立：1949年，苏、保、波、匈、罗、捷6国成立经济互助委员会，简称"经互会"，彼此在原料、粮食、机器、装备等方面开展广泛的经济合作
- 影响：①标志着二战后欧洲不仅在政治上分裂，而且在经济上也被划成两部分；②"经互会"成为苏联与美国对抗、控制东欧的工具

中苏友好同盟互助条约：1950年，中苏缔结《中苏友好同盟互助条约》，规定了一方受到侵袭，另一方给予援助等一系列内容，标志着社会主义阵营的形成，对反击美国的"冷战"攻势起到了积极作用

华沙条约组织
- 含义：简称"华约组织"，是与北大西洋公约组织相对抗的军事政治同盟
- 形成过程：1955年，苏联、波兰、民主德国等8国在华沙签署《友好合作互助条约》，华沙条约形成
- 影响：①成立初期对反对西方帝国主义侵略扩张起到积极作用；②欧洲在政治、军事、经济上处于全面分裂局面，以美国和苏联为首，形成了两大力量集团，后扩展到世界范围；③两大国干涉他国内政，影响其独立发展

世界近现代史

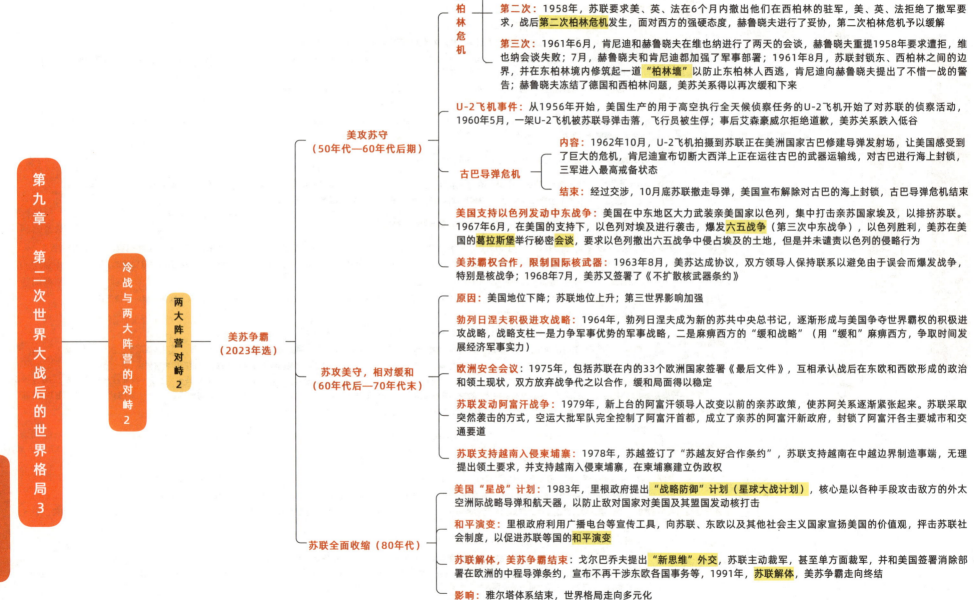

第九章　第二次世界大战后的世界格局 3

世界近现代史

冷战与两大阵营的对峙 2

两大阵营对峙 2

美苏争霸（2023年选）

美攻苏守（50年代—60年代后期）

三次柏林危机

第一次：战后柏林分裂为苏联占领的东柏林和西方占领的西柏林，1948年6月24日，苏联宣布决定对西方国家进入柏林的通道实施交通管制，动用武装力量封锁西柏林，美、英、法不惜代价开辟了3条开往西柏林的空中补给线，美国先后制订了3个针对苏联的核打击计划；1949年5月12日，四国宣布解除在西柏林的非常军事行动，延续 11 个月的第一次柏林危机结束

第二次：1958年，苏联要求美、英、法在6个月内撤出他们在西柏林的驻军，美、英、法拒绝了撤军要求，战后第二次柏林危机发生，面对西方的强硬态度，赫鲁晓夫进行了妥协，第二次柏林危机予以缓解

第三次：1961年6月，肯尼迪和赫鲁晓夫在维也纳进行了两天的会谈，赫鲁晓夫重提1958年要求遭拒，维也纳会谈失败；7月，赫鲁晓夫和肯尼迪都加强了军事部署；1961年8月，苏联封锁东、西柏林之间的边界，并在东柏林境内修筑起一道"柏林墙"以防止东柏林人西逃，肯尼迪向赫鲁晓夫提出了不惜一战的警告；赫鲁晓夫冻结了德国和西柏林问题，美苏关系得以再次缓和下来

U-2飞机事件：从1956年开始，美国生产的用于高空执行全天候侦察任务的U-2飞机开始了对苏联的侦察活动，1960年5月，一架U-2飞机被苏联导弹击落，飞行员被生俘；事后艾森豪威尔拒绝道歉，美苏关系跌入低谷

古巴导弹危机

内容：1962年10月，U-2飞机拍摄到苏联正在美洲国家古巴修建导弹发射场，让美国感受到了巨大的危机，肯尼迪宣布切断大西洋上正在运往古巴的武器运输线，对古巴进行海上封锁，三军进入最高戒备状态

结束：经过交涉，10月底苏联撤走导弹，美国宣布解除对古巴的海上封锁，古巴导弹危机结束

美国支持以色列发动中东战争：美国在中东地区大力武装亲美国家以色列，集中打击亲苏国家埃及，以排挤苏联。1967年6月，在美国的支持下，以色列对埃及进行袭击，爆发六五战争（第三次中东战争），以色列胜利，美苏在美国的葛拉斯堡举行秘密会谈，要求以色列撤出六五战争中侵占埃及的土地，但是并未谴责以色列的侵略行为

美苏霸权合作，限制国际核武器：1963年8月，美苏达成协议，双方领导人保持联系以避免由于误会而爆发战争，特别是核战争；1968年7月，美苏又签署了《不扩散核武器条约》

苏攻美守，相对缓和（60年代后—70年代末）

原因：美国地位下降；苏联地位上升；第三世界影响加强

勃列日涅夫积极进攻战略：1964年，勃列日涅夫成为新的苏共中央总书记，逐渐形成与美国争夺世界霸权的积极进攻战略，战略支柱一是力争军事优势的军事战略，二是麻痹西方的"缓和战略"（用"缓和"麻痹西方，争取时间发展经济军事实力）

欧洲安全会议：1975年，包括苏联在内的33个欧洲国家签署《最后文件》，互相承认战后在东欧和西欧形成的政治和领土现状，双方放弃战争代之以合作，缓和局面得以稳定

苏联发动阿富汗战争：1979年，新上台的阿富汗领导人改变以前的亲苏政策，使苏阿关系逐渐紧张起来。苏联采取突然袭击的方式，空运大批军队完全控制了阿富汗首都，成立了亲苏的阿富汗新政府，封锁了阿富汗各主要城市和交通要道

苏联支持越南入侵柬埔寨：1978年，苏越签订了"苏越友好合作条约"，苏联支持越南在中越边界制造事端，无理提出领土要求，并支持越南入侵柬埔寨，在柬埔寨建立伪政权

苏联全面收缩（80年代）

美国"星战"计划：1983年，里根政府提出"战略防御"计划（星球大战计划），核心是以各种手段攻击敌方的外太空洲际战略导弹和航天器，以防止敌对国家对美国及其盟国发动核打击

和平演变：里根政府利用广播电台等宣传工具，向苏联、东欧以及其他社会主义国家宣扬美国的价值观，抨击苏联社会制度，以促进苏联等国的和平演变

苏联解体，美苏争霸结束：戈尔巴乔夫提出"新思维"外交，苏联主动裁军，甚至单方面裁军，并和美国签署消除部署在欧洲的中程导弹条约，宣布不再干涉东欧各国事务等，1991年，苏联解体，美苏争霸走向终结

影响：雅尔塔体系结束，世界格局走向多元化

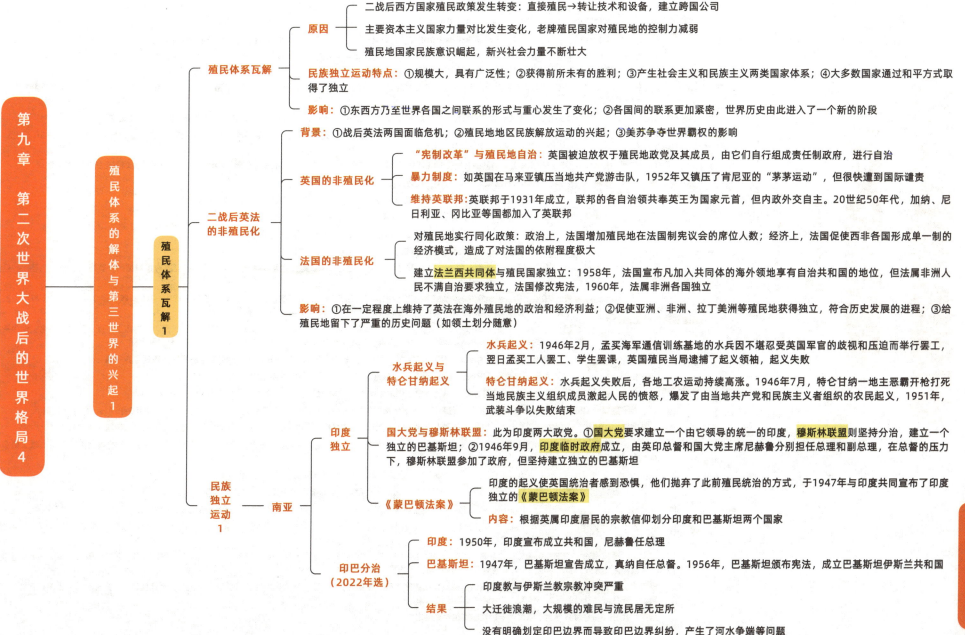

第九章 第二次世界大战后的世界格局 4

殖民体系的解体与第三世界的兴起 1

殖民体系瓦解 1

殖民体系瓦解

原因
- 二战后西方国家殖民政策发生转变：直接殖民→转让技术和设备，建立跨国公司
- 主要资本主义国家力量对比发生变化，老牌殖民国家对殖民地的控制力减弱
- 殖民地国家民族意识崛起，新兴社会力量不断壮大

民族独立运动特点：①规模大，具有广泛性；②获得前所未有的胜利；③产生社会主义和民族主义两类国家体系；④大多数国家通过和平方式取得了独立

影响：①东西方乃至世界各国之间联系的形式与重心发生了变化；②各国间的联系更加紧密，世界历史由此进入了一个新的阶段

二战后英法的非殖民化

背景：①战后英法两国面临危机；②殖民地地区民族解放运动的兴起；③美苏争夺世界霸权的影响

英国的非殖民化
- **"宪制改革"与殖民地自治**：英国被迫放权于殖民地政党及其成员，由它们自行组成责任制政府，进行自治
- **暴力制度**：如英国在马来亚镇压当地共产党游击队，1952年又镇压了肯尼亚的"茅茅运动"，但很快遭到国际谴责
- **维持英联邦**：英联邦于1931年成立，联邦的各自治领共奉英王为国家元首，但内政外交自主。20世纪50年代，加纳、尼日利亚、冈比亚等国都加入了英联邦

法国的非殖民化
- 对殖民地实行同化政策：政治上，法国增加殖民地在法国制宪议会的席位人数；经济上，法国促使西非各国形成单一制的经济模式，造成了对法国的依附程度极大
- 建立法兰西共同体与殖民国家独立：1958年，法国宣布凡加入共同体的海外领地享有自治共和国的地位，但法属非洲人民不满自治要求独立，法国修改宪法，1960年，法属非洲各国独立

影响：①在一定程度上维持了英法在海外殖民地的政治和经济利益；②促使亚洲、非洲、拉丁美洲等殖民地获得独立，符合历史发展的进程；③给殖民地留下了严重的历史问题（如领土划分随意）

民族独立运动 1

南亚

印度独立

水兵起义与特仑甘纳起义
- **水兵起义**：1946年2月，孟买海军通信训练基地的水兵因不堪忍受英国军官的歧视和压迫而举行罢工，翌日孟买工人罢工、学生罢课，英国殖民当局逮捕了起义领袖，起义失败
- **特仑甘纳起义**：水兵起义失败后，各地工农运动持续高涨。1946年7月，特仑甘纳一地主恶霸开枪打死当地民族主义组织成员激起人民的愤怒，爆发了由当地共产党和民族主义者组织的农民起义，1951年，武装斗争以失败结束

国大党与穆斯林联盟：此为印度两大政党。①国大党要求建立一个由它领导的统一的印度，穆斯林联盟则坚持分治，建立一个独立的巴基斯坦；②1946年9月，印度临时政府成立，由英印总督和国大党主席尼赫鲁分别担任总理和副总理，在总督的压力下，穆斯林联盟参加了政府，但坚持建立独立的巴基斯坦

《蒙巴顿法案》
- 印度的起义使英国统治者感到恐惧，他们抛弃了此前殖民统治的方式，于1947年与印度共同宣布了印度独立的《蒙巴顿法案》
- **内容**：根据英属印度居民的宗教信仰划分印度和巴基斯坦两个国家

印巴分治（2022年选）
- **印度**：1950年，印度宣布成立共和国，尼赫鲁任总理
- **巴基斯坦**：1947年，巴基斯坦宣告成立，真纳自任总督。1956年，巴基斯坦颁布宪法，成立巴基斯坦伊斯兰共和国

结果
- 印度教与伊斯兰教宗教冲突严重
- 大迁徙浪潮，大规模的难民与流民居无定所
- 没有明确划定印巴边界而导致印巴边界纠纷，产生了河水争端等问题

世界近现代史

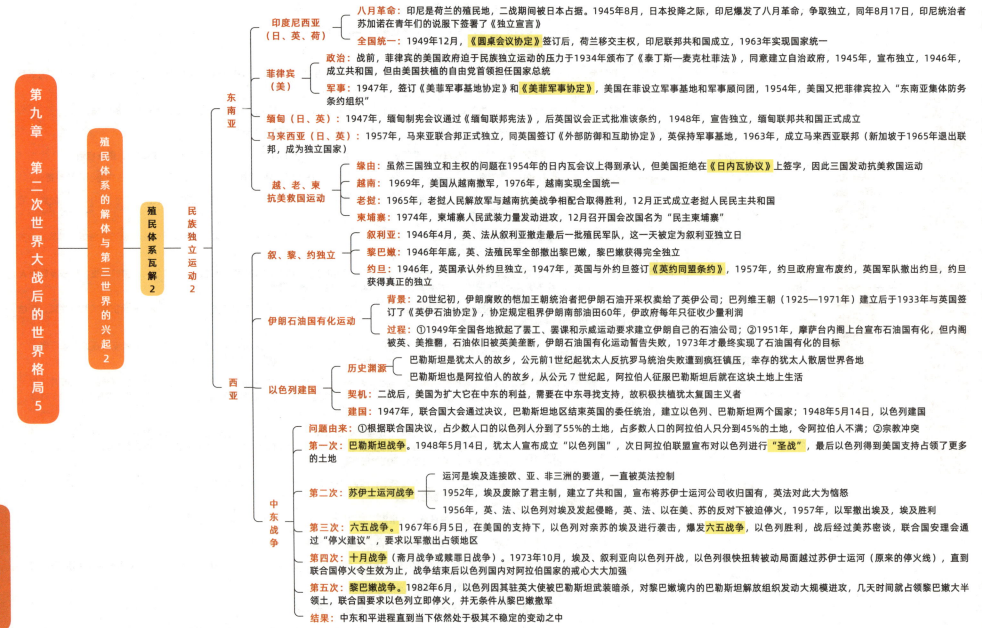

第九章 第二次世界大战后的世界格局 5

世界近现代史

殖民体系的解体与第三世界的兴起 2

殖民体系瓦解 2

民族独立运动 2

东南亚

印度尼西亚（日、英、荷）

八月革命：印尼是荷兰的殖民地，二战期间被日本占据。1945年8月，日本投降之际，印尼爆发了八月革命，争取独立，同年8月17日，印尼统治者苏加诺在青年们的说服下签署了《独立宣言》

全国统一：1949年12月，《圆桌会议协定》签订后，荷兰移交主权，印尼联邦共和国成立，1963年实现国家统一

菲律宾（美）

政治：战前，菲律宾的美国政府迫于民族独立运动的压力于1934年颁布了《泰丁斯—麦克杜菲法》，同意建立自治政府，1945年，宣布独立，1946年，成立共和国，但由美国扶植的自由党首领担任国家总统

军事：1947年，签订《美菲军事基地协定》和《美菲军事协定》，美国在菲设立军事基地和军事顾问团，1954年，美国又把菲律宾拉入"东南亚集体防务条约组织"

缅甸（日、英）：1947年，缅甸制宪会议通过《缅甸联邦宪法》，后英国议会正式批准该条约，1948年，宣告独立，缅甸联邦共和国正式成立

马来西亚（日、英）：1957年，马来亚联合邦正式独立，同英国签订《外部防御和互助协定》，英保持军事基地，1963年，成立马来西亚联邦（新加坡于1965年退出联邦，成为独立国家）

越、老、柬抗美救国运动

缘由：虽然三国独立和主权的问题在1954年的日内瓦会议上得到承认，但美国拒绝在《日内瓦协议》上签字，因此三国发动抗美救国运动

越南：1969年，美国从越南撤军，1976年，越南实现全国统一

老挝：1965年，老挝人民解放军与越南抗美战争相配合取得胜利，12月正式成立老挝人民民主共和国

柬埔寨：1974年，柬埔寨人民武力量发动进攻，12月召开国会改名为"民主柬埔寨"

西亚

叙、黎、约独立

叙利亚：1946年4月，英、法从叙利亚撤走最后一批殖民军队，这一天被定为叙利亚独立日

黎巴嫩：1946年年底，英、法殖民军全部撤出黎巴嫩，黎巴嫩获得完全独立

约旦：1946年，英国承认外约旦独立，1947年，英国与外约旦签订《英约同盟条约》，1957年，约旦政府宣布废约，英国军队撤出约旦，约旦获得真正的独立

伊朗石油国有化运动

背景：20世纪初，伊朗腐败的恺加王朝统治者把伊朗石油开采权卖给了英伊公司；巴列维王朝（1925—1971年）建立后于1933年与英国签订了《英伊石油协定》，协定规定租界伊朗南部油田60年，伊政府每年只征收少量利润

过程：①1949年全国各地掀起了罢工、罢课和示威运动要求建立伊朗自己的石油公司；②1951年，摩萨台内阁上台宣布石油国有化，但内阁被英、美推翻，石油依旧被英美垄断，伊朗石油国有化运动暂告失败，1973年才最终实现了石油国有化的目标

以色列建国

历史渊源：巴勒斯坦是犹太人的故乡，公元前1世纪起犹太人反抗罗马统治失败遭到疯狂镇压，幸存的犹太人散居世界各地

巴勒斯坦也是阿拉伯人的故乡，从公元7世纪起，阿拉伯人征服巴勒斯坦后就在这块土地上生活

契机：二战后，美国为扩大它在中东的利益，需要在中东寻找支持，故积极扶植犹太复国主义者

建国：1947年，联合国大会通过决议，巴勒斯坦地区结束英国的委任统治，建立以色列、巴勒斯坦两个国家；1948年5月14日，以色列建国

中东战争

问题由来：①根据联合国决议，占少数人口的以色列人分到了55%的土地，占多数人口的阿拉伯人只分到45%的土地，令阿拉伯人不满；②宗教冲突

第一次：**巴勒斯坦战争**。1948年5月14日，犹太人宣布成立"以色列国"，次日阿拉伯联盟宣布对以色列进行"圣战"，最后以色列得到美国支持占领了更多的土地

第二次：**苏伊士运河战争**

运河是埃及连接欧、亚、非三洲的要道，一直被英法控制

1952年，埃及废除了君主制，建立了共和国，宣布将苏伊士运河公司收归国有，英法对此大为恼怒

1956年，英、法、以色列对埃及发起侵略，英、法、以在美、苏的反对下被迫停火，1957年，以军撤出埃及，埃及胜利

第三次：**六五战争**。1967年6月5日，在美国的支持下，以色列对亲苏的埃及进行袭击，爆发六五战争，以色列胜利，战后经过美苏密谈，联合国安理会通过"停火建议"，要求以军撤出占领地区

第四次：**十月战争**（斋月战争或赎罪日战争）。1973年10月，埃及、叙利亚向以色列开战，以色列很快扭转被动局面越过苏伊士运河（原来的停火线），直到联合国停火令生效为止，战争结束后以色列国内对阿拉伯国家的戒心大大加强

第五次：**黎巴嫩战争**。1982年6月，以色列因其驻英大使被巴勒斯坦武装暗杀，对黎巴嫩境内的巴勒斯坦解放组织发动大规模进攻，几天时间就占领黎巴嫩大半领土，联合国要求以色列立即停火，并无条件从黎巴嫩撤军

结果：中东和平进程直到当下依然处于极其不稳定的变动之中

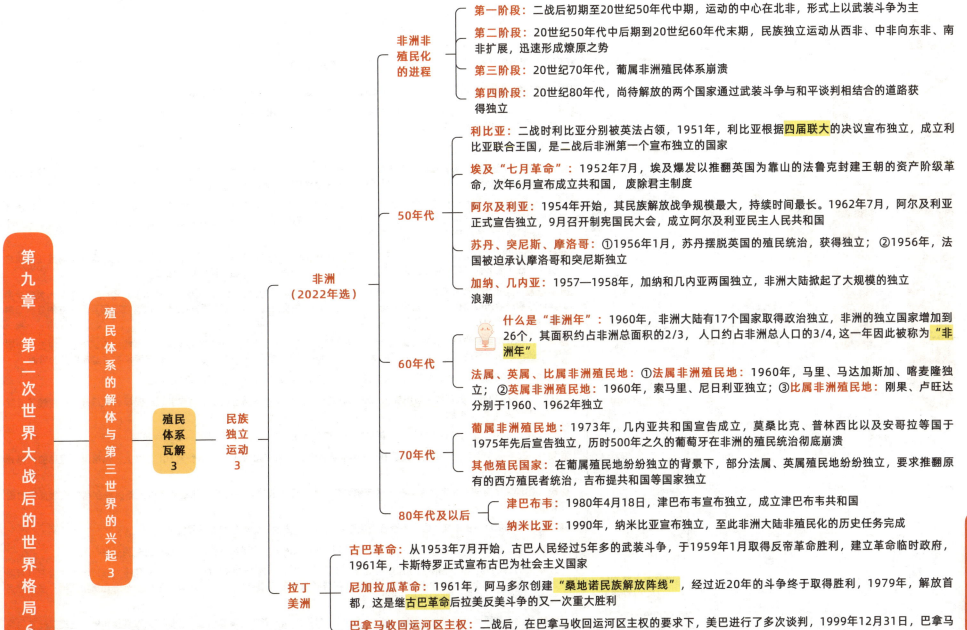

第九章 第二次世界大战后的世界格局 6

殖民体系的解体与第三世界的兴起 3

殖民体系瓦解 3

民族独立运动 3

非洲（2022年选）

非洲非殖民化的进程

第一阶段： 二战后初期至20世纪50年代中期，运动的中心在北非，形式上以武装斗争为主

第二阶段： 20世纪50年代中后期到20世纪60年代末期，民族独立运动从西非、中非向东非、南非扩展，迅速形成燎原之势

第三阶段： 20世纪70年代，葡属非洲殖民体系崩溃

第四阶段： 20世纪80年代，尚待解放的两个国家通过武装斗争与和平谈判相结合的道路获得独立

50年代

利比亚： 二战时利比亚分别被英法占领，1951年，利比亚根据 四届联大 的决议宣布独立，成立利比亚联合王国，是二战后非洲第一个宣布独立的国家

埃及"七月革命"： 1952年7月，埃及爆发以推翻英国为靠山的法鲁克封建王朝的资产阶级革命，次年6月宣布成立共和国，废除君主制度

阿尔及利亚： 1954年开始，其民族解放战争规模最大，持续时间最长。1962年7月，阿尔及利亚正式宣告独立，9月召开制宪国民大会，成立阿尔及利亚民主人民共和国

苏丹、突尼斯、摩洛哥： ①1956年1月，苏丹摆脱英国的殖民统治，获得独立；②1956年，法国被迫承认摩洛哥和突尼斯独立

加纳、几内亚： 1957—1958年，加纳和几内亚两国独立，非洲大陆掀起了大规模的独立浪潮

60年代

什么是"非洲年"： 1960年，非洲大陆有17个国家取得政治独立，非洲的独立国家增加到26个，其面积约占非洲总面积的2/3，人口约占非洲总人口的3/4，这一年因此被称为 "非洲年"

法属、英属、比属非洲殖民地： ①法属非洲殖民地：1960年，马里、马达加斯加、喀麦隆独立；②英属非洲殖民地：1960年，索马里、尼日利亚独立；③比属非洲殖民地：刚果、卢旺达分别于1960、1962年独立

70年代

葡属非洲殖民地： 1973年，几内亚共和国宣告成立，莫桑比克、普林西比以及安哥拉等国于1975年先后宣告独立，历时500年之久的葡萄牙在非洲的殖民统治彻底崩溃

其他殖民国家： 在葡属殖民地纷纷独立的背景下，部分法属、英属殖民地纷纷独立，要求推翻原有的西方殖民者统治，吉布提共和国等国家独立

80年代及以后

津巴布韦： 1980年4月18日，津巴布韦宣布独立，成立津巴布韦共和国

纳米比亚： 1990年，纳米比亚宣布独立，至此非洲大陆非殖民化的历史任务完成

拉丁美洲

古巴革命： 从1953年7月开始，古巴人民经过5年多的武装斗争，于1959年1月取得反帝革命胜利，建立革命临时政府，1961年，卡斯特罗正式宣布古巴为社会主义国家

尼加拉瓜革命： 1961年，阿马多尔创建 "桑地诺民族解放阵线"，经过近20年的斗争终于取得胜利，1979年，解放首都，这是继 古巴革命 后拉美反美斗争的又一次重大胜利

巴拿马收回运河区主权： 二战后，在巴拿马收回运河区主权的要求下，美巴进行了多次谈判，1999年12月31日，巴拿马运河区的主权和管辖权最终回归

世界近现代史

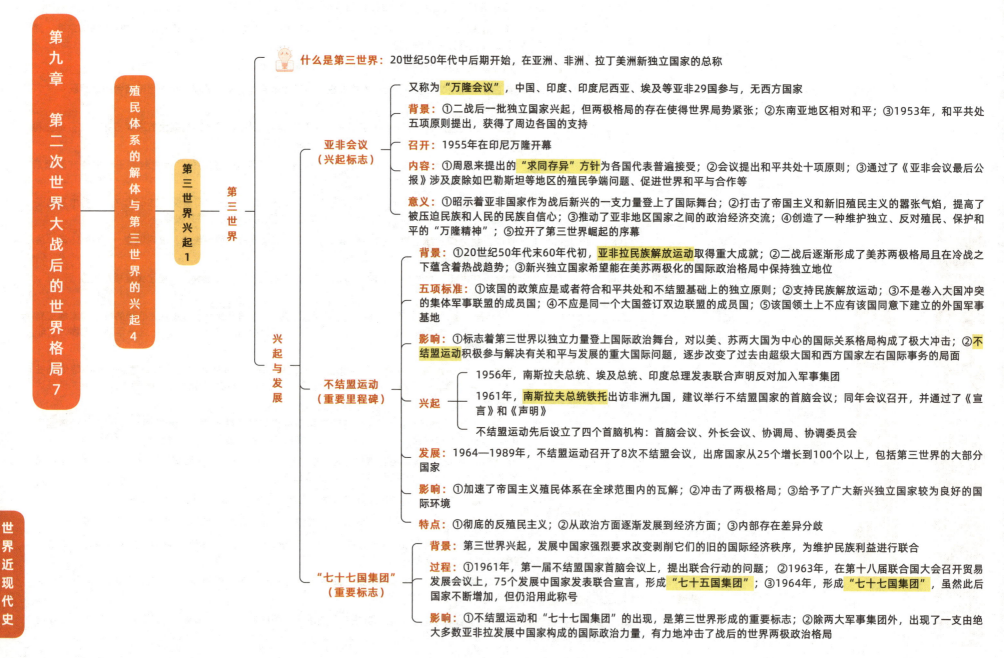

第九章 第二次世界大战后的世界格局 7

殖民体系的解体与第三世界的兴起 4

第三世界兴起 1

第三世界

什么是第三世界：20世纪50年代中后期开始，在亚洲、非洲、拉丁美洲新独立国家的总称

兴起与发展

亚非会议（兴起标志）

又称为"万隆会议"，中国、印度、印度尼西亚、埃及等亚非29国参与，无西方国家

背景：①二战后一批独立国家兴起，但两极格局的存在使得世界局势紧张；②东南亚地区相对和平；③1953年，和平共处五项原则提出，获得了周边各国的支持

召开：1955年在印尼万隆开幕

内容：①周恩来提出的"求同存异"方针为各国代表普遍接受；②会议提出和平共处十项原则；③通过了《亚非会议最后公报》涉及废除如巴勒斯坦等地区的殖民争端问题、促进世界和平与合作等

意义：①昭示着亚非国家作为战后新兴的一支力量登上了国际舞台；②打击了帝国主义和新旧殖民主义的嚣张气焰，提高了被压迫民族和人民的民族自信心；③推动了亚非地区国家之间的政治经济交流；④创造了一种维护独立、反对殖民、保护和平的"万隆精神"；⑤拉开了第三世界崛起的序幕

不结盟运动（重要里程碑）

背景：①20世纪50年代末60年代初，亚非拉民族解放运动取得重大成就；②二战后逐渐形成了美苏两极格局且在冷战之下蕴含着热战趋势；③新兴独立国家希望能在美苏两极化的国际政治格局中保持独立地位

五项标准：①该国的政策应是或者符合和平共处和不结盟基础上的独立原则；②支持民族解放运动；③不是卷入大国冲突的集体军事联盟的成员国；④不应是同一个大国签订双边联盟的成员国；⑤该国领土上不应有该国同意下建立的外国军事基地

影响：①标志着第三世界以独立力量登上国际政治舞台，对以美、苏两大国为中心的国际关系格局构成了极大冲击；②不结盟运动积极参与解决有关和平与发展的重大国际问题，逐步改变了过去由超级大国和西方国家左右国际事务的局面

兴起：
1956年，南斯拉夫总统、埃及总统、印度总理发表联合声明反对加入军事集团

1961年，南斯拉夫总统铁托出访非洲九国，建议举行不结盟国家的首脑会议；同年会议召开，并通过了《宣言》和《声明》

不结盟运动先后设立了四个首脑机构：首脑会议、外长会议、协调局、协调委员会

发展：1964—1989年，不结盟运动召开了8次不结盟会议，出席国家从25个增长到100个以上，包括第三世界的大部分国家

影响：①加速了帝国主义殖民体系在全球范围内的瓦解；②冲击了两极格局；③给予了广大新兴独立国家较为良好的国际环境

特点：①彻底的反殖民主义；②从政治方面逐渐发展到经济方面；③内部存在差异分歧

"七十七国集团"（重要标志）

背景：第三世界兴起，发展中国家强烈要求改变剥削它们的旧的国际经济秩序，为维护民族利益进行联合

过程：①1961年，第一届不结盟国家首脑会议上，提出联合行动的问题；②1963年，在第十八届联合国大会召开贸易发展会议上，75个发展中国家发表联合宣言，形成"七十五国集团"；③1964年，形成"七十七国集团"，虽然此后国家不断增加，但仍沿用此称号

影响：①不结盟运动和"七十七国集团"的出现，是第三世界形成的重要标志；②除两大军事集团外，出现了一支由绝大多数亚非拉发展中国家构成的国际政治力量，有力地冲击了战后的世界两极政治格局

世界近现代史

第九章 第二次世界大战后的世界格局 8

殖民体系的解体与第三世界的兴起 5

第三世界兴起2

第三世界国家的合作

南北对话（2019年名）

背景： 第三世界要求建立国际新秩序，促使北方发达国家与第三世界国家进行了一系列对话

宗旨： 在国际经济关系中实现主权平等和经济独立，让各国掌握自己的命运，并与其他国家一起平等地参与有关国际问题的决定

影响： ①有利于解决南北矛盾；②南北之间的平等合作对各国都有利；③发达国家和发展中国家实行有效合作，取长补短，建立国际经济新秩序，促进世界共同繁荣；④没有完全改变南北之间经济不平等的关系

南南合作

背景： 发展中国家基于共同的历史遭遇和独立后面临的共同任务，相互之间需要开展合作

宗旨： 促进发展中国家之间，传播人类活动所有领域内的知识或经验，并相互分享的能力，主要内容包括推动发展中国家之间的技术合作和经济合作，并致力于加强基础设施建设、能源与环境健康教育等产业领域的交流合作

影响： 很多发展中国家试图通过扩大发展中国家之间的经贸交流实现贸易和投资的多元化，推动共同发展

非洲统一组织（2018年名）

背景： 20世纪60年代末70年代初，伴随着非殖民化运动的迅速发展，出现了一系列区域性国际组织，1963年，非洲国家通过《非洲统一组织宪章》

宗旨： 促进非洲国家的团结与合作，保卫主权与领土完整，根除殖民主义，提高非洲各国人民的生活水平，促进非洲国家与国际间的交往与合作

影响： 捍卫了非洲国家民族独立、反对外来干涉以及发展民族经济

石油输出国组织： 简称"欧佩克"（OPEC），是亚、非、拉石油生产国为协调成员国石油政策、反对西方石油垄断资本控制于1960年建立的国际组织

东南亚国家联盟： 为了改变在国际经济中的地位，寻求联合、互助道路，1967年，宣告成立"东南亚国家联盟"（简称"东盟"），东盟在财政、金融以及发展对外经济关系等方面加强了合作，在军事方面积极发展双边和多边军事合作

南亚区域合作联盟： 1985年，南亚国家共同建立的互助合作组织，南亚各国重视同中国的关系，大多希望中国同南盟建立联系，积极参与并促进南亚经济合作

阿盟： 1944年，在埃及的倡议下，阿拉伯各国外长举行会议，并决定成立阿拉伯国家联盟（简称"阿盟"），旨在维护阿拉伯国家之间的和平，促进各国之间的经济发展，这是当今世界上最早成立的地区性组织

第三世界国家合作兴起的影响： ①第三世界是影响世界格局的重要力量；②促进了世界政治力量的重新分化和组合；③是反对霸权主义和强权政治的主要力量；④是推动建立国际政治经济新秩序的重要力量

世界近现代史

231

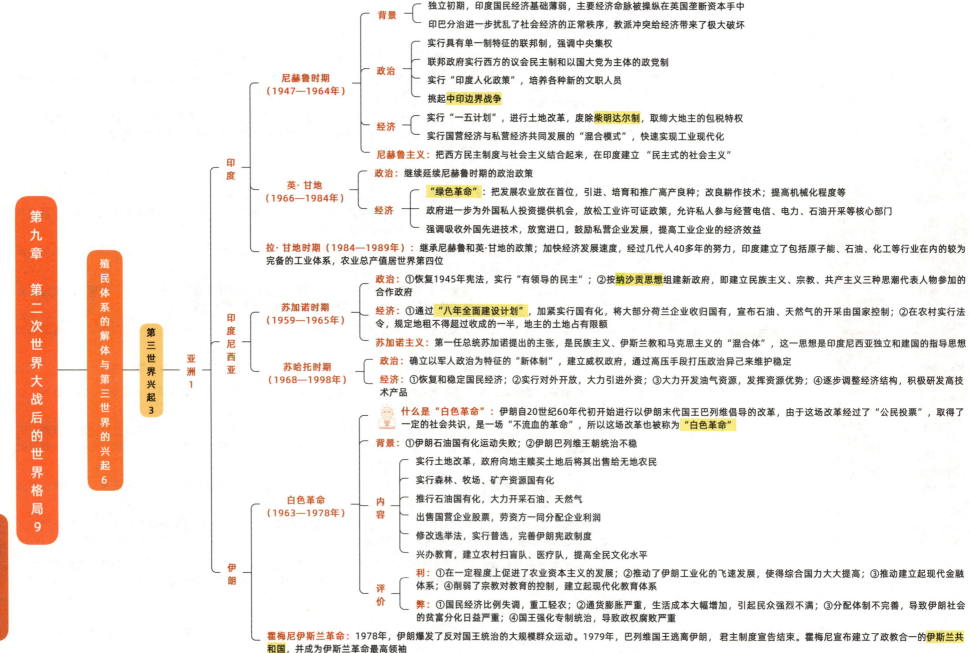

第九章 第二次世界大战后的世界格局 9

世界近现代史

殖民体系的解体与第三世界的兴起 6

第三世界兴起 3

亚洲 1

印度

尼赫鲁时期（1947—1964年）

背景
- 独立初期，印度国民经济基础薄弱，主要经济命脉被操纵在英国垄断资本手中
- 印巴分治进一步扰乱了社会经济的正常秩序，教派冲突给经济带来了极大破坏

政治
- 实行具有单一制特征的联邦制，强调中央集权
- 联邦政府实行西方的议会民主制和以国大党为主体的政党制
- 实行"印度人化政策"，培养各种新的文职人员
- 挑起中印边界战争

经济
- 实行"一五计划"，进行土地改革，废除柴明达尔制，取缔大地主的包税特权
- 实行国营经济与私营经济共同发展的"混合模式"，快速实现工业现代化

尼赫鲁主义：把西方民主制度与社会主义结合起来，在印度建立"民主式的社会主义"

英·甘地（1966—1984年）

政治：继续延续尼赫鲁时期的政治政策

经济
- "绿色革命"：把发展农业放在首位，引进、培育和推广高产良种；改良耕作技术；提高机械化程度等
- 政府进一步为外国私人投资提供机会，放松工业许可证政策，允许私人参与经营电信、电力、石油开采等核心部门
- 强调吸收外国先进技术，放宽进口，鼓励私营企业发展，提高工业企业的经济效益

拉·甘地时期（1984—1989年）：继承尼赫鲁和英·甘地的政策；加快经济发展速度，经过几代人40多年的努力，印度建立了包括原子能、石油、化工等行业在内的较为完备的工业体系，农业总产值居世界第四位

印度尼西亚

苏加诺时期（1959—1965年）

政治：①恢复1945年宪法，实行"有领导的民主"；②按纳沙贡思想组建新政府，即建立民族主义、宗教、共产主义三种思潮代表人物参加的合作政府

经济：①通过"八年全面建设计划"，加紧实行国有化，将大部分荷兰企业收归国有，宣布石油、天然气的开采由国家控制；②在农村实行法令，规定地租不得超过收成的一半，地主的土地占有限额

苏加诺主义：第一任总统苏加诺提出的主张，是民族主义、伊斯兰教和马克思主义的"混合体"，这一思想是印度尼西亚独立和建国的指导思想

苏哈托时期（1968—1998年）

政治：确立以军人政治为特征的"新体制"，建立威权政府，通过高压手段打压政治异己来维护稳定

经济：①恢复和稳定国民经济；②实行对外开放，大力引进外资；③大力开发油气资源，发挥资源优势；④逐步调整经济结构，积极研发高技术产品

伊朗

什么是"白色革命"：伊朗自20世纪60年代初开始进行以伊朗末代国王巴列维倡导的改革，由于这场改革经过了"公民投票"，取得了一定的社会共识，是一场"不流血的革命"，所以这场改革也被称为"白色革命"

白色革命（1963—1978年）

背景：①伊朗石油国有化运动失败；②伊朗巴列维王朝统治不稳

内容
- 实行土地改革，政府向地主赎买土地后将其出售给无地农民
- 实行森林、牧场、矿产资源国有化
- 推行石油国有化，大力开采石油、天然气
- 出售国营企业股票，劳资方一同分配企业利润
- 修改选举法，实行普选，完善伊朗宪政制度
- 兴办教育，建立农村扫盲队、医疗队，提高全民文化水平

评价
- 利：①在一定程度上促进了农业资本主义的发展；②推动了伊朗工业化的飞速发展，使得综合国力大大提高；③推动建立起现代金融体系；④削弱了宗教对教育的控制，建立起现代化教育体系
- 弊：①国民经济比例失调，重工轻农；②通货膨胀严重，生活成本大幅增加，引起民众强烈不满；③分配体制不完善，导致伊朗社会的贫富分化日益严重；④国王强化专制统治，导致政权腐败严重

霍梅尼伊斯兰革命：1978年，伊朗爆发了反对国王统治的大规模群众运动。1979年，巴列维王朝逃离伊朗，君主制度宣告结束。霍梅尼宣布建立了政教合一的伊斯兰共和国，并成为伊斯兰革命最高领袖

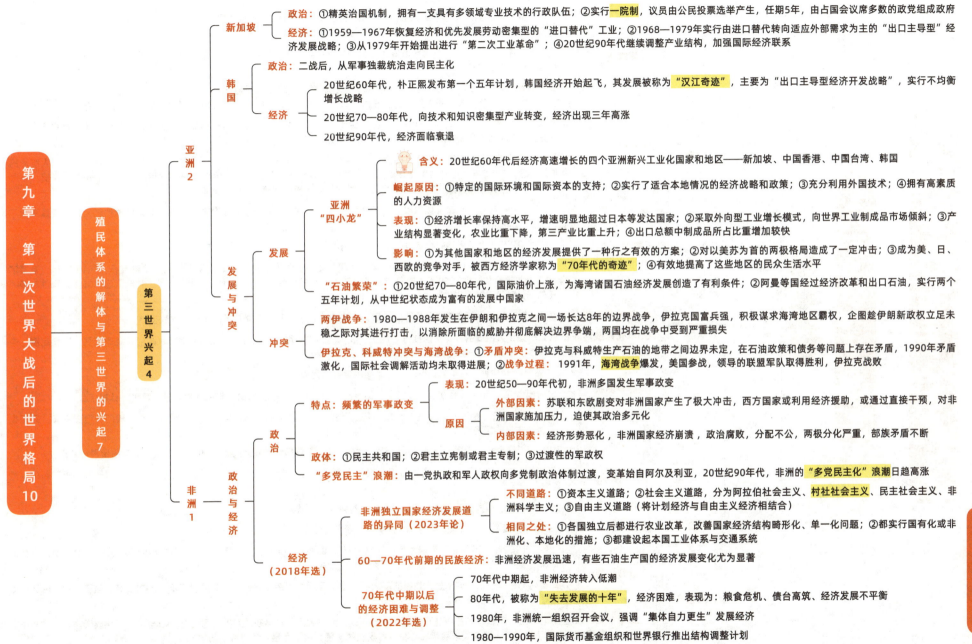

第九章 第二次世界大战后的世界格局 10

殖民体系的解体与第三世界的兴起 7

第三世界兴起 4

亚洲 2

新加坡

政治：①精英治国机制，拥有一支具有多领域专业技术的行政队伍；②实行**一院制**，议员由公民投票选举产生，任期5年，由占国会议席多数的政党组成政府

经济：①1959—1967年恢复经济和优先发展劳动密集型的"进口替代"工业；②1968—1979年实行由进口替代转向适应外部需求为主的"出口主导型"经济发展战略；③从1979年开始提出进行"第二次工业革命"；④20世纪90年代继续调整产业结构，加强国际经济联系

韩国

政治：二战后，从军事独裁统治走向民主化

经济

20世纪60年代，朴正熙发布第一个五年计划，韩国经济开始起飞，其发展被称为**"汉江奇迹"**，主要为"出口主导型经济开发战略"，实行不均衡增长战略

20世纪70—80年代，向技术和知识密集型产业转变，经济出现三年高涨

20世纪90年代，经济面临衰退

发展与冲突

发展

亚洲"四小龙"

含义：20世纪60年代后经济高速增长的四个亚洲新兴工业化国家和地区——新加坡、中国香港、中国台湾、韩国

崛起原因：①特定的国际环境和国际资本的支持；②实行了适合本地情况的经济战略和政策；③充分利用外国技术；④拥有高素质的人力资源

表现：①经济增长率保持高水平，增速明显地超过日本等发达国家；②采取外向型工业增长模式，向世界工业制成品市场倾斜；③产业结构显著变化，农业比重下降，第三产业比重上升；④出口总额中制成品所占比重增加较快

影响：①为其他国家和地区的经济发展提供了一种行之有效的方案；②对以美苏为首的两极格局造成了一定冲击；③成为美、日、西欧的竞争对手，被西方经济学家称为**"70年代的奇迹"**；④有效地提高了这些地区的民众生活水平

"石油繁荣"：①20世纪70—80年代，国际油价上涨，为海湾诸国石油经济发展创造了有利条件；②阿曼等国经过经济改革和出口石油，实行两个五年计划，从中世纪状态成为富有的发展中国家

冲突

两伊战争：1980—1988年发生在伊朗和伊拉克之间一场长达8年的边界战争，伊拉克国富兵强，积极谋求海湾地区霸权，企图趁伊朗新政权立足未稳之际对其进行打击，以消除所面临的威胁并彻底解决边界争端，两国均在战争中受到严重损失

伊拉克、科威特冲突与海湾战争：①**矛盾冲突**：伊拉克与科威特生产石油的地带之间边界未定，在石油政策和债务等问题上存在矛盾，1990年矛盾激化，国际社会调解活动均未取得进展；②**战争过程**：1991年，**海湾战争**爆发，美国参战，领导的联盟军队取得胜利，伊拉克战败

非洲 1

政治与经济

政治

特点：频繁的军事政变

表现：20世纪50—90年代初，非洲多国发生军事政变

原因

外部因素：苏联和东欧剧变对非洲国家产生了极大冲击，西方国家或利用经济援助，或通过直接干预，对非洲国家施加压力，迫使其政治多元化

内部因素：经济形势恶化，非洲国家经济崩溃，政治腐败，分配不公，两极分化严重，部族矛盾不断

政体：①民主共和国；②君主立宪制或君主专制；③过渡性的军政权

"多党民主"浪潮：由一党执政和军人政权向多党制政治体制过渡，变革始自阿尔及利亚，20世纪90年代，非洲的**"多党民主化"**浪潮日趋高涨

经济（2018年选）

非洲独立国家经济发展道路的异同（2023年论）

不同道路：①资本主义道路；②社会主义道路，分为阿拉伯社会主义、**村社社会主义**、民主社会主义、非洲科学主义；③自由主义道路（将计划经济与自由主义经济相结合）

相同之处：①各国独立后都进行农业改革，改善国家经济结构畸形化、单一化问题；②都实行国有化或非洲化、本地化的措施；③都建设起本国工业体系与交通系统

60—70年代前期的民族经济：非洲经济发展迅速，有些石油生产国的经济发展变化尤为显著

70年代中期以后的经济困难与调整（2022年选）

70年代中期起，非洲经济转入低潮

80年代，被称为**"失去发展的十年"**，经济困难，表现为：粮食危机、债台高筑、经济发展不平衡

1980年，非洲统一组织召开会议，强调"集体自力更生"发展经济

1980—1990年，国际货币基金组织和世界银行推出结构调整计划

世界近现代史

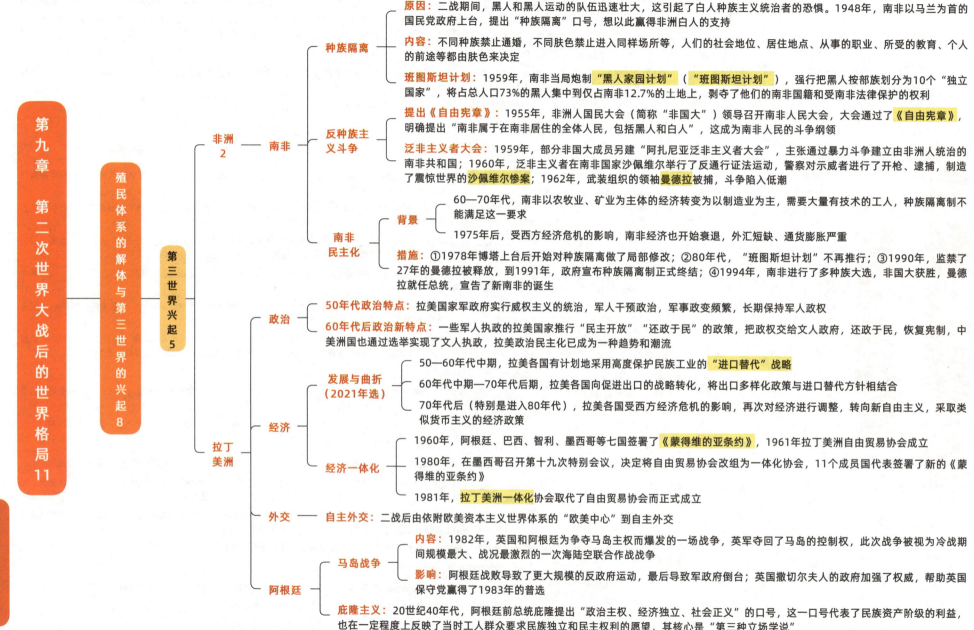

原因：二战期间，黑人和黑人运动的队伍迅速壮大，这引起了白人种族主义统治者的恐惧。1948年，南非以马兰为首的国民党政府上台，提出"种族隔离"口号，想以此赢得非洲白人的支持

种族隔离

内容：不同种族禁止通婚，不同肤色禁止进入同样场所等，人们的社会地位、居住地点、从事的职业、所受的教育、个人的前途等都由肤色来决定

班图斯坦计划：1959年，南非当局炮制"黑人家园计划"（"班图斯坦计划"），强行把黑人按部族划分为10个"独立国家"，将占总人口73%的黑人集中到仅占南非12.7%的土地上，剥夺了他们的南非国籍和受南非法律保护的权利

反种族主义斗争

提出《自由宪章》：1955年，非洲人国民大会（简称"非国大"）领导召开南非人民大会，大会通过了《自由宪章》，明确提出"南非属于在南非居住的全体人民，包括黑人和白人"，这成为南非人民的斗争纲领

泛非主义者大会：1959年，部分非国大成员另建"阿扎尼亚泛非主义者大会"，主张通过暴力斗争建立由非洲人统治的南非共和国；1960年，泛非主义者在南非国家沙佩维尔举行了反通行证法运动，警察对示威者进行了开枪、逮捕，制造了震惊世界的沙佩维尔惨案；1962年，武装组织的领袖曼德拉被捕，斗争陷入低潮

南非

背景：60—70年代，南非以农牧业、矿业为主体的经济转变为以制造业为主，需要大量有技术的工人，种族隔离制不能满足这一要求

1975年后，受西方经济危机的影响，南非经济也开始衰退，外汇短缺、通货膨胀严重

南非民主化

措施：①1978年博塔上台后开始对种族隔离做了局部修改；②80年代，"班图斯坦计划"不再推行；③1990，监禁了27年的曼德拉被释放，到1991年，政府宣布种族隔离制正式终结；④1994年，南非进行了多种族大选，非国大获胜，曼德拉就任总统，宣告了新南非的诞生

非洲 2

殖民体系的解体与第三世界的兴起 8

第三世界兴起 5

政治

50年代政治特点：拉美国家军政府实行威权主义的统治，军人干预政治，军事政变频繁，长期保持军人政权

60年代后政治新特点：一些军人执政的拉美国家推行"民主开放""还政于民"的政策，把政权交给文人政府，还政于民，恢复宪制，中美洲国也通过选举实现了文人执政，拉美政治民主化已成为一种趋势和潮流

经济

发展与曲折（2021年选）

50—60年代中期，拉美各国有计划地采用高度保护民族工业的"进口替代"战略

60年代中期—70年代后期，拉美各国向促进出口的战略转化，将出口多样化政策与进口替代方针相结合

70年代后（特别是进入80年代），拉美各国受西方经济危机的影响，再次对经济进行调整，转向新自由主义，采取类似货币主义的经济政策

经济一体化

1960年，阿根廷、巴西、智利、墨西哥等七国签署了《蒙得维的亚条约》，1961年拉丁美洲自由贸易协会成立

1980年，在墨西哥召开第十九次特别会议，决定将自由贸易协会改组为一体化协会，11个成员国代表签署了新的《蒙得维的亚条约》

1981年，拉丁美洲一体化协会取代了自由贸易协会而正式成立

拉丁美洲

外交 — 自主外交：二战后由依附欧美资本主义世界体系的"欧美中心"到自主外交

阿根廷

马岛战争

内容：1982年，英国和阿根廷为争夺马岛主权而爆发的一场战争，英军夺回了马岛的控制权，此次战争被视为冷战期间规模最大、战况最激烈的一次海陆空联合作战战争

影响：阿根廷战败导致了更大规模的反政府运动，最后导致军政府倒台；英国撒切尔夫人的政府加强了权威，帮助英国保守党赢得了1983年的普选

庇隆主义：20世纪40年代，阿根廷前总统庇隆提出"政治主权、经济独立、社会正义"的口号，这一口号代表了民族资产阶级的利益，也在一定程度上反映了当时工人群众要求民族独立和民主权利的愿望，其核心是"第三种立场学说"

第九章 第二次世界大战后的世界格局 11

世界近现代史

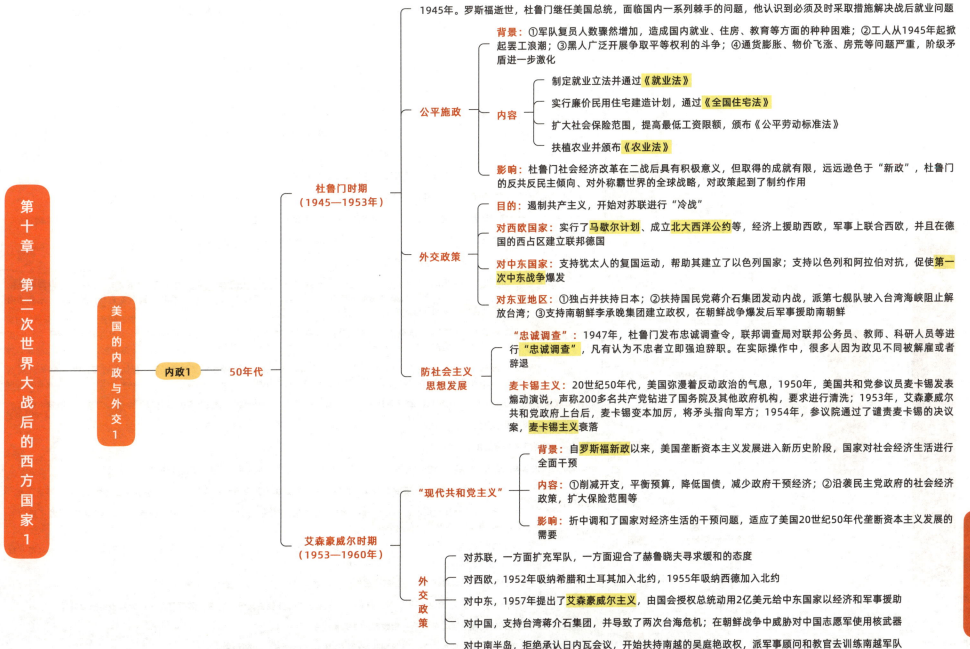

第十章 第二次世界大战后的西方国家 1

美国的内政与外交 1

内政 1

50年代

杜鲁门时期（1945—1953年）

1945年。罗斯福逝世，杜鲁门继任美国总统，面临国内一系列棘手的问题，他认识到必须及时采取措施解决战后就业问题

公平施政

背景：①军队复员人数骤然增加，造成国内就业、住房、教育等方面的种种困难；②工人从1945年起掀起罢工浪潮；③黑人广泛开展争取平等权利的斗争；④通货膨胀、物价飞涨、房荒等问题严重，阶级矛盾进一步激化

内容：
- 制定就业立法并通过《就业法》
- 实行廉价民用住宅建造计划，通过《全国住宅法》
- 扩大社会保险范围，提高最低工资限额，颁布《公平劳动标准法》
- 扶植农业并颁布《农业法》

影响：杜鲁门社会经济改革在二战后具有积极意义，但取得的成就有限，远远逊色于"新政"，杜鲁门的反共反民主倾向、对外称霸世界的全球战略，对政策起到了制约作用

外交政策

目的：遏制共产主义，开始对苏联进行"冷战"

对西欧国家：实行了马歇尔计划、成立北大西洋公约等，经济上援助西欧，军事上联合西欧，并且在德国的西占区建立联邦德国

对中东国家：支持犹太人的复国运动，帮助其建立了以色列国家；支持以色列和阿拉伯对抗，促使第一次中东战争爆发

对东亚地区：①独占并扶持日本；②扶持国民党蒋介石集团发动内战，派第七舰队驶入台湾海峡阻止解放台湾；③支持南朝鲜李承晚集团建立政权，在朝鲜战争爆发后军事援助南朝鲜

防社会主义思想发展

"忠诚调查"：1947年，杜鲁门发布忠诚调查令，联邦调查局对联邦公务员、教师、科研人员等进行"忠诚调查"，凡有认为不忠者立即强迫辞职。在实际操作中，很多人因为政见不同被解雇或者辞退

麦卡锡主义：20世纪50年代，美国弥漫着反动政治的气息，1950年，美国共和党参议员麦卡锡发表煽动演说，声称200多名共产党钻进了国务院及其他政府机构，要求进行清洗；1953年，艾森豪威尔共和党政府上台后，麦卡锡变本加厉，将矛头指向军方；1954年，参议院通过了谴责麦卡锡的决议案，麦卡锡主义衰落

艾森豪威尔时期（1953—1960年）

"现代共和党主义"

背景：自罗斯福新政以来，美国垄断资本主义发展进入新历史阶段，国家对社会经济生活进行全面干预

内容：①削减开支，平衡预算，降低国债，减少政府干预经济；②沿袭民主党政府的社会经济政策，扩大保险范围等

影响：折中调和了国家对经济生活的干预问题，适应了美国20世纪50年代垄断资本主义发展的需要

外交政策
- 对苏联，一方面扩充军队，一方面迎合了赫鲁晓夫寻求缓和的态度
- 对西欧，1952年吸纳希腊和土耳其加入北约，1955年吸纳西德加入北约
- 对中东，1957年提出了艾森豪威尔主义，由国会授权总统动用2亿美元给中东国家以经济和军事援助
- 对中国，支持台湾蒋介石集团，并导致了两次台海危机；在朝鲜战争中威胁对中国志愿军使用核武器
- 对中南半岛，拒绝承认日内瓦会议，开始扶持南越的吴庭艳政权，派军事顾问和教官去训练南越军队

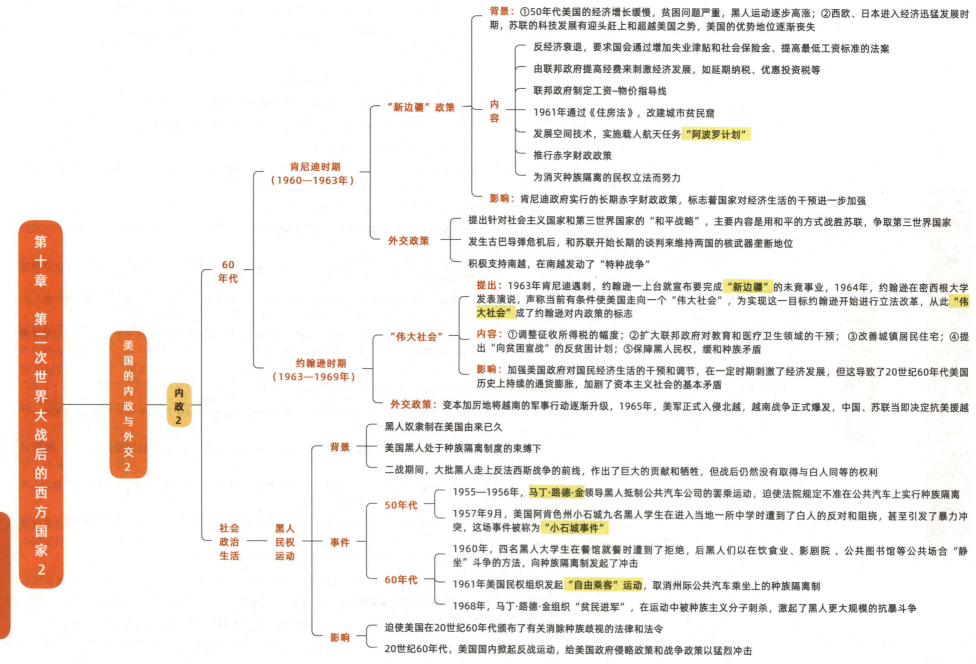

背景：①50年代美国的经济增长缓慢，贫困问题严重，黑人运动逐步高涨；②西欧、日本进入经济迅猛发展时期，苏联的科技发展有迎头赶上和超越美国之势，美国的优势地位逐渐丧失

"新边疆"政策

内容
- 反经济衰退，要求国会通过增加失业津贴和社会保险金、提高最低工资标准的法案
- 由联邦政府提高经费来刺激经济发展，如延期纳税、优惠投资税等
- 联邦政府制定工资–物价指导线
- 1961年通过《住房法》，改建城市贫民窟
- 发展空间技术，实施载人航天任务"阿波罗计划"
- 推行赤字财政政策
- 为消灭种族隔离的民权立法而努力

影响：肯尼迪政府实行的长期赤字财政政策，标志着国家对经济生活的干预进一步加强

肯尼迪时期（1960—1963年）

外交政策
- 提出针对社会主义国家和第三世界国家的"和平战略"，主要内容是用和平的方式战胜苏联，争取第三世界国家
- 发生古巴导弹危机后，和苏联开始长期的谈判来维持两国的核武器垄断地位
- 积极支持南越，在南越发动了"特种战争"

60年代

约翰逊时期（1963—1969年）

"伟大社会"

提出：1963年肯尼迪遇刺，约翰逊一上台就宣布要完成"新边疆"的未竟事业，1964年，约翰逊在密西根大学发表演说，声称当前有条件使美国走向一个"伟大社会"，为实现这一目标约翰逊开始进行立法改革，从此"伟大社会"成了约翰逊对内政策的标志

内容：①调整征收所得税的幅度；②扩大联邦政府对教育和医疗卫生领域的干预；③改善城镇居民住宅；④提出"向贫困宣战"的反贫困计划；⑤保障黑人民权，缓和种族矛盾

影响：加强美国政府对国民经济生活的干预和调节，在一定时期刺激了经济发展，但这导致了20世纪60年代美国历史上持续的通货膨胀，加剧了资本主义社会的基本矛盾

外交政策：变本加厉地将越南的军事行动逐渐升级，1965年，美军正式入侵北越，越南战争正式爆发，中国、苏联当即决定抗美援越

第十章 第二次世界大战后的西方国家2

世界近现代史

美国的内政与外交2

内政2

社会政治生活

黑人民权运动

背景
- 黑人奴隶制在美国由来已久
- 美国黑人处于种族隔离制度的束缚下
- 二战期间，大批黑人走上反法西斯战争的前线，作出了巨大的贡献和牺牲，但战后仍然没有取得与白人同等的权利

事件

50年代
- 1955—1956年，马丁·路德·金领导黑人抵制公共汽车公司的罢乘运动，迫使法院规定不准在公共汽车上实行种族隔离
- 1957年9月，美国阿肯色州小石城九名黑人学生在进入当地一所中学时遭到了白人的反对和阻挠，甚至引发了暴力冲突，这场事件被称为"小石城事件"

60年代
- 1960年，四名黑人大学生在餐馆就餐时遭到了拒绝，后黑人们以在饮食业、影剧院、公共图书馆等公共场合"静坐"斗争的方法，向种族隔离制发起了冲击
- 1961年美国民权组织发起"自由乘客"运动，取消州际公共汽车乘坐上的种族隔离制
- 1968年，马丁·路德·金组织"贫民进军"，在运动中被种族主义分子刺杀，激起了黑人更大规模的抗暴斗争

影响
- 迫使美国在20世纪60年代颁布了有关消除种族歧视的法律和法令
- 20世纪60年代，美国国内掀起反战运动，给美国政府侵略政策和战争政策以猛烈冲击

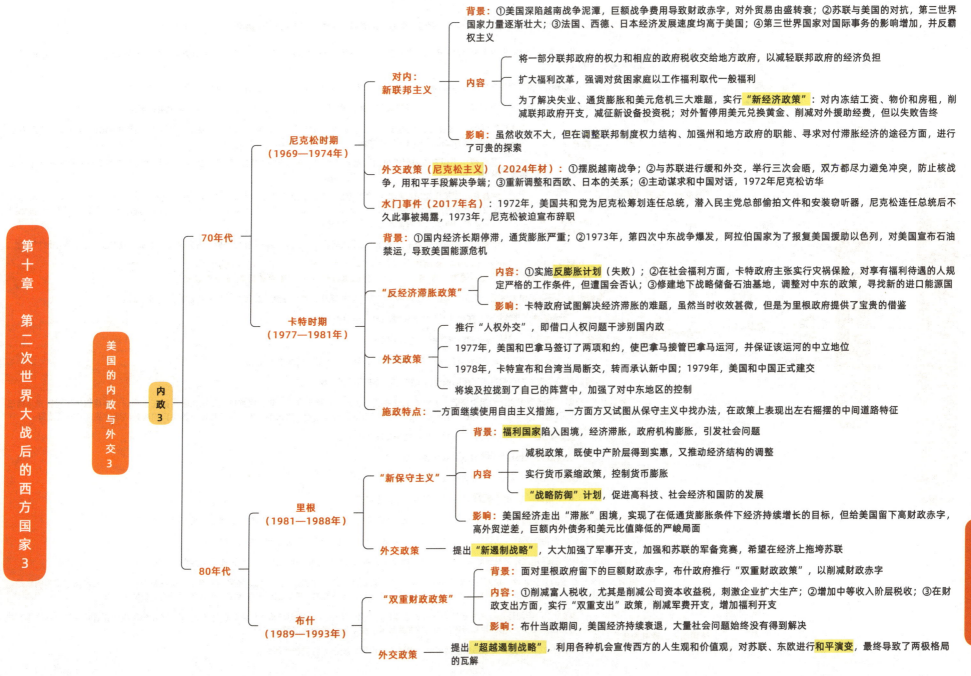

第十章　第二次世界大战后的西方国家 3

美国的内政与外交 3

内政 3

70年代

尼克松时期（1969—1974年）

对内：新联邦主义

背景：①美国深陷越南战争泥潭，巨额战争费用导致财政赤字，对外贸易由盛转衰；②苏联与美国的对抗，第三世界国家力量逐渐壮大；③法国、西德、日本经济发展速度均高于美国；④第三世界国家对国际事务的影响增加，并反霸权主义

内容：
- 将一部分联邦政府的权力和相应的政府税收交给地方政府，以减轻联邦政府的经济负担
- 扩大福利改革，强调对贫困家庭以工作福利取代一般福利
- 为了解决失业、通货膨胀和美元危机三大难题，实行"新经济政策"：对内冻结工资、物价和房租，削减联邦政府开支，减征新设备投资税；对外暂停用美元兑换黄金、削减对外援助经费，但以失败告终

影响：虽然收效不大，但在调整联邦制度权力结构、加强州和地方政府的职能、寻求对付滞胀经济的途径方面，进行了可贵的探索

外交政策（尼克松主义）（2024年材）：①摆脱越南战争；②与苏联进行缓和外交，举行三次会晤，双方都尽力避免冲突，防止核战争，用和平手段解决争端；③重新调整和西欧、日本的关系；④主动谋求和中国对话，1972年尼克松访华

水门事件（2017年名）：1972年，美国共和党为尼克松筹划连任总统，潜入民主党总部偷拍文件和安装窃听器，尼克松连任总统后不久此事被揭露，1973年，尼克松被迫宣布辞职

卡特时期（1977—1981年）

"反经济滞胀政策"

背景：①国内经济长期停滞，通货膨胀严重；②1973年，第四次中东战争爆发，阿拉伯国家为了报复美国援助以色列，对美国宣布石油禁运，导致美国能源危机

内容：①实施反膨胀计划（失败）；②在社会福利方面，卡特政府主张实行灾祸保险，对享有福利待遇的人规定严格的工作条件，但遭国会否认；③修建地下战略储存石油基地，调整对中东的政策，寻找新的进口能源国

影响：卡特政府试图解决经济滞胀的难题，虽然当时收效甚微，但是为里根政府提供了宝贵的借鉴

外交政策：
- 推行"人权外交"，即借口人权问题干涉别国内政
- 1977年，美国和巴拿马签订了两项和约，使巴拿马接管巴拿马运河，并保证该运河的中立地位
- 1978年，卡特宣布和台湾当局断交，转而承认新中国；1979年，美国和中国正式建交
- 将埃及拉拢到自己的阵营中，加强了对中东地区的控制

施政特点：一方面继续使用自由主义措施，一方面又试图从保守主义中找办法，在政策上表现出左右摇摆的中间道路特征

80年代

里根（1981—1988年）

"新保守主义"

背景：福利国家陷入困境，经济滞胀，政府机构膨胀，引发社会问题

内容：
- 减税政策，既使中产阶层得到实惠，又推动经济结构的调整
- 实行货币紧缩政策，控制货币膨胀
- "战略防御"计划，促进高科技、社会经济和国防的发展

影响：美国经济走出"滞胀"困境，实现了在低通货膨胀条件下经济持续增长的目标，但给美国留下高财政赤字，高外贸逆差，巨额内外债务和美元比值降低的严峻局面

外交政策：提出"新遏制战略"，大大加强了军事开支，加强和苏联的军备竞赛，希望在经济上拖垮苏联

布什（1989—1993年）

"双重财政政策"

背景：面对里根政府留下的巨额财政赤字，布什政府推行"双重财政政策"，以削减财政赤字

内容：①削减富人税收，尤其是削减公司资本收益税，刺激企业扩大生产；②增加中等收入阶层税收；③在财政支出方面，实行"双重支出"政策，削减军费开支，增加福利开支

影响：布什当政期间，美国经济持续衰退，大量社会问题始终没有得到解决

外交政策：提出"超越遏制战略"，利用各种机会宣传西方的人生观和价值观，对苏联、东欧进行和平演变，最终导致了两极格局的瓦解

世界近现代史

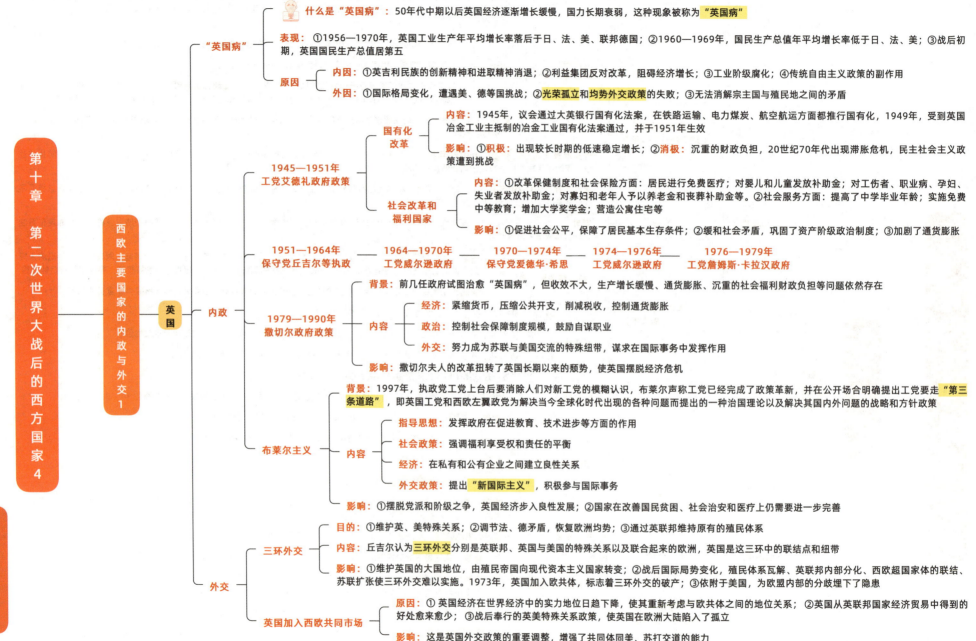

第十章 第二次世界大战后的西方国家 4

世界近现代史

西欧主要国家的内政与外交 1

英国

内政

"英国病"

什么是"英国病"：50年代中期以后英国经济逐渐增长缓慢，国力长期衰弱，这种现象被称为"英国病"

表现：①1956—1970年，英国工业生产年平均增长率落后于日、法、美、联邦德国；②1960—1969年，国民生产总值年平均增长率低于日、法、美；③战后初期，英国国民生产总值居居第五

原因
内因：①英吉利民族的创新精神和进取精神消退；②利益集团反对改革，阻碍经济增长；③工业阶级腐化；④传统自由主义政策的副作用
外因：①国际格局变化，遭遇美、德等国挑战；②光荣孤立和均势外交政策的失败；③无法消解宗主国与殖民地之间的矛盾

1945—1951年 工党艾德礼政府政策

国有化改革
内容：1945年，议会通过大英银行国有化法案，在铁路运输、电力煤炭、航空航运方面都推行国有化，1949年，受到英国冶金工业主抵制的冶金工业国有化法案通过，并于1951年生效
影响：①积极：出现较长时期的低速稳定增长；②消极：沉重的财政负担，20世纪70年代出现滞胀危机，民主社会主义政策遭到挑战

社会改革和福利国家
内容：①改革保健制度和社会保险方面：居民进行免费医疗；对婴儿和儿童发放补助金；对工伤者、职业病、孕妇、失业者发放补助金；对寡妇和老年人予以养老金和丧葬补助金等。②社会服务方面：提高了中学毕业年龄；实施免费中等教育；增加大学奖学金；营造公寓住宅等
影响：①促进社会公平，保障了居民基本生存条件；②缓和社会矛盾，巩固了资产阶级政治制度；③加剧了通货膨胀

1951—1964年 保守党丘吉尔等执政　**1964—1970年 工党威尔逊政府**　**1970—1974年 保守党爱德华·希思**　**1974—1976年 工党威尔逊政府**　**1976—1979年 工党詹姆斯·卡拉汉政府**

1979—1990年 撒切尔政府政策
背景：前几任政府试图治愈"英国病"，但收效不大，生产增长缓慢、通货膨胀、沉重的社会福利财政负担等问题依然存在
内容
经济：紧缩货币，压缩公共开支，削减税收，控制通货膨胀
政治：控制社会保障制度规模，鼓励自谋职业
外交：努力成为苏联与美国交流的特殊纽带，谋求在国际事务中发挥作用
影响：撒切尔夫人的改革扭转了英国长期以来的颓势，使英国摆脱经济危机

布莱尔主义
背景：1997年，执政党工党上台后要消除人们对新工党的模糊认识，布莱尔声称工党已经完成了政策革新，并在公开场合明确提出工党要走"第三条道路"，即英国工党和西欧左翼政党为解决当今全球化时代出现的各种问题而提出的一种治国理论以及解决其国内外问题的战略和方针政策
内容
指导思想：发挥政府在促进教育、技术进步等方面的作用
社会政策：强调福利享受权和责任的平衡
经济：在私有和公有企业之间建立良性关系
外交政策：提出"新国际主义"，积极参与国际事务
影响：①摆脱党派和阶级之争，英国经济步入良性发展；②国家在改善国民贫困、社会治安和医疗上仍需要进一步完善

外交

三环外交
目的：①维护英、美特殊关系；②调节法、德矛盾，恢复欧洲均势；③通过英联邦维持原有的殖民体系
内容：丘吉尔认为三环外交分别是英联邦、英国与美国的特殊关系以及联合起来的欧洲，英国是这三环中的联结点和纽带
影响：①维护英国的大国地位，由殖民帝国向现代资本主义国家转变；②战后国际局势变化，殖民体系瓦解、英联邦内部分化、西欧超国家体的联结、苏联扩张使三环外交难以实施。1973年，英国加入欧共体，标志着三环外交的破产；③依附于美国，为欧盟内部的分歧埋下了隐患

英国加入西欧共同市场
原因：①英国经济在世界经济中的实力地位日趋下降，使其重新考虑与欧共体之间的地位关系；②英国从英联邦国家经济贸易中得到的好处愈来愈少；③战后奉行的英美特殊关系政策，使英国在欧洲大陆陷入了孤立
影响：这是英国外交政策的重要调整，增强了共同体同美、苏打交道的能力

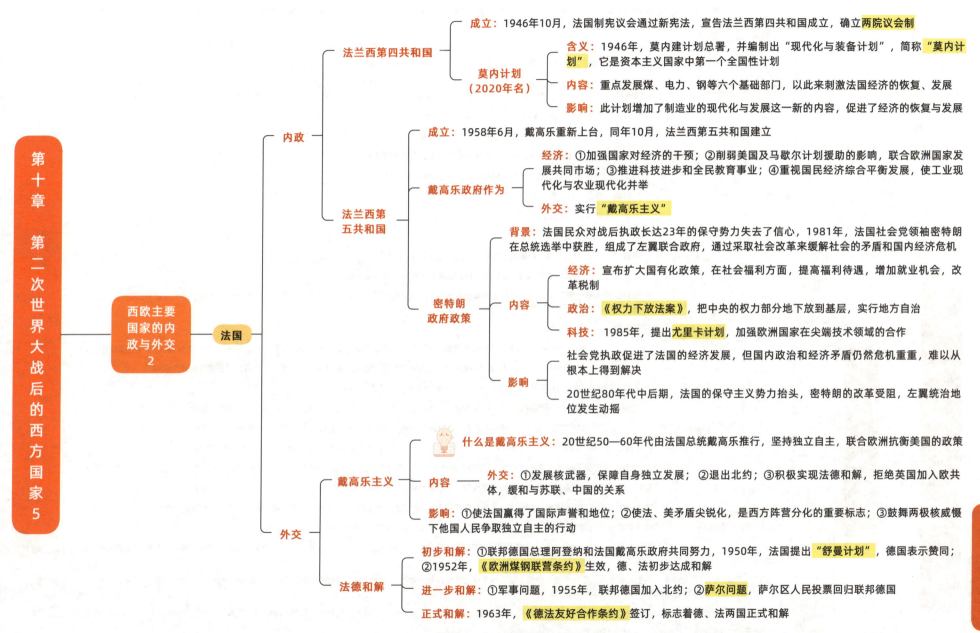

第十章 第二次世界大战后的西方国家 5

西欧主要国家的内政与外交 2

法国

内政

法兰西第四共和国

成立：1946年10月，法国制宪议会通过新宪法，宣告法兰西第四共和国成立，确立**两院议会制**

莫内计划（2020年名）

含义：1946年，莫内建计划总署，并编制出"现代化与装备计划"，简称**"莫内计划"**，它是资本主义国家中第一个全国性计划

内容：重点发展煤、电力、钢等六个基础部门，以此来刺激法国经济的恢复、发展

影响：此计划增加了制造业的现代化与发展这一新的内容，促进了经济的恢复与发展

法兰西第五共和国

成立：1958年6月，戴高乐重新上台，同年10月，法兰西第五共和国建立

戴高乐政府作为

经济：①加强国家对经济的干预；②削弱美国及马歇尔计划援助的影响，联合欧洲国家发展共同市场；③推进科技进步和全民教育事业；④重视国民经济综合平衡发展，使工业现代化与农业现代化并举

外交：实行"戴高乐主义"

密特朗政府政策

背景：法国民众对战后执政长达23年的保守势力失去了信心，1981年，法国社会党领袖密特朗在总统选举中获胜，组成了左翼联合政府，通过采取社会改革来缓解社会的矛盾和国内经济危机

内容

经济：宣布扩大国有化政策，在社会福利方面，提高福利待遇，增加就业机会，改革税制

政治：《权力下放法案》，把中央的权力部分地下放到基层，实行地方自治

科技：1985年，提出尤里卡计划，加强欧洲国家在尖端技术领域的合作

影响

社会党执政促进了法国的经济发展，但国内政治和经济矛盾仍然危机重重，难以从根本上得到解决

20世纪80年代中后期，法国的保守主义势力抬头，密特朗的改革受阻，左翼统治地位发生动摇

外交

戴高乐主义

什么是戴高乐主义：20世纪50—60年代由法国总统戴高乐推行，坚持独立自主，联合欧洲抗衡美国的政策

内容

外交：①发展核武器，保障自身独立发展；②退出北约；③积极实现法德和解，拒绝英国加入欧共体，缓和与苏联、中国的关系

影响：①使法国赢得了国际声誉和地位；②使法、美矛盾尖锐化，是西方阵营分化的重要标志；③鼓舞两极核威慑下他国人民争取独立自主的行动

法德和解

初步和解：①联邦德国总理阿登纳和法国戴高乐政府共同努力，1950年，法国提出"舒曼计划"，德国表示赞同；②1952年，《欧洲煤钢联营条约》生效，德、法初步达成和解

进一步和解：①军事问题，1955年，联邦德国加入北约；②萨尔问题，萨尔区人民投票回归联邦德国

正式和解：1963年，《德法友好合作条约》签订，标志着德、法两国正式和解

世界近现代史

239

第一次分裂：因对德分区占领，1949年5月10日，德国被分裂为东、西两部分。1949年9月20日，德意志联邦共和国（西德）成立，同年10月7日，德意志民主共和国（东德）也正式成立

第二次分裂：1945—1961年，大量民主德国公民逃往联邦德国，使民主德国蒙受巨大损失。1961年，民主德国人民议院建成"柏林墙"，切断东、西柏林间的自由往来

东西德统一：在戈尔巴乔夫"新思维"的影响下，新上任的民主德国领导决定开放柏林墙关卡；1990年6月，民主德国政府开始拆除全部柏林墙；1990年10月3日，两德实现统一

分裂与统一

联邦德国政府更迭

1949—1963年 阿登纳政府	1963—1966年 艾哈德政府	1966—1969年 库尔特·基辛格	1969—1974年 勃兰特政府	1974—1982年 施密特政府	1982—1998年 科尔政府

内政

勃兰特政府政策

背景：经济增长趋缓，国际收支不平衡，通货膨胀高、失业率高，社会矛盾尖锐

内容
- 调整金融政策，提高信贷利率，鼓励外资流入
- 调整能源政策，发展多种能源生产，改变能源生产结构
- 调整财政政策，扩大财政赤字，通过减税刺激投资

影响：物价稳定、充分就业、基本达到收支平衡，刺激了投资和消费，稳定了汇率，改善了能源结构，促进了经济增长

科尔政府政策

背景：①东德合并，经济压力增大；②经济危机，存在失业问题，加剧社会矛盾

内容
- 实行减税，降低利率
- 发展新科技，提高出口竞争力，加快经济发展速度
- 扩大国际贸易顺差，调整对美元的汇率，稳定马克的国际价值

影响：经济进一步发展，但1990年德国实现统一后，科尔对东德经济复苏的估计过于乐观，同时战后经济危机爆发，出现经济低谷，为改善状况，科尔政府进行了一系列新的政策调整

外交

阿登纳政府
- 初期亲美、向西方一边倒
- **哈尔斯坦主义**
  - **内容**：联邦德国代表整个德国，不承认德意志民主共和国，不同与民主德国建交的任何国家(苏联除外)建立或保持外交关系
  - **结果**：联邦德国提出外交政策，旨在维护国家利益而非束缚国家发展的机遇，后为"新东方政策"代替

勃兰特政府（新东方政策）

背景
- 20世纪60年代，美苏在激烈对抗的同时，开始谋求妥协
- 美国深陷越南战争，加之自身的衰退，使联邦德国期望依靠美国和北约组织实现德国统一的愿望落空
- 联邦德国与苏联、东欧经济贸易频繁，承认东德政府并纠正僵化的外交关系成为西德需要

内容：①改善与苏联、东欧国家的关系；②接近民主德国，力图解决"德国问题"；③保持西方属性，打消盟友疑虑

影响：①促进了东西方贸易以及联邦德国自身经济的发展；②提升了联邦德国的国际地位，促进了德国统一；③一定程度上促进了世界和平

二战后联邦德国经济迅速发展的原因

政治：①基督教民主联盟长期执政为经济发展提供了较稳定的环境；②非军事化立国的战后政策使其避免背上军备竞赛的沉重包袱

经济：①战前联邦德国具有良好的工业基础；②西德实行符合国情的社会市场经济体制；③实施了币制改革；④马歇尔计划的援助

科技和教育：①教育事业的发展造就了一支庞大的科技队伍；②联邦德国特别注意引进外国先进技术

国际环境：①朝鲜战争爆发，来自美国的军需订单为西德工业的发展提供了契机；②美、苏两国没有爆发大规模军事冲突，给冷战前沿的联邦德国提供了良好的国际环境

联邦德国

西欧主要国家的内政与外交3

第十章 第二次世界大战后的西方国家6

世界近现代史

民主德国战后发展

50—70年代：①1951年，民主德国实行了第一个五年计划，工业总产值占比全国经济较重；②1960年，民主德国又实现了农业全盘集体化；③1971年，民主德国提出了"在高速度发展社会主义生产的基础上提高人民物质文化生活水平"的方针

80年代：①1972年，联邦德国同民主德国签订条约，彼此承认是主权国家，1973年，两个德国同时加入联合国；②1979到1980年爆发的第二次石油危机引发了民主德国经济加速衰退

90年代：1989年，"柏林墙"拆除，1990年，东、西德完成统一

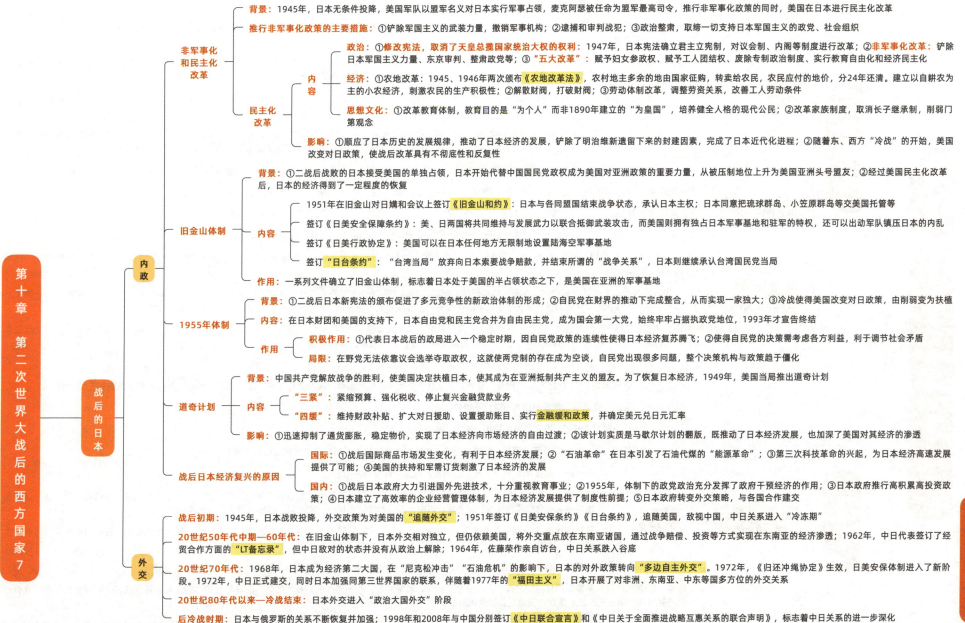

第十章　第二次世界大战后的西方国家 7

战后的日本

内政

非军事化和民主化改革

- **背景**：1945年，日本无条件投降，美国军队以盟军名义对日本实行军事占领，麦克阿瑟被任命为盟军最高司令，推行非军事化政策的同时，美国在日本进行民主化改革
- **推行非军事化政策的主要措施**：①铲除军国主义的武装力量，撤销军事机构；②逮捕和审判战犯；③政治整肃，取缔一切支持日本军国主义的政党、社会组织
- **民主化改革**
  - **内容**
    - **政治**：①修改宪法，取消了天皇总揽国家统治大权的权利：1947年，日本宪法确立君主立宪制，对议会制、内阁等制度进行改革；②非军事化改革：铲除日本军国主义力量、东京审判、整肃政党等；③"五大改革"：赋予妇女参政权、赋予工人团结权、废除专制政治制度、实行教育自由化和经济民主化
    - **经济**：①农地改革：1945、1946年两次颁布《农地改革法》，农村地主多余的地由国家征购，转卖给农民，农民应付的地价，分24年还清。建立以自耕农为主的小农经济，刺激农民的生产积极性；②解散财阀，打破财阀；③劳动体制改革，调整劳资关系，改善工人劳动条件
    - **思想文化**：①改革教育体制，教育目的是"为个人"而非1890年建立的"为皇国"，培养健全人格的现代公民；②改革家族制度，取消长子继承制，削弱门第观念
  - **影响**：①顺应了日本历史的发展规律，推动了日本经济的发展，铲除了明治维新遗留下来的封建因素，完成了日本近代化进程；②随着东、西方"冷战"的开始，美国改变对日政策，使战后改革具有不彻底性和反复性

旧金山体制

- **背景**：①二战后战败的日本接受美国的单独占领，日本开始代替中国国民党政权成为美国对亚洲政策的重要力量，从被压制地位上升为美国亚洲头号盟友；②经过美国民主改革后，日本的经济得到了一定程度的恢复
- **内容**
  - 1951年在旧金山对日媾和会议上签订《旧金山和约》：日本与各同盟国结束战争状态，承认日本主权；日本同意把琉球群岛、小笠原群岛等交美国托管等
  - 签订《日美安全保障条约》：美、日两国将共同维持与发展武力以联合抵御武装攻击，而美国则拥有独占日本军事基地和驻军的特权，还可以出动军队镇压日本的内乱
  - 签订《日美行政协定》：美国可以在日本任何地方无限制地设置陆海空军事基地
  - 签订"日台条约"："台湾当局"放弃向日本索要战争赔款，并结束所谓的"战争关系"，日本则继续承认台湾国民党当局
- **作用**：一系列文件确立了旧金山体制，标志着日本处于美国的半占领状态之下，是美国在亚洲的军事基地

1955年体制

- **背景**：①二战后日本新宪法的颁布促进了多元竞争性的新政治体制的形成；②自民党在财界的推动下完成整合，从而实现一家独大；③冷战使得美国改变对日政策，由削弱变为扶植
- **内容**：在日本财团和美国的支持下，日本自由党和民主党合并为自由民主党，成为国会第一大党，始终牢牢占据执政党地位，1993年才宣告终结
- **作用**
  - **积极作用**：①代表日本战后的政局进入一个稳定时期，因自民党政策的连续性使得日本经济复苏腾飞；②使得自民党的决策需要考虑各方利益，利于调节社会矛盾
  - **局限**：在野党无法依靠议会选举夺取政权，这就使两党制的存在成为空谈，自民党出现很多问题，整个决策机构与政策趋于僵化

道奇计划

- **背景**：中国共产党解放战争的胜利，使美国决定扶植日本，使其成为在亚洲抵制共产主义的盟友。为了恢复日本经济，1949年，美国当局推出道奇计划
- **内容**
  - "三紧"：紧缩预算、强化税收、停止复兴金融贷款业务
  - "四缓"：维持财政补贴、扩大对日援助、设置援助账目、实行金融缓和政策，并确定美元兑日元汇率
- **影响**：①迅速抑制了通货膨胀，稳定物价，实现了日本经济向市场经济的自由过渡；②该计划实质是马歇尔计划的翻版，既推动了日本经济发展，也加深了美国对其经济的渗透

战后日本经济复兴的原因

- **国际**：①战后国际商品市场发生变化，有利于日本经济发展；②"石油革命"在日本引发了石油代煤的"能源革命"；③第三次科技革命的兴起，为日本经济高速发展提供了可能；④美国的扶持和军需订货刺激了日本经济的发展
- **国内**：①战后日本政府大力引进国外先进技术，十分重视教育事业；②1955年，体制下的政党政治充分发挥了政府干预经济的作用；③日本政府推行高积累高投资政策；④日本建立了高效率的企业经营管理体制，为日本经济发展提供了制度性前提；⑤日本政府转变外交策略，与各国合作建交

外交

- **战后初期**：1945年，日本战败投降，外交政策为对美国的"追随外交"；1951年签订《日美安保条约》《日台条约》，追随美国，敌视中国，中日关系进入"冷冻期"
- **20世纪50年代中期—60年代**：在旧金山体制下，日本外交相对独立，但仍依赖美国，将外交重点放在东南亚诸国，通过战争赔偿、投资等方式实现对东南亚的经济渗透；1962年，中日代表签订了经贸合作方面的"LT备忘录"，但中日敌对的状态并没有从政治上解除；1964年，佐藤荣作亲自访台，中日关系跌入谷底
- **20世纪70年代**：1968年，日本成为经济第二大国，在"尼克松冲击""石油危机"的影响下，日本的对外政策转向"多边自主外交"。1972年，《归还冲绳协定》生效，日美安保体制进入了新阶段。1972年，中日正式建交，同时日本加强同第三世界国家的联系，伴随着1977年的"福田主义"，日本开展了对非洲、东南亚、中东等国多方位的外交关系
- **20世纪80年代以来—冷战结束**：日本外交进入"政治大国外交"阶段
- **后冷战时期**：日本与俄罗斯的关系不断恢复并加强；1998年和2008年与中国分别签订《中日联合宣言》和《中日关于全面推进战略互惠关系的联合声明》，标志着中日关系的进一步深化

世界近现代史

第十章 第二次世界大战后的西方国家 8

世界近现代史

西欧的一体化进程

西欧联合的历史条件
①欧洲各国经济发展的现实需要；②抗衡美、苏及两极冷战局面；③欧洲统一思想的影响；④欧洲各国之间影响很深，存在历史渊源；⑤战后法德和解，为西欧联合奠定基础

欧共体的初建

背景：①两次世界大战后，昔日称雄于世界的欧洲列强均已降为二、三等国，欧洲虚弱破碎；②东方：来自苏联和东欧盟国的威胁日益严重；③西方：来自美国的经济渗透和政治控制不断加强

欧洲煤钢共同体

建立过程：①为化解法、德矛盾进行联合，联邦德国率先出台政策，鼓励法国投资西德工业。1950年，法国出台建立煤钢共同市场的"舒曼计划"；②1951年，法、德、意、荷、比、卢六国签订了《欧洲煤钢共同体条约》

影响：①有利于欧洲市场的保护和开发海外市场；②使欧洲生产、商品、资本等冲破了狭小空间，资源配置使用更为合理；③为各国经济全面一体化准备了政治前提；④首创共同体这种国家联合的新型组织，为整个欧洲共同体提供了基本模式

欧共体正式成立

1957年，六国签订《罗马条约》标志欧洲经济共同体成立，1958年，《罗马条约》生效，"欧洲经济共同体"和"欧洲原子能共同体"同时成立，加上之前的"欧洲煤钢共同体"，在西欧就有三个共同体并存，其中"欧洲经济共同体"（又称"西欧共同市场"）最为重要

1965年，六国签订《布鲁塞尔条约》，决定将上述三个组织的主要机构合并，统称"欧洲共同体"。1967年，欧共体正式形成

欧共体的扩大

第一次扩大：从1961年英国、丹麦、爱尔兰、挪威和葡萄牙提出申请开始，到1973年完成，英国、爱尔兰、丹麦三国加入共同体

第二次扩大：自1975年和1977年希腊、葡萄牙和西班牙提出正式申请开始，于80年代初期和中期相继完成，欧共体发展成12个成员国

第三次扩大：1991年，马斯特里赫特首脑会议通过《欧洲联盟条约》，1993年条约生效，标志着欧盟成立，欧共体向经济、政治实体过渡

欧盟（2019年选）

成立：1991年，欧共体成员国在荷兰马斯特里赫特举行首脑会议，通过了实现政治、经济、货币联盟的战略合作《欧洲联盟条约》，和约于1993年生效，欧共体由此发展为欧盟

影响：①欧盟是一种高于其他国家间合作形式的新型国际组织，增强了对外经济竞争力，是世界第一大经济实体；②欧盟有力地推动了欧洲政治经济一体化发展，提升了欧洲的国际地位，成为国际多极化格局中的重要一极；③欧盟成为原有国际政治格局的挑战者以及国际局势的稳定者

欧盟的扩大：①1995年，奥地利、芬兰、瑞典国正式加入欧盟，欧盟成员国扩大为15国；②东扩：2004年，匈牙利、波兰、捷克、斯洛伐克、斯洛文尼亚等10国加入欧盟，2007年，罗马尼亚和保加利亚正式成为欧盟成员国，至此欧盟扩大到27国

当代科技革命

第三次科技革命（2020年论）

背景

理论准备：19世纪末20世纪初，量子力学、原子物理学及相对论等一系列新兴理论出现；战后控制论、信息论和系统论等三大理论出现

第二次技术革命创造的技术与物质条件的铺垫

战后初期尖端技术从军用转为民用，扩大了新兴产业

战后资本主义生产关系的调整，国家垄断资本主义在一定程度上对科学技术发展有促进作用

主要内容（2017年选）

电子计算机技术：电子计算机的普及，建立了计算机网络系统

原子能技术：1945年，美国试爆首颗原子弹成功，随后苏联也成功研制原子弹，原子弹后又诞生了更大威力的氢弹，中、英、法等国也宣布掌握热核武器技术，原子能技术在军事领域得以应用后，核能发电等多种技术转向民用领域

航天技术：为空间技术的发展创造了条件，1957年，苏联发射成功首颗人造地球卫星，此后载人航天技术、空间站技术及登月等技术都取得了发展

高新技术问世：如激光技术、光导纤维技术、海洋工程技术、新能源与新材料技术、生物工程技术等

特点：①第三次技术革命以群体形式出现，形成一个多层次、紧密联系、统一整体的高技术群体；②与社会的结合比过去两次技术革命要紧密得多，具有很强的社会性；③第三次技术革命的发展进程极为高速

影响：①生产力各要素变革，劳动生产率显著提高；②产业结构发生了重大变化；③第三次技术革命从根本上改善了人们的生活质量，导致生活方式和消费行为的变化；④第三次技术革命加剧了环境污染、生态破坏、人口激增等一系列全球性问题

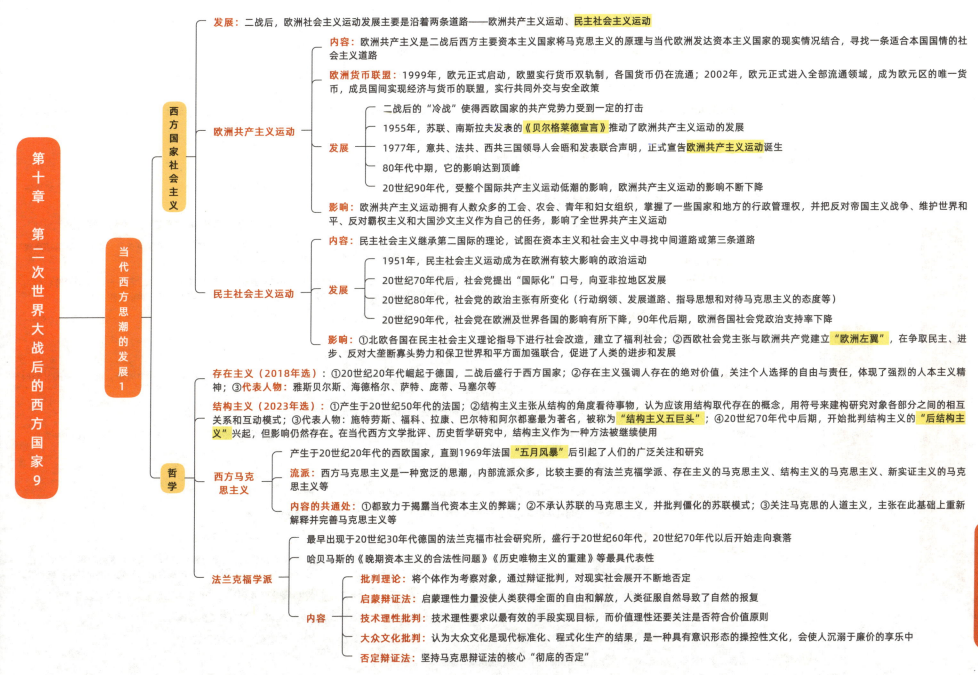

第十章　第二次世界大战后的西方国家 9

当代西方思潮的发展 1

西方国家社会主义

发展：二战后，欧洲社会主义运动发展主要是沿着两条道路——欧洲共产主义运动、民主社会主义运动

欧洲共产主义运动

内容：欧洲共产主义是二战后西方主要资本主义国家将马克思主义的原理与当代欧洲发达资本主义国家的现实情况结合，寻找一条适合本国国情的社会主义道路

欧洲货币联盟：1999年，欧元正式启动，欧盟实行货币双轨制，各国货币仍在流通；2002年，欧元正式进入全部流通领域，成为欧元区的唯一货币，成员国间实现经济与货币的联盟，实行共同外交与安全政策

发展
- 二战后的"冷战"使得西欧国家的共产党势力受到一定的打击
- 1955年，苏联、南斯拉夫发表的《贝尔格莱德宣言》推动了欧洲共产主义运动的发展
- 1977年，意共、法共、西共三国领导人会晤和发表联合声明，正式宣告欧洲共产主义运动诞生
- 80年代中期，它的影响达到顶峰
- 20世纪90年代，受整个国际共产主义运动低潮的影响，欧洲共产主义运动的影响不断下降

影响：欧洲共产主义运动拥有人数众多的工会、农会、青年和妇女组织，掌握了一些国家和地方的行政管理权，并把反对帝国主义战争、维护世界和平、反对霸权主义和大国沙文主义作为自己的任务，影响了全世界共产主义运动

民主社会主义运动

内容：民主社会主义继承第二国际的理论，试图在资本主义和社会主义中寻找中间道路或第三条道路

发展
- 1951年，民主社会主义运动成为在欧洲有较大影响的政治运动
- 20世纪70年代后，社会党提出"国际化"口号，向亚非拉地区发展
- 20世纪80年代，社会党的政治主张有所变化（行动纲领、发展道路、指导思想和对待马克思主义的态度等）
- 20世纪90年代，社会党在欧洲及世界各国的影响有所下降，90年代后期，欧洲各国社会党政治支持率下降

影响：①北欧各国在民主社会主义理论指导下进行社会改造，建立了福利社会；②西欧社会党主张与欧洲共产党建立"欧洲左翼"，在争取民主、进步、反对大垄断寡头势力和保卫世界和平方面加强联合，促进了人类的进步和发展

哲学

存在主义（2018年选）：①20世纪20年代崛起于德国，二战后盛行于西方国家；②存在主义强调人存在的绝对价值，关注个人选择的自由与责任，体现了强烈的人本主义精神；③代表人物：雅斯贝尔斯、海德格尔、萨特、庞蒂、马塞尔等

结构主义（2023年选）：①产生于20世纪50年代的法国；②结构主义主张从结构的角度看待事物，认为应该用结构取代存在的概念，用符号来建构研究对象各部分之间的相互关系和互动模式；③代表人物：施特劳斯、福科、拉康、巴尔特和阿尔都塞最为著名，被称为"结构主义五巨头"；④20世纪70年代中后期，开始批判结构主义的"后结构主义"兴起，但影响仍然存在。在当代西方文学批评、历史哲学研究中，结构主义作为一种方法被继续使用

西方马克思主义
- 产生于20世纪20年代的西欧国家，直到1969年法国"五月风暴"后引起了人们的广泛关注和研究
- **流派**：西方马克思主义是一种宽泛的思潮，内部流派众多，比较主要的有法兰克福学派、存在主义的马克思主义、结构主义的马克思主义、新实证主义的马克思主义等
- **内容的共通处**：①都致力于揭露当代资本主义的弊端；②不承认苏联的马克思主义，并批判僵化的苏联模式；③关注马克思的人道主义，主张在此基础上重新解释并完善马克思主义等

法兰克福学派
- 最早出现于20世纪30年代德国的法兰克福市社会研究所，盛行于20世纪60年代，20世纪70年代以后开始走向衰落
- 哈贝马斯的《晚期资本主义的合法性问题》《历史唯物主义的重建》等最具代表性

内容
- **批判理论**：将个体作为考察对象，通过辩证批判，对现实社会展开不断地否定
- **启蒙辩证法**：启蒙理性力量没使人类获得全面的自由和解放，人类征服自然导致了自然的报复
- **技术理性批判**：技术理性要求以最有效的手段实现目标，而价值理性还要关注是否符合价值原则
- **大众文化批判**：认为大众文化是现代标准化、程式化生产的结果，是一种具有意识形态的操控性文化，会使人沉溺于廉价的享乐中
- **否定辩证法**：坚持马克思辩证法的核心"彻底的否定"

世界近现代史

第十章 第二次世界大战后的西方国家 10 当代西方思潮的发展 2

经济学

新凯恩斯主义

什么是新凯恩斯主义：20世纪70年代，凯恩斯主义者们对凯恩斯主义进行发展和补充形成的新的经济学派

背景：全球经济形势发生巨大转变，受到新的经济学派的冲击

内容：①劳动市场上经常存在超额劳动供给；②经济中存在着显著的周期性波动；③经济政策在绝大多数年份是重要的，强调国家控制经济，是凯恩斯主义的继承和发展

现代货币主义
又称货币主义或货币学派，是20世纪50年代中期在美国出现的一个重要的经济学流派，其核心是"唯有货币重要"，主张通过控制货币数字消除通货膨胀，恢复正常的市场机制

供给学派

什么是供给学派：20世纪70年代后在美国出现的经济学派

理论：①反对凯恩斯主义的有效需求理论，认为当前资本主义经济危机的原因是供给不足；②主张通过刺激储蓄、投资和工作积极性，依靠市场机制的自行调节来增加供给

影响：在短期内崛起，20世纪80年代初为美国总统里根大力提倡，成为美国的官方经济学，对里根改革的基本思路和主要措施产生过重大影响

新制度学派（分两学派）

第一种学派：①以美国罗纳德·哈里·科斯、威廉姆森等人为代表人物；②注重研究人、制度、经济活动及其相互关系，该派理论包括产权理论、交易成本理论等；③从微观角度研究制度，发展了新古典经济学，被正统经济学所接受

第二种学派：①以美国约翰·加尔布雷斯和瑞典冈纳·缪尔达尔等人为代表的新制度学派；②主张采用结构分析、历史分析和社会分析等方法，研究制度对社会经济的决定作用等问题；③该派理论以现代资本主义的"批判者"的姿态出现，被正统经济学家看作"异端"

史学

年鉴学派（2018年选）

发展阶段：1929年，法国史学家费弗尔和布洛赫创办《经济和社会年鉴》杂志，年鉴学派因此得名，1929—1945年是创建阶段；1945—1968年是"制度化"阶段；1968年后是发展转型阶段

内容：
创建阶段：年鉴学派批判传统史学，倡导研究人类活动的整体史，注重社会结构变迁

制度化阶段：布罗代尔提出了"三时段理论"，将历史时间分为地理时间（长时段）、社会时间（中时段）和个人时间（短时段），延续了之前的整体史思想

转型阶段：年鉴学派开始向微观史学转变，传统政治史和人物史得到了复兴

影响：开拓了西方史学的新方向，经过发展、演进，年鉴学派所提出的研究原则与观念已经渗入现代西方史学的精髓，成为当今国际史学发展的主流

计量史学（2020年名）

利用电子计算机，使系统收集、利用史料及进行统计分析成为可能

进行统计分析，使用电子计算机进行高级的数理统计学和多变量解析领域的分析

制作数学模型，借用社会科学尤其是经济学中的理论模式，以数理的形式来表现历史文化现象

美国新史学

背景：美国社会科学空前发展。兴起于20世纪50年代，60—80年代达到鼎盛，历史学的社会科学化是其主要特征

内容：由新经济史、新政治史和新社会史三分支构成：①新经济史利用计量经济学技术等数学方式来考察各种历史性因素在特定环境下的作用；②新政治史注重分析种族、文化和宗教等因素在政治行为中的作用，并建立了政治行为模式；③新社会史注重社会流动研究，建立了社会流动模式

全球史观

背景：①历史整体观以及古人对世界史的探索；②比较史学出现，二战后对"欧洲中心论"的反省；③20世纪后现代主义和人类学发展的推动

内容：从世界历史的整体发展和统一性方面考查历史，认为人类历史的发展过程是从分散向整体发展转变的过程

特点：①跨国家、长时段，承认历史发展中的客观存在，强调中心和边缘的相互影响；②重视跨学科和比较研究

文学
①存在主义文学；②新小说派文学；③荒诞派文学；④黑色幽默；⑤魔幻现实主义文学

世界近现代史

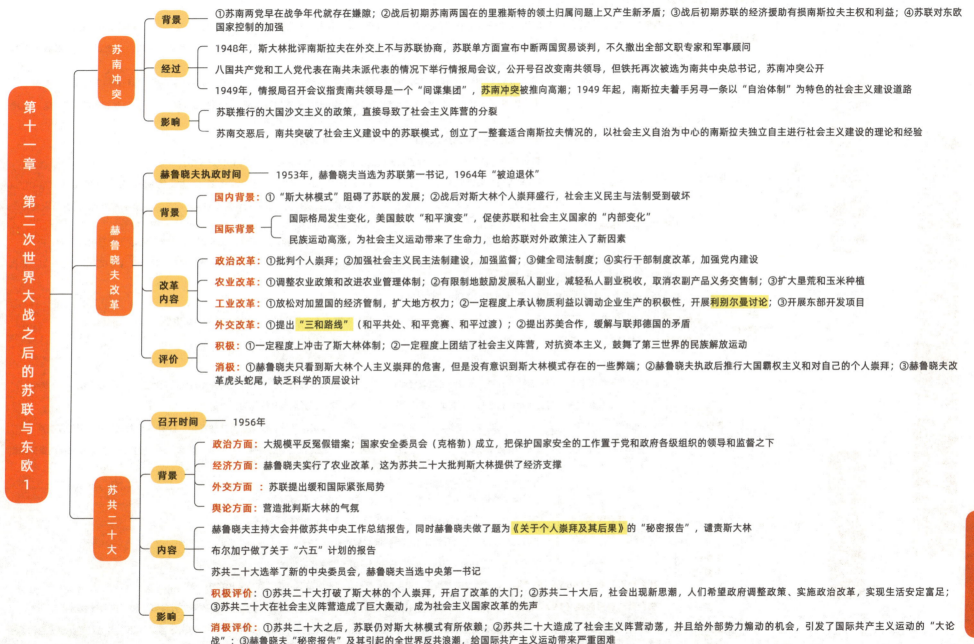

第十一章　第二次世界大战之后的苏联与东欧 1

苏南冲突

背景：①苏南两党早在战争年代就存在嫌隙；②战后初期苏南两国在的里雅斯特的领土归属问题上又产生新矛盾；③战后初期苏联的经济援助有损南斯拉夫主权和利益；④苏联对东欧国家控制的加强

经过：
1948年，斯大林批评南斯拉夫在外交上不与苏联协商，苏联单方面宣布中断两国贸易谈判，不久撤出全部文职专家和军事顾问
八国共产党和工人党代表在南共未派代表的情况下举行情报局会议，公开号召改变南共领导，但铁托再次被选为南共中央总书记，苏南冲突公开
1949年，情报局召开会议指责南共领导是一个"间谍集团"，苏南冲突被推向高潮；1949年起，南斯拉夫着手另寻一条以"自治体制"为特色的社会主义建设道路

影响：
苏联推行的大国沙文主义的政策，直接导致了社会主义阵营的分裂
苏南交恶后，南共突破了社会主义建设中的苏联模式，创立了一整套适合南斯拉夫情况的，以社会主义自治为中心的南斯拉夫独立自主进行社会主义建设的理论和经验

赫鲁晓夫改革

赫鲁晓夫执政时间：1953年，赫鲁晓夫当选为苏联第一书记，1964年"被迫退休"

背景：
国内背景：①"斯大林模式"阻碍了苏联的发展；②战后对斯大林个人崇拜盛行，社会主义民主与法制受到破坏
国际背景：
国际格局发生变化，美国鼓吹"和平演变"，促使苏联和社会主义国家的"内部变化"
民族运动高涨，为社会主义运动带来了生命力，也给苏联对外政策注入了新因素

改革内容：
政治改革：①批判个人崇拜；②加强社会主义民主法制建设，加强监督；③健全司法制度；④实行干部制度改革，加强党内建设
农业改革：①调整农业政策和改进农业管理体制；②有限制地鼓励发展私人副业，减轻私人副业税收，取消农副产品义务交售制；③扩大垦荒和玉米种植
工业改革：①放松对加盟国的经济管制，扩大地方权力；②一定程度上承认物质利益以调动企业生产的积极性，开展利别尔曼讨论；③开展东部开发项目
外交改革：①提出"三和路线"（和平共处、和平竞赛、和平过渡）；②提出苏美合作，缓解与联邦德国的矛盾

评价：
积极：①一定程度上冲击了斯大林体制；②一定程度上团结了社会主义阵营，对抗资本主义，鼓舞了第三世界的民族解放运动
消极：①赫鲁晓夫只看到斯大林个人主义崇拜的危害，但是没有意识到斯大林模式存在的一些弊端；②赫鲁晓夫执政后推行大国霸权主义和对自己的个人崇拜；③赫鲁晓夫改革虎头蛇尾，缺乏科学的顶层设计

苏共二十大

召开时间：1956年

背景：
政治方面：大规模平反冤假错案；国家安全委员会（克格勃）成立，把保护国家安全的工作置于党和政府各级组织的领导和监督之下
经济方面：赫鲁晓夫实行了农业改革，这为苏共二十大批判斯大林提供了经济支撑
外交方面：苏联提出缓和国际紧张局势
舆论方面：营造批判斯大林的气氛

内容：
赫鲁晓夫主持大会并做苏共中央工作总结报告，同时赫鲁晓夫做了题为《关于个人崇拜及其后果》的"秘密报告"，谴责斯大林
布尔加宁做了关于"六五"计划的报告
苏共二十大选举了新的中央委员会，赫鲁晓夫当选中央第一书记

影响：
积极评价：①苏共二十大打破了斯大林的个人崇拜，开启了改革的大门；②苏共二十大后，社会出现新思潮，人们希望政府调整政策、实施政治改革，实现生活安定富足；③苏共二十大在社会主义阵营造成了巨大轰动，成为社会主义国家改革的先声
消极评价：①苏共二十大之后，苏联仍对斯大林模式有所依赖；②苏共二十大造成了社会主义阵营动荡，并且给外部势力煽动的机会，引发了国际共产主义运动的"大论战"；③赫鲁晓夫"秘密报告"及其引起的全世界反共浪潮，给国际共产主义运动带来严重困难

世界近现代史

第十一章　第二次世界大战之后的苏联与东欧 2

世界近现代史

苏联超级大国地位的确立

勃列日涅夫改革

政治调整

勃列日涅夫执政时间：1964—1982年

总体调整：①党体制方面，加强政治体制的集中与统一；②批评赫鲁晓夫的个人专断，强调党中央的集体领导；③为斯大林"恢复部分名誉"

局部调整：①加强干部队伍的培养；②加强人民监督机制；③提高苏维埃的地位和作用，以多种形式吸收人民参加国家管理；④提出"发达社会主义理论"

经济改革

新经济体制

苏共中央授命柯西金主持新经济体制改革，采用"利别尔曼建议"，运用利润、奖金、核算等纯经济手段来改革和促进苏联工业的发展

改革措施

第一阶段：60年代中期—70年代初。①恢复集中领导的部门管理制，兼顾地区管理；②扩大企业某些自主权；③以利润留成设置企业经济刺激基金；④利用经济杠杆刺激企业改善管理

第二阶段：70年代初期到末期，成立联合公司，集约化经营

第三阶段：70年代末80年代初，严格控制基建项目；科技人员利益与科技进步相挂钩等

影响：是苏联历史上重要的、大规模的经济改革之一，虽未从根本上触动斯大林体制，但是在当时对于促进经济发展起到了巨大的推动作用

改革农业管理体制

内容：①改进农产品收购制度，提高收购价格；②对庄员实行有保障的劳动报酬制度；③支持发展个人副业；④推行农业集约化方针；⑤进行农工综合体试验

影响：在改革初期，农业发展很快，产量有所提高，但农业落后问题并未得到根本解决，总体远落后于西方发达国家

外交方面

提出了"有限主权论"，认为由所有社会主义国家所组成的大家庭是一个不可分割的整体，"社会主义大家庭的利益"是"最高主权"，高于一切。他执政期间，对外进行了一系列侵略扩张活动

对西方，他执政前期注意缓和关系，促进贸易，后期加紧苏美争夺

评价

积极评价：①政权集中避免了国家混乱；②经济水平增长明显，使苏联在70年代冷战中占据一定优势，与美国差距逐步缩小

消极评价：①仍在斯大林模式之下；②农业落后问题未根本解决

东欧社会主义国家 1

南斯拉夫

人民民主政权建立

1941年，南斯拉夫宣布对希特勒投降，原资产阶级政府流亡海外，以铁托为首的南斯拉夫共产党坚持抵抗法西斯的进攻，重建了南斯拉夫联邦

1945年，南斯拉夫举行立宪会议，宣布成立南斯拉夫联邦人民共和国，施行联邦制度，铁托为政府首脑

1952年，南共召开六大，决定将南斯拉夫共产党改名为"南斯拉夫共产主义者联盟"，简称"南共联盟"，1958年南共联盟七大通过新党纲

1948年，苏联要求南斯拉夫照搬苏联模式遭到拒绝，引发了苏南冲突，苏联指责南斯拉夫共产党背离马克思主义，并宣布将南斯拉夫共产党开除出情报局。面对孤立局面，南斯拉夫选择了独立自主的南斯拉夫模式（也叫作社会主义自治制度）

南斯拉夫模式

工人自治时期（1950—1963年）

在工业方面，由工人集体代替整个社会对国家范围内的工厂、森林、交通、贸易等国营企业加以管理，国家不再对企业下达指令性指标，只规定生产、投资、分配的基本指标

在农业方面，允许土地自由买卖，逐步取消了农产品的义务征购制

在政治体制方面，大规模改组和精减国家管理机关

在外交方面，1950年南斯拉夫开始同西方国家发展经济合作

社会自治时期（1963—1970年）：扩大企业对再生产资金的支配权；调整并放开物价；实行外贸自由

联合劳动自治时期（1971年之后）：经济方面实行联合劳动原则，加强契约协调；政治方面实行"国家集体元首制"和"议会代表团制"

解体：1992年，南斯拉夫议会通过新宪法，宣布塞尔维亚和黑山两共和国联合成立南斯拉夫联盟共和国；2003年，南斯拉夫联盟共和国议会通过《塞尔维亚和黑山宪章》，改国名为"塞尔维亚和黑山"；2006年，塞尔维亚和黑山解体，变成了塞尔维亚、克罗地亚等7个国家

第十一章 第二次世界大战之后的苏联与东欧 3

东欧社会主义国家 2

波兰

人民民主政权建立
- 二战期间，德国占领波兰；1942年，波兰各个共产主义小组联合成立波兰工人党；1944年，波兰各派共产党成立了"全国人民代表会议"，随后苏联承认波兰全国代表会议为波兰人民的代表
- 1945年，根据雅尔塔会议决议，波兰组成民族团结政府，社会党领导人任总理，工人党领导人任第一副总理；1947年议会大选中，工人党获得胜利，进入持久的政治稳定时期

波兹南事件
- 苏共二十大批判斯大林的报告在东欧各国引起强烈反响，激化了积累已久的不满情绪
- 1956年，波兰波兹南地区的工人上街游行，要求增加工资
- 随着事态的不断升温，波兰政府派兵镇压，并与示威群众发生了武装冲突；事后在波共大会上通过决议，立即采取措施改善人民生活

哥穆尔卡改革（1956年）： ①经济上调整工业结构，改善工业管理，将中央计划经济与企业工人自治相结合；②政治上，对党政机关要加强监督；③改革农业政策，提高农产品收购价格，允许农民买卖土地和农村自治；④提出实现社会主义目标存在不同的道路，每个国家应当有完全的独立

剧变： 1980年爆发团结工会大罢工，1989年12月底，议会通过宪法修正案，去除波兰为社会主义国家和波兰统一工人党的领导地位，改国名为"波兰共和国"

捷克斯洛伐克

人民民主政权建立： 1948年，"二月政治危机"以无产阶级的重大胜利而告束，共产党和社会民主党合并，人民民主政权得到了进一步的巩固；同年新宪法宣布捷克斯洛伐克实行人民民主和社会主义

布拉格之春： 1968年发生于捷克斯洛伐克境内的一场政治民主化运动，捷克斯洛伐克共产党中央第一书记杜布切克发起了布拉格之春改革，苏联认为其有脱离苏联控制倾向，对捷进行了武装干涉，其结果是加剧了社会主义阵营内部的动荡和分裂

剧变： 1989年，联邦议会取消宪法中有关共产党领导作用的条款，捷克斯洛伐克组成新的政府，捷共党员在其中只占少数，1990年决定删除国名中的"社会主义"字样，将国名定为"捷克和斯洛伐克联邦共和国"；1993年捷克与斯洛伐克分裂为两个主权国家

罗马尼亚

人民民主政权建立： ①1947年，议会宣布罗马尼亚为人民共和国；②1961年，罗马尼亚政府设立国务委员会，在大国民议会休会期间执行国家最高行政权力；③1965年，罗共九大召开，国名改为"罗马尼亚社会主义共和国"；④大国民议会于1965年通过《罗马尼亚社会主义共和国宪法》，强调罗共的指导性原则

剧变： 1990年5月，罗马尼亚举行首届自由大选，伊利埃斯库领导的救国阵线获胜，伊利埃斯库当选总统

匈牙利

人民民主政权建立： 1946年，匈牙利人民共和国成立；1947年举行议会大选，共产党和社会民主党在选举中获得大胜

十月事件： 1956年10月，匈牙利全国爆发了政治动乱，这是国内外反革命势力煽动破坏的结果，也是匈共领导人拉科西长期推行极"左"路线的结果。事件平息后匈共新的领导人卡达尔迅速稳定局势，恢复秩序，并于1956年组织新政府

剧变： 1989年10月，国会通过宪法修正案，改国名为"匈牙利共和国"，宣布实行议会民主和市场经济体制

保加利亚

人民民主政权建立： 1945年进行普选，1946年举行大国民议会选举，成立保加利亚人民共和国，1947年新宪法颁布，加速进行社会主义改革

剧变： 1991年11月，保加利亚国名由"保加利亚人民共和国"改名为"保加利亚共和国"

阿尔巴尼亚

人民民主政权建立： 1946年，立宪会议宣布阿尔巴尼亚人民共和国成立，同年阿尔巴尼亚颁布新宪法；1946年阿共召开五中全会，宣布阿尔巴尼亚将"沿着社会主义革命和无产阶级专政的道路前进"

剧变： 1991年，阿尔巴尼亚第一次多党议会选举，劳动党取得了选举的胜利，同年决定改国名为"阿尔巴尼亚共和国"；1992年阿尔巴尼亚举行人民议会第二次多党选举，民主党以绝对优势取代社会党成为议会第一大党，社会党由执政党变成在野党

世界近现代史

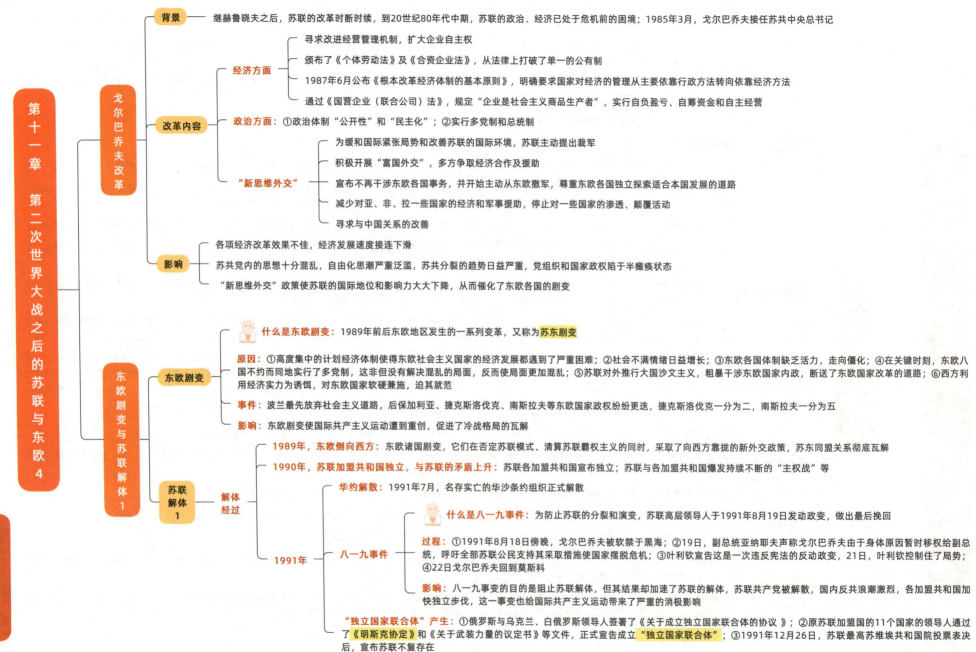

第十一章 第二次世界大战之后的苏联与东欧 4

戈尔巴乔夫改革

背景————继赫鲁晓夫之后，苏联的改革时断时续，到20世纪80年代中期，苏联的政治、经济已处于危机前的困境；1985年3月，戈尔巴乔夫接任苏共中央总书记

改革内容

经济方面
- 寻求改进经营管理机制，扩大企业自主权
- 颁布了《个体劳动法》及《合资企业法》，从法律上打破了单一的公有制
- 1987年6月公布《根本改革经济体制的基本原则》，明确要求国家对经济的管理从主要依靠行政方法转向依靠经济方法
- 通过《国营企业（联合公司）法》，规定"企业是社会主义商品生产者"，实行自负盈亏、自筹资金和自主经营

政治方面： ①政治体制"公开性"和"民主化"；②实行多党制和总统制

"新思维外交"
- 为缓和国际紧张局势和改善苏联的国际环境，苏联主动提出裁军
- 积极开展"富国外交"，多方争取经济合作及援助
- 宣布不再干涉东欧各国事务，并开始主动从东欧撤军，尊重东欧各国独立探索适合本国发展的道路
- 减少对亚、非、拉一些国家的经济和军事援助，停止对一些国家的渗透、颠覆活动
- 寻求与中国关系的改善

影响
- 各项经济改革效果不佳，经济发展速度接连下滑
- 苏共党内的思想十分混乱，自由化思潮严重泛滥，苏共分裂的趋势日益严重，党组织和国家政权陷于半瘫痪状态
- "新思维外交"政策使苏联的国际地位和影响力大大下降，从而催化了东欧各国的剧变

东欧剧变与苏联解体 1

东欧剧变

什么是东欧剧变： 1989年前后东欧地区发生的一系列变革，又称为 ==苏东剧变==

原因： ①高度集中的计划经济体制使得东欧社会主义国家的经济发展都遇到了严重困难；②社会不满情绪日益增长；③东欧各国体制缺乏活力，走向僵化；④在关键时刻，东欧八国不约而同地实行了多党制，这非但没有解决混乱的局面，反而使局面更加混乱；⑤苏联对外推行大国沙文主义，粗暴干涉东欧国家内政，断送了东欧国家改革的道路；⑥西方利用经济实力为诱饵，对东欧国家软硬兼施，迫其就范

事件： 波兰最先放弃社会主义道路，后保加利亚、捷克斯洛伐克、南斯拉夫等东欧国家政权纷纷更迭，捷克斯洛伐克一分为二，南斯拉夫一分为五

影响： 东欧剧变使国际共产主义运动遭到重创，促进了冷战格局的瓦解

苏联解体 1

解体经过

1989年，东欧倒向西方： 东欧诸国剧变，它们在否定苏联模式、清算苏联霸权主义的同时，采取了向西方靠拢的新外交政策，苏东同盟关系彻底瓦解

1990年，苏联加盟共和国独立，与苏联的矛盾上升： 苏联各加盟共和国宣布独立；苏联与各加盟共和国爆发持续不断的"主权战"等

1991年

华约解散： 1991年7月，名存实亡的华沙条约组织正式解散

八一九事件

什么是八一九事件： 为防止苏联的分裂和演变，苏联高层领导人于1991年8月19日发动政变，做出最后挽回

过程： ①1991年8月18日傍晚，戈尔巴乔夫被软禁于黑海；②19日，副总统亚纳耶夫声称戈尔巴乔夫由于身体原因暂时移权给副总统，呼吁全部苏联公民支持其采取措施使国家摆脱危机；③叶利钦宣告这是一次违反宪法的反动政变，21日，叶利钦控制住了局势；④22日戈尔巴乔夫回到莫斯科

影响： 八一九事变的目的是阻止苏联解体，但其结果却加速了苏联的解体，苏联共产党被解散，国内反共浪潮激烈，各加盟共和国加快独立步伐，这一事变也给国际共产主义运动带来了严重的消极影响

"独立国家联合体"产生： ①俄罗斯与乌克兰、白俄罗斯领导人签署了《关于成立独立国家联合体的协议》；②原苏联加盟国的11个国家的领导人通过了 ==《明斯克协定》== 和《关于武装力量的议定书》等文件，正式宣告成立 ==独立国家联合体==；③1991年12月26日，苏联最高苏维埃共和国院投票表决后，宣布苏联不复存在

世界近现代史

第十一章　第二次世界大战之后的苏联与东欧 5

东欧剧变与苏联解体 2

苏联解体 2

苏联解体原因

政治：①高度集权的政治体制，使党内长期党政不分，斯大林独揽党政军大权；②党内民主严重破坏，如党内大清洗运动，后果极其严重，苏联的大量部队被清洗，没有战斗力；③官僚腐败问题严重；④戈尔巴乔夫改革激化了苏联矛盾

经济：①二战后，苏联经济遭受严重的破坏，加上继续沿用僵化的斯大林模式，苏联已经落后于新科学技术革命和社会化大发展的潮流；②在经济政策上，苏联片面发展重工业、军事工业，而忽视轻工业和农业的发展，使得苏联的经济结构日趋畸形；③否认和限制商品货币关系的指令性计划经济；④勃列日涅夫执政后期，经济发展迟滞，苏联人民的生活水平明显下滑，经济崩溃

军事：苏联被拖入过度的军事竞赛，拖垮其经济

民族：长期推行大俄罗斯民族主义，导致各民族之间、各加盟共和国间矛盾尖锐

外交：和平演变战略对苏联的剧变起着推波助澜的作用

二战后的中苏关系

中苏蜜月时期（1949—1956年）

1949年10月2日，苏联政府正式承认新中国，成为世界上最早与新中国建交的国家；新中国制定"一边倒"的外交政策向以苏联为首的社会主义阵营靠拢

1950年，中苏签订《中苏友好同盟互助条约》，规定双方在政治、军事、经济、文化各领域的全面合作，确立了中苏同盟关系

苏联对抗美援朝战争的支援，苏联空军从远东地区起飞，为中国人民志愿军的军事行动提供秘密的援助

苏联援助中国"一五计划"，苏联派出了大量专家前往中国支援工业化建设

中苏摩擦期（1956—1960年）

1956年，苏共二十大召开，赫鲁晓夫就斯大林及其个人历史问题所做"秘密报告"，中国共产党对苏共主观地批判斯大林表示不满

十月革命四十年会议期间，中共与苏共就新政权过渡时期的问题展开了讨论，双方在讨论中虽然有原则性问题的差异，但会后在一定程度上达成了部分共识

中国对苏联干涉他国内政的行为表示反对，并帮助协调苏联与波兰的关系

赫鲁晓夫访华未能解决两国分歧

中苏分裂期（1960—1980年）

中苏分裂的开始：①1960年6月，苏共代表团在社会主义国家兄弟党代表会议上对中国共产党发难，中共代表团进行了针锋相对的斗争；②7月，苏联撤回专家和主要设备，停止了大量的科技合作项目

中苏关系全面破裂：①1964年，中国军事代表团访问苏联，会议期间中国代表团与苏联就个人崇拜和历史评价问题起了争执；②1966年，苏共二十三大，中国共产党不派代表出席，中苏关系全面破裂

局部热战和代理人战争：①1968年，中共对于苏联入侵捷克斯洛伐克、干涉"布拉格之春"改革运动的行为给予谴责；②1969年，中苏边境爆发珍宝岛自卫反击战，苏联在中苏、中蒙边境陈兵百万，对峙直到80年代末；③20世纪70年代，苏联出兵阿富汗，并唆使越南挑衅中国边境，企图南北夹击中国；④1979年，随着《中苏友好同盟互助条约》30年期满，中国决定不再续约

中苏关系正常化（1980—1989年）

1982年，勃列日涅夫在中亚塔什干发表谈话，表示中国是社会主义国家，台湾是中国领土的一部分，这被认为是中苏关系解冻的信号

1985年，苏联领导人戈尔巴乔夫上台，提出"新思维外交"，苏联当局从阿富汗和蒙古逐渐撤军，边境驻军也逐渐进入正常化

1989年5月，戈尔巴乔夫访华，标志着中苏双方关系的最终正常化

世界近现代史

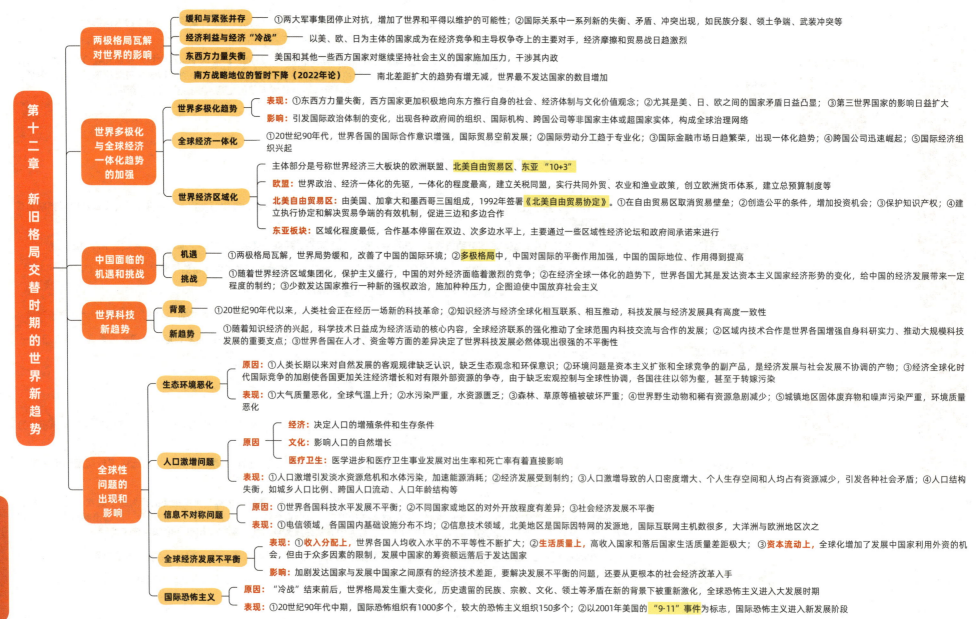

第十二章 新旧格局交替时期的世界新趋势

世界近现代史

两极格局瓦解对世界的影响

- **缓和与紧张并存** —— ①两大军事集团停止对抗，增加了世界和平得以维护的可能性；②国际关系中一系列新的失衡、矛盾、冲突出现，如民族分裂、领土争端、武装冲突等
- **经济利益与经济"冷战"** —— 以美、欧、日为主体的国家成为在经济竞争和主导权争夺上的主要对手，经济摩擦和贸易战日趋激烈
- **东西方力量失衡** —— 美国和其他一些西方国家对继续坚持社会主义的国家施加压力，干涉其内政
- **南方战略地位的暂时下降（2022年论）** —— 南北差距扩大的趋势有增无减，世界最不发达国家的数目增加

世界多极化与全球经济一体化趋势的加强

- **世界多极化趋势**
  - **表现：**①东西方力量失衡，西方国家更加积极地向东方推行自身的社会、经济体制与文化价值观念；②尤其是美、日、欧之间的国家矛盾日益凸显；③第三世界国家的影响日益扩大
  - **影响：**引发国际政治体制的变化，出现各种政府间的组织、国际机构、跨国公司等非国家主体或超国家实体，构成全球治理网络
- **全球经济一体化** —— ①20世纪90年代，世界各国的国际合作意识增强，国际贸易空前发展；②国际劳动分工趋于专业化；③国际金融市场日趋繁荣，出现一体化趋势；④跨国公司迅速崛起；⑤国际经济组织兴起
- **世界经济区域化**
  - 主体部分是号称世界经济三大板块的欧洲联盟、北美自由贸易区、东亚"10+3"
  - **欧盟：**世界政治、经济一体化的先驱，一体化的程度最高，建立关税同盟，实行共同外贸、农业和渔业政策，创立欧洲货币体系，建立总预算制度等
  - **北美自由贸易区：**由美国、加拿大和墨西哥三国组成，1992年签署《北美自由贸易协定》。①在自由贸易区取消贸易壁垒；②创造公平的条件，增加投资机会；③保护知识产权；④建立执行协定和解决贸易争端的有效机制，促进三边和多边合作
  - **东亚板块：**区域化程度最低，合作基本停留在双边、次多边水平上，主要通过一些区域性经济论坛和政府间承诺来进行

中国面临的机遇和挑战

- **机遇** —— ①两极格局瓦解，世界局势气缓和，改善了中国的国际环境；②多极格局中，中国对国际的平衡作用加强，中国的国际地位、作用得到提高
- **挑战** —— ①随着世界经济区域集团化，保护主义盛行，中国的对外经济面临着激烈的竞争；②在经济全球一体化的趋势下，世界各国尤其是发达资本主义国家经济形势的变化，给中国的经济发展带来一定程度的制约；③少数发达国家推行一种新的强权政治，施加种种压力，企图迫使中国放弃社会主义

世界科技新趋势

- **背景** —— ①20世纪90年代以来，人类社会正在经历一场新的科技革命；②知识经济与经济全球化相互联系、相互推动，科技发展与经济发展具有高度一致性
- **新趋势** —— ①随着知识经济的兴起，科学技术日益成为经济活动的核心内容，全球经济联系的强化推动了全球范围内科技交流与合作的发展；②区域内技术合作是世界各国增强自身科研实力、推动大规模科技发展的重要支点；③世界各国在人才、资金等方面的差异决定了世界科技发展必然体现出很强的不平衡性

全球性问题的出现和影响

- **生态环境恶化**
  - **原因：**①人类长期以来对自然发展的客观规律缺乏认识，缺乏生态观念和环保意识；②环境问题是资本主义扩张和全球竞争的副产品，是经济发展与社会发展不协调的产物；③经济全球化时代国际竞争的加剧使各国更加关注经济增长和对有限外部资源的争夺，由于缺乏宏观控制与全球性协调，各国往往以邻为壑，甚至于转嫁污染
  - **表现：**①大气质量恶化，全球气温上升；②水污染严重，水资源匮乏；③森林、草原等植被破坏严重；④世界野生动物和稀有资源急剧减少；⑤城镇地区固体废弃物和噪声污染严重，环境质量恶化
- **人口激增问题**
  - **原因**
    - **经济：**决定人口的增殖条件和生存条件
    - **文化：**影响人口的自然增长
    - **医疗卫生：**医学进步和医疗卫生事业发展对出生率和死亡率有着直接影响
  - **表现：**①人口激增引发淡水资源危机和水体污染，加速能源消耗；②经济发展受到制约；③人口激增导致的人口密度增大、个人生存空间和人均占有资源减少，引发各种社会矛盾；④人口结构失衡，如城乡人口比例、跨国人口流动、人口年龄结构等
- **信息不对称问题**
  - **原因：**①世界各国科技水平发展不平衡；②不同国家或地区的对外开放程度有差异；③社会经济发展不平衡
  - **表现：**①电信领域，各国国内基础设施分布不均；②信息技术领域，北美地区是国际因特网的发源地，国际互联网主机数很多，大洋洲与欧洲地区次之
- **全球经济发展不平衡**
  - **表现：**①收入分配上，世界各国人均收入水平的不平等性不断扩大；②生活质量上，高收入国家和落后国家生活质量差距极大；③资本流动上，全球化增加了发展中国家利用外资的机会，但由于众多因素的限制，发展中国家的筹资额远落后于发达国家
  - **影响：**加剧发达国家与发展中国家之间原有的经济技术差距，要解决发展不平衡的问题，还要从更根本的社会经济改革入手
- **国际恐怖主义**
  - **原因：**"冷战"结束前后，世界格局发生重大变化，历史遗留的民族、宗教、文化、领土等矛盾在新的背景下被重新激化，全球恐怖主义进入大发展时期
  - **表现：**①20世纪90年代中期，国际恐怖组织有1000多个，较大的恐怖主义组织150多个；②以2001年美国的"9·11"事件为标志，国际恐怖主义进入新发展阶段